吴式颖　李明德

丛书总主编

外国教育通史

第一卷

原始社会与
古代东方的教育

郭法奇　岳　龙

本卷主编

GENERAL HISTORY OF
FOREIGN EDUCATION

北京师范大学出版集团
BEIJING NORMAL UNIVERSITY PUBLISHING GROUP

北京师范大学出版社

图书在版编目（CIP）数据

外国教育通史：全二十一卷：套装／吴式颖，李
明德总主编. -- 北京：北京师范大学出版社，2025.1.
ISBN 978-7-303-30486-8

Ⅰ. G519

中国国家版本馆 CIP 数据核字第 20251WL437

WAIGUO JIAOYU TONGSHI：QUAN ERSHIYI JUAN：TAOZHUANG

出版发行：北京师范大学出版社 https://www.bnupg.com
　　　　　北京市西城区新街口外大街 12-3 号
　　　　　邮政编码：100088

印　　刷：北京盛通印刷股份有限公司
经　　销：全国新华书店
开　　本：787mm×1092mm　1/16
印　　张：684
字　　数：9000 千字
版　　次：2025 年 1 月第 1 版
印　　次：2025 年 1 月第 1 次印刷
定　　价：4988.00 元（全二十一卷）

策划编辑：陈红艳　鲍红玉　　　　　责任编辑：李春生
美术编辑：焦　丽　　　　　　　　　装帧设计：焦　丽
责任校对：段立超　　　　　　　　　责任印制：马　洁

编委会

总主编

吴式颖　李明德

副总主编

王保星　郭法奇　朱旭东　单中惠　史静寰　张斌贤

编　委

（按姓氏笔画顺序排列）

王　立　王　晨　王者鹤　王保星　史静寰　乐先莲

朱旭东　刘淑华　许建美　孙　进　孙　益　李子江

李立国　李先军　李明德　李福春　杨　捷　杨孔炽

杨汉麟　吴式颖　吴明海　何振海　张　宛　张　弢

张斌贤　陈如平　陈露茜　易红郡　岳　龙　周　采

郑　崧　单中惠　赵卫平　姜星海　姜晓燕　洪　明

姚运标　贺国庆　徐小洲　高迎爽　郭　芳　郭　健

郭志明　郭法奇　傅　林　褚宏启

目 录 | Contents

导　言

人类社会的种族繁衍、社会物质生产和教育活动，是人类社会得以存在和延续的重要条件之一。原始社会早期的种族繁衍，主要是为了种族自然延续的需要，而随着原始人本身的进化和社会物质生产方式的变革，也出现许多新的变化：族内的通婚为族外的通婚所取代；种族的文化延续逐渐成为与种族的自然延续并存，甚至更为重要的延续。在这个过程中，原始人对后一代的教育活动成为种族自然延续，特别是文化延续的重要手段。教育的产生是与人类的生产和生活的需要密切相关的。原始社会教育是人类通过社会生产、生活共同作用的产物。当然，原始社会早期的重血亲、无定居、无组织、无等级的特点，也使得原始社会的教育具有平等性、无阶级性的特点。而进入农耕社会，特别是部落社会后，弱血亲、始定居、有组织、有等级的特征，使得原始社会及其教育的各个方面发生了较大变化。

原始社会生产和组织结构的变化为人类早期教育活动提供了一定的物质基础和丰富的教育资源。在原始社会里，教育活动多是与原始人的生产活动、家庭活动、宗教活动，包括禁忌活动等融合在一起的。原始社会的教育既受这些活动的影响，同时也反过来影响着这些活动，使得原始社会的教育逐步在促进群体发展和个体的发展中占有重要的地位。

当然，从总体情况看，原始社会的教育还没有文字，最初的教育思想没有文字记载下来；原始社会的教育也没有专职教师，教育者往往是父母、部落长者或者一些有生活经验的人，他们负有对年青一代的教育责任；原始社会的教育更没有学校，家庭、部落起着学校的作用，儿童是在与家庭、部落的整个环境相互作用中接受非正式教育的。原始社会时期的教育活动还是处于初级阶段，教育思想也处于萌芽的状态。

不过，原始社会教育也出现了值得注意的现象，即已经有了根据儿童不同发育阶段所实施的不同教育。在儿童发育的早期阶段，家庭的母亲主要承担对儿童的教育；在儿童发育的特定阶段，部落的长者和具有专业技能和知识的人以一定方式教育每个儿童；在儿童发育的成熟阶段，部落将举行一定的"仪式"，包括"青年礼"或"成年礼"，儿童被要求与家庭和部落隔离开，通过这种仪式考查儿童各个方面的表现，使他们准备承担一个成年人的职责。原始社会教育的这一现象或者模式，不仅为学校的产生奠定了基础，也为后来人们认识儿童并为儿童发展设置阶段性的教育提供了依据。

文字的产生是人类社会发展的最重要的事件之一，它标志着人类社会开始进入文明时期。世界上最早的文字产生于古代东方的两河流域、埃及等国。从历史上看，苏美尔人、巴比伦人、波斯人是最早使用楔形文字和泥板书来记录生产和生活的民族，以后逐步形成了不同民族的不同特点。苏美尔人主要是用文字来记录仓库存货数量和种类，巴比伦人则把文字用在簿记账目和商业交易上，波斯人主要是用文字来书写王室的铭文。由于文字的使用，人类的历史和文明成果有了较为可靠的保存与传递的方式，人类的各种活动，包括君臣伟绩、祭典仪式、律法规训、宗教信条、生产活动等都得到了一定的记载。由于学会使用文字，人们创造了丰富的谚语、诗歌、神话等，这些成就不仅是人们对当时生产、生活的记录，也展示了古代东方人所具有的丰富的想象力。

随着社会分工的日益加强、社会需求的增加，以及教育活动的进一步发展，学校教育机构开始出现在古代东方，并形成了多样性的特点。例如，有培养王公贵族的宫廷学校，有与文字书写相关的文士学校，有与宗教祭祀相关的寺庙学校，也有与培养专门人员相关的职官学校，等等。这些不同层次的多样性的教育机构的出现，为受教育者提供了多方面的教育内容。学校教育机构的出现，不仅反映了人类知识由生活化向专门化的转变，也反映了社会发展到一定阶段对一定人才的需求，学校教育成为培养社会各类人才的重要途径和手段。

同时，随着文字的产生和不同层次学校的建立，古代东方各国的教育活动也出现了有文字记载的教育思想，出现了对教育问题的思考和教育活动的经验性总结，形成了关于教育目的、学校管理、儿童发展阶段、教育内容、教育方法和手段的最早认识，以及一些初步的教育思想和教育理论。这些教育思想和理论为认识古代东方教育提供了重要的条件。古代东方是世界早期文明的重要发源地之一，为认识世界教育历史的早期发展提供了东方的经验和智慧。

第一章

原始社会的教育

按照古生物学家、考古学家和人类学家的观点,人类在地球上至少存在了50万年。从大约50万年到7.5万年前,人们逐步制造出较为精细的工具,并且使制造工具的技术代代相传,为下一代人能够传授和学习提供了条件。从7.5万年到2万年前,人类文化得到快速的发展:工具的设计显示出更高的技巧,出现骨制工具,会使用火,缝制动物皮革,制作器皿盛放食物,居住在洞穴或者棚屋中,在石头上刻画线条,作画和雕刻等艺术开始出现。此后,在大约1万年至8000年前,人类文化又有快速发展:改进石制和骨制工具;设计建造更为复杂的住所;驯化动物并种植庄稼;依赖家庭、氏族和部落开展有组织的生活,设计出更具复杂形式的典礼、仪式和宗教信仰等。而当语言,特别是书面语言出现后,历史开始了,史前文化(prehistoric cultures)让位给历史文化(historic cultures)。①

原始社会是人类社会的第一阶段,原始社会的教育也被称为人类社会最早的教育。原始社会一般也被称为"史前社会",或者"部落社会"。关于"史前社会"的认识,有一些不同的看法。一些历史学家将人类社会历史的演进分

---

① [美]R. 弗里曼·伯茨:《西方教育文化史》,王凤玉译,3~4页,济南,山东教育出版社,2013。

为两个时期：史前时期与历史时期。史前时期指人们学会保存文字记录之前所有的历史（the period before written records），历史时期指有文字记录为根据的历史。①不过，也有些学者不赞成这一划分，认为这种划分可能会得出这样的结论，即人类的历史及成就在文字出现之前是不重要的。他们提出应当将地球上人类生活的整个时期都视为历史时期，而把文字发明之前的时代称为"前文字时代"。②从这个意义上说，人类早期的历史主要是以是否具有"文字"来划分的，文字在人类社会早期历史发展中占有重要的地位。我国学者主要使用"原始社会"的概念，同时也认可"史前社会"的解释。③关于"部落社会"，是从组织角度进行分析所使用的概念，主要指原始社会的组织是部落的。"部落组织"的兴起主要与原始社会后期"定居社会"的形成和"农业"的出现有关。现存的、可以考察的"原始社会"主要是指这种尚处于原始阶段、成员生活定居且具有一定组织的"部落社会"。本章内容主要使用原始社会的提法，力图把对原始社会教育的认识与原始社会发展不同阶段，包括部落社会的历史联系起来。

第一节　原始社会与人类教育的起源

原始社会是人类社会的第一种形态。原始社会自产生以来，其形态尽管经过种种变化，至今仍有一小部分处于原始发展阶段的民族生活在亚洲、非

---

①　[美]S.E. 佛罗斯特：《西方教育的历史和哲学基础》，吴元训等译，7~8 页，北京，华夏出版社，1987。

②　[美]爱德华·麦克诺尔·伯恩斯、菲利普·李·拉尔夫：《世界文明史》第 1 卷，罗经国等译，10 页，北京，商务印书馆，1987。作者认为，前文字社会的记录不是书本和手稿，而是工具、武器、化石、器皿、雕刻、图画，以及饰物和文饰的残片。这些一般称为"人工制品"的东西，往往具有与文字相同的价值，它能使我们了解人们的行为和生活方式。

③　吴式颖、李明德主编：《外国教育史教程》（第三版），7 页，北京，人民教育出版社，2015。

洲、大洋洲和美洲的一些地域，多以部落社会的形态存在着。一般来说，研究原始社会的生活和教育状况是比较难的。对原始社会的研究主要是根据后来研究者对远古社会生活的记述，考古学者发掘地下文物所获得的资料，以及人类学者、人种学者、民族学者、传教士等深入至今尚处于原始阶段部落社会的民族所做的考察、记录及研究成果。由于没有人能够直接观察到人类早期的社会是如何形成和发展的，研究者所能做的，只是假设现存的、尚处于原始阶段的部落社会是人类早期社会的样本，通过观察其社会成员的行为来推测和认识其变化及引发变化的原因。

关于原始社会的研究，许多研究者从不同角度提出了自己的观点。早在19世纪，美国人类学家路易斯·亨利·摩尔根就曾根据文明程度的不同，将人类社会分为蒙昧时代、野蛮时代和文明时代，其中蒙昧时代和野蛮时代属于原始社会。摩尔根以后，从事原始社会研究的西方学者逐步放弃了这种具有强烈道德色彩的"蒙昧""野蛮"等词语，而改用中性词，逐步发展出了四个划分体系。一是人类古化石体系。古人类学家主要通过对远古化石的分析，区分出远古人、古人、智人或猿人、智人等阶段。二是生产技术体系。丹麦考古学家汤姆森根据生产技术的使用的不同，提出了石器、青铜、铁器时代的划分，后来的研究者又在此基础上划分了旧石器、新石器时代。① 美国学者伯恩斯甚至认为人类全部历史可以划分为两个时代，即石器时代和金属时代。前者与前文字时代相一致；后者与有文字记录为根据的历史时期相符合。前文字时代至少占了迄今人类历史的百分之九十五。② 三是生产方式体系。包括狩猎采集、农业、工业社会。四是社会组织体系。埃尔曼·塞维斯发明了四

① 约翰·卢伯克在《史前时期》(1865)一书中提出用"旧石器时代"的术语指在西欧制作粗石器的时期，用"新石器时代"的术语指制作抛光石器的时期。参见[英]G. 埃利奥特·史密斯：《人类史》，李申等译，50页，北京，社会科学文献出版社，2002。

② [美]爱德华·麦克诺尔·伯恩斯、菲利普·李·拉尔夫：《世界文明史》第1卷，罗经国等译，10页，北京，商务印书馆，1987。

个层次，即族群、部落、酋邦、国家。在族群和部落层次，社会组织以亲戚关系为基础，成员之间相对平等；而在酋邦和国家层次，社会等级分明，不以亲戚关系而以领土为基础行使权力。① 关于原始社会的研究，现代马克思主义史学者根据经济基础和上层建筑关系的理论把原始社会划分为前氏族社会（或血缘家族公社、原始群）和氏族公社两大发展阶段，其中氏族社会又可以划分为母系氏族社会、父系氏族社会，以及由原始社会向阶级社会过渡的军事民主制社会几个阶段。② 关于原始社会及部落社会的情况主要在下面几节结合具体内容进行分析。

一、人类的起源与教育的起源

教育的起源问题一直是教育史研究中的重要问题，教育史和教育理论上的一些基本问题的争论可以说很多都是围绕这一问题展开的。由于教育的起源与人类的起源问题密切相关，同时，人类的起源问题又是研究教育的起源问题的起点和基础，因此，研究教育的起源首先应当认识人类的起源问题。目前，关于人类起源的观点主要有以下三种：

第一，人类起源的生物进化说。人类起源的生物进化说的主要依据是科学家对生物进化过程的研究和现存生物的验证。1859 年，英国著名的生物学家达尔文出版了《物种起源》一书，提出了"生物进化"的学说，认为世界上一切生物都是由低级到高级，由简单到复杂不断进化的。1871 年，他又发表了《人类的起源和性的选择》一书，更是明确指出人类同所有的哺乳动物一样都是由种类较低的祖先演变而来的。人类和黑猩猩、巨猿、大猩猩等曾经有过共同的祖先——古猿，而这个祖先又是从更低级的类型演化而来的。如果继

---

① ［美］弗朗西斯·福山：《政治秩序的起源：从前人类时代到法国大革命》，毛俊杰译，52页，桂林，广西师范大学出版社，2012。

② 周启迪主编：《世界上古史》，5页，北京，北京师范大学出版社，1994。

续向前追溯的话，它的演化又来自这样几个阶段：早期的哺乳动物——早期的两栖动物——原始鱼类。据说，这个谱系已经为人类和其他脊椎动物在解剖学上的比较以及人在出生前通过在胎内所经历的复演人类进化的事实所证实。① 另外，古人类学家也从比较解剖学的角度分析出人类与现代类人猿（长臂猿、大猩猩、黑猩猩）之间的几百个共同点和不同点，说明人与现代类人猿存在亲缘的关系，并具有共同的祖先。②

第二，人类起源的上帝创造说。在历史上，从宗教神学的角度来解释人类的起源的神创说要早于生物进化说。这种观点主要是利用超自然的神秘力量和《圣经》中关于上帝创造万物的解释来说明人类的起源。圣经的《创世纪》这样描绘人类的起源：上帝用六天时间创造了世界，而后用泥土创造了男人亚当，又用亚当的一根肋骨创造了女人。按照这种说法，上帝创造了人类，伊甸园是人类的故乡。从人类的自我认识历史来看，处于社会发展早期的人类对于人类起源事件本身是完全没有自我意识的，随着人类进入文明社会和认识能力的提高，人们才开始试图解释人类自身及其来源问题。一些神学家认为人是上帝创造的，人是上帝的最高造物。与动物相比，人是具有理性和信仰的，人和动植物有着本质的区别。神创说产生以后在人类社会的历史发展中一直占有重要的地位，但进入19世纪以后，这一观点开始受到来自生物进化论的有力挑战。在进化论冲击面前，一些神学家和宗教团体极力地反对人类起源于动物的观点。在他们看来，承认人类起源于动物，就意味着把人类的地位降低到与动物同等的地位，就意味着人的灵魂也起源于动物。应当指出，在人类起源问题的解释上，进化论的观点尽管利用了新的发现，但是上帝创造说在近代甚至在现代社会仍然有很大的影响。

---

① ［英］赫·乔·韦尔斯：《世界史纲：生物和人类的简明史》，吴文藻等译，67页，北京，人民出版社，1982。

② 周启迪主编：《世界上古史》，7页，北京，北京师范大学出版社，1994。

第三，人类起源的劳动创造说。这一主张的主要依据是恩格斯关于"劳动创造人类本身"的观点。1876 年，恩格斯在《劳动在从猿到人的转变中的作用》一文中推测，人类的进化是从"攀树的猿群"开始的。① 这些古猿由于生活方式的影响，由最初手脚不同分工的活动，到逐步摆脱用手帮助行走的活动，最后到直立行走。恩格斯指出，在这个过程中，劳动发挥了重要的作用，劳动改变了古猿的身体，形成了人类的身体。恩格斯指出：劳动是整个人类生活的第一个基本条件，而且达到了这样的程度，以至我们在某种意义上不得不说，劳动创造了人本身。恩格斯的观点不仅说明了人类与古猿的联系，也指出了劳动是人类区别于猿类的重要特征，人类正是通过劳动逐步脱离了动物界，成为自觉的、能动的人。人类的"劳动起源说"首先由苏联学者提出，并对我国的学术界产生了重要的影响，在一定时期内成为我国学者普遍接受的观点。不过，"劳动起源说"客观上把人的形成与动物（古猿）的进化联系起来，一定程度上支持了生物进化说，在涉及教育起源的问题上引起了很大的争论。

人类的起源问题是一个非常重要的问题，一直引起科学家的极大兴趣。20 世纪早期，科学家主要是通过对古猿化石的研究来认识人类演化的过程。1925 年，科学家发现了非洲南方古猿的头骨化石，以后又有北京猿人等一些重要的发现。通过对猿类化石的研究，人们推断出，早期的猿已经能够直立行走，更近于人。② 20 世纪 70 年代以后，分子生物学技术开始介入人类起源的研究，其基本方法是按照人体与类人猿体内细胞蛋白质大分子的异同程度，计算出人类与不同种类人猿之间的亲缘关系。经过研究，科学家们发现人类与猩猩或黑猩猩关系最为密切。另外，一些科学家也试图从现代遗传学的角

① 《马克思恩格斯选集》第 4 卷，373 页，北京，人民出版社，1995。

② ［英］赫·乔·韦尔斯：《世界史纲：生物和人类的简明史》，吴文藻等译，74~76 页，北京，人民出版社，1982。

度来揭示从猿到人转变的原因。他们认为一切动物细胞内部都含有具备遗传效应的化学物质基因，动物体发生的变化最终出自这些遗传物质的变异。由古猿变成人可能有几个方面的原因：基因突变、染色体数目的变异、具有不利性状的个体被自然界所淘汰、中性变异的遗传漂变等。在这一变化过程中，自然的剧变和劳动作用促进了遗传变异。当然，也有研究者指出，关于劳动在由猿到人的转变中是重要驱动力的这一观点从逻辑上讲是合理的，但还需要古地理学和人类形态学等方面的佐证。[①] 目前研究的现状是，古人类学家比较认同与生物进化有关的类人猿的假说。[②]人口遗传学家则注重追踪人类形成后朝地球不同地区的迁移。普遍的看法是，类人猿至人类的进化在非洲发生。人类离开非洲后前往世界各地，在 160 万至 200 万年前迁往亚洲北部；30 至40 万年前抵达欧洲。[③]

教育的起源问题与人类的起源问题有密切的联系。在关于教育起源问题上所产生的各种争论，实际上都是围绕着对人类起源的不同认识展开的。目前，关于教育起源问题的代表性观点也主要有以下三种：

第一，教育的生物起源说。这种观点的主要代表人物是法国哲学家、社会学家利托尔诺（Chars Letourneau，1831—1902，也译雷徒诺）。利托尔诺在《各人种的教育演化》一书中提出证据证明，教育是超出人类社会范围以外，在人出现之前产生的。他根据对动物生活的观察得出结论，认为动物界就已经存在教育。例如，大猫教小猫捕鼠，鸭子教小鸭游水。利托尔诺断言，生存竞争的本能就是教育的基础。动物为了保存自己的种类，会由于自然赋予它们的固有本能而把自己的"知识"和"技巧"传授给幼小的动物。[④] 英国教育

①　周启迪主编：《世界上古史》，9 页，北京，北京师范大学出版社，1994。

②　同上书，7 页。一般认为，类人猿包括古代和现代类人猿两类。古代类人猿是人类和现代类人猿的共同祖先，现代类人猿包括猩猩、猿、猴等。

③　[美]弗朗西斯·福山：《政治秩序的起源：从前人类时代到法国大革命》，毛俊杰译，45~46 页，桂林，广西师范大学出版社，2012。

④　夏之莲主编：《外国教育发展史料选粹》(上)，3~4 页，北京，北京师范大学出版社，1999。

家沛西·能(Thomas Percy Nunn, 1870—1944)也从生物学的角度论述了教育的起源问题。他指出："教育从它的起源来说，是一个生物学的过程，不仅一切人类社会有教育，不管这个社会如何原始，甚至在高等动物中也有低级形式的教育。我之所以把教育称为生物学的过程，意思就是说，教育是与种族需要相应的、种族生活天生的，而不是获得的表现形式；教育既无待周密的考虑使它产生，也无需科学予以指导，它是扎根于本能的不可避免的行为。"①

第二，教育的模仿起源说。这种观点的主要代表人物是美国教育家孟禄(Paul Monroe, 1869—1947)。孟禄在1918年所出版的《教育史教科书》的第一章"原始教育"中，从心理学的角度对人类教育的产生进行了说明。他认为原始社会的教育是从无意识的模仿开始的，当模仿的过程变成了有意识的过程时，教育才真正产生了。整个原始社会的教育，无论它的方法、目的、实践还是理论，都具有模仿的性质。② 英国教育家沛西·能在1920年出版的《教育原理》一书的第十一章"模仿"中也专门论述了教育起源与模仿的关系。他认为，人的有意识的模仿是从无意识的"模仿趋势"发展而来的，"模仿趋势"不仅存在于早期的人类，也广泛地遍及动物界。③

第三，教育的劳动起源说。这一观点的主要代表人物是苏联的教育学者。他们依据恩格斯的《家庭、私有制和国家的起源》和《劳动在从猿到人的转变中的作用》所阐述的观点，批判了前两种主张，提出了教育起源于劳动的观点。他们认为，只有当人认为在自己和自然界之间需要劳动工具和劳动手段时，只有当人学会使用它们时，只有当人面临着制作劳动工具和劳动手段的任务时，才会在人类社会中产生老一辈向晚一辈传授劳动经验、知识和技巧的需

---

① ［英］沛西·能：《教育原理》，王承绪、赵瑞英译，前言，36页，北京，人民教育出版社，2005。

② 夏之莲主编：《外国教育发展史料选粹》(上)，5～15页，北京，北京师范大学出版社，1999。孟禄曾于1921年来华讲学，1925年任中华文化教育基金会董事。其所著的教育史著作被旧中国多数大学教育系及高等师范学校采用为课本。

③ 同上书，16～18页。

要。为了使年青一代在同大自然的斗争中不至于牺牲，为了使人不变成野兽，便产生了进行教育的必要性。① 苏联的教育家米定斯基更是明确肯定劳动和人类教育起源的关系，他指出："只有从恩格斯的'劳动创造人类本身'这个著名原则出发，才能了解教育的起源，教育也是在劳动过程中产生出来的。"②

从上面三种关于教育起源的不同观点可以看出，教育史上关于教育起源问题的不同见解和争论主要是在 19 世纪"进化论"产生以后出现并且是建立在进化论的基础上的。这充分表明，教育家关于对教育起源的认识已经基本上否定和超越了上帝创造论的人类起源说，使得关于教育起源的认识与人类自身的进化密切联系起来。当然，关于教育起源的认识并没有终结，围绕着教育的生物本能起源说和劳动起源说，国内学者又在前人认识的基础上展开了较大规模的研究和讨论。

二、国内学者关于教育起源问题的争论

20 世纪 50 年代至 70 年代，国内学术界和教育界受苏联教育的影响，在全面学习苏联教育的背景下，在有关教育学和教育史的著作中基本上接受和沿用了苏联学者的"教育起源于劳动"的观点。70 年代后期至 80 年代中期，受中国改革开放思想的影响，国内学者开始对苏联学者"教育起源于劳动"的观点提出质疑，并引发了国内教育界关于"教育起源于劳动"问题的争论。

从所收集的资料看，国内学者关于这一问题的争论主要集中在 20 世纪 80 年代中期到 90 年代中期。1984 年，《华东师范大学学报（教育科学版）》第 4 期发表了上海社会科学院孔智华的《人类教育并非起源于劳动》一文。③ 文中

---

① 夏之莲主编：《外国教育发展史料选粹》（上），4 页，北京，北京师范大学出版社，1999。

② ［苏］米定斯基：《世界教育史》，叶文雄译，5 页，北京，生活·读书·新知三联书店，1950。

③ 夏之莲主编：《外国教育发展史料选粹》（上），25～29 页，北京，北京师范大学出版社，1999。

指出，教育是人类社会所特有的属性，但是这并不意味着人类教育起源于劳动。人类教育的起源问题由两个方面构成，一是它起源于什么事物（内因），二是起源的条件是什么（外因）。文章认为，人类教育起源于古猿的教育，劳动是古猿教育转化为人类教育最主要和决定性的条件。把人类教育的起源归结为劳动，完全否定了"生物说"，是把马克思主义简单化和庸俗化了。该文最初发表在内部刊物上，以后又在一份有影响的报刊上予以摘要介绍，1984年在《华东师范大学学报（教育科学版）》作为讨论问题全文刊载后，在学术界和教育界产生了较大的反响。

1986年，作为引发这次讨论的《华东师范大学学报（教育科学版）》又在第2期同时发表了华东师大教育系赵荣昌的《教育起源于"人类教育的前身"说值得商榷》和陈桂生的《也谈人类教育的起源问题》两篇文章①，进一步推动了这次关于教育起源问题的讨论。

赵荣昌在文中从三个方面反驳了孔智华关于教育起源于古猿教育的观点。一是认为这种说法在逻辑上是混乱的和前后矛盾的。因为教育起源于"人类教育前身"的说法与孔文中"教育是人类社会所特有的"的论断相矛盾，这等于承认了动物界也有教育；如果人类教育起源于"人类教育前身"也等于说教育起源于教育，无助于说明教育的起源问题。二是认为教育起源于"人类教育的前身"的说法，在理论上是"生物学教育起源论"的重复。三是认为教育起源于"人类教育前身"的观点把人类教育目的看成本能的结果，把教育内容和形式看成劳动的产物，从而割裂了教育目的与教育内容、教育形式的联系。作者最后认为，从人类的生产活动是最基本的实践活动，是决定其他一切活动的东西来看，"教育起源于劳动的说法并不是毫无根据的"。

陈桂生在文中从两个方面也反驳了孔智华的观点。一是认为虽然教育起

---

① 夏之莲主编：《外国教育发展史料选粹》（上），29~38页，北京，北京师范大学出版社，1999。

源有一定的内因，但不是古猿的教育。如果把古猿的教育作为人类教育起源的内因，实际上是承认古猿有"教育的本能"，是把动物的本能上升到近乎人类的意识。二是认为虽然教育起源有一定内因，但不能硬要到古猿中去寻求。如果这样的话，人类将会发现自己不仅有教育的"本能"，也可以发现"艺术的"或"宗教的"本能等。陈桂生指出，对教育在人类生存与延续中的作用不应做绝对化的理解。在从猿到人的转变过程中，人类的祖先属于"正在形成中的人"，由于环境的日益复杂，单靠本能不足以适应环境时，族类活动中的劳动成分逐步增加。在意识成分较少的模仿与或多或少起示范作用的行为本身还能传递必要信息时，社会生活中的教育成分就不会无缘无故地滋生。就教育作为独立形态的教育来说，教育的起源可以归结为劳动过程中的原始的训练。在反驳了孔智华的观点以后，陈桂生强调，教育起源的问题应当有两个层次：一个是作为独立形态的教育的起源；另一个是融化在劳动中的教育成分的起源。所谓"教育起源于劳动"是就前一层次讲的，而孔智华的观点是就后一层次讲的。就后一层次来说，不能否认劳动中的某种教育成分与古猿模仿本能的联系。一定要说教育起源的"内因"，不妨说，独立形态的教育是从以劳动为基础的原始社会生活中分化而来，社会生活中从不自觉到自觉的训练是教育起源的"内因"。虽然动物有模仿的本能，但动物的模仿不是教育。陈桂生还指出，教育起源的外因不是劳动，而应当从劳动得以实现的条件去寻找。

　　20世纪80年代教育界关于教育起源的争论也引起了哲学工作者的关注。1988年至1993年，北京师范大学哲学系的桑新民先后在《当代教育哲学》和《呼唤新世纪的教育哲学——人类自身生产探秘》两本专著中①用较多的篇幅从哲学的角度探讨了教育起源的问题，并提出了自己的观点。他指出，自1984年年底开始在《华东师范大学学报（教育科学版）》展开的围绕教育起源的

① 桑新民：《当代教育哲学》，43页，昆明，云南人民出版社，1988。桑新民：《呼唤新世纪的教育哲学——人类自身生产探秘》，第三章，第一节、第二节，北京，教育科学出版社，1993。

争论，反映了教育理论界从不同思路深化教育起源研究的努力，但缺乏从教育本体论基础的哲学层次做时代的反思。他主张应当从哲学界近年来对人类起源研究的进展寻求对教育起源的启示。他认为，教育起源于劳动这一结论显然是否定不了的。但对教育起源的解释不能仅仅停留在这样简单的结论上。他运用马克思的劳动对象化理论对教育起源做了哲学上的考察，指出历史上关于人类起源的最典型的观点有图腾崇拜说、神创说、自然产物说和生物进化论。其中生物进化论提出的人是由古猿演变的观点科学地解释了人的起源问题，但它把人类起源问题又降低为生物进化问题。作者通过对马克思在人类起源研究中的历史性突破的分析，认为在从猿到人转变的过程中逐步产生了"超生物肢体的出现""超生物经验的产生""超生物联系的形成和语言的催化作用"和"超生物遗传方式"这四种超生物因素，它们共同促进了教育的产生。作者最后得出结论："教育起源于人类在劳动过程中形成的超生物经验的传递和交流。"①

纵观这一时期的争论，可以看出国内学者通过自己的努力，已经突破了原有的苏联学术界关于"教育起源于劳动"观点存在的简单化和教条化的框架，在许多方面进行了有益的探索。尽管这种探索还存在一些问题，但它的意义是值得肯定的，它使得关于"教育起源问题"的讨论开始建立在一个新的基础上。同时，这一问题的讨论不仅仅成为教育界的事情，而且已经成为国内学术界关注的事情，对问题的深入研究提供了有利的条件。

三、关于教育起源问题及争论的认识

20世纪80年代到90年代国内学者关于教育起源问题的讨论，是在一个新的时期和新的背景下出现的，反映了中国教育改革开放和国内学界解放思

---

①　桑新民：《呼唤新世纪的教育哲学——人类自身生产探秘》，115页，北京，教育科学出版社，1993。

想的现实。在这次讨论中，关于劳动在教育起源上的地位问题、关于教育起源的内因和外在条件问题、关于教育起源与人类起源的关系问题，等等，引起了研究者的普遍关注，并提出了许多很有新意的见解。这次讨论对于深化教育界关于教育起源问题的认识以及进行进一步研究是有积极意义的。

从讨论的成果来看，在一些方面已经形成了一些基本的共识，即人类的起源与古猿有密切的联系，劳动在人类教育的起源中具有重要的作用，教育的起源有内在和外在的原因，教育是人类社会所特有的现象，等等。但是也存在一些分歧，主要是关于人类的教育起源是否有一个"教育的前身"即古猿的教育，教育起源的内因和外因具体是什么，教育的起源是否有不同的层次，等等，其中更多的是集中在劳动是教育起源的内因还是外因的问题上。

这里需要对以下几个问题提出进一步的思考，以更好地认识人类教育起源的问题。

(1)研究教育的起源问题与劳动的密切关系，如果说劳动在人类的起源方面具有决定性的作用，那么能否就推论出劳动是教育起源的结论呢？人类的起源和教育的起源一样吗？

(2)研究教育的起源问题显然不能从古猿的教育来寻找，但是否就必须从劳动中来寻找呢？教育是否有包括劳动在内的别的起源呢？

(3)什么是作为独立形态的教育起源和作为融化在劳动中的教育成分的起源？二者是什么关系？劳动既不是教育起源的内因，也不是教育起源的外因，那么如何理解教育起源的内因和外因呢？

(4)什么是超生物？什么是超生物经验？提出这样的概念是否就解决了教育起源的问题呢？

人类起源于生物，更具体地说是起源于古猿，这一观点已经为生物学和人类学的研究所证实，也已为恩格斯在《劳动在从猿到人的转变中的作用》所阐释的科学思想所肯定，这是讨论教育起源的基础。研究教育的起源问题不能忽视人类的与动物相联系的生物属性。

当然，关于教育起源的问题主要是属于社会科学研究的问题，应当更多地从社会科学的角度加以阐释。但也需要指出，教育的起源问题虽然与人类的起源问题有直接的联系，但人类的起源不能等同于教育的起源。从这一问题出发，重新提出认识教育起源和人类起源的关系问题，重新认识劳动在教育起源中的地位问题是不奇怪的。虽然我们可以说劳动在人类的起源方面具有决定性的作用，但不能由此就推出劳动必然是教育起源的观点。教育的起源和人类的起源是不一样的。从这点来看，孔智华对教育起源于劳动的观点进行质疑是有一定道理的。不过，也不能因为质疑教育起源于劳动，就一定推测出人类的教育起源于古猿教育的观点，这种简单化的做法也是不可取的。同时，在研究教育起源的问题上，也不能因为不同意教育起源于古猿教育的观点，就一定认为教育起源于劳动，这种观点同样是片面、教条和不科学的。

"作为一种独立形态的教育起源于劳动"和"融化在劳动中的教育成分的起源"的观点也需要质疑和澄清。什么是独立形态的教育，什么是劳动中的教育成分，二者是什么关系，谁更为先？劳动中的教育成分从何而来？这种观点也似是而非，并没有给出更多有实际意义的说明。"教育起源于人类在劳动过程中形成的超生物经验的传递和交流"的解释也存在不足。因为这种观点更多是强调在教育起源过程中的人类与生物（动物）的区别，而忽视了其重要的联系，实际上也是教育劳动起源说的不同说法的再现。

从以上关于教育起源的争论来看，一些研究者不是把教育的起源归结为劳动，就是把教育的起源看成古猿的教育，这种非此即彼的思维方式，说明研究者的思维还没有跳出传统的局限。把教育行为和教育活动的产生仅仅看作劳动的产物，把教育活动仅仅看作与劳动活动相关，这种思路实际上窄化了关于教育起源研究的视野。主张劳动是早期人类社会的主体活动的观点，并不意味着劳动就是人类社会和生活的唯一内容。劳动之外的原始社会生活、家庭生活，以及宗教活动可能同样具有教育的萌芽，人类的社会生活是教育起源的基础。因此研究教育的起源应当从早期人类社会和生活的本身来寻找。

另外，研究教育的起源问题还需要结合人类起源理论和劳动理论两个方面进行分析。这里不妨引用恩格斯《劳动在从猿到人的转变中的作用》一文的经典名言加以说明。恩格斯指出："政治经济学家说：劳动是一切财富的源泉。其实，劳动和自然界在一起它才是一切财富的源泉，自然界为劳动提供材料，劳动把材料转变为财富。但是劳动的作用还远不止于此。它是一切人类生活的第一个基本条件，而且达到这样的程度，以致我们在某种意义上不得不说：劳动创造了人本身。"①通过这句名言可以知道，恩格斯是把"劳动创造了人本身"同"在某种意义上不得不说"作为一个整体的、不可分割的命题提出来的，即只有充分认识到人类进化和古猿的内在联系，充分认识到生物进化的一般规律，只有在这样的前提下，才可以说"劳动创造了人本身"。

从这个观点出发，应当指出，在分析教育起源的观点时那种或者强调人类教育起源于古猿教育，或者强调人类教育起源于劳动的观点都是片面的。在解释教育起源的问题时，生物进化理论和劳动理论并不是根本对立、相互排斥，而是相互依存和相互补充的。从生物进化理论的角度，我们可以看到人在教育方面和动物的联系；从劳动理论的角度，我们也可以看到人在教育方面和动物的区别。

应当指出，西方学者关于教育起源问题的观点是从生物学或心理学的角度提出来的，其中有两点需要我们注意：一是虽然他们认为动物有教养小动物的教育活动，但是他们没有说动物的教育活动就一定等同于人类的教育活动；二是虽然他们认为人类的教育活动与动物的教育行为有某些方面的相似性，但他们也没有说人类的教育活动就一定是动物的教育活动。因此，一些研究者从现代教育的目的性和社会性方面来解释或批判西方学者关于人类教

---

① 《马克思恩格斯选集》第4卷，373~324页，北京，人民出版社，1995。

育起源的观点，也未必具有说服力。因为，人类教育起源的问题与现代人类教育的特点问题毕竟不是同一回事。

应当指出，从不同角度认识教育起源的问题会得出不同的结论，说教育是人类特有的活动和现象，主要是从"教育"是不是有目的和有意识的活动的角度提出的；说动物界也有教育活动主要是从"教育"活动是否包含了上一代抚养下一代的活动的角度提出的。如果从探讨教育起源的角度来看，西方学者的观点对于理解这一问题可能会更有一定的意义。实际上，国内的一些学者在讨论教育起源的问题时也已经在一定程度上注意并肯定西方学者的这一观点了。例如，陈桂生指出，就融化在劳动中的教育成分的起源而言，"不能否认劳动中的某些教育成分同古猿模仿本能的联系"。社会生活中存在着从不自觉到自觉的训练，"而社会生活意识性极少的训练之所以可能，是由于人类与动物一样有模仿的本能"。①

总之，教育起源问题的讨论不应简单化和教条化。研究教育起源的问题应当结合生物学理论和劳动理论两个方面来进行，既要看到动物的抚育活动对人类教育起源的影响，也要看到劳动在人类教育起源方面的重要作用。从这个角度出发，人类的教育应当起源于早期人类生活各个方面的从无意识到有意识的模仿和训练。这里的"人类生活各个方面"不仅指劳动，也包括除劳动以外的社会生活其他方面；这里的"从无意识到有意识的模仿和训练"主要是指人类教育活动的从不自觉性到自觉性的过程，它反映了人类教育产生的最基本的特征。②教育起源与劳动有密切的联系，但劳动并不是教育的起源，劳动是人类教育产生的重要条件之一。总之，人的形成和教育的起源问题是

----

① 夏之莲主编：《外国教育发展史料选粹》（上），37 页，北京，北京师范大学出版社，1999。

② 美国教育家杜威在谈到人类早期教育时，也有同样的观点。他认为："初民社会生活简单，教育也简单，不过无形中的一种仿效罢了……他们没有学校的教育，只靠着直接的教育。一切人生日用的事，都是他们的教育……他们虽然不曾受过有法式的教育，然我们不能说他没有教育，不过他所受的是'不文'（Illiterate）的教育罢了。这种'不文'的教育，人类从前受了，都是不知不觉的。"参见［美］杜威：《杜威五大讲演》，胡适口译，87 页，合肥，安徽教育出版社，2005。

一个比较复杂的问题，它涉及众多的学科，因此，对于这一问题还需要进一步研究和讨论。

从以上的分析可以看出，人类教育的起源是早期人类通过社会、生活和生产并通过劳动共同作用的产物。在原始社会里，由于社会多方面活动与教育活动的密切联系，教育也多是与原始社会的生产活动、家庭活动、宗教活动，包括禁忌活动等融合在一起的。原始社会的教育既受这些活动影响，同时也反过来影响着这些活动，使得原始社会的教育逐步在从促进群体发展到促进个体发展中占有重要的地位。当然，从总体情况看，原始社会时期的教育活动还是处于初级的阶段，教育思想也处于一种萌芽状态，这些是与原始社会当时的发展水平相适应的。下面主要依据现有的考古发现和对处于原始社会阶段的民族生产、生活的考察材料，从几个方面具体认识原始社会的教育活动和教育思想。

第二节　原始社会的生产与教育

从社会生产的角度来考察原始社会的教育，主要是从人类在形成和发展过程中使用工具和制造工具的出现，以及工具发展的不同时期，如旧石器和新石器为代表的不同阶段来认识原始社会的生产的特点及与教育的关系。

在原始社会早期，人类生产活动的目的主要在于满足自身机体的需要，以及获得满足机体需要的工具。因此，工具的使用是人类逐步告别古猿的重要条件。据推测，在人造工具还没有出现之前，原始人使用的自然工具可能是由于自然的作用，如土地塌陷时石块和石块的冲撞和摩擦，或由于昼夜温差的变化等原因而形成，然后被使用者发现并保存起来的。人造工具的出现是人类发展过程中的一件大事。据说，最早的人造工具是在非洲坦桑尼亚的奥尔多旺发现的粗糙砸碎的石核和石块。① 这些石器的特点是在把石核或石块的一面砸碎以后形成一条锯形切削的边缘。以后，类似工具在非洲的许多国家发现。人造工具的出现标志旧石器时代的开始。

在旧石器时代，制造工具以及与制造工具有关的活动是原始人生活中的一项非常重要的工作。这一时期的教育主要是在制造工具的过程中通过年青一代向老一代的模仿学习完成的。沃辛顿·史密斯在所著的《原始的野蛮人》一书中就描写了旧石器时代早期一个小部落在"蹲所"进行生产活动以及教育的情景：

> 因为原始人还没有坛坛罐罐，不得不紧傍水源而居，不得不紧靠白垩石壁以便取用燧石。空气是冷冽的，火就十分重要，一旦熄灭了，在那些日子里是不容易再燃起来的。在不需要旺火时，可能是用灰封住的。最可能的取火方法是在干枯树叶中间用一些黄铁矿石和燧石互相撞击……这一小群人围坐在一大堆羊齿、苔藓之类的杂乱的干草里。有些妇女和孩子必须不断地去收集干草，使火继续燃烧。这已养成了传统。年轻人模仿大人做这件事情……长老是这群人的父亲和主人。他也许在篝火旁锤击燧石。孩子们模仿他，学习使用那些锐利的碎片。可能有些妇女会寻找合用的燧石。她们用

---

① [英]赫·乔·韦尔斯：《世界史纲：生物和人类的简明史》，吴文藻等译，72 页，北京，人民出版社，1982。关于奥尔多旺石器文化，也有研究者称为奥杜韦文化，属于旧石器早期文化的代表，距今约 300 多万年以前。旧石器时期分早、中、晚 3 个时期。旧石器早期文化主要有奥杜韦文化、阿布维利文化、阿舍利文化、克拉克当文化和北京人文化。(参见史仲文、胡晓林主编：《世界全史》第 7 卷《世界古代前期科技史》，17 页，北京，中国国际广播出版社，2000。)也有的研究者称最早的旧石器文化为阿布维利文化，而把阿布维利以前的石器称为粗糙的"前阿布维利石器"。人工打制的石器与天然石器的主要区别是，打制石器不仅有一定的石片类型，而且显示出一种天然石器所没有的对称。(参见[英]G.埃利奥特·史密斯：《人类史》，李申等译，52~53 页，北京，社会科学文献出版社，2002。)

木棒从白垩里把燧石挑出来，带回蹲所…… ①

　　早期人类由于自身发展和生活条件所限，使得他们的创新是极有限的，在生产工具的发明和使用上，模仿学习活动几乎成了教育的主要活动。这从旧石器的使用和传播过程也可以看出。有研究者指出：

　　　　处于旧石器早期的阿布维利人曾经生活在欧洲的几个国家，在法国、英国、西班牙和葡萄牙有较多的遗址，在比利时和意大利也有一些。从所有这些地方出土的燧石器都非常相似，其打制方法无疑出自一个首先发明这个方法的地点。这种方法从那里向外传播，最终被传遍整个世界……阿舍利石器的打制方法和阿布维利石器的打制方法没有明显的区别。前者无疑来源于后者。阿舍利石器显示出石匠的技巧有了很大的进步，这在某种程度上可能归因于一些能工巧匠移居欧洲。燧石工艺的广泛传播证实了这样的看法：有新的居民来到，居民人口在增加并扩散到新的地区……新技术表现出技巧上的很大进步。那时候已经不满足仅仅将一块大小、形状合适的卵石打制成锐利的刀口了。阿舍利的工匠会拿起一块燧石并对其表面进行灵巧的加工，直到使它的形状十分对称；然后他将仔细修整边刃，以便使它既整齐又锐利，同阿布维利石器不规则的钝边形成鲜明的对比。这种改进的边刃使得燧石器的重量减轻了，同时所有的石器由于提高了效率而减少了体积。不过，阿舍利石器的重要意义与其说是这些石器同较早的阿布维利石器相比显示出一定的技术进步，不如说是人们在做出比较微小的必要改变以获得这种高效率

---

　　① ［英］赫·乔·韦尔斯：《世界史纲：生物和人类的简明史》，吴文藻等译，84 页，北京，人民出版社，1982。

之前，几十万年来每天都在打制燧石器……阿舍利石器发现推迟得这么久，这既证明人类的创造精神是十分稀罕的，同时也支持了这种看法：某些才华出众的人发明了一种方法，这种方法往外传播，并被模仿了几十万年。①

在旧石器中期和后期，随着生产技术的不断改进，原始人逐步由使用粗糙石器开始向使用细石器过渡；同时，火的使用和人工取火方法的发明，也使原始人摆脱了"茹毛饮血"的境地；这一时期，采集和狩猎成为原始人的主要生产劳动。因此，这一时期的原始人也被称为"食物的采集者"。②

这时的食物的采集者已生活在世界的很多地区，如非洲刚果有俾格米人、非洲南非有布须曼人、南亚锡兰（斯里兰卡）有维达人、澳大利亚有土著人，等等。这些原始人生产和生活的主要特征是没有从事农业，也没有驯养动物，不会建造永久性的房屋。他们不知道陶器的制作，也不知道金属的加工。他们没有社会阶级，没有部族或其他类似的社会组织。"他们的条件完全可以被确定为实际上没有社会制度。他们中的许多人现在还是这样。他们只生活在自然的家庭群体中，如同大猩猩和类人猿中发现的情况一样。"③尽管这样，这一时期的原始人在生产和生活中也形成了自己的特点和习惯。这里仅以非洲的俾格米人和南非的布须曼人为例加以说明。

非洲刚果盆地东部的俾格米人是采取非定居的生活方式的原始人。有的研究者指出，这些原始人没有自己的首领，他们的社会基础是家族。他们没

---

①　[英]G.埃利奥特·史密斯：《人类史》，李申等译，54~55页，北京，社会科学文献出版社，2002。

②　同上书，139页。相对地将那些从事农业或采取其他方法来增加动物和植物性资源的人称为"食物的生产者"。

③　同上书，141页。

有偷盗和占有的习惯，不管别人把山羊或绵羊放在俾格米人这里有多长时间，都会被看管得非常好。在日常生活中，俾格米人已经形成了儿童对长者尊重的习惯。如在一次舞会上，当研究者请一个家庭的女孩在前面领头时，这个女孩却回来把这个位置让给舞会上最年长的妇女，而把自己安插在队列的后面。男子的队列也是这样。最年长的总是领头者，当他退场时，另一位年长者接替他的位置。①

南非的布须曼人是矮小黑人的一个分支。他们既没有部落组织，也没有最高首领。面临危险时，最亲近的氏族或家族联合起来，在最勇敢最能干的首领指挥下抵抗敌人。但是一旦联合的需要不再存在，这种联盟就宣告结束。布须曼人每个群体都是通过血缘关系组成的。每个小家庭独自行动，父亲在他能维持他的权威期间，即体力充沛时期是家长，但是一旦体力衰退他就立即被别人取代。在日常生活中，布须曼人穿得很少或者不穿衣服，小男孩在青春期以前还是光着身子，到了成年以后才开始穿上衣服。布须曼人对待自己的孩子也是充满感情的。如有的研究者指出："人们经常看到布须曼母亲亲吻他们的婴儿，恰如欧洲的母亲一样，孩子在生病的时候得到细心照料。父亲通常是严厉粗暴的，但他们对待自己的孩子从不蛮横。"②

在原始社会早期，由于原始人还没有形成一定的强有力的组织，他们主要食用植物，或吃些小动物。由于原始人的力量有限，在一些巨大的猛兽面前，原始人多半不是猎人而是猎物。因此，依靠群体的力量与自然和猛兽斗争，成为维持原始人的生产和生存的重要内容。也正是在这样的与生存相联系的生产和劳动过程中，加强群体之间的互助和配合也成为其教育的主要内容。

---

① ［英］G. 埃利奥特·史密斯：《人类史》，李申等译，143~144 页，北京，社会科学文献出版社，2002。

② 同上书，145~147 页。

下面的材料反映了处于采集和狩猎阶段的非洲卡拉哈里沙漠的多比·昆人的生产、生活和抚养儿童的教育实践。

昆人结营成小群体，靠开采地域辽阔的、纷然杂陈的食物资源生活。狩猎-采集生活方式的这些特点如何影响昆人抚养小孩的方法呢？一个昆人孩子到底是个什么样子？

首先，婴儿受到大量照料和刺激。他们的运动肌非常发达，因为他们除了睡觉很少被允许躺下，而必须由大人让他们保持站立或坐姿，一直到他们自己能坐立为止。在营寨里，婴儿与许多成年人非常亲近。母亲外出劳动时，她就用吊带绑在小孩臀部上，小孩的手脚可自由动弹，玩耍拴在她脖子上的什物和装饰品。母亲还不断给小孩喂奶。昆人婴儿可纵情玩耍，受到的刺激也比较多。

母亲生了另一个弟弟或妹妹后，他（她）也大约3岁了。这时，小孩对母亲的亲近转向了村子里的其他小孩。昆人营寨群体规模小，这意味着，小孩的同龄伙伴很少，所以他（她）就与年龄各异的孩子玩耍。年龄和技巧上的悬殊决定着他们的游戏很少有争夺得激烈、旗鼓相当的。

由于昆人必须每几周就搬迁一次，所以他们的"村子"简单而实用。他们的小棚屋用树枝和草、靠灌木丛而建，中间是一块空地供村子公用，一眼望去，每个人都尽收眼底；耳力所及可以收尽村子中的一切声响。这里，小孩儿在大人的眼皮底下玩耍，没有一块专供他们打闹的天地，他们自己也很少敢闯进灌木丛中。昆人财产稀微，却有一个好处——房屋周围几乎没有什么危险，因此，小孩就被获准在村子里自由活动，而不会受到伤害。

昆人的生产策略使成年人每周只劳动3到4天。一般时节，一半或大半的成年人都待在家里，小孩因此有与他们自由接触的机会，乍看起来，似乎大人对孩子的监督并不那么严格，他们很少申斥孩子或管束他们的行为。但是，只要留心观察，我们就会发现，大人一直注意孩子的行踪，一旦孩子间，特别是年龄差异较大的孩子间出现打架斗殴时，他们就会立即制止。

孩子们不怎么参加生产劳动。女孩要在大约14岁才开始采集食物或拣拾木材、找水；男孩要到16岁左右才正式打猎。由于昆人的食物供应总是可以预料的；同时，在广阔地域上采集和打猎需要成年人的技巧和耐力，因此，没有多少理由让小孩小小年纪就从事生产活动。就是在营寨里，孩子实际上也不参加劳动，昆人财产如此之少，以至于大人唾手便可以处理营寨中的事务。甚至料理小孩也是成年人的事，因为村里总是有充足的成年人来完成这一责任。（德拉普尔 Draper，1976）

可见，昆人儿童享有一种相对完全和无拘无束的生活，与大人的关系和谐、自然，与各种年龄的儿童是伙伴关系。①

总之，处于旧石器时代的"食物采集者"的教育是受这一时期的生产方式影响的。这一时期的原始社会教育是在生产和生活中进行的，儿童的地位尽管没有成人重要，但其发展还是受到成人的关注的。儿童的生活也是比较自由的。原始社会生活的常识和一般习惯的养成成为教育的主要内容。

新石器时代是人类历史发展的一个重要时期。对于这一时期的特征，许多研究者都给予了特别的关注。如英国的人类学家 G. 埃利奥特·史密斯认为，"新石器时代"是一个特定的历史时期。在这一时期，人们开始：（1）用

---

① ［美］F. 普洛格、D.G. 贝茨：《文化演进与人类行为》，吴爱明、邓勇译，164~165 页，沈阳，辽宁人民出版社，1988。

磨制的方法制造他们的石头武器，不过并没有放弃打制的方法；(2)驯养动物；(3)种植谷物和果树；(4)树立巨石碑；(5)制作陶器；(6)织造亚麻布；(7)有了明确的宗教信仰和葬礼。①英国的历史学家赫·乔·韦尔斯也认为文化上的新石器阶段所具有的特征表现在下列重要的革新上：(1)磨光石器，特别是装有木柄的石斧的出现；(2)某种农业和利用植物及种子的开始；(3)驯养家畜，其中狗出现得很早；(4)陶器；(5)编织。新石器的到来，也意味着农耕时代开始了。②

　　农耕时代的到来对人类的生产和生存方式的影响是巨大的。当然，这一时期的人类并没有立即放弃采集和狩猎的方式。新石器时代的男性也并不是一开始就安心于农业的。他们从事农业在很大的程度上并不是一种有意识的结果，而是一种在改变自身生存环境过程中的副产品。一般来说，采集和狩猎阶段的人类往往是以非固定的方式获取某一地域的野生食物来维持生存的。为了自己的生存，他们可以不管野生食物的生长或再生的问题，因此，他们的生产方式是一种流动性的，非固定化的，以短期的利益为中心的。但是，在长期的生产过程中，人类和动物、和植物的不断的相互作用，逐渐影响了人类的生存环境和生产方式。例如，人们在狩猎过程中可能出于对某种动物的喜爱，便保留下来并加以驯养，导致了畜牧业的出现。同样，人们在采集的过程中，可能随地拾取一些现成的谷物，或采集一些野生的种子，并随手把这些种子撒在地里，后来定居下来，并对谷物的生长进行一定的管理，导致了最初农业的出现。农业时代的出现，使得人类由过去的那种流动的、分散精力的、以短期利益为中心的生产和生活发生重大的改变，人们开始在一定的地域居住下来，固定下来，并有了集中精力生产和为自己的生存和发展

---

　　①　［英］G. 埃利奥特·史密斯：《人类史》，李申等译，586 页，北京，社会科学文献出版社，2002。

　　②　［英］赫·乔·韦尔斯：《世界史纲：生物和人类的简明史》，吴文藻等译，109~110 页，北京，人民出版社，1982。

做比较长远打算的可能。

农耕时代的出现不仅使得人类的生产方式发生了变化，也使得人类的生存方式、社会组织和教育方式发生了重大改变。社会不仅能够提供大量的食物资源，也使得老弱病残和幼小儿童有了更好的生存的机会。同时，父母也有较多的时间对儿童进行教育。在农耕时代，群体生活的相对固定和集中，主要精力放在农业的生产上，人口的增加，使得社会生活更为复杂，教育内容也更加丰富。在农耕社会里，由于生产活动是一种群体的活动，田地的开垦，作物的种植、管理、收获和储存等都需要相当的协调。另外，田地和谷物的保护、生产时间和精力的投入、生产纠纷的解决等，都需要一定的组织。同时，群体的生活和相互关系，也需要一定的协调和管理，谁是权威，谁应当服从谁，通过什么方式解决群体中的纠纷，等等，都使得农耕社会比采集和狩猎社会的生产和生活更加复杂。下面主要介绍两个处于原始社会农耕时代的南美洲的杨马人和美洲西南部的普韦布洛印第安人的生产和教育的情况。

南美洲的杨马人作为"食物的生产者"，与以前的"食物的采集者"相比有很大的不同。民族志学者拿破仑·查格伦研究指出，杨马人的部落大约有1万人。当1964年研究者到达这一部落时，杨马人还没有见过部落外的任何人。杨马人居住的环境为他们提供了比较丰富的野生食物。杨马人可以使用各种方法采集到棕榈果、坚果和荚果等，如果想换一下口味的话，他们还可以食些毛虫和烤蜘蛛等食物。此外，他们还用弓和毒箭猎取猴子、野鸭、野猪、食蚁兽和其他动物。但是，仅靠野生食物已经不够供养杨马人不断增长的人口。因为，水果是季节性的，动物个体比较小，又常常夜间活动，很难捕获。杨马人必须依靠种植经济来获取更多的食物。杨马人种植的作物主要是大蕉、香蕉、木薯、白薯、玉米、南瓜等。这一时期杨马人的农业还处于刀耕火种阶段。为了清理出一块园地，他们先把地上的灌木和小树砍倒、晒干、烧掉，然后再砍倒大树，横放在田地上作为各家地块的界标。整理好的园地归个人所有，每个男子都在各自的土地上种上各种作物。园地一经开出，每天的生产劳动就开始了。一般的生产情况是这样的，黎明时刻，男人们带着妻子和孩子来到地里，上午 10 点 30 分左右就返回村子。男人和女人在地里干活的同时，女人还得收集柴火，照管在附近玩耍的孩子。没有人在日当午时劳动。有时，男人在下午 4 点左右回到田里干到太阳落山。杨马人村落的构成和位置并不是固定不变的。村落平均每隔几年就搬迁一次。有时，搬迁是为了获取新的土地，但更多是为了避免村落内部的或与外部村落的冲突。由于人口的压力，杨马人也有自己的"计划生育"措施，采取的方式就是虐杀婴儿，尤其是女婴，这样，杨马人村落的男孩在数量上总是超过女孩。杨马人对男孩的重视一个重要的原因是男孩可以帮助成人在冲突中作战。而对女婴的虐杀，不仅导致了女人的减少，更导致村落男子对女人的争夺。杨马人重男轻女的实际生活和对男孩勇敢、好斗品质的培养成为教育的主要内容。如杨马人的男子在教育儿子时，总是希望把他们培养成生性多疑、脾气暴躁、动辄诉诸武力的人。杨马人父亲经常做的事情就是挑逗儿子打自己，然后报之以大笑并对儿子的"勇猛"倍加赞赏。杨马人如此培养儿子本是为了自卫，却使敌视、冲突无休无止。在充满敌意笼罩的社会环境中，杨马人用大量的时间和精力来与邻里结盟，结盟的最后步骤是通婚，双方群体交换新娘。但这种结盟又是脆弱的。当背弃承诺有利自己时，没有哪个村子会履行承诺。①

　　美洲西南部的普韦布洛印第安人在居住环境、生产方式、社会组织和教育等方面都与杨马人有很大的不同。如果说杨马人的生产和生活与其他社会或民族有隔离的话，那么普韦布洛的印第安人几个世纪以来一直处于周围的外来的定居者(主要是西班牙人、其他印第安人部落和北欧人定居者)的影响之中。但他们还是保留了自己的特色。普韦布洛人分东西两个部分，由于环

---

① [美]F. 普洛格、D.G. 贝茨：《文化演进与人类行为》，吴爱明、邓勇译，175~184 页，沈阳，辽宁人民出版社，1988。

境和生产条件的不同，也形成了不同的特点。

西部的普韦布洛人，由于处于半干旱的山谷，不适宜耕作，有时又会遭到洪水的侵袭，他们生产的策略是推行"洪水灌溉农业"，即利用洪水淹没的地带耕种。另外，他们还选择不同的地点种植玉米、豆类作物、南瓜、棉花和烟草等，以防止气候不测时几个地点同时遭殃。由于靠洪水泛滥来进行农业耕作主要是家庭的事务，因此西部的普韦布洛人在生产方式上不需要大规模的合作劳动。一个典型的西普韦布洛人的村子可以划分为几个比较大的家庭。家庭成员的扩大一般是按母系宗谱的后代来决定。氏族中年龄最大的老妇人被公认为氏族活动的领袖。她的房屋就成为氏族活动和教育的中心。因此，西普韦布洛人的女孩通常一辈子待在娘家。在每一个这样的大家庭里，妇女和姑娘们主要的工作是种植蔬菜、做饭、汲水、编织篮子、制陶、做衣服、照料孩子；男人和男孩子的工作主要是耕地、打猎、收集柴火、纺纱、织布、鞣制作衣服用的皮革等。由于降雨不定和洪水泛滥的影响，西普韦布洛人非常重视乞灵于超自然的力量来解释和影响自然，这样，在他们的生产和生活中，宗教仪式就成为一种重要的形式。这种宗教形式的主要目的是把神的力量引向自己一边。村子里的所有人，包括儿童（有时是所有男童）都要加入其中。在乞求神的仪式上，戴着面具的舞蹈者扮成超自然的神明，人们乞求他们保佑庄稼。而西普韦布洛人也相信，如果他们把仪式办得尽量周全，并以与自然和谐一致的状态参加这些仪式，那么神明就会给他们赐降喜雨。

东普韦布洛人的生产环境和技术与西普韦布洛人有很大的区别。由于霜期和降雨比西普韦布洛地区更加稳定，土地也更加肥沃，东普韦布洛人可以不必像西普韦布洛人那样过屈服于大自然的生活。在生产上，东普韦布洛人栽培的主要作物与西普韦布洛人栽培的一样，他们也饲养火鸡和从事一些打猎和采集的活动。但总的来说，当西普韦布洛人把主要精力和智慧用于在众多来源中扩展自己的生产和生活时，东普韦布洛人则主要放在生产的灌溉技术上，他们除了种植和收获外，还要筑坝、修渠、平整农田，并将农田修成一定的坡度。由于这种生产需要全村人的齐心协力，而不是一个家庭(像西普韦布洛人)的劳动，这样，东普韦布洛人的生产策略就非常注重集中化和专门化，而不同于西普韦布洛人的生产策略的多样化。在社会组织方面，西普韦布洛人以家庭为单位进行生产的方式、以女性为中心的母系氏族家庭结构和教育方式，在一定程度上可以看作他们对其生活不可预测性的一种反应。而对东普韦布洛人来说，生产环境的基本稳定、灌溉工程带来的稳定收成，也使得他们的社会组织方式不同于西普韦布洛人，这也影响了东普韦布洛人的日常生活和教育活动。其主要表现是，以氏族为核心的大家庭逐步瓦解，家庭的存在主要是处理家庭的内部事务和农业生产，母系亲属关系向父系亲属关系转变，一些重大的问题主要是通过权力相对集中的社会组织——"团社"来决定。团社联系着整个村落而不是单个的氏族，这样，氏族的重要性在东普韦布洛人社会中不再那么突出了。由于灌溉和生产的稳定，在东普韦布洛人的社会中，虽然也有宗教的仪式，但是它的主要作用不是乞求神明赐予雨水来灌溉庄稼，而是乞求神明赐予他们健康和财富。这种活动的非宗教性功能也使得团社中的领袖崇拜成为可能和日益变得重要。受宗教活动的影响，团社中从事宗教活动的男巫也有相当大的权力。对一个人的惩戒，家庭不能进行，而必须得到男巫的允许。一个家庭如果不同意男巫的观点有可能被逐出村落或财产被充公。这样，在东普韦布洛人的生活中，村落成为社会的基本单位，而其他社会单位，如家庭、亲属群体甚至氏族都要服从于整个社区的需要。① 从这一特点可以看出，东普韦布洛人的生产方式和教育方式与西普韦布洛人有很大的不同，他们可能更加重视个体、家庭，甚至氏族对团社和对组织权威服从的教育。这反映出，在原始社会发展到农耕生产阶段，部落

———————

① [美]F.普洛格、D.G.贝茨：《文化演进与人类行为》，吴爱明、邓勇译，185~193页，沈阳，辽宁人民出版社，1988。

组织的地位逐步高于氏族家庭的地位，部落组织的教育开始成为这一时期教育的主要方式。

总之，在原始社会的旧石器时代，原始人的生产和教育还是相当落后的，进入新石器时代农耕阶段以后，随着原始人的生产活动、社会组织和生活方式的变化，也使其教育内容和形式有了很大的变化。教育已经与人类社会生产和生活的各个方面紧密地结合起来，成为社会不可分割的重要组成部分，这些都为原始社会教育的进一步发展提供了有利的条件。

第三节　原始社会的家庭与教育

如果从制度的角度研究人类早期的文化和教育，可以看出新石器时代文化和教育的主要特征是制度的发展。家庭作为人类最古老的制度之一，成为这个时期制度发展的主要内容。在原始社会，家庭的出现是新石器时期的产物，这一时期的家庭可能是以多配偶或单配偶形式并存的。① 不过，从一些资料来看，一些原始民族虽然在生产方式上还处于早期比较落后的采集的阶段，但是他们的家庭生活已经有了很大的发展。在这里，就几个处于原始社会阶段民族的家庭生活和教育的案例，来分析和认识原始社会家庭结构、家庭生活、家庭成员之间的关系、对家庭成员的一般要求，以及家庭教育的内容等。

位于马来半岛澳大利亚的土著居民塞曼人的生活还是属于食物的采集者阶段。一些研究者指出，这些塞曼人的生活平等，实行公社所有制和一夫一妻制。他们生活在小群体中，没有部落组织，也没有首领阶级，没有管理机构的形式。在家庭里，父亲是受到尊重的，但家庭成员之间的关系也是比较

---

① ［美］爱德华·麦克诺尔·伯恩斯、菲利普·李·拉尔夫：《世界文明史》第 1 卷，罗经国等译，21~22 页，北京，商务印书馆，1987。

和谐的，丈夫与妻子的婚姻条件是平等的。在家庭里，孩子也受到珍视，被看成将父母联系在一起的纽带。因为，在塞曼人看来，新婚夫妇经常散伙，而有孩子的夫妇很少分离。由于塞曼人的这种家庭生活，使得他们行为规矩和洁身自爱。①

位于亚洲南部的安达曼群岛上的安达曼人的家庭生活也有这样的特点。一些研究者指出，安达曼人虽然是食物的采集者，但是他们过着定居的生活。安达曼的社会缺乏有组织的管理，但对长者是非常尊敬的，而且安达曼人还看重一些个人的素质，如深谙打猎、善战、待人友好、不发脾气等。同时，他们还很注重对年幼者、年长者、体弱者和无依无靠者给予各种各样的关心和照顾。在家庭里，对儿童的行为是有许多要求的。"安达曼的儿童因冒失和鲁莽而受到责备，但不是用体罚来强迫他们守规矩；他们很早就被教导要宽宏大量和自我克制，而且是禁食期的特殊对象……似乎是要考验少男少女在开始担负起结婚生活的责任以前的毅力和耐力。他们在早年就已牢记要殷勤接待朋友和来访者，所有的客人都要得到很好的款待；关心他们的各种需要，将最好的食物摆放在客人面前，在客人离去以前要表示敬意和良好的祝愿。"②

北美的爱斯基摩人的社会也是处于原始社会时期。一些研究者指出，爱斯基摩人是一个举止有礼、文静的民族。他们没有统治阶级，不知道社会等级，财富是公共的，妇女与男子处于平等的地位。③ 美国人类学者博厄斯在研究爱斯基摩人家庭生活以后也指出，爱斯基摩人的家庭关系是比较和谐的。在家庭中，父母很喜欢孩子，对他们很亲切，孩子们从未挨过打，也很少受到指责，不实行任何体罚。相反，孩子们认为有义务顺从自己的父母的愿望，

---

① ［英］G. 埃利奥特·史密斯：《人类史》，李申等译，150～151 页，北京，社会科学文献出版社，2002。

② 同上书，154～155 页。

③ 同上书，171 页。

当父母年迈时要照顾他们。① 也有的研究者指出，爱斯基摩人非常喜爱自己的家庭，他们不仅关怀自己的孩子，也非常尊重年长者的地位。在他们看来，家庭中的年长成员，尤其是父辈的人，由于他们多年的生活经验赋予他们聪明智慧，所以特别受到尊敬。因此，在爱斯基摩人的社会和家庭里向老人提出什么要求是很罕见的，而向他们提出意见被看作极端无礼的表现。②

1935 年，美国现代人类学者玛格丽特·米德对位于太平洋的阿德米雷耳提群岛进行考察后，写下了《三个原始部落的性别与气质》一书，其中谈到了新几内亚岛的阿拉佩什人家庭孩子养育和教育的情况。

玛格丽特·米德认为，阿拉佩什人的家庭比较重视儿童的早期教育。书中写道："在孩子出生后的第一个月总是不离大人的怀抱。母亲出门时用一个特制的网袋把孩子挂在胸前，或用一根深色的布吊带把孩子挂在乳房下……如果孩子暴躁易怒就用吊带，这样就能够及时给孩子喂奶。孩子的啼哭是要不惜任何代价去避免的灾难，这种态度一直延续到孩子们以后的生活。"③

孩子会走路以后，阿拉佩什儿童的教育开始发生一些变化。这时，"母亲嫌孩子到远处的地里干活过于累赘，而孩子也无须时刻吃奶了，于是，母亲去地里干活或打柴时，就把孩子交给父亲或其他亲戚。她常常在孩子发泄不满的哭声中及时赶回来，为了补偿，她坐下给孩子吃一个小时左右的奶。开始时母亲只离开一小时左右，然后是一小时的哺乳，随着孩子的长大，喂奶的间隔越来越长，直到孩子三岁左右母亲就可以离开孩子一整天，让孩子吃一些其他食物……"④

---

① [英]G.埃利奥特·史密斯：《人类史》，李申等译，173 页，北京，社会科学文献出版社，2002。

② 同上书，181 页。

③ 同上书，52 页。

④ 夏之莲主编：《外国教育发展史料选粹》(上)，53～54 页，北京，北京师范大学出版社，1999。

随着孩子的长大，他们也学会了一些新的玩耍方式。如早期是玩母亲的乳房，以后又学会了吹鼓自己的嘴唇。这一习惯是从大孩子那里学到的。它可以排遣孩子的孤独，使他们从饥饿中暂时得到解脱。

有趣的是阿拉佩什的小孩从没有不停地吮手指的习惯，而是用一切可以想象的吹鼓嘴唇的方法代替。他可以用拇指、食指或中指翻自己的上唇、舔手臂和膝盖。大孩子把掌握的一百多种吹鼓嘴唇的方法也慢慢地传给这些幼儿。这种吹唇游戏是连接孩子情感生活和行为的主线，它把在母亲柔软手臂中体验到的安全感和围在火边同大孩子一起度过安谧宜人而又漫长的夜晚连在一起，最后同一种满足、无特定性别性格的生活连在一起。阿拉佩什人把吹鼓嘴唇看成童年的标志。当孩子讲了过分早熟的话时，就会被警告事后要用嘴唇吹出噗噗声，才不会过早地长白头发。男孩子最先由成年男人告知停止吹鼓嘴唇，同时准许他们嚼槟榔或吸烟，以使长期习惯于刺激的嘴唇不会闲得难受，而女孩则被准许吹鼓嘴唇一直到她作了母亲。①

玛格丽特·米德指出，在阿拉佩什人的教育中，还没有任何强迫孩子接受的等级观念。"人们只是适当地提醒孩子行为举止要注意年龄上的差异和顺序。因此，当孩子给祖父办事时，大人会吩咐他要比给父亲办事更卖力些。这会使孩子陶醉于另外一些温和、成功及满足感之中。"②在阿拉佩什人的家庭生活中，除了有这种对长辈的尊重教育外，还重视对儿童的信任、关心和合作品质的培养。如让孩子学着信任、热爱及依赖每一个他所遇到的路人，并给以尊称。

阿拉佩什人的孩子"到4—5岁才穿上衣服。大人从小就教给他们承认男女生理上的差异，使得男女孩子在一起时并不觉得害羞和难堪……没人苛求

---

① 夏之莲主编：《外国教育发展史料选粹》（上），54~55页，北京，北京师范大学出版社，1999。

② 同上书，55页。

孩子们在举止上必须与他们同性或异性的孩子相异。4岁的孩子们在地上一起打滚，从没有人担心这种身体接触的后果。于是孩子们彼此在一种安逸、无忧无虑的状态下建立了对同性和异性身体的了解，这种了解没有因羞耻而复杂化，仅仅是一种身体的接触而已"①。

当阿拉佩什人的孩子长大一些时，他们的活动不再局限在父母的照料之中，而是扩大了活动的范围。如他们可以随着大人到各家各户来往走动；还可以到一些亲戚家住上一个星期。这些活动不仅扩大了孩子活动范围和视野，也使儿童感到世界上所有的地方都是安全的。

玛格丽特·米德指出，在阿拉佩什人对孩子的教育上，没有人坚持设法使孩子快些成长起来，也不强求孩子掌握特殊技能。人们准许孩子去尝试一些他们力所不能及的事情，如让孩子爬梯子或去玩刀子等，而对小女孩则从小训练她们用头部搬运东西，并把能够搬运东西当作长大成人的标志。孩子的体力训练一般都是非正规的。当孩子遇到危险时，往往有大人前来保护；当孩子跌跤时，马上有人扶起并抚抱。在阿拉佩什人看来，孩子应当是在别人保护的安全感中长大的，而不是学着由自己去控制环境。

在阿拉佩什儿童的游戏训练方面，孩子们所做的游戏是不鼓励进攻和竞争的。孩子们的游戏没有赛跑，没有可与对手抗衡的游戏。在游戏中，孩子们往往装扮成袋鼠或火鸡，由另一个孩子去吓唬他。另外，还有一些唱歌和跳舞的游戏。

阿拉佩什人也重视对孩子进行财产方面的教育。如在教育中，大人只是鼓励孩子要尊重他人的财产，并培养他们对自己家庭财产的安全感，而不是占有欲。如果孩子侵害了他人的财产，就会受到严厉的谴责，但是对于家庭的财产，则完全不同。孩子哭的时候可以给他要的任何东西。如果父母有不愿意让孩子损坏的东西，他们就把这些东西拿走，孩子也从不奢望占有它们。

---

① 夏之莲主编：《外国教育发展史料选粹》（上），56页，北京，北京师范大学出版社，1999。

当孩子再长大些时，阿拉佩什人就会告诉孩子一些东西将来是属于孩子自己的，不过父母现在还可以继续使用它们。玛格丽特·米德指出，在这种制度下，没有一个人会贪得无厌地占有财产，没有人会成为贼，没有人锁门（锁的雏形是放在财物上，谁也不知道的镇邪的巫物）。

总之，从上面的材料可以看出，这一时期的原始社会还没有出现等级的区别，在社会和家庭生活中，每个人都是平等的。每个家庭群体都在一定的范围内活动，其他家庭群体尊重他们的活动范围。家庭是原始社会最基本的社会单位。同时，由于原始社会人们生产的有限和自然力的强大，原始社会的家庭生活也是十分重视和谐的，并且又把这种和谐的精神延伸到社会的各种行为中。家庭里没有争吵，长者关心幼者，幼者也尊重长者；生活中，大家共享财物，没有个人独占的倾向。原始社会家庭生活的这个特点也使得原始人十分重视对儿童的和谐的教育。他们教育儿童行为端正、友好待人、尊敬长者，儿童也努力使自己成为社会中举止正派的成员。

因此，一些研究者指出，原始社会的这种家庭教育"是世界上最有效的教育方式，因为这种方式比其他方式能使社会内部形成更全面的平衡"[1]。当然，原始社会家庭教育重视和谐的特点也与一夫一妻制的出现和孩子在家庭中的地位有一定的关系。在原始社会中，家庭群体的组成首先是由一个男子和一个女子组成的，然后有了孩子。无论一个男子或一个女子原来的脾气如何，当他们生活在一起时，他们都倾向于在原始条件下和谐地生活。一个重要的原因可能是由于男女的平等，另外一个重要的原因是孩子是稳定婚姻和社会的凝固剂。[2]

也有的研究者指出，在父系氏族阶段，由于出现了"大家庭"的结构，原

---

[1] ［英］G. 埃利奥特·史密斯：《人类史》，李申等译，195 页，北京，社会科学文献出版社，2002。

[2] 同上书，199 页。

始社会的家庭教育也发生了一些变化。如在一些大家庭里，人数可多达百人甚至数百人。大家庭不仅是一个生产单位，而且其中许多成员还承担了教育儿童的任务。如印第安人的豪皮（Hopi）族，童年时期的男孩以及童年和青年时期的女孩，一般都由大家庭的成年妇女教导，不分生母和非生母，只有进行严格训练时，才由生母的兄弟协助，孩子的祖父和外祖父也来帮忙。在这种情况下，儿童没有区分近亲和远亲的观念。他们相信大家庭中的成人男女，服从成人的教导。在另外一些部落，儿童的教导除了父母外，还包括父母的兄弟姐妹。儿童通常由生父教授生产技能和传统成训，也由生母的兄弟教授关于氏族部落的知识。还有的印第安人以祖父母和外祖父母为教导者。①

总之，从目前所收集到的材料来看，原始社会的家庭生活和教育是密切联系的，原始人的教育是一种平和、平等的教育，儿童得到社会和家庭成员的关心和爱护，儿童也尊敬家庭中的各个成员。当然这种教育是建立在原始社会的生产发展有限，原始人的生存环境恶劣的条件下的，因此它要求家庭以及部落里的所有成员的相互团结和帮助以战胜各种困难。这一时期的家庭教育也反映了早期原始人生产和生活的基本特征。

第四节　原始社会的宗教、禁忌与教育

如果说家庭是人类最古老的社会制度之一的话，那么宗教则是第二个比较复杂的制度。一些历史学家认为，宗教是一种依赖于外在力量的意识以及某种形式的表现。这种外在的力量是一种精神或心理力量。② 据一些人类学者

---

① 滕大春主编：《外国教育通史》第 1 卷，7~8 页，济南，山东教育出版社，1989。

② ［美］爱德华·麦克诺尔·伯恩斯、菲利普·李·拉尔夫：《世界文明史》第 1 卷，罗经国等译，22 页，北京，商务印书馆，1987。

的研究，在原始社会已经出现了以灵魂为中心的宗教崇拜的现象。1871 年，人类学家爱德华·毕·泰勒提出，所有宗教的基础是灵魂说，灵魂是有别于有形肉体的精神实质。他根据原始人对生与死、警醒与梦幻的关注和好奇的研究，提出了灵魂的观念，他把原始人对超自然力量的信仰称作"泛灵论"，认为原始人不仅把这种灵魂说用于人类生活，而且也应用于动植物。[①] "灵魂说""泛灵论"成为原始人的观念和教育思想的基础。

美国教育史学家孟禄则概括了原始人以"泛灵论"来解释一切，并对一切灵魂崇拜的特点。他在 1923 年出版的《教育史教科书》中认为，原始社会生活的特点是"泛灵论"。他指出，原始人在解释他们的生活时，认为在他们所有所感知的事物背后，都有一种精神实体或"灵魂"在控制着物体。例如，他们在做梦时，会经历着如同他们醒时所有的打猎、战争以及其他许多活动。在原始人看来，这表明他的灵魂一定去过别的地方，虽然他的同伴使他确信他的身体没有移动过。由于原始人把身体和灵魂看作可以分开的实体，这样，他们就把物体或对象都赋予了意识和灵魂。任何事物或事情都是灵魂干预的结果。如果一件事情出现了好的结果，就是好的灵魂干预的；如果一件事情出现不好的结果，就是敌对灵魂干预的。因此，原始社会生活的一个重要内容就是在做各种事情之前，都要通过一定的宗教活动来吸引友善的灵魂，获得安抚和支持，而控制或躲避敌对的灵魂。前面分析的美洲西南部的普韦布洛印第安人的活动就是通过这种宗教仪式把神的力量引向自己一边，以保护自己的利益。

孟禄认为，原始社会生活的这一特点就决定了原始社会教育的性质。他指出，原始人的生活一方面在于取得满足身体需要的手段——食物、衣服和住所；另一方面，还要通过宗教崇拜的形式来镇抚、控制或躲避灵魂世界的

---

① ［美］F. 普洛格、D.G. 贝茨：《文化演进与人类行为》，吴爱明、邓勇译，563~564 页，沈阳，辽宁人民出版社，1988。

敌人。因为每种食物、每种为住和穿提供物质材料的植物、每种武器或工具，都有一个灵魂存在其中，必须先控制住它，物体自身才能保证满足人的需要。所以，原始人为生活中最简单的必需品披上了一层神秘的外衣。为了满足这些需要，就要有一种精心考虑的步骤，不仅旨在得到所需求的物体或使用它，而且还旨在镇抚或控制它的灵魂。在日常生活中，原始人就是通过获得和使用特殊的方式来镇抚所需要的物体的灵魂的，而在日常生活以外，为打猎、军事活动、收割庄稼以及大量特殊事务做准备时，也会有一些抚慰灵魂的步骤。

与此相关，孟禄认为，原始社会的教育主要有两个方面的内容：一是满足生活实践需要的必要的训练，包括打猎、捕鱼、使用武器、制作皮毛、造房子等，还包括要学习按照明确规定的方式去做好每件事情，以避免触犯主宰这些事物的灵魂；二是关于各种精心设计的宗教崇拜的步骤或形式的训练。群体的每一个成员需要通过这些训练和形式尽力抚慰灵魂或培养他的善心。前者形成了原始人的实践教育；后者形成了原始人的理论教育。①

一、原始社会的宗教与教育

由于原始人相信一切事物后面所具有的超人力和自然的力量，因而他们非常重视对各种物体的崇拜。一些研究者指出，原始人的宗教崇拜活动主要有自然崇拜、动植物崇拜、图腾崇拜、祖先崇拜等。②

自然崇拜是原始人最早的宗教形式，其崇拜物都是与人们生活直接相关的。由于原始人所处的生活环境和生产方式不同，他们的崇拜物也不同。如海神是居住在海边的原始人的崇拜对象；山神是居住在山区的原始人的崇拜对象；而日、月、星辰、水、火、土地是一切原始人类所共有的崇拜对象。

---

① 夏之莲主编：《外国教育发展史料选粹》(上)，6~7 页，北京，北京师范大学出版社，1999。
② 杨国章：《原始文化与语言》，195~198 页，北京，北京语言学院出版社，1992。

动植物崇拜也是原始人宗教崇拜的内容。因为他们的生活离不开动植物。一些研究者指出，对植物的崇拜要晚于对动物的崇拜，其主要崇拜的对象是谷物和树木。

图腾崇拜是一种古老的宗教形式，图腾多为动植物或其他自然物。由于原始人认为自己的氏族与氏族用以命名的动植物或其他自然物有血缘联系，这种动植物或其他自然物就成了氏族的图腾。由此推想，一切有灵性的动植物或其他自然物也由祖先与某种图腾所生，或认为他们依赖于某种动植物或其他自然物才能生存，这种动植物或其他自然物就成了人们生存的保证。许多原始人对于自己氏族所崇拜的图腾动植物，一般是禁止猎杀和食用的，必要时需通过一定的仪式才能食用。

祖先崇拜要晚于自然崇拜。有研究者指出，祖先崇拜可能出现于父系氏族公社阶段。它是指崇拜与自己有血缘关系的死去的男性祖先。图腾崇拜是祖先崇拜的前提。祖先崇拜反映了父权制确立的现实，实际上是对一种氏族首领作用的确认。

关于原始宗教崇拜产生的原因，有研究者认为它是原始社会发展到采集和狩猎阶段的产物。在这一阶段，由于生产范围的扩大，经过长期的生产实践，人们逐步认识了许多自然现象与人的经济生活的联系，从而对许多自然现象有所需求并有所控制要求的时候，才会对自然现象加以神化。这种神化既包括了原始人对自然虚幻、错误的看法，也包括某些正确的看法，这种联想是以对自然现象与人的生产实践之间关系合理了解为基础的。[①] 也有研究者指出，原始宗教崇拜或信仰的产生不仅与一定的生产力水平发展有关，还可能与社会一定的组织方式有关。他们认为，超自然的力量在道德方面形成约束力与社会的经济和复杂程度密不可分。在一些部落的社会中，统治者为了自己的统治，常常用神的权威来维持他们的特权，并控制以至预防下层阶级

---

① 杨国章：《原始文化与语言》，192 页，北京，北京语言学院出版社，1992。

的叛乱。①

原始社会宗教崇拜的一个重要结果就是产生了原始的宗教教育。由于原始社会是一个充满神灵敬畏的世界，前辈的经验和个人的经历使原始人相信，他们所处的环境都是由一种超自然的力量所控制的，而这种力量影响着他们生活的各个方面。虽然人们想了解这种神秘的力量，但是在人类文化发展的早期，要使每个人都知道这些力量和了解它们的情况、喜好、厌恶等，以使人们的行为赢得它们的喜悦是不可能的。于是在这一时期就出现了一个由智者或教士组成的特权阶层，这些人担任着和神秘力量进行直接联系的职务。这样，也就形成了早期的宗教教育。

美国教育史学者佛罗斯特认为，原始人的宗教教育主要有两种形式。第一种形式是培养宗教的专门人才的教育。如一些教士或智者把他们的特殊技艺传授给那些将来准备胜任这项专门技术的人。在这种教育中，他们接收一些男女青年，教以有关精神世界的所有事务。当这些年轻人学会了所必需的知识技能后，他们就可以被介绍加入这一"职业"，并通过一定的仪式被正式接纳。第二种形式是对部落中一般人的宗教知识的教育。这种教育主要是对青年人和老年人传授有关心灵和环境中神秘力量的知识。教育人们在特殊场合下如何行事，如何抚慰不幸者和对待幸运者，以及其他有关种族信仰的秘密。这种教育还可以通过父母和在日常生活中与儿童接触的人来补充。有时，

---

① [美]F. 普洛格、D.G. 贝茨：《文化演进与人类行为》，吴爱明、邓勇译，566 页，沈阳，辽宁人民出版社，1988。国外学者认为，超自然力量概念的出现是人类社会结构变得更具阶层化和中央集权化的体现。还有的学者(罗伯特·贝拉赫，1960 年)提出了人类宗教演变的顺序系列，包括原始宗教、古代宗教、史期宗教、现代初期宗教和现代宗教。他认为，在原始宗教中，超自然力量存在于现实世界中；在古代宗教中，超自然力量更加具体化，但不完全是现实世界的一部分(如《圣经》所体现的)；史期宗教如天主教，强调现实和超自然的双重性，认为超自然世界的如仙般的生活，只有通过摈弃现实的自然世界才能达到；现代初期的宗教如新教，也强调自然与超自然的双重性，但其认为只有通过在现实世界中的行动才能得到拯救；而现代宗教如一神教就不再分什么自然、超自然了，所强调的是在现实世界中的道德品行。(参见《文化演进与人类行为》，567 页)

整个部落，或者几个部落联合起来用参加典礼仪式的舞蹈和其他事先计划好的仪式去影响青年人，使他们相信那种控制环境的力量。

佛罗斯特认为，原始社会的宗教教育与其他教育一样，也是与实际生活联系在一起的。儿童的学习是为了更好地生活，以适应在他周围环境中的那些力量。他们在生活中受教育，接受与他们相联系的成年人的指导。①

总之，受原始文化"泛灵论"的影响，在原始生活中，敬畏神灵和崇拜神灵的活动逐渐成为原始人生活的重要内容。它形成了人类社会最初的宗教教育，同时也造就了通过宗教神秘知识和技艺来抚慰人们心灵活动的特殊阶层——传授宗教知识的专门人士。在原始社会中，宗教教育成为人们生活中具有重要地位的教育。

二、原始社会的禁忌与教育

一些研究者指出，"禁忌"这个词最初是由波利尼西亚人使用的，它有两方面的含义，一是指崇高的、神圣的；另一是指神秘的、危险的。有学者对禁忌的出现给予了很高的评价，认为它是"较高的文化生活之最初而不可缺少的萌芽……是道德和宗教思想的先天原则"②，是人类社会契约约束和义务的胚胎。

也有学者指出，禁忌和宗教有联系又有区别。从起源上看，禁忌属于宗教范畴，但是禁忌不完全等同于宗教，禁忌也包含着伦理道德。禁忌同时属于宗教和伦理道德两个领域。就其表现形式上，禁忌比宗教和伦理道德更外向。禁忌有两方面的特点：一是它的一些否定性规则被群体接受后就有了强制力，成为不能违犯的规定，这一特点类似于长期以来形成的习俗特征；二

---

① [美]S.E.佛罗斯特：《西方教育的历史和哲学基础》，吴元训等译，12~13页，北京，华夏出版社，1987。

② [德]恩斯特·卡西尔：《人论》，甘阳译，133页，上海，上海译文出版社，1985。

是这些规则又被视为符合群体利益的需要，获得了所有强制性的社会措施所代表的道德特点。①

但也有的学者指出，禁忌活动是强加于人的无数的责任和义务，所有这些责任都有一个共同特点：它们完全是消极的，不包含有任何积极的理想。某些事情必须回避，某些行为必须避免，在这里是各种禁令，而不是道德或宗教的要求。因为支配禁忌体系的是恐惧，它所要求的只是如何去禁止，而不是如何去指导，它不可能在人身上激起新的积极的即道德的能量。②

原始社会的禁忌活动主要包括三个方面：第一种是有关动植物的禁忌，禁止捕杀和食用它们；第二种是关于人的禁忌，即对不同的人和在人的发展不同关键阶段必须接受的约束和限制，如对长老的禁忌，在人的成长过程中初生婴儿、青春期的男女青年、月经期的妇女、分娩时期的妇女、病人、死人等都有不同的禁忌；第三种是关于一些令人畏惧和恐怖的事物的禁忌。

关于动植物的禁忌，其本质是原始人的生存规则作用的结果，因为在原始人看来，与食物相联系的人的生存比人的繁衍更重要，个人的保存比个人的成长更重要。这样就逐步形成了一些对动植物的禁忌。一些研究者指出，在讲班图语的南部非洲原始部落中，许多土著人都有自己的禁忌规定，而这些禁忌常常是关于食物方面的。在这些土著人看来，关于食物的禁忌是生存中最重要的事情。一个什么都吃，没有禁忌的人是一个没有原则的人，如果某人违背禁忌，必然受到蔑视、抨击和惩罚。另外，澳大利亚的斯塔马尼亚人认为吃贝类动物和带鳞鱼是恐怖的事情，他们宁可饿死也不吃这类食物。③

关于人的禁忌，有些是针对男性的；有些是针对女性的；有些是针对年轻人的；有些是某个特殊群体的；也有比较多的是针对部落长老的。英国历

---

① 杨国章：《原始文化与语言》，211~212 页，北京，北京语言学院出版社，1992。
② [德]恩斯特·卡西尔：《人论》，甘阳译，138 页，上海，上海译文出版社，1985。
③ 杨国章：《原始文化与语言》，208 页，北京，北京语言学院出版社，1992。

史学家韦尔斯指出，在原始社会里，凡是与长老有关的东西都可能成为禁物。任何人都被禁止去接触长老的矛或坐在他的椅子上。在各个部落里，年轻人必须记住这些禁忌。他们的母亲也会教育他们不要忘记。正是这样的教育过程中，他们的母亲把对长老的畏惧、尊敬和体谅灌输给了他们。① 一些研究者指出，有所禁止的东西的观念，就是对这些东西碰不得、看不见的观念。它正是通过这种禁忌教育而深入人心的。在部落里，只有遵守这些原始法规，青年男子才有希望逃过长老的暴怒。② 不仅如此，长老死后，这种禁忌也同样存在。原始人当时不能肯定长老已经死了，以为他睡着了，或者是装死，母亲还会继续给他们的孩子讲解长老是如何可怕和勇敢，长老依旧是部落里的恐怖对象。这种对长老生前死后的畏惧，逐步成为对部落神灵的畏惧。

在对人的禁忌方面，原始社会还有对某一群体的特殊禁忌。如在男女青年的青春期时或他们举行成年礼期间，都要接受许多限制和约束，而对于妇女月经期和分娩期的禁忌更是严格。例如，不仅限制她们在一定时期禁食某些食物，甚至还把她们隔离起来，限制她们的活动。在一些部落甚至还有一些禁忌，如不能碰人的尸体，谁碰了就成了不洁的人；人们甚至同样害怕碰一个新生婴儿，在许多民族中，婴儿在出生之日也是属于禁忌的，以致不能被放到地上。③

对一些自然现象的禁忌，在原始部落里也是较为普遍的。一些研究者指出，在波利尼西亚、印度尼西亚和非洲等地，月蚀现象会给原始人造成很大的恐惧，由此产生很多禁忌。如有些地方月蚀期间不能劳动，并需要戒食；有的地方整个群体都停止一段时间的正常工作。很多非洲部落的原始人认为

---

① ［英］赫·乔·韦尔斯：《世界史纲：生物和人类的简明史》，吴文藻等译，127 页，北京，人民出版社，1982。韦尔斯指出，这种禁忌在今天也仍然存在，如小孩不准碰父亲的烟斗，或坐在他的椅子上。

② 同上书，127 页。

③ ［德］恩斯特·卡西尔：《人论》，甘阳译，134 页，上海，上海译文出版社，1985。

在没有月亮的黑天里结婚后不生育；新西兰的祖鲁人认为在没有月亮的黑天不能进行战争。很多非洲原始人认为月蚀对于人的活动有不利的影响。另外，在非洲的毛利人那里，在栽种马铃薯的劳动中也有集体性的禁忌，如栽种的那些天里，人们不能下河捕鱼，小船也不能下水等。①

通过上面的分析可以看出，禁忌活动是一种人类社会的文化现象，其本质是不依靠人的经验和判断就先天地把某些事情说成是危险的，尽管事实上，那些东西在某种意义上可能不是危险的。从这个意义上说，禁忌活动是一种消极的文化现象。同时，禁忌活动又是一种强制性的社会规范，是社会约束和义务的结合体及维护社会秩序的基石。它涉及个人与群体的关系，涉及群体成员的和谐关系和部落的生存及发展，因此，原始社会的禁忌活动具有强制性的群体教育和规范教育的作用。

在原始社会，与禁忌活动相联系的教育内容也是十分丰富的，不仅有对长老畏惧的观念，也有对不洁之物和可憎之物的观念。在长辈的教导下，幼小的儿童从小就接受和逐步形成了对特殊的人物和对特殊的事情嫌恶和回避的观念。以后随着语言的发展，在教育的形式上也发生了变化，人们不仅利用传统的单纯的模仿教育和鞭策的教育，而且还有了语言形式的补充。通过这种教育，人们可以把传统的禁忌观念加以整理和系统化，让儿童记住。在这种教育中，人们还彼此通过交谈、传播和说服，强化了对禁忌物的恐惧，逐步建立了对不准碰的东西和不洁东西的禁忌的规范传统。在原始社会里，与这种禁忌内容相联系的教育不仅出现在幼儿教育中，而且还出现在青年人的成年礼中，其主要的特点是告诉青年人不准这样，不准那样，要听从长辈的教导，服从传统的习俗，按照长辈的教导和传统的习俗行事。

应当指出，在人类社会的早期，禁忌活动体现了原始人生产、生活的一些规定性约束的特点，禁忌活动越发展，就越有把人的生存、生活和发展凝

---

① 杨国章：《原始文化与语言》，209 页，北京，北京语言学院出版社，1992。

结为一种消极状态的危险。因此，与这种禁忌活动相联系的教育可能是一种消极的教育。在日常生活中，由于禁忌活动在人们的生活中占有重要的地位，不管人的行为是有意的，还是无意的，不管一个人是否具有道德，只要他犯了禁忌，其结果都是要受到严厉的惩罚，既会落在不义者身上，也会落在正义者身上。在这里，人们的行为结果是重要的，而行为的动机是次要的，人们看重的是行为的结果而不是它的意图或方式。因此，在这种情况下，一个人的道德和动机成了无关紧要的东西。同样，在一件事情中或一个人的行为上，去寻求纯洁是不可能的。唯一具有尊严的纯洁就是具有宗教意义上心灵的纯洁。对此，有的学者指出，正是在这种禁忌活动的持续施压下，人们逐步在自己身上发现了一种肯定的力量，一种不是禁止而是激励和追求的力量，人们把被动的服从转化为积极的宗教感情。①原始社会禁忌活动的强制性特点，恰恰为宗教和宗教教育的产生提供了可能。

第五节　原始社会的"成年礼"与教育

从制度的角度看，原始社会的"成年礼"制度可以说是人类教育最早的一种培养和选拔青年人的制度。关于"成年礼"制度，有的学者称它为"青年礼"（苏联的沙巴耶娃）或"成丁礼"（美国的佛罗斯特），还有的称它为"加入式"（美国的孟禄）、"入社仪式"或"献身仪式"等，这些解释都反映了在人类社会的早期，在青年人步入社会的过程中，一定的仪式在人们生活中的重要性和地位。按照人类学者的观点，"成年礼"制度就是个体在成长和发展的不同阶段所要经过的一种"通过仪式"。这种仪式的形成在一定程度上反映了原始人在生活中和教育上的一种探索和创新。

---

① ［德］恩斯特·卡西尔：《人论》，甘阳译，138 页，上海，上海译文出版社，1985。

一、"通过仪式"与"成年礼"制度

在社会发展的早期阶段，人类生活是受到多方面的因素和条件限制的。一个人的成长和发展也是要经过许多阶段的。在每一阶段，不仅有各种各样的困难，而且还要有各种各样的禁忌加在年青一代身上。在这个过程中，年青一代从一个阶段转到另一个阶段，一定的"通过仪式"起了重要的作用。

一些研究者指出，所谓的"通过仪式"，是从英文"Rites of Passage"转译过来的，其意义在于每个人在一生中都必须经过几个生活阶段，每个人的社会属性也正是通过这些重要阶段不断确立起来的。在各个阶段，年青一代要以一定的通过形式加以表示，并以此获得社会的承认和评价。西方学者范根纳普在 1909 年出版了《通过仪式》一书，他认为通过仪式是"伴随着地点、状态、社会地位、年龄的每一变化而实施的礼仪"①。范根纳普还把"通过仪式"划分为三个阶段，即分离、过渡、聚合。在最初的分离阶段，仪式的行为总是象征着某个人或某个团体离开了他们以前在社会结构中所占据的固定位置，或离开某种文化的状态；在过渡阶段，作为仪式主体的当事人(如新成员)处于一种"模棱两可"的状态之中，即既不能具有原来状态的基本特征，也不具有未来状态的基本特征；在聚合阶段，转化完成了，这时的仪式主体再次处于一种稳定的状态，并具有社会上所赋予的一种明确规定的权利和义务，他们开始按照社会的要求执行约定俗成的规范和道德标准。

关于个体成长分一定阶段的观点，苏联的学者沙巴耶娃也有类似的看法，但她更注重个体成长"年龄"阶段的划分。她指出，在民族传说中已经出现关于四种年龄阶段的划分：童年、青年、成年和老年(男女性都一样)。在每种年龄群中都有自己特殊的标志，某一年龄群的成员往往穿戴着特别的服饰。儿童们和青年们只有经过了一定的仪式以后才可以从一种年龄群转入另一种

① 金泽:《宗教禁忌研究》，154~159 页，北京，社会科学文献出版社，1996。

年龄群，而在这个过程中，与禁忌活动相联系的一定的仪式成为人的发展过程中不可缺少的内容。沙巴耶娃认为，在原始社会，人是受多方面的禁忌和限制摆布的，这些禁忌和限制加在人的行动、语言、事务上，影响人的生活的各个方面。同时，各种各样的他布(Ταбу，意为禁忌或限制)被加在新生一代身上，使得他们要经过一些痛苦的仪式进入到另一个阶段后，才能取消这些他布。①

一些研究者指出，人的一生主要有四种重要的"通过仪式"，即出生、成年、结婚和死亡。② 从这四种通过仪式来看，大致反映了一个人由生物人成长为社会人的过程。在这里，成为一个社会人的意义对于原始人也是非常重要的，而成为社会人的一个重要标志就是青年人要通过一定的"成年礼"。因为，一个人尽管生理上已经成熟，但如果没有经过"成年礼"，他(她)就没有权利进入成年人的社会。而只有通过"成年礼"，一个人才能完成新的社会角色的转变，其地位和权利才能得到社会的承认。因此，"成年礼"在一个人的成长中占有重要的地位。

"成年礼"的进行一般是与儿童发育成熟密切联系的。美国教育史专家佛罗斯特对此有明确的认识。他认为，在某些原始社会里，"儿童发育成熟的时间是最重要的。他将准备承担一个成年人的职责。到此时，他要参加一系列的'仪式'，其内容通常包括一段时间的严格训练和考验。这段时间可由几天到长达几年。在典礼仪式和壮观场面下，青年被打上成年人的标记，并且向他强调必须学习"③。

"成年礼"的进行也是对儿童和青少年进行教育的最好形式。美国教育家

---

① ［苏］沙巴耶娃：《论教育的起源和学校的产生的问题》，见瞿葆奎主编：《教育学文集·教育与教育学》，129~131 页，北京，人民教育出版社，1993。原书中"沙巴耶娃"被写为"沙巴也娃"，下同。

② 同上书，129 页。

③ ［美］S.E. 佛罗斯特：《西方教育的历史和哲学基础》，吴元训等译，11 页，北京，华夏出版社，1987。

孟禄指出，"成年礼"活动使得原始社会教育的教学得以进行。对于这些准备步入成年人社会的青年人来说，他们要被迫与部落中的其他人相隔离，学习一些成为部落正式成员所需要的神秘的东西。孟禄认为，按照人类学者的观点，这种仪式被称为"加入仪式"，它像复杂的现代教育一样，接纳个人进入社会生活方式是通过获得它的有组织的文化产物才得以实现的。①

我国的任钟印先生也对"成年礼"的特征进行了概括。②他认为，综观各地的习俗，"成年礼"具有以下几方面的特征：

（1）少年领受成年礼的年龄极不一致。有的部落要求11—13岁的男女少年一律接受成年礼；有的部落成年礼的进行则为9—16岁的少年。

（2）成年礼不是一种短暂的仪式，而是一个漫长的过程。如印第安人部落的成年礼要求受礼者斋戒三十日；而安达曼群岛原始居民的成年礼要长达1—5年，女孩的成年礼更长。

（3）接受成年礼的少年要经历各种严酷的锻炼和考验，如毒打、火熏等。

（4）许多部落还用各种恐怖、服药等方法，如使接受成年礼的少年从一种昏迷状态转入复苏的状态，以完成所谓的从一个阶段向另一阶段的过渡。

（5）在接受成年礼期间，少年还恪守斋戒和各种禁忌，并接受各种行为规范的教育和训练。

（6）割礼。澳大利亚和赤道非洲等地的原始居民在成年礼期间都要对男少年进行割礼，割去阴茎的包皮。

（7）成年礼一般都伴有各种宗教仪式。

总之，在人类社会的早期，原始人已经有了对于一个人从一个集团步入另一个集团的基本要求和必要的形式，这种形式不仅有时间上的考验，也有

---

① ［美］孟禄：《原始教育：一种非进取性的适应的教育》，见瞿葆奎主编：《教育学文集·教育与教育学》，187~188页，北京，人民教育出版社，1993。

② 滕大春主编：《外国教育通史》第1卷，16~18页，济南，山东教育出版社，1980。

一定规范的学习和掌握，它是一个民族或部落新陈代谢、世代延续的需要。因此，在现代社会条件下，我们仍然可以看到一些处于原始社会状态下的部落或民族，保留这一传统和习俗，使之成为青年人走向成人社会的一条重要的通道。

二、现代阶段部落社会的"成年礼"制度

在现代社会，仍然可以看到处于部落社会阶段的一些民族的教育以及"成年礼"制度。

(一)阿拉佩什男孩的成年礼教育

20世纪30年代，美国人类学者玛格丽特·米德研究了位于太平洋阿德米雷耳提群岛的阿拉佩什人的生活，特别是幼儿以及青少年的青春期行为，介绍了阿拉佩什男孩的成年礼活动的情况，为我们研究原始社会的成年礼教育提供了有益的资料。①

玛格丽特·米德指出，对一个部落来说，与男孩成长有关的成年礼活动是部落和家庭生活的主要活动；对一个男孩来说，最重要的时刻就是在青春期期间所举行的成年礼活动，因为这是一个男孩成熟的标志。如果这个男孩在家庭里是长子，是一个大家族的儿子或是一个重要人物的后代，他的成年礼可以单独举行。但许多男孩参加的是一种大型的成年礼活动，这种活动每六七年举行一次。大型的成年礼一般需要一个村寨花费几年的时间来准备大型的宴会；而一些大的男孩则通常以小型家庭宴会的形式单独地举行成年礼。

阿拉佩什男孩的成年礼有一些基本的规定。一般先是要举行一个男孩与妇女们隔离的礼仪。然后，男孩们要离开妇女单独过上2—3个月的生活。在

---

① [美]玛格丽特·米德：《三个原始部落的性别与气质》，宋践等译，杭州，浙江人民出版社，1988，转引自夏之莲主编：《外国教育发展史料选粹》(上)，62~65页，北京，北京师范大学出版社，1999。

这期间，这些即将跨入成年人行列的男孩们要恪守某种特殊的食物禁忌，吃一种蘸着老人血的神圣的食物；成年人还要给他们出示各种奇特的东西。这种东西分为两类：一类是儿童以前从来没有见过的奇特物品，像面具、雕刻和艺术品；另一类是儿童以往知道的一些东西。所有这些东西都是男人们创造和发明的。

在大型的成年礼中，所有男孩都会得到其父兄以及他们监护人的爱护。成人们每天要陪伴男孩去洗澡，并在他们必经的道路上除掉碍事的荆棘。同样，男孩对待成人也是尊敬的态度，他们要佩戴监护人为他们编织的臂章，还要款待监护人，并吃下大量的食物，以养成强健、结实的身体。

在成年礼的庆典上，参加成年礼的男孩要跑过由两排男人挥动带刺的荨麻鞭子不断抽打的过道。对于那些通过过道的男孩来说，他们感到这一过程不是一种身心的劳役，而是自己长大的标志。

庆典结束以后，这些将跨入成年人行列的男孩要穿上华丽的服装，出现在自己的母亲和姐妹面前，与亲人见面、团聚。父亲还要带着这些男孩到朋友家和亲属家，接受别人的祝福和礼物。这些男孩也正是通过这样的过程认识到自己与父辈和祖先的联系，体会自己将来的职责。

成年礼的完成也意味着男孩童年期的结束，阿拉佩什男孩开始了一种新的生活。他们由一个过去常常由别人照料并为他们劳作的孩子，现在要加入照料他人成长的行列。由一个过去只是关心自己的存在和发展的人，开始有了新的责任感，开始关心那些过去照顾孩子生活，现在已经老了的人们，关心他的那些年幼的弟弟、妹妹和他的未婚妻。正像玛格丽特·米德所指出的那样，"随着阿拉佩什男孩青春期的结束，他的社会地位也得到了相应的确立。他成熟了，他有履行和继承全部职责的权力。他要毫无恶意地、合作地支持他的父亲和叔父；保护他年老的父亲和年幼的弟弟，供养他娇小、尚未进入青春期的妻子"①。

(二)锡克兰人男孩的成年礼教育

南美洲火地岛的锡克兰人男孩的成年礼也反映了原始社会中男孩成年礼的一般特点。在锡克兰部落，凡是参加成年礼的男孩都要事先经过挑选。挑选有一定的条件，如选择的年龄只是一个大致的范围，主要看当事人精神上的成熟程度，包括对异性表示威严的态度，充分的毅力，以及至关重要的保守秘密的能力。如果某个男孩不符合条件，可以让他等待下一次的仪式；如果具备了上述条件，他就成为一个被称为"克洛蒂克"的候选人。

当一群"克洛蒂克"选好以后，一般由其中年龄最大者的父亲担任导师。然后再选择一个完全隐蔽的地点，最好是在森林的边缘，有一个大的草地与部落营地隔开，附近还要有骆马、野鹅之类的食物。人们在森林边缘建上一座被称为"哈因"的小茅屋，作为"克洛蒂克"的家。然后"克洛蒂克"与家人告别，而妇女们则因为与孩子分离而痛哭起来。

离开家人以后，"克洛蒂克"全身被画成红色，他们"由于恐怖而浑身颤抖"。在导师的护送下，他们进入"哈因"。这时，一个戴着面具的魔鬼"绍特"出现在男孩们的面前，并向他们发起进攻。男孩们从小就知道"绍特"的神通广大。现在他们要自己揭开"绍特"的面具，终于发现这一个"绍特"是本部落的成员装扮的。由此认识和了解"绍特"的真相。但是，男孩们不能泄露这一秘密，否则会被处死，因为"绍特"是使部落中妇女和小孩害怕和恐惧的有效方法。

"克洛蒂克"在成年礼仪式上要经受非常严格的日常训练。在神圣的"哈因"小屋里，每个人的位置都有严格的规定，禁止说话或开玩笑，眼睛要看着

① [美]玛格丽特·米德：《三个原始部落的性别与气质》，宋践等译，杭州，浙江人民出版社，1988，转引自夏之莲主编：《外国教育发展史料选粹》(上)，65页，北京，北京师范大学出版社，1999。

地上。男孩们每天只有少量的食物，而且几乎不允许睡觉。白天和许多夜晚，男孩要在老人的带领下翻山越岭长途行军。在训练中，男孩要将"勤勉、可以信赖、尊敬老人、服从、利他主义、乐于助人、喜爱交际和忠实的丈夫"①作为人生的信条铭刻在心。

在训练进入高潮时，由德高望重的老人讲述部落的最神圣的秘密——起源的神话。当每个"克洛蒂克"都掌握了新的秘密以后，他们便随着老人从神圣的小屋中走出，通过一定的仪式越过草地，返回自己的部落。②

（三）部落社会女孩的成年礼教育

在原始社会的研究中，不仅有关于男孩的成年礼活动，也有与男孩比较相似的关于女孩成年礼活动的描写。这些活动在程序上比较相近，但在内容上有很大的区别。如在非洲的许多地方，女孩子进入青春期也要举行"成年礼仪式"。这种仪式通常分三个阶段。在第一阶段里，女孩在村中年长妇女陪同下，到一个"隐蔽所"过一段时间的与世隔绝的生活。在这一期间，陪同的妇女负责教女孩如何做一个贤惠的妻子，向她介绍处世接物的经验及本民族的历史和传说。"隔绝"生活长者一年半载，短者十天半月，这主要取决于女孩掌握这些知识和本领的进度。在"隔绝"期内，女孩要禁止与任何人接触，包括其母亲在内。女孩子的秘密处所也不能被任何人发现。如果过路人无意中看见了被隔离的女孩，也会被当场扣留直到女孩的"隔绝"期满后才被释放。

"隔绝"期满，女孩的成年礼仪式开始进入第二阶段。陪同者将女孩带到河边洗澡，擦洗污垢，名曰"净身"。其意在于让一切不干净的东西随着河水流走。"净身"以后，陪同者要帮助女孩在卷曲的头发上扎上五颜六色的彩带，腰间围上一块色彩鲜艳的花布，上身画有各种图案和花纹，并涂上彩色黏土，祝愿她在今后的生活道路上走运。女孩的脖子上、手腕上还要戴上一串串珠

---

① 金泽：《宗教禁忌研究》，159 页，北京，社会科学文献出版社，1996。
② 同上书，158~159 页。

子和贝壳制作的装饰品，脚弯戴上铜环，走起路来全身发出叮叮当当悦耳的响声。

在成年礼仪式的第三阶段，陪同者用一条毯子将女孩全身裹住带回村里。全村村民像过节一样汇聚到村中广场，尽情地击鼓起舞，欢迎女孩的到来。这时，身裹毯子的女孩坐在广场中央的草席上。女孩成年礼仪式的高潮是女孩的父亲用一支长矛挑开女孩身上的毯子。女孩站起身来，带着羞涩的微笑向众人点头鞠躬致谢，从此这个女孩便是一名真正的成年妇女了。随后，女孩走进跳舞的人群，用歌舞的形式向众人汇报她在"隔绝"期间所学到的各种本领。[①]

以上通过三个案例研究了不同地区的原始部落民族的一些"成年礼"活动，这些活动表明：第一，"成年礼"仪式在许多处于原始社会的民族教育中都占有重要的地位，"成年礼"仪式是一个青年人走向社会的重要途径；第二，它也反映了原始人对于个体在发展过程中青春期问题的初步认识。以"成年礼"作为一个划分，这不仅肯定了青春期在儿童发展过程中存在的事实，也使得"成年礼"成为一个人青春期结束的标志，"成年礼"仪式的进行，意味着他（她）开始承担成人社会重要的责任；第三，"成年礼"仪式不仅在男孩中，也在女孩中进行，而且二者在形式或程序上有许多相同的方面，这也反映了原始社会中对女孩教育的重视。

三、"成年礼"制度与学校机构的产生

在原始部落中，"成年礼"仪式的举行，首先是作为一种标志出现的。它标志着一个人的青春期的结束，也意味着一个人作为成年人责任的开始。同时，"成年礼"仪式的举行也是一个过程。在这个过程中，准备步入成人社会的青少年要学习许多知识和技能，要经历许多磨难和考验。因此，研究原始

---

① 金泽：《宗教禁忌研究》，157~158 页，北京，社会科学文献出版社，1996。

社会中的"成年礼"制度对于我们认识原始社会教育的性质和特点具有重要的意义。

需要指出的是，在"成年礼"制度形成的过程中，可以看到一些因素对于学校教育机构的形成起了重要的作用。

第一，"成年礼"活动的举行对教育对象有一定条件的要求。研究发现，在一些处于原始社会阶段的民族，在举行"成年礼"的过程中对青少年都有一定条件的要求。在南美洲火地岛的锡克兰部落就有一些具体的规定，如凡是参加成年礼的男孩都要事先经过挑选。挑选的条件主要有，合适的年龄（我国的任钟印先生指出，一些部落的儿童在9岁就开始领受成年礼，另外，成年礼的进行要持续5年或5年以上）[①]、精神的成熟程度（包括对异性的威严态度、毅力，以及保守秘密的能力）等。在非洲，接受"成年礼"仪式的女孩主要是处于青春期的女孩。

第二，"成年礼"活动的举行需要一定特殊的有隔离作用的场所。在许多原始人举行的"成年礼"的过程中，建立一定的和固定的场所是必要的。如在南美洲的一些部落，当一群准备参加"成年礼"的年轻男孩选好以后，就要建立一个完全隐蔽的，需要与部落营地隔开，并且附近还要有一定食物的被称为"哈因"的茅屋。这个茅屋作为他们的家，成为他们新的生活开始的地方。在非洲的一些部落，女孩"成年礼"活动的举行，也要选择一个"隐蔽所"，让这些女孩在一起过上一段与世隔绝的生活。这种"隔绝"生活的长短，主要取决于女孩掌握这些知识和本领的进度。在"隔绝"期内，女孩要禁止与任何人接触，包括其母亲在内。女孩子的秘密处所也不能被任何人发现。

第三，"成年礼"活动的举行需要接受特殊的学习和教育。如在南美洲的"成年礼"的小屋里，每个接受教育的男孩都要学习过去从来不知道的东西和关于部落起源的神话。在小屋里，每个人的位置都有严格的规定，禁止说话

---

① 滕大春主编：《外国教育通史》第1卷，18页，济南，山东教育出版社，1989。

或开玩笑，眼睛要看着地上。每天只有少量的食物，而且几乎不允许睡觉。白天和夜晚，要进行翻山越岭长途行军的训练。在训练中，男孩要铭记"勤勉、可以信赖、尊敬老人、服从、利他主义、乐于助人、喜爱交际和忠实的丈夫"的信条。在非洲的部落里，女孩要学习如何做一个贤惠的妻子，向她介绍待人接物的经验及本民族的历史和传说。从这些教育内容来看，有许多不是在日常生活中可以得到的，如本民族的历史、神话和禁忌等，而是属于孟禄所谓的"理论教育"的范畴。

第四，"成年礼"活动的举行已经出现了一些专门负责对青少年进行教育和管理的教育者。如在南美洲，当一群准备参加"成年礼"的男孩选好以后，一般由其中年龄最大者的父亲担任导师。在导师的护送下，这些男孩进入被隔离的"小屋"，开始了一种新的生活。在非洲，女孩的"成年礼"也需要导师的指导。通常是在部落中年长妇女陪同下，这些女孩子到一个"隐蔽所"过一段与世隔绝的生活。在这一期间，陪同的妇女要负责教女孩如何做贤惠的妻子的知识，向她介绍待人接物的经验及本民族的历史和传说。"隔绝"期满，陪同者将女孩带到河边洗澡，进行"净身"。"净身"以后，经过一番打扮和装饰，陪同者用一条毯子将女孩全身裹住带回村里。

从以上的分析可以看出，原始社会的教育虽然从总体上看处于一种比较落后的水平，但已经出现了一种特殊的与日常生活不同的"成年礼"教育，这种"成年礼"教育可以称为一种"专门的教育"，是专门对青少年进行考核，使他们步入成人社会的教育。这种教育已经形成了一些基本的特征，如对教育对象条件的要求，有一个与日常生活隔离的场所，给青少年以特殊的教育，有专门负责对青少年进行教育和管理的教育者等。"成年礼"教育活动的出现，表明原始人的教育已经开始了初步的分化，一种专门对青少年进行教育的机构开始出现，这些都为以后学校教育的形成提供了重要的基础和条件。

一些研究者指出，与"成年礼"活动相联系，在原始社会的后期已经产生和发展了一种专门对青少年进行教育的公共教育机构——"青年之家"。苏联学者沙巴耶娃认为，"青年之家"的出现对学校的产生有重要的影响。"青年之家"在母系氏族的后期便出现了萌芽形式，在氏族社会的后期得到了发展。由于母系氏族时期性别年龄的划分和两性的日常隔离的存在，以及各种禁忌在人们生活中的种种限制，因此，在使青少年达到一定年龄而准备转入另一种年龄时，接受"青年之家"的教育成为一种社会的需要。

沙巴耶娃指出，在父系氏族时期，青年男女受到参加公共生活的训练。但在当时，"青年之家"主要以男性教育为主，称为"男子之家"。男孩和青年生活在这一机构中，接受由成年男子特别是老年男子进行的有意识的教育。当然就其形式说，这一时期的教育是公共的，因为男孩和男青年的教育是在"青年之家"中实施的，而女孩和女青年的教育是在父权家族公社中实施的。

随着氏族社会的发展，男孩和女孩在教育上的性别差异不断增大，虽然这里有自然分工的原因，但更重要的是社会方面的原因。如在澳大利亚和北美的一些部落，一些日常生活中的性别隔离已经为氏族社会的领导机构作为社会目的加以利用。在斐济岛，男子要离开妇女住在公共房子内；未成年的男孩要睡在单独的房舍中，妇女不能接近。在大洋洲、非洲、亚洲的一些部落，也存在着男女青年的地区隔离，以及男子房舍和女子房舍。沙巴耶娃指出，这种在许多部落普遍存在的青年们在日常生活上的隔离，是为那些参加即将到来的生活的一种训练，为的是履行氏族组织加在这一年龄群人们肩上的那些义务。这样，"青年之家"或者"男子之家"逐步成为父系氏族社会生活、军事生活和宗教生活的中心。①

在氏族公社解体的时期，原始社会的教育机构又发生了比较大的变化。

---

① [苏]沙巴耶娃：《论教育的起源和学校的产生的问题》，见瞿葆奎主编：《教育学文集·教育与教育学》，131~138页，北京，人民教育出版社，1993。

沙巴耶娃在引用美国学者乔治·万扬的《阿兹忒克史》的材料时指出，位于中美洲的阿兹忒克的教育反映了濒于解体并逐步演变为阶级社会的原始社会教育的一切特点。在教育中，阿兹忒克人总是使男孩手中持玩具武器，女孩则拿纺织工具。儿童的教育一般从 3 岁开始，成人主要向儿童灌输生活常规所形成的技巧和义务。在教育中，父亲监督儿子学习，母亲教女儿。从 8 岁起，对不顺从的儿童施以种种严厉的体罚。在成为有平等权利的男子之前，少年从 15—16 岁起要接受专门的训练。在阿兹忒克的教育中，值得人们注意的事实是，这一时期已经出现了两种学校：一种是捷尔普切卡拉，它是给予儿童一般训练的"青年之家"，在这所学校里，儿童主要学习作为公民的义务、技艺、手工艺及掌握武器的技能，还学习历史和初步的宗教知识；另一种是卡尔梅卡克，是专门培养担任僧侣和领袖职务的人的学校。这一时期，也有一些为培养女僧侣而独立设立的青年女子学校。①

　　通过上面的分析，沙巴耶娃提出了自己的观点，她认为，"青年之家"是最早的教育机构，学校是在"青年之家"分解成为富人的和为穷人的两种机构的过程中出现的。她指出，为了向正在成长的青少年介绍新的精神财富，必须进行文字的教学，而在"青年之家"中就已经有了。但是因为社会上产生文字的时候，也发生了形成阶级的过程，发生了脑力劳动和体力劳动分离的过程，于是造成了僧侣和官吏对文字的垄断，以往的"青年之家"就分解为两种教育机构：一种是为大多数儿童设立的学校，另一种是为僧侣及皇室官员的儿童设立的学校。

　　总之，在沙巴耶娃看来，"青年之家"的出现和演变与学校的产生有重要的联系。不过，从对原始人后期教育发展变化的分析来看，"青年之家"只是对需要步入成人社会、进一步接受教育的青少年机构的一种称谓而已，而在

---

　　①　[苏]沙巴耶娃：《论教育的起源和学校的产生的问题》，见瞿葆奎主编：《教育学文集·教育与教育学》，142 页，北京，人民教育出版社，1993。

其他不同的民族和部落也许有不同的称谓，如"隐蔽所"或"小屋"等，但有一点是值得肯定的，即在原始社会的后期，教育出现一定的分化，专门对青少年进行教育的机构开始出现是不争的事实。因此，我们可以说，在原始社会的后期就已经有了学校教育机构雏形的观点是有一定道理的。这种最早的教育机构的出现意味着它已经是一种需要青少年与其他人相隔离，与日常生活相隔离的特殊机构；是一种要求青少年学习成人社会的一些基本规则和要求的专门机构。

第六节　原始社会教育的发展及特点

这一节主要分析原始社会教育的发展、教育内容，以及教育的特点，对原始社会教育形成一个总体的认识。

一、原始社会教育的发展

关于原始社会教育发展的认识，学者们进行了研究，提出了不同的观点。

（一）苏联教育家沙巴耶娃"四阶段"的观点

沙巴耶娃认为，原始社会的发展可以分为前氏族社会、母权制时代、父权制时代，以及自治军事公社时期，与此相适应，原始社会的教育也可以按照这几个阶段进行划分，并有不同的特点。[1]

1. 前氏族社会的教育

沙巴耶娃认为，在前氏族社会，人们结合成为许多没有固定地域也没有性别分工的经济集体。每个集体又分为两个群：一个是捕获大野兽的男人和

---

[1] ［苏］沙巴耶娃：《论教育的起源和学校的产生的问题》，见瞿葆奎主编：《教育学文集·教育与教育学》，126～144 页，北京，人民教育出版社，1993。

女人群；另一个是对打猎不担负主要任务但积极参加经济生活（如看管动物、建筑隐蔽所、采集、日常劳动）的儿童、少年和老年人群。每个人都要在儿童、少年和老年人群体中度过他的一生中最初的几年，达到一定年龄后就转到猎人群体，老了又回到儿童、少年和老年人群体。不过，一个已经达到一定年龄的人要转到猎人群体必须经过成年的仪式。在这种社会结构中，男性老人和女性老人在教育中发挥重要的作用，他们通过对儿童和少年进行训练，让下一代掌握关于各种经济活动方式的知识、运用劳动工具的知识，以及关于社会上各种仪式、禁忌、意识形态的知识。在这一阶段，儿童还没有形成关于自己父母的观念，他们是属于整个部落的。因此，这一时期原始人的教育主要是通过生产、生活，让儿童学习成人的各种仪式和技能，并接受日益复杂的社会所认同的意识形态。儿童"公有公育"成为前氏族时期教育的主要特点。

2. 母系氏族时期的教育

关于母系氏族时期的教育，沙巴耶娃收集了许多描述这一时期教育情况的资料。她认为，这一时期已经出现了按照性别年龄划分的一种特殊的集体。如在一些民族的传说中，已经有了关于男女的四种年龄——童年、青年、成年和老年的划分，而且在这些不同的群体中，成员有自己特殊的标志，穿戴特别的服饰，在社会生活中有着特殊的地位。儿童和青年只有经过一定的仪式以后才可以从一种年龄群体转到另一种年龄群体。与前一个时期相比，这一时期的教育发生了较大的变化。7岁以下的男女儿童在一起主要由妇女进行教育。7岁或8岁以上的儿童，男孩由成年男子照管并开始通晓有关成年男子职责的知识；女孩则由妇女照管，教以家务、纺纱、织布、制陶等。在这一时期，7岁或8岁以上的男孩和女孩已经彼此分开居住了。女孩多同妇女和幼小儿童住在一起；男孩同成年男子一块居住在单独的房间里，而不准女性进入。这一时期，婴孩不属于生母，而属于共同喂养并在一起照顾所有儿童的所有母亲，儿童也是属于整个氏族并在集体中接受教育的。在这一发展阶段，人们的生活也受到多方面的禁忌和限制。各种各样的"他布"也被加在新生一代的身上，在通过由许多复杂和痛苦的仪式而转入另一个年龄阶段时，这种"他布"才取消。通过这一时期的教育，儿童在成为社会各种主要生产活动如打猎、农作、捕鱼等能干的参加者以前，对整个部落的各种复杂的血缘关系，部落的有关禁忌和限制的法典、风俗和习惯，成人们运用的语言，已经在日常生活环境中有一定程度的了解了。在母系氏族后期，还出现了专门对男青年进行教育的"青年之家"的萌芽形式。这种公共教育机构只是在氏族社会的后期得到了一定的发展。

3. 父系氏族时期的教育

沙巴耶娃认为，这是氏族公社的第二阶段，其特点是生产力进一步得到发展，特别是已经成为人们经济生活主要部门的农业和畜牧业得到更进一步的发展，促使了第一次社会大分工的产生，表现为畜牧业与农业的分离、游牧部落和农业部落的出现。在这一时期，新生一代的生活和教育，不是由个别家庭加以安排，而是由氏族机构负责。同时，"大家族"成为原始人生活的主要形式。大家族是由父亲方面四五代的近亲组成的。大家族的成员少则100人，多则300人。在大家族里，除了父亲和母亲以外，还住着已婚的儿子们，以及未婚的儿子们和未嫁的女儿们。孩子们通常占家族成员的三分之一。在小的时候，他们接受母亲或家族中其他妇女的抚养；八九岁起，男孩们的教育转归家长照管，并在指定的男子教导下参加指派给家里的妇女所做的那些劳动。在大家族里，父亲具有支配儿童和妻子的权利。在父系氏族时期，新生一代的生活和教育是按照氏族提出来的多方面、复杂的要求和任务进行的，教育是全社会的事业。教育的目的是把每个受教育者训练得可以享受氏族赋予他的那些权利和履行氏族加给他的各种义务。因此，从形式上看，这一时期的教育是一种公共的教育。父系氏族时期的教育与前一阶段教育相比虽然没有根本的区别，仍然是按照性别的不同进行教育，但男女孩在教育上的差别开始增大。这一时期，"青年之家"的教育形式依然存在，但教育内容比以前更加多样、丰富。这一时期的"青年之家"成为以后学校机构的胚胎形式。

4. 军事民主制时期的教育

沙巴耶娃认为，随着父权氏族体系的解体，一种新的"军事民主制"开始兴起。在这一时期，由于部落之间战争日益频繁，军事活动开始成为氏族部落的重要活动。因此，这一时期的教育主要是军事教育。这种教育重视人的体育训练，重视道德教育和精神教育，培养青少年具有勇敢、机警和干练的品质。如在早期的日耳曼氏族大会上，"青年们赤身裸体开心地在剑和长矛之间跳跃着。操练变成了一种艺术，艺术给予操练一种美"①。日耳曼人的教育目标就是通过生活和教育把青年培养成为勇敢、机警、干练的人。在战役中，日耳曼的儿童总是同妇女一起待在战士的周围。

沙巴耶娃还引用一些历史学家的材料，描述了濒于解体并逐步变成阶级社会的中美洲阿兹忒克人的原始社会教育的情况。她指出，在阿兹忒克部落里，人们总是使男孩持有玩具武器，女孩拿着纺织工具。阿兹忒克人的教育是在婴儿离开怀抱后，即在3岁开始的。从这个时候起，成人力求尽快向儿童灌输生活常规所形成的技巧和义务。由于一切都靠手工劳动完成，于是儿童很小就有机会参加成人的活动。在这一时期，教育的内容和形式发生了较大的变化，如8岁以下的儿童主要是通过训诫来进行教育的；8岁以后，对不顺从的儿童则施以种种严厉的体罚。另外，在成为有一定权利的男子之前，少年从15—16岁起要接受专门的训练。

(二) 美国教育家孟禄"两阶段"的观点

关于原始社会教育发展的认识，孟禄指出，原始社会的教育是人类教育

---

① ［苏］沙巴耶娃：《论教育的起源和学校的产生的问题》，见瞿葆奎主编：《教育学文集·教育与教育学》，140页，北京，人民教育出版社，1993。

的最简单的形式和低级的阶段，原始社会以最简单的形式展现它的教育，原始社会的教育简单明了，研究原始社会的教育可以认识以后较高阶段的教育和更为复杂的教育。他认为，原始社会的低级阶段是被称为"泛灵论"的阶段，这一阶段的教育是为泛灵论观念服务的，教育是非进取性的，是对前人行为的模仿和对环境的适应。原始人的生活中没有未来的观念，没有建设性的想象，只有直接愿望的支配和对现在日常生活的需要。这一阶段教育所培养的人是一种非思维性的人。

孟禄认为，伴随着原始人思维生活的变化，原始社会和教育开始进入较高级的阶段。族长制的家族采用了固定的住地，建立在地域关系和土地基础之上的政治或社会组织替代了建立在家族血缘关系基础之上的组织；社会变成了是政治的而不是遗传的性质；祖先的崇拜被对自然物、自然力或地域神的崇拜所代替；火、水、暴雨和丰收之神依次被战争、商业、音乐、诗歌、爱及其他诸如此类的非自然力量之神所代替。人们充分意识到他的过去和过去的价值，意识到他的未来和未来的种种可能性。孟禄认为，在这一阶段，教育已经不再是单纯由现在所控制，教育已经由对眼前周围环境的适应，变成通过对现在发展的控制，使个体接近过去的价值，或者认识他在未来的种种可能性。①

需要指出的是，由于研究的难度，目前关于原始社会教育发展的材料及认识还是有限的。虽然沙巴耶娃和孟禄的研究的重点不同，但他们的研究让人看到了原始社会发展的一个基本过程，以及原始社会教育发展和变化的一般特点。原始社会教育的发展不是一个静止的过程，而是一个不断变化的过程。原始社会和教育的早期与后期的发展是不一样的。当然，从总体来看，原始社会的教育还是一个比较简单和初级的教育。但即使这样，我们仍然可

---

① [美]孟禄：《原始教育：一种非进取性的适应的教育》，见瞿葆奎主编：《教育学文集·教育与教育学》，188~190页，北京，人民教育出版社，1993。

以通过对原始社会和教育发展的研究获得这样的认识：原始人的教育已经涉及了人类教育的一些基本问题，提供了思考现代教育问题的起点。

二、原始社会教育的内容和方法

关于原始社会的教育内容和方法，从目前所收集到的资料来看，还是十分丰富的，国内外许多学者都对此进行了大量的考证和推测，为进一步研究提供了较有利的条件。

(一)国内外学者关于教育内容与方法的论述

这里主要介绍任钟印、孟禄和佛罗斯特的观点。任钟印曾在滕大春主编的《外国教育通史》第 1 卷中概括了原始社会教育四个方面的内容[①]。(1)劳动生产经验的传递。他在引用人种学的研究报告时指出，在一些原始部落，当成年人在制造工具时，在设置陷阱时，在驯养动物或播种收割时，儿童由最初的旁观、充当帮手，慢慢变成独立的劳动者。一切操作技术和程序，都在劳动实践中传授。(2)学习社会生活中的行为规范、禁忌和部落的光荣业绩和传统。如位于中南太平洋的波利尼西亚人中有广为流传的禁忌，如禁食图腾动物。还有日常生活中的禁忌，如一年中某个季节或一昼夜中的某个时候禁止发出任何声响，不许大声说话、唱歌和干活。(3)宗教教育和音乐、舞蹈教育。原始人的宗教是多神教。他们崇拜的对象包括图腾，祖先，太阳、山川等自然现象，各种动植物，各种精灵神怪等。原始人的宗教迷信一般都伴有仪式，宗教仪式的举行通常与唱歌、舞蹈相结合。(4)军事体育。原始人在捕获大型野兽时就已经使用武器了。随着原始社会后期部落战争的开始，军事体育教育成为原始人教育的重要内容。如美洲的印第安人的儿童从四五岁起就训练学习弓箭；日耳曼人也强调儿童要进行操练，培养儿童勇敢、机警和干练的品质。

---

① 滕大春主编：《外国教育通史》第 1 卷，9~18 页，济南，山东教育出版社，1989。

关于原始人的教育方法，任钟印概括为四个方面。(1)从观察和实践中学习。他认为，由于原始社会的教育还没有从其他活动中分离出来成为独立的活动领域，教和学是结合进行的，因此，儿童在小的时候主要在游戏中模仿成人的活动。如非洲儿童以模仿成人设置陷阱猎兽为游戏，美洲爱斯基摩儿童以仿照母亲为玩具娃娃做衣服为游戏。儿童长大以后，就开始参加成人的劳动，在实践中学会劳动知识和技能。(2)从传习和教导中学习。这一时期，原始人对教育年青一代的重要性已有自觉的认识，他们已懂得利用实践过程以外的空间和时间，由老年人对未成年人进行口耳相传的"传授"。(3)奖励。在原始社会，由于部落、地域之别，教育方法也有不同。如有的部落以表扬、鼓励、放任为主，有的以严厉的惩罚和恐吓为主，还有一些部落则侧重于劝诫、说服，以及树立良好行为的榜样。(4)成年礼。成年礼不只是对少年是否具备成为社会成员的条件所进行的一种检验、考核、鉴定的方式，还是一个对未成熟少年进行的有计划的集中、严格训练的过程。

关于原始社会教育的内容，美国教育史学者孟禄也提出了自己的观点。他认为，由于原始人很少有个体的意识，而且由于教育目的完全是个体在习俗、规定的行事方式中完成的，因此原始社会的人们不需要精心设计的教育机构，集体的利益就是教育目的。与此相联系，原始人的教育内容主要有实际的教育和理论的教育。在实际教育中，原始人比较注重通过家族或氏族群体对不同的对象进行获取日常生活必需品的训练。如对男子进行捕猎和打仗的训练，对女子进行衣食准备和保卫住所的训练。理论的教育主要是解释实际教育和一般生活中的困难和问题。它与原始人对周围世界的解释以及对灵魂世界的适应有关。由于理论的教育主要掌握在祭司手里，因此祭司需要对部落的其他成员灌输大量的教义和对复杂的仪式或典礼进行训练。这些训练的内容主要体现在人们的日常生活活动中，如跳舞、唱歌、制备牺牲和祭品，以及与食物种类的选择、准备，衣着特征的了解等诸如此类活动有关的训练。

另外，孟禄还指出，祭司阶层不仅负有对其他成员进行外部教育的任务，还有对将来准备充当祭司的人的内部的教育。这种教育内容主要是关于对事物原因解释，即"为什么它应该这样做"的训练。孟禄高度评价这种教育的意义，认为正是这种教育，引起了人类理智的发展和分化，并产生了人类宇宙论、早期的哲学、数学、物理学和生物学。而且随着大量的教义和仪式的精心阐述，以及哲学宇宙论的和科学的解释，使这些理论具有永恒的形式就变得十分必要，因此，在原始社会后期，书面语言和与书面语言有关的文献得到了比较快的发展。

关于原始社会教育的方法，孟禄也提出了自己的观点。他认为，由于原始人的生活非常有限，因此，原始人从来没有达到有意识的教育过程。即使就给予的训练而言，至多仅仅指明要做的事情和做事情的过程，而没有试图做解释或阐明，绝大部分纯粹是无意识的模仿。孟禄指出，原始人之所以重视模仿的重要原因就在于，原始社会的生活几乎所有平常的领域都是以不变的方式体现出来的，他们对教育过程的计划或开拓是完全没有的。这种情况在今天同时代的原始人中也可以看到，他们没有能力解释传授给年青人的这些实用的生活知识的产生过程。孟禄还指出，原始人的这种模仿方法不仅存在于实际教育中，也存在于理论教育中。如在对青年的理论教育中，当这些青年准备成为部落的正式成员之前要被带出去几天，给他们传授同胞的秘密。这种秘密处于一种保密的约束之下；甚至在许多情况下，在整个这段时间内青年都要被禁止说话。经过经常长达数周的时间，青年终于拥有了他的同胞的智慧。但是在这一过程中，青年人只能模仿教育者的观点，并且毫无变通地接受，而不能对教义或学说提出任何疑问。①

关于原始社会的教育内容和方法，美国学者佛罗斯特也提出了自己的观

---

① ［美］孟禄：《原始教育：一种非进取性的适应的教育》，见瞿葆奎主编：《教育学文集·教育与教育学》，183~188页，北京，人民教育出版社，1993。

点。他认为原始社会的教育目的都是致力于使个体适应他所处的社会和自然环境。由于原始社会模式在很大程度上倾向于静止状态，因此，教育是一种保守的力量，总是致力于维护现状和给青年人传授那些在变化中所固有的东西。原始社会教育的内容主要是致力于向青年人传授那些永恒的宗教信仰、技能、生活方式、看问题的方法态度等。因为这些东西经历过时间的考验，并在人们前辈生活中证明是成功的。在这样做的过程中，教育就不可避免地使个人的利益服从于部落的利益。

关于原始社会的教育方法，佛罗斯特认为原始社会教育的方法是多种形式的，从让儿童对公社生活无意识地观察到通过实践来有意识地示范、口授和学习。儿童们所受教育的很大一部分来自对成年人日常工作的观察，诸如打猎、捕鱼、准备食物、建筑房屋、辩论、战争和其他人们所从事的工作。部落的压力、生存的需要和集体的要求是有力的学习刺激。另外，在原始社会中，儿童的集体活动也对他们的学习和教育产生了重要的影响，如只有儿童的行为得到大家尊重时才能享受到成功的喜悦，而在和集体的要求不相符合而遭到失败时就会感到不愉快。①

总之，关于原始社会的教育内容和方法，以上几位教育史学者基本上做了比较全面的概括和分析。从这些观点来看，可以知道原始社会的教育内容和方法是较为丰富和多样的。原始社会的教育内容是与原始人的日常生活密切联系的，可以说原始社会的各个方面都成了原始人的教育内容。在原始社会的教育内容中，原始人宗教信仰、生产技能、生活方式、看问题的方法、生活习惯和态度等成为原始社会教育内容的重点。另外，原始人的家庭、日常生活和生产劳动也成为原始人教育的主要场所。

同时，还可以看到，原始人的教育方法又是与其教育内容紧密联系的，

---

① ［美］S.E. 佛罗斯特：《西方教育的历史和哲学基础》，吴元训等译，10页，北京，华夏出版社，1987。

其中原始人从对生活各个方面的无意识模仿到有意识的学习成为教育的主要方法。由于这种方法是与人类社会的早期阶段生存需要和文化保存的需要相联系的，适应了原始人本身的发展水平，因而它也是比较有效和实用的。

(二)原始社会教育中的模仿学习

在对原始社会教育的研究中，许多教育家都非常强调模仿学习在原始社会教育的重要作用。在他们看来，模仿学习是原始社会教育重要的学习方法，反映了人类社会早期阶段教育发展的基本特征。

如前所述，早期原始人由于自身发展和生活条件所限，使得他们的创新和发明是极为有限的。在他们的生活和教育中，模仿学习几乎成了主要的活动。如在新石器取代旧石器之前，几十万年来原始人每天都在打制和使用旧石器。因此，一些研究者指出，新石器发明时间这么久，这既证明了原始社会早期，人类的创造精神是十分罕见的，同时也说明模仿在早期原始人生产和生活中的重要性。[①]

有关模仿在教育中的作用和原因问题，美国教育家孟禄的研究最有代表性。他在《原始教育：一种非进取性的适应的教育》一文中指出，在原始社会，由于生活没有所有高度发展的文化形式的复杂性，构成个体教育目标的那种一般的生活概念中的要素在性质上是简单的，在数量上是很少的。用来帮助或强制个体服从普遍要求的复杂手段，绝大部分是无意识地对个体施加影响的。同时，由于学校系统还没有建立，间接地用作生活指导的大量知识或学习科目还没有组织起来，原始人使用的方法从头到尾都是简单的、无意识的模仿。只是在原始生活的最高阶段，即进入到文明阶段时，教育的方法才出现。[②] 从这个观点来看，孟禄所强调的教育的方法是有特定含义的，它是与学

---

① [英]G.埃利奥特·史密斯：《人类史》，李申等译，54~55页，北京，社会科学文献出版社，2002。

② [美]孟禄：《原始教育：一种非进取性的适应的教育》，见瞿葆奎主编：《教育学文集·教育与教育学》，178~179页，北京，人民教育出版社，1993。

校的产生和大量知识的教学有关的。而在学校产生之前，模仿作为一种获取生活经验和知识的方法是与原始人日常的和简单的生活分不开的，模仿的方法主要是一种适应社会和环境的方法。

孟禄认为，在原始社会的各个阶段，模仿一直是原始人社会生活中的重要手段。他指出，原始人的教育过程是从家族开始的，也是以家族的责任为终点的。虽然以后随着社会的发展有了一定的男女分工，并且这种分工已经成为实际教育的重要媒介，但是教育的过程仍然是一个无意识模仿的过程，即使以后到了原始社会文明的低级阶段，专门化的职务已经固定下来，教育已经是一个有意识的过程时，原始人的教育仍然是一种模仿的过程。

在提出了原始社会存在实际教育和理论教育的观点后，孟禄进一步论述了模仿在原始人的这两种教育中的作用问题。他指出，就实际教育方面而言，除了在偶尔的情况下和在最高的阶段，原始人从来没有达到有意识的教育过程。即使就给予的训练而言，至多仅仅指明要做的事情和做事情的过程，而没有试图做解释或阐明，绝大部分纯粹是无意识的模仿。儿童仅仅是通过观察和使用"尝试成功"的方法学习各种生活技能。重复的模仿，使失败越来越少，这就是原始社会儿童在技艺方面所获得的全部东西。以后随着等级制度的发展，劳动分工的出现，这个模仿过程变得有意识了，但是在实际教育中，原始人的生活还没有表现出理性化的教育过程。为此，孟禄还特意举了一个关于原始人制作陶器的例子加以说明。他说，原始人通过偶尔燃烧一只盛有液体、外面由柳条编织的篮子包裹着的黏土碗，发现这种黏土会变硬，可防止水的渗漏。于是，原始人历代相传，先编柳条篮子，涂上黏土，然后烧掉木质的模型，由此制成陶器。以后，他们又一次通过偶然的事件，发现黏土可以直接塑造成型，于是一代一代地又用这种方法来代替原来的方法制作陶器。孟禄指出，原始人的这一特点是在生活的所有领域以不变的方式体现出来的，他们对教育过程的计划和开拓是完全没有的。原始人的实际教育是受偶然事件的影响和决定的。

在理论教育方面，孟禄认为原始人也是以同样盲目的模仿来进行的。孟禄指出，就理论教育而言，它是人类为了解释周围的世界和适应灵魂世界而产生的。但是，在原始社会的早期阶段，原始人的理论教育还很少试图对一些专门的实际事物和崇拜灵魂的做法做出解释，仅仅只是决定要履行的行为和实施的方法——做什么和如何做。以后，当具有祭司职能的特定阶级形成，青年人学习教义开始成为一种正式的教学。这时的教学与以前已经有了很大的区别，它除了要指明模仿的行为或要接受的教义之外，还要试图显示和解释事情为什么要这样做。但孟禄指出，这一时期的原始人教育仍然具有纯粹模仿的性质。因为对青年人来说，虽然他们可以接受来自各方面的知识，但是他们只能毫无变通地接受，不能对教育者所传授的知识和部落的传统提出任何疑问。个人的义务就是通过模仿而绝对服从。

从孟禄的这些观点可以看出，在原始社会的教育中，模仿学习是原始人适应生活和环境的一种必要的手段。由于原始人的生活是受环境中和生活中许多偶然因素影响的，由于原始人的思维还没有得到很好的发展，由于原始社会的一般知识主要掌握在部落首领或祭司手里，因此，原始人只有通过模仿才能获得更好的生存条件，只有服从社会上层的指令和教义才能更好地生存，这就决定了模仿在原始社会和教育中所占的重要地位，也决定了原始社会的教育是一种适应眼前生活和服从传统习俗的教育。因此，从这个意义上说，原始社会的教育是一种缺乏创新性和保守的教育。

关于模仿学习在教育中的作用，英国教育家沛西·能的观点也值得我们注意，虽然他的观点并不是针对原始人的教育的，但从一个侧面谈到了人的"无意识模仿"和"有意识模仿"的问题。沛西·能在 1920 年发表的《教育原理》中的第十一章中以"模仿"为标题，论述了模仿在儿童发展中的作用和特点。[1] 他认为"模仿趋势"是人类天性的根本趋势之一。它可以理解为一个人对接受别人行动、情感和思想的方式所表现的一般趋势。人的模仿有无意识模仿和有意识模仿。例如一个女孩与别的小朋友在一起，别人跑，她也跑。这个女孩模仿行为之所以产生，仅仅因为别人也这样做。按照沛西·能的观点，这个女孩的模仿是一种无意识的模仿。无意识的模仿是一种单纯的模仿，是一种最低水平的模仿。因为，这种模仿没有思考的痕迹，或者很少思考。如果这个女孩在跑步中看到她的朋友做出一个"疾步"的艺术动作，于是她就跟着学，她开始注意到这一动作的细节，记住并调节自己的动作，这样她的动作里就有了思考的因素，这种模仿就变成了一种有意识的模仿。

总之，从孟禄和沛西·能的观点来看，模仿学习是人类早期发展和教育中的一项不可缺少的重要活动。模仿学习包括无意识的模仿和有意识的模仿。无意识的模仿与人类早期的发展联系在一起，其主要特征是没有或很少有思维和思考的作用。即使后来出现了有意识的模仿，原始人的思维有了一定的发展，但由于原始人的教育强调服从传统和习俗，因此，原始人的生活和环境又强化了这种模仿活动。原始社会的教育水平是比较低的，但原始人的模仿活动帮助他们维持了自身的存在和发展。

作为人类社会和教育的第一个阶段，原始社会的教育反映了人类教育的原始形态，即原始社会的教育是初级的，是与人的生存密切联系的。在很大的范围内，原始人的教育是与社会生活分不开的，模仿学习成为教育的主要学习方式。但在这一阶段，我们也要看到随着社会的发展，原始社会教育本身的一些变化：这就是教育的内容日益多样和复杂；儿童作为社会的一个成员逐步受到重视；与性别有关的男女儿童的教育，特别是男孩的教育成为教

---

[1] 夏之莲主编：《外国教育发展史料选粹》(上)，16~17 页，北京，北京师范大学出版社，1999。

育者关注的问题。这些情况的出现表明，人的发展和不同阶段教育在人类社会的早期已经引起了人们的重视，原始社会中的"成年礼"制度可以说是这种教育的产物，而且它在一定程度上为学校的产生奠定了基础。

三、原始社会教育的性质和特点

关于原始社会教育性质和特点的研究，从现在所收集的材料来看，研究的视角和观点还是比较丰富的。

(一)国内学者的观点

关于原始社会教育的性质和特点，国内一些学者提出了自己的主张，这里主要介绍几种有代表性的观点。

20 世纪 60 年代，毛礼锐从分析原始社会教育的特点出发提出了对原始社会教育性质的看法。[①] 他指出，一般认为原始社会的教育具有这样几个特点：第一是没有阶级性；第二是为生产服务，教育是围绕着并主要在生产劳动的实践中进行的，把每个成员培养成为劳动者；第三是密切联系社会的实际生活；第四是和其他上层建筑没有分离，教育也在政治、宗教、艺术等活动中进行，没有分化出来成为专门的活动，教育工作没有专门人员和教育场所来进行；第五是没有文字和书本，教育手段主要是通过语言的口耳相传和实际行动的观察模仿。

毛礼锐认为，从对教育本质的考察和分析来看[②]，原始社会教育没有阶级性的特点是最本质的特点。它是原始社会生产资料公有、没有剥削、没有阶

---

① 毛礼锐：《中国原始社会的教育起源与教育性质问题》，见瞿葆奎主编：《教育学文集·教育与教育学》，238～241 页，北京，人民教育出版社，1993。

② 毛礼锐先生认为，各个时期的教育具有不同的本质，同时又具有一定的共同的本质，如教育没有阶级性是一切无阶级社会教育的共同本质，教育的阶级性是一切有阶级社会教育的共同本质，而教育为政治服务则是所有各个历史时期的教育的共同本质。见毛礼锐：《中国原始社会的教育起源与教育性质问题》，见瞿葆奎主编：《教育学文集·教育与教育学》，239 页，北京，人民教育出版社，1993。

级的生产关系的反映；同时它也反映了原始社会对所有的成员都平等友爱、相互团结的精神。原始社会的教育要把每个成员培养成为一个劳动者，这也是一个本质特点，但应当抛弃其以劳动代替教育活动的原始性的形式；原始社会的教育没有从一切社会实践中完全分化出来成为专门的活动，没有专门人员和专门场所进行教育工作，这也表明了原始社会教育的原始性，但应当看到，尽管学校机构成为以后教育发展的趋势，那也不应当排斥通过其他手段进行教育的活动；至于原始社会教育没有文字和书本，并且内容比较简单，这虽然也表明了其教育的原始性，但这不是本质的东西。总之，在毛礼锐看来，研究原始社会的教育应当弄清楚它的性质，区别其形式的与本质的东西，区别其落后的与合理性的东西。

关于原始社会教育的性质和特点，滕大春在 20 世纪 80 年代初结合一些新的资料也提出了自己的观点。①他认为，第一，在原始社会由于家庭还没有条件成为生产单位，因而年青一代的教育是原始公社的任务，儿童公有和儿童公育成为原始社会教育的重要特点。由于这样的传统，原始社会的所有儿童都享有平等的教育权利，教育是无阶级区分和无阶级性的。第二，原始社会教育主要包括社会道德的、生产劳动的和宗教的教育，主要内容是学习社会生活和生产劳动的实际知识与技能。第三，原始社会教育注重实际应用的知识和技能，学习这些知识的方法主要是通过参加实际生活。这种学习不仅有模仿，还有一定有意识的指导和激励的手段。不过，在原始社会中，还没有专设的教育机构从事教育工作。第四，原始人对儿童已经有了初步的认识。处于原始状态的部落，一般是喜爱儿童而非苛待儿童的。无儿女的父母或不结婚的青年男女，都是受人嘲弄的对象。虐待和欺凌儿童并不常见。一些原始民族对儿童来源和性质的理解带有神秘主义的特点。他们不懂得父亲对孩子有责任；有的把生育的婴儿视为古代幽灵返归人身；还有的对待子女是双

---

① 曹孚、滕大春等编：《外国古代教育史》，2~12 页，北京，人民教育出版社，1981。

重的态度，认为婴孩是潜在的成年人，必须培养，使其成为有价值的人，同时他们也是潜在的超自然的可怕因素，不能对他们过于亲热，假如他们活下去，他们将成为成年人的帮手，假如他们死掉，将成为灾难的源泉。总之，滕大春认为，原始社会教育是没有阶级性的，它是人人享受而非少数人所独享的教育；它为社会，特别是为生产劳动的需要培养新人，始终保持学用结合而非两相脱节；它依存在一般社会实践中，并未由单独的机构专职负责进行培养工作。

关于原始社会教育的性质和特点，任钟印在 20 世纪 80 年代后期也提出了自己的看法。①任钟印先生认为，关于原始社会教育的性质，由于原始社会的非形式化的教育，由于地区的不同，这种非形式化的教育进行方式也很不一致，因而很难做出一般的概括，但他还是对原始社会的教育提出了一定认识。

他指出，在原始社会，人人享受教育，教育权方面的人为限制和不平等现象还没有出现。这时期的儿童是公有公育的，教育的目的是整个氏族的生存和繁衍，教育是整个氏族生存斗争的工具，而不是为了氏族中某一部分成员的私利或特权而存在的。这种教育的民主和平等的性质，是与原始社会的财产公有、共同劳动、平等地分配劳动产品的经济制度相适应的。原始社会是无压迫、无剥削、无阶级的，那时的教育是全民的，是与以后奴隶社会、封建社会和资本主义社会的教育在性质上不相同的。同时，原始社会的教育主要是在日常生活和工作中进行的，是与阶级社会中出现的学校教育或形式化教育不同的，因为在人类社会的早期，生产技术粗陋，生活方式简单，人类的语言能力和思维方式都还处于幼稚状态，也是人类文化尚未发达的时期。待进入文明社会以后，教育才更具有日益鲜明的目的并发展到更高的水平。

---

① 滕大春主编：《外国教育通史》第 1 卷，6~8 页，济南，山东教育出版社，1989。

(二)国外学者和组织的观点

关于原始社会教育的性质和特点，国外一些学者和组织也提出了自己的看法。

关于原始社会教育的性质和特点，在20世纪20年代，美国的孟禄提出了自己的观点，认为原始社会教育是一种非进取性的适应的教育。[①] 他指出，受原始人的"泛灵论"的影响，原始人在获得满足机体需要的食物、衣着和住所的同时，要通过崇拜的方式以安抚、控制或回避灵魂世界的敌对性。因此，原始人教育主要包括两个方面：一个是为了满足生活的必需品所进行的训练，它包括学会做各种各样的事和学会如何按照明确规定的方式做这些事；一个是对精心安排的方法或崇拜方式上的训练。前者构成了原始人的实际教育，后者构成了他们的理论教育。理论教育的作用是，通过这种教育，现实世界才得以解释，通过理论教育的发展(这种对事物解释的发展)，实际教育的进步才有可能。

孟禄认为，这就是原始社会教育过程的性质，其教育目的就是在做事和崇拜方面按确认和固定的方式行事，使个人适应他的物质和非物质的环境。作用于原始人身上的正是这种集体的行事方式。个人和集体都没有鲜明地意识到个体，没有意识到与群体的权利和福利截然不同的个体的权利和福利。因此，社会的所有方面都被习俗和传统支配着，原始人的教育在最细微的地方都被规定着，以致他具有的自由比较高的文明阶段所拥有的要少得多。孟禄还指出，由于原始人很少有个体的意识，而且由于教育目的完全是个体在习俗的、规定的行事方式中达到的，因此，一种精心设计的教育机构几乎没有必要。

关于原始社会教育的性质和特点，20世纪60年代中期，美国教育家佛罗

---

① ［美］孟禄：《原始教育：一种非进取性的适应的教育》，见瞿葆奎主编：《教育学文集·教育与教育学》，178~188页，北京，人民教育出版社，1993。

斯特、卡扎米亚斯和马西亚拉斯等分别从不同的角度提出了各自的认识。

佛罗斯特是从原始文化的角度来研究原始人的教育。他认为，就生活的模式而言，原始社会表现得相对简单。人们缺乏文化，生活方式中缺少今天被认为构成文明的大部分因素。例如，与现代文化工业相比，原始社会的文化结构是简单的轮廓；它明显地缺乏不同的教育机构来满足社会的或团体的需要；每个部落都有很多戒律和狭隘的要求，限制了与其他部落的交流；读写水平还不能较好地表达各种思想，也不能对各种问题做出仔细的决定等。

关于原始文化中的教育，佛罗斯特认为，原始人的教育都是致力于使个体适应他所处的社会和自然环境，由于原始社会模式在很大程度上倾向于静止状态，因此教育是一种保守的力量，致力于维护现状和给青年人传授那些在变化中所固有的东西。佛罗斯特指出，在原始社会里，缺乏正规的学校和专职教师，教育往往掌握在家庭、公社，以及部落长者式的有经验的人手中。父母在家中对儿童进行正式或非正式教育。生活在公社中的儿童与公社的整个环境相互作用时，公社也就成了教育儿童的学校。在儿童发展的特定时候，由部落的长者和具有专业技能和知识的人以比较正规的方式教育每个儿童。在儿童发育成熟时，他要参加一系列"仪式"，准备承担一个成年人的职责。在原始社会里，宗教教育也是一种重要的教育类型，它和原始社会其他教育一样，也是和生活联系在一起的，儿童的学习是为了更好地生活，适应在他周围环境中的那些力量。①

卡扎米亚斯和马西亚拉斯是从比较教育的角度来研究原始人教育的。② 他们指出，很多原始文化和一部分教育是由特定阶层的人们如长者、僧侣、术士以入社式的形式进行的。特定部落的每个人，必须通过这种仪式，才能成

---

① ［美］S.E. 佛罗斯特：《西方教育的历史和哲学基础》，吴元训等译，9~13 页，北京，华夏出版社，1987。

② ［美］卡扎米亚斯、马西亚拉斯：《教育的传统与变革》，福建师范大学教育系等合译，22~26 页，北京，文化教育出版社，1965。

为该部落的成员。原始文化的入社仪式，其社会职能和先进文化的教育机关相比同样正规，同样重要。通过入社仪式，青年人接受了社会的文化。他们还接受为再现本社会生活方式所必需的适当技能的训练。这种训练不仅包括生存所必需的实际技能和道德教育，也包括专门的职业训练。在原始社会里，儿童大多是模仿成年人而学会分配给他的各种工作，原始社会教育不强调讲述，实际上讲述和展示是同一个词。

卡扎米亚斯和马西亚拉斯指出，虽然原始社会教育是一种把个人引进文化遗产的过程，但即使这样，也有了一定的分化和特殊的训练。如儿童在6—7岁不仅知道哪些事情不应当做，还学会许多简单技术和游戏等。随着他们年龄的增长，逐步学会纺织、捕鱼等比较复杂的工作。在青年期，男女青年执行的任务有了分化，女青年要接受医学和助产等方面的训练，男青年要接受种植和划独木舟等方面的训练。

卡扎米亚斯和马西亚拉斯还认为，在原始社会，统治者和被统治者之间的区别可能不很分明。在一些部落，一个领袖可能就是一个精通秘密礼拜的僧侣，或者可能就是一个表现出熟习某种手艺的人，但是领袖地位不是专属某种人的，而是通过努力获得的。在原始社会教育中，不存在这样的观念，即特别重视天才，奖励天才，把他们和愚者区分开来。因此，卡扎米亚斯和马西亚拉斯认为，在原始社会里，平等和平等机会的概念没有实质的意义。西方传统中的平等原则起源于古代希腊的民主机构，到了近代便成为民主的一个基本原则。平等原则的出现是用来作为消灭或减少现存的不平等现象的手段，而在原始社会，应用这些原则的条件并不存在，原始社会并没有由于出身或财富而受到优惠待遇的阶级或集团；没有可以选拔人到高位的特殊阶层。

关于原始社会教育的性质和特点，联合国教科文组织在1973年提出的报告《学会生存——教育世界的今天和明天》也提出了有代表性的观点。该报告指出，在原始社会里，教育是复杂和连续的。其教育目的在于形成一个人的性格、才能、技巧和道德品质，一个人是通过共同生活的过程来教育他自己的，而不是被别人所教育。家庭生活或氏族生活、工作或游戏、仪式或典礼等都是每天遇到的学习机会；从家里母亲的照管到父亲狩猎的教导，从观察一年四季的变化到照管家畜或聆听长者讲故事和氏族巫士唱赞美诗，到处都是学习的机会。这种自然的、非制度化的学习方式在世界广大地区内一直流行到今天。通过这种方式获取知识是非常重要的，因为这种知识乃是一个人能否接受学校教育的先决条件，而学校教育又反过来为学习者提供一个框架，使他能把经验中得来的知识系统化和概念化。

（三）对原始社会教育性质和特点的认识

以上介绍和分析了国内外关于原始社会教育性质和特点的基本观点，可以看到原始社会的教育作为人类社会最早的教育形态，尽管还是初步的和简单的，但已经孕育了以后教育发展的萌芽，"具有教育在高度发展阶段展现出来的所有基本特征"①。同时也可以看到，研究原始社会教育的性质和特征可以有多种视角，如从教育的本质入手，区别其形式的与本质的东西，落后的与合理性的东西；从政治和经济的角度入手，说明其教育的阶级性和公有性的特点；从学校教育的角度入手，说明原始社会教育生活化和非制度化的特点。这些分析对于进一步研究和认识原始社会的教育是非常必要的。

通过分析，有几点是值得注意的：第一，研究原始社会教育应当从原始社会的具体情况出发，不仅需要重视对早期考古材料的推断，也要参照现阶段对原始部落的考察研究，结合二者的共同认识对原始社会的教育做全面的把握；第二，研究原始社会教育要强调整体的观点，不仅要看到原始社会教育早期阶段的特点，也要看到原始社会教育后期的特点，把原始社会教育作

① ［美］孟禄：《原始教育：一种非进取性的适应的教育》，见瞿葆奎主编：《教育学文集·教育与教育学》，178 页，北京，人民教育出版社，1993。

为一个完整的过程来理解，把原始社会教育早期的性质和特点作为整个原始社会教育的性质和特点显然是不够的；第三，研究原始社会的教育也要强调联系的观点，不仅要看到原始社会教育与学校教育机构的区别，也要看到它与学校教育机构的联系；第四，研究原始社会的教育还要注意对一些新的因素的分析。过去比较强调对原始社会教育的平等性、无阶级性的概括，这种概括主要是基于对前农耕文明社会的重血亲、无定居、无组织、无等级的分析，而对农耕文明后弱血亲、有定居、有组织、有等级的分析则明显不够。认识二者的转变，特别是认识农耕文明后原始社会组织机构的特点对社会成员的发展，以及对教育的影响是非常必要的。从这个思路出发审视原始社会的教育，可以对原始社会教育的性质和特点提出以下几个方面的认识：

(1)原始社会的教育是与生产和生活紧密联系的，是一种适应生产和生活，在生产和生活中进行的教育。在这种教育中，人们通过生产和生活中的言传身教，向儿童传授各种经验和习俗，儿童们是在生产和生活以及各种环境中学习的。

(2)在原始社会中，教育是一个把社会成员引入和继承文化传统、习俗的过程，儿童成为继承社会文化传统的重要因素。因此，原始社会教育是一种使儿童继承文化传统，适应传统和习俗的过程。由于这一特点，原始社会教育是一种重视儿童的服从和模仿的教育，是一种重视文化传统保存的教育。

(3)由于原始人的生产活动和社会活动多是在模仿学习过程中完成的，因此，原始社会教育的方法主要是通过失败越来越少的重复动作来获得对事物的认识的。由于这种方法的模仿性质，因此人们只须服从传统和习俗，无须也不可能对传统和习俗做任何的怀疑或改变。从这个意义上讲，原始社会的教育在儿童发展的各个阶段，基本上都是强调一致性和保守性，而排斥创新和个别性的。

(4)原始社会教育的内容是多方面的，除了通过生产劳动传递生产知识和经验外，还通过各种活动让儿童学习社会生活中的行为规范、氏族的禁忌、部落的习俗和传统等。同时，还有一些与宗教有关的音乐教育和舞蹈教育等。

（5）受原始文化"泛灵论"的影响，在原始生活中，敬畏神灵和膜拜神灵的活动逐渐成为教育的重要活动，它形成了人类社会最初的宗教教育，同时它也造就了通过宗教神秘知识和技艺来抚慰人们心灵活动的特殊阶层。在原始社会中，宗教教育成为人们生活中具有重要地位的教育。

（6）由于原始社会的前农耕社会的重血亲、无定居、无组织、无等级性特点，其教育早期也是具有平等性、无阶级性的；进入农耕社会，特别是部落社会后，弱血亲、有定居、有组织、有等级的特征明显，教育的各个方面也发生较大变化。不过，受部落社会和组织发展阶段和条件的限制，有的家庭教育的影响大于部落组织的教育，儿童的成长主要是家庭教育的重要内容；有的部落组织的教育影响大于家庭教育，"青年礼"教育逐渐占有重要地位。原始社会教育逐步出现多样和分化的特征。

（7）在原始社会后期，随着原始社会教育分化的出现，出于对儿童将来准备承担成年人职责的期望，通过一定的"成年礼"仪式来考查处于青春期的儿童，也成为原始社会后期教育的重要内容。同时，伴随着"成年礼"教育制度的逐步形成，它也奠定了学校产生的基础，为教育机构的出现提供了重要的条件。

总之，原始社会的教育是人类社会初级的教育，是一种适应环境和适应生活的教育。原始社会教育的目的就是通过各种固定的仪式或活动，教育人们去适应周围物质的或非物质的环境，服从神灵，保存和继承传统的文化和习俗，使个体成为原始文化和传统继承者。原始社会的教育内容和方法都是为了适应生活和为了教育目的而设置的。由于原始社会发展阶段的不同，其教育也表现出不同阶段和时期的特点。

第二章

古代两河流域的教育

发源于小亚细亚东部亚美尼亚山区的底格里斯河与幼发拉底河，向南注入波斯湾。两条河之间的灌溉区域，希腊人称为"美索不达米亚"（Mesopotamia），意即"两河之间的土地"。这块土地因其日照强烈，气候温煦，水源充沛，适于农业耕作，大约在公元前9000年，农业就在这块土地上最先发展起来。大约在公元前6000年以后，美索不达米亚已经出现了灌溉系统。灌溉系统的出现促使了粮食生产的提高，而粮食生产的提高又促进了人口的增长和手工业及工商业的发展，这个时候人们开始学会了开矿和使用金属铜。大约公元前4000年开始，苏美尔人建造了世界上最古老的城市。城市的出现，不仅成为当时的政治、经济、军事中心，还成为重要的文化中心。与城市发展相伴随的祭司集团的产生和正规书写教育系统的出现，使得两河流域也如同古埃及、印度、中国一样，成为人类文明的摇篮。"文明的经典定义包括以下三个或更多的方面：城市、书写体系、职业分工、纪念性建筑和都城的形成。"①教育是文明的产物，文明的进步必然对教育发展提出新的要求，因而两河流域的教育也随之出现了新的存在和方式。限于资料和考古发现，我们对当时

---

① [英]彼得·沃森：《思想史：从火到弗洛伊德》（上），胡翠娥译，103页，南京，译林出版社，2018。

的教育了解并不多，只能通过考古遗迹发现的史料和已经解读的相关文献去进行分析和推测。

第一节 古代两河流域文明概述

两河流域文明又称美索不达米亚文明，或两河文明，是目前所知世界上最早出现的人类文明之一。但对于两河流域的最早文明，究竟何时出现存在着巨大的争议。美国历史学家斯塔夫利阿诺斯在其名著《全球通史：从史前史到21世纪》中提出美索不达米亚文明出现的日期是约公元前3500年[①]，也有研究者提出两河流域的文明出现于公元前5000年以前[②]。但从一些新的研究成果来看，美索不达米亚文明的出现大约可上溯到公元前4000年以前。目前所能确定的该文明是由公元前4500年左右定居于美索不达米亚南部的苏美尔人创造并发展起来的。这支文明主要由苏美尔（Sumerian）、阿卡德、巴比伦、亚述等文明组成。在过去因为证明苏美尔文明的史料不足，所以这支文明被称为巴比伦文明或巴比伦-亚述文明。但据后来诸多的考古资料考证，这支文明并非巴比伦人或亚述人创立，而是苏美尔人智慧的结晶，只不过是被巴比伦人、亚述人继承了下来。所以，一般又被统称为苏美尔文明。作为世界上文明发展最早的地区之一，两河流域文明不仅创造了好多个世界第一，如为世界发明了第一种文字——楔形文字，建造了世界上第一座城市，编制了第一种法律，发明了第一个制陶器的陶轮，制定了第一个七天的周期，第一个阐述了创造世界和大洪水的神话等，也对人类社会的经济、政治、文化发展

---

① [美]斯塔夫利阿诺斯：《全球通史：从史前史到21世纪》（第7版修订版）（上），吴象婴等译，56页，北京，北京大学出版社，2006。

② 参见杨天林：《古代文明史》（上），84页，北京，中央编译出版社，2012。

产生了巨大影响。由苏美尔人开始创造，经巴比伦人、亚述人等的继承与发展，两河流域文明所产生的宗教思想、政治观点、科学技术以及教育教学思想与实践在东西方广泛流传，为后来人类文明的发展奠定了最初的基础。

一、古代两河流域历史发展概况

根据目前的考古资料来看，大约在 10000 年前，美索不达米亚的人们已经完成了从狩猎群体向农耕社会的转型，他们开始利用简单的灌溉技术和耕作技术务农，并开始种植谷物，驯养家畜也成为一个普遍现象。公元前 7000 年前，美索不达米亚平原的加莫(Jarmo，也译作贾莫)人已经靠一定的技术过上了定居生活。"迄今为止，加莫也是我们所知道的最古老的农业村庄。这也意味着，人类的经济活动由狩猎经济向食物生产和定居生活的最初转变极有可能就发生在两河领域。"①公元前 5800 年左右居住在今天摩苏尔附近的哈苏纳人，创建了哈苏纳文化，陶器制作与远距离贸易成为这一文化最典型的特征。公元前 5000 年左右，哈苏纳文化被哈拉夫文化所代替。在哈拉夫遗址中发现的铜制器具表明当时的人类社会已经进入了金属时代。公元前 4000 年左右在两河流域南部的乌博地安人，已经开始用泥巴建造气势宏伟、结构复杂的神庙，标志着当时人类的信仰已经成形。大约在同一时期，苏美尔人的城市也开始出现，进入被历史学家称为苏美尔"早期高度文明"的时期。从公元前 3200 年(也有说公元前 2900 年)到公元前 2350 年近 1000 年的时期内，苏美尔人进入城邦时期，埃利都、乌尔、乌鲁克、拉格什、尼普尔等十几个城邦管理着苏美尔的公共事务。在此期间，苏美尔人建造了各类大型的公共设施，如宫殿、神庙、城墙等，标志着苏美尔人的精神生活和科学技术知识水平都达到了一个新的高度。此后，因水权、贸易道路和游牧民族的进贡等事务各城邦之间进行了长期的争战。

①　杨天林：《古代文明史》(上)，87 页，北京，中央编译出版社，2012。

苏美尔各城邦最后被阿卡德国王萨尔贡（约前2371—前2316）统一，并建立了君主制的集权国家，苏美尔城邦时代宣告结束，苏美尔-阿卡德（Sumer-Akkad）时代开始。约公元前2191年，来自东北面山区游牧的库提人入侵南部两河流域，灭亡了阿卡德王国，建立库提姆（Gutium）政权。美索不达米亚南部之苏美尔-阿卡德时代结束。库提人摧毁了阿卡德王国，但库提人的统治并不稳固，使得各苏美尔城邦得以短暂复兴。乌鲁克城邦的国王乌图赫加尔（Utu-hengal）赶走了库提人，并让乌尔纳姆镇守乌尔城。随后，乌尔纳姆在乌尔建都，统一了美索不达米亚，建立了乌尔第三王朝（前2111—前2003年），乌尔纳姆开始自称"苏美尔和阿卡德之王"，他建立了一个强大的中央集权制的国家，并制定了人类历史上最早的法典——《乌尔纳姆法典》。约公元前2000年，乌尔第三王朝灭亡，其后的历史就再也没有苏美尔人建立的政权。苏美尔民族也逐渐从历史上消失，虽然在以后的巴比伦和亚述时期，苏美尔语和楔形文字仍然存在，苏美尔国家的历史仅被当成神话般的传说而存在。

苏美尔灭亡后，公元前19世纪中叶，阿摩利人建立了以巴比伦城为首都的巴比伦王国。阿摩利人在占领苏美尔人的城市之后，并没有彻底毁灭苏美尔人的文明，而是不断吸收苏美尔人的宗教信仰、文学艺术、法律制度方面的成就，最终被苏美尔文明所同化。公元前1792年，巴比伦国王汉谟拉比（Hammurabi，约前1792—前1750）征服了苏美尔人和阿卡德人，统一了美索不达米亚平原，建立一个强大的中央集权制国家，史称古巴比伦王国（约前1894—前1595年）。汉谟拉比在位时所颁布的《汉谟拉比法典》是世界上现存的古代第一部比较完备的成文法典，也是当时最完整的法典，对人们各个方面的行为和社会关系进行了有效规范。在他统治时期，巴比伦王国的经济文化高度发展，特别是在数学和天文学方面取得了巨大成就。汉谟拉比死后，帝国就瓦解了。巴比伦王国先后受到赫梯人、加喜特人的入侵，公元前729年最终被亚述帝国吞并。亚述帝国则在米底和新巴比伦王国的联合打击下，于公元前 612 年灭亡。其后两河流域大部分为新巴比伦王国(前 626—前 538 年)所统治,并在国王尼布甲尼撒二世统治时达到鼎盛。公元前 539 年,波斯国王居鲁士二世率军入侵新巴比伦王国,新巴比伦王国不战而亡,两河流域成为波斯帝国的一部分。可见,两河流域的文明虽然被称为苏美尔文明(后来也被人们称为巴比伦文明),但其实这一文明是由苏美尔人、巴比伦人、亚述人以及新巴比伦人共同创造的,而且是在频繁的战争与斗争、融合中发展而成的。从时间上看,早在进入早期王朝时(前 2900—前 2371 年),苏美尔文明就已经达到成熟状态,后为阿卡德王国(约前 2371—前 2191 年)和乌尔第三王朝(约前 2113—前 2006 年)完全继承与发展,对西亚各地的古代文明产生了重大影响。

二、古代两河流域文明的主要成果

从两河流域所取得的最突出的文明成就及其对教育发展的影响来看,文字的出现无疑是最值得关注的一件大事。"在苏美尔人的遗物中,文字是最惊人的发现。"[1]有记载的苏美尔文字可以追溯到文字起源的较早时期。对于苏美尔文字的起源,目前有两种说法:一种说法是苏美尔文字最早来自苏美尔人记录仓库存货数量和种类的象形文字符号,随着时间的推移,苏美尔的文士们将这些符号转化成了可以表达抽象思想的文字;另外一种说法是苏美尔文字来自公元前 8000 年苏美尔人用来记事或者记录交换物品的陶筹。后来,陶筹变成了扁的泥板,苏美尔文字由此诞生。不管苏美尔文字是如何诞生的,但我们可以获得这样一个事实:"目前已知的最古老的文字出现在美索不达米亚。"[2]从目前已有的考古发现来看,苏美尔文字在乌鲁克文化(前 3500—前

---

① [美]威尔·杜兰特:《文明的故事 1:东方的遗产》,台湾幼狮文化译,134 页,成都,天地出版社,2018。

② [美]杰里·本特利、赫伯特·齐格勒:《新全球史》(第五版),魏凤莲译,50 页,北京,北京大学出版社,2014。

3000 年)时期渐趋形成，在两河流域已经出土的多块小型泥板上，就有许多奇怪的符号，专家们认为这些符号就是楔形文字的前身，是古老的象形文字。这些古老文字主要由图画符号组成，杂以点、线和几何形组成的字符，泥板和芦苇笔已成为书写的常用工具，为以后楔形文字的形成奠定了重要基础。这些文字后来发展成为表意和指意符号。在随后的捷姆迭特·那色文化（约前3000—前2900 年)时期，出现了最早的楔形文字。楔形文字的发明与应用，是苏美尔文明的最突出特征。由于两河流域特殊的书写工具——芦苇笔和泥板，使得苏美尔文字形成了头重脚轻、以三角顿点延伸而成直笔的楔形。与埃及象形文字相比，楔形文字具有简洁实用的功效，因而成为反映当时政治、文学、经济、科技成就的主要工具。随着时代的发展，楔形文字由最初的象形文字，后来演化为表音、表意、部首三种符号组成的集合体，约有 350 多个。其中表意符号由象形文字转化而来，或直接以形指事；表音符号是以字定音，实际上起着音节符号或韵母的作用；部首符号则放在有关字符前后，既表读音，又表其意。楔形文字三符并用，结构还是比较烦琐复杂的，必须经过长期的认真学习训练才能掌握，因而在当时只可能是上层贵族或祭司阶层的专利品。在苏美尔人发明楔形文字后，后来的阿卡德人、巴比伦人、亚述人都对楔形文字做了一些调整和改进，成为当时两河流域不同地域和民族的人共同使用的文字。"苏美尔人发明的楔形文字是古代两河流域最为辉煌的文化成就之一。"①因为有了文字，人类的历史和文明成果有了更可靠的保存与流传方式，人类的各种活动、精神产品、法律条文、祭祀仪式、宗教信仰等都得到了准确记录，并可以被有效地传播到更远的地方，遗留给更多的后人。

两河流域的文学成就，主要表现为诸多的谚语、神话和史诗。苏美尔人创造了丰富的谚语和诗歌，也创作了现在发现的泥板上记载的许多的神话与

---

① 杨天林：《古代文明史》(上)，101 页，北京，中央编译出版社，2012。

史诗，对后代产生了深远影响。其中影响最大的是史诗《吉尔伽美什》。史诗大约有 3500 行，讲述了吉尔伽美什一生的传奇故事。吉尔伽美什是美索不达米亚最著名的历史人物，也是神话、民间故事、诗歌和传说中的主角。在史诗中，吉尔伽美什被神灵赋予完美的身躯和超人的力量与勇气，成为古代美索不达米亚最伟大的英雄。史诗集中反映了苏美尔人对于世界和人生的认识与探索，但史诗中所含的永生植物被蛇偷走，让吉尔伽美什认识到死亡是所有人类终极命运的残酷的内容，也反映出了苏美尔人与命运做斗争的悲壮与无奈。从世界文学史的发展来看，《吉尔伽美什》要比古希腊的《荷马史诗》早 2000 多年。当时这部史诗用楔形文字记载在 12 块泥板上，泥板现存在大英博物馆里。此外，在乌尔王朝覆灭之后，许多的苏美尔文士怀着悲痛的心情追忆往事，记录黄金时代的繁华和美好日子，写出了许多感人的诗篇，成为两河流域文学的代表作。再后来这些诗篇的格式被希伯来人继承和发展，形成了著名的"哀悼"诗体。

苏美尔人在科学技术领域也取得了令人瞩目的成就。在天文历法方面，为满足农时需要，苏美尔人在许多神庙内都设立了观象台，观察天象。他们根据月亮的盈亏制定了历法，1 年分为 12 个月，6 个月每月 30 天，另 6 个月每月 29 天，总共 354 天，比太阳年少 11 天，便用闰月来补足。巴比伦人测定的太阴月的长短是 29 日 12 小时 44 分 10/3 秒，这个结果与现代天文学家测定的数字只差 0.4 秒。巴比伦人还观察到了太阳和行星在恒星之间的视运动，他们按照太阳、月亮和五个已知的行星给一周的七天命名，使得周成为衡量时间的时间单位。根据公元前 6 世纪的文献记载，巴比伦人已经能够事先计算出太阳和月亮的相对位置，给日食、月食的预测提供了理论依据。古代的美索不达米亚人还已经知道了黄道，他们把黄道带划分为十二个星座，每个星座都按照神话中的神或者动物的名字命名，并用一个特殊的符号表示。这套符号一直沿用至今。另外，他们还将圆周分为 360 度，时间 1 小时分为 60

分，1 分钟分为 60 秒，成为至今仍然在使用的计时方法。在技术方面，美索不达米亚的居民是世界上最先掌握了冶金技术的民族。早在公元前 4000 年，美索不达米亚就已经开始应用青铜铸件。苏美尔的铜匠是各种工匠中最重要的工匠。除此而外，当时制作金、银、玉的工匠不仅掌握了模具铸造技术，而且还掌握了将各种制品艺术化的技术技巧，如在金、银制品上雕刻花纹，把珠宝制成手链、环佩等。两河流域的冶铁技术也是当时最伟大的文明成就之一。在乌尔城的古墓中就发现了一把由陨铁制成的小斧。公元前 1500 年左右，两河流域已经开始用铁作为武器和生产工具。亚述人已经学会了熟练的冶铁技术。在亚述宫殿遗址中，铁制的武器和生产工具屡见不鲜，说明当时已经进入了铁器时代。

在数学方面，苏美尔人发明了六十进位法。同时，他们已掌握了四则运算，知道分数，能求出平方根、立方根，能解出三个未知数的方程。在几何学方面，他们已知道运用勾股定理来计算长方形、三角形、梯形的面积。苏美尔人还开始采用数字位置计量法，即在以十进位和六十进位联合计算大数目时，就将表示 60 和 100 的单一符号置于某一数字之后，表示此数的 60 倍和 100 倍，位置愈后，倍数愈增。此外，苏美尔人还制定了重量、长度、面积、体积、货币等的计量单位，为日后西亚的度量衡制提供了基础。

在建筑和艺术方面，苏美尔人也取得了杰出成就。著名的乌尔大塔庙完成于乌尔第三王朝时期，遗址至今犹存。其塔分四级，底宽 62.5 米，长 43 米，每层表面均砌以烧砖，色各不同。由下至上，最下层为黑色，代表阴间；第二层为红色，代表人世；第三层为青色，代表天堂；最上层为白砖，代表太阳。各层地面均植以奇花异草，非常美观，直接影响了以后两河流域的建筑特色。在绘画雕刻方面，有著名的《鹫碑》，反映拉格什王与乌玛的战争，古朴而有生气。《乌尔军旗》在尺幅之内表现了复杂的场景，更显示出艺术特色。纳拉木辛的《胜利纪念碑》是古代雕刻的杰作。工艺美术方面就当今出土的工艺品来看，也是用料考究，着色细腻，做工精细，令人叹服。巴比伦人建造的巴比伦通天塔和"空中花园"既是当时巴比伦城里最有魅力的建筑，更是两河流域留给世界的建筑奇迹。亚述的波斯波利斯宫殿也是举世闻名。两河流域的考古还发掘出大量的建筑、雕像、印章等，都表现出两河流域人良好的艺术想象力和艺术水准。

在医学方面，两河流域也比较发达，当时学校里的一些医学教科书详细记载了各种疑难杂症的预防、诊断与治疗方法。《汉谟拉比法典》中对医生手术治疗方面的规定和要求，也告诉我们当时医学发展所能达到的程度。另外，巴比伦的泥板书也记载了根据病情的类型系统组织起来的案例研究，说明两河流域的医学在公元前10世纪时已经开始系统化。

作为古代文明的重要组成部分，宗教在人们的日常生活和社会活动中扮演着重要的角色，人类对精神世界的思考实质上就是从宗教信仰与崇拜开始的。早在公元前4000年左右，苏美尔人已经建立了神庙，出现了祭司。当时，苏美尔人的宗教信仰与崇拜对象，主要还是自然崇拜，苏美尔人将与自己生活紧密相关的自然物或者现象幻化为自己崇拜的对象，如为了祈求丰收而崇拜的丰收神、主管天气的安神、主管暴风雨和农业的英利尔神、主管水的伊阿神等。公元前2000年后，两河流域的宗教信仰与崇拜对象开始由自然崇拜和抽象的神的崇拜向具体的人格神演化，这意味着人的自觉意识的苏醒。人格化后的神的世界也如人的世界一样形成了体系化的存在。公元前2000年以后，随着巴比伦与亚述军事与政治势力的增强，他们的神也随之扩展到了整个两河流域，成为各城邦崇拜的对象，如安神被称为安努神，并成为天、地、水三大神中的主神，是万神之父和诸神之王。巴比伦城的保护神马尔都克随着巴比伦的征服而成为当时的最高的神，被称为万神之王。亚述人统治两河流域时，他们的战神亚述尔则成为众神之首，取代了过去的马尔都克神。随着宗教信仰的逐步完善，神庙和祭司的地位也日益重要。为了神庙建设和自己的地位与统治需要，也催生了相应的科学技术及学科的发展，就连汉谟拉比也说他制定的《汉谟拉比法典》是他协助法律之神沙马什制定和颁布的，亚述国王也说他们只不过是神意的执行者，他们所做的一切不过是遵循了亚述最高神亚述尔的意志而已。可见当时宗教对国家、社会以及个人生活的影响力之大。

　　教育是文明的产物，也是文明传承与发展的重要载体。两河流域发达的文明也催生了相应的教育实践活动和教育思想，并给后世以巨大影响。下面主要从苏美尔人的教育、古巴比伦人的教育和亚述人的教育来对两河流域的教育情况做一介绍。

第二节　苏美尔人的教育

　　正如美索不达米亚的文明是世界上最早的文明一样，"有记载的最早的学校是由古代苏美尔人发展起来的"①。据现有的考古资料表明，在公元前 3500 年可能就已经出现了学校。迄今为止，考古学家在乌尔、尼普尔、西帕尔和马里等城市的古迹里发现了许多古代校舍的遗址。其中 20 世纪 30 年代，法国考古学家安德烈·帕罗特在马里发现的学校最为典型，被认为是现今发掘出的世界上最早的学校。这所学校被认定为公元前 3500 年左右的学校，它"建筑有两间房屋，其中一间房屋里有几排用烧制过的砖做成的长凳，这些长凳可根据其长度，同时容纳一个两个，或四个学生。此外，还发现一些大的土制贮藏室，很可能是用来贮存学生制作泥板的湿性黏土用的。完整的教室很可能还有隔板，可以让学生将已经完成的作业摆放在隔板上拿出去晒干，

---

　　① ［美］斯蒂芬·伯特曼：《探寻美索不达米亚文明》，秋叶译，457 页，北京，商务印书馆，2009。

还有用于贮存各种学校用具并妥善保留'课本'用的贮存盒，可能还会有炉子，目的是使黏土泥板永久保留下来用炉子进行烧制。别的装备可能还包括用木料制成并用蜡进行涂层的薄薄的书写板，就像石板一样，这种书写板可以用锋利的尖笔在上面书写，然后摩擦去除蜡质表面，于是便留下尖笔的圆润痕迹"①。

关于古代苏美尔的学校，国王舒尔吉在尼普尔和乌尔建立的两所学校也提供了相关的信息。从已有的泥板书相关材料来看，这位公元前 2100 年左右在位的国王曾经非常自豪地夸耀自己说："年轻时，我在泥板书屋从苏美尔和阿卡德的泥板书上学习了抄写艺术；没有任何一个贵族能像我一样写泥板书。"②这段话表明，在舒尔吉上学之前学校就已经存在了，而且已经处于发展比较成熟的阶段了。此外，在大量的泥板书中还发现了关于美索不达米亚学校日常生活的文字简介、学生的家庭作业和课堂练习，其范围涉及初学者到六年级的学生；还有来自教师的指导和改正等材料，都给我们提供了许多当时学校情况的第一手资料。因此，虽然我们因缺乏足够的材料尚无法确定更早的学校，但在乌鲁克城的废墟已经出土了大约公元前 3000 年泥板书最古老的词汇表，以及公元前 2500 年到公元前 200 年之间关于学校系统运作的大量遗物，特别是 20 世纪初，考古学家在苏美尔的重要城市舒路帕克发掘出了许多学校的"教科书"。这些泥板"教科书"的时间确定为公元前 2500 年左右。这一切都向我们表明了这一时期美索不达米亚可能已经存在比较成熟的学校。而这些学校很可能紧挨着神庙，因为神庙是当时智慧与知识最早的公共中心。后来，学校才逐渐世俗化，并出现了私人所办的学校。

苏美尔人的学校一般都被称为"埃都巴"（苏美尔语 edubba，阿卡德语为

---

① [美]斯蒂芬·伯特曼：《探寻美索不达米亚文明》，秋叶译，458 页，北京，商务印书馆，2009。

② [英]彼得·沃森：《思想史：从火到弗洛伊德》（上），胡翠娥译，120 页，南京，译林出版社，2018。

bittupp），原意为"泥板屋"，因为黏土泥板就是学校的全部教育教学工具，其办学目的主要是为王室和神庙培养书吏或书记员，所以又被称为书吏学校。"写字是一种职业……但这是一个享有特权地位，并在职位、权力和富足方面都有晋升之望的职业。因此，对于识字的评估，并不是把它当作一个知识的钥匙，而是把它当作一个获得繁荣与社会地位的垫脚石。"①这说明当时社会对书吏的需求非常大，而这类学校的存在也比较普遍。当时，有不计其数的学者、书吏、占卜家、语言家和诗人从这里被培养出来。根据考古学家对学校遗址的考察，当时苏美尔的学校主要有三种类型：第一类是临近王宫的学校，包括在拉尔萨、乌鲁克和马里等地发掘的学校遗址，可能系宫廷或政府机关所设立；第二类是位于神庙附近的学校，可能系神庙所设立；第三类是临近书吏居住区的学校，可能系私立学校。这类学校遗址主要在尼普尔和基什（今阿尔海米尔）。三类学校究竟是怎么样分布的，它们中是否如有些专家所言神庙学校占据主导地位，都还是一个历史之谜。另外，苏美尔人的学校有一个现代学校所不具备的功能，即文学创作中心功能。②学校在不断创作新文学作品的同时，也把优秀的旧有作品作为学校教材之一。学生毕业后，部分成为王室或神庙的书吏，更多的人则留校，把自己的一生献给教书或研究学问。像现在大学教授一样，那时的教师也靠工资维持生计，把自己的一生献给学校。

在学校的管理方面，在一个月的 30 天中，学校安排了 24 天的课时，另外有 3 天放假和 3 天进行宗教活动。在一块泥板书上，一个学生这样记载了他的学校生活：

① ［英］柴尔德：《远古文化史》，周进楷译，177 页，上海，上海文艺出版社，1990。

② S.N.Kramer, *Histroy Begins at Sumer*, Philadelphia, The University of Pennsylvania Press, 1981, p.4.

这是我每月在学校的出勤计划：

我每月的自由时间是三天；

我每月的宗教假日是三天；

每月剩下的二十四天

我都必须在学校。

这是多么漫长啊！①

学校的教育教学生活是全天候的，学生在学校吃午饭。学校里有不同层级的管理人员，履行各种管理职能。当时学校的管理者被称为"泥板屋的父亲"，也被称作"学校的父亲"（苏美尔语 addaedubba），学校里的最高的管理权威即校长则称为"乌米亚"（苏美尔语 ummia，意即"专家""教授"或者"权威"）。他们不仅因其学识渊博而受到学生们顶礼膜拜，更被称颂为是学生"敬仰的神"。学生本人被称作"学校的儿子"，而他们的作业则受被叫作"师兄"的年长学生的监督，"教授"的助手被称为"大师兄"，他的职责是写出新的泥板书供学生们复写，检查学生们的复写情况。学校还有一些教辅人员，叫"泥板书屋的管理者"，负责图书馆和其他后勤工作。据一块记载学生校园生活的泥板内容显示，当时的学校的教职人员还有绘画老师、苏美尔语老师、记录学生出勤情况的职员、制定学生守则的职员、维持学生课堂秩序的职员、管理学生出入校园的职员等。

学校的教师在苏美尔语中叫"泥板书屋的书写者"，他们都是不同学科领域的专家。由此可见当时教师的地位和标准都是比较高的。在学校里，每个教师具体负责一门学科。因此，我们可以推测在学校里实行的是分科教学。一份出土的史料上记载一个学生学习过程中教育他的教师包括一名数学教师

---

① [英]彼得·沃森：《思想史：从火到弗洛伊德》(上)，胡翠娥译，121页，南京，译林出版社，2018。

（"计数的书吏"）、一名勘测教师（"田野的书吏"），还有一位语言教师（"苏美尔语的书吏"），也从一个侧面证实了学校进行分科教学的事实。另外，当时苏美尔学校的教师还具有广泛的惩戒权。他能用木棍敲打不守规矩的学生，对于那些未经允许就开口说话的学生、未经允许就起立的学生、未经允许却离开的学生、着装不得体的学生，以及不说标准苏美尔语的学生，都要进行惩罚。从已有的材料来看，当时教师的薪酬主要来自家长们所付的学费，这实质上也限制了学校招收贫困学生的可能性。

苏美尔学校的学生的年龄范围很可能处于十岁以下到十几岁，大部分学生来自那些富裕家庭和家势显赫的家庭，而穷人的孩子能够上学的很少。因为上学要交十分昂贵的学费，而且学习的周期会很长。当时除了王室的女孩子和推荐将来作为女祭司的女孩子们以外，学生们全部是男性。"在美索不达米亚，少数上层阶级的女性也能写字，其中包括萨尔贡一世的女儿恩赫杜阿娜（Enheduana），她创作的神庙圣歌被纳入文学经典。"①另外由于书吏的广泛存在，美索不达米亚学校的学生主体可能完全是由政府官员们的儿子、军队长官的儿子、祭司与书吏的儿子，以及富裕商人的儿子组成。在公元前 2000年左右制作的数千块经济和管理文献泥板里，约有 500 人称自己为书吏，并写上了他们的父名和职业。1946 年，德国楔形文字学家 N. Schneider 根据这些材料列了一个表，发现这些书吏的父亲大都是市长、大使、军事长官、高级税务官、祭司、工头、书吏、档案管理员、会计师等。② 这也从一个侧面证明了书吏存在的广泛性以及工作的高度专业性，从而也确定了学校教育的主要内容和培养方式。

在教育教学方法方面，苏美尔的学校与当时其他文明古国的教育一样，

---

① [加]布鲁斯·G. 崔格尔：《理解早期文明：比较研究》，徐坚译，422 页，北京，北京大学出版社，2014。

② S. N. Kramer, *Histroy Begins at Sumer*, Philadelphia, The University of Pennsylvania Press, 1981, p.5.

特别注重记忆和背诵，强调正确书写的重要性。"掌握专门化知识是上层阶级的身份认同、自尊和权力的一个主要来源，有些知识可以增加其组织自身和管理社会的能力。"①因此，在日常教育教学中除了让学生记背必需的经典和必要的知识点之外，还要求学生能够正确抄写文字而且能够正确理解抄写内容的意思。更高一级的功课，还要求写出或读出更长的文章或经过推广的教学计算。在整个过程中，对新词汇的记忆和对数学程序的理解是重点。"训练美索不达米亚的书吏，这有助于实现标准化，确保不同书吏书写的记录可被相互理解。"②为了正确理解和书写，反复练习结合改错就成为美索不达米亚学校里学习的关键方法。"教师可以在一块泥板的顶端写下一个句子开始教学（或者在左边），而学生则按要求反复在下面（或右边）进行抄写。老师，或'师兄'们，然后进行修改。接着学生会在家学习被修改过的作业，并在第二天按要求重写而不再出错，之后才开始学习新课。我们不但有一些老师修改过的书写作业范本，我们甚至还有一本显然是遭受挫折的教师在愤怒中全部划掉的作业！"③此外，测验考核也成为督促学习的必要手段。为了很好了解和确定学生对学习内容的理解和掌握情况，在适当的时候，老师们会解说教材中的内容，并隔一段时间进行测试，包括理解能力测验。因为美索不达米亚学校是"一间房子的校舍"，因此在考核测验时还需要有责任心的"师兄"来对学生进行监督。

另外，苏美尔人的教育中可能也出现了医学教育。当时的医生分为普通医生和神医两种。普通医生在城市中的医疗学校学习，主要学习的是诊断、药物使用以及病案记录。神医则在埃利都（Eridu）城的专门医学校学习，主要

---

① ［加］布鲁斯·G. 崔格尔：《理解早期文明：比较研究》，徐坚译，414 页，北京，北京大学出版社，2014。

② 同上书，415 页。

③ ［美］斯蒂芬·伯特曼：《探寻美索不达米亚文明》，秋叶译，460 页，北京，商务印书馆，2009。

学习疾病诊断、配药、魔咒和驱邪术。

第三节　古代巴比伦的教育

一、古巴比伦文明概况

公元前2006年，乌尔第三王朝灭亡。公元前1894年，阿摩利人在其首领苏姆·阿布(Sumu Abum)的领导下占据了巴比伦城，建立了古巴比伦王国，他们全部接受了苏美尔-阿卡德文化，并加以发展，其国势在汉谟拉比统治时期达到极盛，但因奴隶逃亡、平民斗争、外族入侵而使国势衰落。公元前1740年国王萨姆苏伊鲁纳镇压了王国南部瑞木辛的叛乱，摧毁了乌尔和乌鲁克城。公元前1737年叛乱彻底平定，拉尔萨城也遭到毁灭。"乌尔和拉尔萨的毁灭使学校教育终结，文化开始衰退。"①古巴比伦于公元前1595年为赫梯所灭。随后又曾建立起古巴比伦第二王朝、古巴比伦第三王朝、古巴比伦第四王朝，到公元前689年为亚述人所灭，古巴比伦历史结束。公元前612年，亚述帝国灭亡，遗产被新巴比伦王国及米底王国瓜分，其中新巴比伦王国分取了亚述帝国的西半壁河山，即两河流域南部、叙利亚、巴勒斯坦及腓尼基，重建新巴比伦王国(前626—前538年)，也叫迦勒底王国。公元前6世纪后半期，在国王尼布甲尼撒二世统治时国势达到顶峰。国王尼布甲尼撒二世多次发动对外战争，进行扩张。公元前590年，埃及法老普萨姆提克出兵巴勒斯坦，推罗国王投靠埃及，西顿被占领，犹太人齐德启亚及巴勒斯坦、外约旦等地纷纷倒向埃及。同时，米底王国与新巴比伦王国的关系紧张起来，为此新巴比伦王国筑起一座新长城防范米底人。尼布甲尼撒二世于公元前587年

---

① ［俄］维克多·V. 瑞布里克：《世界古代文明》，师学良、刘军等译，517页，上海，世纪出版集团，上海人民出版社，2010。

第二次挥军巴勒斯坦，围困犹太人的圣城耶路撒冷。齐德启亚突围失败，落入新巴比伦王国军队之手，被挖去双眼后送往巴比伦尼亚。公元前586年，耶路撒冷被围十八个月后城陷，犹太王国灭亡，居民被俘往巴比伦尼亚，史称"巴比伦之囚"。公元前569年，埃及发生王位之争，尼布甲尼撒二世曾趁此在公元前567年入侵埃及。尼布甲尼撒二世死后不久，国内阶级矛盾及民族矛盾加剧，最后一个国王那波尼达统治时，国王与马尔杜克神庙之间的矛盾加剧，并试图另立新神，那波尼达离开首都，以其子伯沙撒摄政。公元前539年，波斯人崛起，居鲁士二世率军入侵新巴比伦王国时，祭司竟打开大门放波斯军队入城，伯沙撒被杀，那波尼达被俘，新巴比伦王国不战而亡。

古巴比伦人在文明发展方面远不如苏美尔人那样辉煌。因为阿摩利人在进入巴比伦尼亚时还处在氏族部落解体时期，文化极其落后，所以他们全盘接受了苏美尔-阿卡德文化。他们的文明与苏美尔人相比，最重大的贡献有四个方面，即法律、天文学、文学、建筑。

注重法律是苏美尔人的传统，而古巴比伦人则在继承古苏美尔法的基础上对于法律制度进行了较大改变，产生了世界历史上第一部完整的成文法典，即著名的《汉谟拉比法典》。它全面地反映了古巴比伦王国的社会政治状况、经济状况和阶级关系。这部法典刻在一个高2.25米的玄武岩石柱上，所以也称"石柱法"。石碑上部刻有太阳神、正义之神沙马什授予古巴比伦国王汉谟拉比王权权标的精致浮雕，下部是用阿卡德语楔形文字刻写的法典铭文。法典共3500行，有8000多字，由前言、正文、结语三部分组成。前言宣扬了君权神授说，认为汉谟拉比受命于神，"发扬正义于世，灭除不法邪恶之人"[1]。正文共有282条，其内容主要包括以下十个方面[2]。

---

[1] 朱寰主编：《世界上古中古史》（上册），81页，北京，高等教育出版社，1997。

[2] 关于《汉谟拉比法典》的具体内容介绍，可参见刘白玉、牛建军编著：《神奇的巴比伦》，42~49页，郑州，中州古籍出版社，2014。

（1）1~5 条是关于司法行政，即有关审判的规定。

（2）6~25 条是关于保护私有财产，对盗窃、拐带、藏匿逃奴、趁火打劫的惩罚的规定。

（3）26~88 条是关于土地房屋，即对各种不动产的占有、继承、转让、租赁和抵押方面的权利和义务的规定。

（4）89~126 条是关于借贷、经商、债务等方面的规定。

（5）127~194 条是关于婚姻、家庭及继承的规定。

（6）195~214 条是关于伤害不同地位的人予以不同处罚的规定。

（7）215~240 条是关于各种职业人员的报酬和责任的规定。

（8）241~267 条是关于农牧业的规定。

（9）268~277 条是关于租赁及雇用的规定。

（10）278~282 条是关于奴隶的买卖及处罚的规定。

由以上十个方面可以看出，《汉谟拉比法典》所涉及的内容是极其广泛的。法典规定，整个社会由三大阶层组成：自由民（awilum，音译作"阿维鲁姆"）、无公民权的自由民（mushkenum，音译作"穆什钦努"）、奴隶（男性奴隶被称为"wardum"，女性奴隶被称为"amatum"）。女祭司和寡妇也是法律的适用对象。奴隶也有一些用法律保护自己的权利。但遗憾的是，这部法典里并没有涉及教育和教师问题。结语部分主要宣扬法典的"公正"，警告任何人不得诋毁它。与苏美尔人的法律制度相比，古巴比伦人的法律的政府责任大大增强，反对国家的罪名增加了，国王的官吏较多地担负起了逮捕和惩办罪犯的责任，惩罚大大加重，特别是对带有某种谋反作乱迹象的罪行；工资、物价及劳务收费标准，也一律由政府规定；对于生命财产的损失，《汉谟拉比法典》第22条至第24条还专门规定了政府赔偿办法。政府责任的增强，使得政府官员以及民众学习法律的必要性大大增强，这就为法制教育提供了有利的契机。

在天文学方面，古巴比伦人把置闰周期化，即古巴比伦人将一年划分为

12 个月，其中 6 个月有 30 天，6 个月有 29 天，这样一年仅 354 天，于是每隔几年就要增加一个闰月，以符合季节的变化。古巴比伦人为了建立一种更为整齐的历法，就使闰月的设置有了固定的周期，如公元前 6 世纪后期为 8 年 3闰，以后又定制为 27 年 10 闰。另外，古巴比伦人还把昼夜按黄道十二宫划为 12 个单位，即 12 小时，每小时 60 分；把每月分为 4 周，每周 7 天，分别设一个神主管：太阳神沙马什主星期天，月神辛神主星期一，火星神涅尔伽尔主星期二，水星神纳布主星期三，木星神马尔都克主星期四，金星神伊丝塔尔主星期五，土星神尼努尔塔主星期六。以后为世界各国采用，成为今天的一星期七天制。

在文学方面，古巴比伦人把原来流传于苏美尔和阿卡德时代的英雄史诗《吉尔迦美什》第一次编成定本，记载于 12 块泥板上，共 3000 多行，成为世界文学史上的瑰宝。这一时期也出现了阿卡德语文学作品。《吉尔伽美什史诗》最早的版本可能为古巴比伦语。与苏美尔人不同，阿卡德人的史诗整体具有复杂的情节，甚至还包含对死亡和不朽的哲学思考。史诗文笔精细，结构严谨。有关基什英雄伊坦纳（Etana）的诗歌残篇属于约公元前 2 千纪初的作品，诗中伊坦纳乘着鹰飞往天空。《阿特拉哈西斯史诗》的首个版本出现在公元前 17 世纪，史诗讲述了众神之战和洪水神话。赞颂神的颂歌仍在创作，在苏美尔版本的基础上，阿卡德人创作了异本的《伊丝塔尔坚人入地狱》。这在汉谟拉比统治时期属于爱情与战争之歌。礼赞国王的诗歌被保留下来，但到了古巴比伦末期，它们已经不再用了。

在建筑方面，在汉谟拉比的努力下，古巴比伦城垣雄伟、宫殿壮丽，充分显示了古代两河流域的建筑水平，被誉为"世界最为壮观的都会"①。到尼布甲尼撒二世时，对巴比伦城进行了大规模建设，使巴比伦城成为当时世上

---

① ［美］威尔·杜兰特：《文明的故事 1：东方的遗产》，台湾幼狮文化译，234 页，成都，天地出版社，2018。

最繁华的城市，也是中东最重要的工商业城市。巴比伦城以两道围墙围绕，外墙以外，还有一道注满了水的壕沟及一道土堤，城内的主干道中央以白色及玫瑰色石板铺成，城有八个城门，其中的北门就是著名的伊丝达尔门，表面用青色琉璃砖装饰，砖上有许多公牛和神话中的怪物等浮雕。巴比伦城被建设得宏伟壮丽，直到100多年后，希腊历史学家，被称为"历史之父"的希罗多德来到巴比伦城时，仍称它为世界上最壮丽的城市。被列为古代世界七大奇迹之一的巴比伦"空中花园"（亦称"悬苑"），就是新巴比伦王国国王尼布甲尼撒二世（前604—前562）在位时主持建造的。相传，他娶波斯国公主赛米拉米斯为妃。公主日夜思念花木繁茂的故土，郁郁寡欢。国王为取悦爱妃，就下令在都城巴比伦兴建了高达25米的花园。"空中花园"采用立体叠园手法，在高高的平台上，分层重叠，层层遍植奇花异草，并埋设了灌溉用的水源和水管，花园由镶嵌着许多彩色狮子的高墙环绕。王妃见后大悦。因从远处望去，此园如悬空中，故又称"空中花园"。另外巴比伦的通天塔和守护神马克都克的神庙，也是当时十分有名的建筑代表。

二、巴比伦的教育

古巴比伦时期学校（e-duba）教育得以继续发展。古巴比伦人教育也同苏美尔人一样，分为两个阶段进行：第一阶段主要是对读、写、算基本知识的掌握和基本技能的训练，以集体教学的方式进行，主要是培养文士，"用心学习的文士将会没有敌人，并受人尊敬"[1]；一方面因为巴比伦商业文明非常发达，需要各种各样的会书写的实用性人才，另一方面，巴比伦是一个崇尚法律的社会，但巴比伦没有律师，公证、书写其他法律文件，如契约、遗嘱、字据、诉讼状等需要会熟练书写的人。第二阶段主要进行宗教、法律、数学、

---

[1]　James Bowen, *A History of Western Education*, vol.1, London, Methuen & Co. Ltd Ⅱ New Fetter Lane, 1972, p.18.

医学、商业、军事、行政等专业的学习，并要到相应的部门去实习，主要通过艺徒制和个别教师的专门指导来完成。他们学习的地方被称作"泥板书舍"，书舍的监督被称为尤迈亚，副手被称为阿达·伊杜贝，教师被称为杜布萨尔，助教被称为什士布加尔。① 这一时期的古巴比伦语在社会上占据绝对优势，后来成为古典语言。苏美尔-阿卡德语词汇表(普通和专有名词)出现，成为学校学生学习的必备材料，学生们必须用心地学习和熟练掌握这些词汇。

在古巴比伦的学校里，男孩、女孩都去学校上学，有的女孩以后还成了女祭司。除了词汇表以外，学生学习的内容还有谚语、对话、诗歌和其他文学作品等。这些材料后来被录入《尼普尔正典》。苏美尔作品开始不如早期那么流行，许多新作品都是用阿卡德语书写的。"当美索不达米亚会意符号已经能够娴熟地记录苏美尔语时，古阿卡德语就出现了。阿卡德语是一种闪米特语，这意味着由1—3个辅音构成的词根表达语义，语法关系通过轴音间元音的变化，以及前缀和后缀表达出来。词语的众多读音变化促进了表音文字的发展。当苏美尔楔形文字中仍保留了众多词符时，几乎所有的阿卡德语词语都可以根据不同的书吏的偏好写成表音形式或者意音形式。在非正式文献中，词符很少超出15%。由于苏美尔语符号用于书写阿卡德语词汇，随着添加来自阿卡德语读音，但是没有系统替代已存的苏美尔语读音，读音和符号之间的关系变得日益复杂。这导致在确定准确的训读上，类别符号可能更为重要。尽管为了阅读更广泛的文献，学者需要掌握大约600个符号的发音和词符，但是，在大多数时期，书吏只用200—300个符号书写阿卡德语(Cooper 1996：45—57；Nissen, Damerow, and Englund 1993：117—118；Sampson 1985：47—560)。"②在学校，数学也用阿卡德语教授，而这些数学知识多服务于日常所

---

① 吴式颖、任钟印主编：《外国教育思想通史》第1卷，53~54页，北京，北京师范大学出版社，2017。

② [加]布鲁斯·G.崔格尔：《理解早期文明：比较研究》，徐坚译，423页，北京，北京大学出版社，2014。

需。侧面仪和立体测量仪的制作获得成功，六十进位法①也被允许制成不同表格，如正方形的框架、立方体和根。从已发掘出的泥板书文献来看，数学在当时因实际需要而发展迅速。在最古老的算术泥板书中，有了这样几个数字：D＝1、o＝10、O＝100。在稍后的出土文献中又有了 D＝1、o＝10、D＝60、O＝600 的记录，可见，当时六十进位制与十进制已在通用，因楔形文字的书写工具尖笔的缘故，所画符号 D 变成了 Y，O 变成∧，分别代表了六十个和十个单位，只有凭借符号的不同次序，才能确定并识别它们所代表的数值，例如，YY∧∧∧Y1 就代表 2×60＋3×10＋1，可见古巴比伦人在数字计算方面已取得了较大成就。但这种记数法也给教育教学带来了一定的麻烦，使得学生又增添了许多沉重的识别与记忆的负担。此外，古巴比伦人还把分数作为教学的重要内容，如在出土的泥板书文献中，学生的作业中就有 ¥（表示 1/2）、¥¥（表示 1/3）、YYY（表示 2/3）的记载。②

在高级学习阶段，除了法律、数学、天文学之外，学生还要学习神启文（omina）、祈祷文和咒语。当时的神启文通常都是用动物的肠衣制成，大部分都保留了下来。另外，学生还要学习医学，因为学生将来可能要成为祭司（ashipu）阶层和医生（asu）。法律的学习对学生来说十分重要，"重视法律是古代美索不达米亚文明最显著的特征之一"，"为了向民众证明自己能够建立稳定的秩序和为百姓伸张正义，几乎每位国王上任后的第一件事就是颁布新的法律和法规"。为了有效推行《法典》，借助于教育的力量就成了最有效的捷

① 六十进位制是巴比伦数学的基础。地质学家 W.K. 劳夫特斯于 1854 年发掘出来的两块泥板（被称为森开莱泥板）上所刻的内容证明了巴比伦六十进位制的存在。六十进位制是巴比伦人对人类文明史的重大贡献。利用六十进位制，巴比伦人还建立了一个月亮周相表，从这个表中可以推测月亮的特定位置和亏蚀时间。关于巴比伦人的数学相关知识介绍，可参见郑殿华、李保华：《探索巴比伦文明》，132~137 页，西安，陕西出版集团、太白文艺出版社，2012；也可参见耿静、张书珩主编：《失落的古巴比伦文明》，290~294 页，呼和浩特，远方出版社，2005。

② 吴式颖、任钟印主编：《外国教育思想通史》第 1 卷，54 页，北京，北京师范大学出版社，2017。

径。因此，"在古代苏美尔的书吏学校中，高年级的学生要花费大量时间来学习和研究有关法律方面的专业知识。对于那些高度专业化的法律术语以及法庭判决书等，他们还必须再三地抄写和研读"。①

因为分工的细化和商业贸易的发达，巴比伦的各类职业发展非常迅速。自汉谟拉比时代到公元前 1000 年左右，"青铜、铁以及其他金属工具已很常见"，"染色及刺绣技术已很高明"，"在美索不达米亚，人们很早就知道使用的机器是织布的布机及制陶的转盘"，"自发明用火烘烤之后，巴比伦的制砖即发展成一大行业"，"在汉谟拉比时代，各行各业已经相当发达。这时，各行业在横向方面，有各种公会的组织；在纵向方面，为便于技术的传授，所采用的是师徒制"。② 可见巴比伦的发达职业催生了发达的职业教育。而且我们可以发现当时职业教育是由各行业的"公会"（即同业公会，是古代同行业的团体所组成的一种社会组织）组织，采用师徒制的教育组织形式。这些受过职业教育的学生们，除了做各类职业技术工人外，还有专门的职业书写者，"有些人会成为为其他人提供实际需要的职业书写者；而其他人则继续他们父辈的职业变成政府或神庙的官员或者商人"③。如当时巴比伦存在着的专门书写法律文书的书记就是这类职业书写者，因为"巴比伦没有律师。公证一般由祭司负责。书写其他法律文件，如契约、遗嘱、字据等，找书记即可。逢有冤枉，状纸可以自己写，因为法律术语并不多"④。

从已出土的有关文献来看，巴比伦的女性和男性一样可以自由外出，或

---

① 刘白玉、牛建军编著：《解密文明古国：神奇的巴比伦》，41 页，郑州，中州古籍出版社，2014。

② [美]威尔·杜兰特：《文明的故事 1：东方的遗产》，台湾幼狮文化译，240 页，成都，天地出版社，2018。

③ [美]斯蒂芬·伯特曼：《探寻美索不达米亚文明》，秋叶译，464 页，北京，商务印书馆，2009。

④ [美]威尔·杜兰特：《文明的故事 1：东方的遗产》，台湾幼狮文化译，244 页，成都，天地出版社，2018。

在公共场合出现，而且巴比伦的女性可以拥有自己的财产。如在楔形文字写成的泥板文献中记载："在萨比努灌溉区的6伊库土地，（该地）左右毗邻辛伊奇珊和伊祖尔阿达德之子伊匹卡顿的土地，前后为塔瑞布姆和阿克沙克伽米尔（的土地）。希阿顿将这块土地遗赠给其女儿埃利埃瑞萨。伊匹卡顿和伊祖尔阿达德不能向她（埃利埃瑞萨）主张这块土地。她们以神沙马什、埃亚、马尔杜克以及（国王）辛穆巴里和西帕尔城的名义发誓。（证人名章略）"①；有的父亲在遗嘱中明确规定女儿与儿子一同分割遗产："［……］宁舒布尔之女［……］所有的遗产［……］是宁舒布尔之女辛伊丁楠和她的哥哥乌巴尔［……］分割得到的。分割完成了，他们心满意足。他们平均分割了［……］在将来一方不得向另一方提出诉讼。他们以沙马什神、阿亚神、马尔杜克神和国王汉穆拉比的名义起誓。（证人名略）"②这些泥板契约通常都附有多个证人，基本都滚压有印章，以进一步确定契约的法律效力。可见当时的女性确实拥有一定的财产。而根据一些楔形文字泥板书记载，当时女祭司所继承的遗产包括土地、房屋、果园等不动产以及奴隶、日常用品、粮食等③，对于此类财产，可买可卖，可借人取息，可遗赠他人。她们可经商，可以当老板，可以做伙计。巴比伦的女性替店东管账者也不少。管理财产需要各种各样的知识和才能，因此女性必须进行学习，接受相关的教育。"由此可证，在巴比伦，女孩子和男孩子一样是有权利接受教育的。"④另外，在古巴比伦时期，在社会中兴起了一个特殊的由女性组成的阶层，即女祭司。她们同男祭司一样享有很高的社会地位，同时在经济领域和宗教领域发挥着重要作用。"在现存的泥板文书

---

①　L. Dekiere, *Old Babylonian Real Documents From Sippar in the British Museum*, Ghent, University of Ghent, 1994, P.132.

②　李海峰：《从民间契约看〈汉穆腊比法典〉的性质》，载《史学月刊》，2014(3)。

③　R. Harris, *Ancient Sippar: A Demopgrahpic Study of an Old-babylonian City*, Leiden, Nederlands Histoirshc Archaeologish Instituut Te Istanbul, 1975, p.358.

④　［美］威尔·杜兰特：《文明的故事1：东方的遗产》，台湾幼狮文化译，260 页，成都，天地出版社，2018。

中，记录关于西帕尔地区的女祭司的材料比较充足……泥板文书显示，西帕尔地区的女祭司主要分两种：一种是住在修道院里的女祭司，另一种则不住在修道院里。前者主要包括沙马什纳第图女祭司、塞克雷图和乌克巴不图，后者主要包括马尔杜克纳第图、库尔玛什图和卡第什图。"①这些女祭司大都来自社会上层，家庭条件良好，因而必然受过良好的教育。虽然我们目前还没有相关具体的资料证明这一点，但作为社会声望和地位都很高的祭司，没有受过相当的教育是不可能做到的。由此也可以证明，当时确实是有女性受教育，而且可以受到很好的教育。

第四节　古代亚述的教育

一、亚述文明概况

亚述位于巴比伦尼亚以西，它于公元前 3000 年末进入文明时代，其历史可分为早期亚述、中期亚述、亚述帝国三个时期。由于严重的内乱和外在强敌的攻击，亚述帝国首都尼尼微于公元前 612 年为迦勒底人建立的新巴比伦王国军和米底王国军攻破，最后一个据点卡尔赫米什也于公元前 605 年覆亡。亚述人所创造的文明，与苏美尔-巴比伦文明有了较大的差异，进而直接影响了他们的教育及其教育思想。

亚述文明最突出的一个特征就是尚武，注重实用。狂热的军事追求使得亚述建立了当时世界上兵种最为齐全、战斗力最为强悍的一个军事体系。后来其军事技术体制被波斯继承。亚述人对人类最大的贡献就是战争的艺术。亚述国家的政治、经济、文化都带有浓厚的军事色彩。亚述时期留下的浮雕作品，几乎全与军事有关。由于作战的需要，亚述的冶金术也很发达。"亚述

---

① 刘白玉、牛建军编著：《神奇的巴比伦》，98 页，郑州，中州古籍出版社，2014。

战士所穿的盔甲，其防护力之强已与中世纪欧洲骑士所穿的不相上下。"①

因为受军事制度的强烈影响，亚述的法律制度也与古巴比伦有了重大区别，在一定意义上可以说亚述的法律就是军法。亚述人实行同害惩罚法和按照受害者及犯罪者的地位分等级惩处的制度。女性被视为丈夫的财产，离婚的权利完全掌握在男子手中并允许一夫多妻，已婚女子一律不得不戴面纱而公开露面。与巴比伦相比，女性的地位显著下降，直接影响到了她们受教育的权利与教育内容。

亚述的科学技术由于战争的需要而取得了较高成就。例如，在天文学方面，他们已能将圆周按 360 度划分，且能够用某种类似划分经纬度的办法来测算物体在地球表面上的位置。他们已认出了五个行星并加以命名，在描述日食、月食方面也取得了一定成就。在手工业方面，技术水平大大提高，铁剑、强弓、长矛、撞墙锤、战车、金属胸甲、盾牌、头盔等军事装备的制造在当时都是最优良的，从而使亚述人在军事上占据了无与伦比的优势。

医学因军事的需要而得到了高度重视，从而获得了较大发展。当时已有 500 多种药物运用于医疗并进行较为合理的分类，对于每一种药物的用途都已有了明确说明。此外，对于各种疾病的症状也有了描述，而且一般都以自然的原因来解释病因。相对于古苏美尔人和古巴比伦人来说，这是一个重要的进步。但在当时，符咒和巫术仍然被普遍采用，并未受到禁止。

在艺术方面，亚述人远远超过了古巴比伦人，尤其是在雕刻方面。亚述人的雕刻以战争和田猎为题材，塑造的临危不惧的猎手、凶猛异常的狮子、垂死挣扎的野兽、冷静勇敢的战士等，都形象逼真，动作生动，达到了很高的艺术水平。但在建筑方面，亚述人远远不及苏美尔人。亚述人的建筑一般显得很粗犷、简单，缺乏苏美尔人的那种宏伟、精细的特点。就艺术方面观

① ［美］威尔·杜兰特：《文明的故事 1：东方的遗产》，台湾幼狮文化译，286 页，成都，天地出版社，2018。

察，除浮雕较为突出外，其余皆与巴比伦不相上下。另外，由于征服所获的财富大量流入亚述、卡拉及尼尼微，宫廷、神庙、富家巨室所需要的金银珠宝装饰品越来越多，亚述的手工艺也得到快速发展。设计精巧的首饰及雕琢精致并嵌有金银珠宝的家具成为当时亚述手工艺的代表。

亚述文明中，还值得一提的就是在国王阿苏班尼帕统治时期，亚述建造了许多神庙和著名的阿苏班尼帕图书馆。在位期间，阿苏班尼帕国王命令信使、书吏和官员遍访全国各地，搜集图书。各地的泥板书被搜集送到亚述后就按照原样被仔细保存，对有些有损坏的泥板书则用当时流行的楔形小字整齐地抄录下来予以保存。亚述的书吏们在抄录泥板书的过程中还会在原文损坏的地方留下空白或者加上自己的注释。经过长期的努力，阿苏班尼帕图书馆成为一个几乎囊括了当时全部知识的智慧中心，它的藏书门类齐全，包括了哲学、数学、语言学、医学、文学以及占星术等各类著作，此外还收集了大量当时的王朝世系表、史事札记、敕令、神话故事、歌谣、颂词等，为后世了解亚述帝国及亚述文明和苏美尔文明、巴比伦文明保存了大量的翔实资料。目前出土的泥板书就有 3 万多块。这些泥板书都曾分门别类附有标签。但这些出土的泥板书中的绝大部分，均为年月不详的代抄本，其原本大多是原来巴比伦的著作。在所有图书中，文学作品仅占极小部分，其他为政府档案、天文、星象、占卜、医学、符箓、圣诗、祷告词、帝王世系及神的谱系等。

二、亚述的教育

由于战争的需要，亚述人比古巴比伦人更加重视教育。他们不仅继承了苏美尔-巴比伦教育思想和实践，借鉴继承了许多苏美尔-巴比伦的文化要素，作为自己的教育内容，正如阿甫基耶夫所指出的："亚述人从古代美索不达米亚各族人民那里输入了一套楔形文字、宗教的典型特色、文学作品、艺术特有的要素和许许多多的科学知识。亚述人从古代苏美尔那里借用了神的某些名字和祭典，神庙的建筑形式甚至砖这种建筑材料……亚述人从巴比伦人那里借用了非常流行的宗教文学作品，特别是关于世界创造的史诗和对于古代的神恩里尔和玛尔都克的赞美诗。亚述人从巴比伦那里还借用了度量制度、国家管理组织方面的某些特色和汉谟拉比时代所制定的法律的许多要素。"①但是，关于亚述学校教育制度、内容和方法，史料很缺乏，今天我们所知道的并不多。有研究者指出："但可以断定，当时亚述有一种僧侣书吏学校，它也许是一种'学院'［比特·姆米(bitmummi)，知识院］性质的教育机构，它成为奴隶主贵族用来培养他们自己的子弟成为统治人才的场所，使其子弟具有从事宗教和政治活动的能力。"②这说明亚述人与其他文明古国一样，祭司和书吏在教育中占有重要地位，因而宗教教育和实用性的教育很受重视。

从已经出土的文献资料来看，亚述的学生在学校里学习的内容还是比较广泛的。我们可以从亚述国王亚述巴尼拔的一篇自述中窥见当时教育所涵盖的一些基本内容："我，亚述巴尼拔，受到那波智慧的启发，觉得有博览群书的必要。从它，我可以学到射、御乃至治国平天下的本领……马尔杜克赐给我对知识了解的能力…内尔格勒使我精力充沛，阿达帕使我通晓一切技艺。举凡天上地下的建筑，从书本中皆可知其大略。借书籍之助，祭师所会的星象、占卜、预言，我也样样精通。背诵深奥的苏美尔及阿卡德文经典，我觉得乐趣无穷……在骑马方面，由于我了解马性，因此骑上去总平平稳稳。在射箭方面，由于我知道如何用劲，因此几乎矢矢中的。在掷枪方面……因此举重若轻……我治国，像一个精良的御者……我指导战士以芦苇编织盾牌及胸墙，像个老练的工兵。总之，读书，不但可扩充知识及技艺，而且还可养成一种高贵的气度。"③可见亚述巴尼拔当时所受的教育内容其实非常丰富，

---

①　［俄］阿甫基耶夫：《古代东方史》，王以铸译，403 页，上海，上海书店出版社，2007。

②　林琳：《亚述史新探》，273 页，南宁，广西人民出版社，1996。

③　转引自［美］威尔·杜兰特：《文明的故事 1：东方的遗产》，台湾幼狮文化译，292 页，成都，天地出版社，2018。

除了读书，还有射箭、驾车、祭祀、语言、骑马、掷枪、军事等方面的知识和技能。从已有的一些资料来看，亚述人的教育中学生除了接受必要的军事教育之外，他们还必须学习宗教神学、与政治思想教育紧密相关的维持世袭等级制的典章制度和道德规范，以及学习掌握不同的语言，要"学会错综复杂的楔形文字，学会使用动词变化表、词汇表——同类宾语或术语或辞句表——和两用或三用辞典——包括苏美尔方言、阿卡德方言、巴比伦方言及新亚述语文等"①。此外，学生还要学习文学历史方面的知识、天文历法等一些自然科学知识。

值得一提的是亚述学生的语言学习虽然主要是楔形文字的读、写训练，但亚述人的楔形文字是在继承苏美尔人楔形文字的基础上，结合亚述地方语言的特点和需要，对原有的楔形文字进行了修改和增补，使之更适合亚述人现实生活的实际需要而产生的一种新的文字体系。这样一来，苏美尔人原有的楔形文字体系就发生了很大的变化，很多原来的文字符号保存了原来的含义，同时又获得了新的含义，这种新含义已不是出自苏美尔文字，而是来自亚述的语言。许多符号除了表示苏美尔的语音外，还可表示亚述地方语音。因此，在亚述的文字中虽然使用了许多苏美尔词句和成语，但这些词句和成语却要按照亚述独特的语音来读。为了易于辨认，亚述人就在这些词句和成语后面加上了亚述方言的字尾，并在这些字尾特别标明了亚述方言独特的读音，这样就使得许多楔形文字符号的组合具有不同的读音和含义。这样一来，亚述学生所要学习的词汇量就比原来苏美尔学生所要学习的词汇量大大增加了，而且因为一个字符往往含有很多意义，更增加了学生语言学习的难度。另外，当时亚述人所使用的楔形文字基本上可分为三大类：表意符号、表音符号、部首符号。表意符号通常表示具体事物，但不能表示文法构造的变化以及介词、助词之类本身无形的事物，有些表意符号还可以复合起来表示另

---

① 林琳：《亚述史新探》，273 页，南宁，广西人民出版社，1996。

一个意思或多个意思。表音符号，通过声音表示具体事物，同声的词往往共用一个字符，有许多这样的符号，一个符号用于不同地方可以表示不同的音节，谐声字可以表达介词、副词以及词格、词首、词尾等语法结构。部首符号指因为同一个字符在不同的地方可以读不同的音节，这就需要一种限定性的符号放在这个符号的后面，以确定它读什么音、表示什么意思。① 丰富的词汇量、文字符号与读音之间的歧义、楔形文字自身书写的复杂，使得亚述学生要学会读楔形文字和写楔形文字还是比较困难的，一般需用几年的时间才能学会。

此外，在亚述时代，因为庞大帝国的统治需要，使得亚述学生还要熟悉多种语言，除亚述本族方言外，还有如苏美尔语、阿卡德语、巴比伦语、阿拉米亚语、赫梯语、埃兰语、虫拉尔图语等，这使得亚述学生的语言学习变得更为艰难。而且当时的亚述学生，在书写楔形文字之前，首先还要自己学习用黏土做成泥板，一般都先用绳在泥板上画成格，即在上面画平行线，然后再学习书写和阅读。刻写好的泥板，如果是需要长期保存的，就放在火中烧干；如果只是短期应用，就把它放在太阳底下晒干。这些体力与脑力的双重付出，说明了当时亚述学生学习的困难程度。

不过，作为古代西亚地区最为著名的军事帝国，亚述人的教育成就最高而且颇具特色的还是其军事教育。而其他方面的教育也基本上是为军事教育服务的。亚述的军事教育主要包括军事战术训练、武器制造技术教育以及军事思想与心理教育。军事战术训练主要包括战车、骑兵、步兵、工兵编组、组合进行战斗的战略战术；武器制造技术教育主要包括各种兵器、围城工具的冶炼制造和教育训练；军事思想与心理教育主要包括勇敢精神教育、纪律教育以及爱国心的教育。从古亚述人的常备军的军种分类中，我们可以明显地看出亚述人军事教育和训练内容的复杂性和多样性。古亚述人通过募兵制

---

① 参见林琳：《亚述史新探》，274 页，南宁，广西人民出版社，1996。

建设了数量庞大的常备军，并把他们分为以下兵种：战车兵、骑兵、重装步兵、攻城兵、辎重兵、工兵等。要求这些兵种既有各自的专门技艺，又要能够一专多能，掌握其他兵种的基本技能，以便在战斗中及时地替换伤残及死亡的士兵，从而保持军队整体的战斗力。亚述国王萨尔贡二世曾经对步兵进行了重大改革。他把步兵分成弓箭手和矛手两大类，进行专职训练。弓箭手又被分为轻弓箭手、次重弓箭手和重弓箭手三类。轻弓箭手束轻装，不戴头盔，只缠束发带，整个上半身除了挂箭筒的横带外，全部裸露在外。下着至膝上部的紧身短裤。他们主要进行立射和跪射。次重弓箭手的装备介于轻重弓箭手之间，配备有锁子甲、头盔和便鞋。锁子甲可下达膝部。主要训练跪射，有伙伴持盾跪着掩护。重弓箭手装备精良，身着长袍，达于脚面。外面再套以锁子甲，达于腰部。头戴尖顶盔，脚着便鞋。主要训练立射。其伙伴把一人高的大盾牌立于地上，站在其身后持盾牌保护。重弓箭手尤其在攻城战中发挥重大作用。矛手头戴鸟冠式头盔，身穿至膝长衣，但外部不罩锁子甲。右手持矛，左手持圆形盾，主要进行的是与敌展开肉搏战和攻城战的训练。到辛那赫里布时代（前704—前681年），亚述的步兵在装备和组织方面又有重大发展。这时的弓箭手训练分为四类，即重装弓箭手、次重装弓箭手、轻装弓箭手和最轻装弓箭手。他们都与萨尔贡二世时期的弓箭手训练有所不同。重装弓箭手身穿紧身衣，外罩长至腰部的铠甲，头戴尖顶头盔，下着紧身裤，他由1名或2名着同样服装的伙伴伴随，持巨大的柳条盾掩护他射箭。次重装弓箭手的服装只是略有变化，紧身衣在一侧开口，下身着短裙，双腿裸露。战斗训练时一般两人一组，没有盾牌掩护，同时放箭射击。这一时代的矛手训练分为重装矛手和轻装矛手两类。重装矛手头戴尖顶头盔，铠甲长至腰部，并覆盖住双臂上部，上身着紧身衣，有一侧开口；下身着紧身裤，外罩短裙，还有护胫。他们携带金属制凸面大盾，几乎可以把整个身体掩盖起来。长矛比身体略短一点，还在身体右侧佩有短剑。重装矛手人数较少，通常充当国王的卫兵。轻装矛手的装备及训练与萨尔贡二世时的长矛手训练几乎相同。此外，在这一时期还增加了工兵和投石手的教育训练。根据文献记载，我们可以推测古代亚述的军事教育都在专门的训练场地举行，如在亚述的文献中被称为"马沙尔提宫"（Ekal Masharti）的地方，其表面的字义为"集合军队的宫殿"，有人称为"军宫"，或释为"军营"，但在埃萨尔哈东的年代纪提到："（马沙尔提）是我的先王留下来的用来驻扎军队，保管战马、马驹、战车、武器装备和战利品……但是对于训练战马和驾驭战车而言，这里现在太小了。"由此可见，"马沙尔提宫"除了作为常备军驻地外，还要进行骑术和战车训练。①

另外，宗教教育也是亚述人教育的重要内容之一。亚述人的宗教教育其实也直接服务于军事斗争需要。虽然其宗教思想都来自苏美尔和巴比伦，但在其内容和形式上都染上了浓厚的军事色彩。在形式上，亚述的宗教教育以亚述大神为主。所有的制度、规章、法令，都禀告亚述大神并根据其旨意而制定。征税、作战，都出于神意。但实质上任何一位亚述君主，本身就是神，一般都认为他就是太阳神沙玛什的化身。由此，宗教神的意志实质上就是亚述国王的意旨。而纵观所有亚述国王，都是武力之上东征西讨的君王，因此宗教教育实质上就是为战争寻找合理的借口，并为其披上神圣的外衣而已。

在亚述王国，作为最高的军事统帅的国王，由一位或多位神灵时刻保护着，其中最重要的保护神就是阿淑尔神，巩固国王的统治则是阿淑尔神最主要的职责。因而亚述人被教育要严格服从阿淑尔神的权威和意志，"他征服了所有的不服从者，他驱散邪恶，他惩罚那些不畏惧他的话的人，罪恶者难逃他的法网"②。因此，作为阿淑尔神代言人的亚述国王，常常通过宗教教育神

---

① 该部分引文转引自曲天夫：《略论亚述帝国军制》，载《东北师大学报（哲学社会科学版）》，1999(5)。

② A.K. Grayson, *Assyrian Rulers of the Early First Millenniuum B.C.*, I(1114-859 B.C.), Toronto, University of Toronto Press, 1991, P.194.

化他们的使命，将他们的对外战争美化为"圣战"，教育人们勇敢参加战争就是履行神的意志。这种宗教教育"为亚述帝国的扩张提供了一种精神动力，并在亚述民族中形成了一种尚武的精神与传统。亚述军队以宗教的名义南征北战，凭借着对神明的无限忠诚，取得无数胜利"①。由于宗教在亚述人生活中的重要性，亚述的宗教教育日益变得重要，并因为僧侣各自分工的不同而出现了专业教育的区别，如有的专司念咒，有的专司占卜，有的专司祈祷，有的专司祭祀等。这些专业教育都由寺庙里的僧侣学校来完成。"寺庙有专门学校培养和训练僧侣。僧侣按级别和专门职务分为若干等级……上层僧侣(即高级僧侣)管理寺庙经济和执行基本宗教仪式，他们是奴隶主贵族的代表，享有种种特权，在宗教和思想文化领域占据统治地位，他们控制着学校教育和文化活动，他们常常参与国家政事，甚至有时插手王位继承和官吏任免之争，攫取重大的政治权利。"②

在女子教育方面，因为亚述政府鼓励妇女生育，因而对女性其他活动做出了诸多限制，妇女地位要比巴比伦时期低很多。不敬丈夫，就要受很严重的处罚。为人妻者，不戴面具不许外出，实质上限制了妇女的社会活动。女性似乎除了生育、唱歌、跳舞、做针线外，其他的活动极少。由此我们也许能够推断当时的亚述妇女已经很少受教育了。

第五节　古代两河流域的教育思想

作为世界文明的发源地之一，两河流域的文明不仅直接影响了以后整个人类文明的发展路径，也对人类教育的发展产生了巨大影响。其在丰富教育

---

① 李海峰、刘其亮：《亚述人尚武文化论析》，载《西南大学学报(社会科学版)》，2014(1)。
② 林琳：《亚述史新探》，310页，南宁，广西人民出版社，1996。

实践基础上所形成的教育思想，不仅带着鲜明的时代特色，更是蕴含了对教育自身发展规律的内在思考和思想探索。因此，在了解了两河流域教育实践的基础上，再来对两河流域的教育思想进行必要的认识，不仅会加深我们对教育本质及其规律的认识，更会有助于我们从源头上进一步去思考教育与社会发展、与个人发展，以及与人类思想演变之间的内在联系。下面分别对苏美尔人、巴比伦人、亚述人的教育思想做一介绍和分析。

在介绍这些古文明的教育思想时，因为直接涉及教育思想的原始材料较少，除了根据已出土的泥板上所记载的与教育教学有关的各种文字材料外，还将结合其他考古学取得的成果以及相关的神话传说和文学史诗等所蕴含的教育思想进行简要的分析。之所以把神话传说和文学史诗也列为考察两河流域教育思想的参考，是因为神话传说和文学史诗在人类早期文明的形成与发展中起了重要的作用，它们都是先民们认识自然、社会、命运与人之间的关系，寄托自己的理想，反映当时生活与思维特质的重要材料。其中神话传说作为人类从野蛮社会走向文明社会的产物，集中反映了人与自然力量的对立，以及人们对这种神秘力量的最初认识和情感选择。它显示了人对自然界的第一次超越，它试图解释客观世界，解释人自身，解释人们接触到的一切事物的来源。这样，它不仅部分地满足了原始人的最初萌动的求知欲望和精神渴求，而且和巫术、图腾、祭祀等礼仪规范结合在一起，成了原始社会教育的主要途径、形式和教育的重要内容之一。正如 B. 马林诺夫斯基所指出的，神话能"表现、提高和整理信仰，它保卫并强化道义力量，确保祭祀的有效性，并包含着指导人的行为的实践尺度"①。文学史诗则是人类由原始社会向奴隶制社会过渡时期的产物，它主要描绘了具有超能的人类英雄的事迹，反映了人类试图改造、驯服和利用自然力的强烈愿望，以及超越人自身和社会异己力量的主观渴求；同时，也间接地表现了人类社会集团之间血与火的交锋和

① 朱狄：《原始文化研究》，680 页，北京，生活·读书·新知三联书店，1988。

痛苦的融合过程。

一、苏美尔人的教育思想

统治的需要和社会秩序的建立，需要统一人们的世界观、价值观、人生观，而教育实践的发展也积累了相当的经验，需要总结升华为一定的思想和理论。所以，随着时代的发展，苏美尔人的教育思想也开始出现并不断得到丰富。

(一)关于教育的地位与作用

古代苏美尔人非常重视教育的地位和作用。首先，教育是城市生活发展的必需。"在公元前4千纪后期的某个时候，人们聚居在大城市里。这种过渡改变了人类经验，因为新环境要求男人和女人以前所未有的方式合作。正是这种亲密的接触、这种面对面的共处才导致了大量新思想的传播，尤其是共同生活所需的基本工具：书写、法律、政治制度、职业分工、教育和度量衡。"[①]苏美尔的文明与城市的发展紧紧相随。当时的城市不仅是政治中心、军事中心、经济中心、贸易中心，而且也是文化中心、宗教中心。[②] 出于对神的崇拜，古代苏美尔人建起了许多神庙和庙塔，它们不仅是宗教生活的园地，也是经济活动的中心，因而聚集了许多手工业者，如陶工、编织工、木工、制革工等。庙内的祭司要观察天象、指导灌溉、管理农业、征收田税、经营商业、主持工程修建、处理政府文献等，还要培养文士管理支出和收入账项，手工业者也需要通过教育来培养学徒、传授手艺、促进生产，这就需要设立专门的教育机构，以满足社会的迫切需要，因而学校随之在寺庙中诞生。

另外，在当时的城市生活中，宗教在整个苏美尔人的生活中是居于核心

---

① [英]彼得·沃森：《思想史：从火到弗洛伊德》(上)，胡翠娥译，103页，南京，译林出版社，2018。

② 关于早期城市的基本情况介绍可参见[英]彼得·沃森：《思想史：从火到弗洛伊德》(上)，胡翠娥译，102~135页，南京，译林出版社，2018。

地位的。人们的一切活动，政治的、军事的、社会的、法律的、文学的、艺术的活动，都服从于最高的宗教目的。由于苏美尔人认为文字和知识是由神那布(Nabu)创造，是神赐给人类的礼物，只有僧侣祭司才能够享受。这样，为了保持自己的优越地位和社会秩序的稳定，祭司集团也需要利用教育作为手段向人们灌输神学观念和服从的美德，使人们相信服从神和安抚神不仅会给个人带来诸如长寿、健康、世俗事务上的成功等优厚的回报，而且会给他们的城市带来安全与繁荣。可见，无论是这些城市中心地位的保持，还是城市特权阶层统治的需要，都必须要有专门知识和专门技能的人才来支持，而这些人才必须通过专门的教育才能得到有效培养。于是，教育成为上层贵族的特权，学校成为消除愚昧、造就聪明智慧和知文识字的人的重要场所，也成为个人取得特权和优越地位的进门之阶。"至少从公元前3千纪的第二个两百五十年开始，在乌尔就有对抄写员进行培训的课程。签署文件时，抄写员常常添加上自己父亲的名字和职位，证明他们出身高贵。他们的父亲通常是城市统治者、神殿管理者、军队官员或祭司。只有抄写员和管理者才有读写能力。任何一个握有权力的人很可能都接受过某种书写教育，甚至有人指出苏美尔文字中的术语'都布沙'，字面意思是'抄写员'，相当于绅士，或文学学士，用于指任何受过教育的人。"[①]结果，对教育的高度重视就成为当时苏美尔人城市生活及其发展的必然要求，教育的地位更进一步大大提高，甚至被看作改变命运的手段。在泥板书记载中，有位父亲就告诫自己的儿子说："我却叫你用手执笔而不作耕田、掘地、辛苦工作"，"用心学习的文士将会没有敌人，并受世人尊敬"。[②] 在巴比伦人传统中有一块"命运泥板"，它蕴含着控制整个世界的绝对力量，只要将这块泥板握在手里或穿挂在胸前，它就能

---

① ［英］彼得·沃森：《思想史：从火到弗洛伊德》(上)，胡翠娥译，120~121页，南京，译林出版社，2018。

② James Bowen, *A History of Western Education*, vol.1, London, Methuen & Co. Ltd II New Fetter Lane, 1972, p.18.

被神交给另外一个人。而在出土的《宇宙创造之歌》一诗中，第七块泥板中也有这样的记述：

……　……

愿人们记住这些故事，

愿老年(人)讲述它们！

愿聪明和智慧的人都记住它们，

愿父亲把这些故事重述并教给他的儿子！

愿牧牛者和牧羊人都侧耳而听，

欢祝众神之王马尔都克，

愿他的土地肥美繁荣。①

由于泥板的残损，我们无法了解还有何具体内容，但从以上的几句话中，我们可以明显看出美索不达米亚教育与宗教有着紧密的关系。"美索不达米亚宗教的物质焦点是神庙"，"每一座美索不达米亚的城市都有祭拜不同神灵的神庙，可是在每一座城市里总会有某个特定的神被单独挑出来享受特殊对待，因为他或她被当作该城的特殊庇护神与保护者。正是这位神的圣殿有可能成为整个城中规模最大，而且在建筑上也是最耀眼夺目的亮点"。② 这些神庙并不只是信徒们祭拜的对象，而且是城市进行公共祭祀的地方。在这些神庙前，男女祭司们会执行各种仪式典礼，或者对聚集者们背诵赞美诗和祈祷词。为了举行这些活动，祭司们还有非常详细的专业化的具体分工，如散伽主持祭典，卡鲁、那奴负责领唱圣歌，尼撒库负责主持祭酒，那姆克负责清扫，巴

---

① 杨烈：《世界文学史话》第1卷，40页，哈尔滨，黑龙江人民出版社，1984。

② [美]斯蒂芬·伯特曼：《探寻美索不达米亚文明》，秋叶译，460页，北京，商务印书馆，2009。

努负责驱魔仪式，还有的祭司专门负责占卜和预兆等。① 因为祭祀的神圣性以及影响的广泛性，因而对这些祭司的工作都提出了很高的要求。因此，这些祭司们在履行自己的职责之前，必须要接受相当一段时间的专门教育和相当久的学徒期训练。因而当时苏美尔的神庙里有培养祭司的学校，对将来要从事祭司的学生进行专门教育。由此可见，在苏美尔人的生活中，祭司教育不仅是宗教生活的组成部分，而且也是宗教履行其职能的必要条件和重要途径及手段。正如神和神庙在人们心目中具有非常重要的地位一样，当时祭司也是苏美尔城邦统治集团的核心成员。早期的苏美尔城邦统治者通常被称为"恩希"，他们同时也是掌管城市神庙的祭司。恩希的妻子一般负责管理城市的女神庙宇，恩希的儿子们则负责诸神儿女的庙宇。这样一来，苏美尔人的宗教教育实质上还肩负有世俗教育的责任，因而教育还被看作团结民众、教化民性的重要手段，成为维护王权、加强城邦统治的重要力量，如在泥板书《虔诚的受难者》中是这样写的：

> 我教导全国来保卫神的名字，
> 我训练人民来尊敬女神的名字。
> 我尊崇国王和尊崇神一样，
> 我教导人民对王宫敬畏。②

　　其次，教育也是个人获得智慧、知识与技能的前提。由于苏美尔人很早就形成了城市经济，"到公元前 3 千纪末，美索不达米亚南部 90% 的人都居住

① 祭司具体分工可参见相关著作的专门章节介绍，如［美］斯蒂芬·伯特曼：《探寻美索不达米亚文明》，北京，商务印书馆，2009；刘白玉、牛建军编著：《神奇的巴比伦》，郑州，中州古籍出版社，2014。

② 杨烈：《世界文学史话》第 1 卷，59 页，哈尔滨，黑龙江人民出版社，1984。

在城市。这些城市都非常大，乌鲁克就有五万人"①。城市的发展与繁荣需要大量的物品，而美索不达米亚的平原却缺乏木材、石头、矿产品、金属等诸多物品，因而城市经济的发展主要依赖于国内外贸易，这使得苏美尔城市的商业活动十分发达，并得到了统治者的保护和支持。他们制定了一系列的法律条文，禁止商业欺诈，并且要求商业交易有文字记录，对欺骗或不守信用者处以重刑。同时，他们还认为法律是神意的体现，人人必须无条件遵守，因而重视法律成为古代美索不达米亚文明的显著特征之一。为了让民众更好地了解和遵守相关法律，法律教育也就成为苏美尔人学校教育的重要组成部分。这样，对读、写、算、法律等基本知识与技能的掌握，就成为个人生活的必备基础和技能。因此，人们把教育看作摆脱愚昧的手段，也是个体提升自己的重要途径，正如已发掘的一篇苏美尔泥板书文献所记载的："闭着眼睛走进去，睁着眼睛走出来，解决之道在于学校"。② 在当时，受过教育的文士具有很高的社会地位，"一个擅长写作的人，他会像太阳那样光芒四射"③。成为一名文士，是诸多家庭让孩子奋斗的理想和目标，而已经成为文士的也以此为傲："你们无法和我相比，我是苏美尔文士。"④可见当时学校教育在苏美尔人心目中的地位。

再次，教育还被看作培养人性的重要途径。"苏美尔学校的最高宗旨是培养人性。"⑤在古代苏美尔人看来，人生来就充满着各种与生俱来的私欲、狂

---

① [英]彼得·沃森：《思想史：从火到弗洛伊德》(上)，胡翠娥译，104 页，南京，译林出版社，2018。

② 滕大春：《关于两河流域古代学校的考古发掘》，载《河北大学学报(哲学社会科学版)》，1984(4)。

③ 白献竞、高晶编著：《永恒的伊甸园：正说古代巴比伦文明》，70 页，北京，海潮出版社，2006。

④ 滕大春：《关于两河流域古代学校的考古发掘》，载《河北大学学报(哲学社会科学版)》，1984(4)。

⑤ 于殿利：《巴比伦与亚述文明》，586 页，北京，北京师范大学出版社，2013。

妄、邪恶，因为神祇赋予每个人以邪恶的本性，"初生婴儿，无不性恶"①。但是苏美尔人对人性本恶却并不悲观，他们相信只有努力运用教育手段，就能有效地纠正人的各种恶的自然本性，使人们逐渐向善为善，从而完成人性的塑造。于是学校就被看作人性塑造的场所，而教师则被看作塑造人性之"神"，"你是我敬仰之神"，"校长，你是塑造人性之神"②。一个人只有具有了"人性"，他才能将自己从动物中解脱出来，才能走向人的道路，才能真正在这个社会立足。因而凡是不好好上学，不好好学习，整天游手好闲的学生，就会被当作"不尊重自己的人性"而被指责。在距今 3700 年左右的一块泥板书上，就有这样的记载，一位父亲因为儿子不好好学习而批评他说：

> 你整天在公共广场中闲逛，你怎能获得成功？那么，追随前辈们，到学校上学去，他将对你大有裨益。我的孩子，追随前辈们，向他们请教。
>
> 我想要跟你说的是，不要做傻瓜，而要做智者，用魔力控制住邪恶之人，不要听信其谎言。因为我的心已完全被你的忧虑所占据，我远离你，不理你的恐惧和抱怨——不，不理你的恐惧和抱怨。由于你的吵闹，对，由于你的吵闹——我对你很生气——对，我对你很生气。因为你不尊重你的人性，我的心仿佛被一股邪风吹毁。你嘟嘟囔囔地抱怨要置我于死地，你已经把我带到了死亡的边缘。③

所以当一个学生在明白了人性是什么并努力去实践的时候，他就对自己

---

① ［美］S.N. 克雷默：《历史在苏美尔发端》，转引自［美］爱德华・麦克诺尔・伯恩斯、菲利普・李・拉尔夫：《世界文明史》第 1 卷，罗经国等译，74 页，北京，商务印书馆，1987。

② 于殿利、郑殿华：《巴比伦古文化探研》，93 页，南昌，江西人民出版社，1998。

③ S.N.Kramer, *History Begins at Sumer*, Philadelphia, The University of Pennsylvania Press, 1981, p.16.

的老师充满了感激之情。据文献记载，一个学生就充满感情地对自己的老师表达这样的感谢："您使我像一只小狗一样睁开双眼；您塑造了我的人性。"①"我一直就像小狗一样，直到您打开了我的双眼。您在我身体里制造了人性。"②而对于一个没有真正认识到人性的价值并去身体力行的孩子，不仅教师会痛心，就连自己的父母也会异常痛苦。正如一位心灰意冷的书吏给他的儿子写道："因为你并不尊重自己的人性，我的心都碎了。"③

由此可见，在美索不达米亚的教育中，培养孩子的"人性"是学校教育的重要目的和非常重要的教育内容，并得到了研究专家的充分肯定："美索不达米亚的教育还是在寻求反复灌输一种，因为没有更好的词，我们必须称为'人性'的东西。实际上，'人性'这个词第一次出现在人类历史上，是在苏美尔文献中，而且出现在那些专门涉及教育目的的文献中。"④更有研究者从历史的角度将苏美尔人的"人性"教育与文艺复兴时期的人文主义教育联系起来，认为"文艺复兴时期人文主义教育所要'复兴'的客观对象即古希腊和古罗马的古典传统，而其'本源'却可以追溯到古代美索不达米亚以培养人性为最高宗旨的学校教育，而古希腊和古罗马的古典传统只是连接文艺复兴与其'本源'的中间纽带"⑤。

（二）关于教育目的

著名的苏美尔研究专家克雷默曾经指出，苏美尔人学校教育的宗旨和目的是为王室和神庙培养书吏，以满足土地管理和经济发展的需要，它始终贯

---

① 转引自[英]彼得·沃森：《思想史：从火到弗洛伊德》(上)，胡翠娥译，121 页，南京，译林出版社，2018。

② [美]斯蒂芬·伯特曼：《探寻美索不达米亚文明》，秋叶译，462 页，北京，商务印书馆，2009。

③ 同上。

④ Stephen Bertman, *Handbook of Life in Ancient Mesopotamia*, New York, Facts on File, 2003, p.304.

⑤ 于殿利：《巴比伦与亚述文明》，587 页，北京，北京师范大学出版社，2013。

串于苏美尔人学校的全部历程。① 但是，通过对苏美尔城市人才和学校教育内容设计的分析，我们就会发现培养书吏其实只是苏美尔学校教育的目的之一。与苏美尔人的多神教信仰一样，他们的教育目的也是多重的，我们可将其由高到低划分为不同的层次：（1）恩（即最高祭司、城邦首领）与恩·萨尔（即最高女祭司）；（2）苏卡尔（官僚）；（3）萨格苏尔（地方官员）；（4）持杯者（又译献杯者，低级官员）和文士（又译书吏）；（5）格尔·萨布（商人首领）；（6）图格·迪（法官）；（7）帕·苏尔（军官）。② 在这个体系中，可见培养文士（书吏）仅是苏美尔教育目的中较低级层次的目的。与古埃及的文士（书吏）相比，苏美尔人的文士（书吏）无论是在地位、待遇、威望等方面都是很难望其项背的，因为古埃及的书吏"在社会上是其他职业所无法比拟的"③。不过苏美尔的文士（书吏）在社会上也具有相当高的地位，因而受到人们的广泛尊崇。因为当受过文士（书吏）教育的孩子长大毕业之后，他们就能通过在神庙、宫殿以及商业世界中的作用而获得较好的工作，服务于社会，并通过发挥他们在文学写作方面的技巧和能胜任工作的数学专长以及其他方面的才能而成为职业书写者、政府官员、成功商人或者其他神职人员。因而许多家长都期望通过学校教育将自己的孩子变成一位书吏（苏美尔语 nuphar，即一个在泥板上写字的人），因为"写字是一种职业……但这是一个享有特权地位，并在职位、权力和富足方面都有晋升之望的职业。因此，对于识字的评估，并不是把它当作一个知识的钥匙，而是把它当作一块获得繁荣与社会地位的垫脚石"④。

古代苏美尔人之所以在教育目的上表现出如此复杂的层次性，这与他们

---

① S. N. Kramer, *Histroy Begins at Sumer*, Philadelphia, The University of Pennsylvania Press, 1981, p.4.

② 吴式颖、任钟印主编：《外国教育思想通史》第 1 卷，38 页，北京，北京师范大学出版社，2017。

③ 关于古埃及书吏的地位和职责，具体可参见[英]罗莎莉·戴维：《探寻古埃及文明》，李晓东译，333~334 页，北京，商务印书馆，2007。

④ [英]柴尔德：《远古文化史》，周进楷译，177 页，上海，上海文艺出版社，1990。

的政治观、人生观、宗教观是紧密相连的。正如我们在前面所述的，宗教是
古代苏美尔人的生活中心。在他们看来，只有虔敬地供奉神、抚慰神，才会
给城邦及个人带来繁荣与幸福，因此，他们建起了众多的神庙。最高祭司居
住在主神庙内，主持城邦的祭祀活动，传达神的旨意。高级祭司在众人心目
中成了神在人间的化身。在政治方面，苏美尔承袭了氏族社会的平等观念，
一切政治措施都由城邦首领、贵族（abba，也译为"长老"）会议、公民（gulus）
大会议定而裁决。① 这其实是氏族社会末期的军事首领、氏族长老会议、民众
会议在观念上的演变。于是，高级祭司利用自己的特权，将宗教与政治合二
为一。正如斯蒂芬·伯特曼所指出的："开始的时候，神圣与世俗的主权可能
都处于单个人的手中——这是再自然不过的结果，因为美索不达米亚人不认
为君王与神两者有什么区别。由此，一个城邦最早的统治者就很可能是'恩'，
即苏美尔语中代表'高级祭司'的一个词。而'恩'因而也可能是地球上本地神
的代表，管理着神庙的土地和在土地上工作的人。在发展到后来的阶段，当
人口增长起来，而且社会变得更加复杂的时候，又一种官职也出现了，即'恩
西'，或者'统治者'，其职责便成为管理城市事务（法律与社会、商业与贸
易，以及军事事件）。"②这时高级祭司既是神的化身，又是政治领袖，身兼宗
教和世俗的双重职能。在宗教方面，他们是城邦主神最高祭司；作为世俗统
治者，他们要承担主管城邦水利工程的修建、参与政权管理、领导军事斗争
的责任。这样，苏美尔人的教育目的观就将宗教教育和世俗管理教育有机地
融为一体，教育所要培养的对象，将来既要作为祭司主持宗教祭祀活动，也
要作为行政管理者履行行政管理职责，并处理军事事务。与此同时，神庙也
随之兼有了国家行政机关的功能与作用，神庙学校不仅要培养祭司，还要培

---

① 具体内容可参见于殿利：《巴比伦与亚述文明》，190~193 页，北京，北京师范大学出版社，
2013。

② Stephen Bertman, *Handbook of Life in Ancient Mesopotamia*, New York, Facts on File
2003, p.65.

养国家官吏，于是祭司阶层成为当时权势显赫的社会力量，神庙学校也成了当时的贵族学校。除了培养高级祭司和贵族统治者之外，随着社会的发展，苏美尔人的教育还要培养大量的行政官员，他们上对作为高级祭司与城邦首领的祭司负责，下要负责管理百姓，处理具体事务，因此，他们是一个地位较低但享有较大权力的阶层。苏美尔人把他们称为"巴拉"，即任期有限的官员。后来随着王权的不断强化和君主专制政体的逐步形成，他们也随之形成一个等级森严的官僚阶层，享受不同的教育，担任不同的官职。这种社会的现实需要使得苏美尔人的教育目的在神学目的之外还形成了世俗层次的教育目的观，即为社会培养世俗管理者，如地方官员"萨格苏尔"、低级官员"献杯者"、书吏、法官"图格·迪"等。

另外，底格里斯河和幼发拉底河每年的洪水泛滥使苏美尔人感到神意莫测，因而在苏美尔人的观念中，神并不总是慈善的，有着多变的性格。例如，他们认为洪水之神尼诺塔就是一位恶毒的神。再加上永远存在的外族入侵的威胁，苏美尔人深深感到现实人生是一种无奈的悲叹，人必须在许多无法控制的力量对自己造成危害以前及时地行乐享受，因为"只有人，他的寿命不会很长，无论他做什么，只是一场虚无"①。这使得苏美尔人在教育目的方面具有很强的功利性和实用性，如被看作世界最早学校的"埃杜巴"，其目的就是为王室和神庙培养书吏，以适应管理土地和经济的需要。即使学生在学校学习的诸多涉及植物学、动物学、生理学、天文学、矿物学等学科知识，也"不是出于纯粹的科学研究目的产生的，而只是适应某种需要的结果"②。

此外，两河流域战事频繁，"一部完整的美索不达米亚史，战争与征服是其最重要的主线之一"③，因而各个不同时代的统治者都十分重视军事教育。

---

① [美]斯塔夫利阿诺斯：《全球通史：从史前史到 21 世纪》(第 7 版修订版)(上)，吴象婴等译，61 页，北京，北京大学出版社，2006。

② 于殿利：《巴比伦与亚述文明》，585 页，北京，北京师范大学出版社，2013。

③ 同上书，236 页。

早期的苏美尔城邦时期，各城邦实行的是民兵制度，没有专门受过训练的正规军，因而只能推断"这一时期的苏美尔城邦尚没有全职的职业士兵和军队"①，但当时出现了一些后来成为军事头衔的称谓，如"努班达"（nubanda）等。目前有关古代美索不达米亚出现常备军或职业军队的最早记载，始于阿卡德王国时期。当时，阿卡德国王萨尔贡就组建了一支 5400 多人的常备军随时集结在自己周围，因而对于军官的培养也应该是当时苏美尔人军事教育的重要组成部分，因为如果没有众多的合格军官，就很难实现如铭文所说的"他使全国只有一张嘴"②的局面。再从后面确有史实证明的古巴比伦比较完备的军官制度来看，苏美尔人的军官制度肯定存在，但目前我们缺乏苏美尔人军官教育必要的资料。

由于对于神明的神秘莫测的畏惧，古苏美尔人试图将神的意旨通过一定的方式固定下来以保证神意的一致性和稳定性，从而减轻人们在现实生活中的不安全感。但在苏美尔人心目中，神是非常神圣的，神与人之间是不能直接进行交流的，因而能够与神沟通的祭司的话语就成为神的旨意，将祭司的话语固定下来就成了法律，祭司也就成为最早的法官："最初祭司坐在那里主持正义，聆听诉讼人的申诉，调解他们的争执。"③因而在苏美尔人早期神庙学校的教育目的中，实质上也就包含了培养法官的目的，但因为法官尚未成为独立的职业，所以法官的培养与祭司的培养混合在一起。根据尼普尔一份"迪提拉"（ditilla，意即了结的案子）文案记载，当时有 7 名法官被称为"王家法官"④，这意味着已经有了独立的法官职业和专业人员组成的法官队伍。虽然我们目前还不清楚这些法官任职前要接受哪些方面的教育培训，以及多长

---

① 于殿利：《巴比伦与亚述文明》，237 页，北京，北京师范大学出版社，2013。

② 转引自于殿利：《巴比伦与亚述文明》，118 页，北京，北京师范大学出版社，2013。

③ 转引自赵亚婕：《两河流域早期法官制度管窥——以汉谟拉比法典为例》，载《学理论》，2012（12）。

④ 于殿利：《巴比伦与亚述文明》，330 页，北京，北京师范大学出版社，2013。

期限的教育培训，但就法律判案的专业性而言，我们可以肯定当时必然有着专业性较强的法官教育存在。另外，根据"迪提拉"文件记载，当时还存在着一种被称为"马什吉姆"（mashkim）的法律专业人员存在，从文件记载内容来看，他们可能是当时的法庭记录员，如果我们再联系当时的书吏教育情况来看，应该说培养专业法律人员的情况确实是存在的，因而在教育目的中包括法官教育也应该是很有可能的。

由上述情况可见苏美尔人的教育目的实质上是多层次的，这种多层次观念的形成既反映了当时苏美尔人现实的生存状况和人们对于社会现实的认识程度，也反映了苏美尔人教育注重实用性的典型特征，也从一个侧面反映出苏美尔人力图通过自己的主观努力来改变客观环境的强烈愿望，这种愿望有力地促进了苏美尔教育和文明的发达，为两河流域文明的辉煌发挥了积极作用。

（三）关于教育内容

苏美尔人的教育内容安排与其教育阶段的设置紧密联系。在教育发展过程中，苏美尔人把整个教育过程分为初级阶段和高级阶段两个阶段，其中初级阶段主要是基础教育，学生接受读、写、算等方面的基础知识和基本技能训练；高级阶段则是专门知识和技能学习阶段，主要学习专业知识和专业技能，实行艺徒制（apprenticeship，也译作学徒制）和导师制（individual tuition）。

在初级教育阶段，苏美尔人的教育内容表现出典型的实用性特征。学生学习的内容与自己将来所要从事的职业紧密相关。这一方面反映了当时社会分工的日益细化，另一方面也反映了苏美尔人所处时代的生产力还不够发达，绝大多数人依然要以就业作为自己最基本的追求，因而也使得以书写计算为核心的基本技能训练在教育内容设置中占据了重要地位。当时，学校的课程设置大体上分为三类——语言类课程、专业技术课程以及文学创作。其中语言是最基础的课程，首先学生要学苏美尔语，以便适应神庙祭祀和宗教活动的需要。苏美尔语是显贵阶层的语言，在古巴比伦时期，懂得苏美尔语被视为有学识、有教养的标志。在苏美尔语的学习方面，语法学习是重要的组成部分。"在很多泥板上都能看到很长的名词变格和动词变位表，这表明苏美尔人在语法研究方面已达到高度复杂的水平。"①在专业技术课程的学习方面，学生要学习计算、几何以及其他科学知识，以适应管理土地和商业贸易活动的需要。此外还要学习其他多种学科方面的知识。在苏美尔出土的一些教科书，内容涉及植物学、动物学、生理学以及天文、地理等多种学科。此外，学生还要学习如何组织唱诗班、如何锻造银子和珠宝、如何分配食物配给、如何使用各种音乐器材等技能。文学创作课则包括两方面的内容：一是抄写、模仿和研究过去的文学作品；二是进行新的文学创作。供学生们抄写和模仿的作品主要是公元前三千纪后半期的文学作品。这些古代的作品有几百篇，都是以诗歌的形式写成的，长度从几行到几百行不等。迄今为止，所发现的苏美尔古代文学作品主要有以下几类：用来庆祝神灵和英雄光辉业绩的神话和史诗，如《言尔伽美什史诗》《创世史诗》；歌颂神和国王的赞美诗以及爱情诗、祈祷词，如《沙马什的赞歌》；哀泣苏美尔城市灭亡的挽歌，如《乌尔灭亡挽歌》；教谕文学，如《咏受难的正直人的诗》；智慧文学，包括寓言和格言等。从苏美尔地区发掘出来几千块文学作品的泥板和泥板残片，其中有很大一部分是古代苏美尔学校里的学生们的不成熟的作品，这也向我们暗示了古代苏美尔学校是进行文学创作的中心。

在教育的初级阶段，读、写、算则是其教育的主要内容。由于苏美尔学校的产生，最根本的原因还在于社会发展对专门知识和技能技术的迫切需要："古代的教育大多是一种职业教育，专门训练从事特殊贸易或是手工艺的人。但美索不达米亚人建立起正规的学校，这是因为楔形文字的学习需要大量的时间与精力。很多学生成为能读会写的书吏或是政府官员。还有一些人经过

① 于殿利：《巴比伦与亚述文明》，584 页，北京，北京师范大学出版社，2013。

进一步的学习成为祭司、医生，或者工程师和建筑师这样的专业人员。正规教育绝非普遍，不过到了公元前3000年，读写能力成为美索不达米亚社会正常运转的不可缺少的技能。"①在读写教育中，早期主要是苏美尔文，后来随着阿卡德王国的兴起，阿卡德王国开始重视阿卡德文的教育，并以国家法令的形式规定了学校里阿卡德文教师的名额，但因苏美尔文在人们心目中的地位与影响根深蒂固，所以，苏美尔文在学校教育中占据着重要地位。这样，初级阶段的读写教育的内容就包括古典的苏美尔文献和通用的阿卡德文字两部分，并且要学习苏美尔文与阿卡德文之间的互译。在当时，学生们必须掌握苏美尔语与阿卡德语中的每一个细微差别。初学者要从最基本的音节发音练习开始，接着再学习书写、朗读，直到可以熟记几百个文字符号和上千的苏美尔语与阿卡德语词汇为止。这些单词和词语先由教师总结归纳成"词汇表"供学生学习。目前在两河流域的重要城市遗址都发掘出了这些"词汇表"，从而证明了当时苏美尔人在每个城市里都有近似的学校存在。

对苏美尔人的儿童而言，最难的还是苏美尔文字的书写。最早的文字书写是在板子上仔细划成竖行，从右上方往下竖行书写。但是这种书写方式很容易在后续书写时将已写好的文字弄模糊。到了公元前3000年左右，当时的书吏们为了使书写更加快捷和更容易阅读，他们将泥板横过来书写，并将书写顺序改为横行书写。于是学生对文字书写的练习就变成了每行从左到右，各行依次从上到下的书写方式。

在长期的书写与发展过程中，苏美尔人不断对文字进行简化，后来的阿卡德人、巴比伦人、亚述人都对楔形文字做了相应的调整和改进，使其更方便书写和记忆。在早期书写阶段，苏美尔人主要用比较尖的芦苇秆或者木棍在湿泥板上书写。由于所用工具粗细不一，用力大小不同，尖笔在划过湿泥

---

① [美]杰里·本特利、赫伯特·齐格勒:《新全球史》(第五版)，魏凤莲译，52页，北京，北京大学出版社，2014。

板时会形成杂乱无章的隆起，不但影响后续书写，还影响美观。所以后来他们逐渐采用三角形的笔端来按压泥板进行书写，而不是只在泥板上勾画。这种按压式的书写方式落笔时因为用力大、速度比较慢，留下的印痕就宽而深，而在提笔时因为力量小、速度快，所以留下的印痕就窄而浅，每一个字看起来就像一个个楔子一样，所以后人把这种字称为"楔形文字"，因为刻在泥板上，所以又叫作"泥板文字"或"泥板书"。在比较成熟的学校教育时期，苏美尔人的楔形文字虽经过了绵亘两千年之久的简化过程，但还是在表达意思的过程中要用 600 到 1000 个不同的字。① 一个学生要在能够读或能够写以前，必须记住这些数量比较大的符号图式，并要学会怎样把这些符号合并的复杂法则。在当时，一个学生学习书写的基本过程是：他先要通过使劲揉搓制作好一块大小适合自己学习的泥板，然后将棱角磨圆，以免不小心对自己造成伤害。然后削好几支芦苇秆作为书写的笔备用，再选择其中一支按照老师的要求进行书写练习。学生先坐在教室里，然后将制作好的泥板放在自己的膝盖上，在泥板上用已经削好的尖利的芦苇秆用力刻下一个个文字符号。书写完成后，学生还要将写好的泥板拿到炉灶边，小心翼翼地烤干，然后拿给老师或从事监督的"大师兄"进行检查。"在这些情况下，写字不可避免地必定是一门非常艰难而且专门的艺术，必须有长时间的师从，才能学会。读则更是一种神秘的领会，唯有受长期的学校教育，才有得入其门的可能。"②由此可见，当时的书写教育，不仅是一项智力活动，也是一项体力活动，尤其对年龄较小的学生来说，更是一个艰难的考验。但是一旦学习取得成功，学生将会非常自豪，优越感就会油然而生，例如在尼波尔城（Nippur）发现的泥板书中，就有这样的文字记载："我从幼年起就进了学校，利用苏美尔文的泥板书，来学习文士的艺术。在所有的青年中，我比别人善于书写，在智慧的圣

---

① ［英］柴尔德：《远古文化史》，周进楷译，176 页，上海，上海文艺出版社，1990。

② 同上书，176 页。

地，人们练习文士的本领。"①从已经出土的相关文献来看，苏美尔人的孩子在学校里除了学习读写的基本知识和技能训练，还有其他实用性的知识和相应的实践训练。如在泥板书上有这样的一则记录：

"孩子啊，大清早你就去哪儿？"

"我去学校。""你在学校干什么？"

"我阅读泥板书，吃午饭，准备好泥板，练习完书写，然后学习已为我准备好的测量计算，在下午，我的抄写本又为我准备好了。"②

从以上的对话中我们可以看出学生在学校里的学习安排是早上读书，吃完午饭后进行书写练习。书写练习做完后就是计算学习，下午则做作业，进行抄写练习。另外，许多出土的泥板文献也记载了许多大致相同的内容，从中我们可以看到当时学校的教学内容除了包括语言、阅读、计算之外，还包括绘画、计数、财会、翻译等内容。③ 有学生很自豪地宣布自己的特长："我擅长加、减计算以及财务会计。"④教师在教学过程中，则非常强调知识学习与实践训练同样重要，而且强调只有把知识有效地转化为实践，才是一个真正的有学问、有才能的人才，"一个文士，只有手口一致才是一个真正的文士！"⑤。此外，苏美尔人的学校教育中还有法律和历史的教学。"公元前 2500

---

① 滕大春主编：《外国教育通史》第 1 卷，32 页，济南，山东教育出版社，1989。

② S.N.Kramer，"School Days：A Sumerian Composition Relating to the Education of a Scribe," in *Journal of the American Oriental Society*，1949，vol. 69，p.205.

③ E.I. Gordon，*Sumerian Proverbs*，Philadelphia，The University of Pennsylvania Press，1959，Documents 2.47，2.49，2.55，2.48，2.49，2.50，2.56.

④ 滕大春主编：《外国教育通史》第 1 卷，32 页，济南，山东教育出版社，1989。

⑤ James Bowen，*A History of Western Education*，vol.1，London，Methuen & Co. Ltd II New Fetter Lane，1972，p.14.

年，出现了有关私人土地买卖和其他交易的契约，也出现了人类所知最早的法律条文，还出现了类似于今天教科书的著作，记载了苏美尔人的功业和人名列表，毫无疑问，它们是最早教育学生的课本。"①

苏美尔人楔形文字的完善与书写教育的成功，极大地方便和改善了人们的生活。随着社会分工的细化，越来越多的职业都需要专门的知识和技能才能胜任。如在宫殿和神庙中工作的秘书、会计、出纳，以及从事诸如档案整理、材料记录、谱写圣歌、编撰史诗的人，都由擅长书写的文人学士担任；受命于王室负责管理宫廷事务的人、被雇佣去管理庄园的人、专业的职业医生、从事星象占卜的预言家、专职从事学术研究的高级教师等，都是由熟悉和精通苏美尔文的书吏来担任。甚至当时还出现了以代人写字作为一种职业的社会工作。这种对知识和技能的客观需求反过来又提高了知识技能的价值和拥有知识技能的人的社会地位和价值，使得精通苏美尔文成为一个人社会地位的标志和象征，"一个不懂苏美尔文的文士，算什么文士呢?"②据此，也有专家提出："他们的书写有可能是作为'官方'语言来使用的，而且像几千年后的梵文和拉丁文一样，仅为博学的人使用。"③

苏美尔学校里的教师们除了做好基本的教学工作之外，他们还要承担一项重要的工作，即对那些学有余力且有学术潜力的学生进行教育，以便为接受将来的高级阶段教育做好准备。在受完初级阶段的基本教育后，苏美尔人认为有才能的人就要接受专门的高级教育并进行相应的教育实习。所以在当时可能已经出现了被后世称为"智慧之家"这样高水平的教育教学机构和研究

---

① 杨天林：《古代文明史》(上)，102页，北京，中央编译出版社，2012。

② E. I. Gordon, *Sumerian Proverbs*, Philadelphia, The University of Pennsylvania Press, 1959, Documents 2.47, 2.54.

③ ［英］彼得·沃森：《思想史：从火到弗洛伊德》(上)，胡翠娥译，116页，南京，译林出版社，2018。

机构①。目前只知道它所招收的学生是已经完成初级阶段教育的文士，但其详细情况因资料匮乏而无法确证。不过，从各类已经出土的文献和考古资料中，还是可以归纳出苏美尔人高级教育阶段的主要教育内容。这些内容主要包括：

（1）宗教文书及规范礼仪。美索不达米亚城市中最重要的建筑是神庙，神庙的管理都掌握在全体祭司手中。要成为祭司，就要接受长期的专业化的教育，而宗教文书和规范礼仪则是这些教育中的主要组成部分，其内容主要包括来自宗教的颂歌、神话、史诗、祷词、咒语、法术文句、赞美诗以及祭司所应遵守的各种道德及行为规范，还有进行宗教活动所必需的各种礼仪形式等。

（2）天文学。这是祭司必须掌握的一门学问。他们只有通过天文学来掌握天体运动的规律，才能对自然界的各种现象做出解释和预测，从而指导人们的实践。在苏美尔人的思想中，诸神的意志决定天体的运动，只有弄清了天体运动的规律，人们才能够洞察神的旨意。另外，天文学的知识还可以帮助人们制定精确的历法，从而帮助人们更好地掌握季节变化的规律，判断种植和收割的最佳时间。这反映出了苏美尔人对于教育内容观念上的强烈的实用主义目的。

（3）数学。数学对于祭司、文士、商人、军官、官吏都是非常重要的。为了能够胜任这些技术性很强的工作，苏美尔人必须具备相应的数学知识及其实际应用方面的知识。但是苏美尔人对于数学的学习并不注重其抽象形态的掌握，而是非常注重实际运用。因此，作为教育内容的数学主要是与实际生活紧密相连的加减乘除的计算、账目核算、物资分配、体积计算、田亩丈量、土木工程等方面的知识与计算技能，"学生们还必须抄写和熟记泥板上那些供研究用的高级公式：如计算倒数、平方和平方根、立方和立方根，等等。为

了更好地讲解实用方面的计算方法，教师们还设计出了一些简单的例题，如计算不同形状的土地面积、砌筑墙壁所需要砖的数目以及修筑斜坡或巷道所用的土方总量的多少等"①。

(4)占卜术。苏美尔人认为神的意志和行为是人无法预言的，只有通过占卜术才能预测变幻莫测的未来。因此，占卜术也是高级学习阶段必须掌握的内容。当时所要学习的占卜术主要有三类：(1)占梦术，即通过对形形色色的梦进行占卜以预测吉凶；(2)剖肝占卜术(有些地方也采用肠占术)，即通过检查被屠宰动物的肝脏(或肠)来预测吉凶祸福；(3)占星术，即通过观察天上的星辰运行预言人的命运。在苏美尔人的观念中，每个人都有一位专属于他个人的神，这个神是与天上的星辰相对应的。人只有专心尊奉属于他个人的神，神才会作为自己的良师，以星辰的变化来告诉他的命运状况。

(5)法律。正如我们在前边提到的，苏美尔人把法律看作对神自身的约束和对人现世生活的重要保障，因而对于法律的制定、完善及学习非常重视，这构成了上古教育史中富有特色的一道风景线。统治阶级也充分利用苏美尔人的这种心理，以法律形式来确立自己在两河流域的最高统治，并通过大力推行法律教育来巩固自己的统治。例如，在乌尔第三王朝时颁布了现今世界上所知的第一部法典——《乌尔纳木法典》，后来古巴比伦王国著名的《汉谟拉比法典》就是在这部法典的基础上修订而成的。在这部法典中，国王被视为神，舒尔吉国王被称为"神舒尔吉"，其子阿马尔辛被称为"给全国民众以生命之神"，官吏都被视为"国王的奴隶"，他们通过学习国王的法律体味神的旨意，并把这些旨意灌输给广大民众，从而使广大民众奉公守法，服从于国王的统治。同时，为了正确运用法律来执行各项任务，法官、商人、军官、文士都必须学习司法知识，熟知法典和司法用语。当今考古发掘出的学校教育的泥板书文献中，就有法令汇编和法庭判例之类的记载，还有文献表明在当

① 杨天林：《古代文明史》(上)，114页，北京，中央编译出版社，2012。

时的法律教育中还举行过关于审判杀人犯案例的讨论。

（6）军事体育。战乱的频繁使得军事体育也作为教育的重要内容而受到了苏美尔人的重视，但与后来的古巴比伦、亚述相比，其重视程度远远低于这些后来者。即使与同时期的古埃及相比，也是很落后的。因为在苏美尔人看来，"写字是一种职业……但这是一个享有特权地位，并在职位、权力和富足方面都有晋升之望的职业。因此，对于识字的估价，并不是把它当作一个知识的锁匙，而是把它当作一块获得繁荣与社会地位的垫脚石"①，而军事体育只不过是一种体力活动，"学术传统的解释者贱视体力活动"②，于是军事体育的地位便远远低于其他的各项教育内容，祭司、贵族、富有的商人、显赫的文士一般是不接受这种教育的。这种教育内容主要是针对那些下级军官和士兵们而设的。据有关专家的研究，当时的军事体育项目主要包括追猎、兵法、游泳、射箭、骑马、舞蹈等。③ 另外，从苏美尔人的艺术和文学作品中我们还可以看到当时摔跤也是其军事体育活动的主要内容之一，"除了摔跤，拳击也在美索不达米亚的艺术作品中有所描述，并且经常出现在装饰性的烧制黏土板上"④。尽管苏美尔人的军事体育教育及训练的地位并不高，也不太受人们重视，但它的教育项目的出现毕竟为苏美尔人的教育内容增添了新的成分，也为以后的古巴比伦及古亚述帝国的军事体育训练提供了有益的参考，并对其产生了较大影响。

（7）医学及其他学科内容。在美索不达米亚的学校里，医学也是一门相当重要的学科。对于早期的医学生来说，"试验和错误是他们的老师，祭司们则

---

① ［英］柴尔德：《远古文化史》，周进楷译，177 页，上海，上海文艺出版社，1990。

② 同上书，178 页。

③ 可参见 Van Dalen Mitchell Bennett, *A World History of Physical Education*, New York, Prentice Hall，1953。

④ ［美］斯蒂芬·伯特曼：《探寻美索不达米亚文明》，秋叶译，460 页，北京，商务印书馆，2009。

是他们的向导，祖先的智慧通过口述和范例代代相传"①。可见，早期的医学与宗教密不可分，医生实质上就是祭司。因此，作为高级教育对象的祭司，必须接受医学教育。而在文字出现并成熟以后，随着经验的积累和知识的不断系统化，医生开始从祭司中分离出来。"由于文明的出现，在学习和应用方面受过专门训练的专家便随之出现。"②当时苏美尔人的医生主要分为三类，即以药物治疗为主的医生阿苏(asu)、以精神治疗为主的医生阿什普(ashipu)和以手术为主的外科医生。这些医生的具体教育培养过程，目前还缺乏足够的史料去深入了解。但是已经发掘的泥板书则提供了当时关于医学教科书的情况。"世界上最古老的医学教科书发现于尼普尔这座苏美尔城市的废墟之中。这种教科书的年代在公元前第 3 千纪末，包括一块 3¾英寸乘以 6¼英寸大小，并雕刻有十几条可靠药方的单幅楔形文字泥板。"③另外，当时已经有专门的精神医生，主要利用咒语和符咒治疗，因而也需要进行系统的学校教育才能掌握。他们在学校所读的书主要包括《焚烧》《恶灵》《鬼魅大全》《诅咒消除》《头疼》之类。这些书都教给精神医生治疗疾病的依据和具体方法。

另外已出土的零星文献还记载，古苏美尔人的教育内容除了医学，还包括农业、木工、植物学、地质学等方面的知识，但具体内容很难详细考证并确认。

由以上的教育内容，我们可以明显地看出古苏美尔人关于教育内容的思想服从于多层次的教育目的和具体的教育目标，因而所设计的知识内容比较丰富，同时教育内容的安排和考核要求则充满着实用精神，对于应用范围广泛的读写能力尤其重视。另外，由于当时宗教势力的强大，苏美尔人的教育内容也毫无例外地带有很强的宗教神学色彩。实用精神和神秘主义的结合，

---

① [美]斯蒂芬·伯特曼：《探寻美索不达米亚文明》，秋叶译，460 页，北京，商务印书馆，2009。

② 同上书，463 页。

③ 同上书，463 页。

使得苏美尔人的教育在应用人才培养方面取得了很好的效果，从而使得他们在实践方面取得了诸多文明成果。但是注重实践的神学取向并没有引导苏美尔人将自己的思维导向抽象的理性思维，从而使得古代的苏美尔人没能发展出像古希腊人和希伯来人那种抽象的理性探求精神。

（四）关于教育教学方法

古苏美尔人的教育教学方法是建立在他们的人性论和宗教观基础之上的。一方面，从人性本恶的观念出发，他们十分重视纪律和体罚在教育教学过程中的地位与作用；另一方面，从对文字的神圣性（即苏美尔人认为文字是神那布所创造，是神的象征）出发，他们十分重视死记硬背和机械抄写的教育价值，"反复练习结合改错在美索不达米亚的学校里是学习的关键方法"，"为确定学生不但能抄写文字而且能理解抄写内容的意思，当时还采用了背诵和书写的方法。更高一级的功课，要求写出或者读出更长的文章或经过推广的教学计算，而这些文章或计算很可能都是以故事中存在的问题为基础的。在整个过程中，对新词汇的记忆和对数学程序的理解是重点，而学习者的自律则通过在教室里维护严肃使行为规范得以加强"。① 正是这两点构成了苏美尔人教育教学方法思想的基本特征。

在古苏美尔人看来，由神那布所创造的文字本身必然有一种权威，一个字得以在文字中永存，这必定是一个超自然的过程。当一个人从现实中消逝以后，他还可以通过泥板书来继续说话。"当神确定人的各种命运时，他（那布）将众神的决定刻在泥板上。"②因此，书写就具有极其神圣的含义，它不仅意味着与神意的沟通，而且决定着人的命运。因此，正确地掌握文字书写及文法规则，是对神对人的一种高度负责。所以，教育教学必须从正确的书写

---

① 　[美]斯蒂芬·伯特曼：《探寻美索不达米亚文明》，秋叶译，460～461 页，北京，商务印书馆，2009。

② 　于殿利：《巴比伦与亚述文明》，606 页，北京，北京师范大学出版社，2013。

开始。小学生首先要学习做泥板和尖笔，然后学习楔形文字的单个笔画，横的、竖的、斜的、弯的，由简单到复杂逐步掌握，然后把这些简单的笔画按照一定的规则结合起来组成一个个文字。进而要学习单一音节符号及如何运用音节表和意符，在此基础上掌握词汇，修习语言的文句、文法。这个过程首先是从正确的抄写开始的。抄写之前，教师先把语法正确、字体美观的范字写在泥板的一边，留出另一边供学生模仿。考古发掘出大量的泥板，上面的字体一边美观大方，规范标准，另一边则语法有误，笔迹难看，可能就是当时的习字作业。

古苏美尔人认为文字的书写只有在大量的练习中才能取得成效，因而学生不仅要抄写各种各样的成语词汇，各种动植物名称、国家名称、城市地名的专有名词，同时还要抄写大量的宗教文学作品，如颂歌、祷告、赞美诗等。出土文献记载道："我从抄写伊南娜(Inanna)的名字起，一直抄写到原野的兽类和各种工匠。"[①]到后来，随着阿卡德文的广泛运用，学生在学习苏美尔语的同时还要学习阿卡德文及二者间的转换与翻译，更是大大增加了学生的负担。由于作业量大，楔形文字书写困难，学生的作业也是错误百出，以致教师不得不给予学生严厉的批评，甚至用粗鲁的语言进行谩骂。"你撰写文件时，词不达意。你撰写函件时，令人难解。当两方争执时，你不懂调解，反倒火上加油。""你做算术时，错谬百出，更不会撰写祈祷词和说明宗教仪式的秘密。""但你是笨家伙和吹牛匠。你不能在泥板上正确无误地书写，甚至不会使用泥板，不会写自己的名姓，双手不适于书写泥板书。""你是一个文士，却连自己的姓名都不会写。你该打自己的嘴巴。""从上面看来，你或许是一个文士；但从下面看来，你甚至连人也不是。"教师不仅对学生的学习效果很不满，对学生的学习态度也是恼怒异常。有位教师批评学生说："初学文士的人特别

---

① 滕大春:《关于两河流域古代学校的考古发掘》，载《河北大学学报(哲学社会科学版)》，1984(4)。

关心肚子吃什么，却无心于书写"，"不体面的文士变成了抄录咒语的下等人"。① 这些出土文献记载的内容一方面反映出当时学生学习的困难，另一方面也显示出教师的理想期望与社会发展的现实之间存在着巨大的差距。学生深受社会上实用主义价值观的影响，更多关注的是自己的生活问题，而不是学习问题。另外，与学校发展初期社会上苏美尔文士所受到的崇高礼遇不同，这个时期的苏美尔文士地位已经一落千丈，从而明显地表现出在人们的思想观念中，读、写、算这些早期非常受重视的教育内容早已丧失了其吸引力和价值性，从而不再被学生所看重和受尊崇，从一个侧面表明了当时社会的颓废和教育的衰败。

社会的动荡与价值观的变化，学校里繁重的学习任务和训练，不断引起学生的反抗，而教育教学则在学生的消极对抗之中质量日益下降，所以教师也是对教育显得无可奈何，力不从心，正如出土文献所记载的教师的批评之语："某人难以掌握苏美尔文，因为他不能正确地运用舌头。""你已经会书写泥板书了，但不能深解抄文的含义；你已经会书写信札了，但你只能如此而别无所能了。"②同时，学生也开始在课堂上捣乱，搅乱课堂秩序，使教学无法维持，教师便借助于暴力体罚来维持正常的教育教学活动，"我决定用棍棒打罚你们，用锁链把你们的双腿捆起，并且叫你们至少两个整月不得离开学校"③。

在平常的教育教学活动中，教师也认为只有通过严格的纪律和强制的高压手段才能维持教师的尊严，促进教育教学活动的顺利进行。因此，教育教学活动的每一环节中都可窥见教师体罚学生的影子。例如，一块泥板书记载道：

---

① 上述引文均转引自滕大春主编：《外国教育通史》第1卷，40~41页，济南，山东教育出版社，1989。

② 同上书，37页。

③ 同上书，41页。

负责校容者对我说："你在街上闲逛，没把衣服穿好。"于是便抽打我。

维持课堂安静秩序者责问我："你为什么未经允许就随便说话?"于是便抽打我。

负责会场纪律者对我说："你为什么漫不经心，怡然自得?"于是便抽打我。

行为举止的监督者斥责我："你为什么未经允许就站起来?"于是便抽打我。

看门者对我说："你为什么未经允许就私自走出校门?"于是便抽打我。

监督语言者对我说："你为什么不说苏美尔语?"于是便抽打我。

老师对我说："你的功课太糟糕。"于是便抽打我。

因此，我开始讨厌书吏这个职业，开始荒废学业。老师也不喜欢我了，不再向我传授技艺。我再也不能成为"年轻大书吏"了，也不能成为"大师兄"了。①

可见，在当时，学生的各种行为都会受到严格监管，无论是不修边幅，或外出游逛，或读音错误，都要受到鞭打或棒打。这样的惩罚使得学生整日里处于极度的心理紧张状态之中，对于学生的身心发展造成了严重的摧残，从而导致学生厌学情绪的产生和逃课现象的发生，让教师和学生家长都很头疼。下面这块泥板书的记载通过一段父子的对话反映了学校中学生存在的逃学现象：

---

① 于殿利、郑殿华：《巴比伦古文化探索》，94 页，南昌，江西人民出版社，1998。

父亲问："你逃学到哪里去了?"

儿子答："我哪儿都没去。"

父亲问："要是你哪儿都没去，为什么闲逛呢? 上学去，站到你老师面前背作业。打开书包让你的'大师兄'给你讲新知识。你完成作业报告班长后就回到我这儿来，不要在街上东游西逛。喂，你听明白了吗?"

儿子抱怨说："你唠唠叨叨个什么!"

父亲听后尖刻地训斥儿子说："成心作对。"他对这个年轻人爱抱怨的天性烦透了，他说："你的牢骚气死我了，简直快要了我的命。"①

在课堂教学过程中，学校也有严格的教学纪律要求，学生任何行为上的不规范或者危机都会受到教师的严厉惩罚，随时会被教师用棍棒责打。下面的泥板书记录反映了一个学生在教学过程中所受到的责罚情况，从中我们可以看出当时教学纪律及惩罚的严格程度:

我绝不能迟到，否则教师就会用棒打我。

我的校长对我读我的泥板书，"The... is cut off"，用棒打我。

主管老师说："我不在时你为什么说话?"用棒打我。

"为什么我不在时要低头?"用棒打我。

"为什么我不在时要起立?"用棒打我。

"为什么我不在时要出去?"用棒打我。

"为什么我不在时要拿东西?"用棒打我。

---

① S.N. Kramer, "Schooldays: A Sumerian Composition Relating to the Education of a Scribe," in *Journal of the American Oriental Society*, 1949, vol.69, pp.208-209.

"你的手不干净。"用棒打我。①

不过，在进行如道德、文学等内容的教学时，教师也能间或运用一些启发、对比的方法以加深理解，但更多的是通过教师口问、学生回答的机械记忆方式。在马里河谷上游发现的学校遗址，沿墙基放着泥盆，供书写使用，地上还有许多贝壳，可能是教授计算的教具，这说明当时的教师也已经开始使用直观教学的方法或者启发式的教学方法。

(五)关于女性教育

有学者曾经指出，在公元前 2000 年的数千块经济和管理文献泥板里，大约有 500 个人把自己描述为书吏，并且写上了他们父亲的名字和职业。1946年，一位德国楔形文字学家根据这些材料编成了一个列表，发现这些书吏(学校毕业生)的父亲大都是：市长、大使、神庙管理人员、军事官员、高级税务官员、各种祭司、工头、书吏、档案管理员、会计师等等。总之，这些书吏的父亲都是城市里有财富的人。在这些文献中没有提到一个女书吏，很有可能，在苏美尔的学校里只收男生。② 但实际上，苏美尔人的学校并不只是男生的专利，"事实上，还有女性书写者活动的证据存在"③，因为，在当时的神庙管理人员中，高级女祭司与高级男祭司一样都掌管和负责神庙的一切活动，如圣殿的神圣典礼和各种职责的履行等，协助他们履行职责的还有很多女祭司，这些女祭司还有各种专业化的分工。而在当时，要成为一名合格的祭司，除了良好的家庭出身之外，还必须接受长期的正规的知识学问和管理技能以及相关工作规范、程序及方法的实践训练。因此，当时的女性受教育也是苏美尔文明中值得关注的现象。虽然我们现在还缺乏苏美尔人中女性受教育的

---

① S.N.Kramer, "Schooldays: A Sumerian Composition Relating to the Education of a Scribe,"in *Journal of the American Oriental Society*, 1949, vol.69, p.205.

② 李海峰、孙龙存：《苏美尔人的学校教育》，载《教育评论》，2003(3)。

③ [美]斯蒂芬·伯特曼：《探寻美索不达米亚文明》，秋叶译，222 页，北京，商务印书馆，2009。

第一手材料，但我们可以通过史料确定："尽管在法律上处于从属地位，妇女对美索不达米亚社会的影响仍然是显而易见的。在宫廷中，妇女也会对国王和他的统治提出建议。一些高级女祭司具有更大的权力，她们管理着庞大的神庙土地。还有一些妇女接受过正规的教育成为书吏，为政府和私人组织撰写行政和法律文件。女性还可以做接生婆、店主、酿酒师、面包师、客栈主和纺织女工。"①如果女性没有接受过系统的教育，要从事这些工作几乎是不可能的。公元前3000年以后，古代苏美尔按照职责分工不同出现了两种神职乐师，一种苏美尔语称为"加拉"（gala，意即"祭典歌手"），一种苏美尔语称为"那尔"（nar，意即"祝福歌手"）。当时加拉祭司和那尔祭司的音乐职位都向妇女开放。古代的苏美尔人非常重视对乐师的教育培训。由此我们也可以确定至少当时担任乐师的女祭司肯定是受过教育的。

（六）关于教师

作为知识的拥有者和传播者，教师在苏美尔人的思想中曾经占有非常重要的地位。古苏美尔人认为教师是伟大智慧和知识的化身，博学多才而富有卓识，是最荣耀的一项职业，因而当教师走访学生家庭时，总要被安排在最荣誉的座位上，家长们会像敬神一样地对教师敬奉周到，并要设盛宴来款待。在苏美尔人看来，只有如此对待老师，才能承蒙神的嘉许，给自己的子女和自己的家庭带来福运。所以苏美尔人会经常教育自己的孩子对老师要尊敬，要谦恭有礼，"你要当个好人，在教师之前要谦恭有礼，当你谦虚之时，教师是会喜欢你的"②。同时，古苏美尔人还深刻地意识到教师不仅是知识的拥有者和传播者，他还是一个塑造人的人。教师在传授知识的同时还肩负着育人的任务，他还要塑造一个人良好的思想品德和健全的身体素质，因此，古苏

---

① ［美］杰里·本特利、赫伯特·齐格勒、希瑟·斯特里兹：《简明新全球史》，魏凤莲译，18页，北京，北京大学出版社，2009。

② 滕大春主编：《外国教育通史》第1卷，39~40页，济南，山东教育出版社，1989。

美尔人把教师比喻为人间的神。例如，有文献记载说："你真是我敬爱的神。你将我的不懂事的孩子培养成有人性的人。"①有些出土的泥板书还详细地、满怀感激之情地回顾教师对于他的成长所付出的辛勤劳动和进行教育的详细细节，使我们有可能了解当时教师从事自己职业时的工作状况和主要内容。例如，有一块泥板书记载道："他指导我的手在泥板上书写，教导我怎样好好行事和谈论好的意见，教导我注视那些指示人们取得成就的规范。"②由此我们可以看出，当时教师从事的工作内容主要包括书写的基本技能教育、具体生活经验教育、人格养成教育及道德教育四大部分。而文献中记载的"教授计算的教师""教授测量的教师""教授测丈的教师""教授苏美尔文的教师""教授图画的教师"等，使我们更加清晰地看到了当时苏美尔教育的发达及教育内容的丰富性，也从另一个侧面反映出了教师在推进苏美尔文明和科学知识发展中所起的巨大作用。因为从历史上我们知道，苏美尔人注重实际、讲求迷信的特点使他们积累起来的知识往往是十分芜杂繁乱的。一方面，因其过分关注现实生活需要而使所积累的知识支离破碎；另一方面，又因迷信成分居多而使知识变得神秘玄奥。在这种情况下，教师要有效地进行教育教学，首先，就要对已有的知识进行一番加工改造，使原本支离破碎的知识变得系统化、完整化。这就使得教师们必须对已有的教学内容进行深入研习并系统整理："在这种研习过程中，他们学会了制定文法和字典，以便利于对苏美尔古赞歌和古咒文的了解与正确背诵，以汇集并整理那些古教科书。虽说是由于希望获得超自然的利益所鼓动，但这种工作，毕竟给了那些学者们以组织知识的训练和研究的训练，而且也使得我们今日还能够读懂苏美尔文。"③就此而言，在一定程度上可以说苏美尔的教师还部分地扮演了"理论研究者"的角色，他

---

① 于殿利、郑殿华：《巴比伦古文化探研》，93 页，南昌，江西人民出版社，1998。
② 滕大春：《关于两河流域古代学校的考古发掘》，载《河北大学学报（社会科学版）》，1984(4)。
③ ［英］柴尔德：《远古文化史》，周进楷译，180 页，上海，上海文艺出版社，1990。

们在从事教学的同时，也部分进行了知识的创造工作，给人类知识的增进与改善创造了一些有利的机会，对于文明的发展与保存起了积极的推动作用。当然，能够从事这种工作的苏美尔教师应该是少数人，不会是全体教师。其次，苏美尔人的教师除了传授知识，所担负的另一重要职责就是育人，他们把"人性"培育看作教育的重要职责，因而在教育教学过程中要部分地破除知识上笼罩的神性的神秘光环，使学生意识到培养"人性"的重要性，让学生通过学习实用性的知识、技术、技能，并通过完善自身的品行而去获得自己的幸福，而不是把个人的命运寄托在神身上或者来世。"对于美索不达米亚人而言，但丁的拷问，没有任何精神上有益的东西——没有'地狱'，没有'天堂'，在两者之间更不会有'炼狱'。"①这样一来，掌握着知识技能的教师就成了人们信仰的精神领袖，尤其是作为学校负责人的校长，更因其知识的渊博和杰出的才能获得了社会和师生的一致敬仰。有文献记载当时人们称颂校长："校长，你是塑造人性的上帝。"并把他尊为"学校之父"②。

后来，随着苏美尔文明的逐渐衰落及社会的动荡不安，教师自身的职业意识开始淡化，职业道德不断下滑，教师的崇高地位也开始下降，教师在苏美尔人心目中已不再是那么神圣了。例如，出土的约撰写于公元前 2000 年的两篇文献：《恩奇曼西和吉尔尼沙的争论》（"Disputation Between Enkimansi and Girnishag"）和《学生》（"School Boy"）就显明地反映了苏美尔人对于教师态度的变化。《恩奇曼西和吉尔尼沙的争论》记叙两个学生在课堂上互相攻讦，以致课堂秩序大乱的情况，最后教师出面维持秩序："你们吵得我两耳发聋。你们知道导师的职责吗？你们相信自己比导师更有学识吗？你们为何不尊重他的职权呢？"③而《学生》一文则记述了因迟到而遭到教师不断棒打的学生告诉

---

①　Stephen Bertman, *Handbook of Life in Ancient Mesopotamia*, New York, Facts on File, 2003，p.134.

②　滕大春：《关于两河流域古代学校的考古发掘》，载《河北大学学报（社会科学版）》，1984（4）。

③　同上。

父亲设盛宴款待教师，并赠以厚礼后，教师态度立马大变，非常和蔼地告诉学生："孩子，你没有把我的教导当作耳边风，没有不听我的话，你已达到文士艺术的顶峰，而且彻头彻尾掌握了它。你无限地追随了我，付我以超乎我所应得的大量酬报，还给予我绝对崇敬，我祝愿神明给你以福祉。""你在兄弟之中，是他们的首领；在朋友之中，是他们的表率；在学校的同学之中，你的名次最高……你已经完成了学业，成为学者了。"看似幽默、辛辣地对教师进行了讽刺，实质上非常真实地反映出了当时世风的败坏及教师地位的低下，以及苏美尔人对于教师的强烈不满与鄙视之情。苏美尔人心目中教师角色的变化之大，令人深思。①

随着乌尔第三王朝的灭亡，苏美尔的文明也开始被古巴比伦文明代替，但其文化教育思想被古巴比伦人继承下来并加以发展，创造了新的古代文明的辉煌，对于以后西方教育思想的产生与发展有一定的影响。

二、巴比伦的教育思想

古巴比伦人不仅全面继承了苏美尔人的文化和语言，而且继承了后期的苏美尔的教育思想。虽然目前关于这方面可资参考的文献并不多，但从已发掘的泥板书中，我们仍可窥见其教育思想的大致轮廓和核心内容。从整体上来看，古巴比伦人的教育思想与古苏美尔人的教育思想殊途同归，都注重现世的实惠，而不像同时期其他民族一样去关注来世或者永生的幸福。"巴比伦人似未建立灵魂不朽之说。他们的宗教是极端现实的。巴比伦人也祈祷，但他们所求的是现世福祉而非永生。"②这种注重现实的价值观念对巴比伦人的教育观念产生了巨大影响，使得巴比伦人在教育目的方面也充满了功利性特

---

① 滕大春：《关于两河流域古代学校的考古发掘》，载《河北大学学报(社会科学版)》，1984(4)。

② ［美］威尔·杜兰特：《文明的故事1：东方的遗产》，台湾幼狮文化译，252~253页，成都，天地出版社，2018。

征。巴比伦人的教育目的就是培养敬神的祭司和有用的文士。

巴比伦的祭司虽然是神的代言人，但是在极端实用性的巴比伦人那里，并没有固定的唯一的神，而是哪个神有用就崇拜哪个神，以至于巴比伦的神"多至无可胜数"。"公元前 9 世纪，官方做过一次统计，神的'人口'，高达6.5 万以上！"①虽然巴比伦人也强调"神啊，你是众生之门的开启者，你的光辉，照耀着天，照耀着地，照耀着家宅，照耀着万国"，"神啊，世间没有一处，没有你的灵，没有一个人，不遵行你的诫命"，"你的意旨，就是法律。它管着地上，管着天上，管着庙堂，管着家宅"②，但是巴比伦的祭司除了代神行使管理职责而外，还是当地的大地主、大厂商及大资本家。他们直接掌管了大批的土地、实业，还经营各种商业、钱庄，从事放贷业务。这就使得在培养学生过程中，不仅要使他们懂得并掌握祭司的一整套仪式、祷文、书写能力，还要具有管理农业、商业以及经营钱庄等业务的能力，从而使得教育表现出强烈的世俗性特征。作为文士更是要对社会事务样样精通，这也使得他们的学习内容具有强烈的实用性要求。汉谟拉比国王时期，他一再宣称"君权神授"："安努（指当时的天神）与恩利尔（指众神之父）为人类福祉计，命令我，荣耀而畏神的君主，汉谟拉比，发扬正义于世，灭除不法邪恶之人，使强不凌弱，使我有如沙马什（指太阳神和正义之神），昭临黔首，光耀大地"③；"你当教化万民，你当增进万民福祉"④。所以他要求人们普遍重视教育，努力学习阿卡德语和阿卡德文字，从而掌握他所颁行的《汉谟拉比法典》，以维护他作为"万神之王"的专制统治。为了确保人们能够充分重视教育，他还颁行法律，规定对施行巫术者处以死刑。这对当时教育的发展起了积极的

① ［美］威尔·杜兰特：《文明的故事 1：东方的遗产》，台湾幼狮文化译，246 页，成都，天地出版社，2018。

② 同上书，248 页。

③ 朱寰主编：《世界上古中古史》（上册），81 页，北京，高等教育出版社，1997。

④ ［美］威尔·杜兰特：《文明的故事 1：东方的遗产》，台湾幼狮文化译，232 页，成都，天地出版社，2018。

促进作用。但是到了巴比伦后期，由于社会的动荡、气候环境的恶化、中央集权的加强，古巴比伦人心中慢慢滋生出了一种关于罪孽的恐惧思想，人们把对神的崇拜逐渐转移到了鬼怪身上。在古巴比伦人看来，瘟神内尔各勒及许多妖魔鬼怪都潜伏在黑暗之中，游荡于空中，总是伺机置人于死地或伤害生人。人们除了供奉和施用巫术符咒外毫无办法，因而迷信巫术之风迅速弥漫开来。再加上苏美尔文明末期教育自身的颓废，使得古巴比伦民众心目中淡化了教育的观念，他们不再像苏美尔人那样非常重视教育。古巴比伦人关心的只是能够在商业、金融、手工业的合股、存储和经纪的过程中签订书面合同而免于被处死(因为古巴比伦法律规定一桩没有书面合同或者没有证人的交易应判为死罪)，这样一来，古巴比伦人的教育目的更进一步功利化、实用化。

在教育内容的方面，统治阶层与社会民众的认识和思想上也存在着一定的冲突。巴比伦的统治者极力推行阿卡德语，使阿卡德语成了官方语言，而苏美尔语则成了"死亡"的语言。然而，古巴比伦人对于鬼怪的惧怕使他们严重地依赖寺庙中的祭司，而这些祭司则秉持传统，认为古代的土地神及其他神灵必须以苏美尔祈祷文去抚慰。对付各种各样的鬼怪，只有那些苏美尔语的符咒才能真正发挥效用，因而苏美尔语仍然是寺庙学校学习的重点，苏美尔语作为一种宗教语言被保留了下来。而其他世俗学校里则学习的是阿卡德语。早期的巴比伦人是学习并掌握了苏美尔语的。但是过于功利化的教育目的使得巴比伦人的学校里，特别是在世俗学校里非常注重实用语言和实用知识的学习，结果"到了后代，学生若无字典、文法等工具书的帮助，对古代的经文便无法了解"①。但是现实生活中许多地方，特别是与宗教相关的事务都与苏美尔文紧密相关，使得学校的教师不得不进行一些关于苏美尔文的基础

---

① [美]威尔·杜兰特：《文明的故事1：东方的遗产》，台湾幼狮文化译，263 页，成都，天地出版社，2018。

性知识教育，"在教授读写之外，这些学校，至少还须为它们的某些学生准备一种'高级教育'，并须去研习那些在一般俗务中毫无实际用处的科目"①。

当时的巴比伦文字也是由若干音节而不是字母所组成的。据专家考证，巴比伦人并没有发明字母，他们的文字约有 300 多个。由于巴比伦人把文字仅仅看作一种商业工具，因此在现实的学校教育中，教师的职责就是把这些文字让学生背记下来，并不需要学生进行主动性的思考。所以，巴比伦在教育教学方法方面仍然强调死记硬背，而并没有进行启发式教学的思考。即使对一些新的知识和方法，巴比伦人依然采用的是传统的背诵记忆方法，"一些组织知识的新颖办法，和许多更加精确的科学，为实用所需的那种科学，由口训和实例把它作为实用的知识而流传下来了"②。这种比较僵化而传统的思想使得古巴比伦人的教育教学法显得机械、呆板，一味讲求死记硬背，例如，数学的教学，只不过是把生活的具体问题提出来给予答案，要求学生记得答案即可，因此，学术科学的传授与应用科学或手工业的传授，看上去似乎并没有真正的分别；给一个数学或医学学生的那种教导，和给一个冶金或纺织学徒的那种教导，本质上完全是一样的。关于古巴比伦人这方面的资料并不多，我们只能据仅有的资料做这种推断，但有一篇关于农业教育的文献提供了一份比较完整的资料，我们可以从中窥见巴比伦人在教育教学方法方面的一些思路及做法。

这份已发掘出土的泥板文献叫《农人历书》（"Farmers Almanac"）③，它为我们提供了当时农业教育的完整材料。这篇文献开首便说，"昔时一个农人教

①　[英]柴尔德:《远古文化史》，周进楷译，180 页，上海，上海文艺出版社，1990。

②　同上书，169 页。

③　原文为苏美尔文，由数块泥板凑成，是迄今为止发现的最古老的农书，尽管有部分地方因年代久远而有缺损或模糊，但并未影响我们对整体内容的理解。全文共 110 行，据考证约写成于公元前 1700 年。这里的内容主要译自 S. N. Kramer, The Sumerians, 1963 年版第 340~342 页的英译材料。也可参见 Kenneth S. Cooper, Clarence W. Sorensen, Lewis Paul Todd, The Changing Old World, Sacramento, California State Department of Education Sacramento, 1964, pp.28-29。

导他的儿子说",然后便详细地给儿子传授一年之中在农田中干活的技能技巧及组织农事的态度和方法,从一个侧面反映了当时农业生产所达到的水平及人们持有的教育思想和道德观念。

这篇文献中农人首先要求他的儿子做好播种前的准备工作,例如,给地浇水:"当你准备着手(耕种)你的田地时,密切注视堤堰、沟渠和护堤的开口处,以便当你把田淹灌时,水在田里不致升得过高。你把水排完后,注意田里浸透了水的土地,要让它为你保持繁殖旺盛的状态。"然后要除掉杂草并把土地整修平坦,疏松土壤。准备工作做好之后,才可以犁地播种。在播下种之后,农人要求他的儿子向主管农业的女神祷告,以求保佑农田丰收,并要防止各种鼠虫鸟害,保证庄稼顺利成长。"幼芽顶破地面而生长时,(你)向女神 Ninkilim(田鼠和害虫的女神)做一个祷告并轰走飞鸟(to shoo away)。"在庄稼成长的过程中要浇 3~4 次水并注意庄稼患病,"当大麦长满了垄沟狭窄的底部时,给籽苗浇水。当大麦长得像船中垫子一样高时,给它浇水。给它的王麦(S. N. Kramer 认为就是指已抽穗的大麦)浇水。如果浇过水的大麦变红了,你应该知道,'它得了 Samana 病'"。如果各方面工作都按部就班做好并不生病时,那么丰收就在望了:"如果它长出了粒多的大麦,给它浇水,它会给你产一份额外的大麦。"

庄稼成熟之后,要及时收割并打碾、弄净、储存,向神祷告并感谢。"当你准备收割你的麦田时,不要让大麦自行倒伏,要在它有力量时收割它。一个割麦者、一个捆麦者和一个在他前面的人——这三个人将为你收割。捡麦穗的人不得破坏,他们不能把麦捆扯开。""当你即将扬大麦时,让那些称量大麦的为你准备一些能装 30 古尔的箱。把你打麦场的地弄平,把箱摆好,上路。当你的工具(准备好了),你的车收拾好之后,让你的车登上麦堆——你的麦堆要脱粒五天。当你准备打开麦堆时,烤制 arra 面包。当你打开大麦堆时,把你打麦橇的齿用皮子系好。""当你把大麦堆起来以后,做'没有扬净的大麦的祷告'。当你扬大麦时，留心那把大麦从地上扬起来的人——应该有两个人为你扬它。在将要扬净大麦的那天，把它放在一些柜子上，在傍晚和夜里各做一次祷告。把大麦松开来，就像一股强风一样，松开的大麦将为你储存起来。""恩利尔之子，宁乌尔塔（农神）的教导。啊，宁乌尔塔，恩利尔可信赖的农人，赞美你！"

另外，在这篇《农人历书》中，做父亲的还告诫儿子为人处世的原则，一方面，对于奴隶们要用严刑酷法来惩治，绝不能有丝毫的怜悯与同情。"让青铜……你的工具留心你的胳膊，让皮头箱、刺棒、鞭子树立你的威信。""让你的鞭子树立起你的威信，不要容忍丝毫的怠惰。在他们干活时要监视他们，不要容许任何中断，不要让你的田里的劳力们（分心）。既然他们必须夜以继日地持续耕作 10 天，他们的力气就应该使在田里，不应向你献殷勤。"这与苏美尔人强调并重视"人性"教育的传统截然不同。但另一方面，这位父亲又对儿子强调对外要保持怜悯之心，并给穷苦者以帮助。"在你收获的日子里，就像在困窘的日子里一样，要让土地按照它们的数目养活年幼的和拾麦穗的人们，你的神将永远保佑你。"可见巴比伦人教育人要对别人提供帮助并不是出于"人性"自身的要求，而是要蒙受神恩。这种思想给后世极大的影响，特别是希伯来人和基督教。因为在《圣经·利未记》第十九章中的规定与这里的告诫如出一辙，而犹太人的先祖亚伯拉罕可能是从两河流域迁移到迦南的。因此，西方教育史或思想史的著作中追溯西方思想的渊源总要追溯到古巴比伦、古埃及人那里去。这种农人教育儿子的思想也显明地反映出了当时社会及教育中严重的阶级性倾向。虽然《汉谟拉比法典》里曾经规定奴隶也有相应的权利，但在现实中，一个普通的农夫都绝不施予奴隶些许的同情与怜悯，更不用说当时的上层统治者了，由此也可以推断出当时的初级教育阶段除了必要的知识教育而外，更多的是通过艺徒制的方式来学习农业生产的经验。这样一来，社会底层所受的教育与其他阶层所受的教育就可能完全是不同类型的教育。特别是处于社会底层的奴隶要么受很少的思想教育和技能教育，要么就根本受不到必要的教育。

从下一篇发掘出来的文献中的巴比伦的主人与奴隶的对话里，我们可以看出这个奴隶也受过一些知识教育，但是他的态度及言语表现出他根本没有固定的道德观念和价值选择，这也从一个侧面反映出巴比伦教育过分功利化的教育特征。这篇文献是这样记录二人的对话的：

主人："同意吧，奴隶！"

奴隶："绝对服从，主人！"

主人："我要和一个女人做爱！"

奴隶："无论是用什么方式，我的主人。爱上一个女人的男人会忘却他所有的悲伤。"

主人："不，奴隶，我不会爱上一个女人！"

奴隶："正确，我的主人。女人就是圈套，是一把能割裂您喉的锋利匕首！"

主人："奴隶，我要对穷人们进行施舍！"

奴隶："哦。就这么干，我的主人。对穷人进行施舍的人会受到神的保佑。"

主人："不，奴隶，我不愿意施舍！"

奴隶："就这样，我的主人。这种仁慈博爱只会滋长忘恩负义……爬上一些逝去城市的土堆，然后在废墟之间行走。注视着从前死去的那些人的头颅。我的主人，谁是坏人，谁是好人？"[1]

---

① [美]斯蒂芬·伯特曼：《探寻美索不达米亚文明》，秋叶译，200页，北京，商务印书馆，2009。

　　从这篇文献中我们可以明显地看出古巴比伦社会还是一个奴隶制的社会，社会的统治者占有绝对的统治地位，奴隶的思想和行为是完全服从于奴隶制的统治的。

三、亚述人的教育思想

　　与古苏美尔人的教育思想和古巴比伦人的教育思想相比，古亚述人的教育思想具有强烈的黩武的特点。这一特点贯穿于古亚述人对于教育的目的、地位和作用的认识，教育内容的选择，教育教学方法的采用等各种观念之中，使古亚述的教育思想与社会实践紧密地结合起来。

　　从已出土的文献资料来看，古亚述人的教育目的似乎也同古苏美尔人一样表现出多元化的特色。如在已发掘的泥板书及铭文中，亚述人把祭司、僧侣、文士、军人放在几乎同样重要的地位，而且谈论更多的是前三者。但是，古亚述的祭司和文士也必须懂得军事。就祭司而言，到了古亚述时期，他们的服务对象已不再是古巴比伦人崇拜的乌尔都克神（智慧之神），而是以亚述大神和伊丝塔尔神（女神，女战神）取代了他，并且对于后者的崇拜远胜于前者，因为她能决定战争的胜负。亚述国王阿瑟巴尼帕（Ashurbanipal）在其祷辞中说："啊！阿尔贝拉的夫人①，我是阿瑟巴尼帕，亚述的国王，你的手的创造物，受你生父②的（召唤）来重修亚述的庙宇并建筑巴比伦的名城。我已决定走到有关荣誉的神圣地方，然而，以栏国王条曼不尊敬诸神。所以，我求你，女神中之女神、战争王后、诸神的公主……为我向你的生父亚述吁请，（因为条曼）已把他的军队摆上战场，已集中他的武器向亚述前进。你，诸神中的战士，像……要在战场中心追赶他，用暴雨和恶风消灭他。"③由此可见，

---

　　① 指女战神伊丝塔尔。

　　② 指天神亚述。

　　③ 杨烈主编：《世界文学史话》第 1 卷，55 页，哈尔滨，黑龙江人民出版社，1984。

当时祭司的作用主要在于向战神伊丝塔尔表述国王的意愿，并请求她用神力帮助世俗国王在战斗中获胜。因此，祭司也是为军事斗争服务的"战士"。因为亚述国王均出身僧侣阶层，因而培养僧侣实质上就是培养最高统治者自身。只有明白了这层关系，我们才能明白亚述国民为什么那么重视僧侣的思想实质，也才能明白亚述国王在祷辞中表现出来的这种迫切而热烈的思想和愿望："愿我的帮助者诸神欣纳我的虔诚的工作，并愿诸神衷心祝福我的国度。愿我的僧侣的种子永远昌盛，好像巴比伦城的埃·萨吉拉的基础"，"愿我的僧侣宝座的基础安如磐石！"，"愿仁慈的命运、优渥的恩惠，伴随着我的统治，保护我的僧侣的地位"①。由历史我们知道，亚述国王个个都是能征善战的军事领袖并以征战为能事，所以，重视僧侣教育仍然要以服从军事斗争需要为最高旨归，实质上也是培养"战士"。

由于当时环境条件的限制和周围敌对民族的不时进攻的威胁，亚述人把他们的国家完全变成了一个庞大的战争机器。文士不仅要处理一般的行政事务，还要征募兵源，加以训练，组成军队，这就要求文士不仅能为"文"，而且要懂"武"，一旦战事紧急，文士也要立即投入战争。由此可见，文士其实也是有较高文化程度的战士。再加上当时亚述拥有远远多于周围其他民族的常备军并经常发动战争，培养合格的战士便是其教育不言自明的目的。因此，实践的现实需要形成了亚述人关于教育目的的清晰认识：培养为军事斗争服务的合格"战士"。正是在这种思想的指导下，亚述民族变成了一个出色的武士民族，也养成了他们好战的民族习性和不断扩张侵略的野心以及残忍的心理。他们不仅拥有当时世界上最强大且最有力量的军事武装，建立了庞大的军事帝国，而且极其残忍地对待被征服的其他民族的战士、平民、军官、贵族以及自己民族内的叛逃者和造反者。亚述人不仅把其暴行付诸实践，而且还把它们编成文字流传给后人，既炫耀他们的英勇业绩，也作为道德思想教

---

① 杨烈主编:《世界文学史话》第 1 卷，54~55 页，哈尔滨，黑龙江人民出版社，1984。

育的教材。亚述人的这种教育因其适应了当时社会现实的需要而使得原本弱小的亚述民族迅速强大起来，并在军队的质量方面拥有了当时无与伦比的巨大优势。后来的古希腊斯巴达偏重军事训练的教育思想和实践，与古亚述人教育思想有诸多的相似性，而且斯巴达教育思想中的许多积极因素也为一些思想家称道，并被保留下来，对西方产生了深远影响，成为西方教育思想的重要源头。古亚述的教育思想要比斯巴达早许多，因此，正确认识亚述的教育目的是必要的。

对于教育地位与作用重要性的认识以及教育目的的明确化，使得古亚述人形成了重视军事体育，同时辅之以道德教育和知识教育的较全面的思想，从而使得亚述的教育内容呈现出多样化的特色。古亚述人教育目的观中强烈的黩武主义特征使得尚武成为确定教育内容的首要原则。激烈的战争不仅需要强健的体格、娴熟的军事作战技能技巧，而且需要一定的知识、智慧和战术训练及相应的组织能力。所以，跑步、游泳、射箭、击剑、驾车等方式都被作为增强体质的重要内容。其中尤为值得提出的是在古亚述人的思想中，增强体质的目的就是为了战斗，而非增进人的发展，因而他们在训练中把人追猎狮子和老虎等猛兽作为训练的重要手段和检验训练效果的重要方式。这种残酷的人兽搏斗既使人的潜能和技艺得以充分发挥，也使人的心理和意志得到了超常的训练。古亚述士兵之所以以残忍闻名，与这种训练不无关系。游泳之所以作为他们的教育内容，是因为古亚述人认为游泳可以使一个人的皮肤变得柔软、富有韧性，而且可增强人的肌肉力量及训练人控制自己的意志力，这对一个战士来说是不可或缺的。射箭、击剑、枪术等都是钢铁兵器时代的专门训练项目。还值得一提的是古亚述人的驾车训练项目。古亚述人不仅设计出了各种各样的战车，而且对于驾驶战车的技术规范及考核标准都提出了严格的要求，与中国先秦六艺教育中"御"的内容颇有相似之处。由此可见，从注重实利的思想原则出发，古亚述人在军事训练方面还是积累了丰富的经验，从而大大扩充了自苏美尔-古巴比伦以来的教育内容。① 另据已出土的泥板书文献，亚述人已在贵族子弟中进行战略战术及组织才能方面的教育训练，而且要求他们掌握较广博的文化知识。如亚述国王阿瑟巴尼帕在谈到自己所受的教育时说，除了体格训练外，还学习语言，他能懂"苏美尔人的和阿卡德人难于掌握的泥板书"②，还学习占卜、几何、算术、军事技艺等。此外，阿瑟巴尼帕还在其首都尼尼微建立了大型图书馆，内中藏有约计3万块泥板书。太罗城也有图书馆，藏有泥板书约3万块，尼波尔城图书馆约有泥板书2万块③，由此可见当时文化教育内容之繁盛。另据考证，当时还设有专门学校进行神学、法律、天文学、医学等学科的教学工作。医学因为军事的需要而尤为发达，不仅有药物一般性能功效的说明，而且有疾病症状的简要概括。同时，医学仍与巫术紧密结合。在古亚述人看来，人体的许多疾病并非由于自然原因而引起，而是因为魔鬼潜入了人的身体，只要运用巫术驱除恶鬼，人的病体就可痊愈。因此，巫术也作为医学的重要组成部分而被纳入了教育内容，主要包括巫术仪式、诵念经咒、赶鬼驱邪等。有一块泥板书就详细地记载了亚述时期教授巫术的场面④：

> 拿一块白布，
> 把玛米（mamit）放在里面，
> 放在病人的右手里。
> 又拿一块黑布，
> 用它包住他的左手。

① 参见吴式颖、任钟印主编：《外国教育思想通史》第1卷，62页，北京，北京师范大学出版社，2017。
② 马骥雄：《外国教育史略》，15页，北京，人民教育出版社，1991。
③ 滕大春主编：《外国教育通史》第1卷，35页，济南，山东教育出版社，1989。
④ 杨烈主编：《世界文学史话》第1卷，57~58页，哈尔滨，黑龙江人民出版社，1984。

> 那么一切恶鬼，
>
> 以及他所犯的罪过，
>
> 就会离开他，
>
> 永不再来。

这个赶鬼驱邪的教授内容看起来非常简单，但实际上当时的大多数巫术都有一整套比较复杂的仪式和特定的念诵咒语，而且涉及多方面的医疗知识，"公元前7世纪亚述帝国阿舒尔巴尼巴图书馆保存了大量书吏抄写的咒语。咒语详细记录了病人的病状、治病的药方以及巫术实施的步骤，涉及现代医学的妇科、儿科、内科、外科、神经科等领域"[1]。因而，需要较长期的、系统化的教育和实践训练。

亚述人培养"战士"，不仅要求他们具备强健的体格、娴熟的军事技能技巧、较丰富的文化知识，而且要求他们具有坚定的道德信念和始终不渝的信仰，所以，古亚述人对于道德教育也很重视，他们不仅通过神话和寓言来灌输道德信念，而且提出了忠诚、勇敢、奉献、敬畏、友爱、克制、秩序、正义等一系列具体的道德规范。

亚述特别注重忠诚的道德教育，希望通过教育让人们忠诚于国王，忠诚于王权，效忠于王室。他们给学生灌输忠诚的思想，并强调要是不忠诚于国王和王室，就是对神的不敬，必将遭到神的惩罚。在当时情况下，忠诚于亚述国王和王室，就意味着要义无反顾地走上战场，成为勇敢的战士。因而勇敢精神的培养也是亚述人道德教育的重要内容，亚述人不仅通过各种途径训练亚述青少年勇敢的行为，如与猛兽搏斗等，还注重英雄事迹的激励和克服对死亡恐惧的教育。例如，于1871年由亚述学家G. 斯密斯发现的《伊兹杜巴尔之歌》史诗，借英雄伊兹杜巴尔的事迹来教育人们。这首诗第七块泥板第二

---

[1]　张文安：《古代两河流域医疗巫术的文化考察》，载《医学与哲学(A)》，2018(6)。

栏,借黑阿巴尼之口要求人们崇敬神灵,正确看待死亡:"亲爱的朋友,不必忧伤,死亡这东西终究要来的,我们为什么恐惧呢?是那地下世界的雾气把你的占师接了去!诸神带领我们,也不征求我们的同意,他们给予生命,又在现世的一切纷争中把生命拿回去,我要结果我在世上的生命;自从有生以来,我经历了欢乐和忧愁;要到地下的可怕世界去,而且一去不返。"①忠诚与勇敢都意味着个人要勇于奉献自己,把自己奉献给国王、奉献给国家,因而要淡化自己对个人名誉的重视,正如第八块泥板第二栏,通过伊兹杜巴尔之口要求人们淡泊名誉,而把自己奉献给自己的国家。对于名誉,他说:"哎呀!这个'名誉'不过是'命运'的梦啊!朝思暮想的东西却不能使人心中快活。人们的称赞,或无心的冷笑,于我都无所谓,我是孤单的!孤单的!""人的名誉并不像表面那样堂皇,它和'昔日'一道睡去,是一个消失了的梦。"②

在亚述,国王被看作阿舒尔神的代表,是秩序的象征,因而人人都要保持对神的敬畏与崇敬之情,并通过自己的行为践履和内心真诚来获得神的帮助与赐福。"每天去朝拜你的神,用纯洁的香去上贡和做祷告;在你的神前,保持纯洁的心;每天早晨,要向他祷告、请求、鞠躬致敬,这样,凭神的帮助,你会发达。""敬畏(神),可得恩惠。""贡献可以增加寿命,祷告可使罪过得赦免。"阿舒尔神虽然是亚述至高无上的国家神,但是在亚述国家内并不排除对其他诸神的崇拜,而是承认每一个种族的群体都有崇拜自己主神的权利,从而塑造了阿舒尔神一个海纳百川的大神形象,从而宣扬其他各民族和地区应该主动将自己纳入阿舒尔神的怀抱,因为只有阿舒尔神才是秩序和正义的化身。而作为阿舒尔神的子民,对其他民族和地区进行统治,这也是神赋予他们的神圣权利和义务。因而亚述人的征服和统治完全是诸神的功劳,"是伟

---

① 杨烈主编:《世界文学史话》第 1 卷,52 页,哈尔滨,黑龙江人民出版社,1984。
② 同上书,52~53 页。

大的诸神把外国的土地授予了亚述的国王们"。① 所以亚述人要敬畏诸神，"敬畏诸神的人，不会哭号；敬畏诸神的人，将得长寿"。亚述帝国的建立进一步将诸神崇拜转化为了现实社会的多元化，帝国完全变成了一个移民国家，因而亚述人强调要教育年青一代接受其他民族或种群与自己一起生活，要友爱对待别人。在对待朋友和伴侣方面，要尊重他们并充满爱心，"对你的朋友和伴侣，不可说坏话，不可说下流话——要说仁慈的话！"对于其他的人要给予帮助，并充满仁爱之意，即使对于家中的仆人，也要一视同仁，"施食物给人吃，施酒给人喝，寻求善行，避免（恶事），这是使神喜欢的，使沙玛什喜欢——他会酬报的。（对仆人）要帮助，要仁慈；（你要保护）家中的使女"。对于自己，要勤于学习，"从泥板上去学习智慧"；要学会克制自己的情绪，"如果在发怒——不可说出来，怒中说话，不久你就要后悔，悄悄地抚慰你的哀愁"；要谦虚而不能骄傲、自矜自夸，"不要说大话——要守口如瓶"；要严于律己，提高自身的素养和语言表达能力，"你不可诽谤——要说纯洁的话！你不可说坏话——要说仁慈的话！"否则将会遭到神灵的报应，"诽谤和说坏话的人，沙玛什神将要在你头上会见它"。②

为了进一步强化帝国的统治，亚述统治者不断将自己美化为秩序和正义的化身，给年青一代灌输军事征伐正义的思想，要他们成为秩序和正义的代表，帮助国王去实现这一目标。亚述国王认为，凡是他所统治的地方，"那里就充满着和平、安定和正义；凡是他的控制所达不到的地区，那里便陷入一片混乱之中"③。亚述国王的职责就是为整个世界带来秩序，所以亚述人都应该成为国王勇敢的战士。亚述的征伐是正义的，亚述战士的战斗与牺牲是崇高而伟大的。从历史事实来看，亚述的这种道德灌输无疑为亚述帝国的扩张、

---

① H.W.F.Saggs, *The Might That Was Assyria*, London, Sidywick & Jackson, 1984, p.125.

② 杨烈主编：《世界文学史话》第1卷，61~62页，哈尔滨，黑龙江人民出版社，1984。

③ 于殿利：《巴比伦与亚述文明》，235页，北京，北京师范大学出版社，2013。

统一和统治打下了良好的思想基础。

由上述内容，我们可以看出古亚述人在服从军事战争的目的之下，还是设置了比较广泛的教育内容。这不仅对苏美尔-古巴比伦教育内容进行了继承，而且还根据自己国家的需要进行了创新和发展，特别是其军事教育更是形成了独有的特色。

古亚述人关于教育教学方法的认识是与他们的教育教学实践紧密地结合在一起的。军事战争所需的技能技巧的掌握仅靠死记硬背是无法达到目的的，古亚述人明确意识到必须对苏美尔-古巴比伦的教育教学方法加以改造。因此，"古亚述人在教育教学方法上把集体训练与个别指导结合起来"[1]。一方面，因为军事战争的需要，亚述帝国建立了许多军事要塞和军事首都，在这些要塞和首都之中，通常都会有一座综合性建筑，被称为"军队之宫"或"军宫"，在这座建筑内有很多场地，主要供军事训练用。[2] 这里的教育主要是集体训练，包括步兵、骑兵和战车训练等。另一方面，亚述儿童在成长过程中，也会有个别教师或家长进行专门指导，实现了集体教育与个别教育的结合。另外，由于当时战争的需要，语言交流、宗教教育、地理教育、道德教育等都需要与军事教育紧密配合，因此亚述学校的教师们以各种符号创制了音阶表、单词表，编成了字典，绘制了苏美尔文和阿卡德文的语法解说表，还利用赞美诗、咒语、卜辞及法律的和历史的知识，指导学生进行语句练习。同时，还在教材中编写注释，以减少学生的疑难，绘制山川鸟兽的图形，作为教学辅助，以有趣的神话和寓言来进行道德教育……[3]所有这些举措都是为使亚述儿童在成长过程中尽可能成为具有多种才能的优秀战士。

---

[1] 吴式颖、任钟印主编：《外国教育思想通史》第1卷，65页，北京，北京师范大学出版社，2017。

[2] 于殿利：《巴比伦与亚述文明》，273页，北京，北京师范大学出版社，2013。

[3] 吴式颖、任钟印主编：《外国教育思想通史》第1卷，65页，北京，北京师范大学出版社，2017。

　　古亚述人的教育思想后被新巴比伦人继承，并随其对外扩张而流传开来，在"巴比伦之囚"时期，给予犹太人的影响尤其深远。随着这些犹太人的被释，古代两河流域的教育思想遗产也随之融入犹太人的思想之中，对于犹太教及基督教的教育思想的形成与发展更是产生了不可忽视的影响。

第三章

古代埃及的教育

古埃及位于非洲东北部，分为两个区域，接近尼罗河三角洲的区域被称为下埃及，自开罗至南部的狭长谷地被称为上埃及。古埃及是世界上著名的文明古国之一，因尼罗河的定期泛滥带来了肥沃的土壤，很早就有了发达的农业，比较先进的生产技术，从而哺育了埃及古老的文明。埃及最初的居民是含米特人，后来与从西亚进入的闪米特人逐渐融合，形成了一个混合民族，正是这个混合民族创造了古埃及文明。根据考古学的新发现，大约175万年前，埃及的奥杜韦（Oldowan）文化已经进入旧石器时代晚期。大约在公元前7000—前4500年，埃及进入了新石器时代和铜石并用时代，并产生了巴达里文化。巴达里文化典型的代表是打制的石器、制作的陶器，其最高成就则是铜器的使用。在这一时期，埃及的农业可能已经成形。古埃及人已经经营农业、畜牧业和渔业，并出现了原始的宗教意识，出现了最初的动物崇拜。在公元前3500年左右，埃及进入涅伽达文明时期，出现了象形文字和国家，已建成上埃及和下埃及两个王国，这一时期被普遍认为是古埃及文明的正式开始时期。大约公元前3100年，埃及统一，前后历经前王国时期（约前4245—前2700年）、古王国时期（约前2700—前2290年）、中王国时期（前2065—前1787年）和新王国时期（前1585—前1090年）。其中还包括第一中间期（前

2290—前 2065 年）、第二中间期（前 1787—前 1585 年），以及新王国后直到亚历山大入侵（前 1090—前 332 年）几个阶段①，为古埃及文明时期，亦即常说的法老文明时期。在这一时期，古埃及一步步地发展起奴隶主阶级的专制政权和相应的社会文化，教育也随之发展起来，并影响了世界许多地方的文化和教育发展。

第一节　古代埃及文明概述

埃及是文明古国，是世界文化的发祥地之一。在长期的生产斗争和社会实践过程中，埃及人民积累了丰富的生产生活经验，创造了独特的文化。随着奴隶制的逐渐形成，一部分人逐渐从劳动中分离出来，专门从事脑力劳动。这种脑体分离促进了埃及文化的发展，使古埃及在水利、天文、建筑、医药、文学、艺术、数学等方面都取得了辉煌成就，创造了灿烂的埃及文明。下面就古埃及几个重要的文明成果做一简单介绍。

一、语言文字

在人类文明的发展过程中，语言文字发挥了极其重要的作用。语言文字

---

① 关于古埃及的历史阶段划分问题，说法不一，此处采用汉尼希、朱威烈等在《人类早期文明的"木乃伊"——古埃及文化求实》一书中的划分法。具体可参见［德］汉尼希、朱威烈等编著：《人类早期文明的"木乃伊"——古埃及文化求实》，杭州，浙江人民出版社，1988。而在杰内达·勒布德·本恩顿及娄贝特·笛·亚尼的《全球人文艺术通史》第 2 版中采用的时期划分为："人们通常将埃及古代史划分为大约 30 个王朝。今人对前两个王朝知之甚少，从第三王朝开始，依据各时期稳定性和成就的不同，可分为三个阶段：古王国时期（前 2686—前 2181 年，包括第 3—6 王朝），中王国时期（前 2040—前 1786 年，包括第 11—14 王朝），新王国时期（前 1552—前 1069 年，包括第 18—20 王朝）。各'王国'之间相对动荡的阶段被称为'中间'时期，'新王国'之后是后期王朝，后期王朝于公元前 525 年结束，并被波斯帝国吞并。"具体可参见［美］杰内达·勒布德·本恩顿、娄贝特·笛·亚尼：《全球人文艺术通史》，尚士碧、尚生碧译，23 页，济南，山东画报出版社，2010。

不仅帮助人们进行更好的交流与沟通,还给人类提供了一种谋生的手段,并可以与其他人分享知识和经验。经过代代传承后会形成思想和行为传统,从而使教育成为可能。古埃及语属于塞姆语·哈姆语系和亚非语族。"古代埃及语是一种亚非语言,因此与阿卡德语具有历史关联。它也有由 2—3 个辅音构成的词根,提供语义意义。而语法关系由前缀、后缀、音节间元音和句法表示。但是,和阿卡德文字不同的是,埃及文字有一条原则,只要母语可以准确推断元音和其他语法要素时,便可只记录主要的辅音。因此,古埃及文字没有发展成语素文字,而是由词符、辅音符号和类别符构成的词符辅音文字。其中有 25 个代表单一辅音的单字母符号,80 个代表两个连续辅音的双字母符号和 70 个代表三个连续辅音的三字母符号,所有符号均无间杂其中的元音。大多音符为一至三个辅音的词符。埃及书吏大量使用辅音符号,以备在需要之时厘定词符所特指的词汇的读音。类别符用于区分同音字的不同意义,或者确认词语的类别,包括个人私名(按照性别予以区分)。类别符也用来拆分词语。埃及历史的大部分时期,同时使用的符号不少于 700 个。"①其发展可分为古埃及语、中埃及语、后埃及语、世俗语、科普特语五个阶段。其中古埃及语约在公元前 3100—前 2160 年(第一至八王朝)使用,从象形文字的文献来看,可能还包括金字塔文的语言。中埃及语在约公元前 2160—前 1780 年(第九至十一王朝)使用,是由晚期古埃及语演变而来的标准的埃及语形式,它不仅用于中王国时期,而且以稍微改变的形式用于纪念碑上,一直使用到希腊、罗马统治埃及的时代。后埃及语在约公元前 1370—前 715 年(第十八王朝末至第二十四王朝)使用,这是第二个标准的语言形式,主要用于商业文契和书信中,也保存在故事和其他文学以及第十九王朝以后的公文书中。世俗语在约公元前 800 年后使用,这种语言一直使用到公元 400 年。这是一种以通常所

① [加]布鲁斯·G. 崔格尔:《理解早期文明:比较研究》,徐坚译,424 页,北京,北京大学出版社,2014。

说的世俗体文体写成的书信和文献中使用的语言。在文法、正字法和书写体方面不同于先前的语言，是第三个标准的语言形态。科普特语是生活在古埃及的基督徒后裔科普特人创造出来的口语，从公元3世纪开始流行，自公元641年阿拉伯人定居埃及后，该语言逐渐被阿拉伯语所代替，因此，科普特语成为古埃及语言的最后代表。

古埃及的文字出现时间也很早。古埃及人认为文字是由鹭头人身的图特（Thoth）神创造的，他主管知识与魔法。在古埃及人看来，图特创造的文字用图画表示神的启示，是神的文字，因此，只有神庙的祭司才能理解和有权使用。"在埃及，早在古王国时期就已经出现保障逝者的物质供应的书面悼文。诵经师在埃及的地位表明，与美索不达米亚的情况一样，识字能力在确保正确举办仪式上至关重要。"①古埃及的文字记载保存了大量古埃及文化遗产，对于埃及社会的发展、世界文化的发展均有十分重要的意义。可以说，没有古埃及文字就不会有古埃及的灿烂文化。从历史发展看，为了适应书写和实际交往的需要，古埃及文字的形体经历了由繁到简、由难到易的演变过程。这一过程可分为象形文字、祭司体文字（又称僧侣体文字）、世俗体文字、科普特文字四个阶段。

象形文字体系是迄今所知的最早构成体系的古埃及文字材料，其名称"hieroglyph"由希腊语"神圣"（hieros）和"雕刻"（glupho）组成，意即"神圣铭文"。它因最初多见于神庙和公共纪念碑的墙壁之上，且只为极少数的神庙祭司通晓，因而被古埃及人称为"神的文字"。这种文字在古埃及时代使用范围极广，不仅包括尼罗河下游地区，而且延及古代努比亚的大部分地区、西部绿洲、西奈半岛及古代近东地区，被广泛地使用于宗教、商业、官方文件等许多方面。考古过程中纳尔迈调色板的发现证明，在公元前3100年左右古埃及已形

---

① ［加］布鲁斯·G.崔格尔：《理解早期文明：比较研究》，徐坚译，416页，北京，北京大学出版社，2014。

成象形文字体系,它当时已经是一种发展比较完备的文字。最初的象形文字通常由描绘具体的生物体和非生物体的各种符号组成。对一些抽象的、不能直接感知的概念或动作,古埃及人也会用一些常人能够会意的图形来表示,如要表达"南方"这一概念,埃及人就会用一种南埃及所特有的植物百合花来表示。另外,为了把符号所代表的词汇用发音表示出来,古埃及人又用一些符号来表示音节,在这个基础上,古埃及人创造了部首符号。在公元前3000多年时,埃及人创造出了比较系统的象形文字,到古王国早期,又增加了24个分别代表语言的单辅音的符号,这样古埃及的象形文字就构成了一个由表意符号、表音符号和限定符号(即指示符号)三部分组成的整体。其中表意符号用图形来表示一个特定的意思;表音符号从部分表意符号演变而来,表示不同的音节,在公元前600年左右日趋规范化,形成24个单辅音、大批双辅音和3个辅音符号;限定符号就是在表音符号之外加上一个新的纯属表意的图形符号,置于词尾,以表明它属于哪个事物范畴。这三种符号按照一定的语法规则组合起来,使象形文字成为音、形、义相结合的文字体系。这种文字直接影响了后来的腓尼基人对字母文字的创造,而腓尼基人的字母文字又是后来希腊人创造字母文字的基础,今天欧洲各国的文字则都源于希腊字母。可见古埃及人的象形文字对世界文明发展的影响之大。

因象形文字字体复杂,书写缓慢,难于掌握,所以古埃及的书吏将其符号外形加以简化,并采用速写或圆笔的形式创造了祭司体文字,因其主要为埃及祭司们专用于书写宗教文字,故被称为"神秘文字",又被称为"僧侣体文字"。"在古王国和中王国时期,书写是统治和管理阶级的特权","象形文字的急就字体——僧侣体——常常出于掌管文书的僧侣们在纸草之上的书写"。① 祭司体文字最早出现在第五王朝时代。那时,祭司体文字与象形文字

① [加]布鲁斯·G.崔格尔:《理解早期文明:比较研究》,徐坚译,417页,北京,北京大学出版社,2014。

尚难以区别。从古王国时期开始，"尽管由于它并非象形文字而被现代学者认为更难掌握，但是众多从未学过古埃及象形文字的书吏的确使用僧侣体"①。在中王国和新王国时代，祭司体文字通常写在纸草上，一般用来抄写文学作品和商业文书等。大约在第二十一王朝前后，祭司们才开始把宗教文献写在纸草上。后来这种文字被广泛应用于古埃及人的日常生活之中，如公文、信件、账目、图书目录、文学、宗教文献等，一直使用到新王国末期。大约公元前700年，它逐渐被世俗体文字取代。

世俗体文字出现在公元前700年左右（即第二十五王朝时代），是祭司体文字的草写形式，最初被司法人员和政府官员用来书写契约、法律和行政公文，后主要用于商业和日常生活的书写记录、文学作品、宗教文献等，甚至偶尔也被在石碑上使用。它已不具有图画特点，字体变得相当简化，成为类似字母的符号，一直被使用到公元4世纪。

科普特文字使用是在公元3世纪，是因受希腊语影响而发生了变化的埃及文字，一般被称作新埃及语，包括24个希腊字母和7个作为补充字母的世俗体文字，由于基督教的传播，成为当时民间通用的文字。公元641年以后，被阿拉伯文替代，阿拉伯文成为古埃及唯一通用的文字。

二、农业与天文学

农业是古埃及最重要的经济活动，灌溉系统则直接关系到农业的丰歉和社会的繁荣，所以，古埃及的水利很发达。自远古时代起，尼罗河流域的居民就借助简单的鹤嘴锄、土筐等工具修建堤坝，改造水路，在中王国时期就已形成了遍布全国的灌溉系统。他们不仅担负了大片农田的灌溉，而且把大片的沙漠、沼泽改造成了良田，这显示了古埃及人力求摆脱自然束缚，进而

---

① ［加］布鲁斯·G.崔格尔：《理解早期文明：比较研究》，徐坚译，417页，北京，北京大学出版社，2014。

控制自然的伟大气魄。

在农作物种植上，古埃及人种植的谷物有黑麦、大麦和小麦，另外还种植亚麻。根据考古发现，在埃及地区，黑麦、大麦和亚麻的种植至少可以追溯到新石器时代。进入有文字记载的时期，亚麻成为古埃及极为重要的一种作物。墓穴壁画中经常刻画收获亚麻的场面。亚麻织成的布，是古埃及人除羊毛织物外唯一使用的布。古埃及人还掌握了用葡萄和椰枣酿酒。葡萄酒是古代社会的名贵饮料。最好的葡萄酒产自三角洲、哈尔加和达赫拉绿洲，这些地方大规模种植葡萄。在新王国时期，葡萄栽种在大果园里，大部分蔬菜和水果也种植在果园里。饲养禽畜则可以追溯到古埃及前王朝时期，到古王国时期发展得很快。饲养动物和禽类不仅供食用，还用于各种宗教祭祀仪式。古埃及最主要的畜是用作供品的公牛和绵羊。此外，为满足生活的需要，饲养山羊、猪和鹅也很普遍。鹅从远古时代起就被埃及人驯养，用作食物或有关仪式的供品。

农业的发达促进了天文学的兴盛。由于农业生产的需要，古埃及人不仅注意到了日出日落的位置和季节性变化，而且根据月亮的盈亏和行星运行变化情况绘制了星座图，并根据自己的想象，用某种动物或非动物的形象给星体和星座命名。以星象观测为基础，古埃及人制定了各种历法。在古埃及文明的早期阶段，埃及使用的历法规定一年 12 个月，每月 30 天。到公元前4000 年，古埃及人给每年的岁末加了 5 天，使一年成为 365 天。这种固定的以 365 天为一年的历法没有闰月，因而每 4 年就要比太阳年落后一天。在这一历法基础上，古埃及人又根据尼罗河水的变化和农业活动需要把一年分为 3个季节，每个季节有 4 个月。后来这种历法成为埃及官方钦定的历法。此外，在法老时代，古埃及人还创造出用"德坎"（dekan）来划分年份，即把一年分为36 个星期，每个星期为 10 天。古埃及人还给每一个"德坎"都起了名字。随着对天文现象认识的逐步深入，古埃及人也创造了一系列时间概念，如"年"

"季""月""日""时""30年""10万年""永恒"等，为人们的生活和认识自然提供了许多便利。此外，随着天文学的进步，古埃及人的占星术也随之发达起来，并与天文学相互影响，相互促进。古埃及人最值得称道的天文学发现就是在一年365天的太阳历基础上，他们还发现如果以天狼星与太阳同时升起的那一天作为一年的开始，那么120年后这一天与一年的开始日将会相差一个月，1460年后就会少365天，正好一年。古埃及人把1460年这个周期称为天狗周，而把天狼星称为天狗。而今天我们知道回归年实际上是365.25天，如果以365天为一年，则比实际一回归年少0.25天，120年过去少30天，1460年过后就少365天。① 由此我们可以看到古埃及人在当时的天文学探测上取得了多高的成就！

三、宗教及其思想

宗教也是古埃及文明的重要内容和表现。太阳和尼罗河成为影响古埃及人宗教意识的两个最基本要素。公元前3000年左右，古埃及出现了人形神。同时，由于国家和政权的建立，使得古埃及人相信如同人间一样有神在管理着整个世界，从而出现了多神崇拜。在古埃及人的心目中，这些神各司其职，如图特神作为文字的发明者，是书吏们的保护神；普塔神(Path)则是工匠们的保护神，哈凯特女神(Heket)是产妇的保护神，阿努比斯神(Anubis)则是尸体保护神。在埃及统一之后，太阳神荷鲁斯成为全埃及的最高神。多神崇拜的结果就是许多的问题需要得到神的解答，于是宗教神学思想应运而生。古埃及人形成了独特的创世说和转世说，并具有比较丰富的思想内容。到了中王国时期以后，太阳神崇拜中的天国概念和俄赛利斯(Osiris)崇拜中的来世概念相互影响和补充。来世说更加深入人心，也更加普遍。在转世说中，增加了更多的伦理道德成分。至此，俄赛利斯神在整个埃及取得了统治地位。公

---

① 杨天林:《古代文明史》(上册)，67页，北京，中央编译出版社，2012。

元前16世纪新王国时期，埃及宗教达到鼎盛，宗教思想深入人心，宗教仪式和宗教活动也越来越繁复。最初只是作为风神和空气神的阿蒙神因为图特摩斯三世的征战而成为那个时代人们心中的偶像。阿蒙神庙及其祭司的地位都变得身价百倍。阿蒙神与王权的紧密结合，使阿蒙神成为古埃及史上空前重要的神祇。征战回来的国王往往慷慨地向阿蒙神庙提供奴隶、土地、牲畜和金银财物。因此，阿蒙神庙不仅是宗教中心，也是当时举足轻重的经济实体。阿蒙神的祭司集团也随之具有了极大的权势。底比斯阿蒙神庙的最高祭司权位仅次于国王。不少王子在继承王位之前都先当一段时间阿蒙神庙的最高祭司。第二十五王朝时，因底比斯遭到亚述人的野蛮破坏而使得阿蒙神的地位一落千丈，埃及人的宗教信仰开始动荡，动物崇拜与巫术横行。马其顿王亚历山大（Alexander the Great，前356—前323）征服埃及之后，希腊文化和埃及文化相互交融，宗教多元化倾向日益明显。在罗马人统治时期，埃及人的神灵开始走出国门，进入地中海沿海，远达欧洲大陆。基督教兴起后，埃及的宗教信仰开始衰落，公元535—537年，菲莱岛上最后一个埃及神庙关闭，标志着古埃及宗教的结束。

古埃及的宗教及其思想不仅直接影响了埃及王权和埃及人的生活，还直接影响了埃及神庙的建设、祭祀仪式及其内容、赞颂诗的写作、金字塔的建造和木乃伊的制作，也直接影响了埃及人的丧葬风俗以及"亡灵书"的写作内容，从而构成了古埃及文明的重要组成部分。

四、数学

古埃及人在应用数学方面取得了卓越成就。无论观测天文还是进行建筑和雕塑，都离不开数学。因此，古埃及数学的最大特点就是实用，它们是在解决日常生活的实际问题过程中产生和发展起来的。如土地的测量、谷物和其他食物的计算和分配、贸易和租税上的计量，以及建筑设计和施工中的测量等，它们构成了古埃及数学的全部内容。根据出土的纸草文献中的例题来看，这些题目大都是指具体实物，很少是抽象的数字。即使用数字，也很简单。因此，这些例题只能是方法的说明或典型问题的解答，它们很容易记住，能轻易运用到其他类似的问题上去。可见古埃及人使用的计算方法，是在特殊情形中通过试验总结出来的，并经过实际的检验而得到普遍的应用。因为过分注重实践，古埃及人从未对数学进行过理论上的探讨。他们的成就仅是经验的积累，缺乏理论基础，缺乏概括和演绎推理。

据文献记载，公元前 2000 年以前，古埃及人已经掌握了一套实用的计数法，并且能够简便准确地进行算术计算，包括复杂的分数式的计算。他们发展了解题方法，其中的一些，直到近代仍为教科书所采用，特别是那些按一定比例分配的问题和解答实际工作问题的方法。古埃及数学知识的发展，得益于它拥有一套比较完美的数字符号。早在第一王朝初期纳尔迈王的权杖头标上，就记载了 10 进位制的大到百万的数字。在古埃及的数字符号中，一个大数字常常要有几十个符号才能构成。这套数字符号，决定了古埃及人的一切算术过程最终都需要建立在计数的基础上。在古埃及语中，"计算"一词便是点头计数的意思。古埃及人的加法是简单的计数，乘法是一种特殊的计数形式，减法是倒数，而除法则是乘法的逆运算。对埃及人来说，四则运算都可以简化为计数形式。凭着这套特殊的符号和构数方法，四则运算最终可以完成。例如，在他们看来，9 乘以 6 就是 6 个 9 相加；88 除以 11 就是找出几个 11 相加等于 88。平方是乘法的一种特殊形式，平方根是除法的一种。[①] 古埃及人还精通计算土地面积，这表明他们会解一元二次方程。至于二元二次方程则是通过消去一个未知数，使之变成一元二次方程来求解的。"卢克索纸草卷"中的问题，表明古埃及人对于几何级数的性质已有清楚的概念。然而，他们的代数没有成套的符号，也没有一般的公式。

---

① 杨天林：《远去的文明》，80 页，银川，宁夏人民出版社，2009。

几何学是埃及人留给世界的独特遗产。在埃及，几何学来源于土地测量技术。从金字塔的设计，可以看出古埃及人熟谙等腰三角形的性质，但他们到底会不会求直角三角形的面积，是否知道勾股定理，还没有可靠的证据。从科学考古发现的材料来看，他们似乎懂得这些，但也仅仅是发现了一些等式而已，而且没有任何的说明，也没有任何其他资料能对此做深入的证明和分析。在计算体积方面，古埃及人比较先进。他们明白圆柱体的体积等于底面积乘以高。角锥和截角锥是金字塔建筑过程中常见的几何图形，须计算有关的工作量和原料问题。求角锥的方法可能是通过模型试验发现的，即先用块料或泥土造一个角锥，再用这些材料造一个易于求得体积的立体棱柱，从而可以得出角锥的体积。埃及人也知道怎样求圆面积，他们的方法是用直径减去它的 19 后再平方，这实际上相当于用 3.1605 作圆周率，不过他们并没有圆周率的概念。此外，埃及人还能计算矩形、三角形和梯形的面积以及立方体、箱体和柱体的体积。

五、建筑

古埃及的建筑，包括金字塔、神庙、宫殿住宅等，是古埃及人智慧和才能的结晶，特别是金字塔建筑群，已成为灿烂的古埃及文化的象征，是世界著名的文化遗产。

"金字塔"一词英文为"pyramid"，源于希腊语"pyramis"，意即"糕饼"，这是因为希腊人眼中的金字塔形状很像他们经常食用的糕饼。当初，古埃及的国王们并未采用"金字塔"一词，他们分别把各自的金字塔称为"斯赫福诺的光辉""乌纳斯(Unas)精美的居所""属于胡夫(Khufu)的陵墓"，等等。古埃及的国王们之所以采取金字塔这种样式来修筑自己的陵墓，而没有采用其他的建筑样式，是因为古埃及人认为金字塔可使国王的亡灵进入天堂，正如金字塔铭文第 267 篇中所解释的："乌纳斯国王长眠在通向天堂的阶梯上，他能由此迈步进入天堂。"①

作为埃及国王陵墓的金字塔，标志着古埃及的数学、建筑等方面取得的杰出成就，突出地表现了古埃及人的智慧和才能，成为古埃及文化的重要组成部分和最鲜明的象征。它还出现了所谓"金字塔时代"。从广义而言，这一时期包括从古王国时代到中王国；从狭义而言，主要是指第四王朝时期，因为此时期金字塔的数量、规模、建造技艺都达到了登峰造极的地步。

据专家估计，现已查勘到的金字塔共有80多座。第一座金字塔是由被古埃及人奉为"普塔神之子"的伊姆荷太普建筑师为国王左塞（Djoser）设计建造的陵墓，因其墓上建筑是六级阶梯形的平顶四面锥体而被称为"梯形金字塔"。此后古埃及国王纷纷仿效，代代相传，构成了庞大的金字塔建筑群。这些金字塔大都坐落于以首都孟菲斯为中心，从北部的阿布洛阿斯到南部美杜姆之间的狭小地域，因为古埃及人认为尼罗河东岸是太阳升起之地，是生命之源，而西岸则是太阳降落之所，是"极乐世界"，是超度亡灵的地方。

金字塔的建造跨越了十个朝代，即从第三王朝到第十三王朝，共经历了四个时期，即形成期、鼎盛期、衰落期、复兴期。形成期的金字塔主要由早期的马斯塔巴（Mastaba）墓发展而来，其代表主要包括左塞国王的梯形金字塔、美杜姆金字塔、罗姆波道尔金字塔。这些金字塔的共同特点是在马斯塔巴墓的基础上改建装修而成，其设计思想直接影响到后来的金字塔建筑，为真正金字塔的修建开拓了道路。鼎盛期的代表是世界闻名的吉萨金字塔群，是埃及金字塔建筑艺术的最高体现，以至于许多学者视其为古埃及科技与文明的百科全书，认为可从中窥得古代世界的历史面貌。② 其中，胡夫金字塔，又称大金字塔，占地近5万平方米，台基边长为230米，高146.6米，用来建

---

① ［德］汉尼希、朱威烈等编著：《人类早期文明的"木乃伊"——古埃及文化求实》，173页，杭州，浙江人民出版社，1988。

② J. E. Manchip White, *Ancient Egypt: It's Culture and History*, New York, Dover Publications, 1970, p.64.

造金字塔的石块达230万块，平均每块重2.5吨，最重的达30吨，反映出古埃及人的超群智慧。毗邻的是胡夫之子哈夫拉（Khafr）的金字塔，在其附近是世界闻名的斯芬克斯（即狮身人面像），在当时被认为是冥府大门的守护神。鼎盛时期的金字塔建筑因其博大深沉的独特魅力而位列古代世界七大奇观之首，足见古埃及人的匠心智慧所在。衰落期的金字塔主要是为第五王朝、第六王朝的国王们建造的。此时的金字塔无论是建筑材料还是建筑水平，都今非昔比，不是墨守成规，就是粗制滥造。但值得注意的是从第五王朝的乌纳斯金字塔开始，出现了象形文字书写的铭文，后世称为"金字塔铭文"。复兴期的金字塔建筑是从中王国的门图荷太普二世（Mentouhotep Ⅱ）开始的，一直持续到新王国时期。这一时期的金字塔建筑不仅比以前的金字塔规模小，而且多以碎石、泥砖为基本建筑材料，所以易被自然力及人为因素破坏，到现在已存留不多。到了新王国的图特摩斯三世（Thutmose Ⅲ）时，金字塔建筑便为石窟墓代替了。尽管学术界现在对于金字塔出现之谜尚未得出一致的结论，但它作为埃及人智慧之结晶，是人类建筑史上的奇迹却是毫无疑问的。它鲜明地体现了古埃及人的思想及其风格，有着重要的历史意义。

六、医学

在古埃及的科学成就中，医学特别引人注目。古埃及人因他们的医学知识而享有盛誉，且对希腊、阿拉伯、叙利亚、波斯等欧洲和中东国家的医学产生了深远的影响。古埃及人医学的发达在一定程度上与他们制作木乃伊有关。根据埃及人的宗教信仰，人的尸体是灵魂的安息处，要想死后在阴间继续生活，就要把自己的尸体好好保存。为了有效保存尸体，在长期的实践中，古埃及人发明了一种掏空人体内脏，再用盐水、香料和树脂炮制风干尸体，再用麻布包扎以保存尸体的方法，这就是举世闻名的木乃伊制作方法。

在制作木乃伊过程中，古埃及人进行了最早的外科学和制药学实践，还创造了丰富的解剖学和医学词汇。在出土的公元前 2500 年左右的文物中，已经有外科医生进行外科手术的证据。当时的祭司学校就有专门的医生培养。而在公元前 1700 年的纸草文献中，已经记录了身体各部分的特征，从头部一直讲到肩、胸膛和脊柱等。在公元前 1600 年左右的纸草文献中，就记录了 47种疾病的症状及其诊断处方，其内容涉及腹部疾病的吐泻疗法，以及肺病、痢疾、腹水、咽炎、眼病、喉头疾病、伤科疗法、血管神经疾病、妇科病、儿科病等，表明当时的内科诊治也已经达到了相当高的水平。此外，古埃及人还给后世留下了大量的巫术、医书，这些内容都记载在纸草书卷上。目前保存最好的是公元前 2000 年左右的斯密斯纸草书卷（Edwin Smith）和公元前1600 年左右的埃伯斯纸草书卷（Ebers），上面记载了重要的医药文献。通过这些文献，我们可以发现当时埃及人的医学成就要远远高于周围的其他文明。

七、文学

古埃及的文学也有着丰富的内容，它们是当时人们实际生活的反映。其主要形式包括祈祷文、自传、神话、寓言、教谕、铭文、圣歌与赞美诗、亡灵书、抒情诗、世俗文学等，现存的大部分作品都保留在纸草文稿中，而且都是残破的片段，但也是我们了解古埃及情况的重要史料。在古王国和中王国时期，古埃及人的文学作品主要是一些"预言""箴言""训诫"之类的文献。新王国时期最突出的文学体裁是旅行游记。另外宗教文学还出现了《孟斐斯神学》《金字塔文》《棺文》《亡灵书》等。在古埃及文学中，还有一类比较重要的就是传记文学，著名的如《乌尼传记》《哈尔胡夫传记》《埃巴纳之子阿赫摩斯传记》等，后埃及时期还保留了一些僧侣传记。此外，被称为"智慧文学"的教谕文学也是古埃及富有特色的文学体裁之一，在古埃及文学史上占有重要地位。诗歌在古埃及文学中也占有一席之地。古埃及的诗歌主要包括赞美诗、竖琴师之歌、劳动者之歌和情诗等类型。

八、艺术

古埃及的艺术主要包括建筑、雕塑、绘画、浮雕及工艺美术等。它是古埃及灿烂文化中的重要组成部分，也是我们今天赖以研究的主要实物遗产，它与古埃及的建筑紧密结合在一起，共同组成了令世界称奇的宏大艺术博物馆，显示了古埃及人杰出的创作才能和非凡的想象力。"在埃及文化中，艺术可说是最为辉煌的部分。"①除了我们前面介绍的金字塔等宏伟建筑，各种神庙也是精美的艺术品。在雕刻方面，人面狮身像就是其艺术的杰出代表。另外还有各类神态各异的人物雕像，如拉赫特普及其妻子的雕像等，都是非常著名的艺术品。古埃及人的浮雕和艺术品也非常有名。另外，埃及人在手工艺品的制造方面，也表现出极高的艺术才能。埃及的地毯、挂毡、坐垫，编制精致，花样新奇。已经出土的首饰盒、香料匣、花瓶、餐具等都制作非常精巧，深受喜爱。埃及人用珠宝做成的项链、王冠、戒指、手镯、镜子、腰带、奖章等，都表现出很高的工艺技术和艺术水平。音乐也是古埃及人生活的重要部分，并在埃及文化中广泛传播。

作为世界文明的重要发源地之一，古代埃及不仅最早形成奴隶制国家，进入文明时代，而且以其杰出的创造力塑造了灿烂辉煌的古代文明。"今天我们甚至可以这样说，世界上没有任何一个国家，没有任何一个时代，不受埃及文化的影响。"②与这些文明的产生与传播相伴随，古埃及的教育成为世界上最早出现并独立发展的教育之一。在埃及这片土地上，产生了人类最初的学校和学校教育形式，在为当时的王朝和社会培养大批官吏和有用人才的同时，也为古埃及文化的发展做出了自己的贡献，并对古代希腊罗马的教育及当时东方各国的教育都产生了较大的影响。

---

① [美]威尔·杜兰特：《文明的故事1：东方的遗产》，台湾幼狮文化译，191页，成都，天地出版社，2018。

② 同上书，229页。

第二节 古代埃及的学校教育

古代埃及的早期教育，主要在家庭中进行。"教育"一词的埃及字源"sochpr"意思就是"使之成为"，是指父亲使儿子成为木匠、医生或军官之类，因而带有很强的家庭传承职业教育色彩。当时古埃及儿童一般在十四岁以前由母亲教导，子女们以玩具为游戏，并从日常活动中受到教导。十四岁以后由父亲教育，往往与实际生活生产结为一体。正如古罗马历史学家狄奥都拉斯(Diodorus)在叙述古代埃及的教育时说的："他们从儿童期起就被父亲或亲属传授各种生活所需的实际知识和能力，谈到读和写，埃及人只对他们作肤浅的传授，并且不是所有埃及儿童都学习它们，就最大限度看，只有以读写为职业的人才学习它们。"①

随着社会生产力的不断提高和社会分工的日益细化，学校教育开始出现并在古埃及社会中发挥着重要作用。但当时学校教育的社会功能极其简单：一是政治功能；二是社会化功能。在古埃及奴隶制国家中，法老集全国政权与教权于一身，具有至高无上的权力，全国土地为他所有，由他分给贵族和僧侣，贵族和僧侣都必须绝对服从法老的意志。他们强迫农民和奴隶耕作，自己坐食寄生。奴隶主骄奢淫逸，像对待牲口一样对待奴隶，奴隶和奴隶主之间矛盾异常尖锐。奴隶主为了巩固专制统治，除了用暴力进行镇压以外，更从思想上愚昧人民。奴隶们在政治经济上毫无权利，因而也就被剥夺了享有知识和受教育的权利。劳动人民从实际中得来的知识也很快被僧侣或上层特权阶层所垄断。学校从一开始产生便带有阶级性，奴隶主统治需要培养未来的统治者，学校这种机构和组织形式便成为他们垄断的特权。

在整个学校体系中，法老是古代埃及教育的最高决策者，祭司、官吏是

---

① 曹孚、滕大春等编：《外国古代教育史》，17 页，北京，人民教育出版社，1981。

学校的创办者和管理者，学校一般都是贵族子弟就学的场所。据考古发掘的情况来看，古埃及早在中王国时期就出现了多种类型的学校。这些学校主要包括宫廷学校、职官学校、寺庙学校、文士学校等类型。

一、宫廷学校

埃及古王国时期，国势强盛，为使皇室子弟和贵胄子弟具备胜任政府各项工作的知识和才能，早在公元前 2500 年左右，古埃及的宫廷中就开始设立学校，教育皇室子弟和朝臣子弟。米定斯基曾经指出："最初关于学校的记载是在公元前 2500 年以前埃及古王国的史料中看到的，这是一种专为王国官吏的子弟设立的宫廷学校。"①学校的教师由学识渊博的官员担任，教学内容很难准确考证，据推测可能是读、写、算及天文、艺术等基础知识。在普塔赫舍普舍斯铭文中也提到宫廷学校："他出生在孟考拉时期，在国王的宫殿中，在密室，在国王的后宫中，与王室的孩子一起受教育；他比任何其他孩子都更受到国王的尊敬。"②古王国时期也有如"王室孩子的主管老师"（Chief Teacher of Royal Children）的称呼和头衔，这也从一个侧面证实了宫廷学校确实存在这一重要的信息。从已有的史料我们还可推断出当时宫廷教师的选任并无定制，通常由法老指派那些知识渊博、阅历丰富、德高望重和深受法老信任的人担此重任。这些教师一般出身于高级僧侣或官宦阶层，最初讲授诸如"教言""训诲"之类的文献，要求孩子们反复抄写，直至熟练背诵为止。这种学校的入学和修业年限无严格规定，奴隶主贵族、埃及大臣的五六岁以上的子弟可以出入宫廷和法老子孙共同活动、共同学习。待他们年龄稍长，还会派他们到有关部门见习和实习，接受实际业务锻炼，取得实际经验，然后再学习

①　[苏]米定斯基：《世界教育史》，叶文雄译，11 页，北京，生活·读书·新知三联书店，1950。

②　M.A.Murray, *The Splendour That Was Egypt*（*New and Revised Edition*），London, Dover Publications, 1977, pp.74—75.

专门的知识，正式委任官职。另外，在法老的宫廷之中，法老还经常邀集文人学士讨论军国大事和学术问题；在此期间也对宫廷子弟授以教育，因为这种教育传授的知识程度较高，有的教育史家称为宫廷大学。古埃及的宫廷学校到了中王国、新王国时期有了进一步的发展。

因为宫廷学校的主要任务就是培养统治者，所以历朝历代统治阶级的道德和政治教育是重要的教育内容。宫廷教师通过铭文、格言等的讲授使这些王孙贵胄们了解奴隶制社会所需要的生活习惯、行为规范以及如何对待上级，保护和尊重私有财产等知识和规范。在教育过程中，教师除采用讲授之法外，还常会邀请国家的高级官吏和僧侣对他们进行讲话，主要内容多为奴隶主和大贵族、高级僧侣对国家的功绩以及各种神奇的传说、故事等，让学生进一步了解奴隶制国家的社会、政治、道德、法律等方面的准则；还要讲述法老、王子及其他名人的英勇事迹，要求学生遵守国家法度，效法名人言行。这种方法一般并无固定的时间和教学安排，而是随机进行，也没有特定时间与场所，往往以一师一生或一师多生的形式进行。在当时战事频繁的社会情况下，为了培养新一代统治者和贵族子弟们的英勇善战的精神和技能，军事训练也是宫廷学校的必不可少的一门重要课程。埃及的王子和贵族之子要练习射箭、投掷标枪、使用刀剑等，并经常外出打猎。这些技能均由法老委派各技艺高手对其进行训练。

在法老宫廷中，人才荟萃，另有图书馆、档案馆等设施来辅助教育未来的统治阶级。这属于宫廷教育中较高深的阶段。从埃赫拉吞的旧都的发掘看，发现有一种高级学校的废墟，一种学校称为"生活之家"，可能是培养高级奴隶主贵族的地方。关于"生活之家"最早的文献记录出现于第六王朝(约公元前2345—前2181年)斐奥斯二世统治时期的两篇王室法令中。法令中提到，要免除科普托斯(Coptos)敏神祭司的各种劳役，这些祭司当中有些人来自"生活之家的组织"(the Apparatus of the House of Life)①。可见，当时的"生活之家"应该是一个有高深学问的地方。而在波斯人统治埃及的时期，有一个叫乌杰哈瑞斯奈特(Udjeharresnet)的医生被任命重建毁坏的"生活之家"。"上下埃及之王陛下大流士(愿他永生!)命我回埃及……以便在成为废墟的生活之家的医学[实践]大厅……我照陛下的命令去做了；我为他们提供了出身好的人作他们的成员，他们中没有一个人财产微薄。我让他们归每个博学的人管理[去教]他们每项技能……"②从中我们可以窥见原来的"生活之家"中包含着医学教育。而医学当时是作为比较高级的专业教育而存在的，因而我们可以部分确认"生活之家"是一个进行高深教育的地方。另外还有一些其他出土文献也给我们提供了"生活之家"的一些其他线索，如"……'生活之家'——埃及的一个机构……在那儿，宗教的和世俗的作品得到了写作和抄写"③。这说明在"生活之家"存在着书吏，虽然我们从这段文字中暂时还无法确定这些书吏究竟是学习的书吏还是工作的书吏，但我们能够确定的是这是一个与神学和藏书相关的地方。因为"生活之家"中的书吏还负责给神灵们编写编年史，《死者书》(也译《亡灵书》)也是"生活之家"的代表性作品④。而神学一般是祭司们的专利，属于古代教育的最高级学问。因而我们可以确定"生活之家"首先是一个研究高级学问的地方。这一点我们也可以从"生活之家"从事天文学研究得到证明。根据文献记载，"生活之家"还担当观察天象、确定日期的职能："在混乱时期，额外的一天容易被遗忘，在那种情况下，日历一定会逐渐地不

① A.H. Gardiner, "The House of Life," in *Journal of Egyptian Archaeology*, 1938, vol.24, p.160.

② R.J. Williams, "Scribal Training in Ancient Egypt," in *Journal of the American Oriental Society*, 1972, vol.92, p.221.

③ T.G.H. James, *An Introduction to Ancient Egypt*, London, British Museum Publications Ltd., 1979, p.99.

④ A.H. Gardiner, "The House of Life," in *Journal of Egyptian Archaeology*, 1938, vol.24, p.178.

精确，直到生活之家的智者把这一事情禀告给法老，后者会使日历和观测到的自然现象相一致。"①可见，"生活之家"中有人专门负责观测天象，以便保持历法的精确性。而我们知道在古代，天文学家一般都是由祭司们来担任的。据此有人认为"生活之家"应该是一所高级的寺庙学校(僧侣学校)。但是从一些教谕中我们可以看到，"生活之家"并不是祭司们的专利，因为教谕的作者鼓励学生好好学习，以便将来进入"生活之家"，"希望你能成为一个书吏，并参加生活之家！成为一个书柜子！"②这也说明至少"生活之家"是一个包括祭司、天文学家、医学家等专业工作者的机构所在。所以有研究者指出："……生活之家是一个学者、神学家和著名科学家的集团。"③再从祭司的目标及其生活来说，他们不可能用"生活之家"这样一个带有俗世意味的概念来为自己工作的场所和机构来命名。这样一来，能够集中这些具有高深专业知识的学者和开展相应的为俗世服务的工作的人，唯有国王才能做到。因此，我们可以认定"生活之家"就是当时的"宫廷学校"的高级阶段，是一个融研究、教育、咨询、藏书于一体的高级机构。在一定程度上可以称为具有研究性质的"宫廷大学"。这种机构除培育年青一代外，法老还利用学识优良之人充作参谋或咨询，实际就是智囊团伙思想库。例如，法老邀集当时著名的文人学者在宫廷议论朝政和钻研治国之术，组成"文人之家"。再如在埃及古王国时期文献中曾谈到的"生命之家"等，他们不仅讨论国家大事、学术问题，还对宫廷学校的成年学生进行程度较高的知识传授。在此机构出入的老师多是当时集德、才、智、能于一身并被法老赏识、委以重任的官吏，同时又是当时有名的文人智士、各行业的学术技艺专家。这些人的社会地位自然不低，所受

---

①　P. Montet, *Everyday Life in Egypt in the Days of Ramesses the Great*, A. R. M. Hyslop and M. S. Drower trans., Philadelphia, The University of Pennsylvania Press, 1981, p.34.

②　R. J. Williams, "Scribal Training in Ancient Egypt," in *Journal of the American Oriental Society*, 1972, vol.92, p.216.

③　P. Montet, *Everyday Life in Egypt in the Days of Ramesses the Great*, A. R. M. Hyslop and M. S. Drower trans., Philadelphia, The University of Pennsylvania Press, 1981, pp.298-299.

待遇当然不菲。例如古埃及人心目中的"理想的人"英坦夫(Intef)，他思想进步，学问精深，他在自传中说："我有学问，能教人有用的知识，在宫中我直言进谏，对各事都言之有理。我倾听真理，心中反复斟酌。"①有名的阿赫默斯将军之孙帕赫利就担任当时的王子之师一职，就是凭借他的文笔、言论和品德博得法老信任而获得。他在自传中说道："我受到心的指引走上国王赞赏的人所走的路。我的芦秆笔使我名声卓著，还给我以议事权利；它决定了我的前程，(使)我(超过了)贵族……我的品德完美使我地位升高，我因无可指摘而被征辟……"②

二、职官学校

职官学校是古埃及职业教育性质的学校。由于埃及中王国时期国势发达，政务复杂，仅靠宫廷学校已难以满足社会对人才的需求，因而政府各部门纷纷创办学校，训练合格的官员。主要的职官学校有：司马机关设的训练司马官员的学校，例如，文献记载贝肯康从5岁到15岁被派在御马管理机构接受训练，16岁时任御马人员训练所的主持人；司档机关所设的训练司档官员的学校；司库机关所设的培养理财官员的学校；"书籍之家"(House of Books，即古埃及皇家图书馆)所设的训练书记员和抄写员的学校；等等。因为这是由政府各部门自行设校，因此也由学校直接招收贵族和官员子弟入学，一方面，教授普通课程，进行基础训练；另一方面，进行专门职业教育，做业务训练。由于职官学校的教学和有关机关的业务紧密联系，所以大多以吏为师，在现任官员的指导之下成为文士和官员。由于职官学校兼负基础训练和业务训练的双重任务，宫廷学校就只招收教育皇家子弟和外邦留学青年，一般青年进

---

① ［德］汉尼希、朱威烈等编著：《人类早期文明的"木乃伊"——古埃及文化求实》，54页，杭州，浙江人民出版社，1988。

② 同上书，55页。

宫廷学校的机会就很渺小了。另据记载，当时还存在着以信函方式培养官吏的方法。

职官学校的学生除了在学校里进行必要的知识学习和技能训练之外，还要在学业完成之后工作之前到相应的政务机关进行实习。实习单位或岗位一般都由学员的父亲或赞助人引荐，在上级的监督和指导下工作。为了让年轻人能够胜任将来的职业，实习教师要训练他，向他逐渐灌输行政管理、工作运行的知识、技能，以及如何精于此道。"学徒观察身边的一切，效仿上级的行为模式。在闲暇时，抄写旧报纸、信件、账单，辞藻华丽的申请、报告，对他的上级或法老所作的称颂性的演讲，所有这些他的赞助人都会检查和更正，在信件的边缘或写得不完美的字迹旁做标注，修改风格，修改不正确的表达方式。"①如果经过一段时间的训练，他能够出色地完成上级交给的简单任务，那么他的工作量和难度会逐渐增大，直到他能十分有效地执行各种日常事务。等到他被证明已完全具备完成各种工作的能力，他的专业训练就宣告结束了。职官学校的学生毕业后就会在相应的政府部门担任下级官吏。有篇文献曾叙述了一位在哥哥的机构中继续接受教育的书吏的回忆："当我在我哥哥的机构中工作，为监督者服务时，我常常写字，为他搬运调色板。当他被任命为建筑监督者时，我为他运量绳。当他成为建筑者的监督时，我做他的随从。当他被任命为国王的建筑师和建筑者时，我为他管理城市，并把每件事情都干得很好。当他被任命为唯一的伙伴，国王在两屋中的建筑师和建筑者时，我常为他管理他所有的财产。当他被任命为工作的监督者时，我常向他汇报他所提及的事情。"②"……将要在其他部门工作的书吏，也要进行类似的训练。例如，如果想成为军队的官员，他将要进入附属于宫廷马厩的军

---

① G.Mas Pero, *The Dawn of Civilization: Egypt and Chaldea*, London, Alpha Editions, 2019, p.288.

② D.Dunham, "The Bi+graphical Inscriptions of Nekhebuin Bostonand Cairo," in *Journal of Egyptian Aichaeology*, 1938, vol.24, p.1.

队学校中做一名军校学员。"①可见，每个意欲成为埃及官吏的学生都要进一步学习专业知识和技能。如果年轻人被证实他适合这个为他预设的职业"环境"，那么他就被召去继承师业，并要求："超越你的父亲或前人……他们的话语在册，打开他们，读一读，尽量把这些知识化为己有，因为智慧会脱离残渣，呈现在你面前。"②

这种做法使得他们所学的知识更加系统全面，能够灵活运用，以便更好地为统治阶级服务。古埃及职业教师是响应国家经济、政治与文化的发展需求而产生的。该群体在国运发达时，广收学徒，蓬勃发展，深受民众喜爱，一旦遭遇时事动荡或昏君执政，也往往岌岌可危，自行消散了。

三、寺庙学校

最初，古埃及文字的使用权掌握在僧侣手中。为了进行宗教活动，抄录宗教文献，进行研究，培养新一代的僧侣，古埃及很早就出现了寺庙学校（又被称为僧侣学校）。寺庙既是宗教活动的场所，也是替法老办理天文、建筑等专业事务的机构，同时也是培养各种人才的场所。因而寺庙学校的培养目标较为广泛，它既培养一般官吏、一般僧职人员、高级祭司，也培养为皇家修建宫殿、陵墓、寺庙以及医治疾病等方面的专业人员。因为寺庙中掌握、管理专项事务的高僧常常有较为丰富的学养，他们多是有造诣的学术人员和教育人员。寺庙内的僧侣一般都是一身三任，他们既是祭司又是政府官员，也是学校主管人和教师。当时一切水利、建筑、医学、数学、天文学、几何学等多种门类的知识，都把持在寺庙里。寺庙学校一方面教给学生一些普通的知识如文字书写、语言、计算、几何、天文学等的初步知识，另一方面也向

---

① R.J.Baikie, *Ancient Egypt*, London, A&C Black Publishers Ltd., 1916, pp.38-39.

② G.Andreu, *Egypt in the Age of the Pyramids*, David Lorton trans., London, John Murray, 1997, p.47.

学生传授神学、巫术、占星术、法律、医学、建筑、数学、历法等比较高深的知识。僧侣培养专业人员是按社会需求而进行。如需要计算税款、口粮，统计神庙财产，计算建筑工程的土方，修凿运河，组织远征，进行天文观测等方面的工作人员，教师必须要教授数学课程。一些将来注定要过宗教生活的学生除了要锻炼读写算的能力之外还要学习宗教知识。"他必须不仅知道神灵的形象，还要知道他们的头衔、称号、标志和神话，并且要完全熟悉仪式。"①那些将来要在寺庙中工作的书吏，或就读于神庙学校的学生们还需要掌握巫术、占星术以及天文知识。《古代埃及孩子的一天》就曾提到小主人公谢契的哥哥纳赫特在寺庙学校学习天文学的情景。新王国时期，随着国家频繁的对外交往和疆土的拓展，某些部门的书吏还要具备一定的外语知识。我们从发掘于阿玛尔纳的书简中，可以看到，那一时期的埃及与许多国家保持着密切的联系，因而许多学生都要学习当时通用的国际语言——阿卡德语。这部分的内容主要通过抄写包含外语词汇的文献来学习。如第十九王朝(公元前 1320—前 1200 年)的一封书信，由一位名叫荷里的书吏写给另一位叫阿蒙尼姆普的书吏。在信中，他说了很多地名，并且相信阿蒙尼姆普肯定没去过。学校的教师常常让学生们抄写这封信的片段，可能主要是为了让他们练习拼写信件里面包含的外国文字和地名。② 为了能让学生们在抄写文献中获得更多的知识，有些书信故意包含一些晦涩的地名，还有的文献只是各种名词的罗列，类似于现代的专有名词学。如新王国晚期的一位名叫阿门尼莫普的圣书书吏所编撰的一部学校教材，"标题为'创建为澄澈心灵、教育无知，学会存在的所有事物的教育'。标题之下没有一个解释或评论的词，而是连续写下了一系列事物的名字，包括宇宙的要素、人的类型、埃及的许多城镇和乡村、

---

① P.Montet, *Everyday Life in Egypt in the Days of Ramesses the Great*, A.R.M.Hyslop and M.S.Drower trans., Philadelphia, The University of Pennsylvania Press, 1981, p.280.

② T.G.H. James, *An Introduction to Ancient Egypt*, London, British Museum Publications Ltd., 1979, p.117.

牛的器官等等"①。

古埃及许多寺庙规模宏大、藏书丰富，既是宗教圣地，又是古代传授高深知识的学府。因为其中有些寺庙的僧侣是杰出的学者，他们具有很深的学术造诣，因而向教育程度较好的青年传授高深的知识，使许多著名的寺庙成为当时许多青年向往之地。例如，当时的海立欧普立斯城的日神大寺就是一个著名的高等学府，其教育水平极高，藏书丰富，便于钻研探索。该寺的僧侣具有精深的天文学、应用数学、物理学、历史学的知识，皇家的天文官都由此培养。希腊历史学家希罗多德（Herodotus）曾经称赞日神大寺的祭司是埃及人中杰出的历史学者。日神大寺在当时不仅是埃及著名的学术中心，也是著名的国际学术中心，犹太的摩西，希腊的泰勒斯、梭伦、柏拉图等著名人物都曾到这里游学。直到马其顿国王亚历山大侵占埃及，该大寺的图书馆及教学工作迁移到亚历山大城，这所古老的寺庙学校才开始衰落下去。而由新王国拉米西斯二世（Ramesses Ⅱ）创立的卡纳克大寺（Kannak）以及孟斐斯大寺（MemPhis）、爱德弗大寺（Edfu）、赫拉克莱奥波利斯大寺（Heracleopolis）等寺庙也是著名的学术胜地和高等教育机构，传授和研究古代埃及的文学、地理学、地质学、历史学、天文学、雕刻、绘画、舞蹈、音乐、法律、医学、伦理学、数学、测量学、建筑学和水力学，甚至还教授外国语。但是我们需要清楚的一点就是寺庙学校的教育教学，都有着浓厚的神学色彩，所有的学科知识其实都服从于神学的目的，而不是为了学科本身。由于当时生产力水平的低下，祭司在当时的社会中居于最高阶层。因而古埃及的寺庙学校也享有较高的社会地位，其学生也全部为显贵子弟，不接纳贫穷学生。正如创办寺庙学校的僧侣乌若霍若欣特在铭文中所说的："我遵照法老的命令创办并管理

---

① B. J. Kemp, *Ancient Egypt: Anatomy of a Civilization*, London and New York, Routledge, 1991, p.29.

学校，学校里的全部学生均来自显贵人家，而不是穷苦人家。"①

四、文士学校

　　文士学校又称书吏学校，是埃及设置数量最多的学校，以培养各级各类文士为目的。在已经发现的古代埃及官员职称表和立法、行政文献的记录中就有"书吏"这一官职名，且根据其职务可以划分为国王书吏、"圣书"书吏、行政机构书吏、公文书吏、书儒书吏、军队书吏、牧牛书吏等。可见，即使书吏的培养，在当时也是分不同层次进行相应的专业教育的。从文献来看，中王国时期的文士学校专门训练王室和贵族子弟，一般高于其他普通学校，有的还设有特殊的高等学府，称为"生活之家"。后来便逐渐面向社会各界，从日常事务的抄写员直到达官显贵和高级僧侣，均由文士学校来培养，因而文士学校的修业年限及培养水平也是参差不齐：家境贫困者入水平低的学校，仅习读、写、算的基础知识及基本技能，并熟记政府规章条例等，修业期短；富家子弟则进入水平高而且修业年限长的学校，在基础训练的基础上，研习数学、医学、天文学等，并要通晓政府律令及公文函牍，修业结束，则按其专长委以职务，在实际中进行锻炼，可能会被委任为书吏，进而升任高级职务。因为文士学校的主要目的是训练地方和政府机关的职员，有足够基础知识的神庙祭司、艺术家、翻译人员、教师等，就业门路广，而且是晋升到高官显位的阶梯，因而受到社会的广泛重视，正如权势显赫的阿赫托依在给儿子的家训中所说的："他们不负担一切义务，不用服任何劳役，不拿锄头和十字镐，不用挑担和摇桨……要知道，书吏的职位是最好的职位。"②

　　因为文士广受社会欢迎且学校众多，所以古埃及的一般青年奴隶主和家

---

　　①　滕大春主编：《外国教育通史》第1卷，54页，济南，山东教育出版社，1989。

　　②　R.J.Williams，"Scribal Training in Ancient Egypt," in *Journal of the American Oriental Society*，1972，vol.92，p.219.

境稍好的平民子弟均以书吏为其向往目标，这也为不同的文士学校提供了多样化的生源。一般的书吏学校教师招收学生的年龄并不相同，有 5 岁左右入学的，也有 10 岁左右入学的，教授时间有长有短，并无严格规定。学习内容和深度因学生年龄和家庭地位不同而不同。概括说来一般有基础阶段和高级阶段的不同，也即可以分为基础教育和专业教育两个阶段。基础教育阶段的学习主要包括书写、阅读、简易计算等，以书写为主；专业教育阶段以专业教育为主，其内容主要包括建筑、天文、医学等。

在基础教育阶段，写字、抄写手稿是儿童最主要的学习内容。古埃及有"无事不记录"的传统，十分注重文字的书写功夫，再加上古埃及人认为文字是图特神所赐，书写必须正确美观，因而对于书写的要求极为严格。在古埃及所使用的文字中，一般是象形文字、祭司体文字和世俗体文字并存，象形文字主要应用于宗教活动、重要公文、寺庙装饰、墓碑题刻等，祭司体文字主要用于宗教文献的书写及寺庙工作的处理，世俗体文字主要用于日常生活。所以要求学生要熟练掌握这三种文字，这样一来，学生就要比阅读花费多得多的时间来练习书写。对于这三种文字的手稿，不但要会念，而且要写得熟练、美观，有许多学生因达不到教师要求的标准而受到严厉的处罚。

在书写内容方面，最初是日常所见的事物，如天、地、日、月、星、风、云、晨、暮等以及地名、官吏名、鸟兽名等。到了较高级的学习阶段之后，就开始学习书写公文、书札、契据、道德格言、记事文、文学作品、各种规范的书信等，还附加学习一些天文、几何、算术、历史等方面的知识。此外，在书写中还附带学习各种知识和统治者赞许的道德品质。各种各样的教谕就成为学生学习、练习抄写的对象，也是代替书吏教师们进行思想教化与传承的工具。中王国时期，在埃及文学作品中极负盛名的《杜阿乌夫之子阿赫托依给其子珀辟的教训》就是学校教师指定的，学生必须阅读、抄写和背诵的范文。另外，据专家考证，当时抄写比较多的文献主要包括《对各种职业的讽喻》（"Satire on the Trades"）、《阿蒙尼姆赫特一世的教谕》（"Instruction of Amenemhet I"）、《凯迈特》（"Kemyt"）、《阿纳斯坦斯一世纸草的讽刺信》（"Satirical Letter of Papyrus Anastasi I"）、《尼罗河颂》（"Hymn to the Nile"）、《"勤王者"训诫》（"'Loyalist' Instruction"）等。① 由于当时并没有专门的用来学习语言的词汇表供学生们抄写使用，所以，"他们的训练由机械记忆成群的由行书体的祭司体文字发展而来的符号组成，然后学习更复杂一些的象形文字"②。也就是说，要先学习连写的符号，再学单个的象形文字。在学习的过程中，"学生们被教授不必分析符号的组成而写出完整的句子或短语。通过这种方法，他们逐渐学会了认出单个的单词"③。在抄写铭文时，教师要求学生用世俗体文字来写事务文件，用祭司体文字书写宗教文件。写作时，教师先写示范字，由学生临摹，然后再抄写教师提示的格言、故事、教谕等。学生们主要在陶片或石片上练习写字，写完后随手扔掉，其他的学生一般用芦苇笔蘸墨水在纸草上书写。墨水有黑、蓝、褐、绿、灰、淡、红、黄、白等各种颜色，最常用的是黑色和红色。一般书写用黑色，但章、节、段的开头则用红色书写，以显得层次清楚。为使书写取得较好效果，学生往往从起床后就开始练习，直到深夜才能休息，所以学习十分辛苦。为保证教学效果，学校还会以严酷的纪律来严格要求和督促学生："每天都要用功读书，这样你将会熟练掌握文字。不要懒惰度日，不然你就要受到鞭打。"④

除了教授书写的方法和基本内容，当时的教师们还非常注重指导学生如

---

① A. G. Mcdowell, *Village Life in Ancient Egypt: Laundry Lists and Love Songs*, Oxford, Oxford University Press, 1999, pp.131-132.

② 吉林师范大学、北京师范大学历史系世界古代及中世纪史教研室编：《世界古代史史料选辑》（上），78页，北京，北京师范大学出版社，1959。

③ R. J. Williams, "Scribal Training in Ancient Egypt," in *Journal of the American Oriental Society*, 1972, vol.9, p.219.

④ ［德］汉尼希、朱威烈等编著：《人类早期文明的"木乃伊"——古埃及文化求实》，40~41页，杭州，浙江人民出版社，1988。

何恰当地、规范地使用文字来书写各种不同的文体、公文及书信。如教师会指导学生用草书体来书写商业契约、信件，用象形文字书写正式的宗教文献等。在学习过程中，学生们要花费很多时间用来练习写信。他们要对照范本抄写各种格式的信函。为了让学生们更好地掌握写信的技巧，"从中王国开始，按照《凯迈特之书》的模式，教师编写范例书信的合辑放在学生的面前"①。特别是当上级或同僚得到提升时，一定要写贺信表示祝贺，贺信的格式与措辞非常重要。因此怎样使用得体、美妙的辞令也是教师们钻研与教授的重要内容。在学习过程中，教师还会教学生抄写各种专业文献，如历史、地理、修辞学、伦理学等方面的文献。因为这些文献都是修辞学和伦理学的范本，通过让学生抄写，他们既可以学到如何正确地用词汇来合理组织优秀的文字材料，也可以学到各种丰富的学科专业知识。另外，教师也可根据实际情况给学生上一些数学、测量、宗教、外语等课程。

古埃及文士学校还特别重视学生对于辞令的学习，因为他们认为善于辞令是有教养者的标志："你巧于辞令，你必得获胜"；"巧妙的辞令，胜过贵重的绿宝石"。② "辞令比武器还有力量"，"人的嘴巴会拯救他脱离险境，他的辞令会使他待人和善"。③ 当学生具有了初步的写作能力之后，教师就要求他写作各种商业信函、申请书、工作报告等，并要想象各种情况，具体练习各类体裁，或对古典文学作品进行模拟写作，以丰富学生的创造力和想象力，并锻炼他们实际处理事务的能力。

古埃及文士学校的受教育者不仅要进行繁重的读写练习，而且要学习数学计算。现存大英博物馆的莱茵德纸草卷是一部数学集，它的开头题词便是

① J.R. Harris, ed., *The Legacy of Egypt*, New York, Oxford University Press USA, 1971, pp.244-245.

② 王天一、夏之莲、朱美玉编著：《外国教育史》(上册)，20 页，北京，北京师范大学出版社，1984。

③ 曹孚、滕大春等编：《外国古代教育史》，21 页，北京，人民教育出版社，1981。

"获知一切奥秘的指南"，足见古埃及对于数学的重视程度。然而，遗憾的是，古埃及人没有对数学进行理论上的探讨，他们在数学上的成就仅仅是经验的积累，注重实际应用，如计算个人财产、土地测量、征税的税率、金字塔的面积和体积等。所以，古埃及人的数学教育也是实用性质的教育，而非抽象的数学理论教育，这与古希腊人注重数学的抽象性是根本不同的。在学校里，学生们学习的主要是具体数量的测量和计算，如怎样丈量土地、计算个人的财产和税率、演算各种物体的面积和体积等实用性的问题。通过抄写数学纸草，他们掌握了基本的数学运算能力。由于古代埃及的数学没有整数，全部用分数的形式进行运算，所以，计算的过程相当烦琐。这对于学数学的学生们来说，无疑是个巨大的挑战。为了能熟练掌握数学知识，学生们只能夜以继日地完成堆积如山的作业。他们通常先大声念出数字，然后进行计算。当达到一定水准，他们只需默念，即可算出结果。而在教学方法上，同两河流域的教师一样，古埃及教师们教学时不重解释说明而只会布置大量作业，更进一步加重了学生的负担，使得"学校里的作业像山一样的恒久"①。

在高级阶段的古埃及教育文士学校以高级专业人才培养为目标。"在埃及，智慧书列出作为成功的官员必备的行为类型，金字塔文书以及其他仪式书都是自第五王朝以来保存下来的'文学'作品"，"文学作品、统治者的政治宣言和医药书最早在第一中间期和中王国时期形成。众多此类作品长期以来作为学校教材，因此也保存了多个版本"。② 可见当时要成为统治阶层的官员，所要学习的内容不但包括书写、礼仪知识、文学作品、政治文告，还要学习医学。在职业技能方面，古埃及人也很注重各种技能的学习与训练。在诸多行业中，古埃及人尤其看重建筑业。从事建筑业者贵如王公，可联姻皇

---

① ［苏］司徒卢威编：《古代的东方》，陈文林等译，97 页，北京，人民教育出版社，1955。

② ［加］布鲁斯·G. 崔格尔：《理解早期文明：比较研究》，徐坚译，417~418 页，北京，北京大学出版社，2014。

亲，极为显赫，所以接受建筑业教育的人数众多。在古埃及，建筑业教育大多是由僧侣来进行的，这是其建筑业教育的一大特点。

天文学方面，在准确地规定宗教典礼和节日时间的需求之下，宗教僧侣担起了研究天文的职责，并在经常观察天文的地方修筑起了神庙，从事宗教事务并管理青年僧侣的教育工作，传授给他们天文学知识。有学问的年长僧侣用观测星相的方法从事天文学的教学工作，学生夜间练习对星辰的运转的独立考察，白天则对其他天文学知识进行诵记。著名的卡尔纳克神庙就是典型之一。另外，海立欧普立斯的日神大寺也培养王室的天文官，由精通数学、天文学、测量学、物理学等专业的僧侣任教。

医学教育方面，古埃及人往往巫医交织。著名的埃伯斯医学纸草卷记载了治疗各种疾病的药方，载明了药名、剂量和服用方法，其中穿插着巫咒和口头禅，表明当时的医学教育充满了迷信色彩。此外，史密斯纸草卷专门讲述创伤和骨折的外科诊治；拉洪纸草卷专门讲述妇科学；柏林医学纸草卷和赫斯特纸草卷，与埃伯斯纸草卷内容极其相似，三者的资料似乎源于同一出处，部分章节几乎完全相同，而且三者均为第十八王朝时的作品，但柏林医学纸草卷和赫斯特纸草卷的出现要比埃伯斯纸草卷晚，似乎可推断它们之间存在着某些继承关系，也间接地反映出当时教育注重诵记的特点。另外，还有伦敦医学纸草卷和切斯特-贝蒂纸草集，其中第 6 张正面写了一系列的药方，还记载了对肛门和直肠疾病的治疗方法，背面记满了当时流行的咒语和口头禅，同样反映出巫医结合的特点。这些医学纸草卷是世界医学文献中最古老的组成部分，它们为我们了解古埃及的医学及其教育情况提供了极为宝贵的资料，还有待于深入研究。

从已有的文献资料来看，文士学校的教师早期源自埃及书吏阶层，原本就是准备要为官为僧的。书吏中有的已获得一定的官职，握有一定的权势，有的并无官职，但尚有一定的社会地位。当时也有部分有心从教的书吏则以教育、培养书吏为业，设置学校来满足广大青年的要求。这些人的最大特点是他们都长于文墨，并具有一定的初步的科学知识。在他们待官求职或是告老还乡之际，也乐于为师，教那些不能上神庙学校的一般的奴隶主子弟和其他一些自由民的子弟，以备这些青年将来也能为官为僧。起初，有些书吏就在家中授徒，平常也有在露天或是大树下教学的。第一中间期的社会大动乱后，国家的恢复就寄托在一大批随时准备效力国家的书吏性质的文职人员身上。与此同时，在这段时期里，掌握文字已不再像以前仅是贵族阶级的特权，而成为一个寻求显赫地位且立志报国的社会阶层的区别性特征。这时期书吏地位凸显，书吏学校大量涌现。

在古代埃及的某些乡村地区，也出现了乡村书吏教师办理的培养书吏的私塾。这可以从戴尔·埃尔·美迪纳及其他遗址所发掘出来的数量丰富的学校练习中看出来。这些乡村教师在家中收徒传授书写知识，教给乡村中富有人家的子弟一些有关读写算的基本知识和技能。同时，这些书吏教师要教授他们自己的孩子，并且可能收一些近亲的孩子为徒。关于此类机构的文献出现于第二十王朝晚期的一封信中，信中提到有一队工人从戴尔·埃尔·美迪纳搬迁到美迪奈特·哈布。还有 15 份由学生签名的文献，他们称自己是在其中的一个成员的领导下工作的"帮手"或"学徒"。这些学生在工作的时间里辅助教师开展日常工作，学习贸易。在休息的时候，他们逐渐获得了埃及官僚阶层所期望的学识。

虽然古埃及开办了大量的文士学校，甚至在乡村地区也有了文士学校，但能够受教育的人依然只是少数家庭条件比较好的孩子，绝大多数穷苦人家的孩子实质上还是与基本的读写算教育无缘。正如古罗马历史学家狄奥都拉斯在叙述古代埃及的教育时所说的："他们从儿童期起就被父亲或亲属传授各种生活所需的实际知识和能力，谈到读和写，埃及人只对他们做肤浅的传授，并且不是所有埃及儿童都学习它们，就最大限度看，只有以读写为职业的人才学习它们。"①也有学者通过研究指出，由于在古代埃及，文化被统治阶级所垄断，大众的整体文化水平并不高。"在埃及的大部分历史中，不超过 1%的人口是有文化的，甚至在托勒密时期，可能也没有超过 10%。"②所以我们对古埃及的教育现状也不宜过分夸大。

关于古埃及女子接受学校教育的问题，也是一个有争议的问题。因为古埃及社会是一个父权制社会，在公共事务和家庭生活中，男性居于主导地位。总体来说，只有男人才是家庭和更大社会的统治者。除了极其特殊的情况外，埃及的统治者都是男性，政府政策和公共事务的决策权几乎都掌握在男性手中。再加上缺乏相关文献和考古材料的支持，有论者认为古埃及的女子并不能在学校里就读，所受教育可能都是家庭教育。但是，从一些已经发现的史料来看，古埃及的女性其实地位并不像人们想象中的那样低。古埃及上层社会的女性监管着家内奴隶的家务劳动。在上层社会之下，甚至在富裕的家庭里，女性一般都要操持家务，包括种植蔬菜碾磨谷物、烤面包、酿酒、纺线和织布。最重要的一点就是古埃及的法律规定男人和女人都能积累包括奴隶在内的财产，并把这些财富传给自己的孩子。在宫廷中，王室妇女还常常会作为年幼法老的代理人，对国家进行统治。最著名的一个例证就是一名王室妇女哈特谢普苏特(Hatshepsut，前 1473—前 1458 年在位)本人成为埃及法老，在此之前，她曾与其继子图特摩斯三世共治过一段时间。由此我们可以推测也许女性哈特谢普苏特本人就受过宫廷学校的教育。另外，也有大量证据证明库什王国有好几位女性统治者，特别是在麦罗埃作为都城的时代。某些女性独立统治国家，而另外一些则和男性国王进行共治，还有人以摄政王的名义进行代理统治。同时，埃及和努比亚的某些妇女成为祭司，为宗教仪式服

---

① R.J. Williams, "Scribal Training in Ancient Egypt," in *Journal of the American Oriental Society*, 1972, vol.92, p.219.

② D. J. Brewer and E. Teeter, *Egypt and the Egyptians*, Cambridge, Cambridge University Press, 2001, p.77.

务，享有巨大的权利。所以，有些历史学家指出："不过埃及女性在社会中的角色要比美索不达米亚妇女们重要得多"，"有些妇女接受了正规教育，从事书吏的职业，为政府和私人团体起草行政和法律文献"①。可见，当时的文士学校里也是有女学生的，或者说也是有为女生而设的文士学校教育。

第三节 古代埃及的教育思想

古代埃及的教育思想与当时的生产力水平及其社会的政治、经济、文化状况紧密相连。由于社会生产力的不断提高及社会生活的日益复杂化，古埃及十分重视教育，他们创办了多种类型的学校，进行了广泛的教育实践活动，从而产生了一系列关于教育的看法和观点，形成了古代埃及的教育思想。古埃及人的教育思想与当时人们持有的儿童观、知识观、学习观及社会生产力发展水平密切相关。它不仅直接指导了当时的教育教学方法实践，而且对于以后的希伯来教育及西方教育产生了很大影响。

一、人性观与教育

人性观是教育的基本问题。古埃及人对人性没有系统的论述，但是我们凭借遗留的文献仍能了解他们在这方面的认识，进而增进对古埃及人教育思想的认识。在古埃及人的观念中人性与神性密切相关，人是神的影像，人在思想及行为上都与神相似，人具有神性。因此教育人们要"承认神灵的伟大，神灵便可寄居你的心中"②。同时，在古埃及人看来，作为国王不仅具有神的

---

① ［美］杰里·本特利、赫伯特·齐格勒：《新全球史》(第五版)，魏凤莲译，87 页，北京，北京大学出版社，2014。

② 滕大春主编：《外国教育通史》第 1 卷，63~64 页，济南，山东教育出版社，1989。

世系，而且还有神圣的头衔，他们是权威、智慧和真理的化身。"尊崇国王（阿蒙尼姆赫特三世），他与你同在，你要与国王心心相连。他能感觉到人的内心，他的眼睛搜寻着每个人。他是（太阳神）拉，人们看见他的光辉；他比太阳还能照亮两地……他赐予各司其职的人以食物，他供给走自己路的人。国王是卡，他的嘴在增加。他将成为创造者，因为他是（神）克努姆的所有化身，是人类的生产者……他是（女神）塞克美特（Sekhmet），谁违背他的命令，他就仇恨这个人，而此人将承受痛苦。为他的名字而战，小心谨慎地向他宣誓，这样你可以避免不忠诚的污点。"①于是国王的人格被神圣化，人性的国王被赋予了神性。而且，古埃及人将人类的国王与创世之神联系在一起，认为是他在混乱中确立了秩序，从而将国王的世俗角色与神的本性结合在一起，确立了国王的神性，从而提出"法老是神""法老是神之子"以及"法老受到神的喜爱或法老受神的恩惠"等观念②，从而要求人们一方面要尊崇法老的意志，不可亵渎，同时告诫人们现实生活不是永恒的，灵魂是不灭的，灵魂要安宁，要享受幸福，必须在现世忍让服从，修身积德，叫人充当法老的顺民；另一方面要求人们充分认识到只有尊重并服从国王才是善，与国王作对则是恶，就会受到严厉的惩罚，"国君之友是应当受到尊重的，国君的仇敌是死无葬身之地的，他的尸体将抛至河中"③。这样一来，古埃及人就借助于神性，将人性的养成归结于对法老的服从，从而将教育依附于政治，强调教育必须为政治服务、为国王的统治服务，作为教师更是只有服从于国王的统治才能得以存在，正如阿哈依托曾经说过的："没有一个不靠王室而生活的文士。"④

　　另外，古埃及人还认为人的本性来自神性。因为神性自在，所以人性也

　　① J. A. Wilson, *The Culture of Ancient Egypt*, Chicago, The University of Chicago Press Ltd., 1968, p.143.

　　② Barbara Watterson, *The Egyptians*, Oxford, Blackwell Publishers, 1997, p.301.

　　③ 滕大春主编：《外国教育通史》第 1 卷，63~64 页，济南，山东教育出版社，1989。

　　④ 曹孚、滕大春等编：《外国古代教育史》，20 页，北京，人民教育出版社，1981。

内在于人本身。在《阿尼教谕》中，凯赫耐斯霍特普（Khonshotep）对他父亲说："如果你习惯于倾听人们的回答，在这点上人与神相似；如果大多数人都是动物的话，人们不会了解他的同伴；如果大多数人都是愚蠢的，人们不会懂得他的教导，只能将想法存在心中。"①由此可见，古埃及人与其他同时代的人在人性认识上有所不同，古埃及人并没有直接讨论人性本初时善恶的问题，而是通过神性来肯定人性，强调了人天生就具有智慧性。萨恩普特（Sarenput）声称自己是"一个在子宫就懂得知识和技艺的人"，第五王朝内科医生尼安克·萨克麦特（Niankh-Sakhmet）的墓铭文对萨胡拉（Sahure）国王表达赞美与感恩时说"国王陛下口中不论说什么，都要立即赶来，因为神在子宫中就给予了他知识和高于其他神的尊敬"②，就是对古埃及人人性论的最好诠释，这为教育的存在与发展提供了强有力的理论和思想支持。社会的发展与各种战争与灾难，使得古埃及人已经认识到人虽然具有人性之善，但也存在作恶的可能，如在棺文 1130 号《伊普味陈辞》中就表达了这种观点。这使得埃及人对于人生来的善与恶的认识更加全面，强化了古埃及人通过教育来促使人类去恶向善的内在精神动力和思想动力，并催生了古埃及人对道德教育的普遍追求。

在古埃及人的观念中，古埃及人通过观察，认识到孩子并不是完整的人，会产生贪婪的欲望和易受坏的思想诱惑，因为他（她）还缺少知识和理解，遵从欲望诱惑的儿童会表现出顽劣执拗的天性，只有严厉的惩罚才能使儿童变得驯服。因此，他们认为只有在教育教学中采取严厉的体罚方法，才能督促儿童勤奋学习，最终成为国家和社会的有用之才。因此，在教育教学过程中，体罚盛行。最常用的体罚方式就是鞭打和关禁闭。一旦学生在接受教育教学的过程中犯了过失或没有遵照和达到教师提出的要求，就会遭受到严厉的鞭

---

① Miriam Lichtheim, *Ancient Egyptian Literature*, *Vol. 2: The New kingdom*, California, University of California Press, 1976, p.145.

② Miriam Lichtheim, *Moral Values in Ancient Egypt*, Switzerland, Vandenhoeck & Ruprecht, 1997, p.14.

打。因此，在许多出土文献中，鞭、棍等惩罚工具几乎成了教学的同义语。由此可以想见当时体罚的经常性与普遍程度。另据文献记载，公元前1500年左右的埃及王子塔户提(Tahuti)曾说，他每日遭受鞭打犹如每天吃饭一样地经常，也可作为明证。但在古埃及人看来，鞭打责罚还是轻微的处罚，如果学生犯了大的错误，就要被关禁闭。禁闭时间的长短，要依所犯错误的大小而定。所犯错误越大，关禁闭的时间就越长。据史料记载，有的教师把学生囚禁在寺庙中达三个月之久，由此可见当时体罚之烈。

古埃及人还认为学习必须专心致志，心无旁骛。但是，因为人很容易因为受到外界的诱惑而难以集中自己的注意力，从而最终滑向恶的深渊。因此，古埃及人认为教师必须明确告诫学生哪些行为是不能有的，而且要随时提醒并告诉学生如果违反了就会受到什么样的惩罚。如有教师对学生的懒惰偷闲行为提出明确警告："啊！文士，不要怠惰，否则你将被惩戒驯服"[1]；也有教师告诫学生不要上街去游荡，"我要捆起你的腿，如果你再去街上游荡，你还会遭到河马皮鞭的抽打"[2]；学生更要收敛自己的各种冲动行为，杜绝各种不良生活习惯："不许学生上酒馆，不能追女人，只能勤奋用功学习，以期将来出人头地"[3]；等等。另外，因为当时教师要教学生学会阅读各种书稿，需要花费很多的时间；特别是为阅读而进行的文字学习工作，更要耗费学生大量的时间和精力。在当时，学生们要用特别的习字本每天抄写三页左右埃及象形文字的常用符号、草楷的祭司体文字和世俗体文字符号。这对于年龄小而学习时间有限的儿童来说，确实是一项比较艰巨的任务。特别是对于各种文字手稿，不但要会念，而且要写得熟练、美观，更增添了学习的难度。这样一来，如果学生们挪出时间去从事其他活动，势必要占用学习的时间，因

---

① 滕大春主编：《外国教育通史》第1卷，62页，济南，山东教育出版社，1989。

② ［苏］司徒卢威编：《古代的东方》，陈文林等译，89页，北京，人民教育出版社，1955。

③ ［德］汉尼希、朱威烈等编著：《人类早期文明的"木乃伊"——古埃及文化求实》，41页，杭州，浙江人民出版社，1988。

此，古埃及的教师们以严格的纪律和严酷的惩戒把学生关起来逼迫他们学习。在他们眼中，儿童正常的娱乐与玩耍是不正常的，会影响儿童向善的人性发展，因此就给学生制定出了许多强制性的纪律要求，对儿童进行威胁恐吓，增加无形的思想压力，如有教师告诫学生："用心地念书，不要把白天玩掉了，否则你的身体就要吃苦"①；"不要忘记书写，不要厌烦书写"，"不要把时间玩掉了，否则你就要挨揍"②。

二、知识观与教育

知识观也是古埃及教育思想的重要基础。在知识的来源问题上，古埃及人认为知识来源于神的启示。在他们的观念中，有一位名叫图特的神掌管着知识和魔法，他在尼罗河畔用奇形怪状的图画来记录神祇的启示，并教导埃及人写字、计算、制定历法等。所以，知识并不是由人发明创造的，它是神的专利。这就意味着教师只能机械地进行灌输，要求学生呆板地仿效和记忆，绝不能随意发挥或改变。因而在古埃及的教育过程中，对教育教学内容，教师们很少会做出必要的解释说明，只是要求学生进行大量的抄写和背诵，以大量的作业来对学生进行反复的机械训练。尽管有些时候教师们也会用问答法来调动学生的积极性，但并不注意引导学生独立思考。当时人们普遍认为，学校里教师布置的作业越多，学生掌握的知识就越多，学习就会越好，学生才能得到更进一步的发展，从而为将来从事各种工作打下坚实的基础。因此，不仅"学校里的作业像山一样的恒久"③，而且要求学生应该十分乐意地去完成作业，而不能感觉到疲倦或者厌烦。要让学生明白："在学校所过的时日对你是有好处的"，学生只有每天都勤奋用功，才能有所进步，获取知识，"每

---

① Barbara Waterson, *Introducing Egyptian Hieroglyphs*, Scotland, Sottish Academic Press, 1981, p.42.

② ［苏］司徒卢威编：《古代的东方》，陈文林等译，89 页，北京，人民教育出版社，1955。

③ 同上书，89 页。

天都要用功读书，这样你将会熟练掌握文字"①。如此繁重的作业和单调枯燥的学习，离儿童的天性甚远，于是儿童怠学的情形时有发生。但在古埃及人看来，知识是神性的体现，学习知识是分享神恩的具体表现，学生怠学是对神的大不敬，因而必须对这种思想行为予以杜绝。为了克服学生怠学的毛病，古埃及的教师从思想和肉体两方面对学生进行牢牢的控制。他们借助于当时古埃及人对神祇异常崇拜和敬畏的心理，不仅把知识归于神的启示，把知识当作神对人的恩赐，把掌握知识看作与神进行交流沟通的神圣特权，从而加强学习知识的神秘感和敬畏感。因为只有掌握知识的人才能为民众提供与神接触的条件："你们，来自上下埃及的人们，从南北来到底比斯向神祈祷的人们，到我面前来吧。你们说的话会传到阿蒙神那里。我是由神任命来倾听你们的请求的信使。我会把一切都向他(阿蒙神)呈报的。"②特别是在古埃及早期，因文字被看作神的恩赐，是人与神进行交流的工具，因而只有祭司才能学习文字。而且早期的象形文字被认为是非常神圣的东西，不能轻易传授。所以在古王国时期，很多书吏都不懂得象形文字，象形文字的学习与使用只为少数人所垄断。③ 只是随着时代的发展，社会需要更多的人来学习文字，以维护统治，学生们才有机会接触象形文字。即便如此，教师们也故弄玄虚，每次在上课之前，都要求学生在书吏的保护神图特神的塑像面前虔诚地祷告一番，祈求神灵保佑自己能够掌握娴熟的书写技巧，学好知识。在他们看来，文字是神所赐予的，所以只有保持一颗虔敬的心，才能学好文字。如果不能潜心于学习，就是违背了神的教导，是对神的极大不敬，必须要受到严格的体罚，而且绝对不可抗拒，要心甘情愿地接受体罚。这样一来，体罚学生就

---

① [苏]司徒卢威编：《古代的东方》，陈文林等译，97 页，北京，人民教育出版社，1955。

② [德]汉尼希、朱威烈等编著：《人类早期文明的"木乃伊"——古埃及文化求实》，140 页，杭州，浙江人民出版社，1988。

③ G. Andreu, *Egypt in the Age of the Pyramids*, David Lorton trans., London, John Murray, 1997, p.45.

因为神的关系而被合法化了，因为体罚儿童是神的意志，"知识技艺之神图特把教鞭送给人间"①。而且古埃及人甚至认为进行体罚是对儿童真正的爱护，"男孩子的耳朵长在他的背上，当他挨打时他才听"②。

三、道德教育

在古埃及的教育中，道德教育也是其富有特色的主要内容。古埃及的道德教育在整个教育中占有重要地位，其目的在于培养学生敬神、忠君、敬上、孝亲的道德品质。古埃及人认为他们是神的选民，神在主宰着人的命运，只有神的意愿才是永恒的，才会变成现实。所以最早的被完整地保留下来的普塔荷太普的教谕文里说："人的计划永远不会实现，成为现实的只是神的意愿。"神给人以启示，告诫人们该做什么，不该做什么；世上出现罪恶，是因为人们违背了神的意愿；造孽的人终将遭报应，行善的人必会获得奖赏。而且古埃及人认为，人类本身也是神的创造，神不会计较人们祭祀品的多少，神期待的只是人们的感恩戴德，所以人们必须虔敬诸神，聆听他们的指示，按神的意愿办事。在古埃及人看来，神与国王是有机的统一体，国王法老是神的儿子，是神在地球上的代理人，是人与神交往的媒介，所以，对于神的虔敬表现为对国王法老的忠诚。各级官吏都是法老命令的执行者，对于国王法老的忠诚，必然表现为对于长官的敬畏。作为学生，必须保持虔敬、虚心、谨慎、敬神、忠君。"神总是胜利的，人总是失败的。人说的话是一回事，神做的事又是另一回事。"③神是伟大的，而国王（法老）是神灵在人间的代表。因此人不仅要敬畏天上的神，也要敬畏地上的神。只有这样，他才能平安无

---

① 滕大春主编：《外国教育通史》第1卷，63页，济南，山东教育出版社，1989。
② M.A. Murray, *The Splendour That Was Egypt* (*New and Revised Edition*) , London, Fellow of University College, 1977, p.74.
③ J. A. Wilson, *The Culture of Ancient Egypt*, Chicago, The University of Chicago Press Ltd., 1968, p.304.

事，才能事业亨通。另外，学生还要学会对上级的尊敬，如在教谕文献中就有教师教导学生在与自己的上级共同进餐时所应注意的事项："拿那些给你的食物；别盯着大人的盘子，低头看你自己的；只有上司与你交谈你才开口；他笑时你才能笑，他喜欢那样；这样他才会觉得你好相处，这样对你也很恰当，因为你从不知道一个权贵下一步会干什么。"①

在道德教育中，古埃及人与中国人一样特别注重孝道的教育。一方面，古埃及人特别提倡对母亲的孝顺，教育学生要有感恩之心："你不应忘记母亲对你的厚恩。她生育了你，并尽其所能地抚育了你。她哺育你达三年之久。她使你成长壮大。当你进入学校学习书写时，她每日从家中给教师送去面包和啤酒。假如你忘恩负义，她可以羞辱你，她可以将双手举向上帝，而上帝是倾听她的控诉的。"②对于母亲的孝顺不仅要体现在自己的用心和感恩上，更要体现在自己的行为和态度上，因此，"总要对母亲充满深情和温柔；如果你不报答母爱，神会生气"③。另一方面教育学生要尊敬老人和长辈："不要诅咒比你年长的人，因为他已在你之前看到了帕奥（Pe-c）；因为他没有在太阳升起时对阿吞控告你，说'又一个年轻人诅咒了一位老人'；一个年轻人在拉神面前诅咒老人是很痛苦的。让他责打你，用你胸中的手；让他诅咒你，而你保持沉默。"④敬老是一个社会文明进步的表现。因而古埃及人对孝道的提倡与教育，也从一个侧面反映了作为文明古国的进步程度。

节制被认为是上等社会人必须具有的教养，是最重要的美德。所以古埃及人极其重视对于行为方面自我克制的严格要求。例如，在就餐方面："要对于自己的饮食感觉满足。假如你吃了三块面包，又喝了两瓶啤酒，而肚子仍

---

① H. Frankfort, *Ancient Egyptian Religion*, New York, Harper Torchbooks, 1948, p.61.

② 丁广举：《世界古代前期文化教育史》，72~73 页，北京，中国国际广播出版社，1996。

③ M. A. Murray, *The Splendour That Was Egypt（New and Revised Edition）*, London, Fellow of University College, 1977, p.75.

④ F. L. Griffith, "The Teaching of Amenophis the Son of Kanakht, Papyrus B.M.10474," in *Journal of Egyptian Archaeology*, 1926, vol.12, p.223.

感不足，就该对肚子加以控制。""食物不可贪求饱腹。"①在教谕文学中，《对卡盖姆尼之教谕》主要讲述就餐规矩，要求饥肠辘辘者面对一桌美味佳肴要克制，战胜贪欲，等待主人来敬食。即使有人狼吞虎咽，也要克制自己不受影响，保持温文尔雅的举止。而在与人相处时，节制则意味着不管面对什么样的人和事，都要克制自己的情绪。"在一个进攻者的面前停顿下来，并给进攻的人让路。说话前要睡一个晚上。暴风雪像稻草中的火焰一样爆发。热情的人正在兴头上时，从他面前退下来；让他自己处理；神会知道如何回敬他。"②在古埃及人看来，沉默和退让并不意味着软弱与卑微，一个受过良好教育的人，应该懂得节制，能够控制住自己的情绪。即使面对自己不喜欢的人，或者是那些道德有问题的人，也要学会克制住自己的情感与情绪，以友好的态度与他们相处："如果你与贪食者并坐，等他的胃口满足后你再吃。如果与一个酗酒者并坐，与他一起分享，他会感到满意。与贪吃的人一起吃肉时，不要有坏脾气，只是去吃他给你的东西。不要拒绝他，然后一切便会顺利。"③

谦虚也被认为是做人必备的品质和道德高尚的标志之一。因此，在学习过程中学生要懂得自己的不足，不能骄傲自满，更不能妄自尊大，即使一个人身处高位，也要学会谦虚谨慎。正如普塔荷太普在教育他的儿子时所说的："不要为你的知识感到自豪，而应向无知者和智者请教；艺术的探索没有止境，没有任何艺术家的技艺能尽善尽美。精辟的言辞比绿宝石还要深藏不露，但在磨石女工那里会找到。"④对所有人都要一视同仁，不能以贫富地位来决

---

①　滕大春主编：《外国教育通史》第1卷，64页，济南，山东教育出版社，1989。

②　F. L. Griffith, "The Teaching of Amenophis the Son of Kanakht, Papyrus B.M.10474," in *Journal of Egyptian Archaeology*, 1926, vol.12, p.201.

③　A. H. Gardiner, "The Instruction Addressed to Kagemni and His Brethren," in *Journal of Egyptian Archaeology*, 1946, vol.32, p.73.

④　[德]汉尼希、朱威烈等编著：《人类早期文明的"木乃伊"——古埃及文化求实》，68页，杭州，浙江人民出版社，1988。

定自己对待本人的态度，更不能以固有成见和眼光来看待别人，"不要考虑他是否贫穷，不要知道了过去的境况就蔑视他"①，更不能急躁暴怒，而是要学会理解别人，耐心倾听。"如果你是领头人，就要耐心倾听别人的请求，不要打断他为洗罪要讲的话。痛苦的人多么希望倾诉衷肠，这比取胜的愿望还要迫切。如果打断请求者的话，就会有人问：'为什么要拒绝？'并非所有的请求都要得到赞同，但是，耐心倾听也能安慰人心。"②

贪欲作为诱惑人性向恶的主要原因，也在古埃及人的道德教育中被高度警惕。学生经常会被教育要戒除贪婪之心："如果你想使你的行为是善良的，你就要从所有的恶行中脱身，然后明白什么是贪婪，它是一种弊端、病态和不治之症，和它保持密切是不可能的，因为它能离间亲密的朋友，能使主人疏远他所信任的人，能使父母离异……贪婪的人将没有坟墓。"③在古埃及人的教谕中还告诫人们要充分认识贪婪的危害性，因为它会让你在现世中遭受种种痛苦，并且死无葬身之地。"不要在神庙的粮饷上作弊，不要贪婪，你会获益。"④作为受教育的学生不仅要不起贪念，以后工作了更要注意不要有贪婪的行为发生："不要移动田地的界石，不要移动测量的准绳，不要贪求尺寸之地，不要强占寡妇的田产，田间阡陌乃是时间所造成的，在田地间改筑修路以侵占土地的人，月神会发现他。注意那做这种事的人，他是压迫弱者的恶棍，一个欲摧毁你的敌人，他的眼露杀机，他的家是社会的敌人。他的粮仓会被销毁，他的财产会从他子女手中被没收，他的财产会被分给别人。"⑤

---

① ［德］汉尼希、朱威烈等编著：《人类早期文明的"木乃伊"——古埃及文化求实》，69~70 页，杭州，浙江人民出版社，1988。

② 同上书，69~70 页。

③ W. K. Simpson, *Literature of Ancient Egyptian*, New Haven, Yale University Press, 1973, pp.166-167.

④ F. L. Griffith, "The Teaching of Amenophis the Son of Kanakht, Papyrus B.M.10474," in *Journal of Egyptian Archaeology*, 1926, vol.12, p.203.

⑤ *Ibid.*, p.205.

学生必须明白不义之人不会有好的下场，只有戒除贪心，公正做人才能使自己获得幸福。"不要贪求财富，没有人能忽视命运；不要胡思乱想，每个人都有他的机会。不要竭力求取余财，应满足于你已经拥有的。若你的财富是偷来的，它不会同你过夜，天明时它就会自你家中消失，它的地方仍在，但它已经不见了。"①

受教育是为了成为统治者和管理者，因而具有公正的美德就显得非常重要。所以古埃及人在教育过程中特别注意公正观念的灌输与行为的养成，在他们看来，"公正是神的伟大礼物"，人不能忤逆于神，"以免[天]怒将你带走"②。作为神意的体现者和执行者，只有公正地处理各种事务，属下和民众才会信服，社会才能安定。"不要在法庭上曲解一个人，也不要扰乱公正。不要把所有的注意力都放在衣着华丽的人身上，而要接受衣衫褴褛的人；不要接受强有力的人的礼物，也不要为了他而镇压弱者。公正是神的伟大礼物，他会赐予他想给的人。"③在处理土地问题时更要注意公平，"慎勿毁坏田地的界限，以免[天]怒将你带走。人以上主的大能来求神的喜悦，当他保持田界公正之时。"④公正还意味着要善待社会中的弱势群体，及时消除不安定因素。"如果你发现一个穷人负债累累，请把他的债分为三部分；免除两部分，剩下一部分；你会发现一条生路；你会在夜里躺下并睡得香甜。"⑤"不要在饥饿的人的面前掩藏自己的脸：乐于助人的人受爱戴。""不要对一个请愿者心存偏见，直到他说出自己为何而来。当有关平民、寡妇、孤儿的财政税收表格上

---

① F. L. Griffith, "The Teaching of Amenophis the Son of Kanakht, Papyrus B.M.10474," in *Journal of Egyptian Archaeology*, 1926, vol.12, p.223.

② *Ibid.*, p.205.

③ *Ibid.*, p.218.

④ *Ibid.*, p.205.

⑤ *Ibid.*, p.213.

报时……要让那些陷入困境的人喘口气。"①在古埃及人的意识中，公正并不只意味着平等对待所有人，还包含着对弱者的同情与帮助。因此，古埃及人充分利用宗教、寓言、神话、传记、诗歌等多种形式来对青少年进行相应的道德品质教育，以养成他们节制、善良、睦邻、恤苦、怜贫等品德。例如，哈尔胡夫在其自传中说："我赐面包给饥者，赠衣服给赤身露体者。我把失船遇难者救上陆地。"②而世人对于他的这种品德所做的评价是："献给这个坟墓的主人，一千个面包和一千瓶酒。"③可见人们对其行为及其价值观的高度认可。而英坦夫在其自传中也说："我友好对待求助者，倾听他们的申诉。我节制、善良、和蔼，能用宽慰的言辞令哭泣者平静，对穷人我慷慨解囊"；"我慷慨而且热情，拥有食物却不吝啬。我是穷人的朋友，我乐于助人"。④可见，在古埃及人的心目中，恤苦、怜贫，是仁慈的标志，不仅可以得到人们的爱戴与赞扬，还能得到神的垂青，因为这正是神的本性，是神对人的爱护。所以不论是管理者还是普通老百姓，都接受并认可这类价值观，因而成为社会的基本价值观，正如第二十五王朝的大臣哈尔瓦在自传中所说的："我在他的城市里受到爱戴，在他统治的地区受到赞扬。我对他的臣民多么仁慈。我做的一切，人们喜欢，神祇赞扬。我从来没有过失。我赠面包给饥饿者，送衣服给衣不遮体者。我替人们排除痛苦，驱逐罪恶。我为可尊敬的长者举行葬礼。我赡养老人，满足穷人的要求。"这类价值观在当时能够得到广泛认可并被作为教育的主要内容，无疑是一种时代的进步。但也反映出古埃及当时的社会矛盾尖锐激烈，统治者与被统治者之间存在着剧烈冲突。为了缓和这

---

① H. Goedicke, "A Neglected Wisdom Text," in *Journal of Egyptian Archaeology*, 1962, vol.48, pp.26-27.

② Miriam Lichtheim, *Ancient Egyptian Literature*, *Vol. I: The Old and Middle Kingdoms*, California, University of California Press, 1973, p.24.

③ *Ibid.*, p.121.

④ *Ibid.*, p.122.

种社会矛盾，统治者一方面加强价值思想教育，从心灵和精神方面使人们接受并承认现实制度的合理性，自觉服从统治阶级的管理与社会制度安排，另一方面则通过一些缓和矛盾的举措，减缓人们对社会的不满与反抗。

此外，教谕中还就男女关系的处理提出了指导性意见，要求学生要慎重处理好异性关系。其中所表现出来的思想反映出了典型的男权主义思想，这与古埃及整体的价值观取向是一致的，说明当时的埃及社会已经进入男性至上的时代。教谕不仅反对异性之间的接触，而且将女性看作祸水和不祥之兆，则是对女性的极端偏见。该教谕说："如果你要保持与主人、兄弟或朋友的友谊，无论走到哪里，千万不要接近女人！接近女人是多么不幸，打扰女人的人又是多么不受欢迎。上千个男人被逐出友谊之门，像做梦的刹那，死神便会来到，只因他们认识了女人。"①

事实证明古埃及人的道德教育在当时还是非常成功的。在著名的《亡灵书》中我们可以清楚地看到当时人们对这一套道德要求及行为规范的遵守与践行情况："我从未给他人带来痛苦。我从未让任何人挨饿、哭泣。我从未杀戮。我从未雇凶杀人。我从未促使灾难降临他人头上。我从未掠夺神庙中的供奉。我从未在祭祀时弄虚作假。我从未草率处理献给神灵的祭品。我从未通奸……我从未窃取邻居的地产来丰富自己的土地。我从未侵犯别人的领地。我从未作恶……我从未靠暴力劫掠……我从未偷窥……我从未杀人……我从未偷窃谷物……我从未盗取祭品……我从未说谎……我从未诅咒别人……我从未攻击他人……我从未亵渎神祇……我从未委屈他人……"

在长期的历史发展过程中，古埃及人形成了非常丰富的道德教育内容，积累了丰富的道德教育经验。我们今天可以从《普塔荷太普之教谕》《对各个职业的讽刺》《杜阿夫之子赫琪给其子柏比的教训》等一系列文献中看到许多关于

---

① ［德］汉尼希、朱威烈等编著：《人类早期文明的"木乃伊"——古埃及文化求实》，69~70 页，杭州，浙江人民出版社，1988。

道德教育的材料。我们可以看到古埃及人的道德教育体现出既包括对自我克制、谦逊、慷慨、正直、诚实、忍耐、勤劳等美德的颂扬，也包括了具体行为规范的指导与践履，体现出鲜明的实践性特色。但由已有的资料我们也可以看出，正如其数学的发展一样，古埃及只注重了实际应用，而未能从理论探讨的角度对道德教育进行思考与探索，从而在道德教育的系统性、综合性与理论性方面存在着较大不足，这使其道德教育发展与古希腊、古希伯来人的道德教育形成了鲜明对比。

四、教学激励与考核

从人性可善可恶的认识角度出发，在教育教学过程中，除了强调体罚惩戒和机械灌输、死记硬背之外，古埃及人还非常注重正面教育，强调要多运用激励、诱导的方式来激发学生的学习动机，激发他们的学习热情，鼓励他们树立较高的人生理想，帮助他们努力去克服学校和生活中的困难。下面是公元前 3000 多年一位埃及父亲在送儿子上学路上给儿子所讲的话，为了让儿子发奋努力学习，他们采用了对比激励的办法：

> 学习写字要用心，学会了什么重活都可以甩得远远的，还能当名气很大的官。书吏是不用干体力活的，却能指挥别人……你不是有书吏写字用的玩意儿吗？就是那玩意儿，能把你和划桨摇橹的区分开来。我亲眼见过在炉口边干活的金属制造工，十个手指就像鳄鱼爪子，身上的臭味比鱼卵还难闻……石匠的活儿是对付各种坚硬的石头，干完活时胳膊都累得抬不起来，只好整夜蜷缩着身子睡，等到太阳一出来，就又得去接着干活。他的膝盖和脊椎都快碎了……理发匠从早到晚给人剃头修面，除了吃饭，连坐下来歇一会儿的工夫也没有。他匆匆地走家串户，兜揽活儿。就像蜜蜂吃自己

酿的蜜那样，他累断了双臂只是为了填个肚子。种田的一年四季只有一套衣服，嗓子粗哑得像老鸦叫，十个手指从来不得闲，两条胳膊叫风吹得干瘦如柴。他休息的地方——如果他真能休息的话——是烂泥地。他不生病时，和牲畜一起分享他的健康；得病了，就在牲畜中挤块地皮躺下……

　　用心学习吧，儿子。实在没有什么可与学习相比的。在校学习一天，得到的好处一辈子也享用不尽。①

　　从上文中我们可以看出这位父亲为了让儿子学习可谓煞费苦心，他通过将书吏的生活与可怜的铁匠、石匠、理发师及农夫相对比，以凸显书吏生活的幸福，从而激起学生强烈的学习动机与欲望。在对比之后，这位父亲转而以非常羡慕的笔调来赞扬书吏的职业："你瞧，除了书吏以外，没有一种职业是不受首长管辖的，因为书吏自己就是首长"；"要是谁读书识字，人家就会跟他说：'你很有出息！'""对于我给你说的那些行业，人家就不会这样说了……人家不会跟书吏说：'替这个人去干活！'"②

　　无独有偶，在《所有的职业都不好，除了书吏的职业》一文中，作者也是通过与其他行业的对比来强调书吏职业的优越性："男洗衣工整天上上下下，由于每天给他的邻居们漂白衣服和洗麻布，他浑身无力。陶工抹着泥，像一个人已死去的亲属。他的手和脚上满是黏土，像是一个陷进沼泽里的人。编拖鞋者调制棕褐色的染料；他臭气熏天；他的手被染成鲜红色，像一个人涂

① ［美］斯塔夫利阿诺斯：《全球通史：从史前史到 21 世纪》(第 7 版修订版)，吴象婴等译，55 页，北京，北京大学出版社，2005。关于本段文字有多种版本不同译法，本处采用了引用文本中的译法。也可参见米·马吉耶《古代埃及孩子的一天》(钱君森译，北京，少年儿童出版社，1957)第 129~131 页，吴式颖、任钟印主编《外国教育思想通史》第 1 卷(北京，北京师范大学出版社，2017)第 75 页。

② ［苏］米·马吉耶：《古代埃及孩子的一天》，钱君森译，129~131 页，北京，少年儿童出版社，1957。

抹了他(自己)的血……"①只有获取知识之后才能获得较高的社会地位、被大家所羡慕的荣誉以及个人优越的生活条件,"唯有文士是指挥众人工作者,如果读书成为文士厌烦的事情,那么幸运之神就将离你而去了"。因此,在世界上,只有读书最光荣,"没有任何东西优于书,比墓志铭更有用的东西莫过于书籍"。②

这个世界上的一切都可能会随着时光而流逝,唯有书吏的名字和作品将永垂不朽。"他们能预见未来,当他们离开,度过了他们的生命,所有他们的亲人也被忘怀,但他们的名字已经不朽。他们没有为自己造铜的墓,铁的碑,他们没有能够留下孩子[能够]赞颂自己的名字。他们以书本和训诫作为他们的遗产……他们的房屋已经倒塌,他们的庐墓仆人也不在,他们的墓石已为土掩埋,他们的墓也为人所遗忘。然而他们的名字因为他们生前所写的书而为人诵读……人死后,他的尸身成为尘土,所有他的亲人都已逝去,但经由诵读者之口,书本可以使他为人所纪念。一本书比一座华屋,或西方的祠堂、坚固的房屋、墓中的碑石更为美好。"③B.沃特森在其《埃及象形文字入门》一书中介绍一篇新国王的教谕时,也记载了对书吏们的颂扬之词:"即使他们去世,他们的名字仍将长存……人们对他们的记忆一直延续到永恒。做个好书吏吧,一心一意好好努力,使你的名字也得到永存。"④

除了万世不朽的英名长存之外,教师和家长们还会以现实的具体利益来对学生进行教育,希望学生能够成为一个有知识有学问的人,从而获得高官、受人尊敬,享受世间荣华富贵,从而激励学生奋发向上。"你的父亲掌握象形

---

① R. A. Caminos, *Late - Egyptian Miscellanies*, Oxford, Oxford University Press, 1954, pp.384-385.

② 滕大春主编:《外国教育通史》第1卷,62页,济南,山东教育出版社,1989。

③ A. G. Mcdowell, *Village Life in Ancient Egypt: Laundry Lists and Love Songs*, Oxford, Oxford University Press, 1999, pp.137-138.

④ Barbara Waterson, *Introducing Egyptian Hieroglyphs*, Scotland, Scotlish Academic Press, 1981, p.41.

文字，他在街上受到尊敬。他很好地拥有它，他的年成像沙子一样（丰富）；在他的有生之年，他得到了很好的供给，直到他到达世界的另一边。做一个书吏吧，你会像他那样；你的财力会丰富。[……]你的名字会变得像他的名字那样；你会收到[……]你父亲的，没有[……]，你会在世上幸福。"①家长已经为孩子们树立了良好的榜样，所以学生们要向家长们看齐，"向你的父亲和祖先热心学习……他们的话语写在书中；打开它们，拜读它们，并试图把他们的知识化为己有，因为智慧展现在你的面前，去其糟粕"②。如果不好好学习，就会受到教师们严厉的警告，承受生活的严重后果，去从事艰苦的体力劳动："来，让我告诉你那个不听从他父亲让他成为优秀书吏的教导的蠢人所从事的悲惨的职业：他在船里，在头上接过绳索，并去水中。他已变成了一个与鳄鱼和河马为伍的人。每个人都在为自己而拖曳着；[……]到达[……]。"③

在教学过程中，除了从思想和精神方面对学生进行劝导激励，以督促学生好好学习外，古埃及的教师们也会适当地采用一些物质激励的办法。如在学生练习书写过程中，如果书写作业完成得好，教师们就会给予纸草纸以奖励。当时纸草纸制作工艺比较复杂，因而价格昂贵。所以古埃及绝大多数学生在最初都是在石灰石片、陶器碎片、贝壳、石灰石木板等一类的东西上练习写字。等学生的书写技能比较熟练后，教师会根据学生的书写情况再发给他们纸草纸，供学生们抄写完整的作品。学生把拿到纸草纸看作自己无上的荣誉，因而非常兴奋和珍惜。根据《古代埃及孩子的一天》的记载，学生拿到的纸草纸其实还不是新的，而是已经由学生用过的，因而说明纸草纸在当时

① A. G. Mcdowell, *Village Life in Ancient Egypt: Laundry Lists and Love Songs*, Oxford, Oxford University Press, 1999, pp.141-142.

② G. Andreu, *Egypt in the Age of the Pyramids*, David Lorton trans., London, John Murray, 1997, p.47.

③ A. G. Mcdowell, *Village Life in Ancient Egypt: Laundry Lists and Love Songs*, Oxford, Oxford University Press, 1999, p.142.

学校里是重复使用的。书中写道："谢契兴致勃勃而又激动地细看着自己的第一张纸草。这张纸草相当小，但是不知怎的不大干净，有些浅灰色的条纹。谢契仔细一瞧，才明白了是怎么回事：原来这张纸草上以前已经写过字了，但是后来为了要把纸草再利用一次，就洗去了原来写上的东西。如果仔细地看，就可以看出，有一处地方甚至有上一课书的两个符号哩。"①

除了奖励性的激励，古埃及的教师们还非常注重通过考核来促进学生的学习。在他们看来，"没有任何东西优于书，读书犹如水上行舟"②。所以教师必须要时刻加以督促、检查，及时发现学生学习中的问题，并加以纠正。因而古埃及的教师们非常注重对学生学习情况的考核。从已有的文献资料来看，古埃及教师们对学生的考核主要有作业检查、书信提问、口头测试、实践考核、专业测试等几种形式。

古埃及学生的作业之多是举世闻名的，这也在许多文献资料中得到了证实。但是关于教师对已布置作业的检查资料却不多，不过我们依然可以通过一些资料片段来窥见当时教师通过作业检查来督促学生牢固地掌握所学的知识，纠正错误的教学过程和方式。下面的这段文字就生动地再现了古代埃及的一堂课检查作业的一个片断："书吏皮耶（Piay）对学生阿蒙莫斯（Amen-mose）这样说：'第三（章）已为你准备好'……阿蒙莫斯：'我会做的！看，我会做的！'皮耶：'把你的章节拿来并过来！'"③皮耶所说的"把你的章节拿来并过来"指的就是让他的学生把前一天的作业带回来，大概要检查。有的文献中也暗示了这样一个问题，即学生随时有可能受到教师的检查。如有篇文献中

---

① ［苏］米·马吉耶：《古代埃及孩子的一天》，钱君森译，36 页，北京，少年儿童出版社，1957。

② ［德］汉尼希、朱威烈等编著：《人类早期文明的"木乃伊"——古埃及文化求实》，77 页，杭州，浙江人民出版社，1988。

③ A. G. Mcdowell, *Village Life in Ancient Egypt: Laundry Lists and Love Songs*, Oxford, Oxford University Press, 1999, p.130.

说："别懒散！别懒散！你会立刻受到检查。"①

除了学校课堂中的面授口传的形式外，古埃及可能还存在类似今天"函授"的教学形式，因而也存在着教师通过书信来指导和进行检查的考核方式。如文献记载一个叫阿尼卡（Aniqar）的书吏曾在狱中向狱卒提出给他纸笔，以便写篇教谕指导他学生的学业。"请你帮个忙吧：给我送个调色板和一个纸草卷——因为我恰巧还有个孩子没有指导完他的学业——我可以为他写篇教谕并让别人把它送到赫列奥波里斯去指导他。"②看守把他的请求转达给了国王。国王同意向他提供调色板，但没有给他纸草。无奈，这个尽职的书吏教师只好把指导学生的东西写在了陶器碎片上。可见这个教师实质上不仅通过书信来指导教学，还通过书信来对学生进行检查指导。第十九王朝的一份纸草表明，教师也存在着通过书信提问的检查方式。如在一封信中，老师对学生进行了极具讽刺意味的盘问："一条坡道 730 库比特③长，55 库比特宽，由 120 个由芦苇和横梁组成的间隔组成，顶部 60 库比特高，它的中心 30 库比特长，内倾 15 库比特，基地 5 库比特。军队指挥官被问到它的砖的数量。所有的书吏都欠缺知识。他们都信任你，说：'你是个聪明的书吏，我的朋友。为我们迅速做出决定。看，你的名声远扬……别让别人说你有所不知！回答我们关于砖的数量的问题。'"④

另外，通过当面口试的形式来考查学生的学习效果，也是古埃及教师常用的学习检查方法。在第十九王朝的一篇文献中教师用颇具讽刺性的口吻向他的学生提问："你告诉我哈杰德夫的一条格言，但你却不知道它是好是坏。

---

① T. G. H. James, *Pharaoh's People*, London, Tauris Parke Paperbacks, 1984, p.141.

② R. J. Williams, "Scribal Training in Ancient Egypt," in *Journal of the American Oriental Society*, 1972, vol.92, p.218.

③ "Cubit"的音译，古埃及长度单位，约等于 20 英寸，相当于一个人的肘到中指尖的距离。

④ R. J. Williams, "Scribal Training in Ancient Egypt," in *Journal of the American Oriental Society*, 1972, vol.92, p.220.

它前面是哪一章？它后面又是哪一章？当然，你是一位位于他的同伴之首的技能娴熟的书吏，而且每本书的教训都刻在你的脑海里！"①

从前面关于古埃及学校的介绍中，我们知道古埃及的学校教育非常重视教学实践和社会实践。因而实践考核也是检查学习效果和学生学习质量的重要环节和必要手段。不同学校的培养目标不同，教育教学内容不同，但实践考核的方式基本是一致的，即通过实习单位的考核验收或者专人考核检查。如文士学校的学生从学校走出来后想要成为书吏，在学校学习专业基础知识和技能的基础上，还要到实习单位去通过实践继续学习和强化专业知识和技能。在实习阶段将要结束时，就会有人专门对他们进行检查考核，"后者可以是他的父亲，或者一个近亲，后者会为了他未来的职业而训练他，向他灌输行政管理的基本知识，教授他文件的版式和礼貌的俗套语。如果他被证明适合人们为他设计的'社会职业'，年轻人就会去拜访并接替他的老师并且从事他的职业"②。

而对于从事特定职业如祭司的学生，在学习结束时还要举行严格的专业测试，以考查学生是否熟练掌握必要的理论知识、宗教仪式、祷文咒语等，在考核之后还要举行一个"毕业仪式"。这个仪式包括他"脱下他的衣服并沐浴，刮胡子，用香料涂油，然后他们戴上祭司所有的标记并且'被允许进入天堂的地平线'"③。只有在毕业仪式结束之后，才表示学生可以正式加入祭司的行列，接近神灵并侍奉它们。

虽然我们所掌握的资料不多，难以对古埃及的教学考核做出全面细致的描述，但通过上面的片段我们还是可以看出，在古埃及的教育中已经存在着

---

① R. J. Williams, "Scribal Training in Ancient Egypt," in *Journal of the American Oriental Society*, 1972, vol.92, p.219.

② G. Andreu, *Egypt in the Age of the Pyramids*, David Lorton trans., London, John Murray, 1997, p.47.

③ P. Montet, *Everyday Life in Egypt in the days of Ramesses the Great*, A. R. M. Hyslop and M. S. Drower trans., Philadelphia, The University of Pennsylvania Press, 1981, p.280.

比较严格的学业考核形式，而且形式十分多样。这种类似于"考试"的考核形式，不仅是课堂教学的重要延伸，而是也是课堂教学的重要补充。由此我们也可以看出，古埃及的教育已经基本包括了较为完整的教学环节，从而为教育质量的提高提供了基本的保证。虽然古埃及的学生们课业负担并不轻松，虽然古埃及人的教育教学方法看起来还是有些简单粗暴，但仍有其积极的方面，例如，注重实际、学以致用、重视考核等。古埃及学校的教学内容不仅会按社会上的专业需要来设置，而且非常注重实践效果，这使得古埃及教育特别注重见习与实习，从而使理论学习与实践锻炼紧密地结合起来，大大提高了其学校教育的质量，而且有效缩短了学生毕业后的职业适应期，从而使学生一毕业就可以很顺利地进入工作岗位，迅速适应职业岗位的知识技能要求，这也是我们今天的学校教育值得借鉴的地方。

古埃及教师较为优越的社会地位及丰厚的待遇，在当时确实产生了很大的吸引力，不仅推动了教育事业的迅速发展，也激励着不少学生认真从事艰苦的学习钻研与学术探究活动，在客观上大大促进了社会的进步和知识的积累。但是我们也要实事求是地认识这种历史现象，当时表面上看起来似乎是在鼓励人们努力向上，勤奋学习的背后，实际上是为当时法老统治服务的重要组成部分，因为古埃及的教育权完全操纵在祭司和国家官吏手中，人们学到的东西以尊奉神灵、忠孝温驯为主要内容，完全是在培养法老的忠实臣民和神的奴仆。而且，当时数量广大的书吏们完成学业后，绝大部分都到国家的各级行政机构去供职，完全变成了法老意志的贯彻者、执行者。在当时古埃及的奴隶制国家中，教育除了培养各级各类的应用型的书吏文士之外，还肩负着另外一项重要任务——培养祭司(僧侣)。古埃及的祭司(僧侣)不仅是宗教活动的主持，而且是法老的喉舌，是神在人间的代言人。他们掌握着人类积累起来的各种科学文化知识并把它们神秘化，用以维护法老的统治和自己的特权地位。僧侣们必须把一整套的宗教仪式、祷文及必要的科学知识传递给后继者和广大的学习者，从而实现从思想上来控制社会和广大民众。这说明，在人类文明的进化中，自从有了国家之后，教育就是为政治服务的一种工具。古埃及教育的政治功能也是其最主要的功能，它直接制约并决定着教育其他功能的发挥。

在教学方法与手段方面，虽然也如同其他文明古国的教育一样，古埃及学校的教师教学时特别重视机械训练而不重视启发、解释说明，但教师们基于人性可善可恶的基本认识，也会采用正面激励和启发问答式的教学方法。因此，虽然古埃及盛行对儿童的体罚，但也出现了重视儿童天性与兴趣进行教育的萌芽。据历史记载，古希腊著名哲学家、教育家柏拉图曾游历过埃及并考察过埃及的教育，他在《理想国》中提出了"寓学习于游戏"的儿童教育观，就是吸收了古埃及人的教学经验后提出的。后来，柏拉图在《法律篇》中还详细、具体地描述了古埃及人在幼儿教育中"寓学习于游戏"的经验，并予以积极赞扬。经过柏拉图的介绍，这一经验得以流传后世。到18世纪，德国的巴西多进一步发挥这一经验，提出变学习为游戏的理论，以引起儿童的学习兴趣，防止强迫记忆。虽然变学习为游戏的观点受到了康德和乌申斯基的批评，但包括杜威在内的许多教育家都认为，在儿童教育中，兴趣与努力的关系应保持平衡。教学应注意引起儿童的兴趣，以提高其学习的积极性。这也可以看作古埃及对后世人类教育所做出的一些贡献吧。

第四章

古代波斯的教育

古代波斯兴起于伊朗高原的西南部,沿着扎格罗斯山脉的一片地区,是上古时期较早进入文明时代的西亚国家之一。古代波斯是历史悠久的东方文明古国之一,在人类文明史上留下过辉煌的一页。从考古的发掘看,今伊朗地区已发现10万年前旧石器时代的人类遗迹。1万年前,旧石器时代结束,进入新石器时代。公元前4000年进入金石并用时代。从历史的记载看,公元前2000年左右,原来居住在里海、咸海以北草原上的印欧语系的诸部族向外迁移。向西迁移的一支后来成为希腊人、罗马人、高卢人、日耳曼人;向南迁移的一支进入伊朗高原和印度,成为伊朗人、印度人。伊朗人包括许多部族,其中最强大的是米底人和波斯人。公元前612年,米底王国与新巴比伦王国结盟灭了亚述帝国。按照希罗多德的观点,米底王国的出现是社会契约的产物①,形成了维护国家和社会秩序的军队和法律。公元前550年,波斯人居鲁士二世(Cyrus Ⅱ,前590/580—约前529)推翻米底人的统治,建立阿契美尼德王朝,奠定了强大的波斯帝国的基础。

一般认为,波斯人在不同时期曾经建立过三个有较大影响的王朝,其中

---

① 周启迪主编:《世界上古史》,140页,北京,北京师范大学出版社,1994。

影响较大、处于鼎盛时期的是第一个阿契美尼德王朝(前 550—前 330 年)。①
从国王居鲁士大帝(居鲁士二世, Cyrus Ⅱ, 前 550—前 529 年在位)到大流士
一世 (Darius Ⅰ, 前 522—前 486 年在位)统治时期建成了一个地跨亚非欧三洲
的奴隶制帝国。公元前 330 年, 阿契美尼德王朝亡于马其顿王亚历山大之手。
半个多世纪以后, 波斯的帕提亚人崛起, 统治了帕提亚地区, 公元前 247 年
建立帕提亚王朝(前 247—224 年)。公元 224 年, 波斯的萨珊人又重建波斯
国, 创立萨珊王朝(224—651 年)。② 651 年, 萨珊人的国王被杀, 领土被阿
拉伯人占领, 结束了古代波斯的历史。

有研究者指出, 应当重视对波斯帝国早期历史的研究。认为现在所说的
波斯帝国主要是指早期波斯人所建立的阿契美尼德帝国, 不包括后来的帕提
亚帝国和萨珊帝国。这一观点是有一定道理的。不过, 从历史研究的角度看,
把波斯帝国三个不同的时期放在一起进行分析, 不仅可以看到波斯社会的历
史延续、继承和发展的脉络, 还可以更好地理解三者相互之间的关系, 这对
于整体理解波斯帝国的发展及其教育历史也是非常必要的。当然, 从所获得
资料来看, 主要还是以前两个时期的历史为重点。

关于波斯的称谓, 大多数古希腊作家都把阿契美尼德王朝的国家称为"波
赛"(Persai), 在英语中为"波斯"。西方人用这个名词来称呼古代波斯人的故
乡和他们所征服的地区。不过, 古代波斯人通常把他们的国家称为"Eire-An"
(伊朗), 即"雅利安人的国家", 最早的波斯人即是自称为雅利安人的民族。
1935 年, 波斯政府正式把国家的名称改为伊朗。③ 关于波斯的文化和历史,

---

① 按照周启迪教授的观点, 波斯帝国的三个时期主要指阿契美尼德帝国(前 558—前 330 年)、
帕提亚帝国(前 247—224 年)和萨珊帝国(226—651 年)。见周启迪、沃淑萍:《波斯帝国史》, 1
页, 北京, 北京师范大学出版社, 2014。

② [伊朗]阿卜杜勒·侯赛因·扎林库伯:《波斯帝国史》, 张鸿年译, 557 页, 北京, 昆仑出版
社, 2014。

③ [美]米夏埃尔·比尔冈:《古代波斯诸帝国》, 李铁匠译, 5 页, 北京, 商务印书馆, 2015。

有研究者指出，几百年来欧洲和北美历史学家，绝大多数是依据古希腊罗马作家的文献来研究波斯人，他们的文献为认识波斯历史和文化提供了重要信息。[①] 19世纪以后，考古学家主要通过研究古人遗物，翻译古代波斯文献，或者从邻近波斯的地区发现新资料来认识古代波斯，为认识波斯的历史、文化以及波斯教育提供了一定的条件。一般来说，关于古代波斯的教育实践与教育思想主要反映在琐罗亚斯德教的经典《阿维斯塔》(*Avesta*)和菲尔多西的史诗《列王纪》中，这些文献涉及人性论、儿童教育、军事体育教育、教师教育，以及人才培养等问题。另外，古希腊历史学家色诺芬(Xenophon，约前440—前355)所著的《居鲁士的教育》一书有许多对波斯的教育实践与思想的记载，也是了解波斯教育的重要资料之一。

第一节　古代波斯社会概述

古代波斯是中亚各国中具有重要影响的国家之一。波斯人属于印伊雅利安族，与印度雅利安人属于同族。印伊雅利安民族也被称为印欧民族。这个民族的共同特点是，生活在氏族与家庭中，社会形态是父系社会。在早期的游牧农耕社会结构中，社会主要由三组人群构成：祭司、武士和牧人。他们虽然分工不同，但在发展的最初阶段是平等共存的。经过长期的发展，由于生产资料的归属不同、生产技能的差异，这三组人群也逐步发生了变化，形成了等级分明的不同阶层。随着长期的迁徙和征战，波斯人控制了包括印度西部在内的当时已知世界的大部分，逐步从一个迁徙、游牧的民族变成定居的民族，从早期的游牧经济发展到农业经济和城市经济，从最初的家庭、家

---

① ［美］米夏埃尔·比尔冈：《古代波斯诸帝国》，李铁匠译，6页，北京，商务印书馆，2015。

族、氏族、部族，发展到村落、城市、国家，最终建立了中央集权制的帝国。① 有研究者高度评价了波斯帝国的建立及影响。认为与当时的亚述人相比，波斯人"更善于治理国家，他们对待自己的民众更克制、更人道，而且视自己的帝国为一个整体。他们创造了统一的货币，建筑了军事道路，并在很大程度上准许地区自治及自由发展地方语言、文学和艺术。结果，商业贸易和农业都走向繁荣。他们发展的政治和经济模式极其重要，因为他们设定的模式后来被亚历山大大帝、罗马帝国，以及最后的欧洲所接受"②。研究古代波斯社会的基本概况主要从国家的管理、社会的等级，以及法律在社会管理中的作用三个方面进行分析，并重点关注阿契美尼德王朝和帕提亚王朝两个时期。

在阿契美尼德王朝时期，波斯帝国在政治上采取的是君主集权制，并形成了中央和地方共同管理的特点。据史料记载，最早建立波斯帝国的居鲁士，在占领巴比伦后便命书吏在一个用黏土做成的圆柱上阐述了其新政的政策：

> 我是居鲁士，世界之王，伟大的王，强有力的王，巴比伦王，苏美尔和阿卡德王，天下四方之王……当我和平地进入巴比伦之后，我万分高兴和幸福地在王宫中安下我高贵的居所……伟大的主马尔杜克为我毁灭了他……热爱巴比伦城，我每天关注他的祭奠……我为巴比伦城和他所有的神圣中心寻求福利。至于巴比伦城的公民，他[那波尼德]把沉重的徭役强加在他们身上，它既不是神的命令，也不符合他们的意思。我使他们消除了担惊受怕，我豁免了他们的劳役。伟大的主马尔杜克喜欢[我的善]行。他赐予我、崇拜他的居

---

① [伊朗]阿卜杜勒·侯赛因·扎林库伯：《波斯帝国史》，张鸿年译，17 页，北京，昆仑出版社，2014。

② [美]R. 弗里曼·伯茨：《西方教育文化史》，王凤玉译，7 页，济南，山东教育出版社，2013。

鲁士，还有我的儿子冈比西斯，以及我的全军仁慈的神恩……①

居鲁士以后，波斯帝国的其他统治者继承了这一传统，巩固取得的成果，使阿契美尼德王朝成为波斯帝国鼎盛的时期。

在波斯帝国的统治者中，大流士的统治也具有较大的影响。一篇纳克西鲁斯泰姆铭文反映了大流士当时的统治思想。铭文记载：

> 我是正义之友，我是邪恶之敌。我不希望弱者受到强者的欺凌；我也不希望强者受到弱者的欺凌。我唯公平正义是所愿。我不是说谎之友。我不是狂暴之徒。我性情温和，遇事不怒，沉着冷静，三思而行……我不允许有人作恶多端，更不允许有人作恶多端而逍遥法外……②

大流士登位后所面临的主要问题是，如何在原始社会刚刚解体，国家政体还没有完全建立的情况下，加强国家的统治，协调国内各方面的关系，化解矛盾，建立一个强大的国家。

在大流士统治期间，他所进行的全方位的"大流士改革"对于波斯帝国的巩固和发展产生了重要影响。其改革的主要内容为：③

(1)确立君主专制制度。大流士认为，无论是对付外敌，还是人民，独裁都是最好的，而且是祖宗之法，不应放弃。④ 在中央层面，加强王权统治，把

---

① ［美］米夏埃尔·比尔冈：《古代波斯诸帝国》，李铁匠译，30 页，北京，商务印书馆，2015。

② 同上书，98 页。研究者指出，除了大流士在铭文中所说的这些，他还有权力杀死那些被他认为是做了坏事的人。希罗多德记下了大流士下令杀死的那些人，认为这些人背叛了他或是挑战了他的统治。

③ 周启迪主编：《世界上古史》，144~145 页，北京，北京师范大学出版社，1994。

④ 周启迪、沃淑萍：《波斯帝国史》，79 页，北京，北京师范大学出版社，2014。

行政权、军权、司法权控制在手里；并建立起王室经济，确立君主专制的经济基础。在地方层面，设立总督制管理地方，将全国划分为 20 个行省，实行对各省的治理。总督负有对地方行政、司法和征税的管理；同时，中央派去军事长官和财务长官负责监督各省总督的活动。①

（2）整顿和完善军事制度，实行全国的军区制管理。将全国划分为五大军区，每个军区下辖若干个省军区。军事长官与总督互不隶属，便于相互牵制。波斯的军队主要由步兵、骑兵、海军、工兵等组成。战时可以从各省和部落征集到一支庞大的军队。

（3）加强金融管理，统一铸币制度。规定帝国中央铸造金币，行省铸造银币，自治市铸造铜币。

（4）修建驿道，完善交通运输。目的是方便军队的调动，以及国王命令的下达和社情民意的上达；还开通了尼罗河至红海间的运河。

（5）进行法律和宗教改革，协调各方面的关系。修改法律时注重参考原有法律；将琐罗亚斯德教定为国教，以神化君主的专制权力；同时对各地宗教采取宽容态度。大流士的多方面改革巩固了波斯帝国的君主专制统治，强化了统治阶级的阶级基础，使得奴隶制度得到巩固，社会生产得到一定发展。经过不断扩张，波斯帝国成为历史上第一个地跨亚非欧三大洲的帝国。②

在阿契美尼德王朝时期，波斯社会的上层统治中，国王是最高的统治者。国王声称自己是由神挑选出来的。不服从国王，不是一般的罪，而是反对至高无上的神的罪。国王的继承人也需要挑选。一般情况下是挑选长子，但也要看继承人能否长大，是否配得上担任国王。因此，国王都要有几位妻子，她们的孩子成为继承人的选择对象。国王去世后，神庙中的圣火要熄灭，王

---

① ［伊朗］阿卜杜勒·侯赛因·扎林库伯：《波斯帝国史》，张鸿年译，146 页，北京，昆仑出版社，2014。

② 周启迪、沃淑萍：《波斯帝国史》，87 页，北京，北京师范大学出版社，2014。

位继承人要重新点燃圣火，预示着新国王的产生。在宫廷里，贵族一般担任国王的顾问或者宫廷法官，处理国王交办的案件。贵族要穿着特制的服饰，佩戴着珠宝。王后通常是从这些贵族的女儿中进行挑选，贵族也可以通过儿子与王室公主联姻以获得权势。

与男性相比，波斯宫廷女性的地位还是比较高的。虽然女性没有成为统治者的可能，但她们的行为也可以影响国王的决定。国王的母后和王后是王室中最重要的成员，她们什么时候都可以去见国王，而且还可以与国王共同进餐。她们主要的工作是监督王室成员，对于违法者可以上报国王进行处罚。王室成员中的许多女性一般也有较大的独立性。她们接受过较好的教育，教育内容除了女性需要学习的外，还包括一些与男性一样的骑马、射箭等。

这一时期，在波斯帝国各行省的统治方面，主要是依靠国王信赖的地方官吏——总督进行管理。总督可以是王室成员，也可能是可靠的贵族或者将军。在大流士统治期间，帝国分为20个行省，许多王族成员担任了行省的总督。总督的职责是除了要完成交给国王的税收和贡赋外，还要管理地方经济，管理军队，维持地方治安，负责解决地方出现的争端。与其他贵族一样，一些总督也可以把职务传给自己的儿子，还可以依靠血缘关系担任顾问。总督在自己所在的城里也有类似于国王宫廷的生活，他们可以举行宴会，进行狩猎和赠送礼物等。一般来说，只要总督是效忠国王的，职位和利益都是比较有保障的。当然，对于那些企图通过叛乱来维护自身利益的地方管理者，都会遭到中央政府的镇压。大流士改革以后，为了防止权力的集中，开始削弱总督的权力，剥夺总督的兵权。如向每个行省都派去一个总督、一个军事长官和一个财务长官，他们三者彼此是独立的，直接对中央负责。这实际上是古代早期的一种政治、军事和财务三权分立、相互制约的思想。

阿契美尼德王朝时期的波斯帝国，除了王族、贵族和总督对帝国的各级政府及军事进行管理外，还有许多贵族之下的不同等级的人在维护帝国的稳定方面发挥着重要的作用。这些不同等级的人包括，军队中不同级别的军官、参加服役的士兵、被雇佣的农庄农民、经营土地的农夫等。波斯帝国社会最底层的是众多的奴隶，奴隶主要来源于战争。在居鲁士统治时期，每一次战争胜利后一些战败城市的居民都会成为战俘，他们中的许多人就被变卖为奴隶。这些奴隶可以被买卖、出租、债务抵押，或者送去学习各种手工技艺，如学习烘烤面包、漂白布、制作印章等技术。买卖奴隶像买卖其他物品一样，要签订契约，契约中除了写明价钱外，还要写明这个奴隶的属性，即不是自由民，不是王室和神庙的奴隶，也不是其他人的奴隶。

帕提亚王朝时期，波斯帝国仍然延续阿契美尼德王朝的一些传统：国王仍被称作世界之王；国王在位时，圣火一直点着，直到他去世为止；波斯古老的宗教——琐罗亚斯德教也一直得到历代诸王的支持。在中央和地方的政治和军事等管理上，帕提亚王朝也延续了波斯传统的管理特点，由信赖的家族成员和亲信担任顾问和军事指挥官。不过，有研究者指出，在帕提亚王朝时期，贵族与早期的古代波斯形成了不同的特点，即贵族虽然也是宫廷贵族的一部分，但是王朝对贵族没有绝对的权力；贵族甚至可以有权批准新的国王。如果某个国王有问题，贵族还可以有权罢黜他。[①]

与阿契美尼德王朝相比，帕提亚王朝时期的行省管理范围和权限缩小了许多，地方官员也可以不再是王室成员。中央政府对地方的约束减小，地方独立性加强。一些小的地方政府逐步成为独立的王国，它们可以发行自己的货币，进行战争。对此，中央政府并没有强行干预，只要这些小的王国继续交税，宣誓效忠中央就可以。与这种制度相联系，帕提亚王朝的军队采取的是首领执政制，特点是权力非高度集中，首领共同负责。在统治区内，各个氏族平等共处，首领和元老共同决定大事。帕提亚王朝的元老会制是在原始生

---

① ［美］米夏埃尔·比尔冈：《古代波斯诸帝国》，李铁匠译，108 页，北京，商务印书馆，2015。

活状态的游牧战争时逐步形成的，早期由各族的军事首领组成，它在决定战事和王位继承人等重大问题上具有很大的权力。以后元老会议的组成人员除了军事领袖和行政长官外，还包括各王子家族中和大贵族家族中的成员，以及新征服或者归顺的各地的大地主等。元老会议与国王的关系表现为，它在国王登基时与国王有一定约定，对国王的权力加以限制。

帕提亚王朝除了近卫军和国王卫队外，不设常规武装力量。战时，国家可以从全国各省以及各附属国征集作战力量。首领和贵族也都率领征集的弓箭手和骑兵前来参战。军队的核心是国王直接指挥的精锐骑兵，必要时还可以组成步兵突击队。作战时，精锐骑兵主要采用一种"退却战法"与敌人周旋，即敌我双方战斗正酣时，骑兵突然退却，当敌人追击时，又猛然杀回，置敌于死地。

帕提亚社会的下层主要分两个等级，一个等级由自由民组成。其中大多数人是农民，他们拥有一块土地或者替别人工作。还有一部分自由民是由受过教育的、有技术专长的城市工匠、艺术家、商人和医生组成。另一个等级是由农奴和奴隶组成的社会最下层。这时的奴隶也是来自战争的战俘。在贵族的土地上，主要是农奴来完成农牧活。农奴的地位是比较低下的，他们依附于生活和耕种的土地主人，即使土地的主人换了，他们也还是在原来的土地上为新主人劳作和服务。除了农奴外，还有为庙产和皇家矿产工作的奴隶，以及大家族中从事各种工作的奴隶。所有这些奴隶的地位基本相同，都是可以被用来充当士兵打仗的。不过，在这个时期，尽管奴隶的地位是低下的，隶属于奴隶主，但有的奴隶可以得到奴隶主的精心培育。奴隶主"精心得就像他们自己的子女，以极大的耐心教他们学会骑马和射箭的技术"①。

萨珊王朝时期，新建立的波斯王国既保留了以往的传统，又有一些新的

---

① [美]米夏埃尔·比尔冈：《古代波斯诸帝国》，李铁匠译，112 页，北京，商务印书馆，2015。

变化。国王仍然是最高立法者和统治者，王位继承人也由国王在自己的儿子中进行选择，但国王的统治还需要得到贵族们的支持。另外，这一时期的君主在处理一些事务时也会依据事实来对待规则和法律问题。据1932年考古发现的一块大理石上的记载，当时的阿尔班达二世宣布关于苏萨选举司库的法律限制条款无效，再次确定重新选举这个城市的司库。铭文内容是：

> 您的一位公民、"第一等和最受尊敬的朋友"及"禁军"等级的官员，在司库衙门干过……最受尊敬的、公正的、极其廉洁的人，当花钱为城市谋福利时，他缩减了[没有花钱]他自己的开支；在他的任期之中，当城市需要一名使者的时候，他曾经两次亲自外出。他认为照顾自己的财产不重要，但城市的事情更重要。他从不争论金钱和困难，他把自己[毫无保留地]献给了两任大使的职责，并且使它们为城市带来好处，他获得了适当的荣誉，就像[城市]在330年决定发布的命令所说。
>
> 由于331年的需要[一位曾经两次任职]的先生担任332年的同一个职务，在经过长期的考查之后……他挺身而出，宣誓他由于宪法规定在没有满三年之前，而被排除再次担任同一个职务；由于这座城市[根据经验知道]他的优秀品质，保留了他在同一个衙门中的行政职务，决定选举他担任司库，因此他被选为332年的……
>
> 根据上面的理由，我们确定他的当选是具有法律效力的，他没有因为不满三年期限再次担任同一个职务而受到起诉。也没有因为诸如此类的其他任何王家命令而受到起诉……①

---

① [美]米夏埃尔·比尔冈：《古代波斯诸帝国》，李铁匠译，109页，北京，商务印书馆，2015。

萨珊王朝时期的波斯社会主要由五个等级构成。最高的等级是祭司；其次是武士等级，武士等级包括王族、贵族和大地主等，武士等级内部也分不同的等级；第三等级是国家官吏和熟练工人，包括医生、诗人等；第四等级是工匠、农夫和商人；最低的等级是奴隶。萨珊王朝的等级制度比较严格，人的地位主要是由出身决定。农民的儿子是农民，政府官职可以由父亲传给儿子。不过，也有例外情况。如果一个人比较优秀，被发现后可以通过高级的正式考试提拔到一个较高的等级——得到国王嘉奖的"臣民等级"。① 与其他等级不同，社会上层的贵族等级享有许多特权，如不用纳税，贵族男子可以娶许多妻子等。由于有许多闲暇时间，贵族等级也能够接受较好的教育。他们除了学习军事技术外，还学习琐罗亚斯德教，读书写字等。有的还被送去向专职教师学习，包括法律和音乐等。据资料记载，有的王子还学习仪表风度和正统的宫廷礼仪规则等内容。②

在中央管理上，国王主要依靠一些重要官吏帮助维持政府的运转。这些官吏包括宰相，负责管理整个官僚机构；千夫长，作为国王的禁军首领；以及负责登记国王收到礼物的官吏和负责为国王抄写信件、记载国王活动的书吏等。在地方管理上，国王主要是任命家族成员统治国内小的王国，以防止地方发生叛乱。这时，以往的地方管理官吏——总督还在，但权力很有限，主要负责管理城市，而不是整个行省。

萨珊王朝时期的下层社会，有许多是依靠为别人工作而谋生的各式各样的人。在这些人中，大多数是为贵族耕种土地的农夫，有一些人是工匠，还有的是在军队中参战的士兵。在下层社会中，妇女的地位是低下的。她们被看作家庭的财产，男子有权把自己的妻子短期内转让给别的男子，而妻子则

----

① ［美］米夏埃尔·比尔冈：《古代波斯诸帝国》，李铁匠译，113 页，北京，商务印书馆，2015。

② 同上书，114 页。

不能拒绝。

萨珊王朝社会属于奴隶制社会，奴隶的社会地位是最低的。父亲可以把一个儿童卖为奴隶；还有人为了偿还债务而成为一定期限的奴隶。这个时期的奴隶主要来源于外族的被征服者，主要在神庙地区工作。萨珊法律认为，奴隶是其主人的财产。女奴隶的儿子仍然被认为是奴隶。不过在有些情况下，奴隶也享有某些法律权利，如可以出庭作证或起诉虐待奴隶的主人。

总之，波斯帝国三个王朝时期的情况反映了波斯社会的一些基本特点：

(1)在国家和地方的管理上，血缘、亲族关系及其影响占有重要的地位。中央王位的继承人主要是由国王在自己的儿子中选出；地方多是由贵族家族派人进行管理，或者任命家族成员进行统治。当然，后期也出现了国王的统治需要得到贵族们支持的变化。

(2)社会各个阶层及等级的划分非常严格，各个等级的地位是不平等的。等级最高的国王和贵族享有最大和最多的权力，而社会底层的奴隶是没有什么权利的，他们只是主人的财产。同样，波斯社会上层妇女也享有较高的地位和权利，而社会下层女性的地位是非常低的，她们没有自己的权利，甚至还有被转让给他人的可能。

(3)在古代波斯社会，由于血缘、亲族关系、等级地位的存在，它们与权力的对应和匹配在帝国管理上占有重要地位。因此，在许多问题的解决和处理上，血缘关系和权力地位发挥着重要的影响。不过，在这个时期也看到了在处理一些问题时法律的存在和行使也发挥着一定的作用。特别是在波斯帝国后期，无论是社会的上层，还是下层，运用法律作为一种手段进行辩护，以保护自己或者他人的利益，也成为这个时期波斯社会协调各个方面利益关系的一个选择因素。

第二节 古代波斯的生活与教育

古代波斯的生活及教育主要涉及波斯人的社会经济、日常生活、农业生产、商贸交易，以及日常教育等。

从社会经济方面看，波斯帝国幅员广大，经济发展不均衡。帝国不仅有为数众多的地区和民族，经济结构也不尽相同。例如，帝国内的一些地区，包括当时的埃及、两河流域、印度河流域、小亚、叙利亚和巴勒斯坦等已经进入到奴隶制经济时代，而其他一些地区则还处于奴隶制初期或者原始社会的晚期阶段；有的地区有发达的农业、手工业和商业贸易，而在另一些地区，仅有较好的畜牧业，农业、手工业和商业贸易则不发达。古代波斯社会的这种经济结构以及发展的不平衡问题由于社会等级的存在，特别是贵族对土地及各种资源的强取豪夺，使社会变得更加不公平。有资料记载，波斯王国分给王室成员的土地数量极大，还包括灌溉系统；许多王子、地方总督都拥有较多的地产；王后除了拥有地产外，还有众多与农业相关的财产，包括大量的奴隶、谷物、牲畜和其他财产等。①

波斯人的日常生活主要包括家庭关系、风俗习惯、生活饮食、服饰穿戴等。阿契美尼德王朝时期，在波斯人的家庭关系中，男子占主导的统治地位。社会对男子的家庭美德有很高要求，即看一个男子能否生出许多的孩子。对于那个生得最多的人，国王每年都会给他送去许多的礼物。多子不仅可以延续家族的声望，还可以为国家准备更多的士兵。希罗多德在他的《历史》中也有同样的描述，认为波斯人把多子多福看作一种美德。"在波斯人看来，儿子众多，是男性的仅次于勇武的一种最大美德。每年国王都赠赐给能够证明自

---

① 周启迪主编：《世界上古史》，146 页，北京，北京师范大学出版社，1994。

己的儿子最多的那位父亲以丰厚的礼物。因为他们认为人多力量大。"①

帕提亚王朝时期，社会和家庭比较流行近亲婚姻，近亲婚姻不是基于某种信念，而是更强调保护种族的纯洁。萨珊王朝时期，波斯人的传统有了一些新的变化，既强调丈夫是家庭的主人，也规定了丈夫须尽的责任。当时法律规定，丈夫的妻子和子女必须对他表示十分的尊敬，同时也要求丈夫要供养他的妻子一生。如果由于丈夫没有给妻子提供食物而使她被迫盗窃食物，这个丈夫则要受到惩罚；如果丈夫去世了，就要找一个人作为监护人照顾妻子和子女。关于子女的抚养，父亲要负责把子女养大成人，直到女儿出嫁、儿子成年为止。当时的习俗是，女孩可以在9岁时出嫁；已经成年的女孩在选择婚姻时具有一定的自主权。②这个时期，波斯人的家庭主要通过氏族的组织形式维护本族人的利益。氏族主要是由一些有亲戚关系的，甚至多达几十户的或者更多的家庭组成。氏族可以共享某些财产，举行祭祖活动。氏族中的男性首领组成议事会，该机构管理氏族成员的婚礼和审理司法事务等。可见，在解决内部的矛盾方面，波斯人的氏族组织形式发挥了重要作用。

在家庭关系中，波斯人认为，儿子不能做弑父弑母的事。如果有这样的事情发生，他们坚信，做这样事情的孩子不是假儿子就是私生子。因为在他们看来，儿子是不可能亲手杀死自己的亲生父亲的。③

关于波斯人的风俗习惯方面，古希腊历史学家希罗多德的描述是比较生动的。希罗多德在《历史》中说："据我所知，波斯人所遵守的风俗习惯是这样的。他们不供神像，不建神庙，不设祭坛，他们认为只有愚蠢的人们才会这样做的。我猜想这是由于他们和希腊人不同，他们从不相信神和凡人的本性是一样的。不过，他们的习惯是到最高的山峰上去，在那里向宙斯奉献牺牲，

---

① [古希腊]希罗多德：《历史》，徐松岩译，53 页，上海，上海三联书店，2008。
② [美]米夏埃尔·比尔冈：《古代波斯诸帝国》，李铁匠译，129 页，北京，商务印书馆，2015。
③ [古希腊]希罗多德：《历史》，徐松岩译，53 页，上海，上海三联书店，2008。

因为他们是把整个苍天称为宙斯的。"①希罗多德指出，波斯人在献牲的时候，不设祭坛，不点火，不祭酒，不吹笛，不用花圈，不供大麦饼；只是那奉献牺牲的人，把他的牲畜牵到一个洁净的场所，就在那里呼唤他要向其奉献牺牲的那位神祇的名字。

在生活饮食方面，普通波斯人的食物主要是谷物、豆类、果实和蔬菜，啤酒和葡萄酒也是常喝的饮料。由于是草原游牧民族，波斯人也常食用奶酪和酸奶。肉类主要是鸡和猪，还有其他野兔、野鹿等。在一年当中，波斯人最看重的是每个人的生日聚会。按照波斯人的习俗，这一天吃喝要比平时的日子都要丰盛些。当然，贵族和普通人也有不同。在生日聚会时，富人们多是在大炉中烧烤一头牛、一匹马、一头骆驼或者一头驴等，而贫穷的人们则用较小的牲畜来代替。

在服饰穿戴方面，不同时期和不同阶层的波斯人是有差别的。在阿契美尼德王朝时期，人们比较习惯穿一条宽大的、一直到脚踝的长袍。而在其他地区，束腰外衣的短袍比较流行。一般来说，贵族的服饰穿戴比较艳丽。紫色服饰常为富贵人家所享用，据说把衣服染成紫色的颜料非常昂贵。在服饰穿戴上，波斯人都系有腰带，但是不同的腰带表达着不同的含义。例如，信仰琐罗亚斯德教的教徒在服饰上多系有白色腰带，以表示自己的宗教信仰。在帕提亚和萨珊时期，波斯男子使用腰带则比较流行。

在一些礼仪方面，可以看出波斯人的身份和等级的不同。如果波斯人在街上相遇，不同动作表示了不同的身份和等级。如果是身份相同的人，双方都不讲话，而是互相吻对方的嘴唇；如果其中一个人的身份比较低，则吻面颊；如果二人的身份相差悬殊，则身份低的人要俯卧在另一个人的面前。

古代波斯人还举办一些庆典活动，其中最有影响的是"努鲁兹"庆典。努鲁兹开始于春季的第一天，庆典举办也标志着一个新年的开始。在阿契美尼

① ［古希腊］希罗多德：《历史》，徐松岩译，51~52页，上海，上海三联书店，2008。

德时期，这个庆典就已经有了。在萨珊人统治时期，这个庆典又被赋予了重要的宗教意义，庆典活动一般要持续三个星期。努鲁兹庆典活动对于波斯家庭也具有重要意义。在这一天里，子女要对老人表示尊敬，家庭成员要相互交换礼物，人们也会去拜访亲戚，希望他们在新的一年生活得更好。

波斯人的农业生产主要以农作物种植为主。在阿契美尼德帝国时期，波斯人的农作物种植主要包括大麦、其他谷物、亚麻、水果和各种蔬菜等。大麦主要用于制造啤酒和面包；水果主要有无花果、李子、苹果、葡萄、柑橘和石榴等，其中葡萄种植是为了酿酒。波斯人还饲养牛羊等，主要是作为食肉。当然，能够吃到牛羊肉都是富裕家庭的权利。在帕提亚帝国时期，波斯人的农业除了保留原有的庄稼种植外，还种植过水稻。

波斯人的商贸交易主要包括产品的生产和销售、银行交易、货物运输等。许多熟练的工匠和工人依靠自身的手艺制造出各种产品，服务于民众或者军队，政府则要负责对商品的生产和运输进行监督。在阿契美尼德时期，许多熟练的工匠除了生产金银器皿和珠宝外，还可以制造花瓶、镜子和其他商品，有的还要帮助政府修城筑路，以利于各类商品和军事活动在帝国境内的运输。这些工匠由于具有熟练的技艺往往可以获得较好的收入和食物。这时也已经有了银行业，主要是由私人经营。阿契美尼德时期就有一个依靠银行贷款发财的故事。这个家族中父亲、儿子和孙子都是银行家，他们主要是提供贷款给那些需要缴纳赋税的居民，银行通过收取这些借款人还回来的酬金以获取利益。[1] 在阿契美尼德时期，货物运输主要靠商人贩运各种商品来为社会提供各种需要和服务。这些商品包括来自小亚细亚的铁器、青铜器、锡器和银器，埃及的黄金、象牙，腓尼基的葡萄酒，还有来自印度、希腊和西伯利亚的商品等。在大流士统治时期，由于商品买卖中使用银币和金币，使交易变得更

---

[1] ［美］米夏埃尔·比尔冈：《古代波斯诸帝国》，李铁匠译，126 页，北京，商务印书馆，2015。

为便捷和简化了。帕提亚时期的波斯，商品交易主要来自丝绸之路沿线的贸易活动。通过丝绸之路，中国的蚕丝、丝绸、食盐，印度的香料、宝石等其他物品运到了波斯。同时，波斯人也通过丝绸之路把自己的马匹、食物和羊毛制品，以及罗马的葡萄酒、玻璃等运到了中国。波斯萨珊王朝时期，这条丝绸之路仍然发挥着商品交易和运输通道的重要作用。

关于波斯人的日常生活中的教育史料是比较少的。希罗多德在《历史》中有关于波斯人家庭教育的描述，说波斯人非常重视对儿子的教育。他们的儿子从 5 岁到 20 岁要接受精心的教育，儿子们只学习三件事——骑马、射箭和说实话。波斯人不仅要求孩子要"说实话"，也对所有人都有同样的要求。在他们看来，"说实话"的反面就是"说谎"。波斯人认为，凡是说了就是违法的事情的，那做了也一定是违法的，世上最不光彩的事莫过于说谎了。在波斯人的家庭中，男孩是比较受到重视的。一般来说，男孩在 5 岁以前不允许见到自己的父亲，而是要和妇女们一起生活；这样做的原因是假如这个孩子夭折，父亲可以免受亡子痛苦的折磨。

这个时期，波斯人的教育也有社会不同阶级和阶层的区别。一般来说，农民、牧民以及其他下层社会的儿童，很难接受正规的学校教育，他们的教育多是在日常生活中进行的，儿童常常向大人学习一些手艺。而上层社会和富贵家庭则为家中的男孩提供较好的条件，让他们接受读书、写字的基础教育。此外，贵族男孩还要学习骑马、射箭和作战的技能等。波斯人家庭中的女孩一般很少接受教育，即使接受教育，内容也是非常有限的。关于学校教育，有资料表明，阿契美尼德时期的波斯人在征服巴比伦和埃及后，保留了被征服国原来的一些培养书吏的学校。在书吏学校里，学生主要学习读写楔形文字，还要学习数学和天文学等。在帕提亚时期和萨珊时期，波斯人的教育发展也是不平衡的，除了上层社会的子弟可以接受一定的教育外，其他阶层接受教育是比较有限的。但在这个时期，特别是在萨珊王朝时期，受琐罗亚斯德教的影响，波斯人对于宗教教育是比较重视的。社会要求学生背诵宗教经典；家庭要求儿童以及奴隶熟悉琐罗亚斯德教的基本知识；而准备做祭司的人须接受多年的宗教教育。

第三节　古代波斯的宗教与教育

古代波斯的文明是与波斯人的琐罗亚斯德宗教的兴起、发展，以及对待不同宗教所采取的宽容态度分不开的。在阿契美尼德王朝崛起之前，伊朗高原的米底人和波斯人就信仰许多神祇，是一个多神论的时期。经过几百年以后，阿胡拉·玛兹达(Ahura Mazda)神逐步成了波斯人心中最高的神。波斯人的宗教琐罗亚斯德教就以崇拜阿胡拉· 玛兹达神为中心。琐罗亚斯德教的根源可以追溯到一位被称为查拉图斯特拉①的波斯人。它的希腊语是 Zoroaster，古波斯语是 Zarathustra。查拉图斯特拉被希腊人称为琐罗亚斯德的先知，一个自称可以代替神说话的人。这位先知接收到了来自阿胡拉·玛兹达神的信息。琐罗亚斯德宣称，阿胡拉·玛兹达神超越波斯人所信仰的一切神祇，是最高的神，并通过《伽泰》文献制定了琐罗亚斯德教最初的教义。

按照伊朗学者的研究，琐罗亚斯德出生于公元前 660 年左右，去世于公元前 588 年。② 琐罗亚斯德教的重要经典是《阿维斯塔》(*Avesta*)，它是颂歌、祈祷词、咒语和宗教戒律的总汇。《阿维斯塔》包括《亚斯纳》，是普通民众对神的颂词。这部分中包括《伽萨》、《维斯帕拉德》(*Vispa Ratavo*，意为所有首

---

① 查拉图斯特拉也是德国思想家尼采在《查拉图斯特拉如是说》中使用的名字。尼采在一首长诗中把波斯人的这位先知作为一个著名人物，用来解释自己对生命的态度和看法。虽然尼采的思想与琐罗亚斯德教没有任何关系，但反映了他借古代人表达自己思想的一种做法。

② ［伊朗]阿卜杜勒·侯赛因·扎林库伯:《波斯帝国史》，张鸿年译，40 页，北京，昆仑出版社，2014。

领和杰出人物），另外还有《万迪达德》（意为驱魔法规，其中包括洁净的教规）。另一部分名叫《亚什特》，是祈祷词和颂词。现存的《阿维斯塔》是萨珊王朝时期基于记忆的内容而搜集整理的。①《阿维斯塔》的《伽萨》《亚什特》《维斯帕拉德》反映了琐罗亚斯德教的基本教义。

琐罗亚斯德教形成后最初影响有限，直到阿契美尼德王朝时期，才传遍了整个波斯。在公元 651 年阿拉伯人征服波斯以前，琐罗亚斯德教一直是波斯人的宗教，它在提高波斯人的文明水准、增强民族内聚力，以及进行广泛深入的道德教育方面发挥了重要的作用。

琐罗亚斯德教教义的核心是在善恶两种势力的对立和争斗中弃恶扬善，以善胜恶。在琐罗亚斯德教中，阿胡拉·玛兹达神代表善的力量，代表真理、秩序和合乎道德的行为，而被称为阿里曼（Ahriman，也译阿赫里曼）的神则代表了邪恶的力量，恶魔在尘世做坏事。人们必须在善恶之争中进行选择，站在阿胡拉·玛兹达神一边，择善弃恶，善思、善言、善行，在末日时对邪恶势力进行审判。

琐罗亚斯德教的信条主要反映在其经典《阿维斯塔》的《亚斯纳》第 12 章，该信条被认为是琐罗亚斯德本人所写，由他劝说皈依新宗教的人们背诵出来的。其中的内容是：

> 我弃绝歹瓦（伪神）的权威，他们是邪恶的、卑鄙的、无法无天的、罪恶滔天的……最肮脏的、最有破坏性的东西。我弃绝歹瓦和他们的同伙，我弃绝恶魔（雅图）和他们的同伙；我弃绝任何邪恶之人。我以我的思想、言论和行为弃绝他们。我公开地弃绝他们……
>
> 我宣布自己是马兹达的信徒，一个琐罗亚斯德教信徒，我对此

① ［伊朗］阿卜杜勒·侯赛因·扎林库伯：《波斯帝国史》，张鸿年译，35 页，北京，昆仑出版社，2014。

发誓，我对此公开宣布。我发誓遵守善思、善言、善行。①

《阿维斯塔》中还对善恶的源头及其后果进行了阐明：

> 思想和言行皆有善恶之分，只因原始太初两大本源并存，真诚者求善，从恶乃虚伪之人。
>
> 生命宝殿善端起，死亡魔窟恶端立，善者来日清晨天国分享阿胡拉的恩惠，恶者将跌落阿赫里曼阴暗的地狱受罪。②

按照琐罗亚斯德的教义，善、恶是世界上存在的两大斗争势力，人间的吉凶、祸福都是这两大势力斗争的结果。善界的最高神是阿胡拉·玛兹达，是善的本源。一切光明、洁净、理智以及有益于人世之事，皆出自于阿胡拉·玛兹达。恶界的最高神是阿里曼，一切邪恶、不洁以及危及世人者，皆出自阿里曼。玛兹达是真理、智慧之神；阿赫里曼是谬误、腐败之神。善、恶总是针锋相对的，二者的斗争是长期的、反复的。最终，善神将战胜恶神，迎来光明的、乐观的、有前途的世界。

从道德教育的角度看，琐罗亚斯德教提出了一个判断人的思想和行为的道德标准和道德教育的内容：一个人只要弃恶从善，追求真理、秩序和合乎道德的行为，就会得到福佑，万事亨通，就是好的、善的和有德的；一个人如果弃善扬恶，追求谬误、无序和违背道德，就会得到惩罚，大祸临头，就是坏的、恶的和无德的。按照这个标准，人类社会进行道德教育是非常必要的。道德教育就是对人进行弃恶扬善的教育，使人追求真理和秩序，过合乎

---

① ［美］米夏埃尔·比尔冈:《古代波斯诸帝国》，李铁匠译，134 页，北京，商务印书馆，2015。
② 张鸿年编选:《波斯古代诗选》，3 页，北京，人民文学出版社，1995。

道德的生活。当然，在当时的奴隶制的波斯社会，追求真理就是追求琐罗亚斯德教义，过有秩序和有道德的生活就是遵循社会各个等级的身份和地位，不做逾越身份和等级、地位的事情。

琐罗亚斯德教的产生对于道德教育也具有一定的意义。琐罗亚斯德教崇拜一位神，即阿胡拉·玛兹达神，认为阿胡拉·玛兹达神居于至高无上的地位。这在古代波斯人信奉多神论的宗教中无疑是一个创新。不过，按照伊朗学者阿卜杜勒·侯赛因·扎林库伯的观点，琐罗亚斯德并没有否定以前存在的二元的观念，他并不认为自己的最高天神阿胡拉·玛兹达不是恶元的创造者。因此在他的教义里，恶元也像善元一样，都是阿胡拉·玛兹达创造的。阿胡拉·玛兹达既是善的创造者，也是恶的创造者。① 这种善恶创造者同为一体的观点，既提出了善恶共存相斗的问题，也提出了人的意志选择的问题。在琐罗亚斯德看来，人的意志是自由的，在善恶面前要做出自己的选择。人可以通过自己的努力和行动发展善的力量，抵制恶的势力。琐罗亚斯德说，明智者走上善的道路，愚昧者走上恶的道路。善恶有报，选择恶的人死后必将受到惩罚。②

除了强调道德上的善恶之争外，琐罗亚斯德学说还包含着一种对生活的热爱和享受生活的态度。在琐罗亚斯德看来，不要忽视任何改善生活的机遇，应该把生活视为人生的享受，主张世人要尽心尽力地去喂养牲畜，辛勤劳作，繁殖后代。不过，琐罗亚斯德也反对过分不当。如宰牲献祭，狂欢无度，大吃大喝，注重个人享乐而侵犯和折磨他人等。他还谴责不义的强盗、说谎者、不贞洁的女人，以及作奸犯科、破坏生活环境的魔鬼。③

在波斯社会的不同时期，人们对待琐罗亚斯德教的态度是不同的。在阿

---

① ［伊朗］阿卜杜勒·侯赛因·扎林库伯：《波斯帝国史》，张鸿年译，45~46 页，北京，昆仑出版社，2014。
② 同上书，46 页。
③ 同上书，38 页。

契美尼德王朝时期，早期的上层社会，包括国王还不是琐罗亚斯德教的信徒。他们信奉的观念还是琐罗亚斯德教前的波斯人中流行的神的观念。以后，随着琐罗亚斯德教的传播和发展，上层社会的王室成员和贵族逐步接受并重视这一宗教。一些国王外出打仗时，旁边要配有一辆由几匹马拉着的空战车，是留着让阿胡拉·马兹达乘坐的，以确保国王在战争中的安全和取胜。而下层的波斯人，以及非波斯人由于在信奉琐罗亚斯德教之前就已经有自己崇拜的神了，因此帝国采取了相对宽容的政策，没有强迫他们的信仰。在统治者看来，要想赢得被征服者的支持，必须给人们一定的宗教宽容和自由。当然，也有研究者指出，这也可能是作为一种治国理念。① 不过，统治者的这种宗教宽容政策是有限度的，如果被统治地区出现叛乱或者危及统治者的安全，那些当地的神庙就可能要被毁灭掉。

在帕提亚王朝时期，波斯统治者尽管信奉琐罗亚斯德教的最高神阿胡拉·马兹达神，但是仍然采取宗教宽容的政策，允许帝国各地保留自己信仰多神的习惯。在萨珊王朝时期，随着琐罗亚斯德教影响的加强，许多国王和贵族接受了这一宗教，并建立了火坛进行祭祀活动。一些主持祭祀活动的大人物往往被称作"麻葛"（magus），也就是男巫。最早的麻葛是在米底担任琐罗亚斯德教祭祀的部落成员。以后，随着麻葛人数的增加，他们也开始对国王施加影响，试图利用国王的力量来消灭其他宗教势力，不过这种影响还是有限的，波斯人以及其他被征服者仍然保留了对其他宗教信仰的自由。

这一时期，波斯境内除了自己的琐罗亚斯德教外还有波斯的犹太教和基督教。犹太教的产生比较早，是古代世界的第一个一神教。公元前 10 世纪时，犹太人分成了两个王国。公元前 8 世纪时，亚述王国开始扩张，犹太人的地区被占领，他们被迫流放到美索不达米亚地区。而随着波斯军队的扩张，

---

① ［伊朗］阿卜杜勒·侯赛因·扎林库伯：《波斯帝国史》，张鸿年译，189 页，北京，昆仑出版社，2014。

普鲁士大帝把犹太人从巴比伦的统治下解放出来，帮助他们重建在耶路撒冷的神殿，对犹太人及其宗教采取了较为宽容的政策。这种政策一直延续到帕提亚王朝和萨珊王朝。基督教是公元 1 世纪时在犹太地区出现的一种新的一神教。一位犹太男子耶稣宣传热爱和崇拜上帝，以便在死后可以获得天堂的幸福生活。耶稣的宣传获得了许多追随者，但是也激怒了犹太教和当权者。耶稣最后被钉死在十字架上，他的许多追随者成了基督教的信徒。基督教在波斯地区逐渐被接受，在萨珊王朝时期得到较快发展。

在这种宗教宽容的环境下，这一时期的波斯还出现了一种把各种宗教融合在一起的新的宗教。有研究者指出①，在萨珊王朝时期，一种新的宗教出现了，并在波斯产生了较大的影响，这个宗教就是摩尼教。公元 3 世纪，一个叫摩尼(约 216—276)的巴比伦人把犹太教、基督教、佛教和琐罗亚斯德教的教义糅合在一起，创立了摩尼教。摩尼教宣称宇宙万物来自光明与黑暗的混合状态，其中光明代表和平，黑暗代表战争。光明世界代表着崇高纯洁的世界，尘世的生活代表着黑暗世界。为了光明和幸福的生活，人们应该使自己体内的光明与黑暗分开。从摩尼教的基本主张可以看出，它信奉的不是一神教，也没有强调宗教的唯一的、最高的神。琐罗亚斯德教祭司拒绝摩尼和他的宗教，他们说服波斯国王逮捕了摩尼，但是摩尼教仍然继续发展，并传入了古代罗马和中国。

总之，从波斯的琐罗亚斯德教和其他宗教的发展及关系来看，波斯帝国在征服各地时允许各地人民保持自己的习俗、宗教和法律的政策，这对波斯政治和文化的影响是较大的。这种宗教宽容的政策促进了波斯文化与美索不达米亚、叙利亚-巴勒斯坦沿海诸古国以及埃及文化的融合。同时，琐罗亚斯德教、犹太教、基督教，以及糅合众多宗教产生的摩尼教等宗教的出现，也

① [美]米夏埃尔·比尔冈：《古代波斯诸帝国》，李铁匠译，137 页，北京，商务印书馆，2015。

对各个宗教神学理论和实践的发展，以及相互的沟通产生了一定影响。

在教育方面，波斯人的宗教教育除了个体的信仰活动教育外，还出现了一些通过一定形式或者机构进行的宗教教育，例如说庙宇或者火坛活动的教育。当时比较有影响的是在萨珊时期的宗教教育活动。这主要得益于波斯统治者所推行的文教政策，促进了东西方文化教育的交流和融合。其中比较有代表性的是琼迪-沙普尔学园的产生。这所学园是萨珊王朝时期最著名的高等学府和学术研究中心，学生来自世界各地。学者和学生在这里可以研习琐罗亚斯德教的神学理论、古印度和希腊的文化、希腊化时期埃及和叙利亚的思想，可以接受医学的专门训练。琼迪-沙普尔学园的教学与研究工作一直延续至阿拉伯帝国的倭马亚王朝（661—750）统治时期，学园及其校友还将一批印度、波斯、叙利亚及希腊文的著作译成阿拉伯文流传各地。

第四节　古代波斯的文化、科学与教育

古代波斯的各个时期，文化、科学也都有一定的发展，且形成了自己的特点。在阿契美尼德王朝时期，历代诸王不仅崇尚军事，也重视发展文化和科学，特别是在诸王接受了琐罗亚斯德教后，宗教文化得到一定的发展，并且组织人力收集、整理、编辑、抄写古代波斯的诗文总汇《阿维斯塔》。

关于波斯宗教文化与教育的关系，第三节已经进行了论述，这里主要就波斯文化的其他方面进行分析。这个时期的波斯文化除了宗教文化外，在文字、工艺品、文学作品等方面也均有所建树。

有研究者指出，在阿契美尼德王朝时期，波斯的官吏就已经用楔形文字在泥板上记载了政府事务的详细情况。后来被发现的数千块泥板书也提供了

阿契美尼德王朝时期波斯人生活的情况。① 另外，还有一些石刻文字记载了阿契美尼德王朝时期的情况，比较多的是以铭文的形式反映了当时统治者的情况。有研究者指出，一些有关大流士的铭文语言不带感情色彩，有一种平实朴素的风格；有的铭文还反映了大流士时代的行政纪律和对事物的关注。还有的铭文表达了波斯统治者的一种威严和神圣。例如，一个关于居鲁士陵墓的铭文写道："喂，年轻的壮士，不论你是什么人，不论你从何而来，因为我知道，你一定会来的。我是冈比西之子居鲁士，我为波斯人创立了这个帝国，你不要嫉妒这片埋葬我的土地。"②不过，也有研究者指出，从历史上看，巴比伦人是比波斯人使用楔形文字和泥板书更早的民族。当时的巴比伦人已经在簿记账目、商业交易时按簿记的形式把交易的信息记录在泥板书上了。波斯人虽然也已经学会了使用楔形文字进行记录，但主要是用来书写王室铭文，而没有用在其他方面。例如，有关阿契美尼德王朝时期被征服民族的生活，只能在以埃兰文（Elamite）、阿卡德文（Akkadian）和阿拉米文（Aramaic）写成的泥板文书中去寻找所需要的资料。③这一史实在一定程度上反映了在被波斯人征服的地区，人们的日常生活主要还是使用原来民族的文字。

在文学和哲学方面，这一时期的波斯也出现了一些反映当时社会实际，并对后世文学和哲学产生重要影响的成果。有研究者指出，在阿契美尼德王朝时期形成的《一千波斯故事》，就是享誉世界的阿拉伯著名的《一千零一夜》的蓝本之一，其内容反映了阿契美尼德王朝时期宫廷内苑的生活情况。在哲学方面，波斯的文化也影响了其他地区，特别是古希腊地区。例如，希腊最早的哲学兴起于小亚细亚地区，与阿契美尼德王朝统治区有关；希腊哲学家

① ［美］米夏埃尔·比尔冈：《古代波斯诸帝国》，李铁匠译，122 页，北京，商务印书馆，2015。

② ［伊朗］阿卜杜勒·侯赛因·扎林库伯：《波斯帝国史》，张鸿年译，222 页，北京，昆仑出版社，2014。

③ ［美］A.T. 奥姆斯特德：《波斯帝国史》，李铁匠、顾国梅译，87 页，上海，上海三联书店，2010。

泰勒斯和毕达哥拉斯哲学的形成与波斯文化有关；希腊哲学的概念也与琐罗亚斯德教的基本思想有相似之处，恩培多克勒斯的"爱"和"憎"概念，就是琐罗亚斯德教的善与恶的概念的反映。①

在阿契美尼德王朝时期，已经有了许多工艺品，包括大到刻在山顶上的石刻、雄伟的建筑物，小到一些精心雕刻的珠宝、器皿。其中，巨大的石刻作品和建筑物包含了丰富的了解古代波斯文化的历史信息和资料。例如，在比斯通、波斯波利斯和帕萨尔卡尔德悬崖峭壁上刻写的阿契美尼德王朝国王们的文字，这些文字除了古波斯文，还有巴比伦文和埃兰文，表明了当时王朝和社会的基本情况。另外，一些宫殿建筑也反映了当时的情况。居鲁士的宫殿有 2 列 20 根高 20 尺的木质廊柱组成的柱廊，两边闪亮的壁柱上刻有常见的居鲁士铭文。正中央有一个大门通往大厅，这是为了防止未经许可窥视内廷秘密所需。大厅屋顶由 6 列廊柱支撑，每列 5 根。廊柱下面的支持石料纹理黑白相间，上面是黑色的。再下面是高大的座盘饰。在前后门有 4 次出现的同一幅雕刻：国王身穿长及腿部的、有褶纹的、飘逸的王家礼袍，脚穿靴子，手持权杖。在国王的身后，有一位身穿特殊服装的小奴仆，举着阳伞替国王遮阴。在这块雕刻上，用铭文写着王的称号，并祈求保佑他的家庭、他的肖像和他的铭文。在王袍的褶缝中，用埃兰文、阿卡德文写上了"伟大的王居鲁士、阿契美尼德族人"。② 大流士在都城波斯波利斯的宫廷建筑也颇具特色，被认为是阿契美尼德历代诸王效仿的样板。这个宫廷建筑最引人注目的是觐见大厅，有两个台阶通往大厅，两边的浮雕显示了朝觐者和波斯贵族拜见国王的场面。觐见大厅有 36 根圆柱，每根高达 60 多英尺。③ 波斯一些做工

① ［伊朗］阿卜杜勒·侯赛因·扎林库伯：《波斯帝国史》，张鸿年译，225 页，北京，昆仑出版社，2014。

② ［美］A.T. 奥姆斯特德：《波斯帝国史》，李铁匠、顾国梅译，81~82 页，上海，上海三联书店，2010。

③ ［美］米夏埃尔·比尔冈：《古代波斯诸帝国》，李铁匠译，144 页，北京，商务印书馆，2015。

精致的工艺品有金银铜和黏土制成的碗、器皿和被称为角形杯的饮器等。通常，角形杯饮器的下部是动物的造型，杯嘴就是动物的嘴。这些动物造型的工艺品有的还出现在盛酒的罐子、瓶子的把手上，器皿、珠宝上也有发现。动物造型的工艺品反映了波斯社会贵族喜爱狩猎的活动。在贵族看来，狩猎不仅是一种休闲方式，也是一种作战技巧的练习。另外，在阿契美尼德王朝时期之前，波斯人也已经使用了乐器，主要是不同类型的管弦乐器。

阿契美尼德王朝时期的科学主要反映在天文学方面。当时的天文学研究更多是与预测人事福祸的占星术结合在一起的，主要是利用行星位置的变化来进行预测。这种方法最早是巴比伦的天文学家使用的，波斯人统治以后，这些巴比伦人也为波斯人所用。阿契美尼德王朝时期已经有了两套历法制度，一个是依据天文学观察所形成的历法，有 12 个月。另一个是依据琐罗亚斯德教教义所建立的历法，它不是用数字来表示一个月中的不同日期，而是采用神的名字和神圣的事物。在技术方面，波斯人已经使用了灌溉系统来解决用水问题。阿契美尼德王朝的历代诸王修建了巨大的水坝来控制水流量。这些水坝用泥土和岩石修建，在每年的洪水季节可以把过量的水储存起来，以备用水之需。① 阿契美尼德王朝时期，受琐罗亚斯德教的影响，波斯人还在医学方面有自己的贡献。他们认为医学产生于宗教。他们常常使用薄荷及其他植物和芳草作为药物给人治病。

在帕提亚王朝时期，波斯的文化等受到古希腊的影响较大，出现了希腊化的倾向。例如，钱币上的希腊文，有"希腊之友"的称号，还有一些希腊神的名字。② 一份出土文书也证明，希腊文在日常贸易中也比较流行；还有一些人试图模仿希腊诗歌的创作。这些可以看出当时希腊语言的影响及一定的普

---

① [美]米夏埃尔·比尔冈：《古代波斯诸帝国》，李铁匠译，146 页，北京，商务印书馆，2015。

② [伊朗]阿卜杜勒·侯赛因·扎林库伯：《波斯帝国史》，张鸿年译，397 页，北京，昆仑出版社，2014。

及程度。① 不过，在文学方面，帕提亚社会在保留原有的口头故事和诗歌文学的传统基础上，把古代英雄的传说与历代诸王的故事糅合在一起，进行传诵或者传唱，使自己的传统得以发扬。这个时期流传下来的文学作品主要有反映社会政治和社会情况的《信德巴德故事集》（也称《七大臣故事集》），有反映民间爱情的《扎里亚达斯和伍达提斯故事》，有民间寓言和叙事诗《椰枣树和山羊》。②

这个时期的波斯人也比较注重休闲娱乐活动，除了狩猎活动外，还有一些以尚武为特点的锻炼方式，强调锻炼过程中的体力和智力的协调性。锻炼时，鼓手敲着有节奏的拍子，乐师颂唱着诗歌，练习者则挥舞木制的棒子，以增强他们在骑马和格斗时的体力。③ 在建筑方面，这个时期建筑的外部设计已经不再用圆柱来支撑房屋的重量，而只是作为一种装饰品以显示建筑物外部的雄伟、大气和精美。房屋的穹顶仍然是圆拱形设计，但比过去要大一些；而且这种设计也较多用于建造"埃万"，即向庭院开门的大厅。在内部设计上，建筑者主要是使用灰泥来装饰墙壁。施工时，匠人们用灰泥制作植物和人物的图案来装饰墙壁。也许是与钟爱圆形的建筑设计有关，这个时期的波斯人在边界军事要塞的设计上也采取了这种方式，他们把要塞设计成圆形的防御建筑，以防止来自各个方向敌人的进攻。有研究指出，波斯人还把艺术设计的理念用在战争上。他们用金属制成了一个龙头或者其他动物的头，龙张着大嘴，龙头的后面飘着长长的布袋。当一个人手持龙头，骑马冲进战场时，充满气体的布袋通过龙嘴喷出气体使龙扭动起来，好像活的一样。龙嘴里喷

---

① [伊朗]阿卜杜勒·侯赛因·扎林库伯：《波斯帝国史》，张鸿年译，399 页，北京，昆仑出版社，2014。

② 同上书，400~401 页。

③ [美]米夏埃尔·比尔冈：《古代波斯诸帝国》，李铁匠译，152 页，北京，商务印书馆，2015。

出的响声造成一种令人恐怖的声音，用来震慑敌人的军队。①

在帕提亚王朝时期，波斯人的科学也有一定发展。在其所统治的巴比伦地区，科学研究仍然是以天文学为中心；而且这时也已经从亚洲传来了有关于恒星和行星的某些概念。在医学方面，希腊的一些医学知识与传统的琐罗亚斯德教结合起来，影响了波斯宗教文化的发展。②

萨珊王朝时期，波斯的文化、艺术、科学等发展较快，留下了许多宝贵的、可供研究的资料。例如，在雕刻方面，萨珊人继承了波斯前两个时期的传统，雕刻了许多浮雕画像。这些浮雕表达的内容多样，有的试图把自己与历史上强大的波斯王朝联系起来；有的则用来描写国王登基或者与敌人骑马比武的场面。

在建筑方面，萨珊时期的波斯人保留了帕提亚时期的一些风格，比较注重宫殿的"埃万"特色，以及建筑的圆拱形结构设计，即在房屋的房角上和穹顶上建立拱形支撑——对角斜拱支撑。与帕提亚时期一样，在建筑物的内部设计上，萨珊人也是用灰泥来涂抹墙壁，并在墙面涂上明亮的色彩。受琐罗亚斯德教的影响，萨珊人还建立了许多被称作"火祠"的庙宇。其中一个最大火祠叫阿杜尔·库什纳斯普。在这个火祠中，一个房间存有永不熄灭的圣火，另一个房间则用作举行特定的宗教仪式。③

在工艺品方面，萨珊人也表现出了较高超的技艺。一些精美的工艺品通常是用白银制成的，包括银盘、银碗和银酒杯；银盘上多绘有表现国王狩猎或者参加活动的图案。在萨珊人的工艺品设计中，常常以狮子、大象等其他野兽，以及植物、几何图形或复杂的图案为特色。

在文学作品方面，萨珊时期除了有被称为"波斯古经"的《阿维斯塔》外，

---

① ［美］米夏埃尔·比尔冈：《古代波斯诸帝国》，李铁匠译，149 页，北京，商务印书馆，2015。

② 同上书，152 页。

③ 同上书，153 页。

还有较晚时期形成的《阿尔达希尔记》，据说该书是关于萨珊第一位国王的历史传记。有研究者指出，根据《阿尔达希尔记》，阿尔达希尔一世精于国际象棋。国际象棋被认为起源于印度，传入了伊朗。但是它传入伊朗可能是在阿尔达希尔一世以后。国际象棋从波斯又传入亚洲的其他地区，后又传入了欧洲。① 这个时期，有关记载其他国王的材料也保存下来。在音乐方面，萨珊人的音乐形式也有较好的发展，主要是锣鼓和管弦乐器。其中，锣鼓多用于战场上向士兵传达命令；管弦乐器多用于国王外出打猎时，由乐师为其进行演奏。

在萨珊王朝时期，与历史上的其他王朝一样，这个时期科学的关注重点仍然是天文学。当然，这个时期的天文学主要是与占星术联系在一起，反映了早期科学发展的初级的神秘特点。这个时期，波斯人的医学也有一定发展，当然主要还是与宗教的发展有关。有研究指出，琐罗亚斯德教的经典《阿维斯塔》，提供了这个时期医学方面的较为详细的说明。琐罗亚斯德教教徒认为有三种医生：用刀治病的医生（外科医生）、用药物治病的医生、用咒语和宗教歌曲进行治病的医生。当然，这三类医生中，第三种医生最受重视。《阿维斯塔》说道，如果在给病人治的过程中，同时使用这三种方法，并且以第三种为主，效果可能更好。"如果几位医者一起给他们治病……即一位医者使用手术刀，一位医者使用芳草，还有一位医者使用神的语言，那么，就让那位用神的语言治病的医者来治病：因为这是所有的医者中最高明的医者，他是用神的语言来治病的；他最能赶走信徒身上的疾病。"② 可见，波斯人这个时期的医学和教育发展也带有宗教的、神秘的特点。这一时期，在医学教育方面影响比较大的是建立起了第一所教学医院，学生在医院里可以学习医学知识，

① [美]米夏埃尔·比尔冈：《古代波斯诸帝国》，李铁匠译，155 页，北京，商务印书馆，2015。

② 同上书，157 页。

帮助医生治疗病人。从这里可以看出，萨珊时期的医学教育比较注重学生的
医学知识学习与医学实践的结合。

　　古代波斯的这种文化氛围对古代波斯的教育产生了一定影响。

第五节　《居鲁士的教育》中的教育思想

　　研究古代波斯教育，古代希腊历史学家色诺芬撰写的《居鲁士的教育》
（*Cyropaedia*）也是一部重要的书籍，它提供了研究古代波斯政治、社会、生活
及教育的参考资料。色诺芬出生于雅典城一个叫作埃耳西亚（Erchia）的部落，
早年跟随苏格拉底学习。色诺芬因在当时的波斯王子（后来做了波斯帝国国
王）居鲁士军中效力，为斯巴达而与雅典作战，因此，战后被雅典判处流放。
《居鲁士的教育》一书主要写的是波斯帝国的创立者居鲁士的丰功伟绩及其君
主政治。色诺芬在书中谈到写书的目的，指出居鲁士之所以与众不同，取得
辉煌的战绩，主要在于居鲁士是能够使那些被统治的人心甘情愿地服从他的
统治和顺从他的一个伟大的统治者，这是与居鲁士的性格和秉性有关的。色
诺芬认为，人们对居鲁士的赞美，对于居鲁士来说是受之无愧的。因此，要
关心居鲁士的"家世以及他本人的秉性，也才会注意到他所接受的教育，以及
这种教育如何使他在对人的统治中显示他的出类拔萃"①。关于这部书的性
质，古罗马思想家西塞罗认为，《居鲁士的教育》所提供的"不是信史，而是一
件公正政体的理想模型"②。《居鲁士的教育》中文版一书的译者则认为，该书
是西方思想史上一部重要的著作，也是西方文学史上第一部纪传体的虚构文

---

①　［古希腊］色诺芬：《居鲁士的教育》，沈默译笺，6 页，北京，华夏出版社，2007。
②　吕厚量：《色诺芬著作〈居鲁士的教育〉的性质与素材来源》，载《政治思想史》，2018（2）。

学。① 当然，国内也有的研究者指出，色诺芬的"《居鲁士的教育》在形式上颇为近似一部讨论政体问题的著作，但它的真正主题是社会教育。这种教育适用于各个年龄段的民众，涉及公共生活的方方面面。推行社会教化的中流砥柱是一位理想化的政治领袖，在《居鲁士的教育》中具体化身为历史人物居鲁士大帝，其完美形象的构成要素主要来自色诺芬本人的阅历与见闻。这种教育的终极目的在于从苏格拉底伦理哲学的意义上提升全社会的道德水准"②。

色诺芬撰写的《居鲁士的教育》一书的主要内容是以波斯帝国的建立者居鲁士大帝的早期生活、成长、教育为起点，以他的军旅生涯、辉煌战绩为主线，通过居鲁士与人的对话、演说等形式比较全面地反映了波斯社会、生活、习俗、教育及战争的方方面面，为研究这一时期波斯的社会和教育提供了一个认识的视角。下面主要从居鲁士早年的生活、成长、教育，以及居鲁士在军旅生涯中的各种活动等来认识《居鲁士的教育》一书所反映的波斯教育情况及教育思想。

一、波斯的教育目的及分阶段的教育

在色诺芬看来，波斯最优秀的人才是按波斯法律的精神造就出来的，因此，波斯的法律在波斯人的生活中占有重要地位。波斯法律的主要特点是，法律关心的是公众的整体利益，其基本原则与其他民族所遵从的法律是不同的。在其他国家，人们是按照自己的想法抚育自己的子女，成人也是按照自己的意愿生活的。在其他国家，法律只注重惩罚犯罪，而波斯制定法律的原则是重在防患于未然。它一开始就使公民有一定的约束，使其不在丑恶的事情上用心思，不做有损于名誉的事情。

---

① [古希腊]色诺芬：《居鲁士的教育》，沈默译笺，译者前言，1页，北京，华夏出版社，2007。

② 吕厚量：《色诺芬著作〈居鲁士的教育〉的性质与素材来源》，载《政治思想史》，2018(2)。

波斯的法律精神是与波斯的教育密切联系的。从色诺芬的《居鲁士的教育》一书内容看，波斯人的教育是全方位的，不仅有家庭教育、学校教育，还有大众的社会教育。按照色诺芬的描述，波斯城邦有一个广场，叫自由广场。广场的四周是王宫和其他公共建筑物。在这个地方绝对禁止兜售商品，也禁止一切叫卖声和粗鲁的行为，以免干扰有教养的人的安宁。广场上的建筑物分成四块，一块是给孩子的，一块是给年轻人的，一块是给成年人的，一块是给已经超过服兵役的年长者的。波斯法律要求不同年龄的人必须每天在规定的时间集合到各自的指定地点接受教育、完成任务。孩子和成年人必须在黎明时分到那里集合；年长者按照规定可以自行选择时间到达指定地点；年轻人则有义务在夜间到那些公共建筑里去睡觉、值班。为了更好地进行管理，在这些划分开的地方，要各自设立 12 个统领，以适应 12 个波斯人的部落。孩子们的统领主要从年长者中选出，这些统领是公认的、出类拔萃的；年轻人的统领是从成年人中选拔；成年人则自己担任统领。所选定的统领应当有能力完成规定的任务；年长者也有自己的统领，选拔的标准看他完成任务的情况。①

在波斯，不同阶段的人所接受的教育是不同的。波斯教育的目的是，通过不同阶段的教育完成不同的任务，层层推进，把波斯人培养成为最优秀的人才。波斯的教育可以分为以下几个阶段：

（一）波斯的儿童教育（15 岁以前的教育）

在《居鲁士的教育》中，色诺芬没有把家庭教育作为一个专门的问题来进行分析，而是把家庭教育与学校教育和社会教育放在一起，更重视波斯人的社会教育来谈的。在他看来，波斯儿童是需要接受学校教育的，但学校教育的内容一定要与城邦的社会公正联系在一起，目的是要让孩子了解和捍卫公平和公正。在学校里，老师主要是通过给孩子讲一些社会的各种讼案，包括

---

① ［古希腊］色诺芬：《居鲁士的教育》，沈默译笺，11 页，北京，华夏出版社，2007。

偷盗、斗殴、欺诈、毁谤等，让孩子们明白，如果一个人被证明有罪，就要受到惩罚；而对于诬告自己同伴的人，一旦被发现，也要受到惩罚。另外，波斯人还对一种不道德的情况进行严惩，就是一种涉及忘恩负义的讼案。如果嫌疑人被证明确实没有能够在自己能力允许的情况下回报人家的恩惠，那么也将面临重罚。理由是，这种忘恩负义之人将会把对神明、对父母、对祖国以及对朋友的责任忘得一干二净。在这种情况下，紧随而来的就是失去廉耻之心，而它是一切不光彩的行为的元凶和罪魁祸首。①

在这一阶段的教育中，波斯人非常重视让孩子们学会克制自己。长者也会不断地通过自己的言行举止在孩子面前做到自尊自重，为孩子们做出好的学习榜样。儿童小的时候，主要向年长者学习，以后要听命于统领。通过学习，他们要服从于随处可见的长者权威。在饮食方面，强调孩子的自我约束也是教育的重要内容。具体做法包括两个方面：一是树立长者的权威和榜样，这些人即使在监督者没有注意的情况下也不会放弃对自己肉体欲望的约束；二是在吃饭时孩子不能与母亲在一起，而须和自己的师傅在一起，而且需要得到统领下达命令以后才能开始吃饭。此外，他们还要学习射箭、掷标枪等一些军事技能。孩子们这样的学习一直到16—17岁，才能够进入波斯年轻人的行列。②

（二）波斯的年轻人教育（15—25岁）

波斯人对年轻人的教育主要是在保卫城邦和军事训练的实践中进行的。年轻人在实践中锻炼意志，积累经验，学习本领，以期成为优秀的军人。

进入年轻人阶段后，除已婚者外，年轻人每天晚上须驻留在公共建筑的周围轮流守夜。这样做既是为了保卫城邦，也是为了锻炼他们自我约束的能力。在波斯人看来，这是一个格外需要小心的时期，为了国家的利益，年轻

---

① ［古希腊］色诺芬：《居鲁士的教育》，沈默译笺，12页，北京，华夏出版社，2007。
② 同上书，13页。

人要在公共建筑中随时听从统领的命令，如有公务需要完成，则应立即行动。

此外，跟随国王出外狩猎的活动也是锻炼年轻人使用军事技能的好机会。国王狩猎时，要带一半守卫人员护驾，另一半人员则留守原地执行任务。随国王出猎的每个年轻人，须备有枪刺和利刃，或者短剑、钩刀，还要带上轻型的盾牌和两支投枪。这两把投枪，一支是在追击敌人时使用，另一支是在近身肉搏时用的。年轻人多把跟随国王的狩猎活动看作一次战争的演习和训练。国王在这个时候俨如战争中指挥作战一样，自己要身先士卒。年轻人认为这样的训练无疑是为了战争需要的最好的训练；这训练可以养成年轻人清晨即起的习惯，使人在冷暖寒热面前都能够做到坚忍不拔，可以使年轻人在行军奔波中保持最快的速度；能够在路途中遇到战斗时躲避飞来的箭矢和投枪；能够在与野兽相遇时，激发勇气，以箭射杀。年轻人在狩猎中经过这些实际锻炼后，为以后参加战争、保卫国家打下了坚实的基础。

波斯的年轻人在锻炼时也要求注意节制饮食。年轻人的食物分量是有规定的。不外出狩猎时，年轻人的食物和男孩一样多；狩猎时，他们的食物比男孩多一点。为了练习节食，年轻人在狩猎时，给的食物要少一些，有时两天只能吃到一天的食物，以便在作战时养成能忍受饥饿的习惯。年轻人也可以把捕获到的猎物作为食物；如果没有捕获到猎物，他们就只能用草叶和水来代替。不过，在就餐时往往把草叶想象为大麦和小麦做的面包，把水想象为可以止渴的佳酿。

那些留在家里没有跟随国王出猎的年轻人，要长时间训练自己的技艺，花时间射箭、投枪，演练他们童年时所学的各种技能。此外，他们还要参加在公开场合进行的竞技，获胜者可以得到奖金；许多年轻人在竞技中展示自己的独特技艺和勇气，观众则给以赞赏和掌声。当然，观众赞赏的不仅只是在场的竞技者，还包括他们的统领，以及在童年时代教导过他们的师傅。另外，留守的年轻人还要听从官员的安排去执行一些特殊的公务，如担任保卫城邦的工作，追捕犯罪的人，或者逃跑的强盗等。总之，城邦中任何需要体力和智力的公务，都可以派给这些年轻人，使他们在完成任务中得到锻炼和教育。[①] 由此可见，波斯人的年轻人的教育继承了儿童阶段教育的特点，仍然是把自我约束、节制放在教育的重要位置上。不同的是，这个时期年轻人的教育，无论是与国王外出打猎随行，还是留在城邦防卫，都更加强调年轻人的服从、意志品质和技能的训练，做好服务于城邦的工作。

（三）波斯的成年人教育（25—50 岁）

年轻人在所属的团体中经过 10 年训练和教育后，开始转入成年人的团体，在成年团体中再经过 25 年后转入老年团体。

在这一阶段的初期，他们还要像年轻人一样，只需强健的体力、坚忍不拔的意志，只需听命于统帅，为国效力。如果需要征战，他们也可以出征，只是无需携带枪剑、轻型盾牌，而是携带近身肉搏的武器，如可以护住脖颈的胸甲等。那些做了统领的人，除了有一些可以从教导孩子们的师傅中选出，大多数是从这一部分人中选出。当他们以这样的方式过完 25 年以后，年龄到了 50 岁或者更大一些，他们就进入了第四个阶段，即年长者的教育阶段。

（四）波斯的年长者教育（50 岁以后）

50 岁以后，波斯成年人的教育进入一个新的阶段，即年长者教育阶段。在这一阶段，年长者不需要从军，也不用去前线打仗，他们只需守在家里，处理各种公共事务和私人的事情；一些最重要的决定也要由他们来做，而统领的人选也是他们来选择的。如果年轻人或者成年人触犯了法律，他所在部落的统治者将会送他上法庭；在诉讼过程中，部落的统治者是原告，犯法的人是被告，其他任何支持他的人可以为其提供帮助。案件的审判要在长者面前进行，审判长也要由长者来做；一旦罪名成立，被告便会被剥夺公民的

---

① ［古希腊］色诺芬：《居鲁士的教育》，沈默译笺，16 页，北京，华夏出版社，2007。

权利。①

从以上四个阶段的教育来看，波斯教育设计的基本思路是，每个公民的孩子都可以接受城邦的公共教育，即所有的公民都有权利将自己的儿子送入公共学校学习。不过，按照色诺芬的记述，并不是所有公民的儿子都能进入学校，只有那些有能力负担儿子的生活费的父母，才能将儿子送入公共学校；无力负担儿子生活费的，就不能送孩子上学，只能让他们做事维持生计。另外，从波斯的儿童群体转入年轻人群体接受教育，也是有一定条件限制的，即没有接受学校教育的儿童，即使达到规定的年龄，也不能进入青年群体；同样，没有完成青年群体教育的人，不能进入成年团体。这样就形成了层层递进的、不断接受教育的、有序的阶梯，每一个阶段的教育都是接受后一阶段教育的条件。正如色诺芬所指出的："所有不需要自己的孩子在家里干活的人都可以把孩子送去，只有在不得已的情况下才会不送孩子去那里。经过了这种公共学校教育的人才有权利步入年轻人的行列，成为其中的一员，否则便不能进入那个行列。同样的情形，完成了履行相应阶段责任的人，则可以进入成年者的行列，并且享有到公共的权利和荣誉；只是，他们先要在年轻人的行列中经历过完整的年限，否则就无法再前进一步。最后，在成年人当中，如果没有受到过惩罚，那么，这些人最后就可以成为所谓的长者；而那些长者则会形成一个议事院，议事院中的每一位成员都经受过完整的贵族训练。这便是波斯人的规矩，也是波斯人必须要经历的训练；在波斯人看来，只有这样，才有可能不断提高，进而达到出类拔萃。"②

二、居鲁士的成长及教育

按照色诺芬在《居鲁士的教育》中的描述，居鲁士的父亲叫坎庇斯，是波

---

① ［古希腊］色诺芬：《居鲁士的教育》，沈默译笺，18 页，北京，华夏出版社，2007。
② 同上书，19 页。

斯王；母亲叫曼达尼，是米底亚国王阿斯提亚格的女儿。居鲁士不仅身体健硕，还拥有三重的爱，即对人、对知识、对荣誉的热爱。为了荣誉，他可以承受各种痛苦，面对各种危难。色诺芬认为，居鲁士之所以具有这样的性格，是与他的早期生活和所接受的教育分不开的。

色诺芬在《居鲁士的教育》中的第一卷第三、四、五章专门描述了居鲁士的童年生活以及他需要经过的几个教育阶段。在居鲁士的儿童教育阶段，色诺芬用了许多笔墨进行了描写。"直到十二岁或者年龄再大一些，居鲁士一直接受的都是这种教育；而他在同伴中也显示出卓越的学习才能，完美而又坚决地完成了所有的义务。"①这里主要以色诺芬提到的几件小事看居鲁士在年幼时就已经具有的情感丰富、会观察、爱学习的能力。关于居鲁士会观察的能力，色诺芬写了居鲁士陪同母亲去拜访外祖父阿斯提亚格（当时的米底亚国王）时的情况。色诺芬写道：刚一见面，这个情感丰富的孩子，"便低头上前亲吻了外公，丝毫没有生疏的感觉，就好像他和外公所喜爱的孩子一样一直同外公生活在一起。然后，他又近身前去细心地察看，看到外公的眼睛里带着云翳，看到他面颊处的颜色；他看到，外公身上穿着已经过时的带有米底亚纹饰的衣服……那个孩子见到他的外公衣着华彩，便紧盯着他看，然后喊道：'啊，母亲啊，外公真的很漂亮啊！'"②关于居鲁士的爱学习的能力，色诺芬在《居鲁士的教育》中也用许多事例进行了描述。居鲁士和母亲在外公家住了一段时间后，母亲准备回去，而居鲁士想要留在米底亚再住一些日子。他向母亲给出的理由是："在家里，人们都认为我在孩子们当中射箭与投枪都是最好的，而我自己也这样认为；然而，到了这里，我才知道，我的骑术其实十分糟糕；母亲，您一定知道，这让我十分懊恼。假如我留在这里并且学会了骑马，那么，我回到波斯的时候，就可以答应你，母亲，我在脚力上会

① ［古希腊］色诺芬：《居鲁士的教育》，沈默译笺，20 页，北京，华夏出版社，2007。

② 同上书，21~22 页。

超过我们那里所有身强力壮的人，而当我再回到米底亚时，我就会让我的外公知道，如果需要去为他打仗，除了他的外孙之外再没有更为强悍的骑手了。"①母亲问道："我的孩子，公正呢？你的师傅在家里，你在这里又怎么能学得到呢？"居鲁士答道："这个事情，我已经完全想明白了……在我离开家之前，我的师傅就认为，我已经学会了如何在讼案中做判断了，而且他还让我处理了一些案子。""那次的案子是这样的：有那么两个孩子，一个年龄大些，另一个年龄小一点；大孩子穿了一件小长衣，而小孩子却穿了一件大的长衣；于是，大孩子就把小孩子的长衣扒了，而把自己的那件小长衣给了小孩子，自己倒穿上了那件大的。在做裁决的时候，我判定这在两个方面都不错，因为双方都得到了最适合自己穿的长衣。可是，我却不能这样处理下去，因为我的师傅把我打了一顿，他说，我所做的裁决只是根据哪个合适，哪个不合适；而我应该做的是判定那件大一点的长衣应该属于哪个孩子，这样就要考虑谁拥有这个权利，是那个凭借自己身强力壮就把那件衣裳抢到自己手里的人呢？还是那个本来就拥有并且是花钱买来那件衣服的人呢？师傅曾经告诉我说，合乎礼法才是公正的，而超越礼法借助于暴力就是卑鄙；所以，他这样对我讲，做裁判的人始终要明确，他的裁定必须符合礼法。所以，母亲，您也知道，我已经完全掌握了公正的问题。而且，即便还有什么东西需要我去了解，哦，我身边还有我的外公呢，他会告诉我应该怎么做。"②可居鲁士的母亲又有些担心地问道：米底亚人和波斯人在处理公正问题上是存在不同的。对于公正问题，米底亚王自己就说了算，而在波斯这里就不行，波斯王不仅要为国家提供既定的服务，还要承担既定的义务，这些做得怎么样不是凭自己想的，而要有一个依据。居鲁士答道："母亲，您的父亲只是教给人们占有的少一些比多一些要好。""您难道没有看到，一直以来他是怎样教给米底

---

① ［古希腊］色诺芬：《居鲁士的教育》，沈默译笺，28~29页，北京，华夏出版社，2007。

② 同上书，29~30页。

亚人应该比他拥有的少一些吗？所以，您尽管放心好啦，母亲，我的外公不会教给我或者别的任何人变成占便宜的高手。"①看来，小时候的居鲁士已经非常自信和相信自己的能力了。

经过一段时间的学习，色诺芬描写了居鲁士的进步。"很快，他便与周围的伙伴们成了要好的朋友，和大家时常能够想到一起；他也赢得了那些孩子父母的喜爱，因为他举止优雅，对他们的孩子又能够以诚相待，如果他们想要得到国王的欢心，还需要通过他们的孩子请居鲁士帮忙。无论怎样，这孩子心地善良而又胸怀大志，这些都使他能够有所作为。"②在那些日子里，居鲁士在这种环境养育下成了一个十分健谈的人。"在他的师傅的教育下，他也学会了每当要做出某种判断的时候需要为自己要做的事情找到某种理由，而且这个理由也是其他人大致认可的；同时，他的好奇心和对知识的渴望又使他总是想将他所遇到的事情弄个水落石出。他的脑子十分灵活，甚至对所有遇到的问题，都会想出相应的解决办法。这样，能言善辩似乎就成为他的第二天性。不过，在这孩子身体逐渐成长的过程中，年轻人的某些特征也显现出来，并且也显示出他那个年龄的秘密；所有孩子都会有那种滔滔不绝的时候，但他给听到这些话的人留下的印象却不是傲慢无礼，而是单纯和热情；人们都很乐意听他喋喋不休地高谈阔论，所担心的只是不要让他坐在一边默默无语。"③

色诺芬《居鲁士的教育》中描写了居鲁士由童年时代进入青年时代的成长过程。由于所面临的环境和学习任务发生了变化，居鲁士的身心各个方面又有了新的发展。这个时期，居鲁士开始变得言语谨慎，时常沉默；他也会变得很害羞，有大人在场时还会脸红，有时也有一些少年老成的样子，有时又

---

① [古希腊]色诺芬：《居鲁士的教育》，沈默译笺，30 页，北京，华夏出版社，2007。
② 同上书，31 页。
③ 同上书，32~33 页。

会在师傅或者陌生人当中变得愈发沉着冷静。但他的伙伴们却对他更为着迷和好奇；另外那些孩子喜欢他是因为在同龄孩子们之间时常进行的竞技中，他不会以超出其他孩子的技艺来和那些孩子们竞争，也不想以此显示自己超出其他孩子；他跃上马背只是为了要学会射箭和投枪，这也使他确立起自己的地位；而假如他落败下来，他不过是对落败会心一笑。他不会为了逃避失败而放弃努力，他会下一次做得更好，以此来赢得荣誉。他很快就发现，他已经和他的同龄人一样成了一名优秀的骑手；在国王的猎场上的那些游戏似乎有些不能满足他的需要了。这个时候，他的外公不再给他提供足够的猎物供他狩猎，供他射箭投枪，他可以主要依靠自己的能力外出打猎了。居鲁士的第一次打猎是与他的舅舅同去的，主要是在遇到野兽时可以得到保护。居鲁士在一路上不断询问他的随从，他们遇到的那些野兽中，哪些是必须躲开的，哪些是可以猎杀的。当然，别人告知的情况不等于实际发生的情况。在打猎过程中，年轻的居鲁士由于冲动和兴奋出现了许多失误和鲁莽行动，结果在活动结束后他只能默默地无声站着，低头接受护卫的呵斥，接受舅舅的训斥。不过，当他把战利品拿给他的伙伴们时，他讲了御苑打猎与外面打猎的不同。他对伙伴们说，在御苑中打猎只是把猎物用绳子拴好之后再去打猎，那个地方又那么小，那些可怜的野兽，简直像个摆设，要么是捆住了不能跑动，要么本身就已经伤痕累累了。可是山岗丘陵间的那些真正的动物，那才是棒极了的野兽，个个身材高大，毛色光滑。牡鹿凌空跃起的时候，就好像插上了翅膀。野猪从洞中冲出来的时候，简直就像战场上的勇士一样。它们看上去身材威猛高大，让人不禁想要将其猎到手中。现在这些家伙虽然已经死去，但是依然比起那些圈养的可怜家伙显得更为优秀！可你们呢？你们的父亲难道就不能也同样允许你们到外面打猎吗？[①] 在居鲁士的努力劝说下，他的外公带着他，还有他的那些伙伴一起去打猎了。在猎场上，居鲁士一扫先

①　[古希腊]色诺芬：《居鲁士的教育》，沈默译笺，37 页，北京，华夏出版社，2007。

前的沉默，显得神采奕奕，在追逐猎物时大声呼喊着伙伴的名字，就像纯正的猎犬，激动地大声喊叫。听到居鲁士在爽朗地和伙伴们开怀大笑，听到他丝毫不带嫉妒地称赞他的伙伴，居鲁士的外公也十分愉快。以后，外公也喜欢上白天的狩猎，而且只要有可能就带着他的外孙，还有他的小伙伴一同打猎。早年的居鲁士就在这样的环境下，和大家一道分享着快乐与互助，从没有使任何人感到难过。①

离开了他外公的国家，居鲁士回到了波斯，又开始接受波斯式的教育。在波斯，居鲁士又在孩子们当中生活了一年多的时间后，加入到了年轻人的行列。居鲁士再次显示出超出其他伙伴的能力：履行自己的义务，表现出坚忍的耐力，对年长者的尊重，以及对权威的服从。② 在度过了年轻人阶段的10 年以后，居鲁士又由年轻人行列进入到了成年人行列，他受命统帅波斯军队，准备一显身手，打败敌国亚述等国的军队。在进行祭奠献牲的活动中，居鲁士向即将出征的战士发表了演讲，谈到了他对国家、荣誉、财富与战争关系的看法。他说："我选择你们来完成这样的任务，但是，我并不是在这个时候才认可你们的价值；实际上，我在童年的时候就知道，你们对我们的祖国所崇尚的一切都十分热爱，而对她所厌恶的一切又都十分憎恨；所以，我要明白地告诉你们，我为什么会亲自接受这样的任务？为什么要你们来帮助我？长期以来，我一直觉得，我们的前辈在他们那个年代，也像我们现在一样优秀；他们在生活中努力追求英勇无畏，就像我们现在追求荣誉一样；然而，在我看来，他们追求英勇所得到的，无论是对社会还是对他们自己都不一定就是好的东西。而且，我相信，人们努力追求某种出类拔萃并不只是为了让那些优秀的人去做一些毫无价值的事情；或许可以说，人们远离短暂的欢愉，并不意味着他们从不想得到这种欢乐。不是这样的，对自己的约束也

① ［古希腊］色诺芬：《居鲁士的教育》，沈默译笺，39 页，北京，华夏出版社，2007。

② 同上书，46 页。

是一种训练；要想获得更大的快乐，就要经过一段时间；这就好像人需要日夜努力才能成为一个能言善辩的人，不过，能言善辩并不是人们生活的目的，人的目的在于通过他的能言善辩去影响别人，从而达到某种高尚的目的。对于我们，也可以这样说；我们接受了作战技艺的训练，但是，我们付出这样的努力却不是为了无休止地不停地征战，我们只是希望，假如有一天，当我们具备了英雄气概，我们就可以为我们的国家和我们自己去捍卫我们的财富、幸福和荣誉。"①

在演讲中，居鲁士还对波斯人的坚韧、耐力和教育给予了赞美。他说："我的朋友！我们心里都明白，从孩提时代起，我们就一直在完美、高贵与荣誉的熏陶下接受训练，现在就让我们去面对我们的敌人吧。他们在向我们发起远征的时候作战技艺也并不熟练，这一点我十分清楚。他们并不是真正骁勇善战的人；虽然他们熟练地掌握了投枪与射箭，可以娴熟地驾驭最好的战马，但是，需要他们有耐力的时候，他们便不行了，因为他们的功夫下得还不到家。他们的确算不上勇士；当他们需要清醒地行军的时候，他们总是止不住地要打瞌睡，因为他们不知道怎样才能休息得好。而且，假如一个人没有学会怎样和朋友相处，以及怎样对待敌人，那么，这样的人即便有了耐力也毫无意义，因为这种人尚未接受过至关重要的教育。"②

在准备出战的行军路上，居鲁士与他的父亲的一些对话可以看出父亲对他的影响，也反映了年轻的居鲁士对许多问题的认识和理解。色诺芬的《居鲁士的教育》第一卷的第六章描述了这部分的内容。居鲁士的父亲对他说，出征前的祭祀活动已经有了天兆，你不需要再让别人来告诉你该怎么做，你自己就可以了解神意，不需要别人来解释；你可以用自己的眼睛看，用自己的耳朵听，你可以自己去了解天意。居鲁士答道，就我所接受的教育来说，我会

---

① ［古希腊］色诺芬：《居鲁士的教育》，沈默译笺，48~49 页，北京，华夏出版社，2007。

② 同上书，49 页。

将您的话记在心里。对于神明，也像对人一样，不要只在需要他的时候才去对他献媚，而应当自年少之时就十分在意他，这样才有用。而且，就像您所说的，对凡间的朋友也应该这样。居鲁士的父亲问道，神明赐予我们的一些东西需要通过学习和锻炼才能够得到。要得到这些东西，就要付出努力，丝毫不得懈怠。只有当我们做到了我们有责任去做的事情后，才有权利去要求得到神明的赐福，是这样吧？居鲁士答道，是的。您确实时常和我这样讲。您一直在讲，一个人如果没有学会骑马，就没有权利祈求神明帮助他在骑兵的战斗中获胜；一个人如果不会射箭，那他就不要指望在射箭的战斗中获胜；假如不熟悉执掌船舵，他就不能让船只安稳地返回家乡的港湾；不在地里播下种子，就不可能获得丰收；不管在什么事情上如果稍有懈怠，就不可能从战场上安全地返回家中。您说过，那样的人，他们的祈祷背离了神明的旨意；而那些祈求做事可以背离规矩的人不可能得到任何结果，因为他们无法从神明那里得到恩赐。这样一种祈求，违背了礼法，是不会给人带来什么好的结果的。① 关于父亲谈到的对统治者的理解，居鲁士也谈了自己的看法。他认为，统治者不同于其他人的地方，不应当是注重财宝，对痛苦麻木不仁；统治者不仅要生活得轻松，还应当具有深谋远虑，拥有智慧，显示出他的艰苦卓绝。当然，这次出征的结果是居鲁士所统领的军队打败敌人，取得了胜利，充分地显示了居鲁士的才能、智慧和勇气。

总之，色诺芬通过《居鲁士的教育》一书对居鲁士从少年时期到年轻人时期，再到成年人时期的描写，可以看出，无论是在米底亚，还是在波斯，不同时期的锻炼和教育都对居鲁士的成长和发展产生了重要影响。这些经历，甚至一些磨难都成为居鲁士成长过程中必不可少的因素，它使得居鲁士逐步成熟起来，变得更加有理性、有智慧、有魄力、有勇气，终于成长为一个可以统领波斯军队与敌人征战最后获取胜利的人。色诺芬通过对居鲁士的个人

---

① ［古希腊］色诺芬：《居鲁士的教育》，沈默译笺，53~54 页，北京，华夏出版社，2007。

成长经历的描写，在一定程度上反映了波斯文化和教育的特点，反映了波斯文化和教育在培养人的方面所发挥的重要作用，更重要的是反映了色诺芬本人对波斯教育的理解和认识。下面再结合《居鲁士的教育》一书看一下色诺芬笔下的波斯教育所关注的几个方面内容。

三、统治者的智慧及教育

在《居鲁士的教育》一书第一卷的第六章专门谈到了作为统治者或者管理者所应当具有的智慧和智慧教育的重要性。在居鲁士与父亲的对话中，居鲁士认识到完美的统治是重要的，这就需要深谋远虑和拥有智慧。在色诺芬看来，这种智慧的教育是波斯人的一种高级的教育。在居鲁士小的时候，他的教育主要是一种学会服从的教育，要学会服从长辈和尊敬父亲；长大以后，居鲁士的教育主要是一种学做主人的教育，要学会和父亲一样做主人，做管理者或者统治者；再以后，居鲁士的教育主要是一种学会治人的教育，要学会处理好治人与治于人的关系。关于治人的问题，涉及要他人服从的问题，而这里面治人者的智慧尤为关键。让他人服从有许多途径。例如，可以通过给予他人嘉奖以及由此产生的荣誉感而使他人服从；不过，使他人服从最重要的是让他自愿服从，即当涉及利益攸关的问题时，要让他人高兴地服从他们认为比他们更有智慧的人。色诺芬举了许多例子加以说明，例如，一个病人是如何乞求医生告诉他应该如何做；船员是如何自愿服从舵手；而旅行的人一旦认为哪个人知道一条比较好的路，就会自愿跟着这个人走。总之，对于统治者来说，使他人服从的最好办法是让人们认为统治者比所要被统治的那些人更有智慧。[①]色诺芬认为，一个人要实实在在得到那种确实对他有帮助的智慧，需要不断地学习；学习是通往智慧之路。不过，在这里，色诺芬还强调了神明的力量。他指出，当其他人不会去学习，也不会求神问卜的时候，

---

① ［古希腊］色诺芬：《居鲁士的教育》，沈默译笺，63页，北京，华夏出版社，2007。

管理者要凭借自己求神问卜的技艺与神明交流，就可以变得比其他人更具有智慧。只要认为应该做某一件事情，那么就必须用心地把这件事情做好；有智慧的人的标志就是用心把事情做好，而不是粗心大意。同时，有智慧的人也要为他的朋友所爱，要显示出你所做的一切都会让人感觉到是为他们好。要做到这一点，就是与他们共命运，与他们同甘苦共患难，在他们遇到困难的时候伸出援手，为他们的灾难感到担忧，使他们有可能防患于未然，也就是说要与他人建立起真正的友谊。具体来说就是，治人者在夏天时，要表现出渴望分享太阳与酷暑；在冬天时，要展示出对寒冷与冰封的渴望；当疲惫时，要尽享艰难与困苦；所有这些会使你的追随者对你爱戴有加。①

关于智慧和智慧的教育，色诺芬还提到了战争中对朋友和敌人区别对待的策略和对待敌人需要耍手腕的技艺问题。在他看来，一个统帅要想在战争中取得胜利，就必须是一个有智慧的人，一个合格的谋略家，一个出神入化的王者，心里充满战略和战术。他不仅要学会如何对待好人、朋友，也必须是一个学会欺骗敌人的人，一个可以随时让他的敌人上当受骗的人。在这里，色诺芬提出了对待朋友和对待敌人的不同态度和准则。在他看来，对待朋友就要成为世界上最为正直的人，最为守礼制的人；而对待敌人就要让敌人受到伤害。他设问到，学习射箭的目的是什么，学习投枪是为什么，在荒郊野外给野兽设置陷阱是为什么，在遇到野兽，诸如狮子、熊或者豹子的时候，为什么不能与它们平等地去厮杀呢，为什么总要设计制服它们呢？当然，学习投枪、射箭，不是为了伤害自己的朋友，不是在人身上使用，而是用在野兽上，用在战争中对待敌人上。不过，对待朋友和对待敌人的方法并不是截然分开的，而是在生活中需要学习的。在色诺芬看来，孩子在角斗学校学习击剑时，就要学会声东击西；要让孩子们相互这样训练，使孩子具有出众的欺骗才能与蒙蔽他人的能力。而且，这种技艺和能力也是可以使用到朋友身

① ［古希腊］色诺芬：《居鲁士的教育》，沈默译笺，65 页，北京，华夏出版社，2007。

上的。色诺芬认为，从一个人的成长过程来看，成人前后的教育是不同的。在一个人还小的时候，对待自己的孩子的教育，只能教育他们不要说谎，不要骗人，不要欺诈；如果他们没有做到，就要受到惩罚，社会希望他们能够成为善良而又遵纪守法的人；但是当他们长大成人以后，一定要教给他们怎样运用各种欺骗和蒙蔽的技艺去对付敌人。①

色诺芬关于智慧和智慧教育的观点虽然是对统治者的教育而言的，但在一定程度上也反映了社会的现实情况，即社会是复杂的、多样的。仅仅以善的教育来教育孩子是不够的，社会中的许多方面还是存在恶的东西。一定要让孩子认识到社会的复杂性，从小教给孩子识别和应对善恶的方法及技巧，使孩子在一个复杂的世界中能够更好地做到应对，保护自身的安全。

四、自我约束的教育

色诺芬认为，一个英明的统治者不仅要有智慧，对自己的自我约束和自律的教育也是不可缺少的。在他看来，一个统治者只靠智慧、英勇，还是不够的。如果他不能很好地约束自己，保持自身的勇气，即使身体原本很健康、灵敏，却只是因为懒惰和懈怠，也会每况愈下，他的精神、性情等也会丧失殆尽。对于统治者来说，建立一个帝国虽然是十分重要的工作，但是更重要的是要使其安定、安全。创建一个帝国靠一时之勇就可以做到，但是要守住这个成果，如果离开了自我约束和对自己的要求，离开了不断的努力，那便绝无可能。② 为了更好地认识人的自我约束，色诺芬分析了人的有所节制与自我约束的不同。他指出，一个人的有所节制和自我约束之间还是有区别的。有所节制的人是那种在光天化日之下不会做可耻之事的人，但背地里或者私底下是否做就不好说了；而自我约束的人即使在背地里或者私底下也不会做

---

① ［古希腊］色诺芬：《居鲁士的教育》，沈默译笺，68页，北京，华夏出版社，2007。

② 同上书，400页。

那种可耻的事情。色诺芬认为,迂腐鲁莽之人是不可能约束自己的,小偷不可能成为诚实的人,说谎的人也不会说实话,而那些不公正的人就更不会行为端正了。在色诺芬看来,自我约束的教育,对一个人的发展具有重要的意义。色诺芬指出,如果人们能够明白不会为了一时的快乐而放弃追求美德,而会不努力使内心的快乐与完美以及与高贵相伴,那么自我约束就是一种最好的教育方法。在色诺芬看来,自我约束的教育不仅是对君主或者统治者,对其他人也是如此。色诺芬指出,一个统治者如果不能超越他的臣民,显然就无法做到有权利统治别人。而这种超越就是自己在任何活动中首先要有以身作则的刻苦训练,这样才有可能让别人做到自我约束,刻苦训练,使作战的技艺达到完美。因此,在狩猎过程中,指挥者总要走在最前面;不把野兽追到,不会回去吃饭;不把战马训练完,也不会给那些战马吃草料。一个指挥者只有在各种活动中显示出他的出类拔萃,这样,他才可以在别人面前树立起榜样。不仅如此,一个统治者不仅自己做得好且又对他人产生影响,还要将那些在自我约束方面做得好的人挑选出来,对这些人给予奖励,给他们一定的权力和各种荣誉,这样才会使更多的人倾向于自我约束,加强自律,形成团体的、超强的战斗力。①

五、榜样和服从的教育

色诺芬非常重视榜样在儿童教育中的作用。他认为,在家庭教育中,如果要形成好的结果,父亲就不能只自己做得比较好,还要为孩子做出最好的榜样。对于孩子来说,如果他们没有听到任何可耻的事情,只是生活在美好善良中,长大以后,他们就不容易变得卑劣。② 当然,色诺芬强调教育中的榜样作用,不仅仅是为了孩子,更在于为社会的其他人。在他看来,好的统治

① [古希腊]色诺芬:《居鲁士的教育》,沈默译笺,414 页,北京,华夏出版社,2007。
② 同上书,404 页。

者无论在哪方面都与一个好的父亲没有什么区别。好的父亲要把好的榜样、最好的生活留给孩子；同样，好的统治者也要把好的榜样，以及美好的生活留给他人，让他们知道如何使自己过上幸福的生活。这样来说，统治者的榜样作用就非常重要。如果统治者十分优秀，其统治就会很纯洁；一旦统治者糟糕，其统治就会变得十分腐朽。①

与其相关，在色诺芬看来，以统治者的美好行为为榜样，普通人尊重和服从统治者的权威是非常重要的。色诺芬以提问者的口气问道：有没有过哪一个敌人的要塞是由一支军纪不严的部队攻克下来的？有没有过哪一支纪律涣散的守卫部队曾经使友邦得到拯救？当纪律被抛弃到一边的时候，有没有过哪一支部队仍然能征善战？当每一个士兵都只为自己的安全考虑时，是不是灾难就已经不远了？就像在战时一样，在和平时期，如果一个人不能服从那些比自己更优秀的人，那他还能够得到什么好处吗？哪一种类型的城邦能做到井然有序？哪一类家庭可以做到安居乐业？哪一种船舰最后总会驶回家乡的港湾？而我们之所以取得这些成就就是因为我们服从了指挥官的命令；我们紧跟指挥官前进，无往不胜；我们必须服从那些位在我们之上的人。当然，自由民与奴隶的服从是不同的。奴隶的服从是从属他们的主人，并非出自自愿；而自由民的服从完全出自自愿，是自愿服从那些认为是最好的事情。即便并没有一个真正的统治者，对权威最为尊重的城邦最终也会使敌人失魂落魄。②

六、法律和法律的教育

色诺芬认为，国家和军队的管理中，总会因为各种理由出现各式各样的分歧和纷争。对于这些由于没有做好、出于懒惰，或者放纵自己等一些事情

---

① ［古希腊］色诺芬：《居鲁士的教育》，沈默译笺，407 页，北京，华夏出版社，2007。

② 同上书，406~407 页。

是要进行处理的，这需要一定的法律和法规来进行规范。在色诺芬看来，居鲁士由于自己的榜样和权威作用，他可以做裁判来裁决和处理各种问题和纠纷；因为居鲁士自己就是最为出类拔萃的人，他完全可以教给那些人什么是高贵与出类拔萃。居鲁士解决问题的方法有许多：他可以教会那些人尽力把事情做好；可以对那些守时、守信的人给予奖励，把最轻松的最舒适的任务交给他们去做；而对于那些违犯规矩的人不给任何东西；对于那些什么事情也做不好的人，把给予他们的东西拿回来，给予需要奖励的人。这样做的结果，居鲁士就会得到许多可以为他效力的人，而去掉那些没用的人；而最后把那些没有用的人打发走，让他们自谋出路。①

关于如何处理成文的法律与出类拔萃的统治者的关系，在色诺芬看来，应当更重视优秀的统治者的影响力。色诺芬指出，借助于成文的法律规则，人们可以变得越来越好；但是优秀的统治者应当成为在别人眼里的活的法律；统治者应当成为合格的表率，而且有能力对犯错误的人予以惩罚和约束。有研究者指出，色诺芬在这里所强调的是，以居鲁士个人行为举止为圭臬的法律才是真正的法律。因为当时的居鲁士是活生生的一位帝王，他的行为举止以及各种做法每日都层出不穷，这种法律既不像先前的以习俗礼制为特征的律法那样缺少统一的规制，又不像成文法那样呆板而又一成不变，居鲁士是根据实际情况的变化来处理各种问题的。②

正是由于重视裁决在处理各种问题和纠纷上的作用，居鲁士确立了这样的规矩，在任何需要做出裁决的事情上，无论判定是否合乎法律还是要从技艺上来评判，各方人士同时都需要选出一位能够做出裁决的人。这种负责裁决的人，主要是要解决在各方的竞争中所产生的对立和冲突。因为，充满矛盾或者竞争的双方都会力求来保护他所认识的人，尽力保护对他最为友善的

① ［古希腊］色诺芬：《居鲁士的教育》，沈默译笺，410 页，北京，华夏出版社，2007。
② 同上书，411 页。

人；如果他没有能力做到，那么他就会嫉妒取得成功的对方，而且还会怨恨对他做出不利裁决的人；而获胜一方会认为之所以获胜是因为自己这一方是应该获胜的，也不会感觉自己需要对任何人表示感谢。①

从色诺芬上面的描述可以看出，在以军事生活为主的波斯社会，居鲁士已经看到了法律、法规在解决实际问题中的作用，但是统治者的个人的魅力及影响力是非常重要的。为了维护统治者的权威，必须强调统治者在解决问题中的作用；好的统治者在解决矛盾和冲突上与运用法律法规解决矛盾和冲突上基本是一致的。

七、财产及财富的教育

在《居鲁士的教育》中，色诺芬不仅重视榜样和法律的教育，也通过对财产和财富问题的分析，提出了对财产及财富教育的看法。这里主要涉及以下几个问题。

(1)关于战时财产分配的问题。在色诺芬看来，财产的分配是与每个人有关的，尤其对于处于作战时期的部队官兵，主要是他们的奖励和待遇问题。色诺芬以居鲁士处理这个问题为例，强调在战争中部队最看重的是对荣誉的珍惜。居鲁士把部队按不同人数分为大队、中队和小队，各设有大队长、中队长和小队长。居鲁士强调，每个队长，包括士兵，只要做得好，表现出色，就可以获得嘉奖：大队长可以升为司令员，中队长可以升为大队长，小队长可以升为中队长，表现最出色的士兵可以升为小队长。而且，无论哪个大队、中队或者小队，只要获胜，其所在军团也可以获得奖励。在奖金的分配上，居鲁士非常重视公平分配奖金原则和根据表现优劣分配奖金原则。前者所强调的是每个大队、中队和小队的待遇都是一样的。这样，当部队投入战斗时，官兵们看到大家的待遇都一样，就不会认为自己受到了轻视；而且面对敌人

① ［古希腊］色诺芬：《居鲁士的教育》，沈默译笺，428~429 页，北京，华夏出版社，2007。

时也不会觉得自己比身边的人待遇差。① 后者所强调的是，在战争中还可以采取放弃平均分配的原则，让最优秀的人得到最多的那份；要奖励那些为了大家的利益做得最多的人，因为他们付出了自己的最大努力，理应得到最多的报酬。②

（2）关于战利品的分配问题。战争取胜以后如何处理战利品的问题，实际上也是一个如何对待财产的问题。色诺芬写道，当战争取得胜利以后，居鲁士要面对如何处理战利品的问题。居鲁士认为，有大量战利品以及许多战俘需要人们守护，但是却不知道其中有哪些属于自己，守护这些东西的人也不清楚这些东西的主人应该是谁，这样他们就不可能全心全意地履行自己的职责，也根本搞不清这些职责到底是什么。要想解决这个问题，就必须对这些战利品加以分配。如果人们有了住处，有了酒肉可以食用，有了家奴供其使用，以及其他可以过日子的东西，就不会有什么困难了。因为，他们明白这些东西是属于他们自己的私有财产，而必须由他们自己去守护。③

（3）关于财富保存的问题。在《居鲁士的教育》第八卷第二章中色诺芬写道，居鲁士已经有了许多财富了，但对如何认识和保存这些财富进行了思考。居鲁士说，他虽然已经有了很多财富了，成为一个富人了，但是要把财富藏好，还要派许多人守卫，这要花费许多人力。居鲁士认为，最好是使他的朋友们富有了，那么他们也就成了他的财富，这比把钱财死死地守住要好得多，因为他所拥有的是他们所有人的财富，而不是只让他一个人去守护他自己的那些财富。一个人有了财富以后最好是把财富分一些给别人，以满足朋友们的要求；这样他帮助了朋友，得到了他们对他的热爱和友爱；他还得到了安全与声望，得到了不会腐烂的果子，不会吃坏肚子的肉；他的荣誉还会越来

---

① ［古希腊］色诺芬：《居鲁士的教育》，沈默译笺，87 页，北京，华夏出版社，2007。
② 同上书，98 页。
③ 同上书，228 页。

越辉煌、美好，而他的负担也会越来越轻。① 在第八卷第四章里，居鲁士表达了同样的看法。他说，假如一个人拥有了许多财富，却没有按照其富裕的程度去帮助他的朋友的话，那他不免显得十分愚钝和悭吝。对于财富，"我的朋友们，你们完全可以看作就是你们的；你们不要认为，我会把这些东西花费在我自己身上，或者在使用的时候浪费掉。如果我要这样做，也做不到。我留下来的这些东西，是要用来奖励那些高尚的人，是要用来帮助你们当中有所需要的人，而只有这样，你们才有可能到我这里来，拿到你们所想要的东西"②。

总之，在居鲁士看来，最快乐的人并不是那种掌握着大量财富、有着大量东西需要守护的人；最快乐的人是那些凭借自己的能力以正当的方式获得财富，并将这些财富运用到正当、美好事情上的人。③

八、国家的管理

在色诺芬看来，居鲁士非常重视国家的管理，其主要手段是派出一些管理人员，代表居鲁士的利益，替他来管理国家。《居鲁士的教育》的第八卷第一章专门谈了这个问题。居鲁士认为，可以在指派的人员中挑选城邦与国家的总督和总管，"他需要让这样的人来代表他的利益；在他看来，派出这样的代表是一件最重要的事情，可以不需要打仗就能够为他争取到他想要的东西"④。如果在这些重要的事情上，他所依靠的人做不到他们应当做的事情，一切都会变得十分糟糕；如果所有的人都能够做到，那么所有的事情自然都会很顺利。任何人，如果在自己应当做到的事情上做得不够，那么就不可能

---

① ［古希腊］色诺芬：《居鲁士的教育》，沈默译笺，425~427 页，北京，华夏出版社，2007。
② 同上书，458 页。
③ 同上书，427 页。
④ 同上书，408~409 页。

要求其他人的行为出类拔萃。

关于如何管理国家，居鲁士提出了管理军队的办法。就是一个小队长可以负责一个十人小分队，这个小队长又由一个中队长指挥，而中队长又由一个负责一千士兵的大队长指挥，大队长则由一个负责一万士兵的总队长指挥；这样，千千万万的部队当中就不会出现任何士兵没人指挥的情形。如果统帅想要调度他的部队，只要给他的总队长下达命令就可以了。

对于被征服部落的管理，居鲁士主张建立总督监管制度。他指出，如果任命一些总督，将他们派到那些已经被征服的部落去，对于管理这些地区是比较好的；当然，也需要对这些总督进行监督，或者调集一些部队加以防范，以防止其独立或图谋不轨。为了更好地落实这些政策，居鲁士召集大家立下了规矩。按照居鲁士的规矩，每一位总督都要不断提高由波斯人及盟军组成的部队的作战技能，而所有得到国家粮饷以及国家住处的人都要学会节制和控制自己，需要时时刻刻准备着效力于他们的总督。他们的孩子应该像居鲁士当年那样在总督府接受教育，而总督则应当带着这些人外出狩猎，训练总督本人和孩子们的作战技艺。①

九、对孩子的希望及教育

在《居鲁士的教育》的第八卷第一章中，色诺芬专门记述了居鲁士临终时对自己一生的回顾及对孩子们的教育。书中写道，居鲁士把儿子、朋友、大臣们召集到面前说："我的孩子们，我的朋友们，我的生命行将结束，许多朕兆都让我看到了这一点。我死后，你们时时都要记住我曾经十分幸福。当我还是个孩子的时候，我就享受到一个孩子所能够享受的所有快乐与成就；在我成长的过程中，我收获了年轻人的那些财富；当我长大成人的时候，我又得到了一个男子汉所希望拥有的全部的荣耀。许多年过去，我发现，我的能

---

① ［古希腊］色诺芬：《居鲁士的教育》，沈默译笺，468 页，北京，华夏出版社，2007。

力也与日俱增；我从没有感到，在我老了的时候，我的能力会不如年轻时；我也感觉到，任何事情，只要我努力去做或者想要去做，就一定能够如愿以偿。而且，我看到，我的朋友因为我的缘故也得到了幸福，而我的敌人则在我的手里被打垮。我的祖国，曾几何时在亚细亚无足轻重，而现在，当我离去的时候，它已经变得如此强大；至于我所赢得的东西，在我看来，一点也不曾失去。纵观自己的一生，我已如愿以偿；当我看到、听到或者遭遇到丑恶东西的时候，我也曾有过畏惧，不过，这种畏惧却令我绝不会过高地看待我自己，也不会让我像愚蠢的人一样沾沾自喜。假如我现在死去，那么，我会在我的身后留下我的儿子，我的这些儿子是神明赐予我的；我还会留下幸福的祖国，留给我的朋友。我确实希望人们能够为我感到幸福，珍惜我的回忆。"①

色诺芬写下了居鲁士留给儿子们的临终遗言。主要内容包括，希望儿子们之间不要出现任何争端；把王位传给生活经验更为丰富的长子，并由他来执掌议事会统领大家。希望儿子们通过教育形成的规矩是：要服从年长者，服从兄长；无论在城里，还是在议事，或者发生争执的时候，都要服从长者，尊重长者；长者也要学会接受年轻人的尊重；要把这些东西时常温习，让它们渗透到习惯中，体现在法律上。

在临终遗言中，居鲁士还谈到了几个方面的问题：

（1）关于忠诚与信赖。居鲁士告诫他的即将成为国王的孩子，王国的存在不能靠金光闪闪的权杖来保护，而要靠值得信赖的朋友，他们的忠诚才是真正的支柱，才是真正的权杖，这些是不会失去的。但是，千万不要以为忠实的心会像田间的小草一样自然而然地成长起来；每一位首领需要想办法为自己去争取属于他的追随者；而赢得追随者的办法不应当是强迫，而应当是对人充满慈爱之心。要想得到追随者，可以是同出一路的朋友，可以是城邦中

---

① ［古希腊］色诺芬：《居鲁士的教育》，沈默译笺，473~474 页，北京，华夏出版社，2007。

的同伴，可以是在一起吃饭的伙伴，但是最亲近的和最值得信赖的是具有同一血缘，喝着同样的乳汁，成长在同一家庭的兄弟，他们是由相同的父母所眷爱的人，这是相互爱戴的基础。兄弟之爱是不会被磨灭的；为自己兄弟着想的人，关爱的也是他自己。兄弟之爱是重要的爱，可以从兄弟的伟业中赢得荣誉，可以借助兄弟的力量得到兄弟的荣誉；离开了能够创造丰功伟业的兄弟会受到伤害。①

(2)关于尊重与冷漠。居鲁士强调，兄弟之间要相互倾听各自的想法。应该相互扶持，共享成就与荣誉，共同面对所遇到的危难。在他看来，没有什么比这种相互尊重更加美好了；也没有什么比兄弟间的冷漠更愚蠢了。只有把兄弟放在心中最重要的位置的人，才有可能躲避开世界上的嫉妒之心。②

(3)关于身体与灵魂。居鲁士在临终前与孩子们谈到了身体和灵魂的关系问题。在他看来，肉眼是看不到人的灵魂的，但是可以通过它的作用感受到它的存在。即使人已经死去，灵魂也是始终存在的。当灵魂离开身体时，它还会得到各种感觉；当灵魂变得自由、纯粹，最后达到无所羁绊时，它会达到最高的智慧。假如灵魂离开身体而获得自由的话，那么就要好好对待灵魂，要对灵魂表示敬畏；即使灵魂与身体也会一起灰飞烟灭的话，还会有神明的存在，它会始终关注着一切，它是所有力量的源泉，它会秉持着这个世界所有的规则，不会受到玷污，不会腐败，不会出现偏差，它会在完美与辉煌中显示出高深莫测的风采。居鲁士希望孩子们一定要敬畏神明，无论是思想还是言行，千万不要犯下罪孽或者做出龌龊的事情。③ 从这里可以看出，色诺芬笔下的居鲁士是相信世界存在普遍的规律和普遍性的东西的，神明就是普遍规律的象征和代表。

---

① [古希腊]色诺芬:《居鲁士的教育》，沈默译笺，475~476 页，北京，华夏出版社，2007。
② 同上书，476 页。
③ 同上书，476~478 页。

（4）关于君主与民众。居鲁士在弥留之际，还告诫孩子们要处理好君主与民众的关系问题。在他看来，民众是君主存在的基础。在神明之下，君主要尊重全人类的所有民众。这些民众时时刻刻都在变化，神明不会将君主藏在暗处；相反，君主所有的行为都会暴露在众目睽睽之下。假如君主行得端正，远离邪恶，就能够得到民众的力量；假如君主以恶相向，就会失去所有人的信任。如果人们看到你对本应该爱戴的人都不能很好地对待，要想得到人家的信任就很难做到了。最后，居鲁士再次希望他的孩子们能够做到相互信任，承担责任，善待朋友，做一个对他人有用的人，做一个出类拔萃的人。①

---

① ［古希腊］色诺芬：《居鲁士的教育》，沈默译笺，478~479 页，北京，华夏出版社，2007。

第五章

古代希伯来的教育

希伯来人（Hebrews）属古代北闪米特民族，是犹太人的祖先。从历史文献来看，希伯来这个名称在《旧约》中几乎总是其他民族对以色列人的称呼，而不是希伯来人的自称。希伯来人自称是以色列人。有学者认为公元前 20 世纪，东方的一个游牧部落，自幼发拉底河流域迁到迦南，当地迦南人认为他们来自东方的幼发拉底河（即《圣经》中的"大河"），所以称他们为"希伯来人"，意即"来自大河彼岸的人"。而一般历史学家们使用"希伯来人"一词来指称《旧约全书》中那些族长们（如亚伯拉罕、以撒等人）的后裔。其时间即从那些族长们生活之时直到他们在公元前 2000 年末期征服迦南（今巴勒斯坦及其周边）为止。以后这些人就被称作以色列人，直到他们由巴比伦流亡返回迦南的前 6 世纪之末为止。再以后这个民族便称为犹太人。我们在本章中将自首次来到迦南直到被罗马帝国灭国的这段时期的以色列人通称为希伯来人，将其文化称为希伯来文化，将其民族通称为希伯来民族，以与现在通称的犹太人做区别。但在引述相关文献时，依然尊重原文献的概念，所以后文中会出现陈述相关问题或事件时概念不一致的问题，特此说明。希伯来民族可以说是历史上多灾多难的一个民族。但是就在各大帝国的战争与随之而来的不断流亡中，希伯来人创造了希伯来文化（也称犹太文化），并将其发展成为世界著名的文化体系之一。

从历史资料看，希伯来文化发端于 4000 多年前的上古时期，在与世界其他各种文化的长期冲突和融合过程中，不仅吸收和同化了其他文化因素，而且保留了自己原始文化形态的许多特征，形成了独具特色的民族文化体系。作为世界著名的古老文化体系之一，与其他各种上古文化相比，希伯来文化在宗教、律法、历史、文学等领域都走在了世界文化的前列。希伯来文化与希腊文化同为西方文化的两大根源。而作为世界三大宗教之一的基督教，不仅直接发端于希伯来人的宗教——犹太教，而且全盘接受了希伯来的著名文化遗产《希伯来圣经》，后称《圣经·旧约全书》(简称《旧约》)，作为自己经典的一个重要组成部分。《旧约》不仅为相关宗教、历史研究提供了重要依据，也为世界文学、绘画、雕塑、诗歌、音乐、律法等贡献了奇特的构思和大量的素材，直至今日仍在对世界文化产生着重要影响。

第一节 古代希伯来社会概述

一、希伯来人的历史

公元前 4000 年，当时作为游牧民族的闪米特族为了寻找水草和牧场来到了非洲和亚洲中间的阿拉伯大沙漠。其中有一支叫作希伯来人的部落，想占有被称为"新月形沃土"的一块富饶土地，即今天的巴勒斯坦，也即《旧约》中被称为"奶与蜜流经之地"。这块土地在当时"是一个优美的所在，空气潮湿，适于农耕。春天，有花有树。秋天，更有吃不尽的果品。这些果品，有野生的，有人工培植的……巴勒斯坦，无河流足资灌溉，但以雨量丰富，空气潮湿，因此颇宜于农作物生长"①。为了这块土地，希伯来人与当地的迦南人进行了许多年的战争。由于迦南人十分英勇，所以希伯来人总是打败仗。大约公元前2000年，游牧的希伯来人被阿卡德人和巴比伦人逐出美索不达米亚流域，在祖先亚伯拉罕(Abraham)的带领下，希伯来人从两河流域南部的乌尔(Ur)，经巴比伦(Babylon)、马利(Mari)、哈兰(Haran)迁徙到被称作迦南(Canaan)的地方(即巴勒斯坦)定居下来。所以犹太人相信，"其始祖亚伯拉罕之先世，来自苏美尔的乌尔"②。亚伯拉罕生子以撒(Isaac)，以撒生子雅各(Jacob)。他们就是通常所说的犹太人的列祖(Patriarchs)，也是犹太教的最早奠基人。雅各的10个儿子，2个孙子演化为12个部落，并称为"以色列人"。

在部落发展过程中，希伯来人与当地迦南人的战争不断，再加上遭遇饥荒，被迦南人打败的希伯来人处境十分困难。全族的人聚到一起，商议部落今后的出路。一个老人说，在一个遥远的地方，有一个遍地羊群，年年五谷丰登的好地方。到过那里的人都将它称为"天堂"，它就是埃及。如果想要希伯来人过上幸福的生活，只有去那里。全族人最后一致同意老人的意见，离开巴勒斯坦，前往埃及。大约在公元前1700年(一说为公元前1720年)，族长以色列带领希伯来人离开了巴勒斯坦，经过千辛万苦到达了埃及并定居下来。而据《圣经》记载，希伯来人的祖先原住南部两河流域的乌尔城，他们在亚伯拉罕率领下来到巴勒斯坦，逐渐从游牧转向农业，其中一部分希伯来人去到埃及。可见《圣经》中的记载也符合历史的实际，可以帮助我们了解当时的许多历史。

从公元前17世纪到前13世纪的大约400多年里，移居到埃及的希伯来人变得兴旺发达，引起了埃及人的不满。大约在公元前1300年，埃及的法老拉

---

① ［美］威尔·杜兰特：《文明的故事1：东方的遗产》，台湾幼狮文化译，313页，成都，天地出版社，2018。

② 同上书，314页。

美西斯二世把希伯来人变成了奴隶，让他们开山挖石，服各种苦役。希伯来人不堪忍受奴役，大约公元前 1250 年，在摩西的带领下出走埃及，准备回到巴勒斯坦。约公元前 1290 年，摩西率领他的同胞成功地逃脱了法老军队的追击，出埃及、越红海，到达西奈旷野，给以色列人带来了新生，揭开了希伯来人的历史新篇章。以色列人出埃及后并没有直接去往"应许之地"迦南，而是在西奈半岛辗转逗留了 40 年。在这期间，发生了一件对希伯来人最重要的事件，就是摩西在西奈山接受上帝赐予的法律，与上帝重新立约。上帝先后两次将摩西召到西奈山顶，让他每次在山上住留 40 天，然后赐给他两块刻有十诫的石版。摩西下山后按照上帝的吩咐，制造约柜，置石版于其中，将其供奉在按照上帝的旨意建造的会幕里面。从此以后，犹太教的信仰成为希伯来人的真正信仰。自此以后，希伯来人（当时称以色列人）心目中的上帝就和他们同在，指引着他们在旷野度过了 40 年的艰苦岁月，然后又佑助他们打败了当时在迦南地的七个部族，使他们进入"流着奶和蜜"的"应许之地"。这次西奈山的立约意味着以色列人作为上帝选民的特殊地位亦随之确定。从此，以色列人自觉作为上帝的特选子民，和上帝保持一种特别的关系，这种选民意识连同上帝启示的法律就成了维系犹太民族的独特的强有力的纽带。在摩西去世后，希伯来人在约书亚（Joshua）的领导下去征战迦南。经过无数次大大小小的战役，以色列人获得了大致为以色列和约旦的地盘，有了可靠的居住地。进入《旧约》所记载的"士师时代"（约前 1200—前 1030 年），这一时期由"士师"来处理各部落间的事情。士师拥有审判的权力，既是政治、军事统帅，又是宗教领袖。但在约书亚死后的 200 年间，以色列人和周边民族的战争连绵不断。他们同已住于此地的迦南人再次争夺地盘，后来一部分迦南人与之融合；另一部分则继续与希伯来人为敌，关系十分紧张。"士师时代"是希伯来人继祖先时代之后的又一个特殊时代，是希伯来人的氏族制度解体的时代。当时，希伯来人分为两大部落联盟：住在北方的以色列部落联盟和住在南方的犹太部落联盟。他们夺取迦南人的土地分给各部落内的各家族，还把一些迦南人变成奴隶。同时，希伯来人内部也在发生分化。

公元前 12 世纪末，腓力士丁人侵入巴勒斯坦地区。希伯来人在同腓力士丁人的斗争中加速了阶级分化，并形成国家。《圣经·旧约》把希伯来人国家的形成说成民约论的产物。据《撒母耳记》记载，当希伯来人同腓力士丁人做斗争时，其领袖撒母耳年纪老迈。他原要立自己的儿子约珥为士师，继承自己的地位，但一些人向撒母耳请求说："你年纪老迈了，你的儿子不行你的道，现在求你为我们立一个王治理我们，像列国一样。"开始时撒母耳不同意，他告诉人民说这很危险，对人民没有好处。但"人民"逼迫他不得不同意派一个王去进行统治。于是，在耶和华的指引下，出身便雅悯部落的扫罗被选中为王。

扫罗是希伯来人的第一个国王，他领导希伯来人建立了君主制的国家。扫罗的统治得到多数希伯来人的承认。从他开始(前 1020—前 1000 年)，希伯来人的历史进入王国时代。在他领导下，建立了一支强有力的军队，战胜了腓力士丁人，并向自己周围的其他邻人进攻。他的成就促进了希伯来人的觉醒和统一。但扫罗的统治在他攻击亚玛力人后开始松动，犹太部落联盟的领袖大卫为了躲避扫罗的追杀，率领南方犹太人的军队投奔了腓力士丁人。在与腓力士丁人的战争中，扫罗及其诸子均死于战场，扫罗的尸首还被腓力士丁人悬挂于伯珊城头。

扫罗死后，大卫脱离腓力士丁人，在犹太即位为王，建立起统一的以色列王国，定都耶路撒冷。他同腓尼基的推罗结成同盟，同腓力士丁人做斗争，并征服约旦河以东、死海以南地区。他死之后，他的儿子所罗门继位，成为第三代国王。所罗门王在位的时候希伯来人国力鼎盛，呈现前所未有的繁荣景象，成为以色列民族史上的黄金时代。所罗门继续同推罗结盟，还同埃及友好，积极发展海外贸易，尤其是发展红海一带的贸易。他广召工匠在巴勒斯坦各城市大兴建筑，发展手工业。他将以色列犹太国家划分为 12 个行省，建立赋税和徭役制度，建立常备军，巩固君主专制统治。

所罗门死后，希伯来人国家分裂为以色列和犹大两个王国。其中，北方的以色列王国由 10 个部落构成，存在了约 200 年，公元前 721 年，亚述人攻克以色列，其人民被掠往亚述，后逐渐被同化，便从历史上消失了。南方的犹大国家主要由犹大和便雅悯两支以色列人组成，于公元前 586 年被新巴比伦国王尼布甲尼撒二世灭亡，民众被掳到巴比伦流亡 50 年，史称"巴比伦之囚"。在被囚期间，希伯来人先知以西结广泛宣传耶和华是以色列人的保护神，以色列人是上帝的选民，终有一天救世主会降临，拯救他们，复兴以色列。由此逐渐产生犹太教。公元前 539 年，波斯王居鲁士战败巴比伦帝国，发敕令让犹太人重返家园。回到故国的犹太人重建了圣殿，史称第二圣殿。在波斯帝国统治迦南的 200 多年中，犹太人享有较大程度的自治，生活富足，安居乐业。到了公元前 333 年，马其顿国王亚历山大大帝率领大军扫平迦南，取代了波斯在这里的统治地位，并由此进入埃及。在此期间，犹太教曾经一度和希腊文化共存。公元前 198 年以后，亚历山大的后继者们则强迫犹太人放弃犹太教，接受希腊文化。犹太人不堪忍受希腊人对他们的政治压迫和宗教迫害，奋起反抗。犹太民族英雄马伽比（Macabees）率众武装暴动，并于公元前 161 年和公元前 142 年两度战胜敌人，获得政治自由。不过，这段和平岁月没有持续多久。公元前 63 年，庞培（Pompey）率罗马大军进入了巴勒斯坦，取代了希腊人在这里的统治。不久，亲罗马帝国的犹太人希律（Herod）控制了巴勒斯坦的大部，并成为傀儡政权的国王。希律王死后，他的三个儿子瓜分了这个地区，以后内乱不断，民众也开始大量外逃，流亡到世界各地。公元 70 年，罗马军队放火把宏伟庄严的犹太教第二圣殿夷为平地，犹太教的献祭和与之相关的仪礼制度至此消失。在此后的 1800 多年中，犹太人被迫流亡世界各地，成了"没有祖国的人"。

由希伯来人的历史可以看出，作为一个民族它先被苏美尔文化所熏陶，后被埃及人、亚述人、巴比伦人、波斯人、希腊人、罗马人所征服。这种多民族的交融以及文化上的广泛交流一方面催生了希伯来人强烈的独立存在仪式，最后导致了犹太教的产生与发展；另一方面也给希伯来人的生活与文化注入了不少新鲜血液，使得希伯来文化能够博采众长进而获得了强大生命力。他们虽然最后失去了自己的国家，在长期的历史发展中流亡世界，但并没有丧失自己的文化独立性，还给世界文化发展以巨大影响和贡献，这也是非常难能可贵的。其文化发展的内在原因也持续引起诸多研究者的关注，一直成为文化研究的热点所在。

二、希伯来人的文明

在漫长的历史演变过程中，希伯来人吸收和同化了当时其他文明的文化因素，创造了富有特色的希伯来文化。正如以色列学者阿巴·埃班在其著作《犹太史》中所指出的："正像《圣经》和其他资料所证实的，希伯来各部落来自美索不达米亚。他们侵入迦南时已不是原始的沙漠游牧部落。希伯来人具有其诞生地巴比伦的特征。他们曾接受苏美尔人、阿卡德人和巴比伦人创造的美索不达米亚的悠久文化，后来又熟悉了他们一度居住过的埃及的文化。虽然如此，他们还是选择了位于东方两大帝国之间的那片土地作为自己的家乡。在这个时而作为两大帝国之间的桥梁，时而充当它们之间的楔子的尼罗河和幼发拉底河之间的地方，希伯来人经常面临威胁，因而他们力图把各部落联合成一个统一的民族，在因他们的到来而驰名的迦南，他们有时屈从于这个帝国有时依附于那个帝国。可是，他们不仅比这两个帝国存在得更长久，而且还超过了它们。"①

从历史来看，希伯来人对世界文明的贡献，主要体现在宗教、文学、律

---

① ［以色列］阿巴·埃班：《犹太史》，阎瑞松译，5 页，北京，中国社会科学出版社，1986。

法、医学、历史、文字等方面。

(一)宗教

希伯来人对世界宗教的发展影响巨大。希伯来人创立的犹太教,是世界三大一神信仰中最古老的宗教,也是犹太民族的生活方式及信仰。犹太教本身对世界文化发展产生了很大影响,而且还成为世界两大宗教基督教和伊斯兰教的"母体宗教",深刻地影响了世界文化的发展和世界历史的进程。

犹太教有两部典籍:第一部是《希伯来圣经》(又称《塔纳赫》),所有犹太人都要绝对忠诚地信奉它,它是犹太教正统版本的《希伯来圣经》,也是犹太教的第一部重要经籍,后来的基督教全部继承,称为"希伯来圣经"或"旧约圣经",即基督教《圣经》中的前半部分,也被称为《旧约全书》,现在是世界上被翻译得最多的著作;《希伯来圣经》的前五卷书称为《托拉》(Torah,又称《律法书》《摩西五经》),是其中最重要的著作。第二部是《塔木德》(Talmnd,意为"教学",它对《托拉》及犹太教经文中的"613条戒律"逐一做出了详尽解释,是犹太教认为地位仅次于《塔纳赫》的宗教文献。源于公元前2世纪至公元5世纪间,记录了犹太教的律法、条例和传统。其内容分三部分,分别是密西拿(Mishnah)——口传律法、革马拉(Gemara)——口传律法注释、米德拉什(Midrash)——《圣经》注释,素有"智慧书"之称。

在宗教思想方面,希伯来人视上帝为主宰一切的全能。上帝是永恒的,是宇宙万物之源,具有至高无上的意志。他创造了自然界,而且制定了人类的道德戒律,这样就发展起了希伯来人特有的自然观和道德观。当希伯来人面对自然现象时,他们体悟到的是上帝的伟大杰作,因而引起的是上帝之所以伟大的证明,唤起人们对上帝的崇拜感情,而不是对科学的好奇心。他们并没有把自然看作一个由自然法则支配的体系,他们所关心的只是上帝的意志,而不是人类的智慧;是内心的情感,而不是思想的力量;是正直的行为,而不是抽象的思维,所以他们只关心宗教和道德,只是基于信仰而非理性,把奇异的自然现象看作上帝威力的表现，从而对科学表现出少有的冷漠和轻蔑。直到 10 世纪以后，这种情形才有所改观。这种对一神教的完全崇拜给希伯来人以极强的心理承受能力，增强和巩固了希伯来民族的团结，但也阻碍了科学技术的进步。他们的宗教观为基督教所继承，当基督教在全社会占据统治地位时，便出现了西方历史上的所谓"黑暗的中世纪"时代。

(二)文学

希伯来人在文学方面对世界文化的发展贡献最大。作为古希伯来宝贵遗产的《旧约》(Old Testament)、《次经》(Apocrypha)、《伪经》(Pseudepigrapha)、《死海古卷》(Dead Sea Scrolls)等，包括各种神话传说、英雄故事、诗歌、小说、格言等，以希伯来民族兴亡的历史背景为材料，以民间口头创作为基础，以古朴、简练、生动有力的语言和高度形象化的描绘，反映了希伯来人对于世界的理解以及他们的思想感情和行为方式，对世界文学的发展产生了巨大影响。英国文学史家圣茨伯里曾夸张地说：约翰·班扬只熟读一部《圣经》，就成了文学家。美国人樊戴克曾做过统计，莎士比亚的每一出戏引用《圣经》典故的地方平均为 14 次。许多近现代作家如弥尔顿、拜伦、歌德等人都从《旧约》中取材，足见希伯来文学在世界文学史上的地位及其重要性。

(三)律法

希伯来民族对于世界具有重大影响的文化因素，除了犹太教的教义和宝贵的文学遗产以外，就要数他们在律法方面做出的开拓性的工作了。希伯来民族是一个很早就自觉地、系统地从事律法建设与完善的民族。在公元前 13 世纪颁布的"摩西十诫"为希伯来民族打下了整个律法体系的基础，也为人们进行道德反思和分析提供了依据；《摩西五经》的形成则为希伯来民族的律法体系构筑起了主干框架。据迈蒙尼德拉比的权威统计，《圣经·旧约》中共包含了 613 条具体戒律，其中 368 条是"不准做的"，245 条是"必须做的"。在以后流散世界各地的过程中，有关《托拉》中的戒律的注释、实施细则以及其他规定、法典的大量产生，使得在国家实体尚未真正出现之前，希伯来民族的法律实体已经完成。从抽象的法哲学到具体的各种细则，都在人类法律史上取得了开拓性的成果。希伯来人的律法不仅是区别正义与邪恶的准绳，而且更值得我们重视的是希伯来人把律法的遵行看作对上帝的虔敬，从而把法律功能与宗教功能结合在一起而衍生出强烈的文化功能。《托拉》成为希伯来民族的共同伦理，律法成了联结流散的希伯来民族，增强民族统一性的纽带。希伯来民族不是一个由血缘、地缘形成的民族，而是一个由上帝的律法联结在一起的民族。违背律法意味着撕毁与上帝的圣约，必将导致民族灾难，从而更增加了律法的权威和效力。

（四）医学

希伯来人的早期医学完全服从于敬畏上帝的观念。他们认为疾病是由上帝引发的，上帝引发疾病的目的是治病救人，人们应当匍匐在上帝面前，乞求拯救，因而医学显得无足轻重。然而，上帝要求洁净的戒律也为以后希伯来医学的迅速发展奠定了坚实的思想基础。"犹太人是提倡疾病预防的鼻祖"[1]，他们对于各种疾病在隔离、消毒、预防方面，都做了极其详尽的规定。《利未记》中规定的患麻风病进行检查清洁的种种做法，一直为欧洲中世纪所遵行。此外，对上帝的虔敬还使希伯来人在废除巫术信仰及其实践中取得了重大成就。进入中世纪以后，希伯来人的医学便迅速发展起来，他们在积极吸取和发展医学方面取得了卓越成就，对于阿拉伯医学及西方医学的进步产生了不可低估的影响。例如，著名医生以撒·以色列的医学著作被认为是阿拉伯文的犹太医学的最辉煌成果；摩西·迈蒙尼德在开罗的圣祠，时至今日仍被认为是特别神圣的场所。到了近现代，犹太人更为世界医学的进步做出了巨大贡献，如弗洛伊德的精神分析学、艾尔弗雷德·费比恩·赫斯对

---

[1] ［美］威尔·杜兰特：《文明的故事1：东方的遗产》，台湾幼狮文化译，345 页，成都，天地出版社，2018。

佝偻病及坏血病的杰出研究等。仅从 1908 年到 1936 年，具有犹太血统、获诺贝尔医学奖的就达 6 人，足见犹太人对于世界医学发展的贡献。

(五)历史

希伯来人的上帝观使得他们意识到了历史的重要性，他们对于历史上许多重大事件都设立了纪念日予以纪念，使过去得以活生生地再现，极大地发挥了历史的现实功能。同时，希伯来将历史看作一出充满神圣意味和道德内涵的戏剧。他们认为，历史事件揭示了人类愿望与上帝旨意的冲突，通过历史上的重大事件，上帝的存在得以显现，他的意图为世人所知。古希伯来人深信，历史是由上帝的意志创造的，这种意志与人们的愚昧、偏执的意愿相冲突，因而总是带给人们惩罚，甚至毁灭，然而它也变化、拯救并慷慨地赐福于那些服从戒律、听从教诲的人。正是因为历史事件揭示了上帝对人类的态度，这些思想便具有了精神意义，因而值得记录下来，做出评价，并为人们所接受。所以，希伯来人不仅在其经典中为我们提供了大量的历史事件，为我们的历史编纂提供了一个很好的范例，而且提出了一种指导性的历史编写和研究思想。《旧约》《次经》《死海古卷》《伪经》中的许多历史事件不仅十分明显地证明了这一点，而且影响了以后的许多史学工作者。

(六)文字

希伯来文字是希伯来语言的重要组成部分，这是一种拼写字母。希伯来字母早期是迦南字母的一个主要组成部分，其形态的发展与阿拉米字母密切相关。约在公元前 8 世纪时，它的书写形式已接近于后来的方体，被称为"阿拉米体"。"巴比伦之囚"时期，阿拉米字母曾一度取代希伯来字母。到了第二圣殿时期，"阿拉米体"被称为"方体"，成为希伯来字母的主要形式，也成为希伯来字母的标准形式和印刷形式。中世纪时还创造出了"圆体"。另外，还有中古体、拉比体、草体等形式。

希伯来文字使用 22 个辅音字母，从右往左书写。原来没有元音字母符号，到 6 世纪以后，才逐步创造出三种元音标音法，即巴比伦法、巴勒斯坦法和太巴列法。巴比伦法和巴勒斯坦法都是把元音标音符号加在辅音字母上方，而太巴列法则将元音标音符号加在辅音字母下方、上方或中间。由于这三种标音法中只有太巴列法为多数人接受，故目前只使用太巴列法。不过，元音标音符号仍在经卷和大多数宗教书籍中使用。

希伯来文字通常使用 3 个辅音字母构成动词的词根，用改变元音或其他辅音的办法衍生不同词汇。书写时，辅音字母之间不连写，字母也没有大写、小写之分，因此，希伯来词语不易区别一般名词和人名、地名等专用名词。另外，希伯来 22 个辅音字母各代表固定的数值，前 10 个字母分别代表 1 至 10，第 11 至 19 个字母分别代表 20 至 100，第 20 至 22 个字母分别代表 200、300、400。古典希伯来文字在公元前后为亚兰文代替，但后人仍称为希伯来语。在《密西拿》初期，希伯来语的许多名词借用阿拉米语、希腊语、拉丁语、波斯语的词汇。在 9—18 世纪又吸收了许多西班牙语、阿拉伯语的词汇。

现代希伯来语则以《希伯来圣经》语言为基础，复活了古希伯来语，并根据现代的需要做了一些革新。现代希伯来语是唯一以书面语为基础的一种语言，其句法根据《密西拿》希伯来语构成。同时，为适应现代社会发展的需要，还吸收了许多与英语同音的词语，如电话、电视、咖啡、沙发、公共汽车、原子等，只不过是把它们用希伯来字母书写而已。大量的日常词汇仍保留、采用《希伯来圣经》中的词汇，这在语言史上也是一个奇迹。

作为一个具有浓厚宗教色彩的民族，古代希伯来教育的核心也是宗教神学。希伯来人的学校教育是在犹太会堂的基础上发展起来的，其教育内容主要以诵习经典为主，教学方法注重死记硬背，同时也注重因材施教。希伯来人的学校教育从形式、方法和内容上等都对后来的基督教教育产生深刻的影响。

第二节　古代希伯来的家庭教育

在古代希伯来语中，"教育"一词为"Talmud Torah"，意即"引导人学习智慧"。因为智慧在上帝"耶和华"那里，因而古代希伯来人的教育就以培养人对"耶和华"的虔敬为最高使命。这样一来，在希伯来人那里，教育和学习就成为信仰的一个部分。"敬畏耶和华是知识的开端，愚妄人藐视智慧和训诲。"[①]在希伯来人那里，信仰既是教育的出发点，也是教育的归宿。信仰需要知识，无知的人不可能有真正的信仰，所以他们认为不能读书的人就不能作为真正的犹太人。"因为耶和华赐人智慧，知识和聪明都由他口而出。"[②]而耶和华的教诲都记录在《圣经》中，因此，读经就成为希伯来人最重要的教育活动与教育内容。但是，正如《圣经》的形成是一个漫长的历史过程，希伯来人的教育也经历了一个从原始的经验传递到系统正规的学校教育的发展历程。根据已有的史料来看，在正规的学校教育出现之前，希伯来人的教育主要是家庭教育。所以我们在这里先对希伯来人的家庭教育情况做一介绍。

根据《圣经·创世记》记载，在公元前 18 世纪至前 17 世纪这一时期，是亚伯拉罕、以撒、雅各相继为希伯来人的族长的时期，因而被称为"族长时代"。从"族长时代"一直到公元前 11 世纪下半叶的"士师时代"[③]，这一时期可以说是希伯来人教育的雏形时期。从当时教育情况来看，希伯来人的教育明显受到巴比伦文明和埃及文化的影响，因为他们居住的美索不达米亚乌尔地区和埃及尼罗河三角洲正是古代文明的发祥地。其时巴比伦文明如日中天，

---

① 《圣经·新旧约全书》，《旧约·箴言》第 1 章第 7 节，中国基督教会 1989 年南京版。以下各节引文除特别注明者外，凡《圣经》引文均引自该书。

② 《旧约·箴言》第 2 章第 6 节。

③ 指在约书亚征服迦南（约公元前 13 世纪末）与撒母耳秉政（前 11 世纪下半叶）之间的一个历史时期。这一时期希伯来人尚未建国，民众由各支派的首领即士师管理。士师们打仗时是军事统帅，平时是处理民事纠纷的审判官，所以这一时期被称为"士师时代"。

还在亚伯拉罕出生之前，该地就有不少学校和图书馆。有人认为亚伯拉罕本人就受过良好的教育，如不是王子，也至少出身名门。他与埃及上流社会人士也过从甚密，犹太史学家约瑟福斯（Joxephs）甚至断言是亚伯拉罕将算术和天文学知识传授给埃及人的，因为在亚伯拉罕到埃及之前，埃及人并不了解这些知识。① 不论这些说法是否正确，有一点可以肯定，作为希伯来人祖先的亚伯拉罕是一个有相当文化教养的人，他曾受到巴比伦文化的熏陶，后来又受到埃及文化的影响。据记载，不仅当时有希伯来人到埃及学习书字，还有一些希伯来人通过自己的努力学习还跻身埃及官场，甚至做到宰相职位，如约瑟福（Joseph）就曾为埃及宰相。因此，古埃及重视知识学习，希望通过知识改变命运的思想应该对希伯来人产生了相当的影响。

这一时期希伯来各部落逐渐由游牧文化进入农业文化，家庭组织形式盛行父权为主的家长制，因而希伯来人的儿童教育由主要通过部落集体生活和参加集体活动进行学习开始转向家庭教育。"家庭不但是犹太人的社会单位，而且是经济单位。一家人生活在一起，工作在一起。家庭成了他们力量的源泉、权威的象征、政治的基础。"②在希伯来人家庭中，父亲是最高掌权者，妻子任其处置，家政由他决定。因而他既是祭师，又是教师，父训即是法律，不能违抗。于是家庭就成为子女受教育的场所，父母就是孩子的最重要的老师，而父亲则在其中负最主要的责任。因此，当时的父亲一般往往身兼三职：家长、传教士和教师。在犹太人的《法典大全》中更是将"教子学习法典，教子娶妻生子，教子养成职业技能"规定为父亲必须完成的三项重任。③ 在漫长的历史时期中，家庭一直扮演着希伯来儿童重要的教育角色，即便后来学校产生，专门聘教师进行任教，但父亲在其子女教育中的重要职责一点也没有减

---

① 转引自张和声：《古代犹太教育的发展及其特征》，载《史林》，1998（3）。

② ［美］威尔·杜兰特：《文明的故事1：东方的遗产》，台湾幼狮文化译，317页，成都，天地出版社，2018。

③ 滕大春主编：《外国教育通史》第1卷，107页，济南，山东教育出版社，1989。

少过。但是，希伯来人家庭教育的内容则十分广泛，主要内容都是与宗教相关的神学知识和谋生技艺，也包括民族传说、宗教信仰和祖先的训诫。

公元前 1250 年，摩西率领犹太人逃离埃及，在西奈山接受了上帝的律法，颁布十诫。希伯来人与上帝耶和华立约，希伯来人服从契约，遵守律例，耶和华则在冥冥中保佑他们，如若违约则必将受到上帝的惩罚。这标志着希伯来人开始从过去的神的单一崇拜时代进入了契约时代。这种契约关系在当时是非常独特的一种宗教现象，正如巴特森（Patterson）在《论旧约》中所言："其他众神对其子民的关系并不依赖于类似的契约关系或取决于德行的优劣。他们不会因其子民道德上的过失而抛弃他们，耶和华和希伯来人关系则不同，他同意作为他们的上帝是以希伯来人履行契约为先决条件的，一旦违约，他就不一定非得要保佑他们，称其为自己的子民。后来的先知就一再提醒人们这一事实，如若违约，就会大难临头。"这种契约观念不仅贯穿于《圣经·旧约》始终，强化了希伯来人对于《圣经》的信仰，因为《圣经》记载着上帝的律法，要遵守与上帝的契约实质上就是要遵守《圣经》的教导。于是当《圣经》成为希伯来人最重要的教材的时候，契约精神也就成为犹太教育的基本准则。人与神之间的关系是契约关系，人与人之间的关系也以契约关系为准则。这样一来原来权威的家长制的教育就有了一定的民主平等色彩，儿童在家庭中的地位不再是父亲权威的臣服者，而是具有了一定权利的对话者。因此，希伯来人的家庭教育中开始注重父子亲情和说服感化，而不再如其他古文明中的体罚惩戒。这在当时的文明世界的教育中是独一无二的。同时，希伯来人与上帝之间契约关系的建立，也进一步强化了宗教在希伯来家庭教育中的地位和价值，使得宗教教育在希伯来人的教育中占有非常特殊重要的地位，形成了其教育始终以神学为核心的典型特征，也使得希伯来人的家庭教育将培养对上帝的宗教信仰作为最重要的目标。学习的主要内容自然而然也就是《圣经·旧约》中的全部内容，对于其他领域中的知识的传授和教学则不像《圣经》

这样受重视。由此，希伯来人的教育注重宗教信仰和宗教情感的陶冶，而不
是强调知识的死记硬背和重复机械训练，在教育教学方式上也是道德的而非
理性的训练。这一切都成为希伯来人与其他文明中的人不同的教育特色和文
化烙印。当然，为了在兵荒马乱的境遇中能够有更多的生存机会，希伯来人
的家庭教育也非常重视对职业技能的教育。

　　因为对宗教教育的高度关注，希伯来人的家庭教育中首先注重的就是关
于律法的教育。对于律法的极端尊重是犹太民族重视教育的基础。在希伯来
人的心目中，"律法"与"生命"处于同等重要的地位。"必当遵守，因为他是
你的生命"①，并要将这些律法融于儿童的日常生活的坐立行走卧中，因为耶
和华通过摩西之口命令希伯来人："你们应把这些教言勤恳地传给子女，并和
他们谈论这些教言，当你们在房里静坐的时候，当你们在路上行走的时候，
当你们在床上躺卧的时候。"②当然，宗教教育不等于律法教育，在律法之外，
宗教还有一整套的仪式及日常行为规范来加深和巩固人们的信仰。所以在希
伯来人的家庭教育中，除了律法教育之外，平日里还要由家长教导子女敬神
和做祈祷，也要带着孩子参加各种宗教节日的仪式，如逾越节、五旬斋、赎
罪日等。在这些宗教仪式上，父亲都要借机给孩子讲述节日的意义，教导孩
子们感戴上帝的仁慈而信仰神灵的伟大，以养成孩子们敬神、爱自己的民族、
爱自己的国家、爱自己的家庭和亲人的情感与精神。

　　在对子女的职业教育方面，《法典大全》规定，无论贫富，均须学习职业。
它认为："凡不给予子辈以手工技艺训练者，就是教子盗窃。"③因为信仰的缘
故，希伯来人特别注重个体道德的教育，但希伯来人清醒地意识到道德不能
只建立在理想和语言之上。人如果不能有效解决自己的生计问题而去讲道德，

---

① 《旧约·诗篇》第 4 章第 13 节。

② 《旧约·申命记》第 6 章第 7~9 节。

③ 曹孚、滕大春等编：《外国古代教育史》，33 页，北京，人民教育出版社，1981。

这种道德只能是虚伪的道德。因而希伯来人强调不论任何种类的学习，假如不附带获取职业的技能，就可能会一无所得、一事无成，甚至陷入犯罪行列而成为罪犯。因此，家长除了负责宗教教育，还必须负责对子女的职业训练，使他们具有一技之长而有谋生之道。此外，希伯来人还清醒地意识到职业教育与宗教教育不同，宗教教育重在情感认同，而职业教育贵在技能训练，所以正如《法典大全》中所强调的："并非学习而是实行，才是主要的事体。"[①]

与苏美尔文明和古埃及文明注重书写训练不同，很长时间以来，希伯来人的律法均以口述相传，并无书面载体，因此希伯来人在很长一段历史时期内并无书写方面的教育要求。后来律法成书后，负有主要教育职责的父亲是否会教授子女读写等方面的技能，并无确切翔实的历史资料。但是我们从希伯来人与苏美尔人、埃及人有密切的关系角度来看，希伯来人不能不受到这两种文明中重视书写传统训练的影响，否则也不会出现以后的希伯来文字。一方面，在希伯来人的生活开始时，当时的文明古国文字已经相对成熟："当希伯来人出现时，苏美尔、阿卡德和巴比伦文化早已超出了原始阶段。原来从事耕耘的农村，这时已发展成为商业繁荣、手工业发达的城邦。计数法的发明使巴比伦的生活方式和思想方法更加精确。楔形文字比埃及的象形文字书写简单，因而应用更加广泛。"[②]另一方面，希伯来人在其生活开始的时候，就已经接受了其他民族诸多的文明成果："希伯来人具有其诞生地巴比伦的特征。他们曾接受苏美尔人、阿卡德人和巴比伦人创造的美索不达米亚的悠久文化，后来又熟悉了他们一度居住过的埃及的文化。"[③]所以我们可以推断书写教育应该在希伯来人的家庭教育中也是存在的，不过没有像宗教教育和职业教育那样被强调而已。此外，我们也可以从当时书吏地位的不断提高中得

① 曹孚、滕大春等编：《外国古代教育史》，33 页，北京，人民教育出版社，1981。
② ［以色列］阿巴·埃班：《犹太史》，闫瑞松译，4 页，北京，中国社会科学出版社，1986。
③ 同上书，5 页。

到间接的佐证："之前，抄写员并没有特别的声望。此时，由于经文对信仰变得越来越重要，抄写员的地位也得到了提高。实际上，有段时间他们比祭司还重要，因为他们得到富商的资助，记录使传统得以确立、使人民能够团结的材料。另外，很多以色列同胞将书写看作一种近乎巫术的神圣活动。当然，抄写员不但会书写，还会阅读。在美索不达米亚，他们读到很多苏美尔人、亚述人以及巴比伦人写的东西，并且适时地翻译了他们的文字。通过这种方式，他们受到了其他文化，包括其他宗教信仰的影响。"①滕大春先生也认为："传说在国家出现之前，希伯来已有文字，随着政治经济的发达，书写日益发达。《旧约》曾提及掳往巴比伦的希伯来青年很有知识修养。当时既无学校，正好反映父教的范围包括读和写的能力的训练。"②

在家庭教育阶段，除了家长肩负着子女教育的重任之外，相关的宗教工作人员也起了重要的作用，特别是在宗教领袖时期和政教领袖时期。在这一时期，承担教育工作的主要包括三类人员：祭司、先知、未来的祭司或先知。据《出埃及记》中记载，祭司都应由亚伦（犹太民族首任祭司）的后裔担任，受大祭司管辖，在圣殿辅助大祭司举行祭祀。其职责概括而言是在祭坛上从事献祭活动，如在香料台上焚香，使长明灯长燃不熄，按时更换祭桌上的陈设饼等。同时古代祭司还有一项重要的职责，就是向民众传递上帝的旨意，解释律法和教规，教诲民众。当祭司的律法成为法典之后（即《摩西五经》完成以后），祭司除了献祭，接收和宣告神圣的启示和探求上帝旨意之职以外，还具有教师的作用。他们奉差遣在改革的时候出去宣讲"律法书"。依照《申命记》的条款规定，他们的职责是在"住棚节"之时，在众人面前念诵律法给他们听，被称为"律法宣讲者"。"祭司的嘴里当存知识"，百姓有权像跟从上帝的使者

---

① ［英］彼得·沃森：《思想史：从火到弗洛伊德》（上），胡翠娥译，212 页，南京，译林出版社，2018。

② 滕大春主编：《外国教育通史》第 1 卷，92 页，济南，山东教育出版社，1989。

一般，"由他口中寻求律法"。① 众多的犹太宗教节日之时，或是在希伯来历史大事的纪念碑遍布各地之处，祭司总是定期召集人民，向他们宣讲律法，无论男女老幼都是虔诚的听众，以这种浓烈的宗教氛围来培养人们献身上帝的精神。同时，他们要进行排解难解的争论，并用律法训诫争执的人。

据《死海古卷》记载，约成立于公元前 140 年的库兰社团，亦称"昆兰社团"或"库姆兰社团"。有别于其他教徒的是他们寄希望于一批新先知、新教师能带领他们进入犹太民族的黄金时代。他们认为这种与以往不同的先知与教师不仅能够正确地解释和宣传律法，还能够接受上帝灵感并能铲除邪恶。他们认为这种新教师，在许多情况下，必然是一位祭司。库兰社团把教师与祭司合为一体，不仅要求他们担负起解释和宣传法律的责任，而且寄希望于祭司领导群众来迎接新时代的到来。这样，库兰社团中的教师既编辑、解释和宣传律法，又集教育民众、组织民众、拯救民众于一体，合政治、教育、文化、宗教功能于一身，成为库兰社团的实际领袖人物。

"先知"意为"为上帝精神所感动的讲话者或布道者"，亦称"上帝消息的传递者"。摩西·迈蒙尼德在其所列的十三条犹太教信仰中提出："先知一切话语皆真实无误，摩西是最大的先知，其语言是真实的。"②在希伯来人中"先知"又被称为"尼比"（nebilm）或讲解的人，他们独特地执行对百姓讲述神旨的任务，为上帝宣告关于当前或未来的话。先知学问渊博，视野开阔，吸引了大批弟子从学。他们向学生传授律法、祈祷式、反省、冥想和礼拜等仪式，还向学生讲解进入神境的奥秘。

以利沙时代起兴起"先知运动"。先知们聚为小组，联成社团，用他们的勇敢斥责当时社会的诸多非正义行为，强调上帝是公平、公义的上帝，要求人们止住作恶、学习行善，解救受欺压者，为孤儿申冤、为寡妇辩屈，先知

---

① 《旧约·玛拉基书》第 2 章第 7 节。
② 顾晓明：《犹太——充满悖论的文化》，134 页，杭州，浙江人民出版社，1990。

们命令以色列人返回到上帝那里，他们采用美丽的诗一般的言语为后人牢记。他们当中许多是伟大的诗人，同时又信仰坚定、博学多识和能言善辩。每每到了社会矛盾激化、人们迷失信仰方向之时，百姓们就将各种难题交与先知们，各个阶层的人们都希望由他们的口中或可见的举动中得知一些耶和华的话，来坚定自己的信仰。

祭司和先知都是古希伯来人敬仰上帝、认识上帝旨意从而接受启迪获得救赎的中介。但他们又有所不同：祭司的活动中心在祭坛，以外在的圣礼即礼仪形式使人们认识上帝和律法，教导人们如何接近上帝并获其好感，提高人们宗教信仰的心志与勇气；先知们则侧重从内部启发人们的道德观念，教育民众从自身或自身以外的视野去认识上帝、上帝的统治和目的。另外祭司主要在会堂和附设学校中进行律法的研究和教学；先知主要在社会和宫廷中宣传律法，他们关于民族、统治者前途的预言常常被后来的事件所证实，所以他们这些启示性的讲演成了全国舆论的热点，具有很强的教育作用。

犹太文士（scribe）在《以斯拉记》第 8 章第 16 节中被称为"教习"，在《尼希米记》第 8 章第 7 节中被描述为"使百姓明白律法的人"。概而言之文士的职责有四：他们作为法学家，推敲律法，科学地研究律法，宣告律法的决定；他们作为《圣经》学者，仔细地研讨律法及其历史，指点部分律法的意义；他们作为教师，把律法传授给学生，在会堂里发表演讲，而且通常是百姓的主要教师；他们作为《圣经》的保管者，负责保守经文，以免错误在不知不觉中产生。为满足群众的学习要求，担任讲授经典的文士把《摩西五经》改译成容易解读的文章，并把它分成若干段落，分期诵读学习。最初，会堂教师教授的多是成年人，内容较深刻。到后来有不少儿童前来学习，由会堂低级职员传授浅易的知识。儿童人数渐多，直至会堂不能容纳才另辟房舍进行经典学习，同时也由于经典的内容日趋丰富，解释阐述耗时耗力，须有专人负责，于是规定会堂从事一般的宗教事务，把教授法典的工作与部分会堂文士教师分离出来，于是就出现了希伯来最初的学校。

第三节　古代希伯来的学校教育

希伯来人的学校究竟产生于何时，尚无定论，但它的产生与犹太会堂密切相关。希伯来人教育的历史大致可分为两个时期：第一时期从摩西带领希伯来人逃离埃及(约前14—前13世纪)到公元前586年犹太王国亡于巴比伦，基本上家庭教育占据主导地位；第二时期从公元前538年希伯来人返回家园，至1世纪被罗马帝国吞并，学校教育成为主要形式。公元前586年，新巴比伦灭亡了犹太国，把众多犹太贵族、工匠和贫民掳走，史称"巴比伦之囚"。希伯来人沦为"巴比伦之囚"后仍恪守古老的宗教传统。他们企望保持祈祷敬神的传统，幻想耶和华来拯救他们。由于远离耶路撒冷圣殿，圣殿已经无法企及，所以犹太人信仰上帝的媒介从圣殿转向了以律法为主。但强烈的宗教意识依然驱使人们大量进行敬神、祈祷活动。最初，这种活动只在安息日集聚在家中举行，由家人或邻人共同进行祈祷和学习经典。遇到三大节日，则按照犹太教的传统举行宗教仪式。为了方便大家集体祈祷，希伯来人建立起了极具民族特色的犹太会堂。犹太会堂开始时主要进行宗教活动，后来逐渐成为讲授法律知识及《圣经》的教育场所。这样一来，犹太会堂既是希伯来人从事社会和宗教活动的场地，也是实施教育的中心。祈祷、讲解和阐述经典成为会堂日常的重要工作。随着家长带儿童为信仰而来学堂进行祈祷，参加宗教活动，犹太会堂也就肩负起了教育儿童的职责，兼有了教育机构的功能。于是犹太会堂就逐渐转为了希伯来人最初的学校。

可见，希伯来人学校的产生依然与宗教信仰有着密切的关系。而担任教育儿童这项工作的人才便是犹太文士，他们也就成为会堂的教师。希伯来人在"巴比伦之囚"的生活结束重返家园后，当时的家庭教育已无力承担起教育儿童敬神和掌握律法知识的重任；其次，接触了巴比伦先进的文明后，希伯来人认识到了建立学校的重要性；再次，文化知识的增长、希伯来文学的传播以及从事商业贸易活动，要求青年人掌握有关宗教和律法知识，还要通晓一般的读、写、算等技艺；最后，对律法、《圣经》等进行深入研究更需掌握读、写知识，而这些，家庭教育都难以满足，因此，建立专门的教育机构从事教育工作就成为一项迫切的需求。当时德高望重的最高祭师伊兹拉(Ezra)，便于公元前444年号召群众热心读经，在全国普遍建立会堂。到公元前4世纪，各城市逐渐都建有了会堂。公元前3世纪初期，就有某些文士在神庙里从事教学活动，但这还不是完全意义上的学校。这时还有一部分未来的祭司或先知也在会堂中从事教育活动，他们是刚从耶路撒冷圣殿或会堂中毕业的学生，经过一定考核，能承担用希伯来语诵读讲解《摩西五经》的工作，因而可以派往各地的会堂或学校。在各地会堂中工作一段时间后他们就会成为祭司或先知，并在这些会堂附设的小学中承担希伯来语和犹太律法的教学任务。

公元前2世纪，乡村中也都设立了会堂。当时城乡会堂多达480所之多。犹太文士一族也蓬勃发展起来。希伯来人的儿童随其父母到会堂听讲道及学习《圣经》知识。随着来听讲儿童人数和教务工作的增多，于是就在会堂外扩建房屋，设专人负责教学，形成了希伯来最早的学校雏形。据史料记载，公元前2世纪左右，学校才真正从犹太会堂中分离出来，形成较完备的教学制度。到公元前1世纪，学校已极为发达。至此，希伯来人的教育正式发展为学校教育。此后随着时代的发展，希伯来人逐步建立起了由学前教育、初等教育、高等教育三个阶段所组成的比较系统的学校教育制度，另外还出现了专门培养教师的独立机构。不过，希伯来人的学校出现次序有些特殊，他们是先有了高等教育，再产生了中等教育，最后才出现了初等教育。"教育史家指出，犹太的高等学校先于中等学校而产生，中等学校先于初等学校而产生。

这是有其历史根源的。"①在希伯来人那里，把信神和受教育看成一件事，而不是两件事。特别是在摩西与上帝立约之后，受教育就是了解和接受上帝的律法，从而能够正确履约。履约就是最好的敬奉上帝的方式。因而，首要的任务是正确地理解和解释律法，这个任务只有具有高深知识和专门训练过的优秀学者才能实现，因而首先需要的是高等教育。至于中等教育，则是在高等学校兴起之后，感到学生事前应有充分的教育准备阶段，才开始出现的。此后，随着希伯来人生存境遇的不断恶化，保持民族和民族文化的生存成为希伯来人的头等大事。他们认为，只有人人受教育，才能人人成为上帝的真正信仰者，只有人人成为笃诚的信仰者，才能保证民族不受衰亡的威胁，否则，如果人们因无知而德行堕落，民族的一切希望都将成为泡影。这个时候才产生了对初等教育的普遍需求。在他们看来，不信神就不得为人；不受教育者要被剥夺一切权利，并要被驱逐出境；不设学校的城市也是不许可的。于是在各位富有影响力的饱学之士的号召和努力下，希伯来人的学校才大量地发展起来。

从已有的文献资料来看，希伯来学校的产生还是外部文化影响的结果，特别是希腊文化影响的结果。希伯来人在成为"巴比伦之囚"时，他们看到巴比伦精美的学校和图书馆，受到了很大的触动。到公元前 4 世纪后，因为亚历山大的统治，希腊文化开始强势进入希伯来人的生活，有些激进之士企图把耶路撒冷城变成希腊式城市，但多数希伯来人为保持对耶和华信仰的纯洁性，十分畏惧并抵触外来势力的渗透，结果爆发了反对希腊化的斗争。反希腊化领袖法利赛人希塔，任最高会议的议长时，就竭力呼吁广设犹太民族自己的学校以争取青少年。但是这种反抗并未能使希伯来人摆脱希腊文化的巨大影响，希腊化趋势始终未能消除。从公元前 3 世纪起，耶路撒冷城就建立起了希腊式的学校和体育馆，希伯来人的青年大多接受了来自希腊的新文化，

① 滕大春主编：《外国教育通史》第 1 卷，114 页，济南，山东教育出版社，1989。

一些学者在教学方面也向希腊学校学习。这便促进了犹太会堂向学校过渡。在马可比统治时期，也曾坚决抵制希腊化，但因拗不过大势，便采取希伯来人和希腊人分校学习的方法，以免希伯来人受到希腊文化的同化。在这一过程中，为了在文化斗争中取胜，希伯来人对简单的教义予以充实提高，通过注疏《圣经》来丰富教义。其中最著名的注疏是《米施那》和《基马拉》。公元2世纪两部注疏合为一书，称为《塔木德》，这些注疏成为希伯来儿童的重要学习内容。从此，希伯来才开始大量出现学校。

希伯来人的初等学校最初是为孤儿而设的。初等学校最初在耶路撒冷城产生。公元64年，最高祭师贾西瓦·本·卡纳拉规定各省各城均应开设初等学校，指派教师教育儿童。儿童满六七岁必须强迫入学，以免荒废。[①] 他还对原有的初等学校大事改革，从而使初等学校遍布巴勒斯坦全境。初等教育的体制也渐趋完备，儿童无论贫富大都入学，只是富家的子弟须缴纳费用罢了。此类学校有会堂附设的初等学校，也有独立设置的和私人开办的初等学校。当时曾有规定：每一村落设学校1所，儿童在25名以内者，由教师1人教学。儿童满40名，另增助教1人；儿童满50名，设教师2人。[②] 初等学校教师有薪酬待遇，但是其资金的具体来源与如何发放等未见史料记载。希伯来人的初等学校或设在会堂里或在附属于会堂的房舍里，教育对象基本都是6岁到10岁的男孩。他们在文士和助手指导下学习，课本以《摩西五书》为主，主要学习内容是《圣经》以及简单的阅读、书写和算术方面的知识。儿童要背诵《利未记》和《申命记》。10岁至15岁时，儿童主要学习《米施那》，即"口头律法"（oral law）。15岁以上的儿童则主要学习《基马拉》，这相当于中等教育。中等教育以上还有培养僧侣的学校，主要传授宗教理论和法律理论，训练主持宗

---

① 程郁、张和声：《早期犹太教育浅谈——兼论犹太教和儒学教育观之异同》，载《史林》，1991(3)。

② 曹孚、滕大春等编：《外国古代教育史》，36页，北京，人民教育出版社，1981。

教活动的能力。这种学校纳入高等教育的范畴。

为了给初等学校的学习做好必要的准备，希伯来人的早期教育机构也开始建立。希伯来人非常重视早期教育。如先知以赛亚（Isaiah）主张婴儿断奶时就应该开始受教育。著名犹太哲学家斐诺也认为婴儿在襁褓中就应知道上帝是宇宙间的唯一神和创造者。① 但是，在摩西改革之前，希伯来人的早期教育以严格的家庭管教为主，对儿童的体罚较多。而在摩西改革之后，希伯来人的早期教育开始注重感情教化和说服感化，并体现出浓郁的宗教色彩。希伯来人认为，儿童刚一学会说话，就该教他学说"西玛"，开始说"听着，以色列人啊，耶和华是我们的上帝，是唯一的神"②。在教育过程中，家长要努力理解儿童，和儿童一起游戏娱乐。儿童还要背诵祈祷文箴言，学唱赞美诗。此外，在学前教育阶段，儿童还要参加各种宗教仪式，学会如何祈祷、如何敬神等等。有条件的父母还会叫儿童识字，练习书写。希伯来人的儿童在 6 岁正式进入学校前，就要大致了解《圣经》。

15 岁以后，希伯来人的儿童进入高等教育阶段。富有家庭的青年或部分有志成为文士的人继续学习，主要学习宗教理论和律法理论，并训练主持宗教活动的能力，除了精通经义并能熟练讲解外，还要有能力处理寺庙和会堂的财产和管理工作，所以还要学习有关数学、天文学、外国语和地理等科学知识。课程学习中律法占据了主要地位。教育儿童熟悉律法、遵守律法是生活的主要内容之一。每个希伯来儿童，包括女孩，从小便要学习律法。其次是进行经商训练。儿童到 18 岁如不从事神职工作，都要学习经商，获得谋生的手段。《塔木德》要求每个希伯来男孩，无论其家境如何，地位高低，皆要学习某些经商的技巧。到公元前 2 世纪，希伯来人有了两所高等学校，即伯

---

① 张倩红：《圣经时代犹太教育与先秦儒家教育思想比较》，载《河南大学学报（社会科学版）》，2004（6）。

② 《旧约·申命记》第 6 章第 4 节。

特席勒(Bet Hillel)和伯特山米(Bet Shammi)。这两所学校在公元70年时被毁。随后，拉比学院兴起，成为高等教育的主要形式。

因为希伯来学校特别重视教本传习，初等学校以《摩西五经》为教科书，中等学校以《法典》为教科书，高等学校最主要的学习任务就是学习《法典大全》，因而初等学校又被称为"读《五经》的房舍"，中等学校是"读《法典》的房舍"，高等学校是"研究和讲解《法典大全》的房舍"。①

希伯来人认为，只有人人受教育才能成为上帝的真正信仰者，只有人人成为上帝的虔诚的信仰者，民族才能免受衰亡的威胁。因而当时的学校教育是一种强迫教育，凡不受教育者就被放逐城外，每座城市都必须设立学校。但受教育者仅限于男性，女子仍在家中由母亲教育学习宗教和家事，她们不是学校教育的对象。在当时，希伯来人的学校教学内容主要包括：(1)诵习经典是学习的主要课程；(2)注重品德培养胜于传授知识；(3)学习音乐；(4)学习律法；(5)书写训练；(6)职业训练；(7)进行经商训练；(8)学习数学、天文学、外国语、地理和体育等其他学科知识。在教学方法方面，强调死记硬背，提倡理论与实践相结合，实施教生制和因材施教，在有些地方也有严重的体罚存在。

有了学校，就出现了专门从事教育工作的人——教师。希伯来人非常尊重教师。因为他们把教育看作神圣的事业，进而认为教师职业也是一种神圣的职业，特别是作为小学教师。因而只有希伯来人的小学教师才有薪酬，而从事中等教育和高等教育的教师们则没有薪酬。他们认为，上帝是犹太人的第一位教师，是上帝把律法教给了犹太人，教师又把律法传授给了犹太人的儿童，因而教师被称为"拉比"(rabbin)，希伯来语音译为"师傅"，本身就是"博学"的同义词，亦是犹太人对宗教教师的尊称。这些拉比早期的工作就是加紧研习律法，深化对律法的论释，并将之用于实际，指导民众。有些教育

① 滕大春主编：《外国教育通史》第1卷，117页，济南，山东教育出版社，1989。

史学家认为僧侣是希伯来最早的教育人员，因为在古代希伯来，僧侣在群众中除了判断讼案、赏善罚恶之外，还负责宣传经典和教化民众的职责。其实，希伯来人的专职教师最早出现在所罗门王时期。当时人们感到急需有宗教素养的神职人员和有技艺的工匠，便办起了"先知之子"学校。这种学校靠人们捐款集资办学，学生自己动手建造校舍，实行寄宿，采取小组教学和自学的方式。由祭司、先知们担任教师，向学生传授律法、祈祷式、反省、冥想和拜祭等仪式，以及讲解自己体悟出来的进入神境的奥秘。因此推测在这种雏形学校任教的僧侣阶层和先知群体便是希伯来最早的公共教师。希伯来人由巴比伦返回家园后，不但寺庙和会堂大量需要文人，社会也出现种种新的需要，拉比与文士并称，常常变成宣教者、书写者、律师、教师的混合体，是最受人敬重的专业人员，类似埃及的"文士"和印度的"古儒"。以后，他们还组成行会，要求成员须受过长期培训和富有学识。公元70年耶城被毁以后，僧侣就为拉比代替了。这时在一定程度上可以说"拉比"就是希伯来人的专职教师。有的教育史学者说，"巴比伦之囚"以前，先知是人们灵魂的工程师；到这时，拉比取代了先知的地位。他们有较高的宗教修养和文化修养，博学多才，除从事教学工作外在社会上还充当宗教导师和法律顾问，成为社会上非常有威望的特殊人物。希伯来人常常要求青年人"要像尊重上帝那样尊重教师"。他们还认为：假如父母和教师都需要帮助或都在监狱中，那么首先应当得到帮助的是教师，教师应首先得到释放；教师是儿童精神上的父亲，地位远比亲生父亲高得多。① 由此可见，在古代希伯来人心里，教师的地位有多高！

因为希伯来人对"拉比"有着很高的知识要求和素质要求，因而希伯来人还建立起了专门的教师教育机构。公元70年，犹太马卡比起义被镇压，圣殿

---

① 参见史仲文、胡晓林主编：《世界全史》精装本第2卷《世界古代前期文化教育史》，136页，北京，中国国际广播出版社，1996。

被毁，犹太人享受的宗教自由每况愈下，元老院的职能也由以往的立法机构改成高等学府。此时附属于圣殿的撒都该人已失去作用，法利赛人成为权威之士，拉比成为犹太人的精神导师。在罗马军队的屠杀中幸免于难的法利赛哲人和文士们，在拉比约哈南·本·扎凯的领导下，在靠近犹太海岸的亚布内城继续从事犹太律法的研究，他们成为最早的犹太拉比。在耶路撒冷沦陷后，伽纳开始以法利赛传统为基础重整犹太教育，他的继承人拉邦·加马列尔主持学院，培养教师。公元 172—217 年，在犹大·哈纳西（亦称为"圣者拉比犹太"）的主持下，拉比们收集了早期 150 多位学者遗留的 13 部"口传法规"，并对其进行分类、整理，大约在公元 200—210 年，犹太教口传律法《密西拿》用希伯来文完成。后来巴比伦的学者又在公元 5 世纪末编写成一部阿拉米文的口传律法释义汇编《革马拉》，这两部著作合在一起称为《塔木德》，被称为犹太人精神的百科全书，也成为教师教育的最基本、最权威的教科书。"塔木德"是"教学"的同义词。犹太人就是通过各种形式的"教学"成功维持了民族与宗教传统的双重延续。

为了更好地进行教义传承，教化民众，希伯来人的拉比们创办了犹太学院，以学院为活动中心开展研究与教学工作。当时犹太学院主要分布在巴勒斯坦和巴比伦两地。巴比伦在公元前 1 世纪就已经有了专门研究犹太教教义的机构。犹大·本·巴设拉一世于第二圣殿时代末在尼西比斯建起了第一座学院。第二圣殿被毁后，巴勒斯坦大批犹太学者逃至巴比伦，其中不少人在尼西比斯学院从事研究与教学。公元 200 年前后，在希拉拉比和阿巴·本·阿巴拉比领导下，奈哈第尔学院成为巴比伦犹太精神中心。该学院一直与巴勒斯坦犹太社团以及著名拉比犹大·哈纳西保持密切联系，从犹大·哈纳西获得按立圣职的拉夫返回巴比伦后，于公元 220 年在苏拉建立一所新学院。由于拉夫的显赫名声和渊博才华，苏拉学院吸引了一千多名全日制学生。该院入学不分年龄，具有最高水准的人通常要担任一定课程，院长由学院的学者选举产生，但任命需得到巴比伦犹太散居委员会认可。因为充当教师的拉比是经典的传播者和耶和华的代言人，社会地位崇高。他们是青年的导师和社会的表率，必须审慎选择才能充任。因此青年学生要成为拉比，其身份的取得须经另外一名拉比的正式任命，在举行安立圣职仪式后才能正式成为拉比。要成为一名拉比，不但在信仰、品德和行为上是高尚的，还需具备耐心和专心等良好品质，就是说要有教育家的态度和修养，才能成为一名合格的教师，才能去从事教育教学工作。在希伯来人的学校里，中等和高等学校教师是没有薪酬待遇的，教师必须另觅职业谋生。如在当时巴比伦学院的教师都不拿工资、津贴，为了谋生，人人都必须工作。当时著名的拉比约哈南是鞋匠，拉比西门是织工，拉比约瑟夫是木工。

公元6世纪以后，史称《塔木德》后时代，巴比伦学院的地位进一步提高，每个主持学院工作的拉比都冠以"加冕"称号。至此拉比构成的教师队伍成了"无冕之王""以色列的光明""以色列的顶梁柱"，享有免税待遇。社会地位的受尊重和职责的神圣，极大地提高了教师职业的吸引力。在广大教师们的倾心投入下，希伯来学校发展迅速，数量众多，势力相当强大。除此之外，有的地区的拉比学院甚至代行社区领袖的职权。拉比学院培养出来的人才活跃在犹太社区所开设的各所学校与会堂中。人们甚至歌颂道："拉比的声音就是上帝的声音。"[1]与此同时，在《托拉》的熏陶下，拉比教师们不负众望，富于奉献精神。前面曾提及的拉比约哈南就是代表，他治学勤奋，为人严谨，一生有40年从事教学，由于听讲的学生太多，他的课堂常常在耶路撒冷圣殿山前的街道上进行。在犹太人眼里，拉比拯救人的灵魂，学者丰富人的大脑，医生则医治人的肉体。因此，犹太人英雄排行榜中位居前面的是犹太拉比和学者。拉比希勒尔的许多名言都耐人寻味，其中一则说道："学者的地位高于以色列王，因为一个学者死了，没有人能代替他；而如果一个国王死了，所

---

① 滕大春主编：《外国教育通史》第1卷，122页，济南，山东教育出版社，1989。

有的犹太人都可以胜任。"①这句话十分深刻地说明了知识与掌握知识的拉比和学者们在犹太人心中的崇高地位与作用。

另外，关于希伯来人的学校中是否接纳女子入学受教育的问题，也是一个值得关注的问题。因为没有直接的史料来说明当时希伯来人的学校中有女子受教育，但我们依然可以从相关的材料中推断出一些情况。首先我们可以确定的一点是希伯来人的女子地位要比当时其他各个民族或者文明古国女子的地位都要高。这是因为当时希伯来民族人口少，即使建立了自己的国家，国家也不大，这使得如何尽快增加人口数量就成了希伯来民族面临的突出问题。在这样的背景下，妇女的地位自然而然就得到了提高。对高度重视教育的希伯来人而言，让享有较高地位的女子接受学校教育也存在客观需求。这从希伯来人对男孩女孩的一个比喻中我们就可以看出来。在希伯来人的观念中，男孩和女孩犹如男人的睾丸，不过男孩是右边的一个，女孩是左边的一个。这个比喻足见女孩在希伯来人心目中的地位。而据文献记载，在希伯来人的社会中，出人头地的著名女性也为数不少，如撒拉、拉结、米利暗、以斯帖等，都是当时的著名人物。先知户勒大、底波拉等也是当时非常知名的博学人物。从家庭教育更多关注神学教育的特点而言，成为一个拥有系统化知识的博学者，似乎唯有学校教育才可以实现。因此，从这些人身上我们可以推测这些女性都应该受过比较系统的学校教育。而在《希伯来圣经》中，还专门有一章"论贤妇"论述了希伯来人心目中的优秀女性的形象与各种德行规范，也可以作为希伯来人女子应受教育的一个旁证：

> 才德的妇人，谁能得着呢？她的价值远胜过珍珠。她丈夫心里倚靠她，必不缺少利益。她一生使丈夫有益无损。她寻找羊绒和麻，甘心用手作工。她好像商船从远方运粮来。未到黎明她就起来，把

---

① 赛妮亚：《犹太家教智慧》，104页，昆明，云南人民出版社，2004。

食物分给家中的人。将当作的工分派婢女。她想得田地，就买来。用手所得之利，栽种葡萄园。她以能力束腰，使膀臂有力。她觉得所经营的有利，她的灯终夜不灭。她手拿捻线竿，手把纺线车。她张手周济困苦人，伸手帮补穷乏人。她不因下雪为家里的人担心，因为全家都穿着朱红衣服。她为自己制作绣花毯子，她的衣服，是细麻和紫色布作的。她丈夫在城门口与本地的长老同坐，为众人所认识。她作细麻布衣裳出卖。又将腰带卖与商家。能力和威仪，是她的衣服。她想到日后的景况就喜笑。她开口就发智慧。她舌上有仁慈的法则。她观察家务，并不吃闲饭。她的儿女起来称她有福。她的丈夫也称赞她，说："才德的女子很多，惟独你超过一切！"艳丽是虚假的。美容是虚浮的。惟敬畏耶和华的妇女，必得称赞。愿她享受操作所得的。愿她的工作，在城门口荣耀她。①

从以上介绍我们可以看出，古代希伯来人的教育以宗教神学教育为核心，其独特的信神与教育合一的教育体制与教育教学形式、内容、方法，都给以后的基督教教育以深刻影响，甚至在一定的意义上可以说孕育了基督教和基督教教育，进而直接影响了整个的西方文化和教育发展，因而在世界教育史上也具有重要的地位。

第四节　古代希伯来的教育思想

因为民族生存的关系，希伯来人对教育尤其重视。因此，他们不仅有丰富的教育实践，而且善于对教育实践进行理性思考，从而形成了丰富的教育

---

① 《旧约·箴言》第 31 章 第 10~31 节。

思想。这些思想集中体现在他们留给世界的几部经典之中，如《希伯来圣经》《死海古卷》《次经》《伪经》等。下面我们就这些经典之中的教育思想做一简单介绍。

一、《希伯来圣经》中的教育思想

(一)《希伯来圣经》的基本内容

《圣经》也称为《新旧约全书》，是犹太教和基督教的经典，是其教义和神学的根本依据。今天的《圣经》，通常指的是基督教的经典，包括《旧约》39卷，《新约》27卷，总共66卷。其内容主要包括历史、传奇、律法、诗歌、论述、书函等。《圣经》的名称源于希腊文 biblia，意为一组书卷，原是一个复数词，拉丁化后成为单数词。在公元4世纪时，基督教会正式规定这些书为正典圣书，认为各书都具有神的启示和旨意，因而称为《圣经》。到了欧洲中世纪，伴随着基督教与王权的结合，《圣经》中的词句具有了法律效力。当时的哲学、政治、法律等，都逐渐成了宗教神学的附庸。其实《圣经》除了宗教内容以外，还包罗天文、地理、政治、教会、礼制、音乐、人类、文艺、道德、形体、灵魂、人事、饮食、宝物、服饰、器用、宫室、植物、动物等许多领域，是一部百科全书式的作品。在长达2000多年的历史过程中，《圣经》中的神话、传说、故事、寓言、格言、说教等，已渗透到西方社会生活的方方面面，成为西方传统文化的一部分，至今对西方社会和整个人类社会的发展都具有重要影响。在我国的汉译本中，《圣经》被称为《新旧约全书》，其中《旧约全书》部分就是犹太教的《圣经》，它是了解古代希伯来人的历史状况的重要典籍之一，也是希伯来人生活的基本指南，"一代代犹太人从《圣经》中汲取着对上帝的虔诚信仰，遵循着其中的神圣律法"①。因此，要深入理解古代希伯来人的教育思想，就要很好地了解《旧约》。

① 傅有德等：《犹太哲学史》(上卷)，37页，北京，中国人民大学出版社，2008。

《旧约》作为犹太教的经典，是对 1000 多年古代希伯来人历史的记录，它包含了希伯来人的法规、智慧、希望、传说和文学传统。由于它是由众多的宗教教徒历时多年编纂而成，因而书中存在着一些不准确和前后矛盾之处，但这丝毫无损于《旧约》所具有的极其重大而深远的意义。根据众多学者的研究成果，《旧约》一书的成书过程，基本与希伯来人的民族历史发展脉络相近。多灾多难的现实与命运，使希伯来人把对现实的渴求转向精神领域，把希望寄托于上帝的"保护"和"拯救"上；转向于总结民族集体活动的经验，通过知书识字的"拉比"，凝聚为故事律法，编写成经典，以便于希伯来人流落世界各地时仍能保持其民族的独立性，在精神上获得认同，于是便有了辉煌的希伯来历史文化遗产《旧约》，因其在希伯来人生活和历史上的重要性，又被称为《希伯来圣经》。该著作除个别段落用阿拉米文写成外（如《但以理书》中的几章与《以斯拉记》中的一些段落），绝大部分用希伯来文写成，共 39 卷，929 章，收集了自公元前 11 世纪末以来流传的古代律法典籍。全书约于公元前 6—公元 2 世纪逐渐形成。就其内容而言，希伯来人一般把它分为律法书、先知书、圣著三部分；而基督教新教和一批近代学者则把它分成律法、历史、先知、文集四部分。从《旧约》的成书历程来看，我们还是采用三分法来介绍，因为它们反映了犹太教《圣经》成书的三个阶段。

第一，律法书（也称《摩西五经》），希伯来名为《托拉》，包括《创世记》《出埃及记》《利未记》《民数记》《申命记》五卷，主要记载了古希伯来传说中的世界与人类的起源及犹太民族形成和发展的历史，约于公元前 444 年成书。《创世记》主要记载了上帝如何创造世界、人类的起源和犹太民族的起源，共 50 章；《出埃及记》则主要记述摩西的成长及带领族人出埃及并与上帝立约的事，共 40 章；《利未记》又译《肋未记》，是犹太教律法的汇集，共 27 章；《民数记》又译《户籍记》，主要记述希伯来人出埃及后在西奈旷野、巴兰旷野、摩押平原发生的事件，共 36 章，是多种资料的汇编；《申命记》是以摩西所传律法的形式汇编而成，共 34 章。这五经的形成是犹太教经典汇集成书的第一阶段。

第二，先知书，希伯来名为"勒布尔姆"（Nebhum）。这一部分是犹太教经典汇集成书的第二阶段，约在公元前 190 年编集成书，是一些"先知"（意即"神的代言人"）的著作汇编，主要反映犹太王国兴亡的历史以及对当时政治、经济、社会、宗教等情况而阐发的评论。

第三，圣著，希伯来名为"克图毕姆"（Kethubhim），也译为"圣书卷""圣录""笔录""经""杂集"等，内容包括诗歌、智慧书、戏剧故事等，具体有《诗篇》《箴言》《约伯记》《雅歌》《路得记》《耶利米哀歌》《传道书》《以斯帖记》《但以理书》《以斯拉-尼希米记》《历代志》共 11 卷，合称圣著 11 卷。它收集了流传下来的犹太诗歌、寓言、格言、谜语、比喻等，对于早期基督教和《圣经全书》中《启示录》等卷的形成产生过巨大的影响，也为以后基督教文明的诞生和希伯来文明的发展起了非常重要的承上启下作用。

《旧约》经卷的最后定型是公元 1 世纪末的事。公元 70 年，由于耶路撒冷圣殿被毁，以圣殿为会所的犹太教最高议院及司法机构"犹太教公众"（sanhedrin）被迫解散。20 年后，犹太教律法家和宗教领袖约翰兰·本·撒该（Jochanan Ben Zakkai）在海滨城市雅麦尼亚主持召开拉比会议，会上重建"犹太教公众"。"犹太教公众"由 72 位长老组成，他们讨论了犹太教的经典问题，最后确定了《旧约》各部分的著作和卷数。在最初的卷数中，总卷数为 22 卷，即把 24 卷书中的《士师记》与《路德记》合为一卷，《耶利米书》与《耶利米哀歌》合为一卷，以求与希伯来文 22 个字母数吻合。

（二）《希伯来圣经》中的教育思想

古代希伯来人的教育是以宗教神学为其核心的，因而他们的教育从思想、形式、内容、方法而言，都以培养广大民众对于上帝耶和华的虔敬为最高使命。在希伯来人的观念中，他们是上帝的选民。公元前 1259 年，他们的领袖摩西在西奈山上接受了上帝的律法，颁布十诫，意味着希伯来人与上帝耶和华订立了契约。只要希伯来人服从契约，遵守上帝的律例，那么耶和华就会在冥冥之中保佑他们，并赐福给他们。如果希伯来人违背了契约，就将被上帝抛弃并受到惩罚。正是这种相互制约的契约观，构成了希伯来人教育思想的核心，贯穿于希伯来人对于教育认识的各个方面。从教育作用的认识到教育目的的确立，从教育内容的安排到教育教学方法的选择，以至教师观等，这些思想集中反映在《旧约》一书中。

1. 人性论与教育的本质

教育本质问题作为教育最基本的问题，其思考总是与人性论紧密联系在一起的。而一旦提到希伯来人的人性论思想时，我们就会马上联想到伊甸园和西方流行的"性恶论"。许多人更是把西方中世纪时期占统治地位的"性恶论"渊源追溯到希伯来人的经典《旧约》中的《创世记》，认为在伊甸园里夏娃和亚当受了蛇的诱惑而偷吃禁果时就产生了"原罪"。其实，就目前有关资料来看，这种看法是冤枉了希伯来人，因而对希伯来人来说是不公正的。

生活在古代的希伯来民族也同世界上其他各民族一样，在思维初始因生活与劳动的关系，对周围的客观世界及人类自身活动产生了高度的好奇，从而以自己的生存环境状况和已获得的生产生活经验为基础，对世界和人类的起源做出了一定的逻辑推演和相应的解释，这是人类进化的一个重要转折点。而《旧约》首卷《创世记》正是这种思维的产物。抽象的理性思维首先来源于对世界感性的认知。《创世记》里记载的上帝如何创造世界、人类的起源和犹太民族的起源，无疑反映了公元前6世纪以前(因《创世记》成文于公元前6世纪前)希伯来民族的生活现实和他们认识世界的初步积累，以及他们在长期生活过程中积累起来的宗教信仰主题，代表着他们对现实世界的某种主观认识。在长久的传承和研究中，人们只关注了上帝在创世时造出了亚当，却忽略了在造亚当之前，上帝就已经造了"人"，《创世记》里说："神说：'我们要照着我们的形象，按着我们的样式造人，使他们管理海里的鱼、空中的鸟、地上的牲畜和全地，并地上所爬的一切昆虫。'"①接着，"神就照着自己的形象造人，乃是照着他的形象造男造女"②。这说明在亚当和夏娃之前，上帝就已经造了管理现实世界的人，而且有男有女。但是这些人与其他动物一样，只有形而没有"灵"。在天地万物都造好之后，"耶和华神用地上的尘土造人，将生气吹在他鼻孔里，他就成了有灵的活人，名叫亚当"③。可见上帝创世时最早造的人有形无"灵"，自然也谈不上本性善恶的问题。后来造出的亚当有"灵"有形，"灵"成了人的本质属性，这种属性并不是人自有的，而是神性的分有。上帝是纯善的，因而不可能为恶。就此而言，希伯来人的《创世记》所反映的最早的人性，其实有"性善论"的倾向，而不是"性恶论"趋向。

亚当和夏娃后来偷食禁果而遭到上帝的惩罚，只是因为受了蛇和苹果的诱惑。而蛇和苹果在过去人的认识中，是生殖器的象征，因而是一种生殖崇拜，这与当时历史发展的阶段也是能够对应起来的。因此，偷吃禁果的说法，实质上是希伯来人想要告诉自己的族人：性及其言语的诱惑是人的罪恶和痛苦的源泉。这种观点与后来《摩西律法》中希伯来人对于性的认识和戒律要求是一致的。因此，希伯来人的《圣经》中并不包含"原罪"的观念，更没有"性恶论"的论调。他们恰恰要强调的是这样的观点：凡是属于上帝的，都是好的；凡是不听上帝旨意的，就会犯恶，会遭到严厉的惩罚。由此，伊甸园的故事反映的恰恰是希伯来人对至高无上的上帝权威的塑造、崇拜与赞扬，并为后续律法的信仰与执行做好了铺垫。在希伯来人看来，他们是上帝的选民，犹太民族是优于其他民族的。他们与上帝的关系是一种平等的契约关系。耶和华是"信实的神；向爱他、守他诚命的人守约，施慈爱直到千代"④。如果

---

① 《旧约·创世记》第 1 章第 26 节。
② 《旧约·创世记》第 1 章第 27 节。
③ 《旧约·创世记》第 2 章第 7 节。
④ 《旧约·申命记》第 7 章第 10 节。

不遵守上帝的律法，人类就会受罚。人类的始祖亚当、夏娃之所以受惩罚，是由于他们违背了耶和华最初不准他们吃善恶树上的果子的诫命，实质上就是违背了与上帝之间的契约，因而上帝发出了可怕的诅咒，对夏娃说："我必多多加增你怀胎的苦楚，你生产儿女必多受苦楚。你必恋慕你丈夫，你丈夫必管辖你。"对亚当则说："你既听从妻子的话，吃了我所吩咐你不可吃的那树上的果子，地必为你的缘故受诅咒。你必终身劳苦，才能从地里得吃的。地必给你长出荆棘和蒺藜来，你也要吃田间的菜蔬。你必汗流满面才得糊口，直到你归了土；因为你是从土而出的。你本是尘土，仍要归于尘土。"①

这一故事还为希伯来人的悲剧命运做了一个注释，从而强化了契约回报的信念，这对增强希伯来人对不幸的民族及个人命运的心理抵抗力，进而唤起他们对未来的希望有着积极的暗示和诱导性作用。因此，在希伯来人的最初观念里，并没有"原罪"的观念及"性恶"的观点。从伊甸园故事里，我们更多看到的是希伯来人的最早的人性论及其对自己命运不幸的一种理性思考，从而体现了在恶劣生活环境之下希伯来人对道德困惑的自我探索与解答。它不仅孕育了西方文化中最初的关于人与自然关系的思想观念：人与自然界是敌对的，人只有在征服、战胜自然的艰苦斗争中才能求得自己的生存；而且力图为自己和民族命运找到出路的一种理性努力。由于人与环境的冲突与压力使得希伯来人对于人与自然关系的关注远远超出了对于人自身的关注，因而根本不可能像古希腊苏格拉底之类的哲人们去深度思考人自身的问题，因而更不会产生"原罪"及"性恶"的观念。从《旧约》的历史效果来看，希伯来人通过对亚当、夏娃偷食禁果而受罚的事件进一步强化了希伯来人的一神教崇拜，有力地排斥了周围民族多神教的影响与渗透，从而为希伯来民族在强敌环伺、颠沛流离的险恶环境中维持民族的独立生存、发展奠定了重要的心理基础。这与以后基督教的解释是有着本质区别的。其实，"原罪"观念的产生

---

① 《旧约·创世记》第 3 章第 16~19 节。

是与基督教的形成与发展紧密相连的，特别是在教父哲学产生以后，它作为基督教"赎罪"说的理论基础而被广大基督徒熟悉。它最初由耶稣的门徒保罗提出，以人类因为亚当的罪过而都有罪的说法，突破了犹太教只局限于犹太民族的局限性，使被钉上十字架的耶稣成为全人类的救世主，为基督教成为世界各民族的统一宗教奠定了基础。此后，很多教父哲学家又从不同方面对这一理论进行论证，四五世纪以后，奥古斯丁在前人理论的基础之上对于人性问题及善恶问题进行了详尽分析，形成了系统完备的"性恶论"理论体系。随着基督教统治地位的获得和以奥古斯丁为代表的"教父学"正统信仰的日益稳固，"性恶论"也在中世纪占据了主导地位。

从人的本性是"灵"的角度出发，希伯来人将教育看作正确认识和接近上帝的手段，而不像其他古文明里一样看作人神沟通的桥梁。因为，在希伯来语中，灵或灵魂通常由下面几个词来表示：runch、nephesh、neshamah、jechidah、chayyah。这几个词在希伯来语中都不是指纯的理性灵魂（rational soul）或心灵（mind）。《创世记》开篇所说"神的灵运行在水面上"，其中，"灵"的希伯来语词为 ruach，意思是可以升降的气和风。在《传道书》（3：21）和其他几个地方，ruach 也都是这个意思。《创世记》第二章（2：7）所说的"灵"，其原文是 nephesh，意思是"血"。在古代希伯来语中，血意味着"生命"。如经文说："血就是生命。"（《申命记》12：23）neshamah 的意思是指人的气质（disposition），chayyah 指在人的肢体死亡后而存留的东西。jechidah，原意是唯一者，指与成双成对的肢体不同的单一的灵魂（《密德拉什》之《大创世记》14：9）。①可见在希伯来人的《圣经》中，人并不是如古希腊人那样所认为的灵与肉体分离的存在，而是与之密切结合在一起的一个活体存在。在希伯来人的观念中，

---

① 傅有德等：《犹太哲学史》（上卷），52 页，北京，中国人民大学出版社，2008。可参见 Abraham Cohen, *Eweryman's Talmud: The Major Teachings of the Rabbinic Sages*, New York, Schocken Books, 1995, p.77。

灵魂无法离开身体而存在，反之，身体也不能离开灵魂而存在。这样一来，教育的本质就是使人的灵魂与肉体都得到正确的引导与发展。因而人的发展首先最关键的是要得到正确的引导。要得到的引导并不是知识的引导，而是"心"的引导。在希伯来语中"心"用"leb"一词来表示，意思是有血有肉的人体器官，是情感的主体，而不是像中国传统文化、古希腊文化中思想的主体。因而希伯来人心目中"心"的引导，就是情感的引导。《圣经》说"你要尽心、尽性、尽力爱耶和华你的神"①，就是强调要用最真挚的情感去爱上帝，而不是通过认识和智慧来爱上帝。因此希伯来人的宗教是一种情感的宗教，而不是智识的宗教。这就意味着希伯来人的教育首先是情感的培养，而不是知识的传授。所以在希伯来人的早期教育中，更多关注的是口耳相传的记诵，而不是书写诵读。希伯来人的所有律法和道德原则都是情感的产物，他们引导人趋向善良、正义和上帝是靠情感的力量，而不是理性的力量，从而导致了希伯来人的早期文化及教育中哲学、科学、艺术等方面内容的缺失。

2. 关于教育作用与功能的认识

因为强调情感信仰的缘故，早期的希伯来人对教育的作用与功能认识并不深刻。因为他们相信："爱我、守我诫命的，我必向他们发慈爱，直到千代。"②在希伯来人看来，耶和华是全知全能的上帝，希伯来人是上帝在人世的选民，信神是天经地义的事。对于上帝的虔敬与虔爱就可使上帝赐福于人。因而早期希伯来人仅把教育的作用和功能视为培养对上帝虔敬的思想感情的辅助手段，并没有寄予足够的重视。在以后的颠沛流离生活之中，希伯来人深深地感觉到了民族团结的重要性和文化对民族存在的巨大作用，他们才深刻意识到只有把对上帝的虔敬与民族统一结合起来，通过教育来加强民族的统一性，使人们通过学习《希伯来圣经》来保存民族传统，维系民族独立，才

---

① 《旧约·申命记》第6章第5节。

② 《旧约·出埃及记》第20章第6节。

是希伯来人最有效的自保之道。这一点在摩西在西奈山上与上帝立约之后显得尤其强烈。因为根据上帝与摩西的约定，只有熟悉并严格遵守上帝的律法，才能得到上帝的佑护。于是通过教育来普及律法，并使每一个希伯来人都能够正确理解律法就成为当时最迫切的一件事。所以，传说摩西在跟上帝立约之后就曾告诫大众学习法典，不论成人、妇女、儿童，皆无例外。特别是自"巴比伦之囚"以后，苦难的经历使希伯来人的领袖们深深地意识到：当一个民族赖以存在的领土、政府和文化居地不复存在的情况下，这个民族的生存、团结和发展就只能通过教育，借助于文化和宗教纽带，凭借共存的记忆、信仰和习俗把每一个成员结合在一起，万众一心，团结御侮，加强民族的向心力和战斗力。正如被誉为"口传《托拉》的《塔木德》"所说的："只要有儿童在学校，以色列的敌人们就不能战胜以色列。"犹太学者埃班在评价约哈南·扎凯在耶路撒冷被攻陷后叩见罗马统帅韦斯巴乡请求保存学院和学者一事时也指出："约哈南考虑的不是几十位老年智者的生命，而是要发扬他们所代表的精神传统。约哈南的行动为犹太民族的发展指出了正确的方向，这个民族缺乏国家独立的正常条件，因而寄希望于自己的精神财富，它认为只有忠于传统，才可能作为民族继续生存下去。"①在巨大的生存压力之下，希伯来人才开始充分重视教育的作用和功能，希望通过教育来培养宗教信仰成为希伯来人最重要的奋斗目标和必要手段。这个时候希伯来人才真正意识到，不信仰上帝就是罪恶，而没有知识的愚人是不能真正信仰上帝的。《希伯来圣经》是上帝意旨的代表，通过学习《希伯来圣经》就可以接受上帝耶和华的教导而成为上帝的真正选民，得到上帝的庇护与赐福。因此，希伯来人才开始兴办学校，大力发展教育，成为世界上最重视教育的民族之一。正是在信仰和维护民族生存这个维度上，希伯来人的宗教、希伯来的政治、希伯来人的生活通过教育合三为一，犹太教的法典和希伯来的法律也通过教育融为一体，万能

---

① [以色列]阿巴·埃班：《犹太史》，阎瑞松译，110 页，北京，中国社会科学出版社，1986。

的上帝耶和华成了希伯来民族的象征和唯一代表，认真学习上帝的律法并全心全意去践行，就可以得到耶和华的爱与佑护，从而也就是为自己的民族尽自己的责任。于是，虔信虔爱耶和华实质上也就是忠于自己的民族、爱自己的民族、爱自己的文化。这样一来，培养希伯来人对上帝的虔敬，实质上就是在培养希伯来人独立的民族精神，让自己的民族能够在动荡不安的社会和遭受各种不公和屈辱的环境下生存下去，并得到发展。于是，教育就成了希伯来民族赖以生存、发展的基石和最重要的手段。

3. 关于教育目的的思考

希伯来人的教育目的只有一个，就是培养对上帝的虔诚信仰和虔爱感情。作为一个在当时世界比较弱小的民族，在现实中看不到获得安全保障和解脱的途径时，就只能把希望寄托在超世或者彼岸世界的神的身上。希伯来人选择了信仰上帝这条道路。因为上帝耶和华的目的是要建立一个"祭司的国度"，培养"圣洁的国民"①，只有根据上帝耶和华的吩咐，遵守他的戒律，"耶和华所吩咐的，我们都必遵行"②，才能获得耶和华的庇佑，免遭人间的种种磨难。"你若不听从耶和华你神的话，不谨守遵行他的一切诫命律例"，耶和华就会使"诅咒、扰乱、责罚临到你身上"，"直到你被毁灭，速速地灭亡"。③而在希伯来人的观念中，他们是上帝耶和华的选民，希伯来人与上帝之间是一种契约关系，耶和华同意作为他们的上帝，是以希伯来人履行契约为先决条件的。他们一旦违约，就将大难临头。而古希伯来语中"教育"一词后来的含义就是"学习律法"，这种律法正是希伯来人与上帝之间的约法。所以，希伯来人的教育目的，就集中地体现为培养新生一代虔信虔爱耶和华的思想感情，使之能够全心全意地履行和践行上帝的律法。这种教育目的的产生，实

---

① 《旧约·箴言》第 4 章第 8~9 节。
② 《旧约·箴言》第 10 章第 1 节。
③ 《旧约·箴言》第 8 章第 10 节。

质上也是希伯来人历史发展的必然选择。从希伯来人进入迦南开始，就一直处于与周围民族的战斗之中。在希伯来人的历史上，只有为数不多的、极其短暂的几个安定时代，背井离乡的惨痛记忆更多。因此，一个多灾多难的民族，在丧失了领土和政府的现实依靠之后，民族生存斗争便成了整个民族发展进程中生死攸关的问题。希伯来人的教育目的也不能不服从于民族生存斗争这一根本目的。他们唯一能依靠的，就是虔信虔爱耶和华，从而获得现实艰难处境中精神上的慰藉，并从与上帝立约的信念中推演出只要一心一意虔信虔爱上帝，自可获得民族拯救的信心，并以上帝选民的身份来获得艰难条件下的自信，从而获得现实生存斗争的动力和勇气，使古希伯来人在精神上立于不败之地。这样，虔信虔爱耶和华就成了维系整个民族精神的唯一有效手段。所以，古希伯来人的教育目的看似带有强烈的宗教色彩，具有明显的非理性特征，实质上它仍然是服从于理性的，是为统一民族精神，维系民族生存、发展服务的。

对耶和华的虔信虔爱首先取决于对上帝律法的正确理解，理解需要相应的知识和智慧。一个没有知识和智慧的人是愚昧的人。在希伯来人的观念中，愚昧不会给人带来幸福，一个愚昧的人将会遭到各种不幸，"愚昧人背道，必杀己身；愚顽人安逸，必害己命"[1]。所以人人都有责任学习知识和智慧，改变自己的愚昧状态。人之所以要学习必须追求知识和智慧，首先是因为上帝已经把知识和智慧赐给了人，"我也以我的灵充满了他，使他有智慧，有聪明，有知识"[2]。而一个人有了知识和智慧以后，"谋略必护卫你，聪明必保守你，要救你脱离恶道，脱离说乖谬话的人"，"智慧要救你脱离淫妇"，"智慧必使你行善人的道，守义人的路"[3]；在上帝的教导中，知识只是脱离愚昧

---

① 《旧约·箴言》第 1 章第 32 节。

② 《旧约·出埃及记》第 31 章第 3 节。

③ 《旧约·箴言》第 2 章第 11~12、16、20 节。

的基本条件，人不能为知识而知识，追求知识是为了获得智慧。因为一个人的幸福与否，就看他是否拥有智慧，"得智慧的、得聪明的，这人便为有福"。智慧是人生中最为宝贵的东西，"得智慧胜过得银子，其利益强如精金，比珍珠(又译为红宝石)宝贵，你一切所喜爱的，都不足与之比较。她右手有长寿，左手有富贵。她的道是安乐，她的路全是平安。她与持守她的做生命树，持守她的俱各有福"。① 对个人来说，获得并拥有智慧，不仅可使人幸福安康，而且可以提高人的社会地位，获得世人的尊敬，"智慧人必承受尊荣，愚昧人高升也成为羞辱"②，"高举智慧，她就使你高升；怀抱智慧，她就使你尊荣。她必将华冠加在你头上，把荣冕交给你"③。对于一个家庭来说，智慧还是保证家庭和睦、幸福快乐的重要因素，"智慧之子使父亲欢乐；愚昧之子叫母亲担忧"④。所以，一个人在生活中，应把追求智慧放在重要地位，"你们当受我的教训，不爱白银，宁得知识，胜过黄金"⑤。这种注重学习知识，但更注重和推崇智慧学习的思想，对犹太民族产生了巨大的影响。它不仅形成了希伯来人全民学习、全民都以有文化为荣的优良传统，而且使得犹太民族以追求智慧为己任，从而把知识的获取当作获得智慧的条件而不是目的，这对于犹太民族以后注重探究、注重创新的民族精神的形成，起到了积极的作用。从当时来看，注重智慧的追求无疑是在当时条件下希伯来人追求自保和发展的最好和最有效的手段。因为自身的弱小，希伯来人的一切外在财富都可能随时被剥夺，而智慧却谁也不能拿走。这种理想与信念不仅有效保证了希伯来人在长期流散的生活中获得了生存的空间，也对犹太人在心理上保持民族认同起了巨大的作用。此外，正是由于这种为智慧而学习的思想观念，把学

---

① 《旧约·箴言》第 3 章第 13~18 节。
② 《旧约·箴言》第 3 章第 35 节。
③ 《旧约·箴言》第 4 章第 8~9 节。
④ 《旧约·箴言》第 10 章第 1 节。
⑤ 《旧约·箴言》第 8 章第 10 节。

习过程与获取知识的最终目的直接统一起来，知识获得的目的就是智慧的实现，从而使犹太民族在历史发展过程中产生了与其人口数量绝对不相称的众多的伟大人物，对人类历史的发展和进步做出了重大贡献。因此在希伯来民族中流传"娶拉比女儿为人生荣耀"的信条也就不难理解了。

既然智慧如此重要，能带给人如此多的财富与好处，那么智慧又是从哪儿来的呢？怎么样学习才能获得智慧呢？在希伯来人看来，智慧就是上帝耶和华的本性，"耶和华以智慧立地，以聪明定天"①，所以"敬畏耶和华是知识的开端"②，"因为耶和华赐人智慧，知识和聪明都由他口而出"③。如果不敬畏耶和华，那么当人们面临各种不幸时，就无法运用智慧来解脱困境，也难以得到耶和华的帮助与佑护。"你们遭灾难，我就发笑；惊恐临到你们，我必嗤笑。惊恐临到你们，好像狂风，灾难来到，如同暴风，急难痛苦临到你们身上。那时，你们必呼求我，我却不答应，恳切地寻找我，却寻不见。因为你们恨恶知识，不喜爱、敬畏耶和华。"④

由此可见，希伯来人的教育目的带有浓厚的宗教色彩，一神教的宗教思想充斥一切教育领域。但这也是希伯来人生存的必然选择。教育无法脱离开具体的生活环境而独自存在，教育目的也是现实的人对未来的一种期待和选择。希伯来人的教育目的虽然直接服从于其宗教目的，但在宗教目的之中又突出了智慧的追求，并将智慧追求作为上帝的旨意，赋予智慧以神性的特征，这在宗教居于统治地位的传统社会中是非常可贵的，也反映出了希伯来人注重现实生活的一种高超智慧。

4. 关于教育内容的选择

由于希伯来人的教育目的是培养对上帝耶和华的虔信虔爱之情，所以他

---

① 《旧约·箴言》第 3 章第 19 节。
② 《旧约·箴言》第 1 章第 7 节。
③ 《旧约·箴言》第 2 章第 6 节。
④ 《旧约·箴言》第 1 章第 26～29 节。

们的教育内容选择比较狭窄，其中宗教神学贯穿一切，凌驾于一切之上，其他的教育内容完全服从于宗教目的。从希伯来人所受的教育来看，他们在教育内容选择上主要考虑以下几个方面：

（1）宗教神学。摩西带领希伯来各部落出埃及，定居巴勒斯坦以后，逐渐由游牧文化进入农业文化。此时的教育以家庭教育为主，除了对儿童进行必要的道德和某些职业方面的训练之外，最主要的是对儿童进行宗教神学的灌输，以培养宗教信仰、热爱上帝耶和华为根本宗旨。这种习惯一直被保留下来成为希伯来人的教育传统。在希伯来人的心目中，这不是希伯来人的选择，而是上帝耶和华的最高旨意："以色列啊，你要听！耶和华我们神是唯一的主。你要尽心、尽性、尽力爱耶和华你的神。我今日所吩咐你的话都要记在心上，也要殷勤教训你的儿女，无论你坐在家里，行在路上，躺下，起来，都要谈论；也要系在手上为记号，戴在额上为经文；又要写在你房屋的门框上，并你的城门上。"①如果能够听从上帝耶和华的教导，并认真遵从，就会收到上帝的福报，"你要听从耶和华你神的话，遵守我今日所吩咐你的一切诫命，行耶和华你神眼中看为正的事，耶和华就必转意，不发烈怒，恩待你，怜恤你，照他向你列祖所起的誓使你人数增多"②，"以色列啊，你要听，要谨守遵行，使你可以在那流奶与蜜之地得以享福，人数极其增多，正如耶和华你列祖的神所应许你的"③，"耶和华眼中看为正，看为善的，你都要遵行，使你可以享福，并可以进去得耶和华向你列祖起誓应许的那美地"④。

（2）律法。律法，是希伯来人教育内容的重要组成部分。但希伯来教育中所说律法的含义不仅仅是指有关的法律条例、命令规章，它同时还包括道德伦理、卫生、宗教等。希伯来人认为律法的学习是上帝耶和华的意旨和要求，

---

① 《旧约·申命记》第 6 章第 4～9 节。
② 《旧约·申命记》第 13 章第 17 节。
③ 《旧约·申命记》第 6 章第 3 节。
④ 《旧约·申命记》第 6 章第 18 节。

"这是耶和华你们神所吩咐教训你们的诫命、律例、典章，使你们在所要过去得为业的地上遵行，好叫你和你子子孙孙、一生敬畏耶和华你的神，谨守他的一切律例、诫命，就是我所吩咐你的，使你的日子得以长久"①。在律法的教授过程中须墨守成规，不能做丝毫改变，"凡我所吩咐的，你们都要谨守遵行，不可加添，也不可删减"②。"这律法书不可离开你的口，总要昼夜思想，好使你谨守遵行这书上所写的一切话。"③这儿所讲的律法书即被称为《托拉》的《摩西五经》。"托拉"一词是希伯来文的音译，其词根为"引导"或"指路"之意，意指律法是上帝指引人的行动与处世之道，必须严格遵守奉行。在后来《塔木德》所规定的父亲对儿子的三项应尽义务中，最重要的一项就是教儿子学习犹太经典《托拉》。希伯来的律法要求父母亲尽可能早地对孩子进行宗教神学教育，甚至要求在孩子刚开口说话时就要教会他背诵"摩西将律法传给我们作为雅各会众的产业"。因此希伯来人的孩子早在幼儿时期就开始与父亲一道诵读《托拉》，由此可见律法在犹太教育中的地位和作用是多么重要。

希伯来人之所以在教育内容的选择上对律法给予极高的地位，就在于他们认为虔信虔爱上帝并不意味着要脱离人间的世俗事务，相反，对上帝的虔信虔爱就是要体现在具体的各种世俗事务之中，要将对上帝的虔信虔爱具体化为日常生活中细微的道德伦理规范。上帝耶和华在西奈山顶给摩西所传的十诫中绝大部分内容都是个人日常生活的伦理道德规范，例如，"当孝敬父母""不可杀人""不可奸淫""不可偷盗""不可做假见证陷害人""不可贪恋人的房屋；也不可贪恋人的妻子、仆婢、牛驴，并他一切所有的"④等。此外，在《旧约》的许多地方都留下了各种各样的这种类似告诫与规范，例如，"耶和

---

① 《旧约·申命记》第 6 章第 1~3 节。
② 《旧约·申命记》第 12 章第 32 节。
③ 《旧约·约书亚记》第 1 章第 8 节。
④ 《旧约·出埃及记》第 20 章第 12~17 节。

华诅咒恶人的家庭，赐福与义人的居所"①；"我儿，你要听受我的言语……不可行恶人的路，不要走坏人的道"②；在生活中，对于这些规范不仅要听，而且要信念坚定，坚决执行，"要修平你脚下的路，坚定你一切的道，不可偏向左右，要使你的脚离开邪恶"③。上帝耶和华本身就是道德律法的化身，所以人对上帝的虔信虔爱就通过行为的后果来彰显，"恶人的道路，为耶和华所憎恶；追求公义的，为他所喜爱。舍弃正路的，必受严刑；恨恶责备的，必致死亡"④；"义人的纪念被称赞，恶人的名字必朽烂"⑤。

对于上帝的虔信虔爱，并不只在于言语行为上的外在表现有多好（当然，这一点也很重要），更重要的还在于在行为上与感情上与上帝一致，好上帝之所好，恶上帝之所恶，"敬畏耶和华，在乎恨恶邪恶"⑥，"世人哪，耶和华已指示你何为善，他向你所要的是什么呢？只要你行公义，好怜悯，存谦卑的心，与你的神同行"⑦，要"爱人如己"⑧。因而希伯来人特别注意做人的言行一致问题。在他们看来，一个品德高尚的人必然是一个孝敬父母的人，因而也是一个遵守教诲和规范的人。作为子女，对父母的孝敬不仅表现在对父母的好心好意与言行关怀上，更主要的还在于"要听你父亲的训诲，不可离弃你母亲的法则（有的译本为'指教'）"⑨；能够让父母感觉到开心快乐是履行孝道的主要内容，而要使父母开心快乐的最根本方法，就在于能够遵循上帝耶和华的律法，按照上帝耶和华的教诲去追求智慧，拒绝愚昧，"智慧之子使父亲

---

① 《旧约·箴言》第 3 章第 33 节。
② 《旧约·箴言》第 4 章第 10、14 节。
③ 《旧约·箴言》第 4 章第 26~27 节。
④ 《旧约·箴言》第 15 章第 9~10 节。
⑤ 《旧约·箴言》第 10 章第 7 节。
⑥ 《旧约·箴言》第 8 章第 13 节。
⑦ 《旧约·弥迦书》第 6 章第 8 节。
⑧ 《旧约·利未记》第 19 章第 18 节。
⑨ 《旧约·箴言》第 1 章第 8 节。

欢乐；愚昧之子叫母亲担忧"①；在孝敬父母的过程中，还要根据父母不同的情况与要求，分别采取不同的方式，"我在父亲面前为孝子，在母亲眼中为独一的娇儿"②。这就要求父母要按照上帝的旨意，教育好自己的孩子。只有对子女进行良好的教育，才能培养出孩子良好的品德，才能保证父母的幸福，没有良好的教育的子女会使父母苦恼。所以，父母对子女进行教育是应尽的责任，你们"要吩咐你们的子孙谨守遵行这律法上的话"③。"要招聚他们男、女、孩子，并城里寄居的，使他们听，使他们学习。好敬畏耶和华你们的神，谨守遵行这律法的一切话。也使他们未曾晓得这律法的儿女得以听见，学习敬畏耶和华你们的神。"④在生活实践中，希伯来人确实十分重视子女的伦理道德教育，而且他们并不只限于抽象的道德、伦理观念的灌输，而是十分注重道德伦理实践，注重道德伦理行为的结果和影响，以便使受教育者通过实际生活的需求来分辨善恶，做出选择，因而带有明显的实用主义、功利主义倾向。正如《旧约·申命记》指出的："你若留意听从耶和华你神的话，谨守遵行他的一切诫命，就是我今日所吩咐你的，他必使你超乎天下万民之上。你若听从耶和华你神的话，这以下的福必追随你，临到你身上：你在城里必蒙福，在田间也必蒙福，你身所生的、地所产生的、牲畜所下的，以及牛犊、羊羔，都必蒙福；你的筐子和你的抟面盆都必蒙福。你出也蒙福，入也蒙福。你若谨守耶和华你神的诫命，遵行他的道，他必照着向你所起的誓，立你作为自己的圣民。天下万民见你归在耶和华的名下，就要惧怕你。你在耶和华向你列祖起誓应许赐你的地上，你必使你身所生的、牲畜所下的、地所产的，都绰绰有余。耶和华必为你开天上的府库，按时降雨在你的地上。在你手里

---

① 《旧约·箴言》第 10 章第 1 节。
② 《旧约·箴言》第 4 章第 3 节。
③ 《旧约·申命记》第 32 章第 46 节。
④ 《旧约·申命记》第 31 章第 12 节。

所办的一切事上赐福与你。"①因此，我们在历史上可以看到，希伯来人尽管非常重视宗教祭祀和节日庆祝仪式，但他们依然认为这仅仅只是一种手段而非目的，外在的形式必须与内在的情感相一致才有意义。没有了内在的情感和信念支撑，只具有外在的形式是没有任何意义的。相反，如果具有了内在的情感与信念，那么外在的仪式仪轨就会锦上添花，即使没有外在的形式支持，也会得到上帝耶和华的原谅与祝福。一个人如果行为不轨，作恶多端，那么即使祭祀与节日庆祝活动有多么宏大热烈，也都毫无意义。这种带有极强实用性的、不注重形式而注重内在情感与信念的伦理道德观对于犹太人在颠沛流离之中，能够适应各种环境并保持自己的民族独立性有着重要的意义，特别是在圣殿被毁之后，就显得更加重要。

此外，希伯来人的律法教育中还穿插着卫生、艺术、宗教等方面的规范规则的教育，例如，在《旧约·利未记》中就分别论述了饮食、生育、疾病等方面的知识、规范与行为要求，在饮食方面，强调了各类食物的禁忌，除了强调各种不可吃的食物之外，还特别强调："死的，你们不可摸，都与你们不洁净"②，"摸其尸的，必不洁净到晚上；拿其尸的，必不洁净到晚上，并要洗衣服。这些是与你们不洁净的"③。这些反映出希伯来人强烈的卫生观念与疾病预防意识。更值得关注的是，希伯来人强调凡是死的动物，都不可吃，"你们可吃的走兽，若是死了，有人摸它，必不洁净到晚上。有人吃那死了的走兽，必不洁净到晚上，并要洗衣服。拿了死走兽的，必不洁净到晚上，并要洗衣服。"④在生育方面，强调妇女在生育之后要注意的卫生要求及保养；在疾病方面，则强调大麻风病及其他传染病的检查、预防及治疗工作的各项要求。在希伯来人看来，强调卫生洁净的要求，不只是生活健康的要求，而

① 《旧约·申命记》第 28 章第 1~12 节。
② 《旧约·利未记》第 11 章第 8 节。
③ 《旧约·利未记》第 11 章第 27~28 节。
④ 《旧约·利未记》第 11 章第 39~40 节。

是上帝耶和华的本性和上帝对人类生活提出的戒律要求："我是耶和华你们的神，所以你们要成为圣洁，因为我是圣洁的"①，"我是把你们从埃及地领出来的耶和华，要作你们的神，所以你们要圣洁，因为我是圣洁的"②。另外《出埃及记》中还分别论述了按照上帝耶和华的要求建造柜子、桌子、灯台、幕幔的工艺及服装的设计制作等，从一个侧面表现了希伯来人的医学和艺术教育情形。

（3）职业教育。希伯来人认为，读书在于修身养性，手艺才是谋生致富的根本。无论出身贵贱，都必须会一门手艺。因此，希伯来人也将职业教育纳入了对儿童的教育之中。希伯来人的智慧书《塔木德》中规定"教子养成职业技能"是父亲的三项责任之一。希伯来人之所以对职业教育如此重视，是因为从事职业劳动也是上帝的属性之一。上帝虽然用语言创造了世界，但却用自己的劳动创造了人和万物。所以手艺劳动本身就是一种创造，而且是神根据本身所进行的创造。而诺亚方舟的故事更是告诉人们在危机和危难来临之际，只有手艺才能救命。因而希伯来人从一开始就对以手工业为核心的职业教育给予了高度的重视。更主要还在于上帝耶和华本身不仅亲自以身示范，更是明确告诉希伯来人，他已经把各种手艺作为智慧传入希伯来人的灵魂之中，"耶和华晓谕摩西说：'看哪，犹大支派中，户珥的孙子，乌利的儿子比撒列，我已经提他的名召他。我也以我的灵充满了他，使他有智慧，有聪明，有知识，能作各样的工，能想出巧工，用金、银、铜制造各物，又能刻宝石，可以镶嵌，能雕刻木头，能作各样的工。我分派但支派中，亚希撒抹的儿子亚何利亚伯与他同工。凡心里有智慧的，我更使他们有智慧，能作我一切所吩咐的'"③，于是作为希伯来人领袖的摩西也将此信息作为上帝的律令，再次

①《旧约·利未记》第11章第44节。
②《旧约·利未记》第11章第45节。
③《旧约·出埃及记》第31章第1~6节。

宣告希伯来人，"摩西对以色列说，犹大支派中，户珥的孙子，乌利的儿子比撒列，耶和华已经提他的名召他，又以神的灵充满了他，使他有智慧，聪明，知识，能作各样的工，能想出巧工，用金、银、铜制造各物，又能刻宝石，可以镶嵌，能雕刻木头，能作各样的巧工"①，"耶和华使他们的心满有智慧，能作各样的工，无论是雕刻的工，巧匠的工，用蓝色，紫色，朱红色线，和细麻，绣花的工，并机匠的工，他们都能作，也能想出奇巧的工"②。可见，重视职业教育在希伯来人的生活中，不仅是现实生活的需要，更是对上帝律令的遵循，重视职业教育，教给孩子各种职业技能，还是证明自己虔信虔爱上帝的具体表现。正是在对职业技能的热爱与追求中，希伯来人分有了上帝耶和华的神性，从而与上帝走得更近，在情感上更加亲密。由于对职业教育的重视，希伯来人具有很高的手工艺技巧，不论贫富贵贱，均可凭自己的手艺独立谋生。在当时，即使有些希伯来人官居高位，但手艺依然可与工匠媲美。由于已有资料所限，对于希伯来人当时职业教育的方法暂时无从得知，但可以肯定的是，不仅很多手艺是在家族中以家庭教育的方式世代相传，而且也在学校里作为教育内容予以教授。

（4）音乐。音乐自古以来就在希伯来人生活中占有极其重要的地位。音乐一方面作为赞美上帝、感化人的心灵的必要手段，成为供奉和祭祀上帝耶和华时必不可少的工具，不论是军事战斗还是在祭司举行祭祀仪式，都少不了用音乐来赞颂上帝耶和华，如《圣经》有这样的记载："大卫和以色列的全家在耶和华面前，用松木制造的各样乐器和琴，瑟，鼓，钹，锣，作乐跳舞"③，可见当时有多种乐器演奏，说明当时希伯来人已经熟练掌握了多种乐器的演奏方法和相关的音乐知识技能。在祭祀时，音乐演奏则是必要的仪式组成部

---

① 《旧约·出埃及记》第 35 章第 30～33 节。
② 《旧约·出埃及记》第 35 章第 35 节。
③ 《旧约·撒母耳记下》第 6 章第 5 节。

分："大卫派几个利未人在耶和华的约柜前事奉，颂扬，称谢，赞美耶和华以色列的神，为首的是亚萨，其次是撒迦利雅，雅薛，示米拉末，耶歇，玛他提雅，以利押，比拿雅，俄别以东，耶利，鼓瑟弹琴。惟有亚萨敲钹，大发响声。祭司比拿雅和雅哈悉常在神的约柜前吹号。"①因而要成为祭司，至少要非常熟悉和了解与音乐相关的知识技能，因而必然会受教育："且派祭司撒督和他弟兄众祭司在基遍的丘坛，耶和华的帐幕前燔祭坛上，每日早晚，照着耶和华律法书上所吩咐以色列人的，常给耶和华献燔祭。与他们一同被派的有希幔，耶杜顿，和其余被选名字录在册上的，称谢耶和华，因他的慈爱永远长存。希幔，耶杜顿同着他们吹号，敲钹，大发响声，并用别的乐器随着歌颂神。"②另一方面，音乐也是记载希伯来人的历史、理解和记忆法典的重要手段，向来为教育者所重视，"现在你要写一两首歌，教导以色列人，传给他们，使这歌见证他们的不是"，"有许多祸患灾难临到他们，这歌必在他们面前做见证，他们后裔的口中必念诵不忘"③。不过希伯来人虽重视音乐教育，让孩子从幼年就学习音乐，但主要以唱歌为主，教授器乐则要在年纪比较大以后才进行，这主要还是因为小时候希伯来人的教育主要是记诵相关的经典。因为重视音乐教育，所以希伯来人中也有不少的音乐人才，例如大卫王就是一个著名的歌唱家、作曲家，写下了不少优雅动听的歌曲，他在执政期间，还雇用了大批音乐教师，大规模地开展音乐教育活动和宗教活动。

（5）读、写、算教育。希伯来人起初并不重视读、写、算的基本知识和基本技能的教育，这背后有着比较复杂的历史客观原因。一个比较重要的原因是早期希伯来人过着简单的农牧经济和特有的宗教生活，对于读、写、算需求其实并不多，所以希伯来人早期更注重的是口耳相传，通过记忆传递民族

① 《旧约·历代志上》第 16 章第 4~6 节。
② 《旧约·历代志上》第 16 章第 39~42 节。
③ 《旧约·申命记》第 31 章第 19、21 节。

基因，大至国家大事，小到历史掌故，多以歌谣、故事形式流传下来。当时希伯来人的国王和王宫不太重视与外界的外交往来、历史档案记载和商业贸易活动的记录，也是一个客观原因；更主要的原因还是与希伯来人的宗教信仰有关，早期的希伯来人十分重视上帝的律法，这些律法如《托拉》等被视为神圣经典，长期以来不许抄写，以免发生错误而亵渎神灵，再加上希伯来语是一种非常古老的语言，十分难学，从而导致希伯来人的早期教育与其他文明古国的教育有了很大的不同。但在后来，随着教育范围的扩大和经典研究的复杂化以及商业贸易的发展，读、写、算教育开始逐渐为希伯来人所采用。据考证，在士师时代，巴勒斯坦地区出现书写。特别是从巴比伦被释回到家园之后，先知阶层已不复存在，专门从事教育工作的一个新兴阶层"文士"出现了。他们集抄写员（copist）、律师（lawyers）、翻译（interpreter）于一身，在当时成为掌握并教授读、写、算和进行《圣经》研究的专家。另据《旧约·历代志上》的记载及阿摩司和米卡著过书的事来推测，可能在撒母耳以后及阿摩司、弥加时期，书写已得到了广泛应用并呈现出专业化趋势，但这些还缺乏足够的证据进行充分的论证。学校的计算则主要与职业教育相关，由从事商业者学习。此外，高级学校中也附带教授数学、天文学、外国语、地理等科学知识，但除了与宗教相关的内容外，其他内容比重极小。

5. 关于教育教学方法的思想

希伯来人的教育教学方法完全服从于他们信仰上帝的教育目的，但又有许多独特的特点，值得今天借鉴的东西。例如一方面，希伯来人认为"世界是由于儿童的呼吸而存在的"[①]，因而儿童在教育中享有较高的地位，教育教学方法上比较注重启发、引导和直观性原则，并注意运用亲情感化和说服教育；另一方面，他们又认为"所有的儿童必受上帝的教育"，上帝之言不可更改、删减、增加，因而强调死记硬背。此外，他们还认为儿童天性粗野、愚笨，

---

① 滕大春主编：《外国教育通史》第1卷，116页，济南，山东教育出版社，1989。

因而强调体罚、纪律。从总体来看，其教育教学方法思想可归纳为以下几点。

(1)注重口耳相传，强调死记硬背。希伯来人的教育旨在培养虔信虔爱、敬畏上帝的思想感情和信念，因而十分重视传授律法知识和宗教理论，他们视律法和《圣经·旧约》为圣典，因而严禁对其做任何增加或删减、发挥。"所吩咐你们的话，你们不可加添，也不可删减，好叫你们遵守我所吩咐的，就是耶和华你们神的命令。"①教师在教育教学过程中小心翼翼，唯恐越雷池半步，因而十分重视口耳相传，由教师口授，学生背诵记忆。不仅在无书籍时如此，有了书籍也是如此。在希伯来人看来，背诵是学习之母，如果只学习而不背诵，就好比只播种而不收割。这种注重听讲和死记硬背的办法，对于流散世界各地的犹太人保存文化的同一性及保留古老的文化遗产有着十分重要的意义。正如希伯来史学家吉尔夫所指出的：卷帙浩繁的《塔木德》一旦遗失，12个有学问的拉比就能逐字逐句地从记忆中将它想出。希伯来人认为只有充分调动各种感官的功能，才能把知识深深地刻记在心中，因而他们十分注重儿童的朗读。

(2)强调知识的准确与精深，注重行为的躬行践履。希伯来人十分强调学习知识的准确精深，要求对律法及宗教典籍熟练地掌握，能够一字不差地背诵《圣经·旧约》)是希伯来人最荣耀的事。同时，希伯来民族又是一个务实的民族，十分强调行为上的躬行践履，这在前面道德教育中已有述及，兹不赘述。

(3)兴趣与体罚并重，灵活与严格共存。为了克服学习经典过程中的枯燥无味，教师们不仅在背诵时辅以各种游戏，还鼓励学生独立思考，积极发问，同时还充分运用直观教具，例如，发给儿童刻有诗句的圣饼，组织儿童互相进行记诵竞赛等。有时，教师还会指派年长儿童辅助学业上感到困难的儿童，或年幼而颖慧的儿童给年长而迟钝的学伴们解决疑难问题。谚语说："恰似一

---

① 《旧约·申命记》第4章2节。

块小木可以燃烧一块大木，幼儿也可使年长儿童学得聪明；恰似一块铁可以磨利另一块铁，一个儿童也可使另一儿童变得敏慧。"①

    尽管教师想尽办法激发儿童的兴趣，但是由于经典的艰涩难解和学习过程中繁重的死记硬背，与儿童的可接受水平相距甚远，所以儿童总有厌烦和反感情绪产生，古希伯来人不得不诉诸严厉的体罚。他们认为"愚蒙迷住孩童的心，用管教的杖可以远远赶除"②。在这里我们似乎看到了两河流域和埃及人思想的影子；"鞭子是为打马；辔头是为勒驴；刑杖是为打愚昧人的背"③，从这里我们又看到了古埃及鞭打孩子的场景。而且希伯来人更进一步强调："鞭打亵慢人，愚蒙人必长见识"；"责备明哲人，他就明白知识"；"刑罚是为亵慢人预备的，鞭打是为愚昧人的背预备的"④；"鞭伤除净人的罪恶；责打能入人的心腹"⑤。可见希伯来人的体罚与其他文明古国还是有些不同的，其他文明古国体罚儿童是为了让其正确书写，并提高学习效率，而希伯来人则是为了开启智慧。因为上帝无处不在，所以其智慧也是遍及人心。因此，在古希伯来人看来，体罚儿童，不仅仅是教师的事，也是父母不可推卸的责任。"不忍用杖打儿子的，是恨恶他。疼爱儿子的，随时管教。"⑥因为严格要求能够提升智慧，所以"杖打和责备能加增智慧，放纵的儿子使母亲羞愧"⑦。因为具有智慧就可以实现虔信虔爱上帝，与上帝接近，所以希伯来人还认为儿童应该乐于接受体罚，"喜爱管教的，就是喜爱知识；恨恶责备的，却是畜类"⑧。如果儿童不服从管教，就要加重处罚，"你用杖打他，他必不至于死。

---

① 曹孚、滕大春等编：《外国古代教育史》，37 页，北京，人民教育出版社，1981。
② 《旧约·箴言》第 22 章第 15 节。
③ 《旧约·箴言》第 26 章第 3 节。
④ 《旧约·箴言》第 19 章第 25、29 节。
⑤ 《旧约·箴言》第 20 章第 30 节。
⑥ 《旧约·箴言》第 13 章第 24 节。
⑦ 《旧约·箴言》第 29 章第 15 节。
⑧ 《旧约·箴言》第 12 章第 1 节。

你要用杖打他，就可以救他的灵魂免下阴间"①。如果顽梗悖逆，虽经惩治仍不听从，"父母就要抓住他，将他带到本地的城门、本城的长老那里"，"本城的众人就要用石头将他打死"②，听起来似乎让人毛骨悚然，但其实这些话的真正作用其实还是吓唬和警示学生，因为"这样，就把那恶从你们中间除掉，以色列众人都要听见害怕"③。其实，从根本上来说，希伯来人对待儿童还是比较和善的，"一句责备话深入聪明人的心，强如责打愚昧人一百下"④。严厉的要求与体罚更多是在希伯来人早期的教育之中，当时的文明还处于低级阶段，人们对人与生命的神圣性认识还远远不够，我们从《希伯来圣经》中上帝耶和华的脾气及其在帮助希伯来人时的杀戮及毁灭人类的做法就可以看到这一点。后来随着文明的进步，这种观念就改变了许多。而且从儿童教育的效果来看，适当的处罚其实也是必要的，但不能像古人这样过于严厉地采用体罚的办法。除了思想观念方面的原因外，其实也从另一个侧面反映了其与家长和教师们希望学生能够学有成就，早日出人头地的理想有关，由此也可足见其体罚背后的教育良苦用心了。

此外，在教育过程中，希伯来人还非常注重采用与实践实习相结合的方法，把家庭教育、学校教育、社会教育有机地结合起来，充分利用宗教祭祀、宗教节日、经典宣讲、家庭聚会等形式进行教育，更显出其教育教学方法的灵活性、多样性，取得了较好的教育效果。

---

① 《旧约·箴言》第 23 章第 13~14 节。
② 《旧约·申命记》第 21 章第 19、21 节。
③ 《旧约·申命记》第 21 章第 21 节。
④ 《旧约·箴言》第 17 章第 10 节。

6. 关于教师的思想

早在摩西与上帝耶和华立约之时，上帝耶和华就已经为希伯来人的教师规定了他们的职责和神圣使命，这成为以后希伯来教师们的神圣准则。"那时，你要在以色列众人面前将这律法念给他们听。要招聚他们男、女、孩子，并城里寄居的，使他们听，使他们学习，好敬畏耶和华你们的神，谨守，遵行这律法的一切话，也使他们未曾晓得这律法的儿女得以听见，学习敬畏耶和华你们的神。"①可见希伯来人的教师与其他古文明中教师职责有所不同。其他文明古国中的教师主要职责在传授知识，而希伯来人的教师首要职责在替上帝耶和华指导方向："主虽然以艰难给你当饼，以困苦给你当水，你的教师却不再隐藏，你眼必看见你的教师。你或向左，或向右，你必听见后边有声音说，这是正路，要行在其间。"②

因为希伯来人的教师职责是代神传言，因而在希伯来人的教育活动中，教师是不计任何报酬的，必须另有其他职业来维持生计，直到后来学校产生后，小学教师才有了薪酬，而中学教师和从事高等教育的教师依然无报酬。同时，由于教师的责任重大，因而对教师的选择也较为严格。首先，他们要精通《托拉》，能阐发其内在的含义并经过一定的业务考核。其次，希伯来教师是青年的导师和社会的表率，是人们灵魂的工程师，因而对教师的信仰、品德、行为举止有很高的要求。希伯来人认为只有良好的品德才能培养良好的品格，纯粹的学术生活是有危险性的。最后，教师还必须具有教育教学的个性品质，如耐心、献身儿童教育的热忱等。因为希伯来人的教师不负众望，富于献身精神，且在希伯来的文化传递、民众组织、宗教工作等方面起了重要的作用，所以，希伯来的儿童自小就被教导说："敬爱师长要胜过敬爱双亲，因为父子都是因教师而获得尊敬的"；"父亲仅把儿子带到今世，而教导

① 《旧约·申命记》第31章第11~13节。
② 《旧约·以赛亚书》第30章第20~21节。

儿童以智慧的教师把儿子带到永生"。①。

在这样的背景和环境条件下，尊师重教在希伯来人中蔚然成风。尽管古代希伯来的教师几经变换，如初期为僧侣和父亲，后来则出现先知，在"巴比伦之囚"时出现了"拉比"，但希伯来人对教师的尊敬有增无减。希伯来人后来把对教师的尊敬十分简洁地概括为一句话："拉比的声音就是上帝的声音"，足见其教师社会地位之崇高。

二、《死海古卷》中的教育思想

（一）《死海古卷》概况

《死海古卷》又称《库兰古卷》，犹太教库兰社团文献的统称。计有 11 部相当完整的手抄本和大约万余件碎片残篇，这些文献均为公元前 2 世纪中叶至公元 1 世纪中叶的作品，用希伯来文、亚兰文、希腊文、拉丁文书写于皮革、纸草、金属片之上。《死海古卷》的发现十分偶然。1947 年 7 月的一天，一个阿拉伯牧童随手将一块石头扔进巴勒斯坦死海西北部库兰附近的岩石洞中，他随后发现了若干陶瓮，内藏许多羊皮书卷。几经辗转兜售，最后为耶路撒冷东正教圣马可修道院大主教撒母耳（又译赛缪尔）和希伯来大学教授苏格聂购得。初步研究认为，这是几篇最古老的希伯来文《圣经》抄本。这引起了各方面的重视，经过系统发掘，先后在十多个洞穴中发现了大量的《圣经》古卷和其他文献的蒲草纸卷宗，种类达 600 多种，碎片残篇数以万计。这些古卷便被称为《死海古卷》。

据考证，抄写并使用这些古卷的，是从正统犹太教分裂出来的艾赛尼教派的一支。他们以库兰为总部进行活动，后世学者称为库兰社团，其活动时间约为公元前 130 年到公元 68 年。根据现有的考古资料，这些古卷就其内容

---

① 滕大春主编：《外国教育通史》第 1 卷，123 页，济南，山东教育出版社，1989。

性质主要包括以下 8 类。

1. 法规

法规主要记述当时库兰人的宗教信仰、生活方式,库兰社团的沿革、组织及礼拜仪式等。文献主要包括《会规手册》、《撒督文献》(又称《大马士革文献》)、《会众守则》3 部,另还有一卷《光明之子与黑暗之子的战争》。《会规手册》又译《教规手册》《训导手册》,由 5 幅羊皮合成,共 11 段,第 1 段遗失,其余各卷详细记载了库兰社团的各种规定,例如,入社的手续,行为举止的注意事项,违反社规的处罚等。

2.《旧约》抄本

《旧约》抄本主要包括希伯来文《圣经》及其希腊文和阿拉米文译本的手抄本。除《以斯帖记》外,其他各卷都有全部或部分抄本,其中《以赛亚书》和《撒母耳记》几乎完整无缺。这对于研究古卷年代和《圣经》的发展及基督教的起源均有重要参考价值。

3.《次经》《伪经》及其他《经外书》

关于《次经》《伪经》在后面还要专门讲述,在这儿仅述出土古卷名。除以上二经外又带有一定神圣意味的各种著作,统称为《外传》或《经外书》。出土古卷中属《次经》的抄本有《多比传》《便西拉智训》《所罗门智训》;属于《伪经》的有《以诺书》《巴录启示录》《禧年书》。

4.《圣经》注释讲义

《圣经》注释讲义是库兰社团的讲道资料,即讲经者对于《圣经》中若干段落所做的注释或讲义。它以犹太民族特有的解梦、解谜的形式,对当时犹太的政治形势、宗教状况做出"预言"式的评论。

5. 感恩圣诗及其他

古卷中有相当一部分属感恩诗篇,其中有一卷长达 18 栏,共有诗篇 20 余首,常以"主啊!"起首。另还有仪式、祷词、祝福文等。

6. 有关巴尔·柯赫巴起义的文献

该文献主要由蒲草纸和羊皮卷文献组成，其中有命令、信件和起义时期的婚书契约、买卖文书等。

7. 铜卷

铜卷于 1952 年被发现，主要记载圣殿财宝的名称、数量、埋藏地点。据考证，它是公元 70 年耶路撒冷陷落前，为疏散圣殿财宝而设计制作的。

8. 圣殿卷

圣殿卷约写于公元前 1 世纪中叶至公元 1 世纪中叶之间。全卷长 28 英尺（约 8.53 米），有 66 栏经文，详细记述了重建耶路撒冷圣殿的各种细则，还以上帝的名义颁布了一系列的规范条文，对于一年中各种节日的遵守、集体和个人的洁净标准等都做了详细说明。

(二)《死海古卷》①中的教育思想

上面我们已经说过，《死海古卷》的内容极其丰富，其中《圣经·旧约》抄本要占很大比重。关于这部分内容中的教育思想，我们将不再讨论，可参见前文所述。这里我们主要讨论分析库兰社团的教育思想。

库兰社团又译昆兰社团或库姆兰社团，它是一个约从公元前 2 世纪开始在古犹太国废墟上建立起来的隐居旷野的社团，是具有深厚宗教感情，并过着共同公社式生活的社会组织。据研究，该社团正式成立于公元前 140 年，其创始人被称为"正义之教师"（又译"正义导师"）。从公元前 140 年到前 100 年左右为库兰社团的创立时期，公元前 100 年左右至公元 76 年为其发展的鼎盛时期。公元前 31—公元 5 年曾因地震而使社团生活中断达 30 多年。公元 68 年，罗马帝国派遣第十军团镇压犹太人武装起义，库兰社团成员遂将他们的全部图书典籍封藏在陶瓮里，埋在附近的山洞之中。从库兰社团的成员来看，

---

① 这里的《死海古卷》指[美]西奥多·H.加斯特英译、王神荫译的《死海古卷》，北京，商务印书馆，1995。以下引文除特别注明外，均引自该书。

绝大多数都是犹太人，只偶尔吸收个别非犹太血统的信徒。他们自认为剩余下来的真正犹太人，忠实信守传统中以色列人与上帝所立之约。他们认为他们将与上帝订立"新约"，因而远离城市、村镇，隐居在沙漠和旷野之中。他们认为上帝借摩西所昭示的律法（即《托拉》）是永恒不变的，是万古长新的，这些律法的解释只能由真正的教师来完成，一代一代往下传。他们认为能够正确解释《圣经·旧约》的人，必然是祭司。新教师的出现，是解救他们的真正希望。所以库兰社团的教育思想与《旧约》中的教育思想有许多惊人的相似之处，也有他们自己的鲜明特色。

1. 关于教育作用的认识

库兰社团认为教育无论是对于个人，还是对于社团，抑或对于上帝，都有着非常重要的作用。对于个人而言，接受教育是接受上帝的智慧，正确理解上帝的律法、诫命的必要条件，也是练达人情、能够独立生活且履行个人义务的重要条件。如果不接受教育，人们"坚如石头的心"，就"难以理解正确的训诲"①，而"与你（指上帝）立约的圣徒，经受律法的教育得蒙智慧的光照"②，一个"平常人非熟读了三本书就不会懂事"③。对于社团而言，只有经历了必要的一定时期之后，"他才可以按照不同的圣洁程度，尽各种义务"，"使他成为家庭正式组织成员，得以进入圣会的公会"，"并有资格担任公职"，"参与诉讼并宣判"。④

对于敬奉上帝而言，接受教育也是必不可少的。因为一个人只有接受过教育之后，才能明白"一切存在之物都是上帝思想所命定的，没有一样不是借着他造的"⑤；只有明白了上帝的绝对主宰性，才能使一个人真正听见上帝的

---

① 《死海古卷》"感恩诗篇"，218页。
② 《死海古卷》"光明之子与黑暗之子的战争"，358页。
③ 《死海古卷》"奇妙的婴孩"，403页。
④ 《死海古卷》"将来以色列会众纪律守则"，392~393页。
⑤ 《死海古卷》"入会者之歌"，131页。

话语，使他的灵魂顺服上帝，遵守上帝的典章律法。只有遵守上帝律法的人，所走的路才是正确的人生道路，他才能得到上帝的拯救。因此，"一个人唯有使灵魂顺服上帝的法度典章，他的肉体才能得到洁净；只有这样才能用水洗涤，才能从净化的各种水礼得以成圣；只有这样他才能真正完全地行在上帝的道路上而不偏离左右，不违反上帝的命令"①。"只有通过心灵里领悟上帝的真理，人生的道路才能够得到正确的指导。唯有这样，他的一切不义才能得到救赎，而后才能定睛仰望人生的真光。"②在库兰人的心目中，只有受过教育的人，才能具有智慧和聪慧来领悟上帝的道理，才能真正按照上帝的训诲来生活，从而得到上帝的佑护，获得人生的幸福。这样一来，教育便成了联系上帝与其选民的中介，成了从人世通向天堂的桥梁。

2. 关于教育目的的思考

库兰人的教育目的与《旧约》中的教育目的有明显的不同。尽管从表面上来看，仍以尊奉、敬畏上帝为目的，但在实质上，库兰人已不再着眼于培养人们虔信虔爱上帝的思想感情，而是着眼于调整人们的心灵，培养人们的明辨能力，从而塑造出能在将要出现的新先知、新教师的领导之下担负起迎接新时代诞生的战士。出现这种转变的一个重要原因就在于库兰社团存在之时，政治局势动荡不安，社会状况已经发生了巨大改变。《旧约》时代无论如何艰难，人们都坚信只要正确履行摩西与上帝所立之约就可以得到拯救。而库兰社团所信仰的循环论则告诉他们：时代的巨轮就要停止旋转。

根据这种理论，历史不是继往开来、向前发展的，而是轮回旋转、周而复始的。每到一个时期，时代的巨轮就要停止旋转，整个宇宙就要出现大混乱，即将被滚滚洪水淹没，或被大地的深处燃烧起来的大火熔化，这时，希望中的伟大禧年将会来临，时代巨轮就会重新旋转，新世界将在世间诞生。

---

① 《死海古卷》"会规手册"，50~51页。

② 《四海古卷》"会规手册"，50页。

在这种情况下，库兰人从犹太教教义中找到了他们的出路：尊奉上帝就会得救，行义的人必因信得生。库兰人认为他们是真正以色列的余民，是特别蒙上帝"光照"的人们，只要他们忠实地信守传统上与上帝所立的圣约，就可以保证他们能够连续不断地在地球上生活、繁衍下去。因此，库兰社团的目的就是重申律法，锻炼人们的明辨能力，以便人们能够正确地理解律法并遵行之，还要使人们与上帝交往，接受上帝灵感，更新与上帝所立之约，迎接新时代的诞生。要完成这两项任务，就要培养出能够正确解释和宣传律法的教师(库兰人认为他理所当然应由祭司担任)，以及能够接受上帝灵感并扫除邪恶的战士。这样，将来新先知、新教师出现时，就可以领导他们进入黄金时代，这就是库兰人的全部教育目的。

那么上帝的律法到底能不能被正确地解释，人能不能接受上帝的灵感与上帝同在呢？库兰人认为：上帝的律法是永恒的真理，"只有神所定的规律，才是刻在石板上的永恒真理"①，而上帝已把这些真理放置于某些品德高尚的人们中，只要具备一定条件，他就会向已接受过教育，具备了一定智能的人解释和宣传。"你用口中的言语，使这个人的生命走上正路，将你的训诲和理解放进他的心里，使他能向具有见识的人们，放开智慧的源泉。"②上帝早已把接受教育的潜能和所要学习的内容送给了他的子民："借着上帝神秘的大能，光明才能进到我的内心，我的眼睛看到永恒的事物。过去向人类所隐蔽的德行，人们所不得而知的智识，精深微妙的学问，正义的本源，力量的宝藏，一切荣耀的源头，是上帝特别赐给他所拣选的子民，世世代代永远为业。"③而子民们凭着上帝的赐予，便可与永恒上帝直接交往，接受上帝的灵感，不仅使他们能够在地上结成弟兄友爱、休戚与共的集体，而且还使他们

① 《死海古卷》"入会者之歌"，125 页。
② 《死海古卷》"入会者之歌"，140~141 页。
③ 《死海古卷》"感恩诗篇"，130 页。

可以成为天上非凡存在的一分子，成为那个永恒团体的一个成员，变成与上帝直接交谈的"圣者"。"上帝赐给他子民所要承受的产业，使他们与天上的圣者同命运，参与天上众子的团契，组成一个完善的整体。"①

3. 关于教育内容的思考

库兰社团既以拯救和重释律法为己任，那么律法就是库兰人的重要教育内容。但他们认为要正确地理解律法，就必须先受一定程度的启蒙教育，具备一定的能力。此外，为了正确地按各自的能力履行对社团的义务，库兰社团的每一个成员还必须学习《会规手册》和《撒督文献》；为了更好地执行上帝的律法，道德教育进一步受到重视，因为这是虔敬上帝的重要前提。这一切便构成了库兰社团教育的基本内容。

(1)启蒙教育。关于库兰社团对于启蒙教育的思想主张，我们尚缺乏充分的资料来分析论述，但可以从《死海古卷》中的零星材料做初步的推测。在启蒙教育内容的选择上，由于库兰人对于儿童的了解似乎比《旧约》中的有关记载进步了许多，因而他们能够比较充分地考虑儿童的身心发育特点，不再像过去一开始就死记硬背上帝的律法，将抽象晦涩的东西硬塞给儿童，而是根据儿童的身心特点及接受水平，编写了相应的教材。库兰人认为，每个人从儿童时代起都应受《幼学篇》的教育。尽管古卷中未曾提到《幼学篇》的具体内容，但我们可以从学习的年龄条件限制和书名上充分肯定《幼学篇》就是库兰社团专门为儿童编写的课本。另外，从出土的大量古卷多为抄本的事实来看，库兰人的启蒙教育应该还包含着读写知识和能力教育与训练。

(2)律法。律法作为上帝的意旨，永远都是希伯来民族学习的重中之重。希伯来民族的每一个成员都必须遵从《摩西五经》，"不要违背主的言语，一步也不要偏离为雅各后裔刻在板上、写在书上，上帝为以撒后裔所颁布的神圣

_____

① 《死海古卷》"入会者之歌"，130 页。

律法"①。其他属于上帝的训诲也是应该学习的内容，"一步也不要偏离上帝在各个时代为他们所定的命令"，"绝对不要左右偏离上帝真理的律例典章"②，"你们要遵守我今日要你们实行的一切律例、典章、命令以及我的诫命"③。遵照这些上帝律法的要求，每一个库兰社团都要自觉对自己提出学习的要求："我要全心全意心甘情愿地热爱你，我已经洗净了我的心，遵守你神圣的律法，永不离开你吩咐的"④；"我要谨记神所立的定例"⑤。在库兰人看来，只要认真地学习和遵行律法，不论是人还是动物，都会掌握上帝所指出的真理，从而免除自己的罪恶，并给自己带来幸福和快乐。"铭刻了你的律法的言辞"，"也要成为真理的活泉，使由你能力所支持的动物，都能行走在真理的道路上，使他能在你所定的美好时节，做你真理的信使，给卑微的人们，带来你宏大慈爱的好消息。从你圣洁的源泉，向忧伤痛悔的灵，宣布你的拯救，向悲哀哭泣的人们，带来永远的快乐"⑥。既然律法的学习可以给人们带来诸多的好处与幸福，那么人们就应该认真地接受教育，谨慎地以律法来规范自己的行为，"主啊！求你使我理解你所教导的律法，使我在你的典章上受教育"⑦。接受上帝的律法教育不仅要具有高度的自觉性，还要小心翼翼以免在学习过程中犯错。一旦犯错就会违背上帝的旨意，引起他的愤怒，使希伯来人与上帝所订的契约遭到破坏，从而遭到上帝严厉的处罚。"你们的心里要异常谨慎小心地实行这些话，免得你们上帝的愤怒，如火焰被煽起，把你们烧掉。他还要堵塞诸天，不给你们降雨，关闭地下的众水，使土地不给你们

---

① 《死海古卷》"论福与祸——一篇劝世文"，382 页。
② 《死海古卷》"会规手册"，47 页。
③ 《死海古卷》"摩西遗言——律法释义"，330 页。
④ 《死海古卷》"感恩诗篇"，208 页。
⑤ 《死海古卷》"入会者之歌"，125 页。
⑥ 《死海古卷》"感恩诗篇"，217~218 页。
⑦ 《死海古卷》"库兰圣诗集中的诗篇"，238 页。

生产粮食。"①

（3）《会规手册》和《撒督文献》。库兰社团认为他们社团的成员才是真正的以色列会众，他们称他们的祭司为"撒督的后裔"②，他们认为他们在一个背叛、混乱的时代中负有特定的责任与任务：维持上帝的圣约与律法，引导人们在审判降临到他们之前回到正路上来，并要与异教徒进行最后的战斗。所以库兰人将自己组织起来，形成了一个比较严密的社团。他们认为只要这个社团能信守上帝所定的律例，就能成为真正的"上帝的殿，真正的至圣所"。要实现这一目标，就要对社团成员定出一整套正式的原则与宪章，使人们能够以此受教育而规范思想及行为，不至于偏离上帝之道而遭天谴。于是便产生了《会规手册》和《撒督文献》，它们成为社团成员共同学习的重要内容。例如，《会规手册》的《人心里的两个灵》前面有一个标题，明确指出：本篇是供布道者用的。而《撒督文献》从开始的部分讲述以色列人的历史以及"余民"的教义，后面讲述社团的实际法规，充满着教育味道。

（4）道德教育。在希伯来人的思想中，没有上帝就没有一切，上帝是一切优秀品德的本源，所以虔敬上帝必须具备上帝所提倡的优良的道德品质。库兰社团也不例外。他们认为上帝是"天使之君，荣耀之王，万灵之主，万物之帅"③，大智大慧的上帝"是一切善行的根本，是真理的奥秘"④。上帝的善与魔鬼的恶是绝对水火不相容的，受了魔鬼诱惑的人会成为恶人，而信奉上帝的人则会被上帝认可为义人，"恶人的份将是深入骨髓的痛苦流连，是人类的耻辱，受到人们的谴责；但是义人要享受天上丰盛的快乐，饱尝土地所生长

---

① 《死海古卷》"摩西遗言——律法释义"，331页。
② 撒督，早期以色列国国王大卫时代的祭司，《旧约·以西结书》第40章46节、第43章19节、第44章15节、第48章11节等处记载唯有撒督的子孙才是合法的祭司。
③ 《死海古卷》"感恩诗篇"，187页。
④ 《死海古卷》"感恩诗篇"，136页。

的美味"①。因为义人所行的义，就是上帝的品德和律法，所以上帝会对"义人"行为做出高度的认可，"你的审判全是真理，你的行为全是正义"②。上帝是全能的，因而"任何力量都挡不住上帝的刑罚，罪孽也没有长存的希望"③，行恶之人必受惩罚，行义之人必得幸福，"恶人的树必定倾倒，如同铅块沉在大水之中，有火发出，将它们烧成枯干，它们所结的果实，也随之落空。但是，义人的树，却要永远盛开荣耀、丰富、美丽的花"④。

只有义人所行之义必定是上帝之义，这样才会使善恶昭彰，各得其分："凡对你守信的人，看哪！你将以永恒的荣耀作为冠冕，戴在他们的头上，并以四季不断的快乐，加在他们的工作中，你却要在恶人的脸面，蒙上羞耻。"⑤只有虔敬上帝，依靠上帝的力量，才能使优良的道德品质发扬光大而减少世间的邪恶和不道德行为，并使个人的道德更加崇高，"你的正义使我洁净"⑥，从而增强个人对于恶的侵蚀和诱惑的抵御能力，减轻恶对个人所造成的伤害，"在邪恶向我发动各种战争面前，你增强我的力量，使我不怕他们所造成的破坏"⑦，最终实现战胜邪恶的目标，"邪恶全被消灭，欺骗不再存留，刚愎永远消逝……强暴也都止息"⑧，让个人得到拯救与解脱，最终获得上帝的爱与幸福，"使被罪歪曲的灵洗净一切过犯的污染，使他得以列入天使的行列，成为天上众子的会众"⑨。在善与恶的斗争过程中，其实上帝是慈爱的，并非不给犯有过失者以改过的机会："看，上帝的眼睛，垂看爱怜好人，向俯

---

① 《死海古卷》"新约"，390 页。
② 《死海古卷》"感恩诗篇"，203 页。
③ 《死海古卷》"论福与祸——一篇劝世文"，381 页。
④ 《死海古卷》"感恩诗篇"，178 页。
⑤ 《死海古卷》"感恩诗篇"，201 页。
⑥ 《死海古卷》"感恩诗篇"，195 页。
⑦ 《死海古卷》"圣诗集"，170 页。
⑧ 《死海古卷》"圣诗集"，197~198 页。
⑨ 《死海古卷》"感恩诗篇"，147 页。

伏敬拜他的人，显出无限的慈爱，他一定要在患难的时节，拯救他们"①，
"慈爱与真理，围绕他的座前，公平与正确是他宝座的根基"②。那么，上帝
要求他的选民们具备的优良品德有哪些呢？即道德教育的主要内容是什么呢？
《会规手册》规定为：谦虚、忍耐、恤贫、悯穷、良善、敬畏上帝；《撒督文
献》则以"入约者的义务"具体化为每个成员的日常行为规范，例如，"要使自
己不染不义之财"，"不要掠夺上帝子民中的贫苦人"，"要爱邻舍如同自己"，
"要同情穷苦、匮乏的人和客旅"，"不欺骗自己的骨肉"，"要行为端方，避
免淫行"，"要关心同伴的幸福"等。③

4. 关于教师和教育教学制度的思想

根据库兰社团历史循环论的主张，库兰社团的成员们认为他们所处的时
代就要结束了，新的时代即将来临。在这旧时代将要结束的最后时刻，他们
要重温他们的祖先摩西与上帝所立的圣约，从而忠实地信守它，以保证他们
能够获得上帝的拯救而代代相传下去，最后从上帝所赐的土地上清除罪恶的
痕迹。所以，他们把重新确认律法看作头等大事。因为他们认为，上帝借着
摩西所传授的律法，被历代的"假先知""伪教师"篡改、歪曲，已失去了它的
本来面目。重新确认律法，必须有能够正确解释律法的人。只有当律法被正
确解释以后，才能向广大民众宣传而使民众奉行上帝之道，从而获得上帝的
拯救。能够进行这种正确解释的人，在库兰社团看来，只能由从他们的远祖，
曾担任过大卫时代祭司的撒督那儿经由众先知而传下来的真教师才能胜任，
而这种新教师，在许多情况下，必然是一位祭司。这是因为，只有祭司才是
与撒督一脉相承、师徒相传的，他们拥有无可争议的权威来制定法律，而当
时库兰社团的许多章程标准事实上也确实是由祭司制定的。而且，许多祭司

---

① 《死海古卷》"库兰圣诗集中的诗篇"，236 页。
② 《死海古卷》"库兰圣诗集中的诗篇"，246 页。
③ 《死海古卷》"撒督文献"，80~81 页。

在司法和经济事务上都拥有绝对的权威。他们学识渊博,善于决断,敏于组织,精于宣传,作为上帝的代言人,自然非他们莫属。此外,在犹太史上,历来迎接新时代到来的各位先知,几乎都是祭司。所以,库兰社团理所当然地把教师与祭司合为一体,不仅要求他们担负起解释和宣传律法的责任,而且寄希望于祭司领导群众来迎接新时代的到来。这样,库兰社团中的教师便集解释与宣传律法、教育民众、组织民众、拯救民众于一体,合政治、教育、文化、宗教功能于一身,成为库兰社团的实际领袖人物。

在库兰社团的成员看来,教师的教育只不过是外在的因素,教育的作用在于诱导出上帝赋给每一个人的内在潜能。如果没有上帝预先的赐赠,人们就不会有各种感知觉和理解思维能力,也就根本谈不上学习、接受教育。"要不是你开我的口,我怎能说话呢?你若不给我见识,我怎能理解呢?"①"从你那里来的智慧,使我知晓这些事;是你开启我的耳朵,使我能听到神奇的奥妙!"②但是,上帝赐赠给每一个人的才能又是有差异的,所以教师们必须因材施教,"只能按照每个人智识的深浅,和他理解所能达到的程度"来进行教育教学,从而使人们"在不同的领域里服侍你"。③

首先,教师必须要有精深、渊博的知识。对于律法,更要有精深的研究,同时还要具有相当的社会知识,懂得各种语言。"祭司应熟悉《幼学篇》和摩西律法的全部条款,以便在各个适当时候,向群众宣讲。""他应精通人事关系,熟悉各界人士的语言。"④如果教师达不到这些标准,则由大家进行推选来决定,"假如他不熟悉这些事,则由住在营盘里的会员表决选举一名利未人"⑤。由此可见库兰社团为了保证对上帝律法的正确教授从而确保信徒能够最终得

---

① 《死海古卷》"感恩诗篇",199 页。
② 《死海古卷》"感恩诗篇",135 页。
③ 《死海古卷》"感恩诗篇",198 页。
④ 《死海古卷》"撒督文献",96 页。
⑤ 《死海古卷》"撒督文献",94 页。

到拯救而对教师素质提出了严格要求。

其次，教师还要有足够的耐心和献身于教育的巨大热忱和责任感，这样，就"可以不分白天夜晚，随时给他们解释律法"[1]。教师既然具有献身教育的巨大热忱和崇高责任，那么学生也必须勤奋努力，"一年到头每天晚上应有1/3 的时间保持清醒，在一起读书，一同研究律法，一同礼拜"[2]。由此可见库兰社团的成员们已经具有了教学相长的思想萌芽，并从教学管理的角度提出了纪律性要求。

此外，为了保证教育教学质量，库兰社团还对教师的年龄资历及学生人数做出了严格的限制。"在群众中履行职务的祭司，年龄应从 30 岁到 60 岁"，"至于各营盘的总监督，年龄应自 30 岁到 50 岁"[3]，"任何地方有了 10 名会员，其中必不可少 1 名精通《幼学篇》的祭司"[4]。

在明确教师职责和儿童身心发展特征的基础上，库兰社团根据自己的要求建立起了一套比较严密的教育教学制度。关于这套教育教学制度，我们还缺乏足够的第一手资料来进行研究。从已出土的古卷文献来看，这一制度由前后衔接的四个阶段组成。

第一阶段，启蒙教育阶段。在这一阶段，儿童要以《幼学篇》为主要内容接受启蒙教育，也要接受一些简单的律法知识，并发展他们的能力和智力。

第二阶段，律法教育阶段。这一阶段主要进行律法的教育，包括各种律例典章。从古卷记载的学习年限为 10 年来看，这一阶段所学的内容可能还是比较丰富的。

第三阶段，考查阶段。受教育者年满 20 岁，就可以提出申请，加入库兰社团。在接到申请之后，库兰社团的成员要进行民主选举，推选出考试者对

---

[1] 《死海古卷》"会规手册"，58 页。
[2] 《死海古卷》"会规手册"，58 页。
[3] 《死海古卷》"会规手册"，58 页。
[4] 《死海古卷》"撒督文献"，96 页。

申请者的智力、道德、品行进行公开的全面审查，看教育是否合格。如果合格，就可进入下一阶段——考验期阶段。

第四阶段，考验期阶段。这一阶段从期限上看为 2 年。经审查合格的受教育者首先要经历 1 年的考验期。考验期内不能分享社团的公共财产，也不能在公共的餐桌上吃饭。1 年期满后要由社团公众进行复查，如果公众表示满意的话，就要再接受为期 1 年的考验。在第二年的考验期内，申请者可将他的财产交给"监督"管理支配，但仍不得享用集体的公共财产，也不能和大家一起吃饭。考验期满后，由全体社员表决通过，然后举行公开的入会仪式，宣誓效忠，就可以进入社团，成为正式社员。但此时只能按律法规定充任见证人，协助听讼，在实践中锻炼自己的才干，直到 25 岁，他才可以在库兰社团的正式机构任职。至此，全部的教育过程才告一段落。

总之，《死海古卷》中的教育思想与《旧约》中的教育思想有了一定的差异，这是由希伯来人的社会状况及生存环境决定的，同时也与库兰社团组织的宗旨密切相关。

三、《次经》中的教育思想[①]

(一)《次经》概况

"次经"一词源于希腊文 apòkryphos，意为"隐藏"，即隐藏而不公开的经卷。"次经"又译作"外典""后典""旁经""逸经"等。《次经》的写作年代约在公元前 200—公元 100 年。大约在公元 90 年，巴勒斯坦当局在亚美尼亚会议上宣布传统的 39 卷书(即希伯来古本 24 卷)为"希伯来经典"，把后来《次经》的诸篇目排除在外，但希腊文译本(又称"七十子"译本)的《圣经》比希伯来古

---

① 相关内容可参考以下著作：《圣经次经》，赵沛林、张钧、殷耀译，长春，时代文艺出版社，1995;《圣经后典》，张久宣译，北京，商务印书馆，1995;《福音次经》，英文版。后文中的引文翻译因译者不同，故不同版本的译文均有不同，读者可参照不同版本自定取舍。例如，在《圣经次经》及《圣经后典》中均称上帝为"全能之主"，在本文中则译为"万能之主"等。后文将不再一一注明。

本多出一部分经卷，这部分经卷在通行希腊语的犹太人和非犹太人中间传播很广。5 世纪，著名圣经学者哲罗姆根据希伯来文本和希腊文译本并参照已有的拉丁文译本，把希伯来文本中没有，但包括在希腊文译本和拉丁文译本之内的书卷单列出来，与《旧约》《新约》并列而整理成"拉丁文通俗译本"的《圣经》。这部《圣经》在 1546 年的特兰托会议上被天主教奉为"神圣经典"，但不包括《以斯拉续篇》和《玛拿西祷言》。1566 年，有人把历史上无争议的为整个教会所接受的《圣经》经卷，称为正经，或"第一正典"经书；而把一些在内容、年代、文字和作者等方面有所争议的经卷，称为次经，或"第二正典"经书，也叫"后典"。在 16 世纪宗教改革时，马丁·路德领导的新教不承认《次经》，只认为它们是有益的读物，这为新教普遍接受。在中文译本中，新教《圣经》称为《新旧约全书》，不包括《次经》在内。现在人们普遍认为《次经》共15 卷，约 182 章。其中包括人物传记、宗教故事、智训、书信、祷词等，具有强烈的宗教色彩。这些作品提供了纪元前数世纪中犹太人的历史、生活、思想、礼拜和宗教习惯等许多资料，对于人们认识耶稣生活的时代背景有着重要意义。探索其中的教育思想，也会使我们更深刻地理解基督教的教育状况。

《次经》中的教育思想与《旧约》相比，注入了更多的爱国主义成分，与《死海古卷》中库兰社团的教育思想相比，更为具体而真实，富有现实意义。为更好地了解《次经》中的教育思想，我们先了解一下当时的历史概况。

公元前 398 年，以斯拉二返耶路撒冷，宣布摩西律法，立大祭司为犹太首领；公元前 333 年，马其顿国王亚历山大在耶路撒冷建立起希腊化统治；公元前 323—前 198 年，巴勒斯坦又处于托勒密王朝统治之下，《圣经》开始译为希腊文；公元前 198—前 166 年，巴勒斯坦处于塞琉古王国统治之下；公元前 166 年，马加比起义，公元前 141 年赢得独立，形成哈斯蒙祭司王朝；公元前 76 年，亚历山德拉女王执政，法利赛党兴起；公元前 63 年，罗马大将庞培占领耶路撒冷，哈斯蒙王朝灭亡；公元前55年，大祭司希尔坎的弟弟阿里斯托布鲁二世领导犹太人起义，被罗马帝国镇压；公元前37—前4年，希律作为犹太王统治巴勒斯坦。从以上这些事件中，我们可以看出希伯来人的辉煌历史已经结束，他们面临的是战祸连绵，国破家亡，迭遭异族蹂躏的残酷现实。先知们公平、正义的呼声早已被血腥淹没，如何使希伯来人重新恢复对上帝的虔敬并争取民族独立，获得发展，便成了有志之士面临的一个重要问题。只有斗争，才能赢得生存；要进行斗争，就要先坚定人民的信心；坚定人民的信心，就需要以英雄的业绩来激励他们，以上帝过去的奖惩来启示人们，以幻想来安慰群众，号召他们起来斗争，坚定他们的信心。这一切便构成了《次经》教育思想的主旋律。此外，对于如何待人交友，如何寻求智慧等方面，它也有许多可取之处。

(二)《次经》中的教育思想

1. 关于教育目的

《次经》中的教育目的直接继承了《旧约》的教育目的，并有所发挥，即培养虔信虔爱上帝、品德优秀而且学识与才智过人的有用之才。《次经》仍然把宗教信仰放在首位，在人们的眼中，上帝就是"万能之主"，他"创造了宇宙，及其光辉的一切"①，不仅有形的万事万物出自上帝之手，无形的命运、情感、智慧之类的隐性精神也由上帝主宰，"万事出于主：成功和失败，贫穷和富有，生命和死亡。智慧，聪明，律法知识，爱情，以及好的行为——所有这些都来自主"②，"虔诚的人会得到主赏赐的祝福，此种祝福会突然降临。用不着关心你的需用，也用不着考虑未来注定给你何等成功"③。只有虔诚地信仰上帝，站在上帝一边，才会实现人生的价值，"跟主在一起，永不分离，

①《次经·玛拿西祷词》第1章第2节。
②《次经·便西拉智训》第11章第14节。
③《次经·便西拉智训》第11章第22~23节。

这样当你离世时，你就将身披荣耀"①，因此，人必须依靠上帝，"你活在世上的每一天，都要把我主牢记心中"②，只有虔诚信仰上帝，坚持上帝之道，"那你就会无往而不胜"③。既然虔敬上帝可以使一个人获得幸福、财富、荣誉、地位、胜利，那么，"你的最大骄傲应该是敬畏主"④。在这里我们可以看到在教育目的方面，原来希伯来人与上帝之间的契约精神已经有所淡化，虔敬正在走向敬畏，上帝的权威在《次经》中正在逐步增强。因此，守约意识正在被虔敬上帝所代替。《次经》中强调只有虔敬上帝，才可以使人生过得顺利而有意义。所以，《次经》的教育目的首先就是使年青一代培养起虔敬上帝的思想感情。

对于上帝的虔敬，必须与优秀的道德品质相伴，因为不良的品德会使人走上邪恶的道路，背叛正义的事业，甚至会背叛上帝，从而会受到上帝的惩罚。"恶人总要受到与其恶念相应的惩罚，因为他们背叛主，并且藐视正义的事业"⑤，"恶人在年老的时候将会受到那些已达完美境界的青年人的耻笑"，"当他们死的时候，他们得不到一个荣耀的葬礼。甚至连尸体也会使他们永远蒙受嘲笑和侮辱。上帝要把他们弃置地上，并使他们哑口无言。如同颠出地基的建筑物，他们将沦为一片废墟。他们将处于痛苦的境地。人们很快将他们全然忘却"⑥。从这里我们也看到一个新的变化，就是上帝对恶的处罚不再是毁灭性的报复，而是变成了上帝对这些信徒的抛弃。而且这种严厉的惩罚不仅使上帝抛弃了他们，而且连人们也不会施以同情，成为悲惨的孤家寡人。造成这种悲惨境地就是因为他们不守上帝的道德戒律而作恶造成的。所以，

---

① 《次经·便西拉智训》第 2 章第 3 节。
② 《次经·多比传》第 4 章第 5 节。
③ 《次经·多比传》第 11 章第 6 节。
④ 《次经·便西拉智训》第 9 章第 16 节。
⑤ 《次经·所罗门智训》第 3 章第 10 节。
⑥ 《次经·所罗门智训》第 4 章第 16、18~19 节。

只有坚持良好的道德品质才能得到上帝的垂青，"对于义人，有直路好走；对于恶人，有陷阱可落"①。品德优秀的人，将会为上帝所佑护，永享幸福，"义人受上帝保护，永远不遭磨难"②，而品德败坏之人，为上帝所惩罚的措施之一就是将为世人所唾弃，"即使你们死了，也要受到唾骂"，"恶人也是如此，注定要归于灭亡"③。因此，要成为上帝的真正选民，就要培养他们的优良品德。

从历史上我们可以看出，为了民族生存斗争与个人自保的需要，希伯来人极其重视智慧的学习获得。这种思想在《次经》也同样得到了强调与发扬。《次经》不仅以小说的形式来赞颂智慧对于犹太民族的生存及发展的意义，例如，女英雄尤滴在兵临城下的关键时刻巧施美人计，智取敌酋之首，从而挽救了民族的危亡，青年但以理在法庭上挺身而出，以其智慧伸张正义，使无辜者幸免于难等；而且通过人物传记、故事、智训、书信等知识处处告诫世人，要大家明白智慧、学识对于人生长、发展的重要性，及其对于整个民族和国家兴盛的重要意义。"对于一个厌烦智慧或教育的人来说，等待他的将是悲惨的生活"④；"你们这些统治列国的人，如果配得上宝座与权威的象征，荣耀智慧，那你们就能够统治长久"⑤；再推广开来，智慧对于整个世界的安全也具有重要价值，因为"明智者愈多，世界愈安全"⑥。可见，《次经》比《旧约》更加强调智慧的现实价值与重要意义，这说明希伯来人在现实生活的逼迫下，虽然信仰依然坚定，但也越来越多地开始具有了世俗的意义。但是《次经》并没有滑向现实主义的世俗化，而是继续保持信仰的优先性和第一性，并把世俗的追求依然转化为对信仰的支持。所以在《次经》强调智慧对于个人生

---

① 《次经·便西拉智训》第 39 章第 24 节。
② 《次经·所罗门智训》第 3 章第 1 节。
③ 《次经·便西拉智训》第 40 章第 9~10 节。
④ 《次经·所罗门智训》第 3 章第 11 节。
⑤ 《次经·所罗门智训》第 6 章第 21 节。
⑥ 《次经·所罗门智训》第 6 章第 24 节。

活、社会安全及发展、统治者地位的巩固、世界安全的重要意义和价值的时候，依然强调智慧是上帝的象征，"她是上帝之能的一口气——一股来自全能者的纯洁而闪光的荣耀之流。任何污秽之物皆无法溜进智慧之门。她是无限光明的一个映象，是上帝之活动与善性的一面完美无缺的镜子"①。因此只有与智慧相伴的人才能获得上帝的赐福，才能坚持正义，摒弃邪恶："上帝最爱者莫过于朝夕陪伴智慧的人"②；"黑夜总是追赶着白天，可是邪恶永远不能征服智慧"③。因此，爱上帝的人必然也是爱智慧的人，智慧应该是信仰上帝的信徒的最基本素质。这样一来，智慧也就成了人的素质的一个重要组成部分，教育也就具有了培养学生智慧的基本职能。

表面上看起来，希伯来人在《次经》中表述的教育目的均服务于虔敬上帝这一根本目标，但实际上，它是饱受战乱及流离之苦的希伯来民族现实生存斗争的直接需要和反映。正如我们在前面有关《旧约》教育思想中所分析的那样：虔敬上帝与维护民族统一是同一回事，上帝就是希伯来民族的象征。虔敬上帝就是获得民族认同，而优秀的道德品质可以促进民族的团结，增强人与人之间的亲和力，便于在险恶的世界中互相支持，互相帮助；恶劣的生存环境大大加重了生存危机，仅有对上帝的虔敬之情和优秀的品德还是难以在强敌环伺之下维持生存，所以智慧被摆到了突出的地位。为了达到虔敬上帝的根本目标，希伯来民族的先哲贤人们便把智慧看作上帝的能力的显示，是上帝给世人的赐福。这样，希伯来人的教育目的便把理想与现实、生存与发展、社会需求与个人素质的要求有效地整合在一起，既可以给苦难中的民族成员无限的希望和信心，又可以立足于现实，教给年青一代生活与生存的知识与能力，使年青一代既能保持本民族的优良传统，又具有高度的灵活性和

① 《次经·所罗门智训》第 7 章第 25 节。
② 《次经·所罗门智训》第 7 章第 28 节。
③ 《次经·所罗门智训》第 7 章第 30 节。

极强的生存适应能力，从而为希伯来民族在强敌追杀与颠沛流离的艰难困苦之境中繁衍生息、连绵不断，奠定了坚实的思想基础和物质基础。

2. 关于教育内容的选择

教育目的的变化引起了教育内容的改变。当希伯来人将教育的目的由虔敬上帝转变为开始强调智慧的追求时，就大大拓宽了教育内容的范围。就《次经》一书的记载来看，当时希伯来人的教育内容已经包括了宗教教育、德育、智育、体育、美育等内容，尽管有些记载极其零碎，但从中我们也可以窥知《次经》中希伯来人关于教育内容的思考及其选择。通过对这些内容的了解，我们发现当时随着社会的发展和现实的需要，教育内容确实得到了极大的丰富。

(1)宗教教育。虔敬上帝一直是希伯来人教育的核心内容，所以，宗教教育始终在希伯来教育内容中占据核心地位。"噢，我的孩子，要遵行我的教导。虔诚地崇拜上帝，行事要取悦于他。"①言语是最重要的交流工具，因此爱上帝就要努力去赞美上帝，"一定要牢记，诚诚实实赞美上帝"②。从《次经》中所涉及的宗教教育内容来看，主要包括虔诚地崇拜上帝、赞美上帝、礼拜、节日仪式、故事讲解等。其中最主要的是故事讲解，例如，《多比传》《尤滴传》《三童歌》《苏撒娜传》《彼得与大龙》等，都是借着主人公的行为事迹来宣扬上帝的公正与伟大，从而要求人们绝对地信仰和服从上帝，以便逢凶化吉，转祸为福。

(2)德育。《次经》的德育思想比较丰富，不仅包括强烈的爱国主义、民族主义教育思想，还包含了个人品德修养及生活礼节诸方面的行为规范要求。

其一，爱国主义、民族主义的教育。《次经》有一个明显的倾向，就是大大加强了爱国主义、民族主义的教育。如《马加比传》不仅是一首辉煌壮丽的

---

① 《次经·多比传》第14章第8节。
② 《次经·多比传》第14章第9节。

民族史诗，而且极其强烈地宣扬了爱国主义、民族主义精神，给人们极其鲜明的观念：只要虔敬上帝，胜利一定属于希伯来人，这极大地激发了希伯来人的政治、民族热情。其中，《以利亚撒殉教》和《母子殉教》的故事，更给希伯来人树立了信教爱国的光辉榜样。前者讲述了一名叫以利亚撒的老年经师因不肯吃猪肉而欣然走上刑场被敌人活活打死的故事；后者则讲述了一位犹太母亲和她的七个儿子在被割舌、剥掉头皮、砍去手脚、扔入烧红铁锅的酷刑之下仍毫无惧色，慷慨就义的故事。这不仅可以激起希伯来民族强烈的仇恨与愤慨，而且可以激起民众反对异族的暴政，争取民族独立的决心和信心。

其二，个人品德修养。在个人品德修养方面，《次经》论述得非常具体，而且内容广泛。其中主要的道德品质包括诚实、公正、恤贫、克己、谦虚、孝道等。要求通过一定的教育，培养出这些道德品质，从而赢得上帝的信任与慈爱。其中尤其突出了诚实与公义，如强调"诚实待人，公义处事"①；公义方面则特别突出了恤贫的意义与价值，这说明当时的贫富分化已经非常突出，社会矛盾非常尖锐，因此教育人们要注重扶贫济困，"济贫要比囤金好得多"，"如此仗义疏财，将会救你们脱离死亡，将会洗净你们的一切罪恶。那些济贫之人将会过上充裕的生活"②；"培养你的孩子遵行正道。要教导他们，一定要救济穷人"③；"救济穷人便可以赎罪，正如水可以灭火一样"④。同时，要学会谦卑，以减少矛盾冲突，"忍耐终将结下喜乐之果。沉默不语，以待时机，你将美名扬"⑤；"儿呀，你要凡事谦卑，人们重视谦卑胜过礼物。你越是伟大，你就越是谦卑；那样上帝才会喜爱你。上帝的权能是伟大的，他受

---

① 《次经·多比传》第 1 章第 3 节。
② 《次经·多比传》第 12 章第 9 节。
③ 《次经·多比传》第 14 章第 9 节。
④ 《次经·便西拉智训》第 3 章第 30 节。
⑤ 《次经·便西拉智训》第 1 章第 23 节。

到谦卑者的荣耀"①;"谦恭会赢得荣耀与尊敬"②。在家中则强调要孝顺父母,"如果你们尊敬父亲,你们就会赎掉罪过;如果你们荣耀母亲,你们就会获得巨额的财富。如果你们尊敬父亲,日后你们自己的孩子也会使你们幸福;上帝将倾听你们的祷告。你们孝敬父母,便是顺从主,主将使你们福寿绵长。要孝顺父母,就好像你们是他们的奴隶"③;"无论是谁,抛弃了双亲,或者惹双亲生气,那就如同诅咒上帝一样;那他便是将自己置身于上帝的诅咒之下了"④。从这些道德规范的要求我们可以看得出,当时无论是社会矛盾,还是家庭矛盾以及跟人交往方面都出现了诸多问题,也表明希伯来人的生活处于巨大的动荡之中。

其三,生活礼节行为规范。《次经》还对生活礼节行为规范提出了一系列的教育建议。这些规范主要包括交友、婚姻、子女关系、人神关系等诸多方面,以引导人们养成良好的行为习惯,正确处理好各种关系,并使人富有教养,从而赢得人们的尊敬和上帝的认可与赞许。如在交友方面,《次经》强调待人要有礼貌,要学会和气待人。"如果你礼貌和气,那你就会赢得许多人的友谊。"⑤但是只有个人单方面的礼貌和气未必能够换来真正的友谊,所以在交友过程中一定要慎重择友,没有全面深入地了解之前,不可乱交滥交,"交朋友时,切不可过早地相信他们;要待他们自我证实可靠之后再相信"⑥。与他人处理相互关系时,要以忠诚友情为重,"切莫为银钱而出卖朋友"⑦。在婚姻方面,要选好自己未来的妻子,选妻子时要以德为先,"切莫失去与聪明

---

① 《次经·便西拉智训》第 3 章第 17~20 节。
② 《次经·便西拉智训》第 4 章第 21 节。
③ 《次经·便西拉智训》第 3 章第 3~7 节。
④ 《次经·便西拉智训》第 3 章第 16 节。
⑤ 《次经·便西拉智训》第 6 章第 5 节。
⑥ 《次经·便西拉智训》第 6 章第 7 节。
⑦ 《次经·便西拉智训》第 7 章第 18 节。

贤惠的女子结亲的良机"①；要好好珍惜婚姻关系，"如果你有一位贤德的妻子，那就不要与她离婚"②。与子女关系的处理方面，父母首先要肩负起教育子女的责任，要教育他们按照正确的行为规范去行事，不要让他们随心所欲，"如果你有儿子，那就要教育他们"；"如果你有女儿，那就要叫她们保守贞操，不要过分放纵她们"③；子女对于父母则要有感恩之心，"要记住生育之恩"④。在家里，对于仆人不要歧视和虐待他们，而是要善待、爱护，"切莫亏待一个忠于职守的仆人，切莫亏待一个为你尽力工作的佣工，要像爱护自己那样爱护聪明的仆人，并且给他以自由"⑤。旅行方面，"旅行会使你更加聪明"⑥。献祭之时，要奉祭自己劳动所得，祭物要丰盛，不可弄虚作假，"要用丰盛的献祭来赞美主，不要吝啬初熟的谷物"⑦。"依靠来路不明的供品，那他是不会接受的。"⑧

（3）智育。《次经》中关于智育方面主要强调通过律法的学习来获得智慧，从而具备应事而变的能力与技巧。因而智慧与能力就成为智育的思考的重要内容。希伯来人历来强调智慧的重要性，并一直将其看作上帝的本性，因而追求智慧是与上帝接近的有效途径和重要手段。就其现实性而言，智慧还是个人生活所必需，更是社会和国家发展不可或缺的重要内容。在知识与智慧的关系方面，希伯来人一直认为知识是智慧的基础，而智慧是学习知识的目标和有效运用知识的表现。因此《次经》强调，一个人只要"全神贯注于智慧便

---

① 《次经·便西拉智训》第 7 章第 19 节。
② 《次经·便西拉智训》第 7 章第 26 节。
③ 《次经·便西拉智训》第 7 章第 23~24 节。
④ 《次经·便西拉智训》第 7 章第 28 节。
⑤ 《次经·便西拉智训》第 7 章第 20~21 节。
⑥ 《次经·便西拉智训》第 34 章第 10 节。
⑦ 《次经·便西拉智训》第 35 章第 8 节。
⑧ 《次经·便西拉智训》第 35 章第 12 节。

可获得丰富的知识","如果你寻找她,你就会顿觉心里平安"①;从这里我们可以看出《次经》与《旧约》中关于知识与智慧的关系问题似乎出现了颠倒。《次经》里不再强调通过知识来获取智慧,而是通过智慧就可以获得更多知识。这说明后世知识的泛化已经开始影响到了信仰的稳定,所以教育应该向信仰回归,而不是更多关注知识。同时,又给个人的智慧属性增加了社会属性,将它看作社会安定的基础,"明智者愈多,世界愈安全"②;同时还强调智慧是上帝的参谋,"她熟悉上帝的奥秘,并且帮助他决定活动日程"③;甚至在一定程度上,个人良好品德来自智慧,"所有美德皆是智慧的杰作:正义与勇敢,克制与知识。生活为我们提供的价值莫过于此"④;智慧与道德不能相互代替,没有智慧的道德毫无价值,"即使一个人尽善尽美,如果没有来自你的智慧,也将被认为毫无可取之处"⑤。所以,"上帝最爱者莫过于朝夕陪伴智慧的人"⑥。但是人们必须清楚地知道,智慧绝不是个人的专利,也不是个人聪明的证明,智慧只能来自万能的上帝,"博大智慧,来自天主,智慧与他,永世相随"⑦。上帝的智慧不是无形的,而是有形的行为规范,也就是上帝的律法,"智慧即是律法,这律法实际上也就是至高上帝的圣约"⑧,所以爱智便是遵守上帝的律法,只要虔敬上帝,即使"忠信者尚在母腹中,便已获得智慧"⑨。"敬畏主,便是最丰富的智慧";"敬畏主,便是智慧之花";"敬畏主,实乃智慧之根"。⑩ 这种苦口婆心的劝告,一方面提高了人们对智慧本质

---

① 《次经·所罗门智训》第 6 章第 15 节。
② 《次经·所罗门智训》第 6 章第 24 节。
③ 《次经·所罗门智训》第 8 章第 4 节。
④ 《次经·所罗门智训》第 8 章第 7 节。
⑤ 《次经·所罗门智训》第 9 章第 6 节。
⑥ 《次经·所罗门智训》第 7 章第 28 节。
⑦ 《次经·便西拉智训》第 1 章第 1 节。
⑧ 《次经·便西拉智训》第 24 章第 23 节。
⑨ 《次经·便西拉智训》第 1 章第 14 节。
⑩ 《次经·便西拉智训》第 1 章第 16、18、20 节。

的认识，从而强化了世俗对信仰的坚定性，使得律法的学习与对上帝的虔敬又紧密结合在一起；另一方面，实质上也反映出智慧与信仰之间在现实中已经出现了某些裂痕，开始对宗教信仰形成了一定程度的影响。由此可见，《次经》中智育内容的安排实质上是为了进一步解决教育过程中世俗教育与宗教信仰教育之间的冲突问题而设置的，强调智慧是为虔敬上帝服务，再次体现了希伯来人挽救民族危亡的良苦用心和现实压力之大。

（4）体育。在希伯来人的观念中，体育在整个教育内容中并不占重要地位。尽管他们认为"健全的体魄和开朗的性格比金子和钻石还要宝贵得多"[①]，但是他们同样坚信：使人身强体壮的并不是体育，而是对上帝的信仰。所以他们说："使人强壮者莫过于侍奉上帝。"[②]这样，有关体育的记录便在《次经》中出现得极少。

（5）美育。希伯来人因受宗教教规的束缚，对于美育论及较少，但与体育相比较而言，还是较为认真的。例如，他们在对美的看法上，注重实质而非形式，因为他们认为形式并不代表实质，形式只是表象，并不真实。所以，他们以智慧为美，"智慧之美赛过太阳与群星"[③]；反对只注重外表而忽略其内在美的倾向，"不要见一个人外表好看就夸奖。另外，也不要见一个人其貌不扬就冷眼相待。同大多数会飞的动物比较起来，蜜蜂何其貌小，然而，它酿的蜜是最甜美的食品。切莫取笑一个衣衫褴褛的沦落人"，"有许多国王最终沦落为庶民，他们的王冠却被默默无闻者夺得"。[④] 由此可见，古希伯来人的美育注重正确审美观念的确立和审美能力的陶冶、培养，而不只注重外在形式的观摩与创造，所以古希伯来人在建筑、雕塑、绘画等方面对世界贡献不大。

---

① 《次经·便西拉智训》第30章第15节。
② 《次经·所罗门智训》第10章第12节。
③ 《次经·所罗门智训》第7章第29节。
④ 《次经·便西拉智训》第11章第2～5节。

3. 关于教育教学的原则与方法

在《次经》中，希伯来人的教育教学原则及方法与他们对教育教学现象的规律把握及人性的认识、儿童观紧密相连。随着时代的进步和知识的积累以及其他域外文化的影响，到了《次经》时期，古希伯来人对于教育教学的规律有了更深的认识，所以在教育教学的原则及方法方面也有了更多的科学性和灵活性。

在《次经》中，希伯来人已意识到教育教学的本质在于按照一定的社会要求来培养人，而且要有专门的空余时间来学习，所以他们认为教育子女是父母的责任，也是父母的义务。"养活一个没有教养的孩子是父亲的耻辱，如果是个女儿，耻辱就更甚。"[1]"一个追求知识的学者必须有学习的时间，他必须从诸般事务中摆脱出来"[2]，从而对子女的教育教学由父母监督，及早进行，"从小就教育他们约束自己"[3]，而且要在固定的学习时间勤奋攻读，勤于思索。"他要探索所有古典作家的全部智慧，专心致志地考究先知书。他记录名人的演说，熟练地解释比喻。他研究箴言的含义，并且能够讨论比喻的晦涩难点。"[4]由此我们可以看出，希伯来人的教育教学把独立思考与钻研探讨放在了学习的重要地位，这与《旧约》中只强调口耳相授、死记硬背的教育教学方法相比，是大大前进了一步。

从对人性认识的角度出发，一方面，希伯来人认为人各不同，"智慧之主使他们各不相同，又给他们各不相同的任务"[5]，所以在教育教学过程中要因材施教。另一方面，他们又认为人有聪明和愚笨之分，所以，对愚人的教育教学也是白费力气，"愚人的头脑如同漏底之瓶，装进多少漏出多少"[6]；"教

---

① 《次经·便西拉智训》第 22 章第 3 节。
② 《次经·便西拉智训》第 38 章第 24 节。
③ 《次经·便西拉智训》第 7 章第 23 节。
④ 《次经·便西拉智训》第 39 章第 1~3 节。
⑤ 《次经·便西拉智训》第 33 章第 11 节。
⑥ 《次经·便西拉智训》第 21 章第 14 节。

育笨蛋如同黏合破罐，如同唤醒酣睡的人。向一个笨蛋解释什么事情就如同向一个睡汉解释什么事情一样，当你解释完了的时候，他还会说：'什么呀，再说一遍吧？'"①而且更重要的还在于，对愚人进行教育教学还会增添他们自身的痛苦，"教育对于愚人来说，如同手铐；教育对于智人来说，如同金镯"②，所以，他们要求放弃对愚人的教育，"要避开他们，以免他们玷污了你，这样你才能得以安宁，不受他们愚蠢行为的干扰和破坏"③。他们认为对愚人的教育是一种负担，无可救药，"这种人是一种比铅还重的负担，他们只配称为'混蛋'。担得起一担盐铁砂，却抬不起一个大傻瓜"④。这种思想与《旧约》中智慧是上帝的属性，上帝面前人人平等，智慧平等的思想相比较，其实是一种倒退。每个教育对象确实各有差别，但关键在于因材施教，而不是对不符合既定教育标准的教育对象进行彻底的放弃。《次经》中这种思想在今天看来，是一种极其错误的教育思想。

同时，此时希伯来人已注意到环境对人的影响。"如果你接触柏油，柏油就黏附在你身上，如果你跟傲慢之徒为伍，你就将变得跟他们一模一样"⑤，所以，对个人进行教育要慎重选择教师及环境，"不要拜访愚人或者与他们长谈"⑥，"耳听愚人之言，如同负重旅行，然而智人之言，却使人如释重负"⑦。

在《次经》中，希伯来人还认为儿童的身心发育尚未成熟，具有很强的可塑性，而且他们生性顽劣，只有运用严厉的纪律和惩罚才能取得相应的教育教学效果，所以在教育过程中，鞭打体罚蔚然成风。他们认为："有些时候，对孩子进行说教就如同早晨对人唱歌一样地不合时宜。然而，鞭打在任何时

① 《次经·便西拉智训》第 22 章第 7 节。
② 《次经·便西拉智训》第 21 章第 19~21 节。
③ 《次经·便西拉智训》第 12 章第 13 节。
④ 《次经·便西拉智训》第 22 章第 14 节。
⑤ 《次经·便西拉智训》第 13 章第 1 节。
⑥ 《次经·便西拉智训》第 22 章第 13 节。
⑦ 《次经·便西拉智训》第 21 章第 16 节。

候都是最佳的教育方法。"①而且，体现父亲对儿子的爱护，就要看他对儿子管教所采取的措施如何，"爱孩子的父亲常常鞭打自己的孩子"，"从小就要鞭打他，使他尊重你的权威"。② 由这些话语我们可以想见当时体罚之烈和管教儿童之严了。在教育过程中，必要的体罚还是需要的，但是如此严厉的体罚并不足取。不过在强调严厉体罚的同时，希伯来人也提出了一些今天仍然值得借鉴的积极思想，如父母不要溺爱孩子，否则就会伤害到自己，"一个溺爱孩子的人，将不得不包扎自己的伤口"③；只有教育孩子得法，才能教育孩子取得成功。而教育成功的儿子会带给自己无上的荣誉，"一个教子有方的人，不仅可以在朋友面前引以为荣，而且还可以使敌人羡慕"④。在教育过程中千万不要娇惯、放纵孩子，否则就会自取祸端，"没有驯服的马难以驾驭，没有教养的儿子也不例外。如果你娇惯自己的孩子并且跟他玩耍，他就会令你失望，（他会）成为惹祸的根苗"⑤。对孩子教育要从小就严格要求，"小时候不要放纵他，不要原谅他的过失"⑥，"否则，他就会固执己见，狂妄不羁，只能令你悲痛悔恨"⑦。要教导孩子养成勤劳的良好习惯，不能养成偷懒的不良习惯和作风，否则会让人讨厌，"懒惰的人就像粪堆一样，令人讨厌，谁也不愿意走近他们"⑧；在孩子成长过程中要主动让自己的孩子参加必要的劳动，不能养尊处优，"必须管教你的孩子，要他干活，否则他就会成为你的累赘"⑨；等等。

---

① 《次经·便西拉智训》第 22 章第 6 节。
② 《次经·便西拉智训》第 30 章第 1 节。
③ 《次经·便西拉智训》第 30 章第 7 节。
④ 《次经·便西拉智训》第 30 章第 3 节。
⑤ 《次经·便西拉智训》第 30 章第 9 节。
⑥ 《次经·便西拉智训》第 30 章第 11 节。
⑦ 《次经·便西拉智训》第 30 章第 12 节。
⑧ 《次经·便西拉智训》第 22 章第 1~2 节。
⑨ 《次经·便西拉智训》第 30 章第 13 节。

四、《伪经》中的教育思想①

(一)《伪经》概况

《伪经》，意即"《圣经》的模拟作品"或"《圣经》的伪仿作品"，也称外传。因其所写的人物都是《希伯来圣经》中出现过的，但作品又不属于《希伯来圣经》正典之列，更不包括在希腊文《七十子译本》和《拉丁文译本》之中，而且书卷的作者名字均属虚构假托，因而被称为《伪经》。其成书年代约为公元前200—200 年，内容主要包括启示录、历史故事、智慧书、诗歌等。《伪经》的范围没有公认的界限，篇目也不统一。查理斯（R. H. Charles）曾编写过一本近千页的《伪经集》，共收 17 卷，但有些卷目与公认的《次经》卷目不符，如把《马加比三书》编入《次经》，把《次经》中的《以斯拉篇》又抽出来放在《伪经》里。从我国目前出版的《犹太教百科全书》和《基督教百科全书》来看，公认的篇目主要有《禧年书》《亚里斯提的书信》《亚当与夏娃传》《以赛亚殉道记》《马加比三书》《马加比四书》《撒督残篇》《以诺一书》《以诺二书》《巴录二书》《巴录三书》《西比路巫语》《摩西升天记》《所罗门诗篇》《十二族长遗训》《犹太教父训言》《阿希加尔故事》等。

《圣经》学者们一般依文字，把上述作品分为巴勒斯坦伪经（原文用希伯来文、亚兰文写成）和亚历山大伪经两类。亚历山大伪经原文用希腊文和斯拉夫文写成。巴勒斯坦伪经主要有《以诺一书》《禧年书》《十二族长遗训》《以赛亚殉道记》《亚当与夏娃传》《所罗门诗篇》等；亚历山大伪经主要包括《亚里斯提的书信》《西比路巫语》《马加比三书》《马加比四书》《以诺二书》等。《撒督残篇》《犹太教父训言》《阿希加尔故事》则是查里斯加进去的篇目。

(二)《伪经》中的教育思想

1. 关于教育目的

在《伪经》中，希伯来人的教育目的以培养虔敬上帝，具有正义感且品德

---

① 本小节引文主要转引自《犹太教百科全书》，上海，上海辞书出版社，1991。

优秀，具有学识智慧的人为其核心，但在对人的素质要求上，较之其他诸经更加注意民族精神的培养和强健体魄的追求，因而显得更具有现实性和进步性。

《伪经》中对于虔敬上帝的思想感情的培养，不再以正面的宣扬来进行强制灌输，而是通过反面的事例来进行教育。例如，《以诺一书》通过对审判前各种各样可怕刑场的描写，以及罪人灵魂被囚在漆黑的大山洞中，而义人的灵魂处于光明水泉之中的对比，指出"光荣的上帝，永生的主，已经为正义做好准备，祝福他们（指虔敬上帝之人），已经创造好了，并已应许赐给他们（长生香树果）"；"在他们活着的日子里，无灾无害，没有痛苦和患难去侵犯他们"。也强调只要人人虔敬上帝，就可以使自己及家人获得财富，得到幸福，并可使灵魂上天堂，正如在《约伯遗命》中所描写的：约伯不仅重新获得了健康和原有的财产，而且他与其子女在死后，灵魂都进入了天堂，永享欢乐。

在《伪经》中，希伯来人同样认为要虔敬上帝，就要行义人之道，加强自身的道德修养，否则，将会遭到上帝的严厉惩罚，正如《以诺一书》中描绘的罪人与堕落天使所受的审判及其刑罚。《十二族长遗训》也以各位族长所犯罪行及由于犯罪而引起的报应告诫后人：罪是人的内在邪恶欲望引起的，要虔敬上帝，获得上帝的佑护与赐福，就要禁情欲，戒贪婪，消仇恨，去虚伪，忌骄傲，要诚实，远离不义，远避诱惑，广行善事，"让你的家门敞开，使贫穷人做你的常客，不要与有夫之妇闲谈不休"①。在他们看来，"世界的根基有三：公正、真理、和平"②，只有虔敬上帝，遵守律法，才能使人与人、人与世界保持一种和谐关系，否则，邪恶的欲望将会膨胀，驱人走上犯罪之路而置人于死地，"嫉妒、贪欲和野心，驱人于死地"③。虔敬上帝，行上帝之

---

① 《伪经·犹太教父训言》。
② 同上。
③ 同上。

道，还要保持自身信仰的纯洁性，不可信奉其他的神，搞别的偶像崇拜，否则就会有种种灾难和惩罚降临。

2. 关于教育内容

《伪经》中的教育内容主要包括德育、智育、体育三个方面。首先在德育方面将正义看作一切教育的基础，例如，《以诺一书》第48章写道：

在那里，我看见正义的水泉，

那是永不枯竭的水泉，

在它的周围有许多智慧之泉。

一切干渴的人饮用了它，

就会充满智慧，

并和正义、圣洁、被选者同住。[①]

另外，《伪经》中的德育内容除了加强自身修养，克制欲望，保持信仰纯洁之外，培养民族自豪感、自信心及为国捐躯、勇于牺牲的爱国情怀，也是一个重要的方面。例如，《亚里斯提的书信》通过72个译员用72天译完《摩西五经》的故事，借托勒密二世对译员的异常敬重及译员对《摩西五经》的高度评价，充分地表达了希伯来人的民族自豪感；而《巴录二书》及《马加比三书》两部作品分别通过对希伯来屡遭不幸原因的探讨及对未来世界美妙景象的描绘，以及埃及托勒密四世妄图用灌醉了酒的500头大象来踩死全部希伯来人的诡计为上帝所破坏，转而信奉上帝的故事，给予饱受磨难、流落异乡、前途渺茫的希伯来人极大的安慰，从而增强了他们的民族自信心；《以赛亚殉道记》则通过先知以赛亚的事迹，歌颂了先知们为民请命、为国捐躯的崇高精神；

---

① 朱维之：《圣经文学十二讲——圣经、次经、伪经、死海古卷》，324 页，北京，人民文学出版社，1989。

《摩西升天记》更借助摩西的预言——未来世界只有乐园和阴间存在，乐园是希伯来人的居所，阴间是外邦异教者的居所，把民族主义精神发挥到了极致。

在智育方面，《伪经》集中于人的理性精神的培养。在希伯来人看来，人的各种情欲和情感是从快乐与痛苦中产生的，欲望的满足将会产生快感，因此，情欲产生的正常程序是：先有欲望，然后是满足，再后是快感。他们认为人的欲望必须加以控制。理性是智慧的选择，只有理性才是德行的指南和情欲的主宰，它能够凭着谨慎和节制来控制人的贪欲、邪念和激烈的冲动，从而战胜迫害和苦难。按照《伪经》的观点，求生存的欲望是人最根本的情欲。因此，培养人的理性，关键就在于看人是否能为了信仰而不惜牺牲自己的生命。如果以理性制服了最基本的情欲——求生的基本欲望，那么一个人也就实现了自己的生存价值。为此，《马加比四书》讲述了被捕的七兄弟和他们的老母亲的故事。七个兄弟在自己的母亲面前遭受了火烧、拔发、割舌、烧烙等种种酷刑，但他们没有一个屈服，而是慷慨就义。他们的老母亲也主动跳进火堆，宁死不降，成为理性战胜情欲的模范。由此可见，在《伪经》中，智育的目的同样服从于信仰的最高目的，能力的培养与德育同一，很好地实现了智育与德育的有机统一。在希伯来人看来，智慧即是律法，所以理性依赖于智慧，即是理性依赖于律法，培养理性只有依靠学习律法，只有理智地按律法办事，才会真正克制住情欲。信仰、德育、能力、知识都有机地融合在了一起。

在体育方面，《伪经》中的教育思想比《旧约》《死海古卷》及《次经》中的体育思想大大前进了一步。他们已开始把强健的体魄视作虔敬上帝的必要条件之一，"你要勇敢如豹，轻快如鹰，敏捷如羚羊，健壮如狮子，去遵行天上的父的旨意"[1]。

---

[1] 《伪经·犹太教父训言》。

3. 关于教育教学方法

在教育教学方面，《伪经》更加强调因材施教，认为"人各有所长，物各有其用"①。希伯来人把人细分为四种："有四种人坐在大圣贤面前，一种人像海绵，一种人像漏斗，一种人像滤器，一种人像筛子。海绵吸收一切；漏斗一边吸取，一边漏掉；滤器滤去好酒，留下渣滓；筛子筛掉糠秕，留下精华。"②强调人生而有所不同，必须区别对待，扬长避短。此外，《伪经》还强调学习要善于见缝插针，"不要说等我空闲时我就读书，也许你将永远没有空闲"③；获得知识要有勇气与决心，要循序渐进，要懂得由博返约，粗中取精，要善于把握事物的实质所在，"害羞的学不成业，急躁的教不好书，纠缠事务的不聪明"④。《伪经》还强调教育教学对于人的重要作用，"无教养的人不怕犯罪，粗俗的人不教虔敬"⑤。

总之，希伯来人的教育思想以虔敬上帝为根本目的，以律法学习为基本内容，以道德修养为基本目标，这直接孕育了以后的基督教及其教育思想的种子，对世界产生了重要影响。另外，希伯来人一贯重视智慧的学习与文化传统的传承与坚守，力图将树立信仰与传统继承、道德教育、能力培养、知识传授、实践锻炼有机结合起来的教育思想及其实践，也对日后犹太教育和世界教育的发展产生了积极作用，值得我们今天的教育改革与发展借鉴。

---

① 《伪经·犹太教父训言》。
② 同上。
③ 同上。
④ 同上。
⑤ 同上。

第六章

古代印度早期的教育

古代印度也是世界文明古国，是世界文明的主要发祥地之一。在长期的历史发展过程中，印度文明在诸多领域都取得了辉煌成就，并以其独特的思想体系与价值观念对世界文明和文化的发展产生了巨大影响。从地理上看，古代印度包括今天的印度、巴基斯坦和孟加拉国，因为被喜马拉雅山脉将其与亚洲大陆割裂开来，因而又被称为南亚次大陆或印度次大陆。印度河、恒河、布拉马普特拉河等河流从该大陆流过，成为滋养印度文明的生命源泉，恒河更是被印度人当作他们心目中的圣河。印度半岛的东面是辽阔的孟加拉湾，西面是浩瀚的阿拉伯海，南端则深入印度洋之中。高大的喜马拉雅山与三面环海的独特地形使得印度大陆处于一种相对封闭的状态，这为印度文明形成独特的文化提供了极为重要的环境。印度河和恒河流域土地肥沃，气候温湿，适合人类生存。因而大约在距今 200 万年以前，原始人类就已经开始出现并生活在了印度次大陆，并在随后的漫长历史长河中孕育出了古印度的文明。

20 世纪 20 年代，考古学家在印度河流域先后发现了许多远古城市和村落遗址，其中在哈拉帕等地已经有了发达的城市文化，因而曾经被称为哈拉帕（Harappa）文化，但后来人们发现了越来越多的城市和村镇遗址，因而被统称为"印度河文明"。但这一文明在公元前 1500 年左右突然消失了。后来，雅利安人通过兴都库什山山口进入印度，并逐步成为南亚次大陆的主要居民。他们的早期社会生活情况反映在被称为吠陀的古老文献中。大约从公元前 1000 年到公元前 600 年期间，在解释吠陀的过程中又产生了梵书、奥义书、森林书，因而这一时期又被称为"后吠陀时代"。"后吠陀时代"印度独有的种姓制度开始定型，整个社会被分为婆罗门、刹帝利、吠舍、首陀罗四个阶层。婆罗门为了进一步巩固自己的统治，利用宗教将自己神化，产生了婆罗门教。婆罗门开始垄断了社会的文化和教育特权，只有婆罗门祭司才有权讲授吠陀经典，其他种姓不得从事教育活动。后来，随着社会的发展，婆罗门法典规定只有婆罗门、刹帝利、吠舍三个再生种姓才能接受教育，而首陀罗则被完全剥夺了受教育机会。公元前 6—前 5 世纪，古印度进入列国时代。社会生产的发展导致了社会阶级的分化与改组加剧，对婆罗门和婆罗门教的不满日益扩大，出现了所谓的"沙门思潮"①，导致了佛教和耆那教的产生。其中乔达摩·悉达多（Siddhartha Gautama，即后来的释迦牟尼，成道后被称为佛陀，Buddha）所创立的佛教及其佛教教育对印度社会产生了巨大影响。佛教倡导佛性平等，主张人人都能平等受教育，并将教育之门为妇女打开。在与其他反对者斗争的过程中，婆罗门教与佛教都创办了大量的普及教育机构及具有研究性质的高等教育机构，对古印度文化和教育的发展及世界文化教育的交流起到了重要作用。

公元前 321 年月护王建立了孔雀王朝，这是印度历史上第一个统一的大帝国。在孔雀王朝的阿育王（Ashoka，约前 268—前 232 年在位）时期，佛教被奉为国教，开始成为世界性宗教，佛教的寺庙教育开始迅速发展。孔雀王朝灭亡之后，印度再次进入战乱时期，直到公元 1 世纪中叶贵霜帝国的建立。

---

① "沙门"，是指当时敢于否定和反对婆罗门教的一批学者和宗教领袖们。"沙门思潮"是指在公元前 6 世纪初兴起的反对婆罗门种姓和婆罗门教的思想潮流。

贵霜王朝对文化和宗教采取宽容政策和兼容并包的态度，因而出现了综合印度文化、波斯文化、希腊文化等的贵霜文化，大乘佛教兴起，印度教文化开始兴起。佛教教育开始由过去注重自我解脱的小乘佛教教育开始向注重救一切众生脱离苦海来实现解脱的大乘佛教教育转变。婆罗门教的祭司们则花费了大量的时间精力来编纂和完备各类法典，如《摩奴法论》等，为人们的生活提供规范，使得信众有了明确的生活伦理道德规范和依据，婆罗门教的教育出现了新的变化。古印度的教育实践变化也诞生了教育思想。这些思想主要反映在婆罗门教的吠陀、奥义书等经典、佛教的各类经典以及一些其他文化作品之中。本章内容将重点对印度河文明、婆罗门教的教育实践及其思想做一介绍。

第一节 古代印度社会概述

一、古代印度的历史概况

印度次大陆最早的人类究竟从何而来，至今仍然是个不解之谜。大约在距今 1.2 万年到 8000 年之间，印度的先民们已经开始种植谷物，驯养家畜，制作陶罐，同时开始学习缝纫衣服。公元前 3500 年左右，农业文明已经遍布整个印度河平原，并开始出现了分布广泛的城市文明。人们开始创造并使用文字。根据地下发掘物，现在已知的印度最古老的文化是哈拉帕文化。哈拉帕文化形成于公元前 2800—前 2500 年，兴盛于公元前 2500—前 2200 年。哈拉帕文化时期，印度已进入金石并用时期，已经有了青铜器、牛耕、外贸和文字，并出现了奴隶制的萌芽。在公元前 18 世纪中叶，由于现在还不能确切知道的原因，哈拉帕文化突然消失。消失原因至今众说纷纭。后来雅利安人的到来，使得雅利安文化与原住民的达罗毗荼文化融合起来，在公元前

1500—前 1000 年出现了《梨俱吠陀》，印度文明开始进入吠陀时代（约前
1500—前 600 年）。吠陀时代，印度社会向原始奴隶制过渡。吠陀教逐渐演变
成婆罗门教。社会成员也逐渐被划分成 4 个等级（种姓）：婆罗门、刹帝利、
吠舍和首陀罗。其中婆罗门是祭司贵族集团，享有最高特权；刹帝利是世俗
统治集团；吠舍包括从事农、牧、手工业的小生产者；首陀罗是无产无权的
奴隶。公元前 600 年左右，印度人有了自己的文字——梵文。随后印度进入
列国时代，境内形成 16 个国家。由于商业的发展，社会矛盾的加剧，对婆罗
门教的不满情绪的增长，印度进入了思想活跃、学派纷呈、百家争鸣的时期。
当时反对婆罗门教的新思潮被称为沙门思潮，从沙门思潮中产生了耆那教和
佛教。其中乔达摩·悉达多所创立的佛教被称为世界三大宗教之一。公元前 5
世纪初，释迦牟尼去世后，原来统一的佛教团体逐渐分裂，出现了上座部和
大众部的分歧，以后从上座部和大众部中各分化出许多派别，从此佛教进入
部派佛教时期。特别是大乘佛教形成以后，原始佛教的哲学-伦理性质逐渐向
宗教-神学演化。

公元前 4 世纪，马其顿的亚历山大大帝进军印度，随后很快退出，但一
些希腊人却留了下来。他们带来的希腊文化对印度犍陀罗的佛教造像艺术产
生了巨大影响。公元前 321 年，月护王建立孔雀王朝，统一了北印度，到其
孙阿育王时代，国力强盛，建立了印度史上第一个大一统的帝国。该时期佛
教得到大发展。孔雀王朝灭亡以后，印度不断有外族入侵。直到约公元 140—
163 年为贵霜帝国迦腻色迦一世所统一。贵霜王朝时期大乘佛教兴起，印度教
开始获得较大发展，并在随后的笈多王朝时期开始全面兴盛。

二、古代印度文明概况

古代印度与古代埃及、古代巴比伦、古代中国并称为"四大文明古国"，
在文学、哲学和自然科学等方面对人类文明做出了独创性的贡献。其主要文

明成果有以下几个方面：

(一)文字

从文字来看，公元前 3000 年代中叶，古印度居民就创造了印章文字。印度河文明毁灭后，落后的雅利安人只有口头相传的作品。再次出现文字约在列国时代之初，流传至今的最古文字是阿育王所刻的铭文。阿育王铭文所用的文字有两种：一为婆罗米文，可能源于塞姆人的字母；二是去卢文，可能源于阿拉美亚人的字母。去卢文后来逐渐失传，而婆罗米文在公元 7 世纪时发展成梵文，这种文字由 47 个字母构成，在词根和语法结构上与古希腊语、古拉丁语、古波斯语相似，在语言学上属印欧语系，是近代印度字母的原型，在古代印度成为通用文字。

(二)文学

古印度最早的文学作品是吠陀，其中产生最古、文学价值最高的是《梨俱吠陀》，它是一部诗歌总集，共有 1028 首诗歌，以颂神为主，也有世俗诗歌。所以吠陀不单纯是宗教经典作品。古印度最著名的文学作品是《摩诃婆罗多》和《罗摩衍那》两部史诗。前者长达 10 万颂，后者约有 2.4 万颂，是古代世界绝无仅有的长诗。古印度的民间文学作品也占有重要地位。它们大都保存在《五卷书》《益世佳言集》和《佛本生经》等作品中。其中《佛本生经》流行最广，主要记述佛陀前生的故事，保存在这里的民间故事都经过了佛教徒的加工整理，原作品的主人公也被附会为佛陀，以宣扬佛教的教义，但它仍保留了不少优秀的、健康的世俗性故事。

(三)自然科学

古印度在自然科学领域也取得了不少的成就，其中天文学、数学、医学方面的成就比较突出。在天文学方面，由于农业生产和生活方面的需要，古印度居民很早就注意观察天象。早在吠陀时代，他们就知道金、木、水、火、土五星，将五星与日月并称为七曜。把月亮所经过的星座划分为 28 宿，称为月宫。但他们认为，太阳、月亮、星星都是围绕地球转的。他们把一年分为12个月，每月30天，一年共360天，所余差额用每隔5年加一闰月的方法来弥补。关于季节的划分，除我们熟悉的春夏秋冬四季外，还有热时、雨时、寒时的三分法，以及渐热、盛热、雨时、茂时、渐寒、盛寒的六分法。公元1世纪以后，古印度出现了著名的天文历法著作《太阳悉檀多》，此书已有时间测量，分到点。此书也是重要的数学著作之一。说到数学，古印度最重要的成就是发明了十个数字符号(0是以黑点表示)和定位记数法。这种记数法为中亚地区许多民族采用，后又经阿拉伯人对十个数字略加修改后传到欧洲，逐渐演变为现今全世界通用的阿拉伯计数法。大约成书于公元前5—前4世纪的《准绳经》中，已有许多几何学知识。《太阳悉檀多》中，已有三角函数表。

（四）宗教

印度是世界上受宗教影响最深的国家之一，有"宗教博物馆"之称。宗教的影响深入到它的社会与文化的每一部分，并在这个国家及其绝大部分人民的生活中扮演中心和决定性的角色。在古代印度产生了婆罗门教、佛教、耆那教等重要的宗教派别。印度远古的宗教形态在印度河文明的一些遗址中能有所发现。在著名的文学经典吠陀中就包含大量宗教方面的内容，后来逐步形成了影响很大的婆罗门教。婆罗门教的基本观念是吠陀天启、祭祀万能、婆罗门至上等，对印度的社会发展和文化形成产生了巨大影响。在婆罗门教基础上后来还产生了印度教，一直延续至今。从公元前6世纪至公元前2世纪，印度思想界进入了一个各类思潮蓬勃兴起和争鸣的历史阶段。在此时出现了一股很强的新思潮，被称为沙门思潮，它主要指当时出现的一批反婆罗门教或非婆罗门教的思想。在众多的新思潮中，后来出现了佛教、耆那教等宗教派别。佛教是在批判和吸收改造婆罗门教的基础上形成的，大约产生于公元前6世纪。佛教在印度产生后经过了早期佛教(前6世纪中—前4世纪末)、小乘部派佛教主要形成时期(前4世纪末—2世纪中)、大乘佛教的主要形成和发展时期(1世纪左右—7世纪左右)、后期佛教时期(7世纪—13世纪)等几个时期,后来成为世界性的宗教。耆那教的产生时间与佛教的产生时间接近,理论上也与早期佛教的某些观念相似。它重视对世间万有构成要素的分析,也讲轮回与解脱的理论,但具体内容与婆罗门教有差别,不承认婆罗门教主张的那种不变实体"梵"。

(五)医学

在医学方面,《阿闼婆吠陀》中已记载了77种病症之名,并开出了对症的药方,当然,这些记载也夹杂着巫术迷信。最著名的医学著作是《舍罗迦本集》和《妙闻本集》。相传舍罗迦是迦腻色迦的御医,2世纪人,他的书被誉为医学百科全书,探讨了诊断、疾病预后和疾病分类问题,并把营养、睡眠与节食视为维护人体健康的三大要素。书中提到的药物有500种。妙闻稍晚于舍罗迦,他的书内容比较广泛,除解剖学、生理学、病理学外,还研究了内科、外科、妇产科和儿科病症达1120种。尤其是在外科手术上有相当高的水平,书中记有120种外科器具,并有拔除白内障、除疝气、治疗膀胱结石、剖宫产等手术方法,所记药物多达760种。这两本书今天仍有实用价值。

(六)建筑

古代印度建筑最有特色的就是佛塔和石窟艺术。阿育王时,开始用砖石建筑材料,桑奇地方保存的佛塔就是用砖建成,以后又扩大,并砌上一层石块。该佛塔呈半圆形,直径约30余米,顶端为平台,台上造一方坛,坛上竖立层叠着的伞形柱,这是佛教徒奉祀佛骨的地方。该佛塔周围有环形道路,并绕以栅栏和四个大门,四个大门都布满了以佛教题材为中心的精致雕刻。阿育王石柱,也是古印度建筑艺术的重要遗迹。这些高达15米的石柱,最重的达50吨左右,除奔马、瘤牛、大象等造型的柱头外,最著名的萨尔纳兹大石柱,其柱头的四个背对背蹲踞着的狮子,栩栩如生,雄劲有力,象征着帝王的权威。

石窟艺术中最著名的是阿旃陀石窟。它位于海德拉巴省温德亚山脉的深山中，大约于公元前 1 世纪开凿，公元 7 世纪完成。因其在深山中，建成后约有 1000 年人烟绝迹，直到 1819 年才被欧洲人发现。石窟开凿在河流旁半圆形的悬崖上，共 29 个石窟。石窟的建筑有佛殿和僧房两种，内有大量的以佛教为题材的精美绘画和雕刻，也有以现实为题材的作品，体现了古印度艺术的独特风格和高超技巧，是建筑、雕刻、绘画三种艺术结合的范例，被誉为世界艺术精粹之一。据说唐玄奘到印度时曾拜访过这里。古印度人竟把一座石山变成壮丽的艺术宝库，充分体现了古印度人民的伟大创造力。

第二节 印度河文明时期的教育

约在公元前 5000 年，印度出现了越来越多的居民定居点。这些居民依靠经营农业生活，主要种植小麦、大麦和其他作物，并饲养牲畜，如牛、山羊、绵羊等。他们所用的工具既有石器的，也有铜制的。到公元前 4000 年左右，这样的农业定居点开始在印度河流域广泛扩散开来，并逐渐开始向城市社会转化。公元前 2600 年左右，在哈拉帕等地已经有了发达的城市文化。自 1920 年开始，考古学家拉·班纳吉（R. D. Banerji）和约翰·马歇尔先后在摩亨佐·达罗和哈拉帕地区进行了发掘，并宣布这是一处湮没了 3000 多年的古代文化遗址，并将其称为"印度河文化"（也被称为"印度河文明"，从比较严格的意义上来说，称为"印度河文明"似乎更为妥当）。经科学测定，这个"文化"的上限大约为公元前 2500 年。随后越来越多的考古发掘证明印度河文明时期的古印度就已拥有高度发达的城市文明，居民以小麦、大麦为主要农作物，瘤牛为主要牲畜，手工业相当兴盛，商品交换和对外贸易初具规模，原始宗教的雏形以及简朴的崇拜仪式，也逐渐出现。从已经出土的相关文物可以看出印度河文明时期的人们从事着简单的农业生产，享受着较高水平的城市生活。然而由于印度河文化遗址出土的文字尚未得到公认的解读，发掘的材料中也几乎没有与教育相关的文物，因此我们对这一时期的教育状况还不清楚。但是通过已经出土的文物和当时世界其他古代文明已知的教育情况，从广义教育的角度还是可以对当时的教育做出一些推测。

一、农业生产教育

公元前 2500 年左右，印度河流域就产生了高度发达的农业文明，小麦、大麦等干旱作物是主要的农作物，人们以面食为主，遗址中的谷仓证明了这一点。另外，当地居民还种植紫花豌豆、甜瓜、芝麻、椰枣和棉花——印度河流域是最早用棉花织布的。已经驯养的动物有狗、猫、牦牛、水牛，可能还有猪、骆驼、马和驴。这些农作物的种植、动物的驯养都需要专门的技能技巧。因此，可以想象，当时的农业生产教育应该是年青一代的重要教育内容之一。

二、手工工艺教育

创造印度河文明的人们拥有高超的建筑技艺。已经发掘的遗址中也出土了大量的各种质地的印章，这些印章大小不等，主要由石、陶、铜、象牙等制成，雕画的内容有文字、树木、牛、象、独角兽等。在阿拉伯海对面的阿曼，出土了大量的来自印度河文明的红玉髓珠子、青铜武器和哈拉帕陶器。丹麦考古队在波斯湾巴林岛发现类似莫亨焦达罗的砝码以及印章。此外，还发现了许多颈环、胸饰、膊腕的环镯、指环、足镯等。由此可见，当时的手工艺水平以及达到了很高的水平，必须由技能熟练的工匠才能完成这些工作。从大量出土的工艺品来看，当时必定已有许多出色的工匠，专门加工金、银、象牙等产品。当时还使用石器，但已经达到了使用青铜及黄铜工具的阶段，创造了发达的铜器时代的文化。① 这不但表明印度河文明时期已经存在一些简单的商品交换和原始的宗教思想，而且其手工工艺已经达到了相当的水平。没有相应的手工工艺教育进行传承，这些工艺品的完成是无法想象的。而许多精美艺术品的出土，如彩色的壶、各种陶像、雕像等也从一个侧面证明了这一点。如著名的青铜舞女像，身材苗条，右手叉腰，左手持一容器，倚在左腿一侧，两腿微向前倾，似乎正和着音乐节拍起舞。整个雕像神态安详，线条流畅，姿势优美。这表明当时人们的审美意识和手工工艺已达到了很高的水平。约公元前 2000 年，印度河的人们已经开始把棉花纺成纱并织成布，并作为主要的贸易商品被出口到美索不达米亚，也从侧面证明了当时手工业的发达，进而我们也可以推测出当时有广泛的手工工艺教育存在。

三、生活方式教育

第一，日常生活教育。已经出土的大量的印章上的驼背(有肉瘤)、短角的公牛图案表明，牛应该是主要的家畜。在节日或喜庆的日子里，除了面食，居民们还可以拿出牛肉、羊肉、鱼肉来招待亲朋好友。这一切都无声地传递给了我们一些印度河文明时期人民生活的场景或片段，也表明当时人们的日常生活已经有了一定的规范和仪式。因此，对下一代进行日常生活的教育，使得他们能够很好地适应现实生活，并成为当时社会生活的合格成员应该是儿童教育的主要内容之一。

第二，健康卫生教育。印度河文明时期的居民享受着高水平的洗浴、卫生设施，其文明程度甚至高于同时代的其他文明古国。"这些发掘物是在公元前4000 至前3000 年孟买行政区最北的信德省与旁遮普省的高度城市生活发展出的建筑物。从多数房屋、水井与浴室，及一套完备的排水系统看来，当时居民的社会生活状况与在美索不达米亚南部苏美尔地区所发现的相似，并

---

① 参见刘欣如：《印度古代社会史》，第 1~2 章，北京，中国社会科学出版社，1990。

优于同一时代巴比伦与埃及等地的状况……甚至乌尔城所有的房屋在构造上看来也绝不能与摩亨佐-达罗的同日而语。"①城市是用火烧砖建造起来的，房屋大多两层或以上，而且多数占地面积较大。几乎每家每户都有水井、下水道、浴室和厕所。主要的街道都很宽，良好的排水系统把雨水排走，还有一些污水坑用来排放污物。有学者甚至认为："当时的人们很可能已经知道使用简陋的自来水之类的设备。在古代文明中，直到罗马文明出现，西方人是不知道使用下水道设施的。考虑到印度和中国多数农村至今尚无这样的设备，这种成就尤其令人惊叹。"②高水平的洗浴和卫生设施，从一个侧面体现了印度河居民很高的卫生健康意识，从而有可能也是儿童教育的重要内容之一。

四、文字书写教育

在哈拉帕文化遗址中，考古学家发现了印度最早的文字。这种文字多刻在石头、陶土或象牙制成的印章上，因此被称为印章文字。其他地方出土的印章也证明了印度河文明时期的城市已经使用了比较成熟的文字。目前所知的文字主要刻在出土的铭文与图画并见的印章上。这些印章共有 2500 多枚，文字符号 419 个，其中基本符号 62 个。这些文字具有象形文字的特点，文字符号一半用线条组成，字体清晰。每个文字一般由两个或两个以上的符号组成。有的符号表示概念、意义和数字，有的符号则表示音节，并在其上加上短画表示重音。铭文很短，一般为 5—7 个符号，最多不超过 26 个，多为单行。印度学者 Iravatham Mahadevan 还确定了这些符号的书写方向为由右至左。可见，当时要刻印章，必须经过专门的文字书写训练才可以完成这一任务。而出土的分散在多地的数量众多的印章，也说明了当时掌握文字书写的人数

① [美]威尔·杜兰特：《文明的故事1：东方的遗产》，台湾幼狮文化译，415 页，成都，天地出版社，2018。

② 尚会鹏：《印度文化史》，5 页，桂林，广西师范大学出版社，2007。

其实并不少，从而也从一个侧面说明当时的文字书写教育的兴盛与发达。印度河流域的文字，上一行由左往右读，下一行由右往左读。这种写法也为早期希腊人所仿效，被称为"由左而右，复由右而左交互成行之书法"——"就像牛犁地一样"。

五、思想政治教育

印度河流域的城市在当时是非常独特的，是按照一个中央计划精心建成的。各城市全盛期时占地6—7平方英里。城市布局呈格子形，以卫城为中心呈网格状分布，宽阔的主要街道环绕长方形的大街区，各街区约长400码、宽200码，比今日城市通常的街区要大得多。有市政建筑、市场、作坊、储存区、居民和神庙。每座居民都围着一个院子建成，有几个房间、一间厕所和一口水井。建造它们使用的砖也是按照一样的标准尺寸烧制的。整个印度河流域做砖的模子只有两种标准尺寸：11英寸×5.5英寸×2.5英寸和9.2英寸×4.5英寸×2.2英寸。[①] 可见，各地的度量衡也是一致的。如此整齐划一的布局和有条不紊的组织似乎遍布整个印度河文明区。这一文明于公元前2500年左右达到成熟期，在以后的1000年中，实际上处于静止不变的状态，甚至这些城市每次遭到洪水毁灭性的破坏后，重建的新城市总是造得跟原来的城市一模一样。这说明整个城市的建设工作可能是一个由中央集权的国家所领导的，而且如此一贯、连续的传统世上从来没有过，即使在埃及也没有，因而，产生这样一种假说：控制这一纪律严明的社会的也许是一种精神上的力量，于是有学者推测当时的社会是由祭司兼国王的人物所统治。哈拉帕遗址上所发掘的城市存在状况表明，当时的居民已经有了明确的等级分化，统治者居住在卫城之内，工人居住在哈拉帕的粮仓和有城墙防护的城堡之间，而被作为"贱民"的劳动者则生活在城墙之外，身陷赤贫之中。因此，给民众灌

---

① 平方英里、码、英寸皆为英制单位。——著者注

输中央集权的思想，加强思想政治教育，使广大民众服从于国王和祭司的统治，不仅是统治者的需要，也是当时社会的主流价值观所在。

六、宗教信仰教育

在印度河文明已经发掘的遗物中，人们没有发现武器类的遗物，因此有些学者认为维持这一文明的力量不是权势和武力，而是精神力量，即宗教起了主要作用。一些学者根据城堡内的大浴池，猜测印度河的统治阶级以宗教作为统治的手段，用沐浴这样的宗教礼仪来加强他们的地位。这个文明可能是由祭司们以和平的宗教方式进行统治的。但是，当时流行一种什么样的宗教尚不清楚。也有专家认为这可能是河神的庙宇。与其他古文明不同的是，印度河城市中既没有寺庙、殿堂，也没有祭坛，甚至连祭祀用具也没有发现。人们更多看到的是生殖崇拜、树神崇拜和动物崇拜。已经发掘的遗址及文物表明，印度河文明时期，原始崇拜以及一些简单的仪式可能已经存在。印章中的独角兽、公牛、树木等图案，也许就是印度河文明人民崇拜的偶像。另外一些图案则告诉我们，在公元前 2500 年左右的印度河流域，很流行对"母神"的崇拜。在民居中还发现许多丰乳肥臀、着精致头饰、束华美腰带的母亲女神的小雕像。而在莫亨焦达罗遗址中除了类似的母亲女神外，还有一个男神雕像，他双眼微闭，凝神冥思，似乎以瑜伽的坐式正在修炼或者禅定，周围有一些动物。他有三面看得见的脸，高耸的头饰两边有着两只角。这位男神雕像的样子与被称为"百兽之王"的湿婆神样子非常一致，因此许多学者认为它就是后世印度教湿婆神的原型。此外，遗址中还出土了一尊身披三叶草图案披肩的男子像，披肩包住左肩，露出右肩，极似印度佛教"偏袒右肩"的着装法。这些都表明，当时已经出现的宗教信仰与后来出现的婆罗门教、佛教和印度教有着某些内在的联系。后来的吠陀文明、婆罗门教印度教文化，可能并非雅利安的人独创，而是与印度早期土著文化相结合的产物。另外，从目前考古的材料来看，当时对于树木、动物、水、火和太阳的崇拜也很盛行。这些还带有原始痕迹的祭祀与图腾崇拜、自然崇拜意味着早期宗教信仰和宗教文化的延续与发展。萨林斯指出："社会发展的每个阶段都存在象征主义生产的主要来源，它提供了社会关系可以被理解和公开讨论的核心表述方式……在早期文明中，宗教就是这个来源，一旦社会扩张，亲属关系和其他私人关系无法继续提供基本暗喻形式指导对社会关系的思索时，宗教就会提供考虑和改变道德秩序的观念。"①印度河时期的文明说明当时的人们在向文明迈进的时候，已经迫切需要对人与世界的新的理解与规范来保证自己生活。这种新的思想和信仰上的转变必须系统地传递给年青一代，才能确保文明和生活的向前发展，这就必须要借助于教育才能实现。因此我们可以说宗教信仰教育在印度河文明时期人们的生活中已经占据了重要地位。

然而，印度河文明持续了近一千年之后，像玛雅文明一样，突然消失了。已经发掘的遗址中并未发现有大规模的战争或屠杀的痕迹也没有洪水、地震、火山等足以毁灭如此大规模城市的灾难的痕迹。所以，学界关于印度河文明消失的原因的观点分歧很大，目前还缺乏足够的证据和令人信服的观点。不过，印度河文明对以后印度文化及其教育的影响却并没有中断。

第三节　婆罗门教的教育

一、婆罗门教的产生

婆罗门教是印度最古老的宗教之一，也是印度教的古老形式。它的起源至少可以追溯到公元前3000年以后的印度河文明时期。与后来许多的世界性

---

① ［加］布鲁斯·G.崔格尔：《理解早期文明：比较研究》，徐坚译，293页，北京，北京大学出版社，2014。

宗教不同，它没有明确的具体创教人，是由不同的宗教信仰和哲学派别汇合而形成的宗教思想体系。从宗教源头来看，它起源于公元前 2000 年左右的吠陀教。公元前 20 世纪中叶雅利安人由兴都库什山和帕米尔高原进入印度河流域，并和当地的主要土著民族达罗毗荼人进行长期斗争并征服了他们。雅利安人称被征服的达罗毗荼人为"达萨"（Dasa，意即难看的下等人），而把自己称为"雅利安人"（意即高贵的人），这样印度社会就出现了最初的阶层划分，成为印度以后种姓制度的雏形，在当时被称为"瓦尔纳"（Varna）。进入印度后，雅利安人在印度河流域定居并和当地土著民族融合后，逐渐开始过渡到农业社会，并逐步接受和吸收了当地居民的宗教信仰和风俗习惯，并接受了达罗毗荼人所崇拜的大地之母"萨克斯"女神。随着社会分工的进一步细化，阶级的分化和奴隶制的形成和发展，原来的"瓦尔纳"划分更趋详细，由两个等级发展成为四个，即从事祭司职业的婆罗门、以部落军事首领武士为首的刹帝利、从事各种生产活动的平民吠舍，被看作低等人的首陀罗，并将他们与神意相结合，使得社会阶层的分化得以神化。如在《梨俱吠陀》中的《普鲁沙歌》就是这样来描述的：

> 当众神分割普鲁沙（原人）时，
> 将他分成了几块？
> 他的嘴是什么，他的两膊？
> 他的两腿？他的双足叫什么？
> 婆罗门（祭司）是他的嘴，
> 两膊成为罗惹尼亚（王者）；
> 他的两腿就是吠舍（平民），
> 从两足生出首陀罗（劳动者）。[1]

---

[1]　赵国华编写：《印度古代神话》，7 页，北京，知识出版社，1993。

雅利安人进入印度以前原是游牧部落。在他们的氏族公社中，父权占统治地位。宗教信仰主要是崇拜人格化了的自然神和祖灵，实行火祭和苏摩祭。雅利安人认为通过祭祀可以得到神灵的佑护，从而非常重视祭祀活动。少年变成年时须举行入门仪式，才是部落的正式成员。死后实行火葬。在与达罗毗荼人相处的过程中，雅利安人学会了制作神像和修建永久性的祈祷场所，对祭祀的程序和祭司的职责都做了严格的规定。在此过程中产生了吠陀教。它由雅利安游牧部落原来的信仰演化而成，崇拜多神，如天界之天神伐楼拿、太阳神苏利耶，空界之雷神因陀罗、风神伐由，地界之火神阿耆尼、酒神苏摩等。吠陀教发展到后期，出现了向一神教发展的趋势，抽象之神开始出现，如造一切神、祈祷主神、原人等。它这个时候虽然还没有产生灵魂轮回的思想和信仰，但其基本思想和教义将对以后的婆罗门教和印度教的形成产生重要影响。

公元前10世纪中叶，雅利安人又从印度河上游向东推进至朱木那河、恒河流域，史家称这个时期为后吠陀或梵书、奥义书时代。当时，印度次大陆已开始使用铁器，农业有了重大的发展，手工业和商业逐步兴起，并具有较大的规模。经济的发展，加速了社会的分化，过去以血缘为纽带的村社，变成以地域联系的、由若干村社组成的农村公社。这些农村公社是印度最初奴隶制国家的基础，以后逐渐形成并确立了印度的社会等级制度即种姓制度。在宗教方面，为了有效巩固自己的权威，维护祭司的特权与统治，居于统治地位的婆罗门祭司们编写了大量的经典，出现了以"吠陀"（原意为知识、学问）为核心的大量文献。随着大量宗教典籍的编撰与流行，吠陀教获得了高度发展。为了进一步适应社会需要，以《梨俱吠陀》为中心内容的吠陀宗教开始进行重大的革新。这种革新主要表现在以下几个方面：

（一）诸神的变化

进入印度的雅利安人原来盛行多神崇拜，他们崇拜的大都是自然神。神灵包括天、空、地三界。天界有天神或司法神婆楼那，天神特尤斯，方位不同的太阳神苏里亚、莎维德丽、密多罗，晓神乌莎斯；空界有雷神因陀罗（帝释天）、暴风神楼陀罗或摩录多、风神伐由、雨神帕尼耶、水神阿帕斯等；地界有火神阿耆尼、酒神苏摩、地母神波利蒂毗、河神或智慧神婆罗室伐底。此外，还有马神达弟克罗、牛神毗湿奴（遍入天，后在印度教中转化为主神之一）、管理死亡之神阎摩、凶神罗刹、恶神阿修罗（意译非天）、语言神伐尸、无限神阿弟蒂等。到了梨俱吠陀时代，虽然还能看到对伐楼那等诸天神的赞颂，但大多数古代的神祇光辉已经趋向黯淡。梨俱吠陀时代将近结束时出现了明显一神教倾向。特别是从梵书、奥义书中可以看出已有向一神教发展的明显趋向，出现了很多统一的、抽象的神，例如诸神天、造一切神、生主、祈祷主、原人等。

在梵书时代、奥义书时代，吠陀万神殿中的一些神开始成为婆罗门教的主神，从而出现了"三神一体"的梵天、毗湿努和湿婆。梵天是创造之神，有人认为他渊源于《梨俱吠陀》中的祈祷主。祈祷主是地上的祭坛之神，在火祭中起着祭官的作用。《百道梵书》称梵天为"世界之主"，在世界形成之际，他创造诸神，护持天地空三界。森林书也宣称万物从梵天而产生，依梵天而存在，毁灭时又归于梵天。至奥义书时代，印度的思想家们对梵天做了系统的哲学论证。

毗湿奴是护持之神。在《梨俱吠陀》中，他是著名的日神，据说他可以三步跨越天、地、空三界，但其地位在天神伐楼那之下。而到了吠陀时代末期，毗湿奴已经取代了伐楼那的地位，成为各类圣哲和先知们努力的目标。在吠陀经典最后结束前，毗湿奴已经被认为与诸天神是同一神祇。

婆罗门教的又一主神是作为毁灭之神的湿婆，其雏形是吠陀万神殿中的暴风神楼陀罗。在《梨俱吠陀》中他被称为暴风神之父，全身褐色，颈青发结，千眼多手，持弓箭；有善恶二重性格，发怒时用霹雳之矢，损伤人畜草木；

但在人畜受病害时，又以草药治之，使之化险为夷，吉祥如意，成为家畜之主(兽主)或恶魔之主。后来楼陀罗又演化为山区猎人和居民的"万众之主"(群主)，其吉祥慈爱的特性也为人们崇拜，在吠陀后期文献中常将楼陀罗和湿婆并称。公元前6世纪前后出现的法经中称楼陀罗-湿婆为大天神或自在主。

至此，婆罗门教的三大主神梵天、毗湿奴、湿婆全部成形，他们分别代表了宇宙的"创造""护持""毁灭"，成为婆罗门教信仰的主体。

(二)祭祀仪式的发达

雅利安人进入印度次大陆以前，他们崇拜象征光明的火神，但没有偶像崇拜。在印度定居并与达罗毗荼人融合以后，他们发展出了祭祀仪式。在梨俱吠陀时代，人们认为祭祀可以沟通人神之间的交流。到了吠陀后期，祭祀活动的作用被进一步强调，认为祭祀不仅可以沟通人神之间的交流，还可以支配万物，达到自己的一切目的。这样一来，人们的祈求回报就不再是来自天神本身，而是直接来自祭祀活动本身，能否成功全依赖于祭祀方式是否精确。当时《耶柔吠陀》《阿闼婆吠陀》以及各种梵书对祭祀的意义、赞歌、咒术、仪轨、祭官等都有了较系统的规定与说明，而经书又进一步做了发挥并附以烦琐的注解。于是，一套极其繁杂的祭祀仪式就形成了。当时婆罗门祭司们为了自身的利益，故意夸大祭祀的作用，利用这些复杂的祭祀礼仪强调祭祀万能，认为祭祀不仅可以消灾祛病，降魔驱妖，而且可以请神佑护，保证战争胜利、国家昌盛，甚至还可以让祭祀者直接成为神或者众神之王。

婆罗门的祭祀大致可分为家庭祭和天启祭两类。

家庭祭是在家庭中进行的以人事为主的各种仪式，对一个正统的婆罗门来说，一生要举行十二种重要的祭祀仪式，它们是：(1)受胎礼，一般在妇女怀孕后进行；(2)祈男礼，祈求胎儿为男性；(3)分发礼，妇女怀孕三四个月后，将头发分开，祈求母亲和胎儿安泰；(4)出生礼，婴儿出生后，祈求涤除胎前的不净，祝将来健康；(5)命名礼，为出生的婴儿命名；(6)出游礼，婴儿第一次出行；（7）哺养礼，最初吃食物；（8）结发礼，表示已进入童年；（9）剃发礼，表示已成年；（10）入法礼，从师学习吠陀，接受宗教训练；（11）归家礼，学成归家，开始过世俗生活；（12）结婚礼。此外，还有新月祭、祖先祭等定期举行的祭仪。

天启祭是在公共场所、以祭祀天神和各种超自然力量为主的仪式，由婆罗门祭司来主持。根据性质又可分为供养祭和苏摩祭两类。供养祭是以动植物供奉诸神和祖先的祭祀。分七种：（1）置火礼，即在家宅置三种方位不同的"火"（家主火、供养火、祖先祭火）作为公开的仪礼，一般是新婚满月日举行；（2）火祭，此祭的目的和意义较为广泛，在梵书中被认为是祈求牧畜（牛）的繁殖，每天早晚两次，把牛酪及其他供物投入祭火；（3）新满月祭；（4）初穗祭，向神供奉各种新产谷物或果蔬，祈求丰收，每年三次，秋季献米，春季供麦、稗，夏季供竹笋；（5）四月祭，印度古时根据气候将一年分为三季，每满四个月举行一次，祈求农作物茂盛、丰收；（6）兽祭，祈求丰年，排除各种障害，一般在新满月祭中举行；（7）修陀罗摩尼祭，奉祀因陀罗，献祭者各有其目的：婆罗门想获得名声，刹帝利希望取得胜利，吠舍企求财富。苏摩祭是以苏摩酒奉献于神或祖先，名目繁多，凡不属于供养祭的都称为苏摩祭。印度文献中有时称为"七会"。据很多学者的研究，此祭通常有六种：（1）火神赞，对火神阿耆尼的赞颂，为了实现献祭者重大的愿望而举行，对祭官、祭场、祭仪等都有严格的要求；（2）力饮祭，以奉献七杯或更多的苏摩酒而得名，国王刹帝利或婆罗门为了获得更高的权力而举行；（3）即位祭，国王即位时举行；（4）马祭（马祀）①，婆罗门教认为，完成了马祭的国王，就有资

---

① 马祭是婆罗门教最重要的祭祀。在行祭期间，祭官通过一定的仪式选定一匹健壮的牡马，使之在外游荡一年，在马游荡时伴有国王或由国王代表率领的军队，当马闯入其他国家的领土时，就逼使该国降服，否则就用武力征伐；一旦取胜，被打败的国王要作为扈从列入战胜者的行阵，否则要遭耻笑。在胜利者率马回国后，还要由祭官举行盛大仪式，唱吠陀赞歌，将马宰杀，或用其他动物代替作为牺牲，这种祭礼旷日持久，耗资巨大。

格成为"王中之王";(5)人祭①,施祭的目的是企求在马祭中所没有获得的东西,但吠陀文献中也规定可用牲畜、谷物等替代;(6)全祭,婆罗门出家前举行的祭祀,出家者将其全部财产与眷属都奉献于人和神。

(三)婆罗门至上

婆罗门形成的繁杂仪式普通人难以掌握和实行,于是以祭祀为职业的祭司阶层就获得了巨大的发展机会。同时因为当时祭祀对人生和王国事务意义重大,所以掌管祭祀的祭司们的地位也大大提高。婆罗门在梨俱吠陀时代还只是管理祭祀的祭司或祭官,在社会和宗教生活中还没有突出的地位。但到了吠陀后期,就出现了世袭祭司的婆罗门家族。他们自称为吠陀后裔,其地位已有显著的提高,并形成了社会的一个重要的阶层,垄断了一切宗教事务。祭司们通过主持宗教仪式,通常要收取很多的报酬。结果,这些婆罗门不仅社会地位越来越高,也越来越富有,形成了社会上一个特权阶层。他们享有接受布施、豁免赋税、犯重大罪过时可免死等种种特权,并通过种姓制度将自己的特权合法化,全面控制了印度社会的心灵与精神生活。《耶柔吠陀》甚至称婆罗门为"人间的神"。因为垄断宗教祭司活动,他们还垄断了当时的知识,成为当时掌握高深知识的社会阶层。他们既是宗教的指导者,也是当时知识的创造者。通过创造知识、教授吠陀,为自己和别人举行祭祀,接受和施行布施等,婆罗门通过各种手段不断强化自己的纯正血统,提高自己的地位,极力贬低社会其他阶层,形成了"婆罗门至上"的意识和社会现实。

(四)吠陀天启

吠陀用古梵文写成,约成书于公元前 2000 年至 1000 年,最初共有《梨俱

---

① 人祭是以活人作为祭祀供品。很多学者都认为马祭是代替人祭的一种形式,在吠陀文献中屡次提及以人作为牺牲的事实。21 世纪初的考古发掘也证实了这种祭祀仪式的存在。如《白耶柔吠陀》中曾列举可作牺牲的 184 种人,并各有献祭的特定对象,如对阎摩神用石女,对暴风神摩录多(Marut)用农民,对天神用秃头翁,对地神用跛者,对死神(米利多)用猎人,对眠者用盲人,对舞者用诗人,对歌者用职官,对地狱用杀人犯,对黑暗用盗贼等。作牺牲的方式不一,有的可自投于水;有的在礼拜太阳神后永远隐遁山中等。

吠陀》《耶柔吠陀》《娑摩吠陀》《阿闼婆吠陀》四部，流传于印度西北部，内容主要是对神的赞歌、祭词、咒词等。所谓"吠陀天启"，就是把四部吠陀本集以及后来出现的梵书等经典，看作"天神的启示"，要求信徒们绝对遵守服从。《梨俱吠陀》和《娑摩吠陀》中的那些圣诗和赞歌，本来都是古代雅利安人对大自然神秘力量的敬畏感和崇敬感的自然流露。这些赞歌由祭司们口耳相传，一代一代流传下来。掌握和垄断这些赞歌和知识的祭司们，在宗教仪式上把它们当作呼唤神明的工具，并把自己打扮成人、神之间的沟通者。因此，随着祭祀的日趋制度化，祭祀仪式上所用的颂诗、赞歌、祷词、咒语等越来越被人们视为神圣。为了突出自己的地位，掌管祭祀的婆罗门又有意编造各种神话故事，把祭仪中的一切事项都说得神乎其神。他们宣扬吠陀经典是"神的命令"或"神的启示"，经典中的一词一句都代表神的旨意，因此要求信徒绝对忠诚于吠陀经文，从而也忠诚于他们。这种天启观不仅神化了"吠陀经典"，而且神化了婆罗门自己，强化了婆罗门的特权。

随着主神崇拜、祭祀万能、婆罗门至上、吠陀天启四大变化的定型，对后世印度文化产生了重大影响的婆罗门教开始产生并兴起。公元前10世纪中叶，也就是吠陀经典的成熟之际，随着文明的发展和国家的形成，作为意识形态的宗教信仰也需要出现一些相应的调整，于是婆罗门教诞生了。婆罗门教是以吠陀为经典，以梵书、森林书、奥义书来诠释吠陀的产物。

二、婆罗门教的教育

婆罗门教崇拜梵天是万物的根源，称梵天是宇宙的纯粹精神、永恒存在，一切事物仅是它的幻影。人们必须识破和鄙弃尘世的虚幻，获得精神上的解脱，才能和梵天相接。因此，婆罗门教规定那些能够上接梵天的婆罗门教僧侣祭司，属于最高种姓。其次为刹帝利，是军事贵族。婆罗门和刹帝利都是国家的天然统治者。再次是吠舍种姓，仅能从事农工商业。这三个种姓都是再生种姓(即婆罗门教可使他们获得第二次生命)。最低种姓是首陀罗,虽同为雅利安人,却是非再生种姓,只能任贱役。被征服的达罗毗荼人则是奴隶。因而古代印度早期的教育是带有明显阶级性的教育。在教育过程中,婆罗门教的教育居于核心地位,婆罗门享有至高特权。按照婆罗门教的教义,人的最高境界是破除尘俗,获得精神上的解脱,从而与梵天合一。婆罗门教的教育就以此为目标。吠陀被婆罗门教视为梵天智慧的结晶,是浩瀚知识的总汇,是教育的灵魂,因此诵读吠陀经典和受教育是同义语。婆罗门教还视僧侣为圣书的唯一保卫者和宣扬者,因而也是唯一的教师。按照婆罗门教的等级观念,婆罗门种姓应受最优良的教育;刹帝利和吠舍两种姓虽需要学习吠陀,但因他们执行俗务,所习经典内容应当从简,程度应该降低。首陀罗种姓和奴隶是梵天鄙弃的人,因此被剥夺受教育权,识字读经即被视为违反神意,可能会构成死罪。因此,婆罗门教的教育就是以婆罗门教的教义为指导思想,以婆罗门教的经典吠陀为教育内容,以培养婆罗门祭司为目标的神学教育。[①]

婆罗门教主张,人生应该有四大追求——法、利、欲、解脱。法是指宗教道德规范和种姓义务,利是指经济利益和物质财富,欲是指愿望和爱欲,解脱是指灵魂超越轮回并获得最大的自由。为了实现这四大追求,婆罗门教把人的一生分为四个阶段,称为"四行期",即(1)梵行期,从师学习吠陀,接受宗教训练,敬事师长,过苦行生活,一般为12年;(2)家住期,在家过世俗生活,娶妻生子,经营与婆罗门身份不相违背的社会职业,进行家祭并施舍;(3)林栖期,家事既毕,本人或携妻隐居丛林,做种种苦行,亲证梵我,严格奉行祭祀的各种规定;(4)遁世期,弃家云游四方,靠接受施舍为生,把苦乐弃之身外,以期获得最后解脱。在吠陀后期文献中,有的主张把遁世期安排在林栖期之前,也有人认为在梵行期后即可漫游在外,成为行者、

---

① 具体内容可参见中国大百科全书总编辑委员会《教育》编辑委员会、中国大百科全书出版社编辑部编的《中国大百科全书·教育》(北京,中国大百科全书出版社,1985)中关于婆罗门教育的介绍。

头陀或苦行僧，以后，这种制度也为印度教所袭用。婆罗门教的教育与婆罗门对人生阶段的划分紧密相关，在不同的人生阶段有不同的教育要求。不过从受教育的形式上看，可以划分为家庭教育与学校教育两大部分。

（一）婆罗门教的家庭教育

当时婆罗门教的家庭教育基本上可以分为三大类：家长的教育、宗教导师的教育和吠陀仙人的教育。

在早期吠陀时代，印度河和恒河流域的氏族社会解体，农村公社（又称村社）成为自足经济的组织单位。在这种组织下，家庭都实行家长制，教育子女属于父权范围。根据史料记载，吠陀时代的婆罗门非常重视家庭教育，婆罗门子女必须"学习和理解吠陀，从事虔敬的忏悔，探索有关法律和哲学的神圣知识，尊敬自然的父亲（即生父）和精神的父亲（特指婆罗门阶层），乃是首要的职责，尽到这些职责，便可获致无限的幸福"①。因为家庭教育的目的是培养将来的新一代婆罗门，因而家庭教育的主要任务就是教孩子背诵吠陀。因为吠陀是圣书，所以只许口授不许抄写，而且吠陀是用古典的梵文写成的，所以不容易理解，更不容易诵读，父亲便每日带领孩子一句句地诵记，使之达到纯熟程度。这样的学习，不但十分困难，而且十分枯燥无味。按照规定，婆罗门须把四部吠陀习完，才能充任僧侣。由于每部吠陀须学习 10—12 年，全部习完须 40 年，故实际上只能要求学习一部分而已。对刹帝利和吠舍的要求更低，因为他们须把时间用于学习实用知识，去承担世俗任务。除了学习经典之外，婆罗门的儿童在此阶段也接受日常生活规范的教育："儿童三岁或五岁，经过剃度礼，开始家庭教育，养成规则的日常生活习惯，如早起的习惯，清洁特别是眼睛和牙齿清洁的习惯。"②

婆罗门的家庭教育除了孩子的父亲对孩子在自己家中举行教育外，还包

---

① 滕大春主编：《外国教育通史》第 1 卷，81 页，济南，山东教育出版社，1989。

② 马骥雄：《古代印度的教育》，载《杭州大学学报（哲学社会科学版）》，1985(2)。

括在自己所选择的导师家里接受的教育。一般而言，婆罗门的儿童在梵行期都必须举行入法礼①，即为儿童选择宗教导师，跟随其学习吠陀，接受宗教训练。不同的种姓儿童举行入法礼的时间是不同的。《摩奴法论》明确规定：婆罗门的入法礼不得晚于 16 岁，刹帝利的不得晚于 22 岁，吠舍的不得晚于 24 岁。逾此期限，未按时接受此圣礼的这三者便丧失接受入教礼的资格，而成为"弗罗提雅"（vrātya），受贵人的鄙视。② 但对于要精通吠陀的婆罗门子弟来说，一般 5 岁时就举行入法礼。经过入法礼之后，这个孩子要离开自己的家，住到导师家中，接受正规的宗教训练。这些学生吃住都在导师家中，在与外界封闭的条件下过禁欲独身的生活。"梵行期"的教育一般要经过 12 年左右。③ 根据文献记载，吠陀时代的入法礼（又称入教礼、入师礼）仪式要持续三天。在这三天里，老师从精神上孕育着学生，教师之于学生就像母亲十月怀胎，在精神上孕育着学生的新灵魂，迎接学生的第二次出生。每个学生必须为自己起一个新的学名，这个名字要源自家族神明、祖先或某个星座，以示他在精神上的重生，以进入更高的生命阶段。④ 在所有的准备结束之后，全家人要肃立聆听老师对学生吟诵的吠陀中的娑毗陀利（savitri）的赞歌。赞歌是对太阳神的礼赞，因为太阳是一切智慧的源泉，是真理的所在。赞歌之后，老师将学生的上衣脱去，把等长的三条圣带打上五个结，把圣带搭在学生的

---

① 根据马骥雄先生的介绍，入法礼仪式从男孩与母亲共一个盘子吃早餐开始。然后是剃度，剃去须发，以示出家接受戒条。接着是沐浴。男孩身披一块布，用表示三吠陀的三根带子编成的腰带紧紧系着。他的上半身覆盖以鹿皮这种神传的先兆之物。然后，男孩被引到圣火那儿。还向其他的神如夜摩天（佛教六欲天之一）和婆维德利（太阳）做祷告。这些完毕之后，这个新加入者站在一块石头上，以示决心坚如磐石，始终不移，这是成功地完成他的修业的保证。然后，他即走近奉因陀罗和阿者尼等神之命接受他为学生的教师，教师叫作古儒（亦译"古卢"），意即明师。教师祝福他，并传给他对太阳的祷告，即以组成韵律著名的盖衍特利。学生手持一根棍，这是旅行者的象征。净行期生活的特征是简朴、纯洁、苦行。他必须衣着简单，饮食淡泊，睡在地上，独居。见马骥雄：《古代印度的教育》，载《杭州大学学报（哲学社会科学版）》，1985(2)。供参考。

② 《摩奴法论》，蒋忠新译，18~19 页，北京，中国社会科学出版社，1986。

③ 朱明忠：《印度教》，239~240 页，福州，海峡出版发行集团、福建教育出版社，2013。

④ 郁龙余等：《印度文化论》，228 页，重庆，重庆出版社，2008。

左肩上，然后在右肋下结好。最后，老师对着学生说："从今天开始，你就是一个梵志生了。"老师会为学生祈求神灵赐福并祝福学生。他自己也要祝福自己，愿因学生而光荣神圣。学生在严肃而神圣的宗教氛围中，与老师的关系得到神圣化的确定。在辞别家人之后，他将住在老师家中，开始清贫、克制、服务和谦卑的学习生涯。①《摩奴法论》也说："从接受过入教礼开始，到回家礼为止，再生人应该烧火、乞食、睡在地上和做有益于师父的事情。（2.108）"②在宗教导师家中的学习内容最初仅有吠陀，以后又增加了解释吠陀和祭祀的原理及哲理的梵书、森林书和奥义书。到了后期，由于科学的发展，为建筑祭坛、祭场，学生的学习内容还增加了几何学、代数学；为选择吉祥祭期还增加了星占术和天文学；为正确诵读和理解吠陀，发展出来了语音学、韵律学、文法学、词源学。同时还要讲授军事、武术、瑜伽、音乐、美术、诗歌、因明、哲学等知识。

吠陀仙人的教育也是婆罗门家庭教育的重要组成部分。所谓"仙人"，在最早的吠陀本集中，是指吠陀颂歌的作者，一般都是部落的祭司。吠陀仙人作为家庭教育的教师，与他们自身职业的特殊性是紧密相关的。因为对吠陀占有的先天优势，他们编撰的吠陀文本早期都被视为家族的特有财产。因而，这些仙人们只将吠陀文本中的知识手把手传授给自家的儿子。后来这些仙人的家族及其后人转化为婆罗门祭司，在家中除了教育自家的子弟之外，也招收将来要成为婆罗门的学生到自己家里，给他们教授自己所占有的那部分吠陀文献。

随着社会种姓制度的不断强化，婆罗门阶层越来越强调自己的神圣权威，吠陀不仅被传说是神圣的天启圣典，而且吠陀梵语本身也是神的语言，故不允许抄写，全凭学生一句一句口耳相传。吠陀经典的庞大数量和梵文自身的

① 郁龙余等：《印度文化论》，229~230页，重庆，重庆出版社，2008。
② 《摩奴法论》，蒋忠新译，26页，北京，中国社会科学出版社，1986。

艰深晦涩，让婆罗门的家庭教育变成了对学生痛苦折磨的一个过程。学生在此过程中不仅学习吠陀十分困难，而且周期极长，一般需 10 年左右才能学完一部吠陀。这就使得学生的厌学情绪比较突出。因而家庭教师只能采用体罚与诱惑相结合的办法来维持学生的学习。一方面，在教育教学过程中，一般都是教师背诵一句，学生跟着背诵一句。如果学生背错了，就会遭到教师的责打，不是扇耳光就是用棍棒；另一方面，则极力宣传学习吠陀的重要性和有用性，并将学习吠陀用法律的形式做出明确规定，强制学生必须学习。如在《摩奴法论》中就明确规定："谁如实地用吠陀灌满一个人的耳朵，谁就应该被视为父母，那个人绝对不可得罪他。（2.144）""谁未经许可就从正在诵吠陀的人那里学得吠陀，谁就犯有偷盗吠陀的罪恶，并且必将下地狱。（2.116）"①在这样的背景之下，不仅学生的学习内容被神化、教师被神化，家庭教育也被神化了，婆罗门的"教育被赋予极为神秘的色彩"②。

在古印度的漫长岁月中，家庭是唯一教育场所，婆罗门的家庭教育对于婆罗门教的发展与巩固发挥了积极作用，所以直到奥义书时代出现学校后，家庭依然是婆罗门教重要的教育场所。

(二)婆罗门教的学校教育

公元前 8 世纪以后，印度人在建筑神坛、寺庙中掌握了几何学、代数学知识，为确定准确的祭期掌握了天文学知识，为正确诵读和解释吠陀产生了文法学、发音学、音韵学、逻辑学和哲学。学校为适应时势，要求学生学习发音学、音韵学、语法学、字源学、天文学和祭祀，作为学习吠陀经典的基础，这些知识被称为"六科"。与此同时，婆罗门教强调"祭祀万能"，烦琐复杂的祭祀如果出现一点差错，全部祭祀不但无效，而且可能招致灾祸。这就对教育提出了很高的要求。而一般人很难掌握这一整套繁杂的祭祀程式。只

---

① 《摩奴法论》，蒋忠新译，29、27 页，北京，中国社会科学出版社，1986。
② 郁龙余等：《印度文化论》，223 页，重庆，重庆出版社，2008。

有世袭的婆罗门阶层才能精通并解释这一套固定仪式。由此，传统的诵记经典的家庭教育再也不能满足社会的需要，加之科学知识的发展、宗教祭祀的需要，古印度最早的学校教育应运而生。这些学校中与婆罗门教紧密相关的主要有吠陀学校、古儒学校和大学。学校产生以后婆罗门的教育期限就分成了三段，即7岁以前在家庭里受教育，8到16岁在学校学习，以后便在高深的学府深造。

吠陀学校，也叫僧侣训练学校，起初仅招收婆罗门入学。到公元前500年左右，刹帝利和吠舍也可以入学，但教师只能由婆罗门担任。这类学校最初只培养婆罗门祭司，后来扩大生源后才将教育目标扩大为培养神职人员、官吏以及皇家建筑人员和医务人员。吠陀学校有着严格的教学计划安排和教学任务要求，一般的学习年限为12年。学校实行学期制。新学期一般从8月份开始，到第二年的2月份结束，学习期为6个月。学习内容除了"六科"以外，还有体育、军事科学、医学、政治等。教学方法主要包括记诵、演示、复述、记忆、讨论和争论、实习等。

古儒学校是由"古儒"所创办的私立经义学校，也被称为阿什拉姆（ashram，也译作"阿什仑"）。所谓"古儒"（curu），就是笃信婆罗门教教义而且能够讲述吠陀经典的知识分子。最初，他们周游各地，教导青年，被视为神圣的经典传播者，很受社会尊重。后来则定居家中授徒。学校出现以后，他们也以自己的专长设校办学，成为专门的教师，而"古儒"也成为古代印度教师的代名词。"古儒"的产生与奥义书的出现有密切关系。"奥义书"一词本来是指秘密的或有限的教义，它要由并且也只能由古儒向高级弟子真传。后来，这一词具有了教义汇编成集的意思。因此，"奥义书"这一名称本身就清楚地表明吠陀及奥义书文学被视为启示知识，因而只能由一个大师向证明自己配接受这种文学的学生进行口头传授。另外，作为一部重要的教科书，奥义书重哲理，思辨性强，没有教师的讲解与引导，一般人根本无法理解，于是便产生了专门研究经义而又从事教育的专门人员，这就是最初的"古儒"。他们居家开办的学校被称为"古儒学校"，入学年龄一般在7—8岁，但也有5岁入学的，学习年限不定。其特点是寄宿在教师家里所办的学校，通过教师言传身教培养学生的道德，依靠严格的法规戒律强化学生的意志。

课程设置除吠陀经典以外，还有历史、文法、祭礼规则、数学、预兆学、时间学、因明学、伦理学、字源学、发音学、礼仪学、诗学、灵魂学、武器学、天文学、美术等。其中以语音学、韵律学、文法学、字源学、天文学和祭礼所组成的"六科"最受重视，它们被作为学习吠陀经典的基础而加以严格训练。此外，古儒学校还特别重视对学生的思想品德教育和人生教育，教给学生正确的价值观和人生观，使学生能够明辨是非，并养成对学问和文化的尊敬感，使他们能够在肩负起对家庭、社会和祖先责任的同时，更要承担起经典传承和文化继承的重要责任，其实说穿了就是要学生认真掌握吠陀经典的精神，让自己成为一名优秀的神职人员，从而有效捍卫和保持婆罗门教的权威地位和婆罗门祭司的特权地位。因此，可以说作为一所神学学校，古儒学校的全部学科和教学都渗透着婆罗门教的种姓要求与神学精神。

阿什拉姆的教育传承了过去家庭教育的传统，依然带有浓厚的家庭教育的气息。学生入学前必须经过隆重的仪式，然后还要经过古儒同意，才能被接受为学生。只有品德优良的学生才能学习《吠陀经》。在仪式中，学生须立定誓愿，表示忠贞，还要承诺看守圣炉和行乞之类的义务。履行上述程序后，学生就搬到古儒家中，通常学习12年。在学习过程中，师生同饮食，共生活。阿什拉姆的清规戒律相当严格，学生须定时沐浴，虔诚祈祷，衣装朴素，削发独身，在地板上睡眠，进行艰苦生活的磨炼；此外，古儒学校对学生的卫生、宗教、举止、言行方面也都有严格的要求，禁止学生食蜜、食肉、饮酒、赌博、乘车、穿鞋、白天睡觉、贪财、发怒、恋爱、玩弄乐器、跳舞、诽谤、恐吓、吐痰、狂笑、打哈欠、伤害动物、凝视和接触妇女等。除了这些道德行为规范之外，学生还须到各地行乞，借以习惯于过艰苦生活。乞讨所得之物要交给教师，不能够留为己有。学生必须严师生之礼和唯师之命是从，师礼不周意味着学意不诚，就会被开除。此外，古儒学校还特别重视对学生的道德教育和意志锻炼。

高等学校主要分布在一些大城市里，当时较有影响的有托克席拉、班拿尔斯、那地亚、萨罗蒂等。早期并没有高等学校存在，而是只有一些高等学术研究中心。这些学术研究中心由相关思想学派的创立者，称库拉巴蒂，来主持负责。因为主持者的巨大学术影响力，这些中心集中大批婆罗门神职人员和学者，他们有的设坛讲学，有的著书立说，有的共同研究。随着影响力的逐步扩大，这些学术中心慢慢演变成了高等学府。其中规模最大、最负名望的是印度东部的婆罗门寺院和萨马那寺院。在这些高等学府中，许多著名的学者也是非常有名的教师，都以自己的专长培养了大批优秀的学生。当时的贝拿勒斯就是修习婆罗门教教义和梵文的重地。进这种高等学府学习，学生需要缴费，但会视学生经济情况而定，交付 500 到 1000 卡哈帕纳（古代印度币名）。清寒学生还可以帮助教师做家务来代替。另一个有名的高等学术中心就是帕利沙德。它是婆罗门学者们集会的地方，由国王召集，邀请全国各个思想学派的有代表性的思想家参加，对婆罗门宗教和学术有关的一切要点做出决定。帕利沙德明确规定其成员必须要有吠陀及吠陀支方面的专家，而这些专家大半都是教师，从而吸引了很多学生来到该中心修业学习。公元前 600 年以后各地的文化中心进一步发展形成大学。塔克撒西拉大学历数百年之久，最为显赫。它曾吸引全印度诸多有志青年。学校注重宗教、哲学、逻辑、文学、数学、天文、医学等多种学科。公元 6 世纪以后大学所学学科和内容越来越多，随之分设了森林学校、语法学校、法律学校、天文学校、逻辑学校、哲学学校等。据《摩诃婆罗多》的记载，与婆罗门教教育相关的高等教育机构还有祷告和礼拜大会堂、吠陀学校等。

按古印度的传统，只有婆罗门教的祭司才有权教授《吠陀经》。因而婆罗门教对培养未来祭司的教师有着非常严格的要求。不仅在品德行为上要严格符合宗教圣典的要求，即要求教师要态度温和而心地纯良，使人乐于亲近而非望而生畏，在相关法规上也明确规定教师应有学养、忠贞、和善、言语清晰、以身作则、信仰坚定，并且安于行乞而乐于以知识启迪后生。而且在其担任教师之前，还必须接受专门的考验，通过考验才能被考虑担任教职。除了品德要求之外，作为婆罗门子弟的教师，也必须精通所授的学业，要善于引导学生服从规则。有学者指出："有的教育史家把他们比作亚述、巴比伦和埃及的书写家，希伯来的拉比，希腊的辩士，都是古代充当师职的知识分子阶层，是很恰当的。"[①]其实，古印度的古儒的地位要比其他国家的教师们地位高多了，因为宗教信仰和种姓制度的缘故，当时印度的古儒全是婆罗门种姓的人，而且他们一个个都是饱学之士，可以说是相关领域内的学科大家，这是书吏之类的人所无法比拟的。希伯来人的拉比在社会上有崇高的威望，但缺乏像印度古儒一样的宗教权威。由此看来，古代印度的古儒，也许是当时世界上地位最高的教师。因为地位高而且责任神圣，所以古儒标榜自己不收费用，因为吠陀是圣书，传授圣书是神职，为神效劳是不索报偿的清高事业。但实际上，学生家长常给古儒以丰厚的赠礼，学生毕业后对教师赠礼也是常事。阿什拉姆还常由人们赠以田地，由学生代为耕种。这使得印度的古儒在经济生活上颇为富足，因而更能专心投入学术钻研和教学工作之中，进一步扩大了其社会影响和威望。由于古儒学问深厚、品德高尚、教学有方，所以吸引了大批的学生从各地赶来学习，以至于人数众多而使古儒无法充分照顾，于是当时的古儒学校开设了助教一职，协助古儒举行教学，处理各种教学事务。

古代印度学校的教学主要方式是领读记诵，由教师口头传授《吠陀经》的

---

① 滕大春主编：《外国教育通史》第 1 卷，71 页，济南，山东教育出版社，1989。

语句，但不加说明解释，学生只是机械背诵，而且必须记忆十分纯熟，不许有误。后来虽然有了书写要求，但鉴于吠陀经典的神圣性，教学仍然以口耳传习为重要方法。因为《吠陀经》是梵文作品，而且篇幅很长，所以学生学习起来困难很多，任务繁重，这使得学生很少有机会能够独立思考。虽然在教学过程中教师有时也鼓励学生提问，但因为不准怀疑吠陀的意义，所以教学并不是启发学生智慧而依然死记硬背，从而导致学生对学习其实是兴致不高的，需要极高的意志努力才能集中精神进行学习。

在学校教育中，婆罗门教还特别注重自我修行。一般采用训练心灵的方法，祈祷、打坐、克己、修行等被视为进德的途径，认为它们可以制服欲望和潜心修养。奥义书还明确指出，梵或我（大我）是世间事物的根本，人只有真正体悟了梵才能摆脱生死轮回的痛苦，而对梵的体悟在很大程度上要依赖瑜伽或冥想，因为人所以陷入生死轮回，是由于有业力，业力来自人追求世间事物的行为，人们总以为外部事物有其实在性，不了解自己的生命及事物在本质上就是梵，独立于梵之外的事物不存在。瑜伽或冥想被认为是人摆脱有关外部事物的杂念、体悟最高实在的有效方法，因而这类成分在奥义书中受到高度关注，并成为修行的重要组成部分。《慈氏奥义书》中还对瑜伽做了具体分类，认为瑜伽有六种，即调息、制感、静虑、执持、观慧、三昧。此外，学校里还强调师严而道尊，要求学生须终身对教师保持尊敬。教师拥有对学生的惩戒权，教典上和法律上都允许教师以竹棍和绳索打罚学生，因而学校里进行体罚是常用的手段。"不过，教师们逐渐理解对于十六岁以上的学生，体罚效果不佳，因为这种办法虽可制止恶行而无助于内心改悔。因而在法规上说：'良好的教学必须不给学生带来任何不愉快的感觉，而尊重品德的教师必须应用甜美而仁慈的语言。假如儿童犯了过失，教师可以用严格的话语警戒他，并且要威吓道：如果再犯，便该挨拳打；而且假如在寒冬犯了过失，教师就将把他插在冷水之中。'可见当时的教师已约略知道恩威并济而有所改进了。"①

第四节　婆罗门教的教育思想②

婆罗门教是印度正统的宗教派别，在印度居于一种全民宗教的地位。它不仅是一种宗教信仰体系，更是一种社会组织制度。婆罗门教的源头主要是由欧亚大陆迁移至印度次大陆的雅利安人神话信仰系统，这一信仰系统与古希腊罗马、古波斯神话信仰有着非常密切的亲缘关系。据学者考证，雅利安人曾经历过印度-欧洲共住与印度-伊朗共住两个时代。《梨俱吠陀》中的神系与欧洲神系同源，说明在远古曾有过一个印欧共住时期；而吠陀神系与琐罗亚斯德神系之间惊人的接近与其间微妙的差异，大约说明了印度与波斯雅利安人由共住而分裂的原因，印度雅利安人由古波斯向南亚次大陆的迁移大概就起因于雅利安人内部神系的分裂。然而，婆罗门教并非纯粹的雅利安人宗教。如果说雅利安文明是婆罗门教主流的话，那么，古老的印度河文明则构成婆罗门教生长中绵延不断的暗流。印度本土原住民达卢毗荼人（Dravida）、科罗利耶人（Kalaria）的文明与信仰都影响了婆罗门教的产生，同时也在雅利安文明的影响下得到发扬。实际上，后世印度教的产生就是婆罗门教中本土因素的复兴。早期婆罗门教的历史发展经过了萌芽、成熟与发展几个时期。其中，吠陀时代是婆罗门教的萌芽时期，梵书时代是成熟时期，奥义书与经书时代是发展时期。此后，就进入了学派时代，婆罗门教内部诸学派自由的哲学探讨取代了神学的论证与烦琐的祭祀规范，以佛教为代表的沙门思潮也应运而生。根据德国印度学者多伊森（Deussen）的区分，印度早期婆罗门思想

---

① 滕大春主编：《外国教育通史》第 1 卷，72 页，济南，山东教育出版社，1989。

② 本节内容为张志强所撰。

经过了神话、神学与哲学三个阶段。吠陀时代是神话时代，梵书时代是神学时代，奥义书时代则是哲学时代。实际上，每一个阶段都蕴含了这样三种倾向，只是侧重点不同而已。在不同时代思想体现的精神内容上，婆罗门教思想经历了由祭祀主义、苦行主义向瑜伽主义、出世主义的演变，宗教气质由因循旧俗的、以祭祀邀神宠的、求现世之福庇的传世宗教，逐渐演变为苦行以砺意志、修行以积资粮的、求来世果报的解脱宗教，进而将传世宗教完全改造为自觉创造之理性宗教。此即由婆罗门教发展至以佛教为代表的沙门思潮的精神史的线索。下文我们就以吠陀时代、梵书时代、奥义书与经书时代的划分来研讨婆罗门教的宗教思想内涵，把握其中精神发展的线索，并寻绎其中的教育思想因素。婆罗门教是印度教育思想的主流。印度的教育实际，无论教育制度、教学科目，还是教育理想、教育方针与教学方法，都与婆罗门教有着内容与形式上的关系。不同时期的婆罗门教思想具有不同的教育思想特征，也影响着不同的教育实际的形式和内容。因此，从不同时期婆罗门教思想中的神话、神学与哲学成分来勾勒不同时期的婆罗门教思想的精神气质，并从对这一精神风貌的把握中理解其教育思想的特征及其教育实际的形态，是本节的一个基本思路。

一、吠陀时代的教育思想

吠陀是婆罗门教的圣典，主要是赞神的颂歌和祭祀祈祷文。吠陀原意为知识，在汉译佛经中有韦陀、皮陀等音译，又有智论、明论等意译。婆罗门教把吠陀视为古圣人受神之启示而诵出的天启经典，是神之智慧的显现。吠陀名义上有广义与狭义两种所指，狭义上指四部吠陀本集，即《梨俱吠陀》《沙摩吠陀》《耶柔吠陀》《阿闼婆吠陀》四部；广义吠陀则包括本集，以及对本集的注释之梵书，涉及秘密教义的奥义书，详细规定生活与祭祀仪轨的经书等。四部吠陀本集形成于不同年代，而且在内容上也有本末之别，但在祭祀形式与祭官制度上，四部圣典之间有着紧密的联系。古代印度有四种祭官，请神之官名劝请者，赞神德之官名咏歌者，供养神之官名祭供者，司祈祷之官名祈祷者。其中，劝请者是统领祭祀全体之官。《梨俱吠陀》即是劝请者所用，是其中最古老的本集，大约形成于公元前 1500 年，为印度雅利安人居住于五河流域时天然歌咏之诗篇，由 1028 首诗篇组成，共有 10552 颂，集成 10 卷。《沙摩吠陀》是把《梨俱吠陀》中的诗篇配上曲调而用来歌咏的本集，共有 1549 首，大多见于《梨俱吠陀》，是咏歌者所用的经典。《耶柔吠陀》为祭供者所用之典，其中大多为《梨俱吠陀》中未有之祭词，与《梨俱吠陀》有很大不同。该圣典大约形成于公元前 1000 年。

广义的吠陀包括梵书、奥义书、经书等。各吠陀都有自己的本集、梵书（含奥义书）、经书三个部分。梵书是从神学上解释本集中祭祀的礼仪以及相关理论的经典，一般由散文构成。经书是从制度上说明祭祀实行的种种规定，以及与吠陀宗教相关的社会生活方面的种种法规。奥义书是吠陀终极之义，即吠檀多，属于吠陀"极意"的内容，为从意义上探讨吠陀奥秘的典籍。奥义书与经书都是由梵书的组织中演化而来的。梵书由仪轨、释义与极意（吠檀多）组成，仪轨即经书的内容，极意是奥义书的内容。这一次序与婆罗门教学次序有关。教师最初教弟子狭义的梵书，授以祭仪的行法，次教以与此祭仪相关的意义，然后再教以吠檀多，使其明了吠檀多哲学之奥义。这样一个循序渐进的次序也说明了从梵书到奥义书的形成顺序。梵书形成于公元前1000—前 700 年，基本上与耶柔吠陀形成于同时；古奥义书形成于公元前700—前 500 年。与梨俱吠陀时代相比，梵书时代是婆罗门教的形成时代。这时的婆罗门教信仰已经脱离了梨俱吠陀时代的神话色彩，而组织成为祭祀万能的、婆罗门至上的、吠陀天启的宗教，并依据宗教神学的解释而形成以四种姓制度为主的社会制度和习俗法规。

由奥义书终期所发端的学派时代，实际上早已蕴蓄在奥义书当中。婆罗门教由于教条化、烦琐化的倾向而出现分裂迹象，自由探讨宇宙人生的沙门思想家大批涌现。婆罗门教内部相应地出现了自由与保守的两种倾向：代表自由倾向的是婆罗门教的六派哲学；代表保守倾向的是以稳定婆罗门教传统秩序为目的的，对种种社会生活法规和祭祀仪轨做出详细规定的经书，《摩奴法典》是其中专门对社会生活进行规范化的《法经》中的一种。佛教，作为这个时代一个重大的精神成果，就形成于此时。

(一)《梨俱吠陀》中的教育思想

《梨俱吠陀》思想内容中，最重要的是它的神话观念。除此之外，《梨俱吠陀》实际上已经包含从祭祀的意义上对神话进行解释的内容，这可以看作梵书神学样式的原型；而且在《梨俱吠陀》最后一卷中，出现了几首探讨宇宙起源的具有哲学意涵的诗篇，这些又成为梵书与奥义书哲学内容的延伸。由此可见，作为神话时代的代表，《梨俱吠陀》中已经包含后世思想发展的因素和萌芽。因此，我们在探究吠陀，尤其是《梨俱吠陀》思想内涵时，就应该从其神话观念、神学解释与哲学倾向入手来深入分析。

1. 神话观

神话是人类初民对宇宙自然与人生现象的思考，是其认识水平、精神状况和生活环境的投射，是原始的宗教和哲学。因此，神话的内容主要是对自然和生命现象的神秘解释，这些解释反映了他们的情感和想象。神话主要是从人的角度对超人能力的想象和描摹，因此，神话中的诸神都具有人格形象，而早期神话的神化对象往往是自然现象。《梨俱吠陀》中的诸神基本上是对自然现象的神格化，如雷神因陀罗、火神阿耆尼、晓神乌莎等，均为自然现象的神格化。在自然神格之外还有一些属于低级崇拜的神格，如魔鬼、庶物等下层信仰的神祇，在《梨俱吠陀》中亦有萌芽，而在《阿闼婆吠陀》中逐渐成形。此外，还有一些以英雄人物之事迹转化而来的人文神话。诸多神话当中，于吠陀神话发展的晚期亦出现了抽象神格，这说明了当时人们精神水平的提高。

吠陀神话的诸多神格之中，并没有出现一个统率诸神的最高神，从客观上看是一种多神教，而就信仰者的情感状态来看则选择其中一神为信仰对象，这即是单一神教，又名交互神教(马克斯·缪勒语)。诸神之间的关系可以根据天、空、地三界来区分类属，也可以根据吠陀中出现的次数来区分其神级的高低，但并没有一种确定的标准。

关于吠陀诸神与众生的关系，一般而言，诸神与人类之间有一些亲属朋友式的关系。人神之间可以交通，人可以为神，神亦可以降为人，这表明人是具有神性的，而神亦似人。因此，人神之间可以交通的信仰就构成吠陀神话的一个重要特点。

人神之间交通的方法和渠道，主要有两种，一是祭典，二是咒法。祭典主要是与高级神之间的交通方式，而咒法则是与低级神的交通方式。在《梨俱吠陀》中，祭祀是主要的人神交通方式。吠陀神话中的人神关系完全是一种功利的交换关系。他们认为神虽是具有超人能力的存在，但在性格上与人并无不同，故需要以祈祷诉求和供物牺牲来讨神之欢心，以邀神之恩宠，庇佑现世之福荫。这就是祭祀存在的心理和情感前提。因此，举行祭祀典礼、祈祷献祭于神就成为吠陀宗教的核心关怀，吠陀文献中对神之赞歌亦全为祭祀而唱颂之歌咏。吠陀时代的祭祀还未完全制度化，一般在家庭中进行，许多仪礼的细则还未分化。日常简单的祭祀仪礼由家长负责执行，复杂的祭礼则由家长聘请祭官来执行。梨俱吠陀时代，祭官制度已经分化成熟，劝请者、咏歌者、行祭者、祈祷者四祭官的名目与职能已经确定。祭官于祭祀时所诵之诗句，原本并无一定，是随时而做的，后来逐渐形成固定的内容，这就是《梨俱吠陀》本集。

由于祭官制度的形成，祭祀的权力逐渐转由专门人才来实行。相传，吠陀由七圣人及其同族之人所传，这些人被视为神与人之间的交通媒介而受人尊敬。此七圣及其同族便是专门传习吠陀的天才系统，从这些系统中就产生出世袭的传诵吠陀的专门家庭。他们逐渐垄断祭祀权，形成一个以宗教为业的阶层，此即婆罗门种姓乃至整个种姓制度的起源。祭祀权的逐渐专门化，与祭祀仪礼和祭祀赞歌的固定化一同形成，具有固定内容的《梨俱吠陀》与统一的祭礼同时出现。这一过程实际上也是垄断吠陀知识和祭祀知识教学权力的过程。教授和学习吠陀知识逐渐成为婆罗门的义务和权利，其他人则无机会也无权利接触吠陀。最低种姓的人民根本无权接触吠陀，也就是无权接受文化知识的教育，其他种姓的人则必须经过婆罗门才能接触吠陀。"如果谁没有得到其教师(婆罗门)的许可，而能通晓吠陀，那是做了窃盗的行为，要遭受地狱之灾。"[1]婆罗门种姓对文化知识和教育的垄断，于此可见一斑。这样由吠陀中对神人之间交通的信仰便引申出关于人神媒介的圣人的信仰，由圣人的信仰进而推演出祭官制度和吠陀知识的垄断。这可以说是吠陀神话观念对印度教育思想和教育实际的一种深远影响的表现。专门家族垄断的吠陀知识采取心口相传的方式来传授和学习，由于吠陀天启的性质，所以对吠陀知识的教学主要是以保存为主的记忆，而不是以理解为主的意义传达。

在吠陀祭祀中，由于祭祀种类繁多，其中许多祭祀涉及大量关于祭祀对象的知识。以新月满月祭为例，它需要具备一定的天文知识，于是附庸于吠陀而出现了对于具体现象的知识探讨，这就是在梵书时代以后形成的吠陀支分的前身。从这些吠陀支分知识与吠陀的关系来看，当时人们认为一切知识都得自吠陀天启，因此，探讨这些知识的学科是作为吠陀的附庸而传世的。这些吠陀支分的萌芽中已经含有了后世世俗教育的许多因素，对后世的教育实践和教育思想都产生了重要影响。

2. 哲学观

婆罗门教中哲学思想的萌芽是从《梨俱吠陀》中几首具有哲学意味的诗篇

---

① [苏]哥兰塔、加业林:《世界教育学史》，柏嘉译，14 页，上海，作家书屋，1951。

开端的。《梨俱吠陀》形成的晚期，出现了抽象神的信仰。这些抽象神主要是一些立于自然神之上的关于宇宙原理而做的抽象的命名。这些诗篇中以生主、原人等神名来指称宇宙创造的原理，将它们视作统一宇宙万物的基础。这样，吠陀诗篇就有了由单一神论向一神论演变的趋势。

表述宇宙创造原理的诗篇在《梨俱吠陀》中主要是几篇创造赞歌。这些诗篇表达了一些共同的思想倾向，例如，宇宙具有统一之原理，万物皆始自此一原理的开展。宇宙原理虽变化开展出万物，却并不因这种创造活动而对自身有所改变，它虽动而能生万物，但自体不变不动。诗篇中关于宇宙统一性的理解、宇宙原理与万物之间的生殖关系类型的能生所生样式，以及本体与现象之间动与不动的辩证统一等思想，成为印度哲学思想中关于宇宙本体论一元论解释的根源。

《梨俱吠陀》中的《无有歌》共有七颂，主要探究宇宙终极实在及其与万有之间的生成关系。诗歌设想宇宙终极实在为非无非有、不生不死的"太一"（tadekem，又译唯一物、彼之一、那一个等），作为无无之境的终极实在。这已经脱去了神话色彩，而具有了思辨的意味。"太一"，与希腊创造神话中混沌状态（chaos）相当，亦称为无光的波动界。颂歌云："太一由于自身的力量呼吸而无气息，此外没有其他的东西存在。"[1]"那太一为虚空所掩，由于自身的热力而产生出来。""此后最初的爱欲在太一中显现出来，它是产生思想最早的种子。"[2]为虚空所包之"太一"，依于"热力"（tapas，即苦行）而开展出自身，爱欲（kama，即业）于其中显现出来，成为思想（manas，即心识）的种子（retas）。种子便是有与无之间的锁链。颂歌又云："圣人们用智慧在心中探索，找出'有'生于'无'之间的联系。"[3]圣人们的探索便是依于种子而内省于

---

[1]　黄心川：《印度哲学史》，43页，北京，商务印书馆，1989。

[2]　同上书，44页。

[3]　同上书，45页。

心，最终达到对终极实在的洞察。这首《无有歌》已经呈现出印度哲学传统中一些重要的思想萌芽。如上文中提到的以爱欲（业）为宇宙开展的动力源，并把这一动力源视作心识种子联系有与无等，成为后世大乘唯识学的思想根源。在这首颂歌中，最能表明《梨俱吠陀》末叶精神发展状况的是关于"tapas"的观念已经成熟。"tapas"在这首诗中指"热力"，是开展出爱欲（业）的根源，成为宇宙生成的原因。这个词后来具有了"苦行"的意义，在一定意义上，苦行就是通过对爱欲的控制以达到止灭热力——生命力——目的的工具，实际上也是一种洞察宇宙真实的手段，更是伦理思想的萌芽。这样，吠陀宗教就具备了由一种神话的世界观向哲学的主体自觉的世界观演变的可能性，在祭祀之外，以解脱为核心的人生问题逐渐成为吠陀宗教的关怀，终于在梵书时代形成明确的教义。

《生主歌》将《无有歌》中的"太一"（"彼之一"）从人格形象方面来表述。这首赞歌又名《金胎歌》，"金胎"是太阳的人格化，是太阳生生之力的具体化。它首先是一种创造之神，以生主为"原水"，其中产生胎子，生天地，并定天之两极，产生所谓天河、海洋和雪山，以自己的影子做不死之神与生死之人；其次，生主还是一种主宰之神，是万有的唯一之主，居于神界之上，管理四足、两足生物和神界，施以赏罚。《造一切歌》进一步赋予此最高之神以具体的形貌。诗云："四方有眼、四方有面、四方有臂、四方有足之唯一神，以其腕与翼，煽锻天地。"[①]这种四眼四面四足四臂之神可谓后世梵天之原型，而且其中又有将万有全体视作一种大人格表现的倾向。《祈祷主歌》把宇宙的本原看作祈祷主，宇宙即为它所创造。但它的创造行为所用之材料不在自己之外，而是由无中生有，"有"即根本物质，在赞歌中称为神母，由此根本物质而生成天地万有。到此为止，吠陀诗篇中的宇宙本原已经具有了梵

---

① ［日］高楠顺次郎、木村泰贤：《印度哲学宗教史》，高观庐译，158 页，台北，台湾商务印书馆，1935。

天的基本特征，以梵为最高原理的思想已经渐具雏形，婆罗门教的信仰系统初具规模。

《原人歌》把祭祀次序与宇宙创造次序联系起来而确立一种世界观，宇宙本性与人类本性同一的思想得到明确表达，把宇宙视为巨人的发现和进化。它是《梨俱吠陀》中最晚期的作品。由原人生出之物有五类，一为鸟兽家畜野兽等，二为四吠陀，三为人类四姓，四为日月火雷等诸神，五为三界地极，包括了有情无情一切存在。其中，对四种姓的等级规定成为四种姓制度的圣典根据。《原人歌》以原人的不同部位来匹配四姓和万物。其中，头部生天界：由耳生方位，由眼生太阳，由鼻息生风，由口生因陀罗、阿耆尼以及婆罗门族；由脐部生空界：心生月，臂生王族；由足生地界：腿生吠舍，足生首陀罗。四姓制度由宇宙创生次序决定，奠定了婆罗门教社会制度的经典基础。

《梨俱吠陀》中的哲学诗篇在信仰与社会两方面为婆罗门教的形成提供了经典的依据。在信仰方面，以梵为最高原理，以 tapas（热力、苦行）为宇宙创生原理中的一个环节的思想已经基本定型。在此意义上，《阿闼婆吠陀》确立了梵行者的概念。所谓梵行者，是吠陀学生之意，指在一定时间内，依于导师学习吠陀、修习苦行之人。《阿闼婆吠陀》把这些借修苦行而达于梵之学生看作创造神的代表。由此可知，在以传授吠陀知识为主的早期婆罗门教育中，由于梵天与苦行思想的成熟，而逐渐形成了学习吠陀知识之外的修学道路，即所谓苦行。苦行的出现，在教育意义上意味着在知识教育之外，更注重道德修炼，使智与德结合起来。婆罗门教作为一种救赎宗教的形态已经萌芽，而这一点正是成熟的印度宗教与哲学的根本精神所在。

苦行的出现预示着教育传统的改变。从前以传授吠陀知识为主的，以祭祀为目的的，由世袭婆罗门家族垄断的教育传统开始松动，一种新兴的、以人生问题为主要关怀的群体开始出现。他们对祭祀的意义做象征性的解释，以苦行来补充或取代祭祀，认为个体通过苦行的锻炼是可以与神交通的，而不必经过或仅仅经过祭司的媒介，从而提高了个人的主体性的意义，淡化了个人对中介祭司的依赖、屈从，强调了个人的主动性、自动性的价值。作为这种风气的结果自然会在教育上动摇世袭的教育体制，而在世袭家族之外兴起一个新的以传授苦行经验知识为主的教育系统，为在奥义书时代刹帝利阶层获得教育权力埋下了伏笔。另外，在教育理想上，由于苦行的出现，解脱救赎的目的逐渐取代了祭祀的目的，为教育内容由祭祀的知识演变为解脱的知识奠定了基础。这些都可以看作吠陀时代末叶教育思想的一种变化趋势。这一趋势反映了从单纯宗教教育向关怀现实人生的教育的转变，宗教教育中增加了世俗教育的色彩。这一趋势在梵书中得到神学化的表述，在奥义书中真正实现了转变，而在学派时代完全成熟。

(二)梵书的思想内涵及其教育思想意义

梵书时代是婆罗门教确立的时代。这一时期，吠陀宗教的教权已完全为婆罗门种姓掌握，祭祀万能、吠陀天启、婆罗门至上三大纲领完全树立。在教育上，教学权完全为婆罗门掌握，教学亦以教权的传承为第一要务。梵书正是这一时代风气的体现。

关于梵书的性质，一般而言是发挥《耶柔吠陀》解释祭祀礼仪的神学化旨趣而成的吠陀解释书。梵书的内容是以祭祀为中心，穿插着大量的神话、解说以及关于宇宙本原的哲学探究等繁杂的内容。

在梵书的哲学思想中，阿特曼论与解脱轮回思想不仅对后世奥义书思想产生了很大影响，而且最能代表梵书承上启下的思想地位。阿特曼思想在《梨俱吠陀》中的原人观念中已经初露端倪。原人说以自我的立场，求宇宙的原理于自我之中的思想倾向，由小宇宙与大宇宙之间的关系，推导出人之本性与宇宙本性之间的对应关系，又根据这种对应关系而得出宇宙之我与个人之我之间的统一。这样一种人格本位的考查，以原人为第一步，以生气为第二步，由生气而渐进于内向的实我，由这一实我推演出去而成宇宙之原理，使这一宇宙原理由原人、生气而成为一种具有灵魂的终极实在。从阿特曼意义上解释宇宙原理，梵也具备了阿特曼的意义，为奥义书中的梵我合一奠定了思想基础。

轮回观念是奥义书时代以后印度的共同信仰，是一切宗教哲学的核心问题与终极关怀所在。轮回观念是在梵书中基本成形的。轮回观念的起源同业与主体的思想相关，在《百道梵书》中即有以业力为轮回解脱之因的思想。书中说："为善者当受善生，为恶者当受恶生，依净行而净，依污行而污。"①又云："死后之灵魂悬于天秤，视其善恶之业以行赏罚。"②这对轮回与业力之关系有所揭示。业的思想起源于下层信仰，业的本质一般而言是指一种依附于生理与心理的力量，最早在《阿闼婆吠陀》中就已经出现了罪与罚之间的相应关系。业的思想的产生必然伴随着自我同一思想的产生，如无同一之自我，善恶之责任将失去承担者，因此，业说的出现应该与阿特曼思想的成熟有关。这样我们可以认为，梵书中阿特曼思想的成熟与业说的出现是有着一定内在联系的，而阿特曼思想与业说的成熟自然会带来轮回观念。尽管梵书还未对轮回之不同境界、业的不同结果、灵魂在轮回中的状况进行明确的解说，这些都要在奥义书时代才能完全成形，但轮回思想在梵书中已经具备大致的雏形。在某种意义上可以说，正是梵书中阿特曼的思想，使得轮回观念成为印度文化中一个具有本质特征的存在。

梵书中阿特曼思想的成熟意味着主体观念的自觉。主体的觉醒应该说是梵书在制度化、神学化祭祀仪礼与社会生活中的重要成果。这表明婆罗门教在制度上成熟之后也已经基本具备了救赎宗教的精神特征，意味着婆罗门教的全面确立。在教学上，由于婆罗门教的制度化，出于传承教权、维护教统

---

①　《百道梵书》1043，转引自［日］高楠顺次郎、木村泰贤：《印度哲学宗教史》，高观庐译，323页，台北，台湾商务印书馆，1935。

②　同上。

和本集团的权益的目的，出现了对教学权力的垄断。此外，婆罗门教的四期制度也于此时期渐具雏形，修学逐渐制度化。同时，主体的自觉带来了教育理想的一定转变，以祭祀知识为主的教学内容中加进了林栖苦行修炼的内容，解脱知识的获得成为祭祀之外的一种重要知识。

二、奥义书与《摩奴法典》中的教育思想

(一)奥义书的思想内涵及其教育思想意义

奥义书是由梵书中"极意"部分的内容发展而来的。在梵书中，哲学因素混合于祭祀的内容之中，一切解说都以祭祀为主。然而，随着轮回思想的兴起，祭祀求福已不能满足人们的需要，追求彻底的解脱已经进入印度思想精神界。此外，自梨俱吠陀时代以来即已存在的探究宇宙真实本原的哲学倾向也愈来愈发挥出强烈的影响，使得哲学的探究逐渐脱离祭祀神学的束缚。梵书中确定的婆罗门三大纲领由于刹帝利王权的扩张而逐渐动摇，开始反对拘泥于祭祀形式的婆罗门教传统，而强调突破婆罗门对教学权力的垄断，进行一种与人生实际相关的学理探讨与宗教实践。于是，尽管奥义书仍然是婆罗门教的产物，但在其中已经具有了一些反婆罗门的自由思想因素，成为后世学派时代的思想、精神根源。适应这样一种趋势，教学权也逐渐由婆罗门之手而移入刹帝利种姓，以王室为中心形成一些新的教学中心；在教育思想上也由以祭祀为主的知识传授和教权维护，演变为以解脱觉悟为主的真理追求与经验传授。婆罗门教在奥义书时代完全实现了从一种传世宗教向救赎宗教的精神转化。

奥义书中的阿特曼思想是婆罗门教思想成熟的一个重要表现。自《梨俱吠陀》以来，从主体内部求宇宙之本原的思想已经成为婆罗门教哲学思想发展的一个基本思路。奥义书在原人、生气与心的基础上继续深入对主体的探究，逐渐脱离经验的意味而进至一个绝对的超验的境界，达到一种纯粹主体层次

的认识。在《圣特格耶奥义书》中，乌达那克曾以一个譬喻教导其子，问他剖开榕树的果实，并取其中的种子再剖开，其中还有什么东西存在？其子答道看不到什么东西。其父便道："由汝所不能见之微细物中，发生广大之榕树矣，此即阿特曼也，此即你也。"①这即以阿特曼（atman）为不可见之超验存在的证据。奥义书中关于阿特曼的思想通过四位说与五藏说加以组织，最能说明阿特曼思想的深入过程。《布利哈德奥义书》中以醒、梦、熟眠、死四位来解释人的四种状态。醒位时主客观对立，心受外物制约，为最不自由的状态；梦位虽以心为精神之主宰而产生万象，但所用材料仍是醒时之经验，还未完全自由；熟眠位与死位则是精神毫不受外物影响、左右的状态，是自我呈露其自体之位，除自己所发之光明外，并无其他之物与之相对。因此，后两位是理想之境，是"最上之归趣，最上之安乐，最上之世界，最上之欢喜"。实际上，这是以熟眠位来比喻心中不可言传之秘密，即绝对之实体我。四位说对人的精神、心理状态的描述可以说非常精细和深入。如果说四位说是从用的角度来探究我体之真相，那么五藏说则从体的方面，以一种分析的方式来说明我体的性质。《推提利耶奥义书》将我分为五个阶段，即食味所成我、生气所成我、现识所成我、认识所成我、妙乐所成我五个由粗入细、互相含覆的五重我体。食味所成我指肉体之我；生气所成我指呼吸之我；现识所成我指精神现象所成之我；认识所成我指精神现象之中能动的认识主体，在一定意义上是指奥义书中真实之我，是梵之真相，但是这一我体还具有客观认识对象，还并不完全是不可说、不可见、不可思议的绝对我体，因此，在认识我之上又加上一个理想之我，即妙乐之我。这就是为一切生理心理作用所掩盖的真实我体。五藏说所包含的对主体的认识已经达到了一个相当高的水平，表明了奥义书的哲学思辨能力。

---

① 《百道梵书》1043，转引自[日]高楠顺次郎、木村泰贤：《印度哲学宗教史》，高观庐译，239 页，台北，台湾商务书馆，1935。

奥义书中关于我体的思想最终引申出存在于我体之中的本体，揭示了我与宇宙最高真实之间的统一关系。但奥义书并不完全是从主观的路径来寻绎宇宙本原的，奥义书还有大量从梵本体的角度来说明宇宙真实的思想，是奥义书本体论思想的重要组成部分。从客观角度说明宇宙本体的思想主要继承了梵书中的创造神观念，以梵为宇宙万物生灭的大原理。关于梵的性质，奥义书主要以两种方法来表述，一是遮诠法，即以否定的方式来显示本体的真相，认为梵是超越于任何经验属性之上的，不能以任何语言的逻辑的方式来表达，对梵的表达只能以"不是这个，不是这个"这样类比的否定的方式表达。另一种是积极的表诠法，从正面来说明梵的性质。《布利哈德奥义书》以六相来说明梵的性质，即智、爱乐、实有、无终、妙乐和安固。这中间只有实有、智、妙乐为后世吠檀多学者认可。实有是指一种相对于变异状态的不变实在的状态，是作为现象根据的不变常住的实在；智是将从主观角度所得的对真实之我的认识赋之于梵而形成的看法；妙乐则是对梵的自由境界的一种想象。对梵的性质的正面表诠实际上是针对遮诠否定所得认识的一种虚拟假设，仍然是一种经验言说，表遮之间是一种真相与显相的关系。奥义书关于梵本体性质的两种认识，对后世印度思想的发展具有十分深远的影响。吠檀多哲学中的上下梵关系，以及大乘佛教中的真如不变随缘的关系都可以说是这一思想的变形。

关于梵与我之间的关系，奥义书提出了著名的"梵我一如"理论。它认为梵与我之间在本性上是同一的，《布利哈德奥义书》中有"我者梵也""此我实彼梵也"这样的说法。但值得注意的是，梵与我之间是以怎样的方式同一的，究竟怎样才能实现梵与我之间的同一。奥义书关于梵我统一的方式有两种：一是从"我"中探究梵的存在，以真实之我为梵；另一种则是在与个体阿特曼我类比的意义上另立一个宇宙大我，作为宇宙真实本体。两者都是从理论上说明梵我一如的，阿特曼始终是在个体视域中考察梵的存在及其性质的。存在于个体之中的梵与作为宇宙本体之梵是在体的意义上的统一，还是质的意义上的统一，奥义书有着不同的说法，但一般来讲是一种质的同一观。也就是说，个体之梵与宇宙之梵在性质上是同一的，但并不意味着在本体上完全同一。由个体之我最终实现与梵的同一，是需要经过一个实践过程的，也就是说，理论上的一致，并不能代替事实上的同一，其间还须实践修行来使个体证悟于梵之境界才能最终实现，这是梵我一如说的旨趣所在。

这样一种梵我一如说的意义中已经包含了在奥义书中方才成熟的轮回解脱思想。奥义书的终极目的在于解脱，书中种种言说都是为达到解脱。奥义书的解脱理想在于发现自身本具之真性。对真性的发现需要经过一个修行的过程，奥义书列有修行的诸种德目。例如，《圣德格耶奥义书》就列有苦行、慈善、正行、不杀生、实语，作为行者的义务；《摩诃那罗耶那》列举了62种宗教与道德的要素，即真实、苦行、自制、寂静、慈善、义务、生殖、火、火祭、祭礼、思念、遁世等。这些德目包括了道德、祭祀、生活义务以及修行等诸方面的内容。其中，遁世是解脱道的必要环节。根据这些德目加以组织，形成制度，即婆罗门教的学苑制。这一制度规定了一个婆罗门教徒一生与解脱修行有关的义务，即在达到一定年龄之后入师门学吠陀及祭法；毕业后归家则为家长治家、抚育子孙、供养神与祖先；年老后出家进入森林，研究苦行与哲理，过一种禁欲苦行的生活，逐渐求道以觉悟。在这一时期，具体用于修行的法门是禅定瑜伽。瑜伽是自《梨俱吠陀》以来的苦行法之后发明的修行法门。

梵我一如论在教育思想上有重要意义，它开启了后来佛教教育思想的先河。所谓自身本具之真性，即后来佛教所说的人人皆有佛性；所谓梵我一如，就是后来佛教所说的人人皆可成佛，我与梵统一，就是由我提升为梵，由现实的我升华为理想的我，把我改造成为理想的我。这说明了人接受教育的巨大可能性。从我到梵的转变的契机是修行，不经这个中间环节，梵我一如就不可能实现，这说明了教育的巨大作用，犹如中国古代学者认为，经过主观努力，人皆可以成为尧舜。

在奥义书的解脱思想中，智慧是解脱追求的目标。这种解脱的智慧与通达吠陀获得的知识是完全不同的。这种智慧是关于梵而非关于经验界的知识，是言语思维无法把握的内容。根据这种智慧的终极意义，祭祀和世间的道德都还是轮回界的内容，并非解脱的正道。但是，祭祀与世间的道德生活又毕竟是通向解脱的方便之路，在解脱的道路上仍是具有一定作用和意义的。因此，奥义书关于如何协调吠陀中的祭祀知识与自身对智慧的追求，就是一个如何在保持吠陀宗教特色的同时又能实现这种精神转变的问题。在一定意义上，奥义书完成了这种协调和转变。奥义书重视智慧，可以看作后来佛教慧学的法本。将智慧视为解脱的正道，与中世纪早期基督教提倡的盲目信仰有明显的差别。

奥义书在婆罗门教思想史上的最大贡献，在于确立了一个婆罗门教信徒，而不仅仅是一个婆罗门种姓成员的根本任务与基本特征，这就是寻求解脱之道，而非简单的履行祭祀的义务。这一转变在教育思想上的意义也非常重要，它使婆罗门的教育由吠陀知识、祭典知识的传授变为对解脱知识的寻求与传授。对解脱之道的寻求使得教育的内容愈来愈多样化和自由化，教学权力也从婆罗门支配种姓的手中逐渐分散到其他种姓，尤其是刹帝利种姓的手中。以解脱为理想的教育是以主体的自觉为前提而发生的，奥义书对阿特曼与梵的探究，进一步深化了对主体与宇宙真理的认识，梵我一如的理论又为解脱提供了哲学的基础。奥义书中的阿特曼思想与修行的过程紧密相关，这可以说是修行中获得的一种不断深入的认识结晶。

(二)《摩奴法典》的思想内涵及其教育思想意义

在奥义书时代晚期至学派时代初期，对于奥义书中兴起的自由之风出现了一股逆反的保守潮流。这一潮流的兴起一方面是为了在各种新思潮中确立婆罗门教的正统教义；另一方面是欲从制度上树立婆罗门教的权威，维护婆罗门教权的传承，巩固婆罗门教对于社会生活的控制。对四姓之义务、祭祀之行法等做有组织的记述而制作成大量教科书式的文献，这些文献采用一种称为修多罗（sutra，经线）的文体，故而称为经书。

经书大致有三大类：第一类是关于四姓义务、社会法规等日常生活的规定，称为《法经》；第二类是说明祭官主持大祭行法的《天启经》；第三类是说明由家长主持的家庭祭祀行法的《家庭经》。这三部结合起来是对婆罗门教实际生活方面的说明，通常总称为《劫波经》。一般而言，吠陀各支派都附有《劫波经》，与天启经典不同，这些经典都是所谓圣传文献。在这三种经书当中，《法经》最为重要，后世尚有许多综合《法经》而成之《法论》，其中最著名的是以马那瓦派《法经》为基础，综合其他《法经》而成的《摩奴法典》。

这些以《劫波经》名义附属于吠陀本集的文献，是作为吠陀本集的辅助学问而存在的。这些吠陀的辅助学问又称为吠陀支分，共有六种，除《劫波经》外，还有研究吠陀音韵的式叉、研究吠陀文法的毗迦罗耶、吠陀注释书的尼禄多、研究吠陀音律的兰陀、研究天文的树提五种。这些吠陀支分都是探讨专门知识的学科，成为印度专门学问的根源。例如，印度著名的波尼尼文法就是毗迦罗耶最成熟的代表。这些专门学问附属于吠陀教学，以为一切知识得自吠陀天启，因而成为印度世俗知识教育的源头。这些专门知识作为吠陀支分的地位，也说明了印度世俗教育与宗教教育的内在关系。

《法经》《法论》根据婆罗门教的教义，对人们的社会制度与日常生活做出种种规定，把社会秩序看作神意的安排，把日常生活视为宗教生活的一种形式。在此意义上，婆罗门教就是一种律法的宗教，强调法律与教律之间的合一，认为世俗生活与神圣生活是一体的，是神圣生活的一种形式。最能体现经书中《法经》之精神，并在今天仍然发挥影响的，当数《摩奴法典》。《摩奴法典》不是一部通常意义上的规定人们相互关系的法典，而是一部有关民事和宗教行为规范的律书。其中不仅有一般法典所涉及的题材，还包括宇宙创造论，对人生各阶段的行为规定，关于宗教义务、敬神仪式、苦行赎罪等的说明，还有种种生活中的禁忌与戒律，灵魂轮回状况的说明和解脱方法的阐述等。下面我们就《摩奴法典》中的创世论、四姓义务和再生族的四住期以及轮回解脱观念等问题大致解说，以明其思想旨趣与理论内涵，并对其在教育思想上的意义做一阐明。

《摩奴法典》的创世神话继承了吠陀中的原人、生主和金卵的神话，以人类始祖摩奴的名义叙述了宇宙创生的过程。根据书中的解说，宇宙在开端时是沉浸于黑暗之中的，"不可见，并无明显的特征，不能靠推理去发现，也不曾被启示"①，此后"非显现的自存神出现"，以五元素扫除黑暗，揭示自然，使宇宙变为可见。他首先创造出水，并在水中放入一粒种子，"此种子变作一个光辉如金的鸡卵，像万道光芒的太阳一样耀眼，至高无上的神本身托万有之祖梵天的形象生于其中"②。从以上引述中就可以看到吠陀神话中原人、金卵说的痕迹。以梵天的名义出现的原人最先创造了天地，并在天地之间布置了大气，接着，"他由最高之灵中抽出本然存在而对感官不存在的意识；并在意识产生以前，产生了作为指导者和最高统治者的自我"③。由梵而识而自我，然后生出主体认识器官和客体的组成元素。这是印度宗教思想传统中最具影响的思路。神的创世活动是一种对种种事物进行命名的过程，通过这一过程，梵创造了诸神和群仙，并借祭祀创造出吠陀。在梵天的创世活动中，最重要的是繁衍了人类，从他的口、臂、腿、足创造了婆罗门、刹帝利、吠舍和首陀罗。婆罗门由于从最高贵的肢体所生，并是最早产生出来的，因而掌握吠陀经典，成为一切造物的主人。他们以学习和传授吠陀，执行祭祀，

---

① ［法］迭朗善译：《摩奴法典》，马香雪转译，6 页，北京，商务印书馆，2017。
② 同上书，7 页。
③ 同上书，8 页。

主持献祭为义务。刹帝利以保护人民、行布施、祭祀、诵读圣典、摒弃欲乐为义务。吠舍以照料家畜、布施、祭祀、学习经典、经商、放贷、耕田为义务。首陀罗则以服务于上述种姓为唯一义务。婆罗门是以智慧为生者，是人类中最高的存在。在婆罗门中，最卓越的是精通圣学的人；在学者中，最卓越的是熟知其义务的人；在熟知其义务的人中，最卓越的人是严格完成其义务的人；在完成义务的人中，最卓越的人是学习经典达到解脱的人，从而确立了婆罗门对教育权的垄断。这些对四姓，尤其是对婆罗门种姓的义务规定，最能说明婆罗门教注重智慧和解脱，强调吠陀知识和尊重四姓义务的特点。更重要的是，将对四姓义务的遵守和智慧解脱联系在一起，把对吠陀知识的学习放到了一个非常重要的位置上。

在关于再生族的修学过程的说明中，法典指出四姓义务是达到解脱的途径，而吠陀、传承、良习、知足是义务体系的四种来源。这样便明确地给予教育非常重要的地位。法典明确规定了自耶柔吠陀时代以来即已出现的关于再生族义务的四期修行制度。这四期制度分别为：(1)梵行期，即学生期，指婆罗门入师门为弟子，学习吠陀和祭祀知识，在宗教方面锻炼身心；(2)家住期，指梵行期结束后归家完成结婚生子、操持业务、祭祀诸神等社会义务的阶段；(3)林栖期，年老以后完成诸种义务，隐居于山林，修苦行以磨炼身心，以期最终解脱；(4)遁世期，指舍弃一切身外之物四处云游的阶段，实际上终身行者亦是遁世者。在这四期制度中，每一阶段都与一定的义务相联系，都是实现婆罗门教最终理想的修行过程。其中，梵行期在教育思想上的意义较为突出。这一阶段对教师和学生的义务做了详细的规定。对教授全部吠陀、祭祀以及奥书的婆罗门称为教师；而对只教授一部分吠陀和吠陀支分知识的人则称为副教师。法典中给予传授圣道的人极高的崇敬，认为"在给予生命的人和传授圣道的人中间，传授圣道者是最可尊敬的父亲；因为，精神诞生，即入门式，和学习吠陀之先导，不管今世来世，对于再生族来说，都是永远的"①。把教师视为梵天的象征，是供物之火，受到最大的尊敬。

法典认为有六种义务是引人走向解脱的主业，这六种义务就是学习和理解吠陀，修严峻的苦行，认识梵天，制御情欲，不伤生，尊敬师长。在这些义务当中，学习奥义书而认识最高我是一切学识中首要的学识，人们因为它而取得永生；在六种义务中，为认识最高我而学习吠陀，被认为对于今世后世的幸福最有效。此外，法典还明确指出，苦行和认识神我是婆罗门达到最后解脱的最好方法：由苦行来消除罪过，由认识梵天来为自己取得永生。这些都给予吠陀知识以及吠陀知识的教育极高的地位。

《摩奴法典》的思想内涵在一定意义上是对从吠陀时代以至奥义书时代婆罗门教思想的一个总结。一方面，它以制度化的方式确立了婆罗门教的组织形式和社会规范；另一方面，它也从教义上系统化了婆罗门教的思想体系。在教育思想上也进一步规范化了种种传统的教育制度，充分揭示了教育在婆罗门教思想和社会体系中的地位。这些都对我们深入认识婆罗门教的性质有所帮助。

《摩奴法典》的时代大致进入了印度思想史发展中的学派时代，六派哲学逐渐兴起，婆罗门教在制度化的同时也进入了一个精神自由发展的时期。一方面，婆罗门教内部的哲学探讨日渐繁荣；另一方面，印度本土下层神祇在婆罗门教信仰系统中也获得了更多的信仰，以毗湿奴、湿婆为代表的神逐渐取得了与梵天相当的地位。与此同时，沙门思潮在婆罗门教权之外赢得了大量的信徒，尤其是佛教，经过佛陀时代，在孔雀王朝时期更取得了国教的地位。在一定意义上可以说，学派时代的印度思想文化进入了一个多元发展的繁荣时期。

---

① [法]迭朗善译：《摩奴法典》，马香雪转译，39 页，北京，商务印书馆，2017。

第七章

古代印度的佛教教育①

公元前6世纪初，南亚次大陆处于列国时代。由于社会和经济的飞速发展，印度社会的阶级分化非常激烈，新旧社会势力的斗争异常突出。当时出现了反对婆罗门教的沙门思潮。佛教就是其中的一种重要思潮。佛教的创始人为乔达摩·悉达多。佛教的产生是印度乃至世界文化史上的一件大事。佛教产生之后给传统的婆罗门教以极大的冲击，并在随后因得到统治者的大力支持而获得快速发展，并在孔雀王朝时期开始传播到海外，发展成了一个国际性宗教。但是随着时代的发展，在阿育王时期，佛教内部也产生了分歧，出现了上座部与大众部的分裂，由原始佛教进入部派佛教时期。到了贵霜王朝时期，大乘佛教兴起，佛教发展进入一个新的时代。佛教的兴起与发展，不仅对婆罗门教大发展产生了重大影响，也对印度教育带来了很大变革。

---

① 本章内容中除特别注明的引文注释外，其他佛经文献引文注释均引自《大正新修大藏经》，财团法人佛院教育基金会出版部出版。《大正新修大藏经》简称《大正藏》，是日本大正十一年至昭和九年(1922—1934年)由著名佛教学者高楠顺次郎博士和渡边海旭主持编辑的一部铅印本大藏经。《大正藏》共100册，收录汉文佛教典籍，包括图像、总目录，总计3493部、13520卷。其中中国历代汉文佛教大藏经传统的收录内容55册(第1~55卷)、佛教著述29册(第56~84卷)、敦煌写经及其他新发现的古佚佛典1册(称"古逸部·疑似部"第85卷)、图像12册、《昭和法宝总目录》3册。《大正藏》自编印问世至今，是佛教学术界最通行、影响最大、利用率最高的一种版本。

第一节 原始佛教的教育

根据佛教史的分期，原始佛教是指佛陀本人及其涅槃后百年左右部派未分时期的佛教，大致存在时间为公元前 530—前 370 年。这一时期是佛教创立和初始发展的时期，佛教思想基本保持佛陀教法的统一和纯粹，内部尚未分化。因此，我们可以说原始佛教就是根据佛陀的教说以及由佛陀教说的精神推阐而来的佛教。原始佛教的教育也是指从佛陀悟道之后开始传法到部派佛教出现之前这一时间段内的佛教教育发展情况。

一、原始佛教的产生

公元前 6 世纪—前 5 世纪，印度历史发展进入了一个转折时期。这一时期，印度政治、经济、文化的重心逐渐由西北印度五河流域移往恒河中下游地区。在雅利安人的扩张过程中，在原来部落社会基础上，出现了许多国家，印度进入列国时代。种姓制度中的四种姓渐趋完备，而以军事贵族为主的刹帝利种姓逐渐取得社会政治生活的主导地位。当时许多的王国在相互争斗中渐渐形成了 14 个较有实力的国家，印度次大陆已经酝酿着统一的趋势。随着国家权力的加强，刹帝利种姓社会政治地位不断提高，并在影响力方面超过了婆罗门，由他们所代表的新兴文化也开始要求在精神文化上的相应地位。从经济发展角度看，当时印度的经济已经发展到了一个新的阶段，原来游牧、半游牧的社会已经转变为完全的农业社会，商业得到了巨大发展，出现了不少专门从事贸易的商人，在商业活动中积累了大量财富。他们在种姓上虽属于吠舍，但随着经济地位的提升，他们也在精神文化及社会地位上有了新的要求。

从思想方面看，印度正统的婆罗门思想，经历了以《梨俱吠陀》为主的天然神话时代，逐渐形成了以《耶柔吠陀》等为主的，主张祭祀万能的，统一全民生活礼俗之国民宗教，婆罗门教取得了绝对的统治地位。但是随着社会的发展与变革，新的思想和精神开始出现。在此时期逐渐形成的梵书、奥义书已经显露出这种新的精神倾向。奥义书中就已暗含了此种自由的哲学探讨的因素，而晚期奥义书则激发了这一新兴文化的潮流。

奥义书蕴蓄的这一文化潮流，与前一时期正统婆罗门思想的差异，在于实现了由强调祭祀万能的祭祀主义向重视解脱知识之寻求的转变。信仰的重心由作为约定俗成的祭祀礼拜，开始在梵书、奥义书中形成轮回观念之后，着重于自我的解脱救赎。这样一来以祭祀为解脱的婆罗门教文化开始衰落，代表新文化思潮的"沙门"文化开始兴起。

沙门思潮的兴起与沙门的社会身份有关。沙门是苦行者与出家人的通称，在婆罗门教中是指在林栖阶段出家过梵行生活的人。实际上，沙门的背景存在于印度本上文化之中。印度本土原住民中流行着借助苦行获得神秘力量的传统。这一传统与雅利安人以祭祀为主的信仰不同，前者注重个体苦行。土著文化由于雅利安文化的扩张而潜入地下，成为主流文化之下的暗流。随着雅利安文化的深入，它们也逐渐吸纳异端的思想因素，而融入自身文化之中，奥义书就是这种融合的体现。这种融合给婆罗门思想带来的新的倾向，就是对祭祀意义的探讨。对祭祀意义的探讨，逐渐动摇了祭祀万能的信念，主张内在的或精神的祭祀与外在的形式的祭祀之间的不同，实际上，内在的祭祀就是为了与苦行相适应而做出的对祭祀意义的重新解释。随着对祭祀意义的探讨，业报轮回观念逐渐形成，婆罗门教中的终局论（末世论）与解脱论不断完善。在轮回与解脱问题出现以后，对解脱的寻求就不必然局限于婆罗门的思想范围和垄断其思想的种姓圈子，对平等解脱的呼声与固有的苦行传统相结合，伴随刹帝利种姓社会地位的提高而逐渐形成与婆罗门思潮对立的沙门思潮。

这种反婆罗门传统的、反吠陀权威的沙门思想潮流，主要代表即所谓六师。根据佛经和其他印度文献的记载，六师是指富兰那迦叶、末伽梨拘舍罗、阿耆多翅舍钦婆罗、婆浮陀迦旃延、尼乾陀若提子和珊遮夜毗罗胝子。他们主张解脱的途径不在祭祀，而在知识。但是这种知识并不是理性认知的知识，作为解脱的知识实际上是一种灵知，也即所谓的"慧学"。这种知识的获得就意味着解脱和超越。苦行与冥思，是获取这种灵知的途径和方法。从这里我们可以看得出沙门思潮的出现，实际上就意味着人的自我觉醒与主体性的自觉。自此以后，沙门思想所具有的强调知识的主智主慧取向，和作为解脱方便的对苦行与冥思的重视就成为印度思想的一个基本特质。

在这种背景下，佛教的出现就有了必要的社会基础和思想基础。首先，佛陀本人即刹帝利种姓出身，从而对刹帝利阶层的社会诉求非常清楚。而且我们可以看到在佛教发展过程中，佛教与刹帝利的关系始终非常密切，不仅得到刹帝利的大力支持，更是由于刹帝利王权的庇护，尤其在后世的阿育王时代，佛教还成为印度的国教。其次，佛陀的出生地处于当时婆罗门文化的边疆地区，正统婆罗门的影响力还很薄弱，土著沙门文化的基础仍在，佛教的兴起有其历史与思想的根源。再次，佛教反对婆罗门教的种姓制度，强调众生平等，主张自我解脱和机会均等，这在当时社会不仅迎合了新兴的社会各阶层的精神诉求，而且为他们的发展扫清了精神思想方面的障碍，因而具有非常进步的意义。于是随着乔达摩·悉达多的悟道传教，佛教就以当时精神思想上的一股革新潮流而兴起于世并得到广泛流传。

二、原始佛教的教育

原始佛教的教育从佛祖释迦牟尼悟道后传教开始。他所主持的僧众团体和精舍，曾被认为是印度最早的学校。从菩提树下悟道一直到涅槃灭度，释迦牟尼一直在孜孜不倦地从事着教育工作，不仅以其深刻的思想征服了大众，还以其丰富而卓有成效的教育方式方法，培养出了一大批优秀的人才，因而他也是历史上最为成功的一名教育家。佛教教育与婆罗门教教育虽然都是宗教教育，但是作为婆罗门教教育的反对者，它不再遵行婆罗门教的"四生活期"的教育安排，也不再将祭祀看作个人解脱和得到神佑护的方式，而是强调自行出家，按照自己的方式去寻求解脱之道。这就意味着佛教相信每一个人都有受教育的权利，也可以通过受教育而改变个人的现状，并成就自己，获得最终解脱。从整个角度来看，佛教教育与婆罗门教教育森严的等级制度不同，带有强烈的民主色彩，这对于那些被婆罗门教排除在外而又渴望获得精神慰藉并实现自己人生价值的人有巨大的吸引力。另外，佛教教育号召人们消除欲念来解除饥苦和避免轮回浩劫，从而达到不生不灭的涅槃境界，因而着重人的内在修养，不讲求烦琐的宗教仪式，更不必以祭祀和祭司为中介，极大地简化了教育的烦琐形式，对学生的身心是一种解放。佛教教育所强调的慈悲为怀和普度众生，也对社会中下级阶层的民众产生了强大的吸引力，为佛教教义的传播发挥了积极作用。

从原始佛教的教育组织形式来看，可以从社会教育、寺院教育、家庭教育三个方面来做一了解。

(一)社会教育

原始佛教教育的早期，主要是以佛陀本人及其弟子根据佛教的核心要义进行的个人化的传教行为。原始佛教最核心的问题是个人如何脱离轮回实现解脱的问题。围绕着这一问题，原始佛教形成了自己独特的世界观、人生观与解脱方法论。释迦牟尼主要通过讲解缘起论、四谛、八正道等，鼓励信徒和弟子们通过修行最终跳出轮回实现解脱。为了更好地实现传教的目的，佛陀的教育说法都是根据教育对象的具体现实和生活实际问题，自由随机地予以点拨或者宣讲，其语言多用地方方言，教说方法灵活多变，设喻取譬、铺陈渲染、变化自在，讲法贵在使人悟解，并不太注重思想本身的逻辑性与完整性。在教学内容方面，佛陀并不像婆罗门教那样特别注重对经典的记诵，而是非常注重知识对个人解脱的作用。在他看来，佛法只有在能够帮助人解脱时才具有真正的价值。但是解脱也需要知识的支撑，因此他既反对婆罗门教对经典知识的死记硬背，但又特别强调弟子们对佛理佛法的理解与体悟。就本质而言，原始佛教是一种对生命意义进行理性探寻的宗教，因而其知识并不倚重于经验归纳与理性论证而来的科学知识，而是与人民直接经验紧密相连的生活知识。我们从佛陀所讲的各种经典中都可以看得出，佛陀总是借助于生活中最浅显易懂的现象或者问题来阐述深刻的道理，启发人自己去领悟、去醒悟。从这个意义上我们可以说原始佛教教育中所关注的知识，其实是一种智慧知识，是一种知行合一的实践知识。这种知识的特点决定了原始佛教的教育是一种自我体悟、自我提升的教育。这与我们世俗社会中培养健全人格的教育是有很大不同的。在世俗教育中，我们所追求的是理想人格的养成，追求知、情、意、行的全面发展，因而需要多学科知识的综合学习和多种实践机会的锻炼，而在原始佛教那里，教育所要实现的目的是让人实现轮回中的解脱，教育是一种救赎与解脱的手段，因而知识是佛陀自觉与觉他的内容，是佛与众生的中介，它需要个体自己去正确体悟才能实现其目的，而不是只熟记佛法教诲就可以得到解脱。由理性传达的知识只是真正知识的中介，真正的解脱的知识是无法以理性的方式来传达的，解脱知识的最终获得依靠的并不是理性教育，而是一种神秘本性的呈露显发，其间的究竟与细节是不可言传，不能以意识揣度的。所以佛陀在涅槃前给弟子讲他讲法49年其实什么也没讲，实质上就是提醒和告诫弟子们千万不要为知识所困，而忘记了教育的根本目的。就此而言，"作为宗教教育类型的佛教教育，不仅不同于世俗人文教育，而且与其他宗教，尤其是基督教的教育不同，这种不同也反映在对知识性质的不同理解上。基督教在经院哲学产生以后的理性主义的传统，以理性来论证上帝的存在，却否认人的理性可以完全而恰切地认识上帝。对上帝的理性认识方式的一个结果，就是明确了人与神之间界限的绝对性，这一界限使得基督教中的理性主义传统具有了排斥神秘主义的倾向，即对获得关于上帝完整认识的灵知的排斥。这一点在近现代基督教发展中有所改变。对上帝的理性信仰，协调了理性与信仰之间的关系，使得信仰成为一种现世内的理性行为，即马克斯·韦伯(Max Weber)所说的'切事的理性行为'，而成为资本主义的精神动力。在佛教中，作为知行合一实践知识的智慧灵知，最先是一种与日常生活对立的知识和行为，是超越于人的有限性之上的无限知识，是佛的知见，也就是基督教词汇中所谓神的直觉。这样一种知识，是可以经过严密的训练获得的，这一知识就与解脱一样，本身就是教育获取的目标。因此，听闻诵读与瑜伽禅定就是获取解脱知识的主要手段。由经典研读到修行践证，知识经由书本的理论阶段，最终融会贯通而进入人的生命实践，成为一种人生的智慧"①。

随着信徒和弟子们的日渐增多，佛陀建立了僧团，制定了各种戒律，由佛理到佛法，再到僧团，佛、法、僧三宝俱备，佛教正式成为一个系统化的宗教组织。其教育也逐渐开始向组织化、系统化发展。如在原始佛教时期形成的"布萨"制度就非常具有典型性。"布萨"，音译又作"逋沙他""褒洒陀""布萨陀婆"等，意译即"净住""长养""长养清净""斋""说戒"等，指佛教僧团每半月一次（农历每月十五日、二十九日或三十日）的集会说戒活动，以及在家信众在"六斋日"（农历每月八日、十四日、十五日、二十三日、二十九日、三十日）受持"八关斋戒"的活动。"布萨"原是古印度婆罗门修行者的斋日。据《四分律》卷三十五《说戒犍度》说，佛在罗阅城（又称"王舍城"）时，"外道梵志"（指佛教以外的"沙门""婆罗门"修行者）于每月三次（八日、十四日、十五日）集会说法，社会人士纷纷前往，进而成为他们的信徒。摩羯

---

① 吴式颖、任钟印主编：《外国教育思想通史》第1卷，186~187页，北京，北京师范大学出版社，2017。

国瓶沙王见后，前往佛所，希望佛教也能定期集会说法。佛采纳了这一建议，决定也实行"月三时集（会），八日、十四日、十五日"，由僧众轮流说法。说法的内容为"契经"，以"说义"为主，"不具说文句"，最简略的说法也要说一偈，"极少下至说一偈，一偈者：诸恶莫作，众善奉行，自净其意，是诸佛教"①。以后又决定"月八日、十四日说法，十五日布萨"（见《五分律》卷十八《布萨法》），从而形成了僧团每半月一次集会说戒的制度。说戒的时间，通常定为"黑月十四日"（或"黑月十五日"）、"白月十五日"②，这三天也称为"布萨日"。这里说的"黑月"（又称"黑分"）、"白月"（又称"白分"），并非两个月，而是一个月的上半月和下半月。古印度历法以满月的翌日为一个月的开始，将每月的上半月称为"黑月"（与我国农历有半个月的错位，相当于农历当月十六日至三十日），将每月的下半月称为"白月"（相当于农历次月初一至十五日）。"黑月""白月"各有十五日。

最初的"布萨"说戒，通常是由佛陀本人宣诵"略说教诫偈"（又称"教授波罗提木叉""偈布萨"），其偈文为："善护于口言，自净其志意。身莫作诸恶，此三业道净。能得如是行，是大仙人道。"③佛陀成道 12 年以后，随着各种戒律的制定完善，佛陀就不再亲自说戒，改由弟子们自行说戒，其内容为诵说佛制立的戒法条文（又称"威德波罗提木叉"）。以后又演化为诵说由说戒仪轨（指程序和仪式）与戒法条文组合而成的"戒经"。

"布萨"是原始佛教时期僧团定期进行宣讲的集体活动，因此须有一套指导如何运作的规制。④ 据《四分律》卷三十五、卷三十六所载，大致包括：说戒前，僧众应随住处，共集一处，根据自己所在的村邑、地理环境"结界"（指

---

① 《四分律》卷三十五，《大正藏》第 22 册，817 页。

② 《根本说一切有部戒经》，《大正藏》第 24 册，500 页。

③ 《四分僧戒本》，《大正藏》第 22 册，1022 页。

④ 关于"布萨"的相关介绍，具体内容可参见陈士强：《原始佛教的僧团制度叙要》，见中国佛学院普陀山学院编：《普陀学刊》第二辑，上海，上海古籍出版社，2015。

依羯磨划定作法的区域），结作"同一住处、同一说戒"的"大界"，唱告这一区域的四方标志物；"结界"的区域可根据情况作或大或小的变更，其方法是作羯磨，先舍旧界（即"解界"，解除原先划定的区域），再作新界（即重新"结界"①）；布萨日，若同一住处有比丘四人或四人以上时，应依"众僧说戒法"，广说戒经；若有比丘三人或二人时，应依"对首说戒法"，各共面对将表示自己行为清净的告白说三遍；若仅有比丘一人时，应依"心念说戒法"，独自将表示自己行为清净的告白口说或心念三遍；不得作"非法别众羯磨说戒""非法和合众羯磨说戒""法别众羯磨说戒"，应当作"法和合众羯磨说戒"；因病不能参加说戒的比丘，须"与欲"（委托他人表示自己赞同僧众所做事的意愿，亦即请假）、"与清净"（委托他人表示自己行为的清净）；说戒时，若遇到"王、贼、火、水、病、人、非人、恶虫"八难（八种意外情况），可以"略说戒"（指只说戒经的一部分）；说戒前，比丘若忆念有罪或对是否犯罪尚有疑问，应前诣清净比丘所，发露忏悔；说戒时，比丘若忆念有罪或对是否犯罪尚有疑问，应对邻座说，或作"心念"，待说戒结束后，如法忏悔等。此外，律中规定，犯罪比丘不得参加布萨日说戒等。②

原始佛教的社会教育内容和方式随着佛教的发展也在不断充实和完善。在佛陀涅槃之后，佛陀的形象以人格典范成为原始佛教教育的内容，被广泛宣传。所以早期佛教的教育，更多关注的是传授和学习佛陀所证之解脱的知识，并通过自己勤修来实现解脱的目的。但到后来，佛陀的伟大人格也被神化，经由本生故事的渲染，成为非凡的菩萨，神通变化，神秘不可测度，成为大众膜拜的对象，他一生的言语行为都成为理解佛法的依据和学习内容。早期佛教教育逐渐开始演变为祈祷和崇拜的教育。随着后世信徒们不同的理解，也出现了对佛陀本人及其言行的不同理解。这些理解又形成了不同派别

---

① 有关布萨结界所涉及的结解"大界""戒场""小界"的作法，详细情况可参见曹魏昙谛译的《羯磨》。

② 《四分律》卷四十六，《大正藏》第 22 册，904 页。

的佛教思想和六派，成为不同的佛教派别进行教育的重要手段和工具，从而也构成了原始佛教社会教育内容的重要组成部分。

(二)寺院和寺院教育

随着佛教僧团的日益壮大，没有专门教育机构的问题日益突出。在没有专门学校存在的情况下，僧团实际上执行和发挥了学校的功能。佛教早期，因为人数少和主动宣传佛法的需要，佛教徒最初常于山水之区和荒漠之地，过着漂泊生涯，无固定住宿房舍，在山洞、草堆、林间、墓地随处安居。后来随着佛教影响力的不断扩大，才有施主富商们给佛陀及其弟子们准备了一些栖居的场所，供他们休息和修行之用，这些地方也随之成为佛陀和佛教徒们学习研讨的地方。每逢雨季，佛陀及其弟子们就停止巡回行乞，住在僧徒独居修行的茅舍，或居山间的穴洞，专心修行或研习。慢慢地这些简陋的处所逐渐发展成为寺庙。有了寺庙以后，佛教规定修行必须出家，而且将出家看作个人修行的一个重要组成部分。因为出家僧侣必须抛弃财富，割断家庭关系，摆脱生养肉体的父母，这对于断绝欲望、摆脱轮回是非常有助益的。另外，僧众与导师住在一起，视僧师有如亲父，也有助于和谐师生关系，亲其师而信其道，会有效提升学习和修行的效果。这样一来，寺庙作为宗教活动场所和教育活动园地的重要性日益显露。随着信徒日众，特别是阿育王时期定佛教为国教后，佛教徒和寺院都得到了大量发展，也带来了佛教教育的兴旺发达。佛教不仅在人烟稠密地区建起拥有数千僧侣的寺院，在众多落后地区也建立了不少寺院，对佛教的普及发挥了积极的作用。最初的寺院建筑非常简单朴素，但随着以后寺院声势日高，生徒日众，寺院的建筑功能也随之多样化，开始设有经堂、会议室、寝室、储备室、修行室、花园、池沼、水井、休息室、沐浴室等，为学习、修行、教育提供了许多便利。

寺院的管理一般实行住持负责制，另有各类专职人员具体负责各项事务。例如，信徒捐献建筑资金，寺院派富有建筑经验的僧侣，担任施工及监工任务。有的僧侣曾任此职达十年、数十年以至终生者。这样，既能保证寺院建筑合于规格，又能锻炼僧侣的专业技术能力。为了使寺院充分发挥其功能和作用，在管理方面不但有明确的职务分工，还特别讲究民主议事，确立了"羯磨制度"，凡遇重大事件，皆由僧侣和僧徒讨论表决，人人享有表示意见的权利，任何人不得享受特殊待遇。由佛陀制立的"羯磨法"适用于寺院僧团的各种行事，如"结界"（指划定作法的区域）、"解界"（指解除作法的区域）、"受戒"、"说戒"、"安居"、"自恣"、"受衣"、"受药"、"分房舍"、"忏罪"、"说净"（指将"长物"即超出规定蓄存的物品作净施），以及其他杂事。实施"羯磨法"必须满足四个条件："羯磨者，有四因缘，羯磨得成。一如法；二僧齐集；三如法白一（指白一羯磨）处白一，乃至白四（指白四羯磨）处白四，白四处不白三二一；四者众僧不来者与欲，众中无说难者。此四法成就，是名如法羯磨。"①意即作羯磨须具备四种条件，方能成就：一是符合羯磨法的要求；二是同一界内的僧众全都聚集与会；三是针对不同的事情作不同的羯磨；四是因故不能参加羯磨者必须请假。因为一切羯磨都是靠人去运作的，故律典中特别强调同一界内的僧众都必须参加羯磨会议，并将是否达到规定的人数，视为羯磨是否成立的前提条件："有四种僧，四人僧、五人僧、十人僧、二十人僧。是中四人僧者，除自恣、受大戒、出罪，余一切如法羯磨应作；是中五人僧者，在中国除受大戒、出罪，余一切如法羯磨应作；是中十人僧者，除出罪，余一切如法羯磨应作；是中二十人僧者，一切羯磨应作。"②这就是说，若同一界内有比丘（或比丘尼）四人，就可以作除"自恣"、"受大戒"（指受具足戒）、"出罪"羯磨以外的各种羯磨；有五人，就可以作除"受大戒""出罪"羯磨以外的各种羯磨；有十人，就可以作除"出罪"羯磨以外的各种羯磨；有二十人，就可以作一切羯磨。因为在大多数情况下，寺院

① 《毗尼母经》卷二，《大正藏》第 24 册，810 页。

② 《四分律》卷四十四，《大正藏》第 22 册，886 页。

僧人都是集体居住和生活的，所以有关僧团的各种重要的僧事法务，也都是集体讨论决定。可见佛教寺院里确实非常民主，这和强调僧侣等次高下的婆罗门寺院有很大不同。因为寺院生活简单、民主，所以佛教寺院的学风也相当淳朴，制度执行规范严格，教育效果突出。

在教育对象方面，佛教虽然反对婆罗门教，但佛教的教义和婆罗门教的教义却是基本相同的，两者都敬奉梵，都要人通过禁欲苦修而求取精神慰藉。只不过婆罗门教强调教育对象的等级性，以家庭和学校为教育园地，施教的对象不广，而佛教则强调以慈悲为怀，普度众生相标榜，认为不只婆罗门、刹帝利和吠舍等再生种姓可以脱离轮回转生，达到解脱的境地，首陀罗同样能通过修行而登上彼岸，从而对劳苦大众表示关切，教育对象面向范围较广的群众，后期则广设寺庙，以便容纳更多信众。在佛教中，因为信众来源不同、资历不同，所以教育对象分为不同的种类，一般有所谓四众或七众的划分。四众指比丘、比丘尼、优婆塞、优婆夷。七众指在四众之上再加上沙弥、沙弥尼、式叉摩那。佛教对他们在戒律或行为举止等方面有不同的要求。佛教要求教徒出家修行，以寺院为教育场所。不过佛教虽然强调"人人皆有佛性"，但对于教育对象有着严格的挑选标准与程序。正式出家的佛教信徒一般要年满二十岁。不满二十岁但年满十四岁（特别场合为七岁）的出家者，男的称为沙弥，女的称为沙弥尼。对他们在戒律方面与正式出家者的要求不同。沙弥、沙弥尼要求受持十戒，具体指不杀生、不偷盗、不淫、不妄语、不饮酒、不涂饰香鬘、不歌舞及观听、不坐高广大床、不非时食、不蓄金银财宝。达到十八岁的沙弥尼常被称为式叉摩那（正学女），要经过两年的考查才能正式成为比丘尼。对式叉摩那一般要求修持"六法"等。"六法"通常指不淫（不以染心触于男子之身）、不盗（不盗人四钱）、不杀（不断牲畜生命）、不妄语（小妄语）、不非时食、不饮酒。年满二十岁的出家者要受持所谓"具足戒"。受持具足戒后就正式取得了比丘或比丘尼的资格。

要受"具足戒"出家者，一般满八岁起到二十岁以前即须到寺院举行拜师礼，表示愿"出家"修行，开始禁欲生活。寺院开始教育前要按照一定的标准和规范对教育对象进行审查，看是否符合要求。寺院教育一般要求这些出家者须无严重病症或残疾，须未曾犯罪而且无道德上缺亏，须在法律上及财产上无纠纷。他们的心理状态是否适合与世隔绝的生活，也是慎加考查的。为此佛陀时期就建立了"守戒制度"，其中对要继续深造的佛教徒，要求尤为严格。根据戒律，对受具足戒者来说，须年满二十岁，没有不得受具足戒的各种情况。这些情况分为两类：一类因自性之恶而造成的不得受具足戒的情况，称为"难事"，据《四分律》卷三十五所列有十三种，称为"十三难"（又称"十三重难"）；另一类是因非自性之恶而造成的不得受具足戒的情况，称为"遮事"，据《四分律》所列有十种，称为"十遮"（又称"十轻遮"，细分作"十六轻遮"）。在授具足戒之前，僧团须以"问遮难"的方式，逐一询问这些情况，以确定其是否具备受具足戒的条件。"问十三难"，询问的是下列情况：（1）有无"犯边罪"（指犯不可治罪，即"四波罗夷罪"）；（2）有无"犯比丘尼"（指侵犯比丘尼）；（3）是否"贼心入道"（指为利养或盗法而出家）；（4）有无"坏二道"（指破坏外道和内道）；（5）是否"黄门"（指男根有缺陷者）；（6）是否"杀父"（指是否杀父亲）；（7）是否"杀母"（指杀母亲）；（8）是否"杀阿罗汉"（指杀得道高僧）；（9）是否"破僧"（指破坏和合的僧团）；（10）是否"恶心出佛身血"（指损伤佛身）；（11）是否"非人"（指鬼神）；（12）是否"畜生"（指龙王等）；（13）是否"有二形"（指同具男女二根，即两性人）。"十遮"则询问的是下列情况：（1）"汝字何等"（指名字叫什么）；（2）"和尚字谁"（指戒和尚是谁）；（3）"汝年满二十未"（指是否年满二十岁）；（4）"三衣、钵具不"（指是否具备衣钵）；（5）"父、母听汝不"（指父母是否同意出家）；（6）"汝不负债不"（指是否负债）；（7）"汝非奴不"（指是否为奴仆）；（8）"汝非官人不"（指是否为官员）；（9）"汝是丈夫不"（指是否为男子）；（10）"有癫、痛疽、白癞、干痛、癫狂病不"（指有无五种病。后来，律宗人士又将"十遮"中"三衣、钵具不""父、母听汝不"各拆为二条，又将"有癫、痛疽、白癞、干痛、癫狂病不"拆为五条，作十六条，称为"十六轻遮"）。请求为僧者参加典礼后须由僧侣观察若干时日，其不合条件者不予收留。

这些通过考查考验的僧人在12年学习期满后参加第二次典礼。婆罗门僧侣在12年学习之后，一般都回家娶妻生子，佛教僧侣则须终生不离僧院。第二次典礼的仪式极为隆重，僧徒须经学养丰富和信仰虔诚的十名僧人考验，通过者始成为正式僧侣，习称比丘。比丘继续留居寺院，由两僧侣负责指导，一任教义传授，一任生活监督。一旦开始寺院僧侣生活，则僧师僧徒亲密有如父子，相互信赖和共同生活，彼此切磋和彼此关怀。因此佛教在教育中特别强调僧徒必须侍奉僧师，这也是教育内容的重要组成部分。其具体要求是每日须敬事其师，有如仆役侍奉主人，一切起居、饮食、沐浴、行乞等事都由僧徒为僧师妥当安排；不经僧师允许，僧徒不得受人礼赠，不得私自出行；僧师生病，僧徒须诚敬地侍奉汤药。但是佛教也强调这个责任与义务都是双向的。僧徒要敬事僧师，僧师同样也必须为僧徒解答各种疑问和讲授知识，关心僧徒的精神成长和学识进步，而且不得厌倦。硕学德劭的高僧更要以人格感化的威力，借身体力行来熏陶僧徒，以身教来取得良好的教育效果。僧徒接受这种监导至少需十年之久，才得承担指导其他新著录的比丘的职责。由此我们可以看出一方面，佛教对于学生的选择极其严格，另一方面，对师德也有非常高的要求和考核方式，从而也确立了对教师的选择与培养标准，并将其细化为每日的行为习惯养成和心理情感熏陶。

由于信众的捐赠，寺庙开始变得有财有势，社会上开始形成"入寺习僧"的风尚。再加上统治者的支持与自主，寺观庙宇开始逐渐增多，僧徒规模也逐日扩大。为了对僧徒进行严格管理，寺庙里的各种清规戒律也开始增多并日趋严格。这些戒律后来被汇编为律藏，成为僧徒必须学习的经卷。根据佛陀定下的教义规矩，僧徒除了在寺庙内学习修行外，还必须外出行乞，由僧师予以解释和指引，以磨炼心性，消除各种不良情绪，保持心境平和。

　　佛教寺院在初级阶段的教学，多由教师口授，学生记诵，到高深阶段，则强调师生之间、学生之间进行相互争辩和议论，注重实践锻炼和自我体悟。这一方面有助于培养独立思考与拓宽思维，另一方面也是与外道交锋的客观需要。佛教兴起之时，教派众多，争议纷争不断，众说杂起，当时除了占据主导地位的婆罗门教对佛教进行猛烈批判外，各种"外道"魔教也是纷纷与佛教展开争论。在此种情况下，讨论辩难是取得胜利，赢得教徒信仰的有效手段，如佛陀就通过厅堂辩论让婆罗门教大师苏坦达心悦诚服，并皈依了佛陀，足见议论辩难在佛教发展中的重要作用。因此佛教对这种教育教学方法给予了高度重视。实际上，婆罗门教多年以前也曾用论辩方法说教解理，这是印度惯用的手段。为保证争论的成效，一般的要求是：议题须有价值而非无聊之事，地点须为学者集合之所，发言须有例证、有理由、有层次、有结论，发言内容须前后一致、声音须适中，以求为众人所领悟和理解。典籍记载学养高深的僧师在讲经时，能使顽石点头，就可窥见其艺术性之高超了。

　　与婆罗门教以古老的梵文施教，强调读写背记不同，佛陀一直强调并身先垂范，宣传佛法。最初由于僧众弟子来自五湖四海，地区不同，家庭不同，所用语言也彼此不同，所以有人曾经建议佛陀教育教学过程中以梵语为标准教学用语，以便更好交流与沟通，但并未获采纳。主要是因为梵文属于古典语言，繁杂难学，不易取得教育成果，另外早期佛教徒信众中以社会中下层民众为主，梵文对他们而言也太过于学术化。所以佛陀规定教育弟子必须用地方语，以便入乡随俗，使信众更容易理解。后来佛教僧团到各地去宣传佛法，指点信众修炼，都是以方言布教，受到广大民众热烈欢迎。由此我们也可以看出原始佛教的平民主义教育主张和实践，这在种姓制度等级森严的社会背景下，是难能可贵的，因而博得了社会底层民众的极大欢迎，并随着社会影响的不断扩大而被统治者所承认、接受，最后还被阿育王定为国教。

在教育内容方面，寺院以修行解脱为目标，以行为习惯养成为手段，以程序戒律为内容，进行严格训练，旨在使僧徒通过遵守清规戒律以养成善良行为，然后虔诚信佛以消除尘世情欲获得精神的解脱。第一阶段僧徒要修习12年，学习完所有的课业后经考验合格者，通过受戒被叫作"比丘"，即可以担任教育之职责的僧人之意。完成第一段学业的比丘们大多数会回家工作劳动生活。只有少数愿意终身从事体修以获得证悟的僧徒则会留寺深造，继续学习，由僧侣一人负责教义传授，另一人任生活监督，再行苦修10年，然后担任寺中僧职。

在原始佛教时期，寺院关于教学工作并没有统一的制度和规定。一般都以佛陀所讲佛法和修行程序及要求为规范，进行认真修习，在佛弟子们看来，佛陀所讲之法就是一切正法，是最好的经典教材。这些经典教材是一切知识道德的源泉。僧徒钻研经典中蕴含的哲理，力求对其高深的教义能够有深入的理解。同时，根据佛陀的教导，佛教教育中严禁教授占卜星相和符咒巫术之类的知识与方法，对追求神通也是严格加以禁止。但是同时，佛教又对其他学习内容持开放心态和开明态度，如对于婆罗门教育中的逻辑学、数学、天文学等，也大都承袭下来作为教学内容。这种开放态度对于以后佛教寺院发展成为综合性的大学起了积极的作用，也为它赢得了广泛的社会声誉。

此外，戒律也是佛教徒修行的重要内容之一，因此寺院生活规律极严，不得违犯。大规模的寺院中，僧侣每日对斋戒、沐浴、行乞、礼神，安排得十分周到。僧徒清晨起床即须参加沐浴，沐浴时千百僧众分别在若干池中洗身。然后，僧徒须对佛像斋戒。一般斋戒在广场中举行，举行时演奏音乐，由院长主持。每日下午，僧徒须在歌唱圣诗声中诵经，诵经时在各房内巡行，向众佛焚香献花。除此之外，有的僧徒更单独举行礼佛活动，即静坐、面佛、祝祷、朝庙、跪拜。"不理解修行是寺院教育的核心，而仅注意其知识传授或教义学习，是难以窥知佛教教育的核心的。"①

　　因为佛教认为"生活即修行"，所以一切饮食卫生习惯也是修行的主要内容之一。在我们的日常观念中总是认为佛教僧众是素食主义者。其实这是一种误解，佛陀本人就明确指出过，比丘未必不能吃肉，不过不能为了自己吃肉而去特意杀生。所以当时印度有的寺院也并不排斥肉食，肉、蛋和乳酪皆许可食用；不过，酒是禁止饮用的。这可能是佛教教派不同而要求各异所造成的现象。和婆罗门教的阿什拉姆要求学生行乞一样，佛教寺院也要求僧徒行乞，比丘就是乞丐之意。行乞须着袈裟，持钵，行动举止都须庄重谨慎，表示极度谦逊。僧徒以行乞所得维生，寺院偶尔也予以辅助的食物。行乞须到虔诚礼佛的人家。一般善男信女也会礼遇丐僧而乐意施舍。除了行乞之外，佛教也把信徒捐赠看作修佛的一项功德而予以鼓励。释迦牟尼曾带弟子一千余人转食各地，各地统治者和富有之家争相迎送，优待备至，举凡山珍海味及锦衣绒被，无不捐赠。后来，随着佛教影响力的大增，无数富有的佛门弟子既肯于捐献私有财产，帝王贵族也慷慨捐赠寺院以土地和房屋，在家修行的僧人俗众也会以各种财物供应寺院，所以寺院经济日益好转并物资资金充裕，为寺院中的学习研究提供了极大的便利，也能够让寺内僧众安心学习，使佛教在理论研究和教育教学方面不断改进提升。随着统治阶级的大力支持，帝王在战乱之时还对寺院大力保护，使僧侣安然无恙，平时又许僧侣以种种特权，更使社会出现学僧入寺的社会风尚，众多父母开始竞相送子弟入寺为僧，导致社会上佛教寺僧众多，影响深远。

　　在着装方面，僧侣的袈裟多由破布碎裳拼制而成，但也可穿着帛料或麻料的僧装，因而佛教徒和苦行派不同。印度多雨，僧侣在天雨时穿着特定法衣，其最低标准是按体弱僧侣在御寒时的需要为度。再则法衣不只是为了健康，而且是为了礼节，以便在行乞时取得群众的尊重和博得施舍主的慷慨。

───────────

①　滕大春主编：《外国教育通史》第 1 卷，78 页，济南，山东教育出版社，1989。

僧侣的法衣由庙寺发给，也可得自施舍。僧侣日常必穿草鞋，只有经过艰苦路途去乞食时才许穿布鞋。佛教十分重视精神锻炼和生活苦修，乃是为着克己修身以制止情欲，却不是为苦行而苦行的苦行主义者。

在教师方面，原始佛教形成以后，随着教众的不断增多，佛陀一人已难以承担众多的教育教学工作，于是提出了可以授具足戒的"三师"，即（1）"戒和尚"（"和尚"又作"和上"，又称"得戒和尚""具足戒和尚"，指求受具足戒者的"亲教师"，须具备10年以上戒腊和相应的德行，出家女子的戒和尚须具备12年以上戒腊和相应的德行）；（2）"羯磨师"，又称"羯磨阿阇梨""受戒阿阇梨"，指受戒时作羯磨的"轨范师"；（3）"教授师"，又称"教授阿阇梨""屏教阿阇梨"，指受戒时教授威仪的"轨范师"。另外，经过严格考核的比丘、比丘尼也成为僧众和信徒的教师。对着这些担任教师的比丘、比丘尼，佛教提出了明确的标准和要求："（佛说）从今日，有十法成就，听度人出家受具足：一、持戒；二、多闻阿毗昙（论）；三、多闻毗尼（律）；四、学戒；五、学定；六、学慧；七、能出罪，能使人出罪；八、能看病，能使人看；九、弟子有难，能使人送；十、满十岁。"[1]可见，要成为教师，年龄资历虽然没有太高要求，但是经、律、论三藏，戒、定、慧三学必须熟悉，而且要有明确的道德观和是非观，要具有医学修养，能够给人看病。对于担任大比丘的僧人，则提出了更高要求："满十岁，当得度人，若不知五法，尽命不得度人。五法者，一、广利二部律；二、能决弟子疑罪；三、弟子在远方，力能使弟子来；四、能破弟子邪见及能教诫弟子，勿使作恶；五、若弟子病，能好看视，如父养子。"[2]从这里的规定和论述中我们可以看得出，原始佛教的教师已经出现了不同层次的四类，由低到高可以分为一般僧师、比丘、大比丘、佛陀。在原始佛教中后期，虽然佛陀已经涅槃，但是他所定下的教育

---

① 《摩诃僧祇律》卷二十八，《大正藏》第22册，457页。
② 《大比丘三千威仪经》，《大正藏》第24册，913页。

内容、教学程序、教育方法、规矩规范都成为佛教信徒的金科玉律，而佛陀本人的伟大人格则成为佛教"教师"顶礼膜拜的偶像，成为"教师"们的楷模。

在女子教育方面，原始佛教与婆罗门教排斥妇女就学不同，佛教对女子教育很重视。佛教不仅维护女性的受教育权，而且吸收女性弟子出家，并为妇女广设尼庵，讲授教义和供其修行。尼庵和寺院同样分布各地，成为妇女习经和修行之所。尼庵在接受幼尼和施教方面，和寺院大致相似。但除个别尼庵外，一般水平不如寺院高。女尼学习完毕称为"比丘尼"。无论寺院或尼庵，所施的都是培养僧尼的神学教育。不过与男子的检查考验一样，佛教在男女界限上划分极严，对女尼的入庵考验也非常严格细密。如波罗夷是僧众所犯戒中最严重的。属于比丘的有四种，即杀、盗、淫、妄语；而属于比丘尼的则有八种，即在上述四波罗夷之上再加上摩触（以淫心摩触男子）、八事成重（捉男子之手、身相倚等八种事）、覆藏他重罪（隐瞒包庇其他犯戒者）、随顺被举比丘（随顺有罪比丘）。僧残在戒中比波罗夷略轻，犯此戒者相对于犯波罗夷戒者还有残余的法命。属于比丘的有十三种，如与女人粗语戒、媒人戒、破僧违谏戒等，属于比丘尼的则有十七种，如媒人戒、言人戒、度贼女戒、助破僧违谏戒等。一般这些女性要经过两年考验之后才批准去留。就寺院和尼庵的关系看，寺院高于尼庵，尼庵受寺院的协助和统辖，许多尼庵的重要事体，须寺僧和尼庵的主持共同商定执行。尼庵就是当时妇女教育机构。入庵的妇女也不问种姓和家世，皇后以及贵族、朝臣和富家之女，只要愿意出家并符合条件，就都可以成为佛弟子。个别尼庵在学术水平上并不逊于寺院。修毕尼庵教育的妇女称为比丘尼。寺院是比丘学习之地，尼庵是比丘尼学习之地。

由于佛教寺院既多，又受世人尊重，财力富裕，藏书丰富，学者集中，教育质量日益提高，这为以后佛教大学的产生打下了坚实的基础。后来，随着佛教的不断发展壮大和王国政权的支持，印度出现了好几所著名的高等教育学府，最著名的如那烂陀寺等，不仅为佛教培养了大批大师级的优秀人才，还推动佛教走出国门，开始向世界传播。

（三）家庭教育

原始佛教还非常重视信徒的家庭教育，认为在家修行的人同样可成正果。"佛弟子者，有二种。一者在家，二者出家。"①当年，释迦牟尼成道后在传道过程中就开始广收僧、俗男女弟子，其中俗家弟子所信的佛教又被称为"白衣佛教"（中国称为"居士教育"）。其中在家修行的男信徒叫优婆塞，在家修行的女信徒叫优婆夷。优婆塞、优婆夷都要受戒律的约束，苦行修炼，祈祷诵经，更要参加寺院定期举行的宗教仪式。对在家修行的弟子，佛陀也积极给予肯定，并根据当时的实际和佛教发展的需要，对他们的地位、职责等做了相应的规定。如在《大般涅槃经》中，佛陀指出："若佛初出得阿耨多罗三藐三菩提已，虽有弟子解甚深义，无有笃信白衣檀越敬重佛法，佛便涅槃，当知是法不久住世……若佛初出得阿耨多罗三藐三菩提已，有诸弟子解甚深义多，有笃信白衣檀越敬重佛法，佛虽涅槃，当知佛法久住于世。"②在佛陀看来，如果他只有比丘弟子，即使是深解佛说义理的比丘弟子，但没有笃信佛法、敬重佛法的白衣弟子在，佛法仍然不能久住于世；如果既有深解佛说义理的弟子，又有笃信佛法的白衣弟子，那么佛法就可以久住于世。从这里我们可以看得出佛陀对于佛信徒的家庭教育其实是非常重视的，将它与出家弟子同等看待。

在家庭受教育的佛信徒，不仅自己可以学习佛法，而且可以接收弟子，宣讲佛法，"出家菩萨有二弟子：一者出家，二者在家。在家菩萨有一弟子，所谓在家"③。但是对于所教的内容，佛陀则做了严格规定："善男子! 在家

① 《大比丘三千威仪经》，《大正藏》第 24 册，912 页。
② 《大般涅槃经》卷十八，《大正藏》第 12 册，472~473 页。
③ 《优婆塞戒经》卷三，《大正藏》第 24 册，1046 页。

菩萨若畜在家弟子，亦当先教不放逸法……又复教令信向三宝，苦乐共俱……教以如来五部经典……先以施摄，后当调故，以六和敬而教诏之……在家菩萨若能教诲在家菩萨如是事者，是师弟子二人俱得无量利益。"①在《大宝积经·郁伽长者会》中，佛陀认为家庭教育的主要内容包括"佛""法""僧"三个方面，"在家菩萨应皈依佛，皈依法，皈依僧"，"在家菩萨见如来已，修于念佛，是名皈依佛；闻于法已，修于念法，是名皈依法；见于声闻僧，而不忘失菩提之心，是名皈依僧"。② 另外，佛信徒的家庭教育内容还包括"五戒"："在家菩萨应受善戒。所谓五戒：(1)彼应不杀，放舍刀杖，不杀一切诸众生等，不恼一切，常行慈心；(2)彼应不盗，自财知足，于他财物，不生希望，乃至草叶不与不取；(3)离彼邪淫，夫妻自足，不希他人；(4)应离妄语，如说如作，不诳于他，先思而行，随所见闻，如实而说，宁舍身命，终不妄语；(5)彼应离酒，不醉不乱，不自轻躁，亦不嘲哗。"③从中我们也可以看得出原始佛教对在家弟子教育的内容，既有学习方法的指导，也有具体戒律内容要求，以及经典诵读，内容还是比较丰富的。

另外，在家弟子除了自己学习佛法外，还要肩负起教化周围人与传播佛法的责任，否则就会受到佛陀的批评。"复次长者，在家菩萨若在村落、城邑、郡县人众中住，随所住处为众说法……如是长者，若是菩萨随所住处，不教众生，令堕恶道，而是菩萨则为诸佛之所诃责。"④

在寺院教育兴起之后，寺、庵僧众都负有对优婆塞、优婆夷指导学习的责任与义务，还有明确的任务要求，要及时为他们阐述教义和解答疑难。通过家庭教育，佛教不仅多了一条培养信徒的渠道，也进一步扩大了佛教及其教育的影响，推动了佛教在民间的广泛流传。

① 《优婆塞戒经》卷三，《大正藏》第 24 册，1046 页。
② 《大宝积经》，《大正藏》第 11 册，472 页。
③ 同上书，473 页。原文没有数字序号，为便于阅读，在此为五戒加了数字序号。
④ 同上书，474 页。

第二节　佛陀的教育思想①

　　佛陀，简称为"佛"，是对"觉悟者"的尊称，在佛教中一般指佛教的创始人乔达摩·悉达多，因其出身释迦族，也被尊称为"释迦牟尼"，意即"释迦族的贤明之人"。虽然是佛教的创始人，但佛陀更像一名优秀的教师，"他不是清高的隐士，而显然是一个博学卓识的师长"②。在菩提树下悟道之后，佛陀就开始了他终其一生的教育活动，他的足迹遍及摩揭陀和乔萨罗王国以及一些毗邻的王国，并广收门徒，弟子众多。其门徒来自社会各个阶层，有男有女。他与中国的孔子一样，"都谆谆教导人类：人必须理智地对待自己和他人，克制自己的贪欲，加强道德修养，提高道德水平，以己度人，达己达人，不可为满足自己的求生欲而剥夺他人的求生权利，只有这样，人才能从'畜生、地狱、饿鬼'上升成为真正的人，否则人类将侵夺不息，自相残害，永无宁日。佛说三毒，贪欲为首。孔说克己，意在制贪。贪欲去尽，乃可以立地成佛，求仁得仁。明乎人兽之辨，是为真智慧"③。在长达 49 年的教育生涯中，他不仅教育出了一大批杰出的人才，为佛教的发扬光大奠定了坚实的人才基础，而且在实践基础上形成了丰富的教育教学思想，给后世以巨大的启发与影响，至今仍有深刻的启迪与借鉴意义。

---

　　① 本节内容为张志强撰写，根据丛书编写体例要求，由岳龙对部分内容次序进行了调整，并补充了部分内容。

　　② [美]爱德华·麦克诺尔·伯恩斯、菲利普·李·拉尔夫：《世界文明史》第 1 卷，罗经国等译，163 页，北京，商务印书馆，1987。

　　③ 孙培青、任钟印主编：《中外教育比较史纲》(古代卷)，32~33 页，济南，山东教育出版社，1997。

一、佛陀的生平与教育活动

(一)觉悟成道前的佛陀生活

佛陀，姓乔达摩，名悉达多，其所在的释迦族，是刹帝利种姓，属于乔萨罗国。其父名净饭，称号为王；其母名摩耶，称号为王后，是释迦族的首领。佛陀出生在迦毗罗卫城蓝毗尼园，该城位于现今印度与尼泊尔接壤的边境地区。关于佛陀生卒的年代，南、北传佛教存在着分歧。南传上座部认为佛灭于公元前 544 年，据佛陀涅槃之时为 80 岁，则佛陀诞之年为公元前 624 年；北传佛教依据"众圣点记法"推算佛陀涅槃于公元前 486 年，则佛陀出生之年当为公元前 565 年。一般我们以北传之说为佛陀生卒之年。

佛陀的诞生是无论哪派佛教都曾加以神化，极尽渲染之能事，其中许多属于本生谭故事。一般来讲，佛陀是以白象形进入母胎，摩耶夫人怀胎整整十月，于蓝毗尼园站着右胁而生佛陀，其间夹杂有大量神迹的铺陈。据南、北传佛教共同所传，佛陀降生之后，朝东、西、南、北四方各走七步，一手指天，一手指地，目顾四方，说道："天上天下，唯我独尊。"①佛陀出生七天之后，其母摩耶王后去世，由王后之妹钵罗遮钵底(摩诃波遮波提·乔达弥，后成为悉达多的继母)抚育成人。之后，阿私陀仙人来访，指出其具有三十二相和八十种好，预言王子在家则为转轮王，出家则为佛陀，即觉悟者。

佛陀早年过着优裕的宫廷生活，佛经中曾有许多关于享乐生活的记载。然而，佛陀性喜沉思，常睹人缚于老、病、死、别离、忧愁、污秽之苦而不能得脱，便有出世之志。佛经中曾记载佛陀回忆早年的入禅体验，对远离欲乐和不善法的禅定之乐有所体会，开始思索觉悟之道。其父恐其离家，便以五欲境羁縻其志，为其纳妃，名耶输陀罗，又造诸殿，供其享乐。耶输陀罗为其生下一子，名罗怙罗。然而，这些都未能消除佛陀求解脱开悟之心。他出家了。王子趁夜深人静之时，潜出宫城，进入东方蓝摩邑森林，摩顶放踵，

---

① 《普曜经》卷一，《大正藏》第 3 册，494 页。

改换服饰，成为出家修道者，即沙门，时年 29 岁。

出家之后，王子首先前往吠舍离，想从跋伽婆求学涅槃道，对其所答不满意，便又去王舍城访阿罗逻，学得瑜伽禅定的直观法门，即"无所有处"法门。然而，这仍然不能满足他的解脱要求。于是，王子往阿蓝若林访郁陀罗（郁头伽·罗摩弗），然只学得"非想非非想定"法门①，仍非最终解脱的最后法门。之后，王子在摩揭陀国四处漫游、乞食、苦行，开始独自寻找觉悟解脱之道。

他首先在尼连禅河畔独自修禅。这时，其父净饭王（Suddhodana）遣五位使者（比丘）前来随侍左右，共修苦行。他们每日只食一麦一麻，苦行 6 年，以至于形销骨立，仍然未能解脱。王子开始对苦行产生怀疑，回想起幼年进入初禅时获得的喜乐，认识到喜乐并非不善法、喜乐并非爱欲的道理。于是王子幡然悔悟苦行之无益，便走出林外，先于尼连禅河中洗浴，然后接受鹿奶的供养，恢复精神。五位比丘以为王子退堕正道，放弃正法，便舍他而去。王子则独往迦耶山毕钵罗树下结金刚座，发起大决心，说："我今若不证无上大菩提，宁可碎是身，终不起此座。"②于是，静坐观心，深入禅定。佛经运用了许多象征的手法，来描述佛陀在修禅过程中受到的种种干扰，其中以降伏摩罗最为有名。摩罗是佛教独创的魔，是对障碍解脱的种种人性弱点和罪恶的拟人化。在佛经中，佛陀常以摩罗为现世欲和来世欲、现世欲想和来世欲想。佛陀首先以自己的禅定力击退了摩罗儿子们的进攻，把他们掷出的各种武器都变成了花雨；然后，抵制住摩罗女儿欲染、悦人、爱乐的诱惑，没有动摇自己的定力。

降伏魔障之后，佛陀便进入自在禅定，终于大彻大悟，成就无上正觉。佛陀所悟的境界经过了四个阶段，首先是初禅，远离不善法，有理论思考的

---

① 一说从阿罗逻仙人学得"非想非非想定"法门。

② 《方广大庄严经》卷八，《大正藏》第 3 册，588 页。

所谓解悟在其中，并因远离不善法而得喜乐；其次是二禅阶段，这一阶段已经舍离了理论性的解悟，而直接进入禅定境界；再次是第三禅，喜乐止息，住于舍、念和智；最后是第四禅，无苦无乐，无喜无忧，在此基础上，进而获三智、得三通，即忆宿命智、有情生灭智、漏尽智三智和宿命通、天眼通、漏尽通三通。这三智和三通就包括了佛陀悟道的主要内容，即轮回转生说、业报说与四谛说。随后，佛陀又探究苦的根源，悟出了十二因缘说；接着又进一步悟出五蕴说，完善了自己对宇宙人生的认识。这些都构成了佛陀原始教说的基本教义。

佛陀悟道觉悟后，获得了无上解脱涅槃，进入了无上欢喜的境界。佛教中有许多关于佛陀成道觉悟时的神化描写，渲染佛陀倡导的庄严吉祥景象。在《法句经》中，佛陀曾自述了两偈来表达自己的心情。他说："轮回转生无数次，始终寻求造屋者，不见造屋者踪影，翻来覆去是痛苦。现在找到造屋者，你已不用再造屋，所有椽子已破碎，顶梁柱子也折断，你的心已入无行，一切贪欲已灭绝。"①偈中"造屋者"指轮回的原因，"无行"指涅槃，表达了佛陀所悟真理的宗旨。

佛陀经历了6年修行而终于悟道，时年35岁。其悟道时坐禅之处的毕钵罗树，因而也改名为菩提树。

(二)觉悟成道后的教育生活

据佛经中的记载，佛陀成道后在原地停留了四个星期，享受解脱之乐。第一个星期，他重温了缘起道理；第二个星期，他回答了婆罗门关于"何谓婆罗门"的询问；第三个星期，他遇到了暴雨，受到了蛇王的保护，悟到了得法之人只有善待众生，克服我慢，才能得最大欢乐的道理；第四个星期，佛陀接受了两位商人多波萨与跋履迦的供养，化度了两位最早的优婆塞(居士)。

---

① 《法句经》153~154 偈，转引自郭良鋆：《佛陀和原始佛教思想》，52~53 页，北京，中国社会科学出版社，1997。

在这段时间里，佛陀思考了自己解脱与说法救度他人之间的关系，开始考虑说法的必要性问题。在巴利文《中尼柯耶》与律藏《大品》中，佛陀曾有偈颂道："我之所得不容易，何必费力去宣示；众生执着贪和嗔，难以理解这种法。微妙精密逆潮流，深入细致难洞察，众生染欲陷黑暗，不能理解这种法。"①这两偈说明，佛陀在悟道后曾经犹豫过说法示人的问题。

根据经中的说法，梵天前来劝请佛陀为众生说法，希望佛陀能够怜悯众生，救度他们出离苦海，打开不死之门。梵天劝请佛陀的故事，说明佛陀内心的矛盾，同时也说明了佛陀所悟境界的一种变化。由不说法而说法的转折，表明了佛陀境界由自觉向觉他的转变，也表明了佛陀由一个觉者向教育家的转变。这一转变实际上恰恰完成了佛陀之为佛陀的最关键的一步。这一转变的意义，在原始佛教和部派佛教时期还未成为佛法的重心，但成为大众部之后大乘佛教理解佛法的重点。

佛陀在决定说法之后，便开始考虑为谁说法的问题。佛陀首先想到的是他曾求教过的两位老师，阿罗逻与郁头伽，但这两人都刚刚过世。佛陀便想到其父派来随侍左右的五位比丘，于是在婆奈城鹿野苑找到五位比丘，为其说法，这是佛陀成道后的第一次说法，也就是所谓佛陀的初转法轮，是佛陀的教育活动的开端。

五位比丘因为佛陀放弃苦行而远离佛陀，而当佛陀来到面前时，他们都不由自主地礼敬佛陀，佛陀便向他们讲授四圣谛的道理。在讲述四谛之前，佛陀首先阐说了中道的道理。中道即八正道，是关于正确的修行和行为方式的说明。在此基础上，安立四谛的道理。五位比丘中憍陈如首先开悟，认识到万法有生必有灭，此后婆颇、跋提、阿说示和摩诃那摩也相继开悟。在讲述四谛理的基础上，佛陀又为他们讲述了"无我说"，揭示了五蕴无我的道理。

---

① 《中尼柯耶》26偈，转引自郭良鋆：《佛陀和原始佛教思想》，54~55页，北京，中国社会科学出版社，1997。

这便是佛陀的初次说法，从此，在佛之外，法、僧具备，完整的佛教已经成型。在此以后，佛陀开始了他长达 40 余年的传教生活。

佛陀在度化了五位比丘之后，又接着度化了耶舍及其继母，自己的妻、子和朋友，使佛陀的弟子队伍迅速扩大。其继母与其妻是佛陀最早的优婆夷（女居士）。之后，佛陀又以神通力接引了以苦行著名的迦叶三兄弟及其随行的 1000 位弟子。在迦耶顶，佛陀为这 1000 位比丘宣讲了《燃烧经》，指出因离欲而解脱的道理。

在佛陀早期传道生涯中，为摩揭陀国王频毗沙罗说法是其中较关键的一次。律藏《大品》记载，佛陀为频毗沙罗王及其所带领的 12 万婆罗门长者讲解放弃拜火祭祀的意义，使他们领悟到万法生灭的道理，皈依佛陀。通过对频毗沙罗王说法，佛陀的僧团取得了世俗权力的保护，而且获得了较稳定的经济保障。佛陀早年传道的主要场所——竹园精舍，便是频毗沙罗王献给佛陀的。

在王舍城，佛陀还度化了两名非常有名的弟子——舍利弗与目犍连。两人因学识优越，佛陀非常器重，众旧弟子中有不心服的，佛陀就为他们说了后来成为佛教中最基本的伦理训诫："诸恶莫作，众善奉行，自净其意，是诸佛教。"从此，这渐渐形成戒律规定，称为波罗提目叉。摩诃迦叶与摩诃迦丹延亦于此时出家。

佛陀在王舍城时，曾有一次著名的说法。游行者长爪来访佛陀，以"一切于我皆不可"的观点诘问佛陀，认为自己于一切法都能不执着。佛陀便问他对自己所主张的"一切于我皆不可"是否认可、执着，指出他并不能真正放弃执着。然后，佛陀又为他讲解如何看待身和受的问题，指出它们无常所成、因缘而生的性质，从而使其能够做到不偏执、不争辩、不执着，因离欲而解脱。佛陀说法时，舍利弗立于佛身后摇扇，闻听佛法之后，脱尽烦恼，顿时开悟。长爪亦心服，请求皈依。

佛陀于成道后六年，由王舍城返回家乡迦毗罗卫城，为亲族说法，皈依者极众。其中，佛陀之子罗怙罗和表弟难陀，亦追随佛陀出家。净饭王为此来见佛陀，诉说自己当年由于佛陀出家而忍受的痛苦，而现在罗怙罗与难陀又要离他而去，所以非常伤心，希望佛陀能够征得父母的同意，然后再允许弟子出家。佛陀接受了净饭王的建议。

佛陀在迦毗罗卫城为亲族说法后，返回王舍城竹园精舍。在这个时期，比丘们还没有正规、固定的住所，分散居住在各处。王舍城的一位富商征得佛陀的同意，为众比丘建造了 60 处住所。这位富商的姐夫是舍卫城的给孤独长者，恰好在富商宴请佛陀之时来访，得闻佛陀说法，领悟到万法生灭的道理，请求皈依佛陀，并决心为佛陀和众比丘在舍卫城建造一座雨季安居的住所。这就是舍卫城祇园精舍①的来历，也是佛陀舍卫城说法的缘起。佛陀在此进行教化工作数十年。

佛陀从王舍城来到舍卫城，住在祇园精舍，为舍卫城的百姓说法。舍卫城波斯匿王和王后末利夫人相继皈依了佛陀。在祇园时，难陀因不能忍受出家生活，想要还俗，佛陀便以方便神通力感化了他，使其最终修成阿罗汉。

佛陀度化其养母（继母）摩诃波遮波提·乔达弥的故事，是妇女出家的开始。佛经记载，佛陀从舍卫城回到迦毗罗卫城尼拘律园，乔达弥前来请求出家，但佛陀不同意妇女出家。在佛陀离开迦城前往吠舍离，住在大林重阁讲堂后，乔达弥削发，着袈裟与许多释迦族的妇女历经艰险，赶到吠舍离，请求出家。经阿难（Annam）的请求，佛陀为她们定下了八重法。只有接受了这八重法，才允许妇女出家。乔达弥欣然接受，成为第一个比丘尼。

佛陀接受女子出家，打破了当时男尊女卑，女子不能受教育的旧传统，是在教育对象和受教育权上的一次革新。

此后，佛陀在乔赏弥城瞿师罗园，遇到众比丘因某戒条而发生争执。佛

---

① 亦称"祇树给孤独园"。

陀劝解无效，被迫离去。临行前，说偈云："争吵之声同时起，无人觉得自己蠢；僧团由此陷分裂，无人觉得有责任……宁可一人独自行，不与傻瓜结成伴；林中大象独自行，不争不夺不作恶。"①

释迦牟尼在教育活动中实行"有教无类"的方针，他破除只有婆罗门才有教育权，只有再生种姓才有受教育权的传统，他的门下弟子没有种姓限制，平民、工匠甚至罪人、失足者，只要真心向佛，皆可皈依佛门并视其学习成就，获得施教的权利。佛陀传教几十年中，度化了无数弟子信徒。其中，后世广为流传的是他降伏强盗鸯掘摩（指蔓）的故事。鸯掘摩是一个杀人取指编成项链的强盗。一天，佛陀取道鸯掘摩出没之处，牧人和农夫劝阻佛陀，佛陀依然前行。鸯掘摩持剑追赶，佛陀施展神通，使其不能追上。鸯掘摩心想："真奇怪！我能追上奔象、奔马、奔车和奔鹿，却不能追上这个比丘。"他喊道："停下，比丘！"佛陀回答道："我已停下，鸯掘摩！你也停下。"鸯掘摩心想："释迦族的儿子们，一向说真话，可这个比丘明明走着，却说：'我已停下，鸯掘摩！你也停下。'"他便问佛陀这话的意思，佛陀说了一偈道："鸯掘摩！我已停下，不对众生施刑杖；你依然滥杀无辜，因此说你没有停下。"鸯掘摩听后，放下屠刀，当下悔悟，成为佛陀的弟子。

佛陀在传教的生活中，曾经遇到过自己僧团内部的分裂，佛陀以自己的智慧与慈悲最终避免了僧团的分裂。佛陀的表弟提婆达多因以神通取信于摩揭陀王子，而得到了很多的供养。于是野心勃发，想取代佛陀统治僧团，遭到佛陀的制止，便怀恨在心，教唆王子刺杀其父夺取王位，而自己则因陷害不成佛陀，亲自于灵鹫山趁佛陀散步之时，推下石块，企图砸死佛陀。由于山岩突然合拢，只有一块碎石伤了佛脚。此后，提婆达多屡次设计谋害佛陀都未得逞，甚至提出"五事"分裂僧团，并带走一部分比丘，另立门户。佛陀

---

① 《律藏》大品，转引自郭良鋆：《佛陀和原始佛教思想》，79页，北京，中国社会科学出版社，1997。

便派舍利弗、目犍连前去解救他们。二人先后说法，终于把 500 位比丘带回竹园精舍，彻底击败了提婆达多。

佛陀在晚年还调停了摩揭陀国与乔萨罗国的战事，消弭了战火。佛陀为避免在其圆寂之后众弟子发生分裂，为阿难讲述了六净根、四净事、七灭净、六调停法等法门，为自己的身后事做出了安排。

(三) 佛陀涅槃

佛陀在涅槃前一年行迹遍布中印。由王舍城而吠舍离，而那烂陀，而那提伽，而般荼，而薄伽城，而拘尸那罗的娑罗林，分别讲说戒、定、慧三学的关系，尤其着重于戒；宣讲《法镜》，增进弟子对佛、法、僧三宝的信心；训示众弟子，要以自己为岛屿而安住，以自己为庇护，以法为岛屿，以法为庇护；于吠舍离大林重阁讲堂总结自己的教法为四念处、四神足、四正勤、五根、五力、七觉支、八正道，合称三十七道品。在薄伽城为众比丘宣讲四大教诫，训示众比丘要以法和律为依，贞定异说。佛陀还于吠舍离化度奄摩罗女，为离车人说法，受纯陀供养，点化游行僧须跋陀，接受其为佛的最后一个弟子。

佛陀因接受铁匠纯陀供养的食物而染病，便选择了拘尸那罗城的娑罗林作为涅槃之处。他卧于娑罗双树之间，右侧而卧，呈狮子睡眠状，保持清醒，等待圆寂。据佛经记载，在这段过程中，娑罗双树鲜花竞放，撒落佛身；天上也撒下曼陀罗花和檀香粉以示崇敬；众天神赶来观看佛陀涅槃的景象。佛陀说："这些并不是对如来的崇敬；比丘和比丘尼，优婆塞和优婆夷，通晓法和次法，依法而住，正确修行，随法而行，这才是对如来最高的崇敬。"

佛陀还决定以"如来生处""如来成正等觉处""如来转无上法轮处"合乎"如来入无余涅槃处"为起涅槃后的参谒礼拜之所。临灭前对须跋陀说偈道："我 29 岁时出家，寻求善道，须跋陀！自从出家到现在，51 年已过去，游行正理正法地，此外无处有沙门。"

　　此后，佛陀为众比丘授偈道："这 500 位比丘，甚至最后一位，都能达到预流，得不退法，必定成正等觉。"然后，佛陀对众比丘最后说法道："诸行是坏法，你们要精进努力，心不放逸。"①

　　佛陀说法完毕，便进入涅槃。

二、佛陀的教育思想

　　由于佛陀涅槃前的教说并没有留下自己的书面文字，即使最早的佛陀传记也出现在佛陀涅槃后的百年之后。因此，我们对于佛陀思想的了解主要参考原始佛教的相关材料。根据佛教史的分期，原始佛教是指佛陀本人及其灭后百年左右部派未分时期的佛教，大致在公元前530—前370年。这一时期的佛教思想基本保持佛陀教法的统一和纯粹，内部尚未分化。因此，我们可以说原始佛教就是根据佛陀的教说以及由佛陀教说的精神推阐而来的佛教。

　　原始佛教思想的材料大多保存在经律当中，这些经律以南传的巴利文经藏和律藏最为古老，其中经称为尼柯耶，有长部、中部、相应部、增一部及小部五部；律以戒条（波罗提木叉）为主，包括《经分别》《建度》与《附随》三部分，它们分别是对戒本的广释，即以缘起故事的形式说明佛陀制定每一条戒规时的状况，以及诸事的汇编和对前两类内容的概要附注。汉译的经律基本从梵文移译而来，北传的资料大多保存在汉译当中，其中经藏的四阿含，即长、中、杂、增一与巴利文经藏的前四部相当，巴利文的小部则大多未有相应的汉译，少部分的汉译收在称为杂藏的部类中。汉译的律有与巴利文律藏大致对应的《四分律》《五分律》《十诵律》《摩诃僧祇律》与《根本说一切有部律》等，多是大众部与一切有部所传的戒律，与上座部系统的巴利文律藏传承不同。

---

　　①　本页引文及材料均参见郭良鋆：《佛陀和原始佛教思想》，第二章"佛陀"，北京，中国社会科学出版社，1997。

无论南传还是北传的原始佛说，都经过了一个很长的形成过程，基本上是在部派形成以后才最后定型的，因此都带有明显的部派色彩。若试图从中寻绎、勾勒出佛陀原始教说的真实样貌，是相当困难的。根据东西方学者的研究，虽然大致可以搞清楚巴利文三藏中经典的编年次序，但由于文献编撰的复杂性以及判定标准的多样，最终确定佛陀教说的原始状况仍是非常困难的。因此，对佛陀思想的深入探讨，就不能仅仅以《经集》《长老偈》以及《法句经》等几部目前已确定为最早成形的经典为基本典据，而要能够以佛陀教说的精神为中心，结合佛法整体的历史与逻辑的实际，全面地利用阿含与律部的文献，从原始佛学的整体来研究佛陀的教说，以此为我们进一步阐述佛陀思想在教育思想史上的意义建立稳固的学说史的基础。

我们现在所能了解佛陀思想的材料来自佛教、佛法、佛传三部分。佛教，即佛的教说，是佛陀在菩提树下成道后，40年间所说法而成立的包含戒、定、慧三学的宗教体系。这一体系是由佛、法、僧三宝构成，它不仅包括解脱的理论与实践，而且涉及解脱修行的现实形态，即依律而组织的僧伽。更重要的是，这一体系还突出了始祖崇拜，而且在佛教中，对始祖佛陀的崇拜是与理想人格的崇拜合二为一的。佛法作为佛陀自内觉证的内容，是表现于佛陀的人生与人格的。佛陀"如说而行，如行而说"，他的教说得自他的实践修行之所证，而他的修行行为又是他的教说真理性的直接证明，同时，见之于行为的人格是其教说的体验妥当性的保证。佛传则包括了后世所流传的各类关于佛陀的故事、传说以及关于佛陀人格及其行为表现实质的思考和观察。但严格地讲，佛传只是我们考察和了解佛陀教育思想的基本素材和参考，而并非佛陀本身的教育思想。因为不同时期形成的佛传是人们不同佛陀观的反映。另外，关于佛陀性质的不同理解与思考也影响着对佛传的解释。正如不同时期有不同的孔子一样，不同时期的佛陀传记也有着不同的思想意义与价值。正如 Michael Carrithers 所指出的，佛典里所保存的材料未必都是信实可靠的，

"有些佛语早已失传，其他的则被曲解。有些变成了套语，在不相干的场合中反复出现。而且，僧众后来还自作主张加进了许多东西，特别是佛陀的形象越来越被夸大。不管佛陀本人说什么语言，现在用来记录佛典的语言，没有一种是佛陀自己使用过的语言"①。因此，我们在讨论佛陀的教育思想时，应该主要参考的是原始佛教时期围绕着佛陀的生平事迹与教说实践而展开的各类故事与传说，而不应将后世部派佛教和大乘佛教中关于佛陀人格形象及其故事和传说纳入考虑的范畴。就此而言，探讨佛陀的历史形象以及佛陀原始教说中包含的对佛陀历史形象的认识，就应该成为我们以科学的、实证的态度叙述佛陀生平史实的前提。

（一）缘起论与佛陀的教育本质思想

佛教形成时代，不同宗教和哲学派别对世界的成因以及人生的看法解释各不相同，进而直接影响着它们关于教育本质的理解。佛陀提出了"缘起论"，作为他对世界万事万物成因的基本解释。他认为，世界上一切事物都依赖于一定的条件而产生，因一定的条件而灭亡，因而世界万事万物都在不断的变化之中，任何条件都不可能长久存在，因而任何事物都不能执着。人若追求这些东西，到头来必然一无所获。因此他认为教育的本质就在于让人们认清世俗世界的真相，进而去追求和实现永恒的解脱。

佛陀的缘起原理的原始教法形态就是他悟道的核心内容——十二因缘说。一般来讲，佛陀正是由于观察十二因缘的关系而觉悟了缘起的道理才得正觉成佛的。十二因缘定型后的经说散见于多部经律，较典型的说法有几种。《缘起经》云："佛言：云何名缘起？初谓依此有故彼有，此生故彼生，所谓无明缘行，行缘识，识缘名色，名色缘六处，六处缘触，触缘受，受缘爱，爱缘取，取缘有，有缘生，生缘老死，起愁悲苦忧恼，是名为纯大苦蕴集。如是

---

① ［英］Michael Carrithers：《佛陀小传》，高山杉译，117 页，北京，外语教学与研究出版社，2008。

名为缘起初义。"①这里仅言及缘起的生起次序，即所谓顺观缘起。《杂阿含经》卷十三云："比丘们，缘起是什么？比丘们，从无明缘行，行缘识，识缘名色，名色缘六处，六处缘触，触缘受，受缘爱，爱缘取，取缘有，有缘生，生缘老死，而生愁悲苦忧恼。如此，有这一切苦蕴之集起。比丘们，这叫作缘起。可是，由于无明之灭而有行之灭，行灭而识灭，识灭而名色灭，名色灭而六处灭，六处灭而触灭，触灭而受灭，受灭而爱灭，爱灭而取灭，取灭而有灭，有灭而生灭，生灭而老死愁悲苦忧恼乃灭。如此，有一切苦蕴之灭。"②这段引文便包括了原始教说中反复提到的对于十二因缘进行顺逆观察的两个方面。从上面的引文，我们可以看到十二因缘的诸支都是人生的现象，其实质是生死问题。由此，我们也可以了解到佛陀关于教育本质的认识与了解实质上是与人生问题紧密相关的，在一定意义上我们甚至可以说，在佛陀那里，教育的本质问题就是人生的本质问题。关于十二因缘的核心究竟是识与名色，还是无明与行，学界有不同的解释。这些关于十二因缘教法中诸支关系的教义解释涉及佛陀关于存在的根源与结构的看法，是后来佛教诸派教义分歧所在。这里我们先就十二因缘的基本含义做一些探究，以便更好地了解佛陀对于教育本质问题的思考。

从上文所引我们可以看到，在言及缘起诸支之间的生起关系之前提到的"依此有故彼有，此生故彼生"，是对诸支生起关系即顺观的概括。关于十二因缘的教法所包含的一般意义上的缘起道理，通常在经律中完整地表述为顺逆两个方面，即"此有故彼有，此起故彼起；此无故彼无，此灭故彼灭"③。这句话可以作为缘起原理的基本公式。这个公式要表达的意义正是缘起的内涵。巴利文相应部中这样解释缘起概念："诸比丘，什么是缘起？诸比丘，以

---

① 《缘起经》，《大正藏》第 2 册，547 页。
② 《杂阿含经》卷十三，《大正藏》第 2 册，92 页。
③ 《杂阿含经》卷十三，《大正藏》第 2 册，92 页。

生为缘有老死，无论诸佛出世或不出世，而此(缘起的)界(自性)住立，是法住性、是法不变性、是此缘性。如来于此现正觉、现观，现正觉、现观后，讲它、说它，施设、确定、开显、分别及显示它，而说'汝等当见!'诸比丘，以生为缘有老死，诸比丘，以有为缘有生……乃至……以无明为缘有行，无论如来出世……乃至……分别显示，而说'汝等当见!'诸比丘，以无明缘有行。诸比丘，这里是如性、不违自性、不他性，是此缘性。诸比丘，是名缘起。"①在这里，缘起被解释为"此缘性"(巴利文为 idappaccayata)，是以此为缘的意思，它是由真理决定的存在，或者说它就是真理，就是"如性"。"此缘性"根据学界的一般理解，是相关性或相依性的意思。也就是说，诸法之间是相互依存的，以彼此相缘为本性。然而，相关性的含义并非仅仅指出彼此相缘那么简单，或者说，彼此相缘的意义包容着丰富的义理层次。对于"此缘性"在相关性意义上最彻底的说明，应该是中国佛教华严宗"理事无碍""事事无碍"的法界缘起说，而从原始佛说到大乘的中国教派，围绕缘起的相关性意义有着一个复杂的发展演变过程。从这一发展过程的变化中，我们也许可以更加深刻地窥见佛陀思想的真正含义。

在原始佛说中，对"此缘性"的解释是从无常、无我的方面着手的。在三法印中，诸行无常是指一切现象都是生灭变化的意思。一般地讲，行是经验世界中的现象，无常是迁流变化之意。在部派佛教中，无常的含义被彻底化，具有了刹那生灭的意义。但是在原始佛说中，无常还基本上是指经验现象，尤其是人生现象的生灭变化。由于无常的性质，所以处于迁流变化当中的事物都是不能恒久永存的，事物之间是不能避免相互依存与转化的。可见无常也是对相关性的揭示。在经验界、现象界并无永恒的实体，事物不能保持自我本性的不变，即不能"任持自性"，这正是诸法无我的一般含义。由此可见，

---

① 觉音：《清净道论》之《说慧地品释缘起》，叶均译，中国佛教文化研究所，转引自吴式颖、任钟印主编：《外国教育思想通史》第 1 卷，210 页，北京，北京师范大学出版社，2017。

佛陀对人性实质上也没有肯定的回答，由此与以往将教育的本质界定为对人性的塑造不同，佛陀走出了对教育本质认识的另外一条新路。诸法没有实体便是无我。所谓"我"，就是自我决定、自在自为的时空之外的超验实体。现象界的诸法并不具备这样的绝对无待的实体性，而只是有条件地依他的存在。诸法无我力求说明的事物这种依他有待的本性，也正是相关性的内涵。由此出发，我们可以看得出，佛陀实质上认为人性其实也是根据外在条件的变化而变化的，这与孔子认为"性相近，习相远"的思想是异曲同工的。

总之，十二因缘教法中的"此有故彼有，此起故彼起；此无故彼无，此灭故彼灭"的缘起公式，说明的就是现象界一切事物之间的相互依存、彼此为缘的关系，在这种关系当中并无自主的实体，事物的本性是依他有待的这样一个道理。我们可以说，十二因缘的教法是在抽象的意义上阐明了这个存在的缘起道理，缘起的道理所具有的形式上的意义，正是十二因缘教法的精神旨趣所在。但是，以人生现象为内容的十二因缘诸支之间具体的互为条件的因果关系，与这个形式上的抽象的缘起道理之间又是怎样一种关系呢？或者说，原始教法以十二因缘说明的缘起道理具有怎样的特征呢？为说明这一点，我们就须从十二因缘的具体教法内容，即十二种人生现象之间的具体关系及其意义来探讨。

根据《缘起经》所说的意思，缘起是指"此有故彼有，此生故彼生"，而无明缘行等十二支的相缘关系，是这句话的"所谓"，也就是说十二支之间的相缘关系是彼此相缘关系的意义所指。或者说，缘起的道理抽象地说是"此有故彼有，此生故彼生"的相缘原理或公式，而具体地说则是指以人生现象为内容的十二因缘诸支之间的相缘关系。对佛陀缘起思想的探讨不能离开十二因缘说的教法，也就是说，我们只有把抽象的缘起道理具体放在十二因缘的教法当中，才能获得佛陀关于缘起理论实际意义所指的理解。以上我们已经分析了缘起理的抽象内涵，下面我们就来了解佛陀关于缘起理在人生实际中的意义所指。

在原始佛说中，"彼此相缘"的关系不是空泛笼统的，"此"与"彼"有着明确的所指，它们就是从无明生到老死有，又从无明灭到老死灭的相缘关系，其实质在于说明人生苦乐的根源，在阐明苦蕴的"集"与"灭"。也就是说，十二因缘的教法是根据"有漏皆苦"的价值判断展开的。通过十二支之间的相缘，说明"五取蕴是苦"的道理。所谓五蕴，是指色、受、想、行、识五种现象，包括名（精神或心理现象）与色（物质或肉体现象）两方面，这说明人的生存以及与人的生存相关的一切世间都是为苦所摄的，苦的根源就在于从这五个方面加以执着，即所谓"取"，"取"的根源在于"无明"。这样，以阐明苦为宗旨的十二因缘教法，实际上是一种价值的缘起。这一包含着价值判断的缘起教法，根据这十二种人生现象的生起因果与断灭因果的不同，即所谓顺观与逆观的不同，可以分成流转与还灭两种缘起。

关于"无明"的意义，根据经典的解释，是指对苦、集、灭、道四谛的"无知"。然而，这种"无知"并不仅仅是指对四谛理论的知识缺乏，更多的是指对四谛的"无见无现观"。所谓"见"与"现观"，是指对四谛道理的直观，通过直观而有的并非理论意义上的知识，而是一种洞见和觉悟。因此，"无明"的克服，也不像一般对无知的克服一样，仅仅经过求知、学习便能实现，而是要通过八正道，尤其是其中的"正定"，才能最终实现"正见"。这说明"无明"基本上是就人的精神的或存在的障蔽而言，这种障蔽便是欲望，也可称为烦恼障。对欲望的克服需要道德的以及禅定的实践。因此，从"无明"的性质，我们也可以更加深刻地了解佛陀关于教化或教育的本质与作用的看法。在佛陀那里，教育的本质不在于知识的传授，而在于向个体开示觉悟，启发自我的觉醒，在学习中探寻宇宙人生的真相，了解生命的真正意义。因此，佛陀认为个人虽有天资、性别、性格及生活环境等各方面的巨大差异，但通过适当的教育、正确的引导、持续的学习，其个人潜力就能得以开发，从而能够存真去妄，不断向上、向善，最终达到自我实现。

由于"无明"的存在，所以有"行"的生起。"行"，最广义的意思是诸行无常的行，即一切现象之义。这说明，由于"无明"使得现象得以产生，而现象即是幻象。另外，还有五蕴中的行蕴之行，指意识作用。意识可以作用于现象，从而使得认识得以可能，但现象自身的幻象性质，使得意识并不能真正把握和洞察事物存在的本质。十二因缘中的"行"应该是"思"，即"善恶之意"，是身、口、意三业中的意业。可见，行是从业的意义上立说的。由无明缘行，即是由欲造业之义。业是轮回的动力因。佛陀教法中关于业的理论与缘起的原理相结合，最能说明佛教对教育的可能性的观点。教育之所以能够存在，是因为教育可以克服人的意识对于现象的不正确认识，并能够通过价值判断来选择自己合理的行为，从而最终实现自己的觉悟和解脱。

"行缘识"之识的意义，一般地来讲是"分别"，即"分而知"的意思，也就是认识判断的作用，这是就前六识而言，主要是五蕴中识蕴的意义。在十二因缘中，"识"的意思后世多解为"入胎之识"，也称"结生识"，作为轮回的承担者。但在原始教法中主要还是指具有认识作用的主体心。

"识缘名色"的意义是后世唯识学借以成立阿赖耶识的原始教法根据。唯识学的这种解释便是继承了"结生识"的意义。名色是指五蕴，其中包括识蕴，如果作为名色成立条件的识同时也是识蕴所摄，那么便是识以自己为缘了，而这是不合逻辑的。因此，作为名色，尤其是六识生起条件的识，就应该是藏有诸识生起功能（即种子）的阿赖耶识（藏识）。但是，根据教法的原始含义，似乎应该是"内有识身，外有名色"之意，把名色作为识所缘的六境。据此，六处即为六根，是对认识能力的比喻说法。由于根（能力）境（对象）相触而有识（结果）生，因此，"触"是根、境、识三者和合的意思。"受"是"触"的结果，即"眼触所生受"乃至"意所生受"等六受身，按其性质可分为苦、乐、不苦不乐三种。可见，"受"是由触而生的苦、乐、不苦不乐三种感受。由此三种感受而生起爱憎的欲求，便是"爱"。"爱"的性质，据四谛的解释可分为欲爱、有爱、无有爱三种。"取"是由心中之爱念所发之行为。由"取"而产生"有"，"有"是存在的意思，此处指由"取"的业力残余下的人的性格或人格。由"有"而起"生"，"生"是指经验的发生。"老死"是指老苦与死苦，代表由生直接引发的愁悲忧恼等一切苦恼。从根本上说，苦恼是无明、业等带来的。

这是十二因缘教法中顺观缘起或流转缘起的内容。关于逆观或还灭的内容，只有消极的说明，实际上还灭缘起的具体细节是修道论的内容，即佛陀四谛教法中道谛的内容。其核心是八正道，以生起"正定"，产生"正见"，最终觉悟解脱为目的。以上是原始教说中十二因缘的基本意义，与部派佛教中对名相的规范化、系统化相比，许多名相的解释还有模糊笼统之处。但是，原始佛说从人生现象出发，以苦的判断为中心，解说抽象的缘起道理的特征是非常明确的，这正是佛陀关于缘起道理的十二因缘教法的实质。尽管十二因缘教法中包含着关于缘起理的"此缘性"意义，但这种抽象的道理还没有在教法上普遍化到宇宙的一切现象上。可见，佛陀教义的核心是关于人生的教育，因而其对教育本质的思考，实质上就是关于人生本质的思考。后来佛教思想的发展，就一方面表现在抽象缘起理的继续深化上，另一方面则相应地在教法组织上进一步扩大到宇宙、人生的一切方面，逐渐具有了形而上学本体论的意义。

从对原始佛说的十二因缘教法及其所阐述的"此缘性"道理，我们可以看到以相关性、此缘性为内涵的缘起原理所具有的多个义理层面。我们可以说它既是存在于教法诠说之中的道理，又是与这种道理相应的独立于教法之外的存在之理法，而同时我们也可以说它是教法中运用的观察揭示缘起理的普遍的思想方法。在此意义上，我们就可以认为抽象的缘起道理作为缘起的一般意义，它虽寓于教法之中，由具体的教法来阐明，但它又是超越具体教法之上，不能为教法的解说完全穷尽的。作为一切教法的核心教理，不同的教法都是对这一教理的不同解说，而教理的旨趣不变，所变化的只是教法的组织形式。这正是佛常说的"如来出世，或未出世，此理已定"①的意思，即"有佛无佛，性相常然"②之义。但同时不容忽视的是，"此理"毕竟是依于佛陀而显现于世的，从佛的大觉中流出，所谓"见法者如见我，见我者如见法。何则？见法故见我，见我故则见法也"③。这说明此理法又依佛而有。于是，对缘起理的探究便不能抛开佛陀的教法，经中常谓"吾人之法以世尊为本，以世尊为向导，以世尊为依处"④便是此意。因此，我们可以把由十二因缘的教法引申出的缘起问题的探究分为两个层次，一个是作为教理的缘起原理，另一个是表述缘起原理的教法系统。如果说教理是抽象的，是存在意义上的，那么教法则是具体的，是根据教说实践，而且是针对众生的实际需要而来的。也就是说，教法对教理的解说，是教法对教理的实际化、价值化，而教理则是通过教法运用于实践的。可见，在佛陀那里，人生与生活其实是一体的，因而教育的本质实质上也与个体的生活和人生是一体的。就此而言，佛陀的教育本质上就是一种人生的教育、一种生活的教育。教法与教理之间的关系，不仅是我们理解佛教思想的重要线索，而且从两者之间的关系变化中，我们也可以了解佛陀缘起思想的真实含义，进而加深对佛教思想的发展演变的理解。

关于缘起教理的意义，佛陀的教说中已经做出了"此缘性"（即相关性）的解释，但原始佛说中的"此缘性"意义仍然有义理未剖的笼统之处，缘起教理的终极旨趣是在大乘中观学派中被进一步完善和发现的。另外，关于缘起教法的组织，以原始教法中的十二因缘为原型，一直是佛教诸派组织教法的根底，只是对它的态度和运用有所不同。后期佛教的发展，一方面，不断加深

---

① 《法苑珠林》卷八十七，《大正藏》第 53 册，925 页。
② 《摩诃般若波罗蜜经》，《大正藏》第 8 册，325 页。
③ 《阿毗达磨顺正理论》，《大正藏》第 29 册，557 页。
④ 《瑜伽师地论》卷八十四，《大正藏》第 30 册，767 页。

着教理的认识；另一方面，在组织教法以适应和表达教理时，非常重视教法形式的统一性，通过综合旧有的教法来传达新的教理。这一特点体现了佛陀教法的连续性与继承性，同时也是在为新的教理寻找佛陀教法的根据。部派、中观与瑜伽行(唯识)都在不同程度上体现了这一点，并且各有所侧重。

对缘起教理"相关性"意义的决定性发展，便是在"此缘性"(相关性)与"空"意义上的无自性之间建立起逻辑联系，这一点是由龙树(Nagajuna)在《中论》中完成的，在"缘起性空"或"缘起无自性"的道理中实现的。实际上，原始佛说中用无常无我来解析"此缘性"的相关性意义，便使缘起理具有了无自性的意思，也就是上文提到的诸法由于迁流变化的无常本性而具有的依他有待的无自主性，即无实体性意义上的无我。但是，这种意义上的缘起理完全可以仅仅理解为现象之间的相对性关系，正如"相对性"一词的英语译词"relativity"所表达的含义一样。即使将这种相对性关系绝对化，也不能必然推导出佛教意义上的"空"来。佛教"空"的内涵有着非常丰富的层次。根据龙树《中论》的意旨，"空"同时具有遮与表两方面的意义。一方面，就现象界而言，缘起的道理便是空的道理，缘起可说是对空义的正面表诠，"空"可说是以遮诠否定的方式表达着缘起的最终旨趣，也就是说，缘起即无自性，无自性即空；由空故无自性，由无自性故诸法随缘而起。另一方面，缘起性空作为对现象界虚妄本性的揭示，在否定现象的真实自在本性的同时，实际上便是在以遮诠否定的方式表达着真实与绝对的存在。我们也可以说，缘起性空的道理本身便是在以真实否定虚妄；诸法之所以是缘起而无自性的，是因为有着真实自在的真如与它比照。因此，"空"本身也是对真实本体的说明。由此可见，"空"是现象与本体的中介，在"空"中，现象与本体实现了统一，"空"对现象虚妄本性的揭露本身就是真实本体的显露。在这个意义上，缘起教理与如性真理便合而为一了。关于此，佛陀的原始教法中就曾有提示，但是，只有在龙树的中观学派中，对于如性真理的阐释才更深入，缘起与如性的和合不再是笼统地以缘起为如性，而是从如性的自在来成立缘起。这是大乘思想的核心，也是缘起教理的终极意义。

作为佛陀早期教育重要内容之一、解说流转与还灭两种因果的四谛说，是在运用因缘，或者更普遍地说，是运用缘起的道理，分别对现实与理想进行系统的剖析，由此可见缘起在佛陀教法中的地位。关于缘起理与佛陀教法之间的关系，许多学者都从南传上座部的大论师觉音（亦译佛音，buddhagho-sa）对"法"（dharma）这一概念的定义中寻求解释的门径。觉音对"法"的内涵做了四种区分：a 教法；b 因缘；c 德；d 现象（或译事物）。有学者认为后三项是指存在的理法，其内容便是指存在意义上的缘起理，而教法是对缘起理的解说，于是这四项就被归纳成教法与理法这样的能诠与所诠的关系。同样是运用能诠、所诠的模式解释这四项之间的关系，有的学者认为前三项是指以缘起理为内容的教法，是佛陀教说意义上的法，与作为存在事物或现象的"一切法"相对。不管如何解释这四项之间的关系，缘起理与佛陀教法之间的对应关系是确定无疑的，这正是对佛陀在《中阿含》中所说的"若见缘起便见法，若见法便见缘起"这句话的恰当解释。由此可见，缘起是佛陀教法的基本原理。作为佛陀教法基本原理的缘起，不仅是组织四谛理论的核心原理，而且是三法印用以标志佛法特征的基础。不论是无常还是无我，都既是对缘起理的说明，又是缘起理运用的结果。即使是作为终极实在的涅槃或法界，也必须用缘起的道理来揭示。因此，我们对佛陀教育本质的认识乃至对教法体系的评述，就是根据缘起的原理而不是从佛陀教法的实践特质和组织系统即四谛来论述佛陀教法的重要内容及其方法思想的。

对佛陀教法的全面组织工作是由佛灭后的各部派以及大乘的瑜伽行派完成的。由于它们对佛陀教法的组织，故又被称为小乘的和大乘的法相学。大、小乘法相学在法相（教法）组织上具有统一的形式，这可以看作对佛陀教理的一致性、连续性的体系化的追求。通过教法的统一来贯彻教理的一致与连续。

这一点便表现在大、小乘论书在造论格式的程式化与模式化上。当然，在统一的程式中存在着教理的深浅与大小的差异，只是这些差异不是通过改变名相范畴重新建立体系来表现的，而是仍然借助旧有的教法名相，通过增加与调整名相来完成的。这样便维护了佛陀教法的统一与稳定。

在对十二因缘教法的整理上，部派佛教将十二因缘组织成三世两重因果的形式，并在教理上相应地提出了"人无我"的看法。瑜伽行派则从十二因缘的教法中整理出阿赖耶识缘起的教法，借此说明"人法两无我"的道理。这里需要强调的是，无论教派与思想怎样变化，它们都是围绕十二因缘的教法，根据缘起的道理来展开自己的体系，并进而深化缘起理的。

以上我们讨论了原始佛教中的缘起思想，缘起思想是佛陀教说中关于世界与人生本质的理论。通过缘起思想，我们可以了解佛陀对于世界的终极实在的基本看法，正是在此基础上，我们可以引申出佛陀关于教育的本质、目的以及意义的基本认识。关于缘起思想在教育思想史上的意义，我们认为，主要表现在以下几个方面：第一，缘起的原理是与形而上学的实体观截然不同的一种对于世界、宇宙乃至人性本质的认识，抛开其在宗教实践上的意义，仅仅作为一种理论而言，它把变化当作世界、宇宙以及人性的本质，在绝对的意义上，并没有恒久、稳定、普遍的基质可以作为宇宙的支撑，变化的绝对意义实际上与空是同义的。在空的本质上，现象界的事物本性都是相对的，是相依相关的，不能独立自在、自存自为的。在此意义上，教育作为一种人性改造行为便是能够成立，而且有意义的，这与决定论的思想所认为的人性不可改变，因而教育无用的观点是截然不同的。第二，缘起思想也涉及道德主体或行为主体的问题。根据缘起的理论，"无我"的判断是可以自然引申出的结论，然而，在何种意义上成立"无我"，则关系到佛教对人格主体本性的认识，同时也关系到佛教思想中关于教育目的的思考，也就是说，什么样的人格理想是佛教教育的目标，在怎样的状态下人格主体是可以被教育改造的。

这样一来，缘起思想中关于人性与教育的关系，以及教育的人格理想问题则主要体现在无我论中，并直接确定了佛陀对教育作用的深刻认识。

（二）无我论与佛陀的教育作用思想

无我论与缘起论一样，是佛陀教法中最具原创性的思想，实际上，无我论就是缘起道理的一个方面，是缘起思想的一种形式，也可以说，无我是缘起思想在人格主体领域里的运用与表现。其实，运用于人格主体领域里的缘起思想正是佛陀原始教法的特点，这一点被后来的部派佛教总结为"人无我"。可见，缘起与无我是佛陀教法的根本标志，是佛陀教法的特质所在。在佛教三法印中，苦及其相关的业的思想，是印度思想中固有的传统理念，并非佛教独有，因此，并不能构成佛教思想终极意义上的用以说明、解释其他教法的基础和标准，而其自身是要由缘起与无我来说明、解释的，并因而具有佛教自身的意义，尤其是其中的业的思想更是如此。下面我们对佛陀教法中的无我理论以及据此重新解释的业论加以分析，并进而阐明其关于教育作用认识方面的重要作用。

在探讨无我问题之前，我们首先应该把印度思想传统中的"我"的理念加以分析，以明确无我思想的针对性。"我"（阿特曼）是奥义书的核心观念，从梵书时代起，印度思想中就出现了向主体内部寻求终极实在的倾向。这一倾向以《梨俱吠陀》中的《原人歌》为出发点，进而把生气（呼吸）与心作为终极原理的承担者，最终以纯粹能动体与纯粹主观体为自我之本体。关于自我（阿特曼）的性质，我们已经知道阿特曼是超越于我们的经验之上的，同时又潜存于我们自身之内的发生开展出宇宙的根基或实体。把我体作为宇宙的根基，并进而提出梵我一如的本体论框架，因而我与梵一样是宇宙的本体。作为宇宙本体的实我具有怎样的德相呢？奥义书中有四位说与五藏说说明阿特曼的性质，同时也反映了奥义书中对我的认识过程以及组织过程。其中，《布利哈德奥义书》对熟眠位之我的描述颇能反映我体的终极性质，它认为熟眠位之我是最上之归趣、最上之安乐、最上之世界、最上之欢喜。可见欢喜、安乐、实在是我体的性质,后来在佛教中也将此概括为常、乐、我、净四种德相。作为实体的我体,具有恒久不变、真实自在、自由如意、清净安乐的特点。这可以看作印度思想传统中我的理念的基本内容。

佛陀教说中的无我思想,根据传统的解释是对奥义书中反映的婆罗门思想的回应与反驳。因此,无我就是对婆罗门教的实体我的否定。在原始佛说中,"我"一般被理解为"常一主宰"之义,那么无我就可以分析为无常与不自主两方面的意思,不自主即苦,因而无我与无常、苦构成了一个相依的完整的意义结构。这三方面之间互为表里,可以互相解释。这说明三法印说形成了佛陀教说的统一的教义基础。在无常的绝对意义上理解无我,就不存在固定的自我,而只有流动变化本身,即使有我的意识出现,也只能在流动变化的意义上来说明。由于流动变化而无"我",即不由"我"的主宰而有变化之自然,故产生由不自由而起的"苦"感。作为不自由之苦最具典型性的反映,就是我体不能常住的生命短暂的幻灭之感,更进一步说,就是由再生再死而引起的轮回之苦。关于无我的解释,在原始佛说的教法系统中主要以五蕴的无常与苦来说明五蕴的无我,这可以看作从教法理论的角度对无我意义的阐明。

关于五蕴无我的意义,觉音在《清净道论》中概括为"只是名色,而没有人及补特伽罗",其中,名色是指受、想、行、识与色五蕴,五蕴无我即五蕴和合故无我。五蕴是对人自身的构成分析,在人身的五种功能集合的和合中并没有自在的我体的存在,而只有和合了的五种功能集合,因此,实际上五蕴无我表达的只是和合无我的意思。关于这一点,成于部派时期的《弥兰陀王问经》中做了进一步的组织。此经通过那先比丘与弥兰陀王的对话问答,最终得出"我"的存在仅仅是一个名号而已的判断。经中云:"这个'那先',其实也只不过是个名称、称呼、假名、通称、名字而已。在那个地方并没有任何人格的个体可以认定。"①根据觉音的总结："'人'和'我'只是表达五取蕴，而当我们逐一考察各个部分时，我们发现依照绝对意义并没有'人'，可以据以妄称为'我'或'我的'。换言之，依照绝对意义只有'名色'。凡是作如是观者，他的见解才是如实之见。"②值得注意的是，觉音的表述中关于"我"的意义有绝对（第一义）与相对（世俗义）的区分，这对我们在后面说明佛教无我理论中的行为主体问题有一定的启发作用。

《杂阿含经》对五蕴无我又做了进一步的阐明："色是无常，一切无常的东西是苦，苦的东西是无我。"③其他受、想、行、识四蕴亦如此，由五蕴的无常、苦来说明无我，这样，五蕴的无我也仍然是在无常不自主的意义上展开的。因为五蕴本身的每一蕴都是一种"集聚"，因此，五蕴并不是人的五种要素性实在，它们自身也是处于流动变迁之中的。于是，原始教说中便出现了另外一种关于五蕴无我的说法，即五蕴各个无我。当然，这一点在五蕴中的每一蕴都由集聚和合而成意义上也是可以理解的。但是，《阿含经》关于这一点有着另一种解释。里斯·戴维斯（Rythys Davids）的著作《佛教》，曾引用了巴利经藏中一段颇具代表性的话。经云："行者们，不管这些导师们以怎样的方式看待'我'，他们都认为它是五蕴或五蕴之一。于是，行者们，一个没学问的、不信教的人——一个既不能与皈依者，也不能与神圣性发生联系的人，他也不能理解他们的法，也不会遵循这些法来生活——这样一个人既把'我'作为在物质属性（色）中保持同一（identical with）的东西，又把它作为一种物质属性（色）的所有者（possessing），也把它作为一种物质属性（色）的包容者（containing），一种居留（residing）于物质属性（色）之中的东西。"④与此相同，

---

① 转引自吴式颖、任钟印主编：《外国教育思想通史》第1卷，219页，北京，北京师范大学出版社，2017。

② 同上。

③ 《杂阿含经》卷二，《大正藏》第2册，7页。

④ Rythys Davids, *Buddism*, Chapter 3，转引自吴式颖、任钟印主编：《外国教育思想通史》第1卷，220页，北京，北京师范大学出版社，2017。

其他四蕴也是这样一种关系。经又云："通过这二十种看待'我'的方式，他便得到了'我存在'的理念。"①可见"我"是作为五蕴中每一蕴的同一者、所有者、包容者与居留者的意义存在的。五蕴有我的意思，就是五蕴是我的，为我所有之义。与此相应，"无我"便是"不是我的""不由我所属"的意义。里斯·戴维斯还进一步明确指出，把身心分成五蕴来表示是后世发展出来的概念，原来仅仅分为身与心两种，所谓无我，仅仅指"身心不是我"，即身心不是我的所有物之义。这样，无我就不是对我体的完全否定，即"没有我"（without a soul）的意思，而仅仅是"不是我"（not a soul）之义。这一无我义在汉译《阿含经》中被译作"非我"。日本学者中村元关于原始佛说中无我义的确切含义曾指出："在初期佛教，由无常的理法而导出无我说。据古老经典出现的无我说看，任何东西都会变化、会消灭的，所以，人对任何物，都不要认为是'我的东西''我的所有'来'执着'。故云：修行人首先非舍去'我的东西'之观念不可。因此，无我说就是排斥如此意思之'我执''执着'的。"②那么，无我实际上就只是"非我"之义，即"不是我的""不由我所属"的意思，而无我说的旨趣仅在实践上破除"我执"，而不是从理论上否定"我"体。关于"非我"意义上的"无我"义，中村元进一步指出："无我说被认为是佛教的根本思想，同时是佛教与其他诸哲学思想明显的分别标志。但至少在初期佛教并不主张'我不存在'，只是反对客观的、实体的或机能的'atman 观与我观'而已。对于是存在或不存在之问题，初期佛教徒是沉默而不多言的。"③

---

① Rythys Davids，*Buddism*，Chapter 3，转引自吴式颖、任钟印主编：《外国教育思想通史》第 1 卷，220 页，北京，北京师范大学出版社，2017。

② ［日］玉城康四郎：《佛教思想（一）——在印度的开展》之"佛陀的教义"，李世杰译，台北，幼狮文化出版社，1995，转引自吴式颖、任钟印主编：《外国教育思想通史》第 1 卷，220 页，北京，北京师范大学出版社，2017。

③ ［日］玉城康四郎：《佛教思想（一）——在印度的开展》之"佛陀的教义"，李世杰译，台北，幼狮文化出版社，1995，转引自吴式颖、任钟印主编：《外国教育思想通史》第 1 卷，220 页，北京，北京师范大学出版社，2017。

对无我义的这种解释，被认为是原始佛说中最古老的说法，《经集》《长老偈》与《法句经》中保留了许多这样的证据。例如，《经集》说："人们总为自己喜爱之物悲伤，因为占有之物不会永恒；认识到存在之物总要消亡，不要居家。"[1] "人认为这是我的，但还是随死亡而消失；认识到这一点，虔诚的智者不会崇拜自我。"[2] 又云："贪恋自己喜爱之物的人，不能摆脱忧愁、悲伤和贪婪，因此，牟尼们摒弃执着，四处游荡，寻求宁静。"[3] 从以上的引文中，我们可以看到，佛陀无我说的主要意图是让人摆脱对身外之物的执着，而转向真实自我的寻求。《法句经》中对于真实自我的强调，就很能说明寻求自我、实现自我的意思。经云："自己才是自己之主，自己才是自己之所依处。是故，要像商人能控制良马那样来控制自己才好。"[4] 从以上的引述中我们可以知道，佛陀对无我说的运用，主要是侧重于实践上的去执着。

关于佛陀无我思想的真实意趣，学者们多引用《杂尼迦耶》中佛陀与婆差种出家人的一段对话："尊者乔达摩！有我吗？"佛陀保持沉默。婆差种又问道："尊者乔达摩！那么，没有我吗？"佛陀依然保持沉默。这说明佛陀不愿陷入关于有我无我的争论当中，这一点也符合佛陀对于形而上学问题的一贯作风。这样一来，佛陀的无我说就仅仅具有了实践上去执着的"非我"之义了。

佛陀教说中的无我义究竟是如传统中解释的那样，是理论上否定实体我的意义，还是如上面所举的仅仅是实践上的去执着，对此学界有着不同的意见。我们认为，理论上的"无我"在实践上的表现便是"非我"，二者并不矛

① 郭良鋆译：《经集》805颂，北京，中国社会科学出版社，1990，转引自吴式颖、任钟印主编：《外国教育思想通史》第1卷，221页，北京，北京师范大学出版社，2017。
② 郭良鋆译：《经集》806颂，北京，中国社会科学出版社，1990，转引自吴式颖、任钟印主编：《外国教育思想通史》第1卷，220页，北京，北京师范大学出版社，2017。
③ 郭良鋆译：《经集》809颂，北京，中国社会科学出版社，1990，转引自吴式颖、任钟印主编：《外国教育思想通史》第1卷，221页，北京，北京师范大学出版社，2017。
④ 转引自吴式颖、任钟印主编：《外国教育思想通史》第1卷，221页，北京，北京师范大学出版社，2017。

盾。尽管佛陀的教说主要侧重于实践上的去执着，但是对此实践意义的理论总结便自然可能引申出理论上的无我义。或者可以说，理论上的无我义是对佛陀非我思想的论证与分析，这也正是为什么无我思想的完整出现是在部派时期的原因。这说明在佛陀关于无我的义理当中，就已经蕴含了我与无我之间关系的复杂思考。正是在此意义上，我们才可以去寻找佛陀教说中无我说与轮回说的逻辑联系。实际上，在大乘佛教发展到如来藏思想阶段，经由对"我"的否定之否定而提出的具有"常乐我净"性质的"自性清净心"，其思想动因便存在于佛陀的思想当中。把无我与轮回对立起来的认识，是将无我思想教条化的结果。那么究竟怎样解释无我说以适应与业报主体的关系呢？这就涉及了佛陀教说中的业论的内容，这部分内容实际上也关系到佛陀对行为主体、道德主体的看法，即无我的思想怎样与行为的、道德的主体相调和的问题。

无我说的传统解释可能会使人误以为佛陀是否定主体，尤其是否定轮回主体的。这样一来，人们甚至认为佛陀的教说似乎是在否定道德的主体。教育的对象是人，没有对象的教育实质上就无法存在。就此而言，似乎佛陀是在否定教育的作用，特别是对作为个体的人的积极作用。这种认识与佛陀终身从事教育的实践活动形成了鲜明的对比，造成了人们很大的困惑。类似的困惑实际上在佛陀灭后的部派时代就已经出现，诸部派提出的"中有""穷生死蕴"以及"非即离蕴"等概念，都是在为无我与轮回的矛盾寻找理论上的解决和突破。后代学者竭力证明佛陀思想中的无我即非我的做法，实际上也是在寻求这一矛盾的解决。寻绎后代佛教解决此问题的思路，并结合印度思想中业论的传统，我们可以大致理清佛陀关于无我与业的关系问题。

其实，通过对无我、业、轮回意义的阐明，我们可以对佛陀教说中的意志自由问题有一种明确的认识，即佛教的无我说并不否认现实中我的存在意义，只是这样一种我是在变化中形成并继续不断变化的。一方面，我承受过去业力的结果与责任；另一方面，我又具有向新的可能性开放的自由，这种自由就保证了努力与精进的存在余地，也认可了人格提升的可能与价值，从而也给予修养必要性，为教育发挥作用提供了巨大的空间。这一点正是佛陀教说在印度思想史上的革命意义所在，是佛陀教说的真理性所在，也是佛陀对教育作用肯定的思想基础所在。通过对佛陀教说中无我论、业论以及轮回观的解释，我们也充分认识到了佛陀教说的完整性。无论缘起理、无我说，还是业论、轮回观，都构成了一个在缘起教理基础上形成的具有很强解释力的教说系统。我们可以说缘起理在佛陀教说中的一以贯之的运用，正是正确理解无我说、业论的关键，也是我们深刻认识佛陀对教育作用看法的关键。

通过无我说与业论，我们也更加明确了缘起理的意义所在。无我与我之间的关系，正好表明了无我说展开的立场，即无我说作为个体化原理的意义，可以说无我作为无常所具有的本体论含义在业论的意义上赢得了其个体化基础。正是这种个体化真理真正构成了佛陀教说的宗教意义发生的前提，同时，由无我说展示的以缘起为第一意义上本体论基础的个体化原理，也从而获得了开放的基础，而这一基础正是佛陀眼中的人性根基。于是，通过以上的分析，我们也可以获得佛陀关于人性的基本看法，即没有固定不变的人性，人性是在变化中形成，又在变化中改变的。这样，教育对人的发展便有了积极而重要的现实意义。通过教育实现人对自身的改造，对自身命运的把握就是非常有可能的。所以，我们说佛陀教说中的无我论与业论中包含的人性思想在教育思想史上具有积极意义，他为佛教重视教育提供了坚实的思想基础和理论依据，也为以后佛教教育的迅速发展提供了必要的思想和实践支持。

因此，关于无我说与业论的思想在教育思想史上的意义，值得我们注意的有以下几点：首先，佛陀教说中的业论并不是如印度思想中一般业论所具有的决定论意义一样，而是在决定与自由之间的协调，这一思想就为教育作用的发挥留下了余地，也就是说，个体努力与精进是必要的，是有效的；其次，关于无我的确切含义及其与我的关系，提供了教育可能性在主体人格方面的基础，也就是说，对我的非实体意义上的理解，尤其是对我的变化本性的揭示，给予意志自由充分的肯定，指出了人格主体可以变化、可以被教化的性质，而这一点正是教育在人格中的基础。这表明了佛陀教说对人性问题和教育作用的基本看法。关于在教育中人的主动性的发挥，以及这种主动性或者说主体性的基础和机制，在早期佛陀教说中还没有十分明确的揭示，这一点是在佛教后来的发展中逐步清晰、完整的。总之，通过无我论与业论，我们不仅可以对佛陀原始教说关于人生的本质看法有所了解，对人的基本构成有所认识，对人性的真实状况有所领悟，而且可以对教育的积极作用与现实意义有一个正确的认识。

（三）涅槃论与佛陀的教育目的思想

在佛陀的思想中，现实的人生都是痛苦的。"只有超越轮回，达到涅槃，才能获得最高的幸福。所以涅槃是佛教的最终目的。"①因此，在佛陀那里，教育的最高目的也就是达到涅槃的境界，从而摆脱轮回。可见，佛陀的教育目的思想与其业报轮回思想是紧密联系在一起的。也可以说，关于涅槃的教育目的思想是建立在业报轮回思想基础之上的。

业报轮回思想，也被称为业的思想，也可以说是依业轮回说，并非佛教独有的思想主张，而是奥义书时代以后印度思想界共同的信仰。据学者的考证，依业轮回说产生于梵书时代末期，与婆罗门思想中的常我论一同完成，实际上可以说，依业轮回说是与常我论相配合形成的。根据奥义书中的婆罗门思想，业、我、轮回之间犹如火药与炮弹的关系，借火药力的大小不同，运送炮弹至不同的地点，这正是借业力之不同而使常我轮回于不同世界的意思。在这样一个框架中，印度思想界大致出现了三种关于行为（业）与因果报应关系的观点，这些观点都关系到对行为主体责任的不同看法。一是认为一

---

① 尚会鹏：《印度文化史》，68 页，桂林，广西师范大学出版社，2007。

切都由过去的原因所决定，凡是人所经历的苦、乐或非苦非乐都是由过去所造之业决定的，这就是所谓"宿作因论"；二是认为人是由神的意志决定的。凡是人所经历的苦乐或不苦不乐，都是由自在神决定的，此即"尊佑论"。这两种观点实际上都是否认人的意志自由的极端决定论。还有一种是主张人所经历的苦乐与不苦不乐都是无因无缘的偶然论。这样一种观点也没有意志自由的存在余地。这说明在印度传统的业论中，业的决定力量剥夺了个人意志的决断自由。在过去所造业的决定作用之下，个人当下的努力、精进毫无意义，或者说它们本身就是业决定下的结果。根据这种思想，在业的束缚之下，主体"我"便完全处于由无明左右的迷界状态，缺乏道德主体的完整性，于是轮回便成了主体的一种宿命。这说明在有限的轮回主体与无限的超越主体之间缺少了自主的自由意志的中介，这样修道的必要性、可能性就是值得怀疑的。因此，解决行为受业决定的必然性与意志自由之间的关系问题就需要一种理论上的突破。这种突破的任务实际上就是由佛陀来完成的。

根据佛教乃至印度宗教思想的构成及其旨趣，我们可以把它们分成解脱论与轮回论两个方面。在这两个方面之间，关于轮回主体以及修行、解脱主体之间关系的认识，始终是理论分歧所在，同时也是理论的动力所在。一般来讲，无论轮回还是解脱，都是就一个经验上具有同一性的承担者而言的。在梵书、奥义书中，这个承担者就是"我"，关于这个"我"有所谓四位、五藏的不同划分，其主旨在于说明"我"在从迷到悟的过程中的相通与相异的阶段性关系，而大我、小我之间的相通与相异，实际上也是在为解脱与轮回的根据提供说明。在佛陀的教说中，这个解脱与轮回的承担者由于无我说而似乎变得很暧昧。虽然不存在作为"常一主宰"之我，但是经验上的行为承担者是否也不存在呢？如果这样的承担者不存在，那么轮回与解脱、修道的主体当然也无存在的必要了。无我的确切所指究竟是在何种意义上的，佛陀所理解的业报轮回与婆罗门思想中的业报轮回说有什么样的不同，就成为正确理解佛陀教说的关键。这一问题的解决首先要从佛陀教说中业与轮回的实质来分析。

正如上文所说，根据婆罗门思想的主张，业的作用有如火药，主体我借此药力而轮回。有我论就是把轮回主体视为炮弹，能够在轮回过程中保持自身的"常一"。佛陀主张"无我"，于是在理论上便不存在常一的、可被运送于不同境地的如同"炮弹"一样的主体。关于业的本质及其与有情的关系，印度各派思想虽然看法不同，但把业作为依附于生理、心理组织（即生命）的潜在的力量这一点上是共同的。诸派业说的内容一般来讲都根据自我同一的思想，主张善恶一切业会由于个人的责任而成为轮回的动力。那么，佛陀思想中的轮回是怎样一种状态，业又是怎样发挥作用的呢？《中阿含》曾言："有情以业为自体，为业之相续者，以业为母胎，以业为所为者，凡此上下之区别，均世间依业而转，有情为业所缚，犹如车之依轴而行。"根据这段引文，我们可以知道，业是有情的"自体"，是有情的"母胎"，由于业的力量而有生命的连续，同时其行动作为又是在造业，有情处于业的束缚之中，由于业而有其自身，或者可以说业即是生命的内在规定。木村泰贤曾就业的本质说道："故据佛陀之真意，业之为物，非依附于生命之一种力，宁作为生命营求自己创造时内在的规定解也。"[1]这样就与佛教的无我说联系起来，认为生命只是业力的连续，或者以火药与炮弹的比喻而言，"佛教对此则否认炮弹为恒存，一言以蔽之，即仅承认依于火药与其力之轮回形式也"[2]。在此意义上，轮回便不是主体我在三界中的行走流转，而是如佛经中常用的比喻，是"一灯移于他灯"，或者是如蚕子化为蛹、蛹化为蛾的关系，其主体的同一性不是由常一不变的"我"来表示的，而是用灯的燃烧，以及蚕、蛹、蛾之间在变化中既同又

---

① ［日］木村泰贤：《原始佛教思想论》，欧阳瀚存译，第二篇，台北，台湾商务印书馆，1999，转引自吴式颖、任钟印主编：《外国教育思想通史》第 1 卷，224 页，北京，北京师范大学出版社，2017。

② 同上。

异的关系来表示的。关于佛教的轮回观念，里斯·戴维斯曾以图加以解释，其图如下①：

a-a1-a2-a3-an------anb-b1-b2-b3-bn-bnc-c1-c2-c3-cn------

在图中，a、b、c 表示五蕴所成的有情生命，数字表示业的累加，实线表示一期生命中业的累加与变化，虚线表示一期生命的结束与另一期生命过程的开始。通过这张图，我们可以看到，一期生命中业的累加不仅是这一期生命变化的根据，同时也是下一期生命的基础。在这一过程当中，并没有不变的主体，只有不断变化的业，或者可以说只有业的变化是不变的。例如，有的学者以墨水的流注来形容，墨水在流注过程中，不断地着染颜色，而色与水之间是无法分开的。也就是说，没有一个抽象的水的自体或者说主体，能够与颜色截然区别开来，而只有不断着染色彩的流注过程是不变的。这就说明了佛教的轮回观念，即实际上只有业力在三界中的变化，而并没有所谓"我"的流转游行。然而，在常识上业力毕竟是系于某种承担者，或者说是业力自身就形成了某种统一的东西，作为一种力量必须集中，否则就会飘散而无所谓力量。这种常识上的我感，佛陀在教说中实际上是给予了解答的，也就是说，佛陀是肯定常识上的我感的。通过业的理论，我们知道佛陀首先是在表达一种无常观，这种无常观其实就是无我的根本含义，即在刹那变迁流转的绝对性中自然不可能存在常一不变的"我体"。然而，业的理论实际上并不是在第一义的意义上解说无常观的专门理论。准确地讲，我们毋宁将业说视作世俗谛意义上对常识感的说明。因为根据无常的理论，变化的绝对性是不容业的存在余地的，业最初实际上只是对轮回说的解释而已。这说明业说安立的立场是针对迷界的常识意义上的世俗谛的内容。在真谛的意义上重新解释世俗意义上的常识，这就是所谓世俗谛，而世俗谛内容的安立恰恰是中

---

① 转引自吴式颖、任钟印主编：《外国教育思想通史》第 1 卷，224 页，北京，北京师范大学出版社，2017。

道的意义。

关于在中道的意义上对世俗我的安立，佛陀的教说中有许多经证。例如，《杂阿含经》曾云："迦叶！认为作者与受者相同而说自始已有之苦的'自作之说'，是堕落常住之说；认为作者与受者不同而说被受所压制的东西之苦的他作之说，是堕落于断绝之见的。如来不取这二极端，由'中'而说法。"①经又云："迦叶！这世间的人多持有'有'与'无'二边的立场，由正确的智慧而如实观察世间之'生起'者，世间并没有无的东西存在，又依正确的智慧而如实观察世间之消灭者，世间并没有'有'的东西存在……迦叶认为'一切是有'是第一极端，认为'一切是无'是第二极端。如来离开了这些极端由'中'而说法。"②如将这种中道的态度用之于无我与我的关系上，我们可以认为在无常变化意义上的无我义与常一不变的有我之间存在着断灭与持续之间的辩证统一，这种统一就是常识意义上"我感"的基础。在世俗谛意义安立的"我"，并不是具有实体性的存在，而是综合了变与不变的存在，在变中具有稳定性的东西，在稳定中不断发生变化的东西。这就与我们常识上的我感相应而并不矛盾，说明佛陀的无我是能够与常识相顺并正确解释常识的。这一意义上的"我"，就成为佛陀教说中关于意志自由问题的解答。实际上，所谓轮回主体，在严格意义上只是这样一种世俗谛意义上的"我"在业力作用下的变化与流转，是这样一种业的变化与流转中的稳定性与统一性。因此，在世俗意义上造业与受业之间仍然是存在因果关系的，也就是说，存在着责任关系。这样一种责任关系的存在，并不排除责任主体在行为中的决断自由，也就是说，尽管"我"是由业力作用下而成其为"我"的，但我仍然具有在自由的情况下造新业的自由。"我"在世俗意义上是受过去业决定的，但"我"在绝对意义上是绝对

---

① 转引自吴式颖、任钟印主编：《外国教育思想通史》第 1 卷，225 页，北京，北京师范大学出版社，2017。

② 同上书，225~226 页。

变化的，对于未来的变化永远敞开，因此，可以说佛教在业力不灭的意义上保证了我的自由。我所具有的开放性格，是由"无我"给予的；自由开放之我却并不因为"无我"而遭到彻底否定，在变之不变的意义上安立随顺世俗意义上的我，正是这一自由的承担者。在此意义上，轮回的主体就不是常一主宰意义上的我，而是在变化意义上的我，实际上只是业力自身而已。就此而言，佛陀的教育目的论并不是对固定的理想人格的特质追求，而是一种不断追求新我变化及其本质探究的体证与感悟。于是，在我与无我之间的辩证综合而具有中道思想的特征，便反映了缘起中道的意义。这说明大乘思想的出现并不是偶然的，在佛陀教说中有其根据。

佛教作为一种宗教，尤其是一种救赎宗教，其理论的设置与实践的展开，都必须在理想与现实之间的关系中产生。信仰就是在其关于现实的理论分析以及理想的实际展示的肯认接受中发生的。在此意义上，关于现实存在的分析、判断就不是一般意义上的事实判断，而是与价值判断合而为一的。如果脱离了价值判断的背景，事实判断在佛教自身理论系统中将毫无意义。这一点正是我们上文对缘起理的分析所揭示的，缘起理作为世界的存在原理实际上就是对存在之苦的性质的说明，二者之间是不能分开的。同时，对存在的无常苦空的性质说明还不能完整地呈现佛陀教说的宗教性格。因为，作为一种宗教，它不仅要能为人的现实生存状况及其本质提出准确的说明，而且它也必须为解决现实生存困境的问题提供圆满而有效的答案。这种答案就是属于宗教末世论内容的理想价值论，其核心便是宗教目的论或终极解脱论、幸福论。佛教的末世论就是它的涅槃论或解脱论，是其理想价值论所在。从佛陀的理想价值论，我们可以了解到佛陀关于教育目的方面的思想，以及其不同于人本主义世俗教育的特质所在。

关于涅槃意义的理解，由于涉及佛教宗教经验的深层，关系到佛教实践中的终极实在的性质，具有不能用分析的、逻辑的方法解说的不可言说的神秘色彩，所以，对于具有不同文化背景，没有佛教实践体验的人来说，有许多难以洞察之处，这正是在涅槃概念意义的理解中出现许多歧义的原因所在。下面我们就将涅槃的基本内涵做大致的梳理，从而更好地了解佛陀关于教育目的的根本含义所在。

"涅槃"的语意，从梵语的构词来讲，是由动词词根 va（吹）加上否定性的前缀 nir 演化而来的名词，原意是"吹灭""清凉""平静"。这一词语在耆那教、婆罗门教中都已经用来指称它们各自的终极理想状态。但是由于对现实存在的本质以及理想状态的认识不同，所以对这一概念的内涵也有各自不同的理解。例如，在奥义书中，涅槃是指梵我一如的状态，这种状态是一种极乐的境界，是对小我界限的超越，但这一超越仍然是"我"的超越。在耆那教中，涅槃是指灵魂通过苦行完全脱离业的桎梏之后的境界，这一境界被描绘成四种至善，即无限智慧、无限信仰、无量力能、无量欢愉。根据佛陀原始教说，涅槃分成有余涅槃与无余涅槃两种，有余涅槃是烦恼已尽然而肉身犹存的状态，无余涅槃是烦恼与身体都已摆脱的境界。根据对佛陀原始教说的传统解释，涅槃，主要是无余涅槃，是寂灭之意。所谓寂灭，是指阿罗汉最后脱离身体的束缚而最终灭身灭智的消散状态，这样一种状态，相对于因缘而言，是离灭因缘的、不在业的因果之中的状态。关于这种状态的实质，由于涉及内在体验的不可传达性的制约，因此，人们往往将其解释为不存在，或者甚至解释为不再轮回的死寂状态，这样实际上仅仅是把避免再生作为佛陀教说的唯一目标。关于涅槃状态的实质，佛陀在教说中并没有给予明确、肯定的说明，不是沉默不言，便是以中道的态度来加以辩证。例如，关于如来死后状态的问题，佛陀曾言："如是跋差，依于色而计如来，如来已舍其色，恰如多罗树之绝其根，而无生分，于未来为不生法。跋差，解脱此色之如来，深远不可计量如大海，谓再生亦不再生固不当，谓不再生亦非不再生亦不当，依于受而计如来，如来已舍其受……"①对如来涅槃后的境界不做有无的判断。又如，一位名叫焰摩迦的比丘，曾以为一个比丘如果诸种烦恼已经断除，身体也最后消散，便进入一种寂灭的不存在的状态。针对这一看法，舍利弗指出这是类似于外道的"断灭"说，他以五蕴无我的理论说明关于涅槃后境界的无所谓断续与有无的性质。那么，涅槃的意义究竟该如何描述呢？

首先，涅槃这一概念表达的是否定性的意义，即相对于生存的烦恼、罪业、痛苦与执着而来的否定，也就是说，所谓涅槃，就是没有烦恼、罪业、痛苦与执着的状态。因此，所谓寂灭、消散意义上的涅槃，仅仅是在一个非常朴素、简单的意义上，表达了一种针对生存的执着而产生的解脱感。在印度传统的宗教背景中，这种解脱感的实际内容主要是指现实生命形式的否弃，即对五蕴的摆脱。这种摆脱便意味着不再兴起新的生命形式，也就是对五蕴轮回的超越。但是，通过对生命的否定而获得的解脱是否即意味着不再生存或不再存在这样一种纯粹否定意义上的判断，这一点还是值得进一步分析的。如果我们从有余涅槃的有限特征来看，涅槃仍然具有从主体内在的角度而产生的积极含义。所谓"有余"，是指仍余有肉身的烦恼已尽的状态。关于这样一种状态，佛陀的描述更多地从主体内在的感受着眼，例如，佛陀指涅槃之境为不死、安稳、清凉以及最高乐等，这些都是指主体的适意之境。这样一种适意之境当然并不会因为身体的最后舍弃而随之一同消散，更可能的是这样一种适意之境的发生本身就是极乐存在的反映和流露。因此，关于涅槃积极性质的探讨就是有根据、有可能的。

西方印度学佛教学的奠基人马克斯·缪勒曾指出："如果我们去审视《法句经》中涉及涅槃的每一个段落，我们就发现其中没有一处的意义会是寂灭，大多数情况下，即使不是全部，如果我们把这个意义归之于涅槃的话，将是

---

① 转引自吴式颖、任钟印主编：《外国教育思想通史》第 1 卷，229 页，北京，北京师范大学出版社，2017。

完全不可理解的。"①里斯·戴维斯也认为："从有限存在的不完美中解脱是涅槃的结果，但不是涅槃本身。佛教的天堂不是死亡，也不在死亡中，而是一种当下的完美生活，经藏中极力描绘了这种用之于阿罗汉果这一最完美果证的入神状态，而且把它作为涅槃的一个部分。"②他还进一步引用《本事经》中的说法，指出经中的一个逻辑预设是如果有一个积极性的存在，那么其消极的对立面也一定存在，如有热即一定有冷，诸如此类。在这些对立范畴中，存在的对立面却不是涅槃，而是不存在；涅槃的对立面则是贪、嗔、痴三种欲望。这说明涅槃并不意味着是寂灭这一存在的对立面，而仅仅意味着这三种情欲的灭除和消失。关于涅槃的这一体性，佛经中做过非常清晰的揭示："云何名为无余涅槃界，诸比丘谓得阿罗汉，诸漏已尽，梵行已立，所做已办，已舍重担，已证自义，已善解脱，已得遍知：彼于今时，一切所受，无引因故，无复希望，皆永尽灭；究竟清凉，隐没不现，唯依于清净无戏论之体，不可谓有，不可谓无，不可谓彼亦有亦无，不可谓彼非有非无，只说为不可施设究竟涅槃，以此名为无余涅槃界。"③可见，涅槃自体是超越于世间知见之上的唯佛所知的境界，对于这一境界，我们只能就其在世间的表征，即对烦恼诸业的灭除来了解其性质，至于其自身的体性却是不可以世间言说来规定它的。这样就给后世的佛教思想家们留下了充分发挥想象与思辨的余地。如大乘教说中以常乐我净来描绘如来境界就是佛陀教说中涅槃义的自然发展，伴随这种发展，佛教的终极思想也发生了变化，由自利解脱的个人出离变而为自利、利他的整体解放，菩萨的理想取代了阿罗汉的果证，对涅槃

---

① Rythys Davids, *Buddism*, Chapter 4，转引自吴式颖、任钟印主编：《外国教育思想通史》第 1 卷，230 页，北京，北京师范大学出版社，2017。

② 转引自吴式颖、任钟印主编：《外国教育思想通史》第 1 卷，221 页，北京，北京师范大学出版社，2017。

③ 《本事经》卷三，转引自吴式颖、任钟印主编：《外国教育思想通史》第 1 卷，231 页，北京，北京师范大学出版社，2017。

的内涵又在无余涅槃这一涅槃体性的基础上，提出了无住涅槃的概念，代替有余涅槃。

关于有余涅槃与无余涅槃的区分及其相互关系，通过以上分析，我们可以知道无余涅槃并不简单的是身体的最后消散，是生存因素的最后结束，而是作为体性存在的涅槃自体。在此意义上，有余涅槃就应该是体证了这一涅槃体性但还没有将宿业完全耗尽的状态。在这种状态中，修证者通过修行已经获得了光明、极乐爆发后的解脱，但还没有与涅槃自体合而为一。处于这种状态的修证者就是阿罗汉，这是所谓小乘教的最高果位。关于阿罗汉所证有余涅槃的性质，有学者曾以恒星为喻做了恰当、生动的说明：恒星在停止燃烧之前发出的光，在它毁灭之后仍然可以被我们感觉到；阿罗汉也如恒星一样，尽管其已经不再造业，但作为其以前所造之业结果的身体仍在；这一遗留的身体不久即会消散，而且不会再有新的身体形成，正如毁灭后的恒星，其所发之光很快便会消失一样。这就是阿罗汉所证有余涅槃的实质。由此可见，阿罗汉作为佛教教育目的的人格理想，其实质就是涅槃境界的体证。由此，我们将佛陀的教育目的思想可以看作对涅槃境界的追求与体证，特别是对于无余涅槃的追求，正如佛陀所说的："所有一切众生之类……我皆令入无余涅槃而灭度之。"①可见，佛陀的教育目的就是令众生脱离当下五浊世间的无常、苦、空、浊，到达涅槃彼岸的常、乐、我、净。就此而言，佛陀的教育目的实质上包含了两个层面的追求，即自我的解脱与大众的解脱，不仅自己要达到无余涅槃境界，也要令众生进入无余涅槃，实现解脱。这就为以后小乘佛教与大乘佛教的争执与分裂埋下了伏笔，但也说明了小乘佛教的教育目的和大乘佛教的教育目的其实都只继承了佛陀教育目的思想中的一个方面、一个部分，并非佛陀教育目的思想的全部。

关于阿罗汉果的人格意义，我们可以透过宗教神秘色彩来寻绎其在人生

---

① 《金刚般若波罗蜜经》，《大正藏》第 8 册，748 页。

实际中的朴素的表现。首先，阿罗汉果的实证是在接受了佛陀关于人生苦的本质的教说之后，依据佛陀指引的修行实践道路而践履精进的结果。对佛陀教说的接受便意味着对佛教人生观的认可，便意味着关于人生意义的寻求与思考要从佛陀教说中找到答案。实际上，可以说人生的意义就在对佛陀教说的信仰之中。佛教为人生规定的信解行证的道路，以信仰为起点，以阿罗汉果所证有余涅槃为在人生之内所能获得的最高目标。因此，在我们关注的人生意义上，作为理想人格的阿罗汉果的意义就是十分重要的。其次，对阿罗汉果在人生之内的意义，后来的部派佛教时代有着不断神秘化的倾向，但若据佛陀教说之精神，阿罗汉果莫若以为具有极朴素之含义。究其实在而言，阿罗汉果不过是祛除生存疑念、摆脱生存苦恼，自个人欲望解脱的自觉的精神境界而已。这样一种精神境界的获得来自长时期不断的克己修行之后的豁然顿悟开朗，以及伴随于开悟之后的保持坚守。部派时期导致部派分裂的所谓大天五事，其核心就是阿罗汉果是否会退转的问题。这实际上就是一个关于阿罗汉果是否具有朴素的人文意义的问题。大天主张的阿罗汉果也有烦恼的看法，就表明了佛陀原始教法的人间性格。

以上是我们对涅槃这一佛教终极理想状态的分析，通过对涅槃性质的说明，我们知道了佛陀教说中关于教育目的的基本看法。由于对涅槃的独特规定，使得佛陀的教育思想不仅不同于印度文化传统中其他宗教思想派别关于教育目的的认识，而且佛教关于教育目的的独特看法也非常能说明整个印度文化传统在教育思想上的特殊性。

(四)心智论与佛陀的学习过程思想

教育目的的实现需要对人的心理及其认识规律有深刻的认识，因而关于人的心理构成以及认识过程的思想，也是佛陀教说体系中一个重要的组成部分，在佛陀教说中占有十分重要的位置。

佛陀的教说体系曾继承印度思想中传统的分析世界构成的六大说，即地、水、火、风、空、识，其中，识被作为构成世界的一类存在要素。就人的角度来看，其他五种元素构成人的身体，识则构成人的精神或心理。在六大说当中，识被作为最宽泛的，与物质身体相对的精神、心理存在，在此意义上，识与心、意具有同一的意义所指。佛陀曾云："此所谓心，或称为意，或为识者。"①即将心、意、识对举，作为同样的意义来使用。在六大说之外，佛陀教说中还以五蕴说来解说世界及人的构成，一般来说，在色、受、想、行、识当中，色蕴用来指示物质存在，包括人的身体粗根；其他四蕴则指人的精神性存在，其中，识蕴专指人的主导性的精神作用，在佛陀的原始教说中主要指六识；而与识蕴共同构成人的精神性存在的受蕴、想蕴、行蕴则是指伴随识蕴的主导作用而发的精神心理功能，或者也可以看作心王作用的具体发挥。根据五蕴的说法，识蕴不是笼统、宽泛地指所有的精神心理现象，其所指的范围更具体，有其自己的专门所指。部派佛教的阿毗达摩中，识蕴以外的受蕴、想蕴、行蕴所指示的精神心理功能，被称为心所，与被称为心王的识蕴相配合，后来又从想蕴中细分出一类精神心理功能，称为心不相应行，补充对心理精神现象的完整认识。随着对心理精神现象的不断深化，在阿毗达摩佛教中就出现了用心、心所、心不相应行以及色、无为法组织教说的教法结构。从中，我们可以看到佛陀教说在后来的发展中越来越具有的心理化、观念化或者说唯心化的趋向。

关于心王与心所具体作用的认识，涉及佛陀教说中对精神心理现象的复杂认识。心王是指纯粹意识，一种核心的知觉能力，是心的主体。按照佛教的传统表达法，这一部分也表述为一种元素的结合，即识蕴。心王作用的具体发挥就分别地表现为具有确定感觉的印象感受，以及在此基础上出现的表象作用和意志作用，这便是心所的作用。心所的作用一方面是心王的具体体

---

① 转引自吴式颖、任钟印主编:《外国教育思想通史》第 1 卷，230 页，北京，北京师范大学出版社，2017。

现，另一方面是相对于心王的次一级心理现象。如果进一步分析心王与心所的具体内容，我们就可以知道心王主要是指具有分别作用的诸识，所谓"识者了别"，这种分别作用即含有意识、知觉进而是分析、判断以及推理的作用。在后世瑜伽行派的法相组织中，关于识的个别作用的具体内容曾有过分歧，一派认为分别是指最基础的意识、知觉的意义，另一派则认为分别只指第六识的执着分别意义上的判断、推理含义。作为印象感受、知觉表象与意志愿望的，由受、想、行三蕴囊括的心所作用，是心王在发挥作用时出现的不同阶段的心理现象。受是指对苦乐、不苦不乐的感受，主要是就包含情绪反应的直觉而言；想是指在受的基础上生心动念的意思，将知觉与记忆表象出来的作用；行是指一种将意念付诸行动的能力，即意志力，在这种意志作用中也包括一种不由自主的成分，即所谓心不相应行。部派佛教时代对心、心所的分类认识非常深入而且复杂，但佛陀原始教说阶段关于心、心所的认识还未组织得十分严密，其意义还有待进一步发掘。

佛陀教说一般用来描述世界与人的构成的法相组织是六根、六境、六识的十二处、十八界。六根指眼、耳、鼻、舌、身、意六种感觉器官；六境指色、声、香、味、触、法六种认识对象；六识是眼、耳、鼻、舌、身、意六种认识结果。根、境由触而生识，这便是认识过程的开端。在认识过程中，感觉器官是认识的物质、物理基础。感觉器官即所谓六根，奥义书中已具备眼、耳、鼻、舌、身五根。在印度各派思想中，五根都具有半生理、半心理的性质，即以其为物质，亦将其视为"细物质"，也就是说所谓"根"，并非仅指表现于外在的可见的器官，也用来指潜在的功能作用，即所谓"胜义根"。在佛陀的思想中，五根是指物质的存在，有生灭成坏的变化，依于一期寿命而存在，这说明五根是缘起法。作为认识器官的五根在感知外部对象时，并不是不加区别地笼统地接受对象，而是各有自己的对象。眼根以色为对境，耳根以声为对境，鼻根以香为对境，舌根以味为对境。根、境相接便产生眼、耳、鼻、舌、身五识。在六根当中，意根的性质与前五根不同，意之"根"并不是如前五根一样的物质器官，即所谓粗色根，而是从一种比喻的意义上表示作为其他五根之基础作用的功能。因为意识是对前五根的作用加以统摄、总执的一种功能，它以前五根的境界为境界，同时以意根自己产生的对象即幻觉为境界，另外，也以无为法为境界，这样便包括了一切法，是以一切法为境界，所以，发挥这样一种功能的结构便是意根。意识类似于统觉作用，使前五根所发挥的认识作用能够在意识中获得醒觉，这种醒觉就是把零碎的、孤立的感觉内容统摄于自我意识之中。意根类似于发挥统觉作用的精神器官，或者也可以将其理解为意识用之于自身而产生的结果，即所谓对自我的实体化，一般我们将其称为心。在后世瑜伽行派的教说中，意根就单独成为一种识，即第七识末那识，作为自我意识即我执的基础，成为实体之我。六根与六境合为十二处，再加上六识便是十八界，将认识的各个环节都囊括在其中。

关于认识的具体过程，佛陀教说中有着非常丰富的论说。佛陀曾云："比丘，一切识由因缘生，而受一一之名，即以眼根为缘，于色识生，而为眼识；以耳根为缘，于声识生，而为耳识……恰如凡火依于缘而燃，得受种种之名，以木为缘而生之火，曰木火，以藁为缘而生之火，曰藁火。"①这是对根、境、识相接的因缘关系所做的说明。关于复杂的心理现象的产生，佛陀亦云："以眼根与色为缘而生眼识，依此和合而有触，与触共生受想思……乃至以身根与触为缘而生身识，三和合而为触。"②以眼根对于色，眼根接受色的刺激，于是有视觉的产生，即眼识生；视觉的产生虽依赖于根与境的和合，但眼识的产生仍然是人内部视觉作用发挥的结果，这一点在后世瑜伽行派的教法中，即以眼识种子来表示眼识发生的内在根据。眼识产生之后发挥积极的作用又

---

① 转引自吴式颖、任钟印主编：《外国教育思想通史》第1卷，230页，北京，北京师范大学出版社，2017。

② 《嗏帝经》，《大正藏》第1册，767页。

能使眼根专注于境，产生感觉；由此感觉随后产生快与不快的心理感受，即所谓"受"；根据受又可以构成知觉的内容，即所谓"想"；据此想而又欲有所取舍，则成为"思"，即意志的作用。通过以上诸环节方形成复杂的心理现象。由以上所述，我们可知认识过程的完成以及认识作用的形成，不仅有外界刺激的作用，同时也有着内在的根据和动力。这一点在教育思想上的意义是十分重要的。

根据佛陀的教说，认识的形成须由主观方面即六识、客观方面即六境，以及联系二者的感觉器官六根结合起来才能完成，三者不可缺一。即必须有完全的根器，有与根相对之境，同时还须有根与境之间的和合，只有三个条件完全具备，认识才会发生。这说明，一个人的学习过程，既要有积极的主观动能，也要有外在的环境条件，还要有主客观之间的积极配合与契合，也即学习除了主客观条件之外，还要把握好关键期进行教育，才能取得积极的效果。因此，佛陀关于认识过程的思想，一方面，有实在论意义上的认识论倾向，以外界的存在为客观，坚持元素个别的立场，主张精神性的元素与物质性的元素都是相互外在的，这种观点便是一种心物二元或者心物多元的看法。从这种实在论的立场出发，主张认识的产生是以外界的刺激为主，这种观点集中体现在佛陀的六界说与五蕴说中。这为教育独立于个人主体而能发挥积极作用的特性提供了理论依据，从而进一步确认了教师必须发挥自己主观能动性进行主动教育的必要性；另一方面，佛陀教说中也存在着观念论的倾向，主张把物质性的元素最终归结为精神心理性的存在，以心的要素为构成世界的要素，表现为认识论虽以认识的成立为六根六境和合的结果，但认为六根发挥着更主导的作用，客观的外境必须依赖主观要素才能成立。这种观点在佛陀原始教说中经常被表述为"一切依识而立"的命题，在后世则明确地表述为"三界唯心，万法唯识"，认识的过程被设定为心识自己设定自己的对象。这一认识又充分肯定了学习者个体主观能动性的积极作用，从学的方面肯定了学生的学习主体性。这样，在学习过程中教师发挥教的主体性，学生发挥学的主体性，就成为构成有效学习的基本前提，而对关键期的良好把握则成为教育取得良好效果的关键要素所在。同时，佛陀还进一步从学习者心智尚未成熟的角度出发，提出虽然在学习过程中，学习者的主观能动性是非常重要的，但是心识设定自己认识对象的过程并不是主观随意的，心识所设定的境界同样是由因缘的力量借着心的中介作用而产生的，包括心自身的功能也都是这样一种因缘作用的结果。因此，认识也是具有客观性的。这说明佛陀虽然强调教育的目的是实现个体涅槃得到解脱，但在学习过程中，客观真理性的知识依然是非常重要的。因而佛陀在教育弟子的过程中非常注重经、律、论学习的重要性，也非常强调"戒、定、慧"三学的意义。从佛陀的整个思想发展来看，虽然在佛陀原始教说中，这两个方面都不同程度地有所表现，但若从佛教思想自身的发展来看，无疑是观念论的倾向更为根本，是后世佛教理论继承与发挥的重点。从这样一种认识思想出发，佛陀在教育上强调人的主观能动性的积极方面的思想，注重积极发挥人在学习过程中的主动精神的观点，不仅表现于教育过程中一种启发式的，循循善诱的，以使学习者主动、自觉的态度，而且使得佛教在后续发展过程中特别注重学习者个人的态度、努力与体悟，"佛度有缘人""贵在自悟"的说法就是这种思想的发展。中国化的佛教禅宗更是将这一思想发展到了极致。因此，我们在探讨佛陀教说中的关于学习过程中的教育思想因素时，就应该十分重视佛陀认识思想的这一特点。

(五)"四圣谛"与佛陀的教育内容思想

宗教与科学的不同之处首先在于宗教不是一种以纯粹认知为内容的理论体系，它是一种实践以及关于实践的指导理论。作为一种实践，它一方面表现为教化，另一方面表现为依据教化而进行的修道实践。因此，宗教理论就是一种依据自身关于世界、人生的基本看法来指导修道实践的教化理论。在教化的意义上规范宗教的内涵，是从宗教的社会功能角度做出的理解，这与在信仰的意义上规定宗教的实质有所区别，信仰更多的是从个体生命的价值关怀角度解释宗教的内涵。因此，我们可以说与作为个体终极价值诉求的信仰意义上的宗教表述不同，宗教同时也是一种依据自身的价值系统来转化或净化现实人生的教化理论。在此意义上，佛教就不仅仅是一种个体信仰的价值表述，它同时也是依据佛陀自觉自证的信解行证的境界而进行的一种教化活动。佛教作为一种宗教理论，不仅在理论意义上与科学的关于事实的理论认知不同，而且作为一种事实与价值合一的理论体系，其理论关心的重点就在于理想价值的实现。因此，佛教理论始终把对实践的关心，把依据佛所证的教理用之于世间教化放在第一位。我们可以说佛教不同派别理论体系之间的差异，主要是在教化与修行的实践中产生，由对教化与修行实践的不同理解、不同解释导致的。各教派之间并不存在对佛陀教说在信仰层面上的分歧。正是基于此，修道实践论在佛陀教说中具有十分重要的地位，也即佛陀关于教育内容的设置及其思考都具有鲜明的实践色彩和生活特质。

印度有着理论与实际或者说哲学与宗教不相分割的思想传统，印度的思想基本上不做纯理论的、知识兴趣的、以求知为终极目的的探究，而始终以关切人生实际的宗教问题为学说的重心。然而，自奥义书时代以后，由对人生实际的宗教解说渐渐引申出对形而上学的本体论问题的讨论，思辨的风气渐开，尤其是沙门思潮不受婆罗门教条的束缚，展开纯任自由的探讨，但同时诡辩论、怀疑论的说教也甚嚣尘上。汉译《长阿含》中的《梵动经》（相当于巴利文《长尼柯耶》的《梵网经》），总结了当时流行的一切派别的问题与解答，即所谓的六十二见，这些见解大致可分成八种观点，颇能反映当时思想界的状况。这八种主张分别是：（1）常见论，主张世界与自我都常恒不变；（2）半常半无常论，主张世界与一切有情部分为无常，部分为常恒；（3）有边无边论，讨论世界有限无限的问题；（4）诡辩派，又称捕鳗论，对任何事都不做决定性的结论，就像鳗鱼一样不可捉摸；（5）无因论，认为一切现象都是偶然的，并无因果规律可循；（6）死后状态论，对于死后的存在状态做种种的讨论与解释；（7）断见论，主张死后即一切断灭；（8）现法涅槃论，探讨何种状态是此世存在的最高境界。根据巴利文《梵网经》的解说，六十二见又可分为两大类，即关于过去世的"过去劫过去见"与关于未来世的"未来劫未来见"，而六十二见只是针对这些观点提出的理由。以上列举的这些主张，基本上可以归纳为因中有果论与因中无果论两项，都是对宇宙、世界以及人生进行断与常、有限与无限、身命一与异等方面的思辨探讨。这些讨论构成了印度诸学派的形而上学理论。

佛陀则从注重生活、注重现实人生的基础出发，对于这些关于经验世界、生活世界以外的独断论教条，表达了自己鲜明的立场。佛经中有著名的"十四无记"的说法，最能说明佛陀对于形而上学理论的态度。所谓十四无记，就是指对十四个问题不做回答。这些问题分别是：（1）世间常；（2）世间无常；（3）世间亦常亦无常；（4）世间非有常亦非无常；（5）世间有边；（6）世间无边；（7）世间亦有边亦无边；（8）世间非有边亦非无边；（9）如来死后有；（10）如来死后无；（11）如来死后亦有亦无；（12）如来死后非有亦非无；（13）命身一；（14）命死异。这些几乎全部是我们上面已经举述的当时思想界关心和讨论的问题，对于这些问题，佛陀都不予作答，这表明佛陀在教育中关心的重点不在这些与实际生存和生活并无直接关系的理论问题上，或者说，佛陀不从这些问题的角度出发来建构自己的学说。《中阿含》中的《箭喻经》通过佛陀与摩楼迦的对话，以有名的"箭喻"充分表达了佛陀自己的见解。在经中，摩楼迦抱怨佛陀对世界常与无常、身命一与异等问题不回答，佛陀就向他解说道：这如同中箭之人，哪里有先究明箭的形状与射箭之人的样貌种姓，然后才去拔箭疗伤的道理。佛陀之所以不回答这些问题，是因为它们与梵行无关，无助于离欲，也无助于灭寂，并不能给解脱人生之苦带来实际的帮助。

这表明佛陀立说的根本，在于从人生的实际出发，针对人生问题来寻求有实际效果与作用的答案，避免做不切实际的诡辩与玄想。

那么，在佛陀看来，什么是从人生实际出发的人生问题呢？这就是人生的苦难。自菩提树下悟道之后，佛陀觉悟了人生宇宙的实相，明白了人类苦海的原因，所以得道之后就开始了宣说以"苦、集、灭、道""四圣谛"为主要内容的教育人生。于是，"四圣谛"就成为佛教的最基本思想和最初的教育内容。所谓"谛"，有"实在"或"真理"的意思。① "四圣谛"即成佛悟道的"四条真理"。在佛陀组织自己教说的四谛说中，苦谛是其他三谛的根本。"彼云何名为苦谛？所谓苦谛者，生苦、老苦、病苦、死苦、忧悲恼苦、怨憎会苦、恩爱别离苦、所欲不得苦，取要言之，五盛阴苦。是谓名为苦谛。"②苦谛中将人的感受分为苦受、乐受、不苦不乐受三种，但认为所有的感受其本质都是"苦"，因而围绕人生之苦的现象，探讨苦的生起根源，寻找灭苦的途径，提出脱苦之后的理想状态，就成为佛陀原始教说的核心内容。三法印或四法印是佛陀教说区别于其他学说的教义标志，其中，无论是"诸法无我"还是"诸行无常"，都在解说世界无常无我这一事实的同时揭示着苦的现实存在，而"涅槃寂静"若没有"有漏皆苦"为对照，则失去了其作为理想的价值。因此，我们可以说"有漏皆苦"是佛陀教说的根本出发点。佛陀关于人生之苦的教说深刻地反映了个体生存与生活的真实感受，从中我们可以深切体会到佛陀对个体生命的重视。这种直面人生的活生生的感受和体悟，才是佛教的生命力所在。在这个意义上，佛陀的教说就不可能是关于生活与生存世界之外的形而上学的理论知识，而是与人的生活与生存实际紧密相关的宗教性的实践知识。他不从形而上学的理论教条出发对人生问题做出解答，而直接从人生实际引申出自己的理论教说，构成了佛陀教育的基本内容的基本特征。集谛则

① 杜继文主编：《佛教史》，11页，南京，凤凰传媒出版集团、江苏人民出版社，2006。
② 《增一阿含经》，《大正藏》第2册，631页。

是讲造成人生痛苦的根本原因。在佛陀看来，人生痛苦的根源在于人的欲望。人有了各种欲望，欲望得不到满足，就会产生烦恼和痛苦。如人的爱欲、贪欲、追求感官享受、追求名利地位等，都是造成痛苦的根源。灭谛，则是讲述消灭造成痛苦根源的真理，主张只有灭除造成痛苦根源的种种欲望，才能使人从痛苦中解脱出来。熄灭烦恼的关键就在于进入"涅槃"。这是一种让人进入一种超越生死、超越时空、烦恼永尽的人生境界与存在状态，因而成为佛陀及其后佛教教育的最高目的所在。道谛则是实现解脱，通向涅槃的具体途径与方法。从相关佛典记载来看，道谛具有三十七品道，又称三十七菩提分，主要包括四念处、四止勤、四如意足、五根、五力、七觉支、八正道。①

"四念处"是指四个安顿心念的处所，就是以智慧用四种法观察四念处来破除四种颠倒、苦恼，所以叫作四念处观。即是在身、受、心、法这四个处所，以不净、苦、无常、无我四法的正念，而生起智慧的观察，就是观身不净、观受是苦、观心无常、观法无我，以达到破除我们执着的净、乐、常、我四个颠倒。"四如意足"即：一、欲如意足；二、精进如意足；三、心如意足；四、思惟如意足。如果说"四念处"是看破，"四如意足"则是放下。放下就如意，就是自在。《中阿含经》中说："欲断无明者，当修四如意足。云何欲断无明者，当修四如意足？若时如来出世，修欲定如意足，成就断行，依离、依无欲、依灭、趣非品，如是修精进定、心定也。修思惟定如意足，成就断行，依离、依无欲、依灭、趣非品，是谓欲断无明者，当修四如意足。如是数断、解脱、过度、拔绝、灭止、总知、别知，欲别知无明者，当修四如意足。"②"五根"则包括"世间五根"和"出世五根"，"诸菩萨乃至无上正等菩提，身意泰然常无扰恼。是菩萨摩诃萨世间五根常无缺减，所谓眼、耳、鼻、舌、

---

① 参见《大般涅槃经》卷上，《大正藏》第 1 册，193 页。
② 《中阿含经》卷六十，《大正藏》第 1 册，806 页。

身根，出世五根亦无缺减，谓信、精进、念、定、慧根"①。这里的"五根"一是指人体感官的认识作用，一是修习过程中的实践努力。二者都是一切善法之本，所以称为"五根"。由此可见佛陀在教育过程中特别注重知行合一，这也是佛陀教育生活化、人生化本质的内在要求。"五力"则是指"信力""精进力""念力""定力""慧力"。"信力，谓信正道及助道法，若信根增长，则能遮诸烦恼，不为偏小诸疑所动，故名信力。精进力，谓行此正道及助道法时，若精进根增长，则能除身心懈怠，成办出世之法，是为精进力。念力，谓念正道及助道法，若念根增长，则能破诸邪想，成就一切出世正念功德，是为念力。定力，谓摄心正道及助道法，若定根增长，则能破诸乱想，发诸事理禅定，是为定力。慧力，谓四念处之慧，照了一切诸法，若慧根增长，则能除一切邪妄之执，破一切偏小之慧，故名慧力。"②"七觉支"则是五根五力所显发的五种觉悟："一、择法觉，以智慧简择法之真伪。二、精进觉支，以勇猛之心离邪行行真法。三、喜觉支，心得善法即生欢喜。四、轻安觉支，比观及法界次第名为除觉分，断除身心粗重，使身心轻利安适。五、念觉支，常明记定慧而不忘，使之均等。六、定觉支，使心住于一境而不散乱。七、行舍觉支，舍诸妄谬，舍一切法，平心坦怀，更不追忆，是行蕴所摄之舍之心所，故名行舍。"③所谓"八正道"，就是"正见、正思惟、正语、正业、正命、正精进、正念、正定"④。

"八正道"又被称为"八圣道"，是修持成佛的正确道路、途径和方法。其中"正见"是修道成佛的第一因素，要求修习者要深入了解事物的本质，对世

---

① 《大般若波罗蜜多经》卷五一五，《大正藏》第 7 册，631 页。

② 一如等：《三藏法数》，转引自阮登方：《佛教戒定慧教育理念与实践研究》，27~28 页，博士学位论文，华中师范大学，2011。

③ 丁福保编纂：《佛学大辞典》，1921 页，转引自阮登方：《佛教戒定慧教育理念与实践研究》，28 页，博士学位论文，华中师范大学，2011。

④ 《大集法门经》卷二，《大正藏》第 1 册，223 页。

界、对自己都要有正确的认知，而不能只看到事物的表象。"正思惟"既是正见的结果，也是对"正见"的提升，它要求修习者不仅要如实看待事物本质，而且要对人的语言和行为做出自觉的规范，这样从"正思惟"中才能产生出人类本有的出离思想、善意和不伤害或慈悲的心理，并能够断除一切罪恶根源的根本烦恼——贪、嗔、痴。"正语"则包含正确地使用语言和语言的道德规范，主要包括"不妄语"（意即讲真实的语言而不撒谎骗人）、"不两舌"（意即不搬弄是非）、"不恶口"（意即不讲粗恶之语，也不用粗恶之语毁谤、谩骂他人）、"不绮语"（意即不讲无意味的闲话或带有色情味道的语言）等方面的要求和规则。"正业"则强调的是人们的日常生活规范和职业规范，主要包括"不杀生""不偷盗""不邪淫"等内容。"正命"是佛陀生命观的具体体现。佛陀教导众生要保持生命的纯洁与神圣，既要尊重别人的生命和生命尊严，也要尊重自己的生命和生命尊严，因而在生命过程中要为自己的生命负责，也要为其他的生命存在负责，不能干有损生命和有辱生命尊严的事，不说有辱别人生命的话，从而使自己的生命不被污染而保持干净清净。"正精进"则是强调人的精神和意志，在修行时既要沿着正确的方向不懈地努力，又要保持积极的精神状态。"正念"是指修习者要有正确的心念，从而确保一个人不偏离正确的道路而修习佛法。在"八正道"中，"正念"具有核心和枢纽的作用。如果没有"正念"，修习者就会误入歧途，不仅害人而且害己，最终导致修习无效。"正定"既是对修习者心境和神志的要求，也是修习者所要达到的一种境界，通过心态调整和心神修习，最终证得无上涅槃。获取"正定"的途径有两种：一、止（三摩地）：也即"入定"，保持在单一的定境之中；二、观（毗婆舍那）：于定中起智慧，用佛法观察诸法实相。修"止"降服烦恼但不能除去烦恼，修"观"重在去除烦恼。

从上述内容可以看出，早期佛陀教说的内容，是通过四谛说组织成为一个完整的教法（或教义）体系的。由于四谛说在教法组织上的作用，有的学者也将其作为"佛陀教义的纲要"（中村元语），或者作为统合佛说八万四千法门的"主干"与"一切教法之根基"（木村泰贤语）。四谛说把佛陀的教法组织成流转与还灭或者是迷与悟、染与净两个部分，其中，流转、迷、染是对轮回界生死因果的解说，还灭、悟、净是就涅槃界的解脱出离因果所做的解说。苦谛与集谛以轮回界生死因果为内容，灭谛与道谛以涅槃界解脱因果为内容。

随着佛陀传教工作的广泛开展，信徒也越来越多。自佛陀初证觉 13 年开始，因为僧众弟子在修行和生活中出现了不如法的言行，所以佛陀开始与僧众弟子结戒。此后随着僧团的生活中僧众所犯过失越来越多，佛陀开始为众弟子的修行制定种种规约，随犯随制，逐渐形成系统完备的律制。佛陀在世教化时，也极为重视这些律制。在他看来，只要修习者心内常念持戒清净，不断地自我反省检讨，就能改过从善，使人格圆满，思维与行为一如，最终证得无上涅槃。由此，佛陀甚至认为遵守戒律就是接受佛陀的教导。佛陀在即将涅槃之际，随从僧众们不知佛陀灭后如何使佛法久住，于是弟子阿难尊者以四事提问佛陀："佛入灭后，以谁为师；佛入灭后，依何安住；佛入灭后，恶人将如何调伏；佛入灭后，若有经典结集又将如何令人起信？"佛言："我灭度后，一依四念处住，二以戒为师，三默摈恶性比丘，四一切经初。"①在这里佛陀明确提出"以戒为师"，足见戒律在佛陀心目中的地位之重，以及它对于佛陀开展教育之重要。在《大般涅槃经》中也提到："如来告阿难言：汝勿见我入般涅槃，便谓正法于此永绝。何以故？我昔为诸比丘，制戒波罗提木叉，及余所说种种妙法，此即便是汝等大师。如我在世，无有异也。"②由此可见，在佛陀的心目中，只要信徒们内心有了持戒的坚定信念并严格遵守戒律，记住并修习佛陀所讲的各种佛法，自然就能发挥教育的力量，智慧就能显露，解脱就能实现，涅槃就能证得。这样一来，原来佛陀教育中的"四

① 《金刚波若经疏论纂要》卷一，《大正藏》第 33 册，204 页。
② 《大般涅槃经》卷下，《大正藏》第 1 册，204 页。

谛""八正道"的教育内容就开始为"戒、定、慧"的三学所替代，并随着佛陀涅槃后佛典结集的完成，"三学"也开始演化成了"三藏"之学："三藏就是经藏、律藏、论藏。三藏所阐述的内容不外戒定慧三学。经藏阐明定学、律藏阐明戒学、论藏阐明慧学。这三学就是佛陀教育的中心科目。"①虽然"三藏"是在佛陀涅槃之后才编辑形成的，但其内容一直被作为佛陀教育的基本内容而广为流传和遵守，因此我们也可以看作佛陀在传道后期比较成熟的教育内容的核心所在。"佛教的宗派，虽然有汉传、藏传、南传之分，但是每个地区的佛教，也都是以戒定慧为本。可以说，佛教的僧信二众，都要依三藏经律论、三学戒定慧为学习的主要内容。"②

从历史角度看，"戒、定、慧"三学并非佛陀首创。修道思想在印度宗教传统中有着非常丰富的内容，在具体修持方面积累了许多具有共同性的方法，这些修道方法在不同的宗教体系中都有所体现，在某种意义上存在着为各派宗教共有的功法。例如，所谓四禅八定以及五戒等，就是非常著名的共法，其中，五戒出自婆罗门教，四禅与四无色定是由阿罗逻仙人所创。总的来说，印度的各派宗教思想都大致由戒、定、慧三学组成。佛陀在继承这三学的基础上赋予其不同的内容，从而建构起了自己的教育内容体系。因而在佛教中"戒、定、慧"三学又称"三无漏学"或"增上三学"，以凸显佛教三学与其他教义中三学的不同及特色所在。从佛教教育的角度看，"戒定慧"三学既统摄了佛法三乘的修学次第，又是佛法最基本的教义。"戒学"又被称为"增上（殊胜、增进）戒学"，梵语名"尸罗""毗奈耶""波罗提木叉"等不同的称呼。它主要强调佛教四众弟子们对戒律的尊重与遵守。这其中包含美德、语言和身行，是佛教四众弟子的行为准则。"戒"的具体内容包括人天乘法所持的"五戒""十善戒"等，声闻、缘觉乘法所持的"比丘、比丘尼戒"以及菩萨乘法所持的

---

① 陈柏达：《佛陀与孔子教育思想的比较》，188 页，台北，新文丰出版公司，1984。
② 星云大师：《人家佛教的戒定慧》，2 页，台北，香海文化出版社，2007。

"三聚净戒"。"定"学又称"心学""增上心学""增上定学"，意指通过坐禅修定，令心专注于一境而不散乱掉举。梵语称为"三摩地"或"三昧"。"定学"强调在遵守戒律的基础上需要在"定"中努力修持。通过逐步的修学，就能抑制并支配己心而不成为它的奴隶、受它的支配。在具备了这样的心理修养之后，自己就能自由而不受外境的影响，随着"定"的深入，终究有一天会得见真理之光，在因缘具足的时候趋入涅槃。"慧"学，又称"增上慧学"，通常是指通过观达真理而断惑证真的一种方法或修行人断惑证真后的解脱境界。它是佛教所独具的特质，也是佛教与哲学、与其他宗教之间最重要的区别所在。因此，慧学在"三学"之中的地位尤其重要。"戒学""定学"最终的目的都是为了"慧学"。

通过上述分析，我们可以知道佛陀在教育内容方面对于书本知识与实践知识之间相互关系的认识。从"四圣谛"到后来的"戒定慧"三学，佛陀都非常强调对于经典的学习。在佛陀看来，经典学习在整个修道过程中具有十分重要的作用。它是修道的前提与基础，是树立信仰与修行目标、规范的阶段，通过知性学习掌握佛陀教说的理论，用理性来约束自己的思想与行为，以理性的力量来贯彻佛陀教说的规范，净化自己的心灵与行为。但在理论学习的基础上，佛陀也十分重视实践知识的重要性。实践知识的获得首先是理论知识在实践中运用、深化的结果，然而，实践知识具有不同于理论知识的特点。它是一种"体知"，是一种诉诸行为和身体的智慧，是知、情、意统一的实践状态，与理论知识的静观状态根本不同。在佛陀看来，实践知识是对理论知识的深化，实践知识不仅是一种知识，更是一种生存的智慧，是一种生命的境界，而且是理论知识的目标。因此，我们可以说佛陀对理论知识的重视，只是出于修道方法的有效性考虑，是相对于仅仅强调以生活化的方法来获取实践知识的方法论的反动，而并不是基于取消实践知识的目标。在此意义上我们可以说，佛陀对经典理论学习的重视，主要是着眼于如何保证正确的、纯粹的修行，而不致背离佛陀原始教说的本意，所以，经典学习的作用便在于学习和掌握正确的佛理，以规范以后的修行，防止实践中产生的任意解释佛法的倾向。

(六)解脱论与佛陀的道德教育思想

作为宗教教育的重要组成部分，尽管在修道问题上印度各派思想存在着许多共法，但由于各派宗教的终极旨趣不同，即所谓慧学不同，他们对修道法门的理解与运用便存在着很大的差异。这种差异实际上也体现了各派思想对现实以及对现实的转化(或净化)的不同看法，就教育思想而言，其中最有意义的部分是关于道德在修道或者说在转化现实中的作用，这实际上就是各派思想的道德观。因此，佛陀的教育思想中也包含了丰富的道德教育思想。

从修道的角度来论究佛陀教说中的教理与具体修道的关系，不仅对我们认识佛陀教说的性质很有意义，同时也对我们理解佛陀的道德教育思想很有帮助。佛陀教说中的基本真理，即慧学，与修道的关系主要表现在两个方面。一方面是作为教义理论的慧学在佛陀教化中的意义；另一方面是慧学作为一个具体的修道环节在修道中所发挥的作用。慧学与修道的关系问题是我们在探讨佛陀道德教育思想时首先需要解决的问题。

从佛陀教育的实践来看，佛陀心中的"慧学"，就是佛陀教说中关于世界与人生的基本理论，它由染净因果组成，是佛陀教说的核心教理。它一方面解说着现实世间的真相，揭示着现实世间的苦的本质；另一方面也指示着超越现实之苦，以获取真实妙乐之理想实现的目标与途径。在此意义上可以说，佛陀的教理就是指导信徒的理想规范。它一方面规定着信徒行为的理想目标与终极价值意义；另一方面也在此理想与价值的指引下，具体规范着信徒的行为举止。这样一种规范是与世界、人生的本体之理相适应的理想，是和转化或净化世界与人生相适应的具有伦理意义的行为准则。在规范的意义上考量佛陀的教理，我们便对佛陀教说的教化性质有了明确的认识。佛陀之为佛陀，首先是因其自觉了世界人生的真理，获得了超越常人的智慧和解脱，而更重要的在于佛陀是能够以先觉觉后觉的导师和先知，是以其所悟真理与所践证的智慧示范人间、觉悟人间的理想人格。于是，我们也可以说佛陀教说中蕴含的教理，原本并非纯粹认知意义上的理论知识，而根本上是一种运用于实践的指导理论。这样一种理论用之于信徒的修道实践，便是佛陀之教说的教化运用，因而佛陀的教理便具有了规范意义。在规范的意义上理解佛陀的教理，便赋予解说教理的教说以一定意义上的权威，这样一种权威是贯彻教化的保证。根据佛陀教理的规范教化意义，修道者在修道过程中遵循规范指导下的学习和修行就是十分必要的。实际上，在进入实际修行之前对教理的学习解悟，就是对规范的学习和领悟，以使自己的思维和行为能够依循规范，即所谓"多闻熏习，如理作意"。佛陀教说自身所具有的方便适应的随机特征，尽管也把最终的觉悟之权赋予修行者的自觉，但是这种自觉不能从根本上离开规范的指导作用。这也说明，在佛陀的教育中，"戒定慧"三学实质上就是一个完整的、前后相续的系统整体。这一点与大乘佛学在中国的发展方向有着很大的不同。在中国佛学尤其是禅宗中，教理规范被极端方便化和任意化，以至于觉悟被完全归为一己自心的自觉自证，教理规范的引导让位于本心的自由呈露。依据这样一种思想，对教理经典的学习就丧失了重要性，学习变成了生活中的随处体证。这种教化思想发展的极端结果便可能导致教理规范的被否弃和破坏，最终影响到教化的合法性与必要性，因而破坏佛陀教说的根基。强调教化的意义是佛陀原始教说乃至印度佛教思想的统一特征，这也是印度佛教与中国佛教的一个关键的不同点。

在教化的意义上来考量佛陀的教理与修道实践的理论，能够使我们对佛陀的道德教育思想加深认识。下面我们就从教化与修道关系的角度来考量佛陀的道德教育思想，并从教化的意义上来揭示佛陀道德观的实质。

从根本上讲，修行者通过对修行规范的接受而展开的修道过程，始于对理想目标的信仰。在信仰中完全将自我托付于由佛陀所宣示并由佛陀所象征的真理，依循佛陀真理的要求来实现佛陀的教说所许诺的人生问题的解决。因此，修道的动机在于对佛陀教说中所宣扬的价值的认可和契合，即对人生之苦的价值判断的认可与契合，同时也在于对佛陀提出的最终解脱答案的期许。在此意义上，依照佛陀教说中所设立的修道德目来规范自己的行为，就是修道者的义务。根据修道者的不同层次，一般来讲，佛教的修道论可以分成两个方面：一是以在家修行为内容的修道论；二是以出家修行为内容的修道论。根据修行者的不同层次给以不同的要求，确立不同的理想目标与行为规范，同时也根据所证境界和所得果的不同来划分不同的修行层次。佛陀教说中关于修道过程和修道德目有信解行证的划分，有见道与修道的区别，在阿毗达摩佛教中有三十七菩提分法，在大乘思想中有十地的阶次，等等。这些不同的修道规范都是适应不同的修道需要而设定的。佛陀所说教理的不同层次就意味着适应人的需要的不同规范的运用。以教理为规范的意义，是与佛陀教说的性质相一致的。

佛陀教说中规定的德目规范，无论在家还是出家，都贯穿着一个基本精神，即所谓"诸恶莫作，众善奉行，自净其意，是诸佛教"。这样一个精神原则表明了佛陀教说的教化性质，它表述了佛陀教说规范的三个由低到高的修行层次，适应于不同阶段的修行要求。其中，"诸恶莫作"具体讲是指不做十恶业，即三种身恶行：杀生、偷盗、邪淫；四种语恶行：两舌、妄语、恶口、绮语；三种意恶行：贪欲、嗔恶、邪见。"众善奉行"指离诸十恶业，即谓奉行十善业道。无论离恶还是行善，都是处理涉及他人的行为规范，具有十分明显的他律的、外在约束的性质。实际上，这些行为规范是与一般的社会道德规范相一致、相协调的，是普遍的社会伦理规范的要求在佛陀教说中的体现。真正涉及佛徒的修道修养的德目规范应该是从行为的内在根据着眼，从修行的立脚点即修心入手，纳入修道解脱的规范要求中。由此可见，佛陀道德教育的根本核心就在其"解脱论"。这方面的德目规范就是"自净其意"的内容。因此，"别解脱律仪"即戒律，才是关于修道的具体德目。"别解脱律仪"是连接一般伦理要求与修道之间的具体行为规范，在此基础上，才能展开更高层次上的行为要求，即所谓"静虑律仪"与"无漏律仪"。这两种律仪都是在对人的日常行为规范的基础上做出的对于进一步修行的指导要求，这些规范便是与禅定、智慧相关的伦理规范。这些律仪规范都与趋向解脱的修道修养直接相关，也就是说，这些律仪存在的目的并不仅仅在于约束人的行为以向善，而是更着重于改善人的行为动机，以助善念的增长。由净行而净意，因净意而获致心解脱、身解脱。这样，佛陀的修道规范就把对在家众的一般伦理规范要求与修道的解脱目标联系了起来。

在佛陀修道论中，无论是在家众的修道还是出家众的修道，道德行为都是修道过程的一个重要环节，也是修道内容的一个重要部分。道德行为，即所谓行善，是贯穿修道各阶段的统一的德目要求。通过上面的解说我们已经知道，佛陀修道思想中贯穿始终的基本精神，就是所谓"诸恶莫作，众善奉行，自净其意"，而且把这三条视为佛陀教说的根本特征。修道的不同层次对应着不同的道德要求，树立了不同的德目规范。一般来讲，在佛陀的原始教说中，在家众的修行更侧重于伦理规范的要求与束缚。另外，在不同的阶段，道德行为或者说行善在修道中表现出的作用也有所不同。这些不同在一定意义上便涉及对佛陀道德观念的不同理解。由于理解不同，对佛陀道德思想的评价也会不同。如果我们把佛陀的道德思想纳入道德哲学或伦理学的系统中来考察，会对佛陀的道德思想有一个较深刻的认识。

伦理学关心的问题基本上可以分为两个方面：一是什么是善的问题；二是如何促进善行的问题。前者涉及的是什么样的准则规范才是正当、合宜而且普遍的，即道德准则的设立与评价的标准问题；后者探讨的主要是善行之所以为善的问题，即道德行为的内在标准问题。前者关心的是建立怎样的伦理规范体系；后者关心的是如何使行为符合道德。在一定意义上，探讨规范体系的普遍、合理与正当的问题，并不必然涉及行为的内在道德标准问题。然而，探讨行为的道德标准需要联系一定的准则规范。实际上，行为的道德标准问题不过是普遍的道德标准以何种形式进入行为的问题。规范伦理学内部义务论与目的论的分歧，主要是围绕目的与动机的问题展开的关于行为道德标准的争论，他们在普遍规范的内容与来源上的分歧并不是矛盾的焦点所在。

一定的伦理规范体系是与一定的价值观念体系相一致的。在中世纪的西方与古代的中国，社会的伦理规范体系分别与当时占主导地位的基督教和儒家的价值体系相一致。这些不同的价值体系总是由不同的宗教与形而上学体系来表述和承担，由习俗与信仰，而不是经过科学探讨与理论论证——正如西方近现代社会政治哲学所讨论的那样，来确立伦理规范体系。古代印度也不例外。在印度这样一个宗教的国度里，不同的宗教观念与不同的价值观念相伴随。但不论不同宗教体系的价值观念怎样的不同，它们彼此之间都以自己的宗教价值理想为善，把随顺、实现自己的价值理想的行为视为善行。佛教也是如此。佛教以解脱为善，以随顺解脱为善行。在这一意义上，佛教可以说是一个以解脱为最终目的的目的论体系，以解脱的目的来确立善的标准和规范。用这样的道德规范来约束人的行为，并把依循这样规范的行为视为道德行为。相对于解脱的目的，道德行为只是手段和方便。一般来讲，这样的行为并不必然具有道德行为的内在标准，而只需要从行为的效果来判定其是否满足了行为的目的，目的与效果是否一致来判断其道德性质即可。然而，这样的判断往往忽略了行为的动机是否为善的问题。根据康德的义务论伦理学对行为的道德标准的探讨，真正的道德行为是以意志自身是否善良为标准，而善良意志是指根据理性的绝对命令行为的能力。这样，行为的道德标准就不能以外在目的，以快乐与否的感受，即幸福，作为判定的标准；也不能以心理学意义上的道德情感的有无为标准来衡量行为的道德性。在康德看来，德福之间能否统一是由神来保证的领域，尽管道德行为不以幸福为目标，但道德行为可能带来幸福的结果，只是这样的结果不是我们所能料知的；道德情感不是道德行为的来源，事实上，道德情感是以善良意志为前提的。这样，动机自身的善，即善良意志，而不是外在的目的和感受，就成为行为道德性的标准。真正意义上的道德行为，是普遍的准则通过意志自身的善良，也就是自身为善的动机，进入人的行为而实现的，而不是通过工具理性由知性机巧所设想的目的来实现的。

用康德的伦理学来分析佛陀教说中的道德思想，如果从其整个教说体系的宗教性质来看，佛陀关心的问题主要是去苦求乐、由染转净的问题，解决的是何为人生之善的问题。佛陀不仅确立了善的目标，即解脱，而且指出了实现此目标的方法，其中，道德行为是非常重要的一个方面和环节。但是佛陀教说的目的论性质，并不必然导致对于行为的功利性质的判断。在确立了善的目标与规范之后，佛陀并没有把道德行为等同于简单地依循此目标与规范而来的行为。在佛陀看来，目的与动机之间一样不需要有知性的机巧作用在其中，只有自身为善的动机才能真正实现佛教的目的——解脱。也就是说，道德行为在佛陀的观念中一样可以成为目的，而不仅仅是手段和方便。于是，在解脱与道德行为之间就建立了一种不即不离的关系，或者说是一种即道德即解脱的关系。关于解脱与道德行为之间的这样一种关系，我们完全可以从佛陀本生谭的菩萨行中领悟到其间是如何相即不离的。佛陀自菩提树下悟道之后，就以拔苦济众的慈悲利他的心愿和行为，用一生的时间传道、救度众生；而同时，佛陀也以自己的慈悲利他之行实践着自己的解脱之路，完善着自己的修道资粮。实际上，只有在慈悲利他的意义上，佛陀才真正践证了"无我"的境界；在另一种意义上，解脱的目标和境界也使得道德行为与幸福感完全结合了起来，德福在宗教解脱的意义上统一了起来。康德思想里出现在道德有为中的强制命令的准则判断形式，实际上已经预设了由于人的有限性而导致的理性与情感之间的对立，因此，理性与情感的统一，或者德与福的一致，只有在神的境界才能实现。这一点在佛陀的思想中由于认可了人人解脱的可能性，所以能够被克服。

总而言之，道德行为在佛陀的思想和践履中不仅是一个人求道的资格和资粮，也是一个人解脱的践证。当然，在佛陀思想以及后来佛教思想的发展中，都曾有过以道德为方便的观点和倾向，但其间的差别只是有漏善与无漏善的区别。所谓有漏善，是烦恼未尽时所行之善，实际上就是在有我的境界中所行之善，还并非真正的道德行为，因此，在修道的过程中处于较低的阶段；无漏善是烦恼已尽时所行之善，真正达到了无我，因此，在修道的过程中处于较高的位置，是真正意义上的道德行为。我们可以说，佛陀思想中关于道德行为的性质与作用的看法，尽管存在着不同，但这种不同只是针对修道的不同阶段而出现的不同认识。关于道德的本质，佛陀是有着一贯而统一的看法的，这就是即道德即解脱的道德论。

因为佛陀的道德思想与其宗教关怀紧密相连，所以佛陀的道德教育也与宗教教育分不开。佛陀的道德教育与世俗的以道德或者说以成人为目的的道德教育的不同之处在于，佛陀的道德教育是与佛教的理想目标相适应的，也就是说，它是以成佛或成圣为道德教育的目的。这样一种道德教育思想是与佛陀教说的根本的宗教出世倾向直接相关的。因此，佛陀教说中可以说并没有基于人性理念而来的德行概念，如果说在佛陀教说中有着德行概念的话，那么这样的德行概念应该是基于教说中的佛性观而来。与西方古代亚里士多德以"明智""勇敢"等为德行，中国古代以仁、义、礼、智、信为德行有所不同，佛教的德行概念应该说是与菩萨行相应的，在菩提心意义上提出的慈悲这样两种品质。这样两种品质是与佛性相应的两种情操，具有了这两种品质和情操就会有慈与悲的行为；而这样的行为在体现这样的品质时又是在践证着佛性。因此，我们可以说佛陀教说中道德教育的重点在于菩提心的发育，也可以说是慈悲情操的培养。这样一种道德教育在大乘阶段得到了极大的发扬，只是这样一种道德教育仍为佛陀教说的解脱理想所规范。

以上可以说是佛陀教说中道德教育的实质。如果我们撇开佛陀道德教育的宗教背景，抽象地继承其道德教育的具有普遍意义的方面，那么我们就会发现，在佛陀的道德教育中，"应该"的强制性，不是经过说教灌输强加给信徒的，而是利用了信徒在修道上的自觉，把利他的道德行为与自利的解脱联系了起来，把个体的解脱与众生的解脱进而与社会的净化联系起来。于是，道德就不仅与个人幸福联系了起来，而且与社会的改造相联系。这可以说是一种德福一致的道德观，这样一种道德教育也就是以幸福为目标的道德教育。佛陀道德教育思想的这一特点对于我们今天的道德教育、情操培养都具有参考价值。我们应该认识到在强调道德的同时，也应该把道德与个人价值的实现和个人的幸福联系起来，这样的道德教育才具有深入人心的力量。

以上我们论述了慧学作为教义理论在教化意义上的作用。慧学作为修道环节的意义，对于我们理解佛陀教说中的道德教育思想有着非常重要的作用。作为修道环节的慧学，实际上就是教理学习或经典学习在修道中的作用问题。慧学在道德教育中的作用，以佛陀教说中的法相来表述就是闻、思、修三慧的不同功能。所谓闻慧，是指从经典(修多罗)学习中获得的智慧，由听闻佛陀的教诲所生的智慧。声闻乘就是指正听佛陀的言教而获解脱的佛陀声闻弟子。所谓思慧，是指将听闻所得的智慧加以深入思考，以确定其义理而得的智慧。如果说闻慧还是一种理论知识的话，那么思慧则是对这种知识的融会贯通。所谓修慧，则是把通过闻、思获得的智慧贯彻于生活与具体的修行，并在此基础上形成由禅定所生的智慧。只有在这一阶段获得的智慧才能彻底深入心灵，使解脱成为可能。可见，在道德教育方面，佛陀强调学、思、习、行的有机统一，并将道德教育的过程与修道教化的解脱目的直接关联起来。

围绕修道问题而展开的道德思想成为佛陀道德观的主要特点。由此我们发现"闻、思、修"这三个阶段的智慧实际上是与圣教量、比量和现量这三个认识阶段相一致的。对佛陀教说即圣教量的学习，是开始修道的第一阶段。通过圣教量的读诵、听闻与理解，获得关于佛陀教说中所含教理的知性认识，当然，这样一个阶段是与信仰的发生与深化相伴随的。通过佛说圣言量的熏习，不仅在知性上接受和认可佛说的道理，而且要在思维上依照佛理来运思，即所谓"如理作意"，用佛理来"正思维"。这样一个过程的深化实际上已经运用了知性逻辑的推理考量作用，这一过程即比量的阶段。经过比量的推度作用，将佛理加以深入理解进而豁然贯通，由知性的所谓"知解"进而获得一种贯通知性与情意的"解悟"，即所谓"思慧"。由此解悟所得"见道"的认识作为进一步修行的基础，展开"见道"之后的"修道"阶段，而由"修道"所得的智慧即所谓"修慧"。这种智慧是对真理的亲证，是亲见、体知真理的境界，这种亲证即现量的内容。这样一种智慧才真正具有深入心灵，转化人的有限性，改善人在染感苦状况的作用。佛学教理中闻、思、修三慧的理论与儒学的学、思、行结合的教育思想是契合的。在修德方法上，佛学与儒学有许多相通或互补之处。

（七）佛性论与佛陀的师生观

佛陀认为一切众生悉有佛性。为达到开悟，教师必须根据每个人不同的机缘、知识背景、学习态度而采取不同的教育方式进行引导和教育。在佛陀看来，教师的职责就是教化众生，成为成佛路上大家的向导，其最后能引导大家觉悟成佛。因而要成为一名教师，必须具有很高的综合素质要求。要教化众生，教师首先应该成为一名觉者。所谓"觉者"，就是具有完美人格并能慈悲教化他人的师者。在佛陀这里，一名"觉者"有三项职责：自觉、觉他、觉行圆满，从而使人在反思中不断地觉解生命的真谛，促进人不断朝向解脱的新阶段发展。对一名教师而言，"自觉"对生命本身的觉悟，即为生命个体能够认识世界人生的真相；"觉他"意为引导他人觉悟，是个体能够把关于宇宙人生真相的认识传授给他人，帮助他人获得幸福；"觉行圆满"则是通过不断的悟识和修行实现精神认识与生活实践的相互转化，最终实现知行合一、完全解脱的涅槃状态。因此，佛陀从三个方面规定了一名教师所应具有的基本素质：第一，教师要因对真的向往具有觉知和慧识的品质，使其能够自觉生命本质，并通过不断的自我修为，提高处理人与自我、人与社会、人与自然关系的能力，实现转识成智；第二，要因对善的体认具有慈悲和敏察的品质，使其同情关爱他人的生命，敏感于他人的生命成长，怀有乐于育人的救世之心，积极为他人生命幸福付出思谋；第三，要因对美的追求具有戒定和超越的品质，使其在自我教育和教育他人的实践过程中内化对生命的认识，不断规定自我，创造自我，在有限中探寻无限的发展，实现生命质量的提升！由此，我们可以发现佛陀心目中教师是一个有智慧、有德行、有幸福的觉者，他以生命为基点，以自身和大众解脱为目的，通过"自觉""觉他""觉行圆满"三个维度提升自身的综合品质，从而使自己和学生都不断趋向真、善、美有机融合，最终实现自我超越达至解脱的涅槃圆满境界。

从"佛性论"的基点出发，佛陀不仅对教师的素质做出了明确要求，在对学生的选择上，也对传统的种姓制度提出了批评与改革，这使得在修行者的资格方面，佛教的主张与印度主流正统的宗教派别有了根本差异。婆罗门教认为只有四种姓中的前三种姓即婆罗门、刹帝利与吠舍具有修道受教育的资格，而首陀罗则被排除在修道受教育与解脱的秩序之外。佛陀则持四种姓平等或四种姓清净的观念，使佛教的修道解脱之门向所有人开放，认为四种姓在修道解脱上并不存在差别，佛陀本身就收了首陀罗作为自己的弟子，这充分体现了佛陀学生观的进步之处。更值得我们注意的是，佛陀不仅将"佛性"面前一律平等的观念施之于所有的学生，对其平等相待，因材施教，而且将施教的对象扩大到了一切众生，即包括"四生"在内的三界六道①的所有存在。所谓"四生"，即（1）胎生，从母胎而出生者，称为胎生，如人、象、牛、马、猪、羊、狗、猫等；（2）卵生，由卵壳出生者，称为卵生，如鸡、鸭、孔雀、蛇、鱼、蚁等；（3）湿生，又作因缘生、寒热和合生，即由类聚、注道、秽厕、腐肉、丛草等润湿地之湿气所产生者，称为湿生，如飞蛾、蚊帅、朦纳、麻生虫等；（4）化生，无所托而忽有，称为化生，如诸天、地狱、中有之有情，皆由其过去之业力而化生。② 从中我们可以充分感受到佛陀在生命平等理念上的彻底性与其慈悲情怀的普遍性。

在肯定了学习者资格的平等性之后，佛陀将学习者区分为在家修行与出家修行两类。在家与出家之间在修道有效性上是存在差别的。佛陀教说中的一般倾向，总是将出家修行置于在家修行之前，把出家修行视为高于在家修行的修行阶段，认为真正、彻底的修行，只有出家才是最有效的。但是，佛陀的本意并没有把在家与出家在修道效果上的区别绝对化，也就是说，在家修行者只要求道心切、用心纯直也有可能最终获得解脱。佛陀教说中关于在家与出家修行之间关系的这一态度，集中体现在对在家的伦理生活的重视上，给予所谓世间法修行较高的地位。这一点也正是佛陀原始教说具有的朴素人间性的一致表现，与部派佛教较重视出家修行的态度有所区别。

（八）"筏喻"论与佛陀的教育学方法思想

佛陀把自己的教法比作船筏，只是渡人过河到达彼岸的工具，即所谓"方便"。方便是实现教理的手段和工具，佛陀广义的教化行为，都是方便，而不只是讲说。由此可见佛陀在教育教学过程中对师生的角色和关系有着十分清晰的自觉意识。在他的心目中，学生是学习的主体，教师就是一个学生学习的辅助者。学生要渡河，教师只提供渡河的工具，而怎么使用工具、选择怎

---

① "三界"即佛教所说的欲界、色界、无色界；"六道"即地狱、饿鬼、畜生、阿修罗、人间、仙天。

② 《俱舍论》卷八，《大正藏》第 29 册，43～44 页。

样的途径、需要采取什么措施，这都是学生自己的事。因而佛陀特别强调学生自己的体悟而不是去强行说教。"拈花微笑"的故事就非常典型地展示了佛陀别具一格的教学方法。虽然佛陀把自己的角色定位在辅助者的角色，但他依然十分注意学生内在动机的激发和学习热情的唤醒，因而他的教育教学方式是极其多样化的，体现了佛陀根据学生资质灵活施教的鲜明特点。作为"方便"，佛陀的具体教说就不是僵化的教条，而是根据具体情事可以灵活变通的策略。这种思想经过后来大乘学派的发展，组织成二谛的教义结构，即把教理（真谛）与教法（俗谛）辩证地统一起来。仅视教法为表达教理的方便，虽有实际作用，但并不是终极的、第一位的实在。在部派时代，曾有佛陀教说是"了义"还是"不了义"的争论，反映了对佛陀教说性质的不同看法。所谓"有着文沙门执着文字离经所说终不敢言"，就是指那些把佛陀教说教条化的派别，这些派别的此类主张是有违佛陀真意的。

佛陀一生传道说法，言传身教，度化弟子无数。从佛陀与其声闻弟子的关系着眼，我们可以说，尽管在巴利文文献和现存佛传中，存在着大量对佛陀的神化描写，但无论是在声闻弟子眼中，还是从度化声闻弟子的实践来看，佛陀首先是一个具有亲切、朴素形象的导师。他一生的教化实践，事实上就是一种教学实践。其教学方式能因人、因地、因时而异，方便设教，灵活接引。总的来说，佛陀一生是一个不断从事着教育活动的宗教家，是一个进行着宗教活动的教育家。因而他的教育教学方法兼具知识学习与灵魂改造两个维度。

如果我们先抛开佛陀教学的内容，而只从其教学的方式与方法来看待佛陀的教学活动，佛陀所具有的教育思想史上的意义可能会更加明显。关于佛陀的教学活动，历来为研究佛陀思想的学者所重视，例如，德国的奥登堡（H. Oldenberg）在其研究佛陀的巨著《佛陀：他的生平、教法与教团》中，就曾经专门讨论过佛陀的教学法问题。[①] 对这个问题的探讨，首先遇到的是佛陀教学的风格问题，其次是佛陀教学的形式问题，然后是佛陀教学的方法问题。对佛陀教学的研究，还需要联系佛陀所处的印度思想文化的背景，尤其是教学、教育的传统来探讨。

在吠陀文献中，教义的讲说是在一种类似于法庭辩论式的风格中展开的。在佛陀的传教活动开始之前很久，婆罗门的学派与祭祀的现场就已经形成了这样一种讲说教义的风格。这种风格具有一种严肃的形式，传达圣事的话语都经过了一定的修饰，而且这些话语都与一定的外表形式，如动作、表情和仪态等规矩相适应。因为这些话语承载着神圣、严肃的内容，因而具有了庄严、神圣的性格。这种严肃的与祭祀场所相联系的教义讲说风格，使得关于教义的思考更多地被限制在婆罗门的寺庙中。

以佛教为代表的沙门思潮的兴起，尽管并非都是在思想上与正统婆罗门教相冲突的学派思潮，但是在形式上都抛弃了旧的婆罗门教的教义讲说方式和在家祭祀礼仪，而采取了更为自由和灵活的思考和教学的方式，不受时间、地点和说法对象的限制，而与自身的修道实践相配合。这样一种教义讲说的方式在其还处在沙门思潮的原始阶段时，可以说是走出寺庙的行者式教学。即使在这样的教学中，婆罗门式的教义辩论风格仍然在沙门学派中被保留了下来。这一点，我们在佛陀教义讲说中就可以清楚地看到。

从现存的佛陀早期教说的文献中，我们看到的是一种非常朴素、自由的讲说风格。首先，佛陀在一生的传教活动中，并没有形成一种特地为讲说教义而使用的语言。在现存的佛教文献语言中，只有梵语与巴利语是印度本土古老的语言，然而，这两种语言并非佛陀说法时使用的语言。据学者研究，佛陀说法时使用的是东印度方言，他的弟子也大多使用这种语言。使用哪种

---

① ［德］奥登堡：《佛陀》之《佛陀之教法》，转引自吴式颖、任钟印主编：《外国教育思想通史》第 1 卷，197 页，北京，北京师范大学出版社，2017。

语言说法，在佛陀看来并不是一个重要的问题。因为，佛陀认为，每一个听法者都是在他自己的语言中听到佛的说法的，也就是说，佛陀的教说并不限制于一种固定的方言。其次，现存的原始佛教文献都是佛陀口头表述的汇编，在佛陀的时代还没有写作的习惯，而只有简单的文告写作。这些文献中，有着大量关于同一论题的重复讲说。从这些重复讲说的经文中，我们可以真切地感受到佛陀亲切、自由、生动的讲说方式。这样一种讲说方式，更多地与当时讲说的情境紧密相关，有着十分真实的现场感。在佛陀的讲说中，婆罗门式的辩论风格也得到了保留和体现，不同的是，这样一种风格更具有自然的情感表达的特征，而不是由传统决定的形式主义的作风。当然，这并不是说在佛陀的讲说中没有对形式的要求，提问的方式、讲说遵守的程式，以及动作、语调等在佛陀的教团中都有规定，只是这种规定并没有婆罗门式的僵化和教条，而是始终保持着生动、人文的气氛。

由于佛陀思想的沙门特质，他的教学方法呈现出更多自由、灵活的特点。在现存的原始佛教文献中，这一特征主要表现为体裁的多样化。对话、故事、寓言以及格言式的说教，在早期佛经中得到了灵活运用。一般而言，对话体是佛经的主要形式，也是佛陀教学的主要方式。通过对话来完成教与学的过程，既不须经过书本的中介，也不是以教为主体的灌输式的教学法，而着重于教与学之间的互动关系。佛经中，教学一般由对话来展开。从大量的佛经来看，佛陀的讲说一般是在两种场合展开。一是在佛陀与弟子们例行的集会中，由弟子就修学中遇到的问题和困惑向佛陀提问，然后，由佛陀根据情况方便解说，如大乘经典中的《华严经》《般若经》等；二是在佛陀的游行中，随机讲道，方便设教，灵活度人，如《阿含经》中的多数经典。后一种情况，在原始佛教文献中更多地出现，而前一种方式则是大乘佛经的主要形式。无论哪种方式，对话是其基本的展开方式。在对话中，佛陀或以自己的本生故事，或以其他佛的化身事迹来解说佛法；或者是以寓言的方式，运用譬喻的手法，生动、透彻地讲明佛法深意；或者是以格言的形式，将佛法的道理以便于记忆和记诵的方式集中起来，编成韵文体的偈颂来讲说；或者是针对某一问题集中论述解说，形成后世论书的初始形式；或者是以广泛破除异见和异解为主的方广形式；或者是以神通变化之奇迹灵验开导信心。佛陀不同的说法方式，就构成原始佛教的教法组织形式。这些方式最早有九种，即经、应颂、解说、偈颂、自说、如是语、本生、未曾有法、方广，后来被扩大为十二种，增加了譬喻、论议与因缘，形成所谓九分教或十二分教。这些教说方式充分地体现了佛陀教学的多样化特点。①

这种具有"筏喻"性质的多样化的、灵活的教育教学方法，不仅运用在佛陀个人的教育教学方面，也被贯彻在了后期的僧团组织的教学过程之中。我们知道佛陀一生行道都有诸弟子围绕左右，从最初听法的五比丘，一直到临涅槃时嘱咐大迦叶的整个弟子集团，实际上已经形成了一个有组织的僧团。从僧团的形成来看，它首先是出于听闻佛法需要才追随佛陀左右的；其次，过一种团体生活也是修习佛法的需要，因为在一个修道的团体中，成员之间戒行上的互相监督与禅行上的彼此增益，有助于修道境界的精进。因此，在一定意义上，我们可以把僧团组织与中国古代的书院相比较，僧团组织实际上是一种流动的书院。这一组织根据佛陀树立的价值理想来培育人，以使接受这一价值理想的人都能实现其理想。僧团中教与学的方式，一方面是佛的讲法和弟子们的听闻，这种听与讲的方式更多的是以对话问答的形式展开，其中，佛陀的讲说着重以启发引导的方式，循循善诱，机锋激发，以启悟弟子的智慧，而不是以灌输知识为教育的手段；另一方面，佛陀的教学也更重视生活化、直观化，从日常日用的实践中，使弟子从佛陀的行事中观察、学习，以获取真知。在这样一个教学团体中，教与学的方式是非常生动灵活的，与近代意义上的以传授知识为主要内容，因而忽略了育人理想的学校有着很

① 可参见《大乘阿毗达磨集论》卷七，《大正藏》第 31 册，692~693 页。

大的不同。

从"筏喻"论的角度出发，佛陀的教育更多体现为一种实践知识的教学。这意味着佛陀在阐述自己关于世界、宇宙乃至人生的看法时，便不仅仅是在陈说一个事实判断，同时也是在表达自己的价值评价，即使我们可以用纯理论的眼光来分析佛陀的世界观与知识论，但是这些理论只有实际化以后才会具有佛陀教说自身的意义。佛陀的教说是事实与价值不相离，伦理与心理相统一的。这一点表现在佛陀用概念来建立自己的学说体系时，总是侧重于从大家一般都能接受认同的现象出发，以眼前明白的事实来说法，不做抽象的思辨，不把身边的现象抽象地对象化。如十二因缘的理论，作为佛陀教说的核心原理就是以人生的普遍现象为基础，以人人认可的常识为前提建立起来的。这一理论不仅是佛陀人生观的基本原理，也是他的世界观的基本原理。它们陈说着关于世界的事实性知识，同时也表达着这个世界中的人关于世界的情感。佛陀的教说可以认为是对世界观这一概念的原始含义——人生在世的意义——的准确表达，这一点，马克斯·韦伯在揭示印度宗教的特性时便做过恰当的说明。关于佛陀教说的这种性质，前辈学者都曾有过论述。日本佛教学者木村泰贤曾说过："佛陀所最努力者，纯在就人生其物之成立与活动而加以说明，此自其目的观之亦甚显著。故其宇宙论亦毕竟以人生问题为中心之宇宙观，所谓对于吾人世界之观察，若离开人生而考察宇宙乃为佛陀所不许者。"①这是对佛陀教说实践性格的准确理解。

佛陀教说的实践性格还表现在对个体人生实践的指导上。人生问题的提出与人生问题的解答是相辅相成的，佛陀关于人生之苦问题的提出，就已经向我们指示了与现实苦难相对照的理想乐土的可能性，这种理想状态就是常乐我净的涅槃境界。佛陀教说的最终旨趣便在于引导众生获得解脱，实现涅

---

① 转引自吴式颖、任钟印主编：《外国教育思想通史》第 1 卷，204 页，北京，北京师范大学出版社，2017。

槃，使众生能够像自己一样得到解脱的愿心。它指导着佛陀一生说法布道的生活。这种愿心便是后来大乘教说中菩萨这一理想人格的实质，而菩萨是能够根据众生的实际来灵活施救的。佛陀就常常把自己比作为人治病疗伤实际临症的医生，总是根据病人的病情来做出诊治。佛经中曾有如来知义、知法、知度、知时、知会众的赞叹，说明了佛陀根据具体情事方便施教的情形。在梵文中，表示"因缘"概念的"nidana"一词，便具有病理的意思。据说，佛陀成立的四谛说就受到了医学从探究病源到考究治疗方法的启发。因此，我们可以说，佛陀教说与医学之间的类比关系，恰当地表达了佛陀从人生实际出发解答人生问题的主旨。对人生问题的解答与人生实践的指导正是佛教之所以称为教的意义所在，也正是佛教在教育思想史上意义的充分体现。

从佛陀教说的实践性格，我们也可以引申出佛陀教说的理论态度。据现代学者的研究，佛陀于鹿野苑初转法轮时，在对五弟子宣讲四谛说之前，首先讲了中道的道理。最初，中道应该是针对五弟子坚持的极端苦行的实践态度而提出的不苦不乐的中道行，其内容便是八正道(正见、正思维、正语、正业、正命、正精进、正念、正定)。这种态度运用于理论的建构，便成为与"一切见"相对的"分别"观。"一切见"是指对待事物、建立教说的独断绝对的一往之论与一边之见，而"分别"观则是与此相对的客观分析的态度和立场。"分别"观见之于理论的建构，首先从现实的已禀赋的经验事实出发，而不是从盲目的理论教条出发。在这个意义上，佛陀颇有与近代科学接近的理论态度。这种理论态度用之于批评其他各种学说，便生动地体现了佛陀教说的理论特点。在《经集》中，佛陀反复陈说了自己对于各执己见的各派争论的态度。他说："人们总是说自己的教义纯洁，其他的教义不纯洁；信奉什么便说什么好，各自确认各自的真理。"①"(问)一些人说：'这是真实的、正确的。'另一

---

① 郭良鋆译：《经集》824 颂，北京，中国社会科学出版社，1990，转引自吴式颖、任钟印主编：《外国教育思想通史》第 1 卷，205 页，北京，北京师范大学出版社，2017。

些人说：'这是虚妄的、错误的。'这样便会出现分歧，进行争论。为什么沙门意见不一呢？（答）因为真实只有一种，没有第二种；人们懂得这一点，就不会争论。但他们各自宣扬各自的真实，因此，沙门意见不一。（问）为什么那些争论者自称能人，宣扬不同的真实？是相传有许多不同的真实，还是他们抱有自己的思辨？（答）没有许多不同的真实，在这世上，除了名想，没有永恒的事物。在各种观点中运用思辨，便会提出真实和虚妄的二重法。"①在此意义上，佛陀总结道："信奉教条的人不会带来纯洁，他推崇臆想的观点，声称依靠它就有光明，就有纯洁，他看到的仅此而已。"②而在佛陀看来，正确的道路应该是这样的："牟尼抛弃尘世束缚，出现争论，不追随一方；别人不平静，他平静；别人采纳观点，他不采纳。"③"他对万事万物，对任何所见、所闻、所想不用设防，卸下重负，获得解脱，这样的牟尼没有渴求，不再属于时间。"④通过以上所引，我们可以看到佛陀对当时思想界种种不相容的学说观点的反省与批评，同时也可以看到佛陀教说的不执着、不教条、实事求是地客观分析的理论取向。这种批评的精神与分析观察的态度，正是所谓"法归分别，真人归灭"的教说旨趣所在。

佛陀施教的灵活性，在佛教的教法中称为方便。在理与教之间，教是承载理的，理由教来表达。理与教之间的这种关系，一方面，教中寓理，教是对求学者的规范，是佛之教，因而是神圣的，是为圣教量；另一方面，理由教明，教之规范以合于理、达于理为目的，因此，规范不是教条，圣教量不

① 郭良鋆译：《经集》883~885颂，北京，中国社会科学出版社，1990，转引自吴式颖、任钟印主编：《外国教育思想通史》第1卷，206页，北京，北京师范大学出版社，2017。

② 郭良鋆译：《经集》910颂，北京，中国社会科学出版社，1990，转引自吴式颖、任钟印主编：《外国教育思想通史》第1卷，206页，北京，北京师范大学出版社，2017。

③ 郭良鋆译：《经集》912颂，北京，中国社会科学出版社，1990，转引自吴式颖、任钟印主编：《外国教育思想通史》第1卷，206页，北京，北京师范大学出版社，2017。

④ 郭良鋆译：《经集》914颂，北京，中国社会科学出版社，1990，转引自吴式颖、任钟印主编：《外国教育思想通史》第1卷，206页，北京，北京师范大学出版社，2017。

是真如，不能绝对化。学者虽必经方便之教而趋向真理，然方便之教是多样的，可以随"机"应"变"，不拘一格，因地制宜，因材施教。这些在佛经中随处可见。同样是接引度化，对待迦叶三兄弟的方式就与阿难不同。一以神通破除苦行之执，一则于日用之间，随处点拨；同样是佛弟子，对阿难只能讲声闻法，而舍利弗则必须以大乘般若法门才能满足。因此，佛陀的方便施教体现了非常进步的教学思想。

这种实践品格不仅体现在佛陀的教育教学方法上，也体现在佛陀对于学生修道学习的看法上。在佛陀看来，作为修道者的学生，其最主要的职责就是要确立自己的远大志向，追求无上正等正觉的愿心。也就是说，学习动机必须明确，才能够持之以恒，有足够的学习动力。"戒定慧"三学的核心包括修学和修行方法两个方面的问题。在教育过程中，如何使修学的人在学与修两方面得到均衡的发展，这是佛陀教育教法的一个重要特点。因为在佛陀看来，佛教的学与修是一体的两面，佛教是实践的宗教，佛学是佛法的修学、佛法的实践。因而学习的目的是自己和众生的觉悟解脱，而要达到解脱就必须如法修持，学修兼备。要知道教义、教理的学习可以使修学的人建立正确的知见，解脱烦恼，得到智慧的关键就要靠真正的修行力量。佛教的学习与实践是建构于以"佛性""真如"为认识对象，以成佛、解脱烦恼、得到安乐为认识、修行、实践的目的。强调了在现实生活中的宗教修行与实践，提出了各种不同的修行方法，指明了佛徒如何能成佛、幸福生活的途径，这些修行的途径与方法就是具有特殊形态的学习观。

通过以上对佛陀教说立场的分析，我们可以对原始佛教的实践性格与理论风格有所体会和了解。原始佛教具有的立足人间、朴素、亲切的说教方式，非形而上学的分别切事的理论特征，以及拒斥神秘和狂迷的，理智、规范的实践风格，不仅不同于印度其他教派学说，而且与发展到后来的部派佛教与大乘佛教有很大的不同。当然，尽管佛教的后期发展有不同程度的形而上学化与神秘化的倾向，但佛陀教说的基本精神和立场是贯彻始终的，这就是在理论形态上的事实与价值的统一，以及在实践上对人生之苦的终极关切，和对寻求解决人生问题方法的关心。正是由于原始佛教的这种性格，我们在研究和评析佛陀教法的思想因素时，就不能简单地照搬西方哲学的理论框架，并进而根据这样的框架来解构佛陀的教育思想。

第三节 孔雀王朝时期的佛教教育

公元前327年，马其顿亚历山大大帝率军侵入西印度，试图征服恒河平原，遭到当地力量抵抗。随后亚历山大撤退，于公元前323年客死于巴比伦。尽管亚历山大在印度的时间并不长，但对印度产生了重大影响。当时印度恒河平原最强大的是摩揭陀国，正处于难陀王的统治之下。公元前322年，摩揭陀国的刹帝利旃陀罗笈多·孔雀（Candragupta，又译月护王）夺取了摩揭陀国难陀王朝的王位，吞并了周边若干邻国，建立了印度历史上第一个大帝国孔雀王朝。在他的儿子和孙子的征服下，孔雀王朝统治了除南端以外的整个印度半岛。在阿育王时代，孔雀王朝达到鼎盛时期。他征服了东海岸的羯陵伽王国后，思想发生了重大转变，他放弃了一切侵略性的军事行动，并致力于政治稳定和发展经济文化。他采用佛教作为他的宗教哲学，并宣布佛教为印度的国教，并倡导宗教宽容政策："每个人都是我的儿子。正如我愿我的子女在今世及来世得享各种繁荣，我愿一切人也是这样……我任命宗教大臣，专司各教事务。我在内心平等地关怀所有佛教沙门、婆罗门和耆那教徒。"[①]他还召集了全国的一大批佛教高僧，编纂整理佛教经典，在各地修建了许多佛教寺院和佛塔。为了弘扬佛法，阿育王派出了包括王子和公主在内的大批

---

① 尚会鹏:《印度文化史》，88页，桂林，广西师范大学出版社，2007。

使者和僧侣，到邻近的国家和地区去传教。印度公主在去锡兰(今天的斯里兰卡)传教时，不仅带去了许多僧侣和佛典，还带去了一枝神圣的菩提树的树枝，并亲自种植在锡兰。经过一番宣传和使节往来，佛教不仅传遍了锡兰，而且很快传到了埃及、叙利亚、缅甸、中国和世界各地，使得佛教成了世界性的宗教。

一、部派佛教的产生与发展

佛陀涅槃后，佛教继续在以摩揭陀为中心的东印度地区传播，信徒以城市里的王侯及工商业者为主。到了孔雀王朝时代，佛教受到阿育王的大力支持。其中有一个故事，说明了佛教受阿育王重视的缘由，从中我们也可以看出当时社会对于战争的厌烦情绪，这为佛教的传播提供了有利的社会环境。这个故事讲阿育王在当君王的早期，曾用暴力和酷刑治理国家。在华氏城北部有一个监狱，人们称它为"阿育王监狱"，在监狱里，使用所有的严刑拷打来对付犯人。国王曾下令，任何人只要进了这监狱，就别想活着出去。但有一天，一位佛教的圣者毫无原因地被关了进去。狱吏将他投入热水锅里，水竟无法烧沸。狱吏将这一事报告给阿育王，阿育王感到很奇怪，对佛教开始感兴趣。后来他下令取消了那座监狱，并修正刑法，对犯人从宽发落。这时，他的军队恰好平息了羯陵伽地区的叛乱，杀戮了成千上万的叛乱者，并俘虏了许多人。阿育王的良心受到谴责，产生了悔恨和悲悯之情。他下令将所有俘虏释放，并发布了一封文书，表示忏悔。之后他皈依了佛教，穿上僧侣的袍服，开始禁止打猎和食素，献身于实施"大法"(道德与虔诚)，从而导致了孔雀王朝内外政策的重大变化。对内，阿育王采用"虔诚感化"的政策。他赞扬佛教，劝告人们皈依佛教。他明令禁止滥杀动物，并设立人与动物医院，向穷人施舍。他还在印度各地兴建佛寺、佛塔，并亲自巡拜。佛教徒称他为"转轮圣王"。在他当位时，他虽是热心的佛教徒，但也不排斥其他宗教。耆那教、婆罗门教等也受到同样的保护。他还派出佛教僧侣遍历印度各地，甚至远到叙利亚、埃及与希腊，使佛教传播到印度以外的地方，成为一个国际性宗教。正是在这种大背景下，佛教自身也在悄悄发生着变化。佛陀活着的时候被尊为"获得了真理的人"（觉者），以其伟大的人格魅力对广大信众产生巨大的影响力。但在他涅槃后，随着时间的逝去，弟子们对他的记忆不再那么具体清晰，为了宗教的传播与吸引教众，他逐渐被神化和偶像化，逐渐被塑造成了一位具有某种神赋性格和不可思议的力量的"超人"。与此同时，也出现了诸多坐禅佛陀和菩萨的像。

随着对佛陀神赋品格的强调，佛教徒们认为，如此伟大的人格不是仅在今世就能修成的，佛是经过前世长久的修行积累了很大功德的结果。在这种情况下，假托佛陀前世生活的《本生经》出现了。在这本书中，佛教徒将民间的寓言与佛陀前世的故事结合起来，塑造了佛陀的各种形象。《本生经》产生了极大的社会道德感化力量，对于一般民众皈依佛教以及获得道德宗教之心起了极大的作用。随着佛教的兴盛，佛教徒对佛陀以及圣者的遗骨、遗物的崇拜也盛行起来。佛教在组织方面也获得了发展。这时的佛教制定了许多戒律，编撰了多部经典。佛教在传播过程中，由于各地的自然、种族、风土、民情的不同，信徒对教义的理解以及在遵守戒律方面都有不同，导致了佛教内部出现了第一次分裂。当时东印度跋耆（Vai）族的比丘们提出了十条有关戒律的新主张(一般称为"十事")①，认为在遵守戒律方面可以适当放宽些。但这在教团内引起了激烈争论。以耶舍为首的西印度的比丘提出反对，他们在吠舍里召集了一个700人的会议，审定律藏，并宣布"十事"为非法。但不承认这次会议的改革派比丘后来也召集了一次一万人的会议，进行了自己的"结集"，并宣布从保守的教团中独立出来。由于这一派人数众多，故称"大众部"。发展到后来这一派又称"北传佛教"或"大乘佛教"(即"多数人获拯救"的意思)。偏向于保守的一派多数为上座长老，故称"上座部"。后来向南传到斯里兰卡和东南亚诸国的佛教属上座部，被称为"南传佛教"或"小乘佛教"(即"少数人获拯救"的意思)。这次分裂之后，随着对佛教教义研究的不断深入，佛教内部围绕宇宙万物是实有还是假有、灵魂与轮回、佛祖的人性与神性以及修行戒律、解脱等问题产生了广泛的分歧。其中各派系最主要争论点集中在四个方面：一是戒律的宽与严；二是"有我"与"无我"；三是"心性"的净与不净；四是佛菩萨与阿罗汉之争。上座部倾向于佛陀是历史人物。大众部认为佛陀句句是真理，是无限的。一系列的争论导致了佛教进一步分裂。这在

---

① 根据南传佛教的说法，此次结集的原因是毗舍离的僧侣违犯了原定的戒律，其中特别是出现了向人乞钱的事，于是又重新就戒律进行结集，确定了"十事非法"：(1)盐姜合共宿(盐姜允许储下供日后使用)；(2)两指抄食(比丘原定正午前进食，但如果中午太阳的影子过二个指头时进食还可算正午食)；(3)复座食(吃完了，还可再坐就食)；(4)趣聚落食(食后，还可到附近村落再吃)；(5)食酥、油、蜜、石蜜和酪(不到时候，也能吃酥油、蜜、糖和奶酪)；(6)饮阇楼伽酒(比丘在有病时，可吃一些经发酵的酒)；(7)座具随意大小(比丘座具可随意大小)；(8)习先所习(出家前所习的东西在出家以后仍可学习)；(9)求听(僧团有事需大家商量，但有些场合，可先作，事后再求承诺)；(10)受蓄金银钱(可以受蓄金银财物)。此次结集称为毗舍离结集或七百人结集，又由于参加此次结集的多为佛教长老，故又称为上座部结集。对于上座部的决定，毗舍离的僧侣不服，于是另召集约有万人参加的会议，并决定上述十事为合法。由于参加这一结集的人数很多，因而被称为大众部结集。这是佛教内部部派分裂的开始，此后，派别日益增多，从而使佛教教义、学说和戒律也因部派之不同而有许多歧异和变化。但据北传佛教著作《异部宗轮论》所载，上座、大众两部分裂原则是由大天提倡异说而引起的，即所谓"大天五事"。五事即：(1)余所诱(虽为阿罗汉，只要有生理欲望的存在，还有梦遗等事)；(2)无知(还为无明所覆盖)；(3)犹豫(还有对教理和戒律、三宝的存疑)；(4)他令入(还需要佛和其他先辈的指示)；(5)道因声故起(虽为阿罗汉，有时虽不发出"苦"的声音，但仍有世无常、苦等痛切的感觉)。

佛教史上一般称为"枝末分派"。根据南传佛教的说法，枝末分派后佛教的上座部系统分成十八个派别，北传佛教认为有二十个派别。各部派都认为自己一派是正统，并从各自的立场来编纂佛经，虽有经藏和律藏，但各派都有不同说法，这促进了对佛陀的说法进行反省和探究，出现了注释、整理分类、理解、消除各说之间的矛盾等努力。这些研究结果汇集起来，就成为论藏。①佛教史上把这个时期的佛教称为"部派佛教"。在佛教诸派中最有影响力的是"说一切有部"。这一派大约在公元前 2 世纪时形成了根本经典《阿毗达摩发智论》。

在对佛教的教义方面，当时许多信徒认为，作为理想人格的佛陀和作为理想状态的涅槃，一般人无论如何努力，在现世都无法达到。因而将涅槃分成了"有余涅槃"（即在肉身活着的状态下达到的涅槃）和"无余涅槃"（即肉身消失后的涅槃）。其中达到"有余涅槃"的为"阿罗汉"，达到"无余涅槃"的为佛陀。这样一来就确立了佛陀在佛教中的最高地位。佛陀在成佛之前经历了极其艰苦的修炼，阿罗汉自然也要经历多个阶段的艰苦修炼。所以这一时期对修炼的方法进行了细致的归纳，"戒、定、慧"②（即实践戒律、禅定、智

---

① 根据南传佛教的传说，在阿育王时期，每天在鸡园寺中供养上万名出家人，其中也有许多外道，因而经常引起争端。于是以目犍连子帝须为首的僧众，在华氏城（即波多厘子城）进行了第三次结集，重新整理佛教经典，并编辑了一部《论事》。论事，就是争论的问题，把不同派别的论点整理出来，正反面各五百条，合计一千条。现仅存一百十六条，都是目犍连子帝须所反对的论点。从《论事》中可以看出，当时佛教内部又有了进一步的分裂，部派林立，争论十分激烈。其中就涉及补特伽罗的有无问题，犊子部公然主张有补特伽罗，而代表化地部的目犍连子帝须则坚决反对此说。关于这次结集，北传佛教文献中并无任何记载，因之也不为北传佛教所承认。

② 作为"三学"中的"戒"，也叫增上（卓越）戒学，指佛教戒律，即防止行为、语言、思想三方面的过失。由于大小乘的不同，其戒律也有所不同。另外对出家的僧侣和在家的居士也有所区别。例如小乘有五戒、八戒、二百五十戒等，大乘有三聚净戒、十重四十八轻戒等。"定"，也叫增上心学，指禅定，即摈除杂念，专心致志，观悟四谛。小乘有四禅，大乘有九种在禅、百八三昧等。"慧"又称增上慧学，也就是佛教教义中的智慧。慧就是有厌、无欲、见真。摈除一切欲望和烦恼，专思四谛、十二因缘，以窥见法，获得智慧解脱。一般都认为"三学"之中以"慧"为最重要，"戒"和"定"都是获得"慧"的手段。只有获得"慧"，才能达到最终解脱的涅槃境界。

慧)的"三学"得到进一步的完善。

孔雀王朝灭亡后西北印度为希腊人所统治，随着佛教的广泛传播，当时希腊人高官中，有许多人也信奉了佛教，也有些人信奉了印度教，印度文化与希腊文化在此时发生了遭遇与融合，给佛教和印度文化的发展带来了新的因素。

二、部派佛教时期的教育

从佛陀说法开始，无论是原始佛教、小乘佛教还是大乘佛教，其唯一的最高目的，都是在求得众生的解脱。而求解脱的方法，就是按照佛陀的教导去修道。修道的重心是戒、定、慧三学；以戒、定、慧三无漏学而包摄一切善法。这一点为所有佛教信徒认可。但到了部派佛教时期，却因对"众生解脱"的标志理解不同，对戒、定、慧三学各自作用的认识不同而出现了各种争论，如大众部重"慧"，提出了"慧为加行"之说；分别说系则重"律"，主张严格遵守佛陀所定的"戒律"；说一切有部则重"定"，提出了"依空，无愿，二三摩地，俱容得入，正性离生思惟"的理论。即使对大家都无疑义的"禅定"之道，也因为理解不同而出现了派别分裂，如因为"定"有渐次，所以就有了有部及犊子系对证入见道位的修行法，主张"四圣谛渐现观"[①]；大众部及分别说系，则主张"四圣谛一时现观"[②]。这些争论足见当时对佛陀之法的理解方面存在的分歧之大。这些分歧也直接影响了各家各派的佛教教育的目标、内容及其过程。

---

① 所谓渐现观，是以十五心或十六心中，次第而入见道位，证得初果预流。丁福保编纂的《佛学大辞典》中说："所谓以十五心或十六心中次第而入，即是渐次修四谛观，进八圣道以前的加行位上，便是十五心的次第，十六心即入见道位。"见丁福保编纂：《佛学大辞典》，1133~1134 页，北京，中国书店，2011。

② 所谓一时现观，是顿入四谛共相的空无我性，也就是观一切法无常故苦，苦故无我，亦无我所。证入空寂无生之灭谛，即是见道。

但是，"传统上认为，印度佛教从佛圆寂到那烂陀寺被毁（约 1197 年），经历了小乘、大乘和金刚乘三大发展阶段，每个阶段都各具特色，有各自的精神理想"①。从这个角度去看待当时的佛教教育，也许更有助于我们去深入了解当时佛教教育的本质及其特征。所以，这里我们不妨将部派佛教时期看作相当于小乘佛教时期。但是我们要注意的是，这里所说的小乘佛教并非指古印度所有的部派佛教，古印度各个部派佛教记载中，都有很多大乘思想和教法。上座部中也有很多大乘教法的部派，称为大乘上座部。大众部中更传承了很多大乘教法。公元前 1 世纪，大乘佛教超过小乘成为佛教主流，却不能说之前的就都是小乘。因为部派佛教时期流派众多，但其核心以小乘法门为主，所以我们在讨论部派佛教时期的教育时就以小乘佛教的教育为主。与小乘佛教不同的则在后面大乘佛教的教育中会讨论。在小乘佛教中又以上座部为集中代表，所以我们在这里重点介绍上座部的教育。

其实，小乘佛教最早是大乘佛教的称呼，因为在大乘佛教看来，小乘佛教只以自我完善与解脱为宗旨，因而含有轻视、批评的意味。后来只作为一种分类的概念，就没有了价值判断的情感倾向。就教育而言，小乘佛教的最高教育目的（佛教称为最高果位）就是修习成阿罗汉果及辟支佛果。"阿罗汉是这样一种人：在他身上，一切欲念均告断灭，他不再复生。"②而辟支佛则是指过去生曾经种下因缘，进而出生在无佛之世，因性好寂静，或行头陀，无师友教导，而以智慧独自悟道，通说为观察十二因缘，进而得到证悟而解脱生死、证果之人。由此形成了两种不同的修习路径和方法，一种是修成阿罗汉的道路，称为"声闻乘"，一种是修成辟支佛的道路，称为"缘觉乘"。其中"声闻乘"主要修四谛法，自一般人到修成阿罗汉，从时间上讲，快的需要三生，慢的要经过六十劫，其修行的方法有七种，最后修成的果位有四种：须

---

① ［澳］A.L. 巴沙姆主编：《印度文化史》，闵光沛等译，136 页，北京，商务印书馆，1997。
② 同上。

陀洹果、斯陀含果、阿那含果、阿罗汉果。"缘觉乘"则修十二因缘，自一般人至辟支佛，从时间上讲，快的要四生，慢的需经历一百劫，其修行重在悟证，悟所到处，便是证所到处，故无明显的位阶可言。由这里我们可以看出小乘佛教的教育实质上包括两种形式，即跟从教师学和自学。跟从教师学的修阿罗汉，进步比较快，学习时间比较短；通过自学也可以修成辟支佛，但进步比较慢，学习的时间比较长。这也从一个侧面强调了教师在成佛过程中的重要作用。

在部派佛教中的上座部，严格遵循佛陀的教导，无论出家僧人还是在家信徒，都特别强调对佛、法、僧三宝的信仰和崇敬，佛陀悟道的菩提树、埋有佛舍利的佛塔、释迦牟尼的佛像、释迦牟尼口传的经书在他们心目中是非常神圣的。在上座部的信众们看来，佛陀是明行具足的世尊、阿拉汉、正自觉者，更是伟大的人天导师、一切知者。因此只有佛陀所说的法才是正法，也是教育的最标准的教材。只有按照佛陀所说，严格遵守戒律，勤加修习，就能导向涅槃之路，而具有先天慧根和善缘的智者也能通过自己学习佛法和禅修在现世中亲自证知佛果。

因为佛法和佛陀的伟大，学习佛法的弟子们也应该有崇高的地位并受到社会的尊重。在上座部看来，出家学习佛法的僧伽是善行道者、正直行道者、如理行道者、正当行道者，是依照佛陀所教导的正法、律随顺修行的声闻圣弟子，即证悟四种圣道与四种圣果的声闻弟子，是值得供养、布施、恭敬、尊重的世间无上福田。其中僧伽又可以分为胜义僧和世俗僧两种。胜义僧又称为圣者僧，乃是指证悟道果的圣弟子，亦即"四双八辈"的世尊声闻僧；而世俗僧则是指已受具足戒、身披佛制袈裟、现出家沙门相的比丘、比丘尼。由此可见，与其他文明中学生仅仅被看作学习的对象而严加体罚的情况不同，在小乘佛教中倡导对学生的高度信任与尊重，而且主张应该根据学生已有资质的不同进行分类施教，这使得上座部教育中的师生关系非常融洽。

在教育内容的选择上，上座部特别强调教育内容的专一性，反对教育内容的泛化与杂乱。在上座部看来，一切所要学习的内容都是由佛陀亲自所证悟并开示宣说出来的。所以，凡是要修学正法、律的弟子，都应该严格遵照佛陀的教诲，把佛陀作为本师。上座部强调能够作为真正导师的只有佛陀一个，即所谓"二佛不并化"，如果倡导佛在一个世间有两尊或多尊佛陀出现，或者多种佛典要求大家学习，这都是极其错误的，应该被严格禁止。从这点我们就可以看得出上座部是坚决反对大众部的教育及其内容的。

因为佛陀只有一位，佛陀所讲的佛法只有一种，所以每一个信徒所要接受的教育教法及其内容也是相同的，这些内容概括起来就是四圣谛、缘起法、八圣道，教师教导学生修行就是戒、定、慧三学和止观禅修。鉴于世间杂说纷纭，鱼龙混杂，所以上座部特别强调学生批判精神和选择能力的培养。他们特别重视佛陀所强调的"四印证法"的教育。当年在佛陀宣讲佛法之时，就明确告诫自己的弟子们，社会上那些打着所谓圆融、慈悲、方便、适应、发展等借口来宣扬的佛法，"法说非法，非法说法；律说非律，非律说律；佛说说为非佛说，非佛说说为佛说"，内容都是错误的，是对人的误导，是对真正佛法的篡改。这种教育不但误人子弟，而且会导致佛教衰败、正法消亡。唯有依照佛陀所说、所教，"法说为法，非法说为非法；律说为律，非律说为非律；佛说说为佛说，非佛说说为非佛说"，如此才能给人天带来真正的利益，给众生增加真正的福乐，使佛陀的正法长住世间。① 因为学生才识尚浅，修为不够，所以面临其他说教时可能会被迷惑或者被误导，因此，除了依靠真正教师的教育引导之外，学生也必须学会自己判断学习内容的真伪。为此佛陀给弟子们提出了"四印证法"，也即"四依四不依"：（1）依法不依人，要以佛的经典为依据，而不要以个人主见为依据；（2）依义不依语，要以经典中的意

---

① 《增支部·一集》第十非法等品二四、第十一非法等品二五，《增支部经典》，叶庆春等译，中华电子佛典协会编，21~25 页。

思为依据，而不以文字相为依据；(3)依智不依识，要以客观反映事实的智慧为依据，而不要以主观经验的知识为依据；(4)依了义经不依不了义经，要以究竟、直接、完全显了佛法道理的经为依据，而不要以不直接显了法义，而渐次方便说法的经为依据。佛陀又提出"四法印"作为判断的依据：诸行无常、诸法无我、涅槃寂静、一切皆苦。因此，若有比丘说他亲自在世尊处听受、在某僧团处听受、在某些长老处听受，或者在某位长老处听受："这是法，这是律，这是导师的言教。"你们既不应赞同，也不要反对，而应该在善持其文句后与经和律对照核实。如果与经和律不符，就可以得出这样的结论：这确实不是世尊的言教，这位比丘、那个僧团、那些长老或那位长老误解了。你们应拒绝它。如果符合经和律，则可以得出这样的结论：这确实是世尊的言教，这位比丘、那个僧团、那些长老或那位长老善持佛法。①

佛陀认为，包括祭祀、祈祷、火供、念咒等的仪式，以及断食、烧身、自残一类的苦行，皆属于"戒禁取"，并不能断除烦恼，也不能解脱生死。因此，佛陀在世时，僧团并不注重仪式，也没有诸如唱诵、念咒之类的修行方法。后来，随着僧众的不断增多，僧团内部的各种矛盾也开始出现。于是佛陀在僧团中制定了羯磨制度，也即僧团内部的一种民主表决会议。在当时，佛陀规定，一大界范围内的僧侣要六和共住，舍弃一切出家前因社会地位不同而养成的阶级观念。凡僧事根据其重要性采取全民公决或有限代表制来协商处置，这个议事过程就被称作"羯磨"。作羯磨时，首先推举出一位羯磨师，就是住持会议的主持人。羯磨师过去又叫维那，羯磨结束后维那一职自动灭失。在羯磨时，维那首先让大家就这个羯磨的本身是否如法进行认定。例如，参加这个羯磨的人是否具有代表性，是否有相应的资格；应来未来者是否因合理的理由而请假(说净)。参加羯磨的人数和羯磨所处的地点是否合法。只有当这些先决条件具足圆满，而又无一"别众"持异议时，真正的羯磨才能开

---

① 《大般重要涅槃经》卷六，《大正藏》第 12 册，401 页。

始。羯磨事务根据羯磨的内容和对象分别有人、事、法等不同。例如有时是为了分供物，有时为了给某人受戒或为了处理犯戒的比丘等。佛制羯磨法共158种，经中曰二十犍度。维那师将羯磨事由三白告众，然后就处理结果征询大家的意见。众中若有多人乃至一人对处理结果持反对态度，此事亦复不能成办，改作他议。若有人无理反对（故意捣乱）可先将此人摈出，羯磨继续进行。最后必须得到一个百分之百的圆满答案，这个羯磨才算结束。在佛陀时期，羯磨是一种管理制度，而在上座部佛教时，羯磨不仅用于管理，也用于教育教学活动。从羯磨的过程我们就可以看出上座部不仅完全继承了佛陀的修行特色，如传承佛法、守护戒律、保持正念、修习禅定以及培育观智等，而且将佛陀的理念贯穿于所有的教育教学活动中。教师只是提出问题，答案由大家集体讨论，在全体讨论者达成共识之后，就作为大家的学习内容。这样的教育教学与当今人本主义的启发式教学非常相似。在教学过程中不仅有效培养了学生的平等民主观念，而且有效锻炼了学生的思维能力、协作能力、表达能力、沟通能力、概括能力，将知识的学习与思维训练、能力发展、人格养成有机地结合在了一起，产生了深远的影响。根据上座部佛教的要求，要成为一名比丘、比丘尼首先应当尊重的是各种戒律，因此羯磨制度也被上座部徒众严格遵守，为原始佛教教义的传承发挥了重要作用，并对佛教教义的丰富与创新也发挥了积极作用。正因为如此，佛法保持了持久的生命力。在今天东南亚的一些坚持上座部佛教的国家，我们依然能够看到按照佛陀当年所制定的行为规范过着剃除须发、三衣一钵、托钵乞食、半月诵戒、雨季安居、不持金钱等如法如律生活的比丘僧团，足见其教育的成功。

在上座部佛教的教育中，还特别注重教徒的仪容仪表。上座部认为仪容仪表是佛法修习的象征与代表，因而特别强调这方面的教育与严格要求。如教育僧人在进入俗人住区时必须披覆整齐，即通披袈裟，以示威仪庄严；而在礼敬佛陀和上座比丘时，则必须偏袒右肩，以表恭敬尊重。然而，严持戒律，持戒严谨只是上座部佛教教育修行特色的一套行为规范而已。在上座部佛教教育中，人修行的最终目的不是成为一个信念坚定、言行规范的道德模范，而是要通过自己的情况，从实际出发，在戒清净的基础上修习禅定，培育定力之后再修习观慧，最后达到断除烦恼，解脱生死，现证涅槃，修成阿罗汉或者辟支佛。所以佛陀在《律藏》《增支部》《伍波萨他经》等中教诲各位比丘，告诉他们犹如大海只有一个味道即咸味一样，佛陀所要求他们学习的各种佛法、各种戒律其实也只有一个目的就是解脱。

因此上座部佛教根据佛陀的教导，形成了一套最终实现解脱的、完整系统的禅定程序，主要包括"四无量心""三解脱门""正定""四禅"。"四无量心"即慈、悲、喜、舍。"慈"指给众生快乐，"悲"指为众生除去痛苦，"喜"指见众生快乐而喜，"舍"指舍弃错误的观念。"四无量心"是为进入禅定所做的准备性工作或修行者所需要的基本条件，对顺利地进入禅定状态十分重要。如要入禅定，就必须遵守一些基本的行为准则或道德要求，如果对众生无慈悲之心，对事物充满了贪、瞋、痴，就不可能真正进入禅定。"三解脱门"(亦称三三昧)即空、无相、无愿。空指体悟事物的空性；无相指不执着于事物的假相；无愿指无所愿求，形成一种不动心的态度。"三解脱门"实质上解决的是禅定的思想认识问题。"正定"则是佛陀"八正道"之一，是原始佛教修行中非常重要的一环，也可以说是一项修习内容。按照《分别圣谛经》的解释："诸贤，云何正定？谓圣弟子念苦是苦时，集是集，灭是灭，念道是道时，或观本所作，或学念诸行，或见诸行灾患，或见涅槃止息，或无著念。观善心解脱时，于中若心住禅、住顺、住不乱不散，摄止正定，是名正定。"①从中可以看出，"正定"就是要佛弟子在学习佛教基本教理，追求解脱过程中的一种重要精神状态，修行者要摄止住自己的心的作用，做到"不乱不散"。"四禅"则是佛教修习禅定的四个阶段，或者说是四个层次。《杂阿含经》卷十七中在

---

① 《中阿含经》卷七，《大正藏》第1册，469页。

谈到"四禅"时说："初禅正受时，言语止息；二禅正受时，觉观止息；三禅正受时，喜心止息；四禅正受时，出入息止息。"①由此可见，"四禅"的四个阶段是要分别抑制言语、觉观、喜心和出入息。佛教要通过这种修行方式，逐步控制人的感觉、情感、思想、呼吸等，进入心"不乱不散"的状态，进一步为修成佛果打下坚实的基础。部派佛教时期尽管形成了许多派别，但对禅定都非常重视。印度后来的小乘佛教和大乘佛教都在不同程度上保存了上座部佛教禅定方面的内容。

按照佛教的说法，这个世界的基本原则之一就是业果法则，造作善业能造成善趣的结生，并招感乐之果报；造作不善业能导致堕入轮回，并带来苦果。只要导致生死流转的烦恼还没有被根除，就还会继续造业，并将随着所造作的善业或不善业继续投生、继续轮回。因此，如果想要彻底解脱痛苦、止息轮回就必须进行修行。唯有修行观慧直至证悟圣道果，才能断除烦恼、出离生死轮回。因此，佛学可以说是一门"慧学"。虽然佛教倡导的修行的方法包括布施、持戒、修习止观禅定等，但布施、持戒等只能积累善业，却不能生慧、知慧、悟慧，因而不能断除烦恼，结果只能造成人投生到人界或欲界。所以只有通过禅定才能让人断除烦恼，出离生死轮回。根据上座部佛教的观点，佛陀出现于世间的目的并不只是为了宣传佛法，而是为了令众生解脱痛苦、止息轮回、导向涅槃。所以禅定必须遵守佛陀所教的"正法"。对于某些法，如果你知道这些法并非导向完全厌离、离欲、灭尽、寂止、胜智、正觉、涅槃，你就可以确认，这是非法，这是非律，这不是来自佛陀导师的言教；对于某些法，如果你知道这些法导向完全厌离、离欲、灭尽、寂止、胜智、正觉、涅槃，你就可以确认，这是法，这是律，这才是真正导师的言教。因此，我们可以清楚地看到，禅定并非只是修炼的一种行为，而是建立在"正法"基础上的"修心"活动，只有导向解脱、导向涅槃、导向正觉的"禅

---

① 《杂阿含经》卷十七，《大正藏》第 2 册，121 页。

定"，才是真正的禅定。因此，作为佛陀的弟子，就必须依循佛陀的教导，以"正法"为基础，以禅定为手段，精进修行，以期达到断除烦恼、解脱生死、止息轮回、导向涅槃、获得正觉的目的。上座部佛教认为，对于禅修者来说，他最低限度必须在今生今世证悟初果（入流果），如此才可以说是拿到了解脱生死轮回的保险。初果圣者不会再退转回凡夫的境界，而只会不断前进；而且，无论他们投生至何处，都不会再堕落到轮回，而只会不断地投生至更高的生命界，直到彻底止息生死、证得无余涅槃。就此而言，世间人身是修成佛果的基础。与大众所普遍认为的修佛就是为了抛弃人身不同，佛陀的教法其实是以人为本的。"人身难得，佛法难闻"，所以佛教要求我们要好好地珍惜来之不易的人身，珍惜生命，精进地修持万劫难闻的殊胜佛法，最后断除烦恼、现证涅槃。佛法绝非"等死"的教导，解脱也不会在死亡的那一刻自动实现。如果出家、修行只是为了等死，那只会浪费生命、糟蹋人身，辜负了佛陀的慈悲教导。

另外上座部佛教还认为人之所以要非常珍惜现世的生命、生活，精进修持，是因为现世的人们非常幸运，有机会得闻佛陀亲自讲授的真正佛法。在佛教里，佛陀的教法分为三个时期：一是正法期，流行纯正的佛法、真正的佛法；二是像法期，即出现了相像的、相似的佛法，似是而非的佛法；三是末法期，即出现了末流的佛法、枝末的佛法，正法趋于消亡。上座部佛教认为现在并非末法时期，仍然属于正法时期。根据上座部佛教的说法，正法将住世五千年。因此，从时间上看，还处在正法时期之内；从内容上看，佛陀的言教还在，已经被汇编成了三藏圣典（上座部佛教相信这些都是正法）；从修成正法的可能性上来看，现在的上座部佛教还有很系统、很完整的禅修方法；从结果上看，这个时期还可以证成佛果，证得圣道圣果。在上座部佛教看来，正是由于这些条件的存在，使得借助正法，修成佛果的可能性大大增加了。在这正法住世的五千年当中，第一个千年可以证悟四无碍解智，也就是在断尽一切烦恼的同时，也证得四无碍解智。当然这并不是说在那个时期每个证果的人都能证得四无碍解智，但完全有这样的可能。第二个千年是六通阿罗汉的时期。如果在那个时期证悟阿罗汉果的话，有可能同时拥有六神通。第三个千年是可以证得三明阿罗汉的时期。如果禅修者很有系统地依照佛陀的教法修行的话，很有机会证得阿罗汉果，甚至还能够证悟"三明阿罗汉"，即宿住智证明、死生智证明和漏尽明，也就是我们一般所说的"六神通"中的宿命通、天眼通和漏尽通认为现在已经是不能再证悟阿罗汉果的时期之观点，被认为是造成"法障"的邪见。第四个千年是纯观阿罗汉时期，那个时候如果精进修行，还是可以断除烦恼，但是已经不可能证得神通了。到了第五个千年再修行，想要断尽烦恼都很困难，只能够证得比较低的三个果位，即初果、第二果、第三果。因此，珍惜时间，珍惜生命，珍惜机缘，好好借助于正法传承，精进修持，以早点修得正果，脱离轮回苦海。人要是不好好珍惜，在这个五千年之后，三藏就会慢慢地消失，乃至正法最后隐没殆尽。到那个时候学佛，也就只能是披着袈裟，没有持戒，没有修行，外观上似佛门弟子，而实际上已经与俗人无异了，更谈不上证果了。所以佛陀也在当年告诫大家只要比丘们正确地安住，则世间将不空缺阿罗汉。由此看来上座部佛教的教育虽然强调以解脱为最终目的，但并没有倡导人们厌世轻生，而是号召人们要珍惜目前生活、珍惜自己的生命、珍惜自己的机遇，让自己的生命和生活获得更好的提升，这是非常具有积极意义的。

　　正因为上座部佛教在教育过程中特别关注当下，特别注重现世，所以他们在教育信徒们遵照佛陀以及当时声闻圣弟子们所教导的正法、律修学与禅修时，更加强调在今生今世现证寂静涅槃为主要奋斗目标。所以上座部佛教教育特别强调"声闻乘"。声闻，是巴利语 sàvaka 的直译，意为"弟子"，即亲自听闻佛陀音声言教的弟子，或者说是佛陀的亲传弟子。在严格意义上，只有那些已经证悟道果的圣弟子，即四双八辈圣者才有资格称为声闻弟子。但在上座部佛教那里，"声闻弟子"泛指一切遵照世尊所教导的正法、律修行乃至证果的弟子，包括实践佛陀教法的一切圣凡弟子。这就意味着上座部的僧众们除了自己修习佛法以求得自身解脱之外，还要肩负起自己作为"声闻弟子"的责任，要将正法传播于世，帮助其他人也获得解脱，以实现佛陀的初愿。从这个角度看，大众部佛教的教育中也已经蕴含了后来大乘佛教的一些思想萌芽。

正是在这种思想的激励之下，虽然上座部佛教以朝向自我解脱为主流，但也在上座部典籍中留下了菩萨的修行方法，被称为"大菩提乘"。"大菩提乘"认为要成为菩萨，就必须发"至上愿"，并且要得到佛陀的亲自授记。要发"至上愿"必须具备八项条件，即：(1)获得人身；(2)生为男性；(3)具备只需通过听闻佛陀的简要开示即能够证悟阿罗汉果的能力；(4)遇见活着的佛陀；(5)出家；(6)拥有八定及五神通的成就；(7)增上行；(8)想要成佛之极强善欲。在得到佛陀授记之后，菩萨至少必须用四阿僧祇(不可数，无数)及十万大劫的时间来圆满十种般若波罗蜜。这十种波罗蜜分别是：布施波罗蜜、持戒波罗蜜、出离波罗蜜、智慧波罗蜜、精进波罗蜜、忍耐波罗蜜、真实波罗蜜、决意波罗蜜、慈波罗蜜、舍波罗蜜。当菩萨修习诸波罗蜜达到圆满时，就能证悟无上正自觉者，成为一切知佛陀。可见后世人们批评上座部佛教属于"小乘佛教"，只顾让自己证阿罗汉做"自了汉"，对世事不闻不问，更不发大心出来救度众生之类的话语，其实是对上座部佛教教育的误解，至少可以说是对上座部佛教及其教育了解得不完全。

在佛陀的教义中，一切都因缘而起。因此佛教徒与其他非教徒之间应该相互帮助，相互资助，相互支持。在他看来，社会上的非僧人众为僧众提供了衣服、饮食、住所、医药等各种日常用度，而僧人就应该回报给他们佛法，通过宣讲各种佛法，帮助他们树立正确的思想和观念，引导他们走上自我修行、自我解脱的正确道路。只有佛教徒与其他社会人众之间通过彼此间的无私互资互助，引导大家都走向解脱烦恼、证得正果，佛法才能真正得到流行，才能真正发挥它的价值，也才能长久驻世。因此，作为佛教徒的比丘和比丘尼，第一要务虽然是精进修行以期早日解脱生死，证得佛果，但是也必须同时要肩负起住持佛法、宣传佛法的职责。上座部佛教认为自己的职责中的住持佛法包括组织大家学习三藏圣典以传续佛陀的正法，宣传佛法则意味着说法利人，这也是回报社会关爱支持佛教徒的一种义务。就此而言，比丘们通过从事高尚圣洁的梵行生活来培育心智，同时也通过实践世尊的正法、律以及弘扬佛法来回报社群，在自利的同时实现利他。由此上座部佛教极为重视佛陀所提出的出家沙门与在家人之间应当承担的相互责任与义务。在佛经中，佛陀指出，在家人应当以五种方式来奉待作为上方的沙门、婆罗门：（1）以身行慈；（2）以语行慈；（3）以意行慈；（4）不关闭门户；（5）供养必需品。相应地，作为上方的沙门、婆罗门，应以六种方式来对待在家人：（1）劝阻他们作恶；（2）令他们住立于善；（3）以善意慈愍；（4）令听闻未曾听闻之法；（5）已经听闻者令清净；（6）指示生天之道。从这里我们看得出，大乘佛教的教育并不是封闭式的寺院教育，而是开放式的社会教育。接受佛教教育不仅要认真研习和践行佛法，还要履行社会责任，与社会公众建立起良好的关系。而且这些责任与义务都是相互关系的，唯有彼此之间都承担责任和履行义务，僧俗之间的关系才是正常的，佛陀的正法才能因此而得以久住。从这里我们也可以发现，上座部佛教的教育并没有把自己完全陷入经典教义的烦琐论证和玄思空想中去，而是力图要将自己融入现实的社会生活中去，这与后来小乘佛教的做法又有很大的不同。既然在家信众布施供养出家人衣服、饮食、住所、医药等日用必需品，在物质生活方面资助出家人，而作为对广大信众的回报，佛陀要求比丘们应当在言行举止上能够作为人天师范、道德楷模，在心灵上、信仰生活上也应当对在家人起到帮助鼓励和皈依投靠的作用。由此，佛教比丘们必须成为在家信众的精神导师和心理医生，从而上座部佛教对教师提出了很高的要求和标准。

首先，作为教师的比丘，自己应先修好善法，知解法、彻见法、悟入于法，然后才能教导他人。作为宣传佛法的教师（比丘），除了让自己做好严持戒律、潜心止观禅修、保持佛法传承之外，还要以适当的方式适时地向在家人宣扬佛法、开导群迷。这意味着教师必须首先要对佛法理论及其实践修行有深刻的理解，并要自己有修习体证并成就正果，才能成为一名合格的教师，而不是只读过一些经论，了解一些名相，懂得谈玄说妙就可以开讲说法，也不是听闻过佛陀的教诲就自认为已得真传而著书立说，传法授徒。因为佛陀早就警告过，作为传法者，决不能做他自己确实已陷入沼泽，而能将其他陷入沼泽者救出的事，这是不可能的事情！只有自己确实没有陷入沼泽，才会有可能救出其他陷入沼泽者！所以，据《削减经》记载，他说："他自己确实未调御、未调伏、未般涅槃，而将能调御、调伏他人，令般涅槃者，无有此事！""他自己确实已调御、已调伏、已般涅槃，而将能调御、调伏他人，令般涅槃者，乃有此事！"因此在上座部佛教看来，只有自己深悟佛理，精通佛法，而又已经证悟圣道圣果的禅修者，才能成为传法弘道的真正师者。这样的为师者，堪称照亮这个世间的"世间灯"，堪作世间最上福田，众生对他们哪怕只是一合掌、一赞叹，就已种下了殊胜之善业因，如果再有礼敬、奉事、供养、布施等，那就更是功德无量。所以佛陀强调在一切布施中，法布施最好。所以教师的真正职责应该是真正的救度众生，而这意味着作为教师要使众生越渡生死苦海，而不是只种些世间的小善小福而已。欲度众生先度自己，也即所谓的"正人先正己"。这样的教师不仅德行是信众的楷模，具有巨大的人格感召力，更主要的还要自己已经修成正果。因为学习者学法修佛的过程，并不只是一个知识（佛法）传授的过程，而是一个自我体悟自我成就的过程。在这个过程中，只有已经证悟道果的圣者才会有能力更好地指导他人正确地进行佛法修习，否则就会误人子弟，害人不浅。

　　既然作为教师已经基本修成正果，那么教师就应该享受应得的社会地位与待遇。因此，上座部佛教特别强调对教师的尊重，认为教师应该享有崇高的地位。一方面，在教法方面，只有佛陀所授之法为正法，以后诸佛所宣说之法都是相同的，所以，对宣传佛法的教师的尊敬即是对佛陀的尊敬，礼敬一切诸佛之法即是礼敬佛陀之法。由此上座部佛教认为广大僧俗弟子应有两大尊敬：一是对于严守戒律、精通三藏、德高望重的作为教师的比丘的尊敬；二是对于佛陀所讲的佛法僧三宝的尊敬。上座部的佛教弟子们除了尊佛、尊师、尊经外，其他的都没有信仰意义上的尊敬，更不会皈依，哪怕是诸天神鬼。作为一位上座部比丘，他甚至不用向一位天神合掌礼敬，哪怕这位天神是一位已经证悟圣果的护法天神。根据佛教戒律，比丘只应礼敬佛陀以及先受具足戒的上座比丘（即上座部认可的真正教师）。上座比丘则可以接受诸天、婆罗门、在家人的恭敬、礼拜、供养，甚至也包括国王在内，足见上座部佛教教育中对教师的认可与尊敬程度之高。这种认可与尊敬一方面体现了佛法地位之高，另一方面也有效维护了佛法的纯洁性，有效避免了佛陀弟子们被"外道"所诱惑，从而做出不利于佛法、亵渎佛陀的事。

　　其次，作为教师必须有自己的独立原则和独立判断能力，能够就佛法真伪做出正确判断。"尔时，世尊告诸比丘，'有此二人，于如来众而兴诽谤。云何为二人？谓非法言是法，谓法言是非法，是谓二人诽谤如来。复有二人不诽谤如来。云何为二？所谓非法即是非法，真法即是真法，是为二人不诽谤如来。是故，诸比丘，非法当言非法，真法当言真法。如是，诸比丘，当作是学！'"①在佛陀看来有两种行为是对佛的大不敬，这是教师（比丘）们所必须要避免的，这就是把"非法"当作"法"，而把"法"却当作"非法"。这说明如果不是教师（比丘）们故意为之，就是教师（比丘）们没有判断力，或者对佛法没有真正的理解。因此教师必须首先要具备独立的判断能力和判定是非的能

---

① 《增一阿含经》卷九，《大正藏》第 2 册，593 页。

力，同时还要有坚持自己认可的正确原则的勇气，无论任何时候都要坚持"非法就是非法"，"真法就是真法"，错误的就是错误的，正确的就是正确的，绝对不能有任何的含糊。这样才能成为一个好的教师（比丘），从而保证教育教学正确，保证佛法传承与传播正确，才能确保佛法长存。那么，如何才能坚持正确的是非标准呢？佛陀告诉大家："诸比丘，凡比丘将非法说为非法者，诸比丘，这些比丘的行为，将为众人带来利益，为众人带来快乐，为众人带来福祉，为天与人带来利益和快乐。诸比丘，这些比丘能生起许多福德，他们还能使此正法住立。对于法说为法、非律说为非律、律说为律等，亦是如此。"①

最后，教师要虚心结交"善友"，通过不断学习来有效提升自己。按照小乘佛教的说法，学习佛法修成的圣果，分有学及无学两类，自初果至三果为有学人，四果为无学人。四果又分为八辈：初果向、初果，二果向、二果，三果向、三果，四果向、四果，合称为四双八辈。第十六心位是见道位，自预流初果位至阿罗汉四果向位，均属修道位，四果阿罗汉，即是无学道位，其标志就是："我生已尽，梵行已立，所作已办，不受后有，知如真。"②可见"四果阿罗汉"实质上就是已经证入寂灭的涅槃之境了。因此，如果严格按照这样的教师标准，只有证悟阿汉果、证悟涅槃的圣者才有资格去讲经说法的话，也就没有比丘或者比丘尼成为教师了。这样一来，比丘和比丘尼僧团几乎就无法再去弘扬佛法，更谈不上化世导俗了。因此，上座部佛教对原来的教师资格限制做了一些改革，在不放松基本的原则性标准要求的基础上，降低了教师身份的入门门槛，并鼓励教师们在相互交流和模仿中虚心学习，这就要求他们交"善友"。至于怎么交"善友"，《清净道论》中专门谈道：在亲近

① 《增支部·一集》第十非法等品二四、第十一非法等品二五，《增支部经典》，叶庆春等译，中华电子佛典协会编，21~25页。

② 《杂阿含经》卷一，《大正藏》第 2 册，1 页。

善友时，正自觉者是最好的善友，其次为八十位大弟子，然后依次是漏尽阿罗汉、不来、一来、入流、得禅凡夫、三藏持者、二藏持者、一藏持者；若一藏持者也没有，则可亲近精通一诵及其义注的知耻者，因为这样的知耻者能够维护传统而不会自我作古。可见，为了实际弘法的需要，上座部佛教已经开始同意只要精通一经的比丘就可成为教师，但有一个前提条件就是必须是"知耻者"，因为"知耻者"才能知道自己的不足，从而更加发奋努力。从这里我们也可以看得出，上座部佛教对于教师的选择在注重教师基本素质的同时，更加注重教师成长过程中的自我学习能力，而不是外在的硬性标准——"证果"。这一方面说明经、律、论三藏的完备为教师的自修提供了非常便利的条件，只要教师自我努力，就会有所成就；另一方面也说明符合佛陀标准的教师已经非常少了，所以不得不放宽教师选拔的标准与条件。另外，还说明了一个比较重要的问题，就是作为教师教育的重心，正在从口耳相传的传统培养方式向经典读解自学的方向转移。这说明对经典知识的理解和解说能力，正在取代佛陀时代的证悟体验而成为教师新的标准，这为小乘佛教注重对经典的注疏解释提供了必要的条件与支持，也使得教师和教学开始从真实的生命体悟开始向书面知识的系统化与思辨化转变，这样进一步加大了佛教教育与底层群众的距离，为佛教以后的衰落埋下了伏笔。

　　根据相关学者的研究，早在阿含经与律藏中就已经见到了"持法者、持律者、持母者"的称呼。其中"持法者"是指擅长忆持"法"（经典）的比丘，"持律者"是指专于受持律典的比丘，"持母者"是通达"母"（音译"目得迦"）的比丘。所谓的"母"是纲目或要点之意，由于"对法"（阿毗达磨）的纲要称为"母"（论母），所以，所谓"持母者"就是指熟习于观察、分析"对法"的比丘。事实上，也有将巴利文的"持母者"汉译为"持阿毗昙"的例子。这说明当时教师已经出现了明确的分工，从而日渐走向了专业化的发展道路。到了部派佛教时期，这种教师的专业分工进一步细化。如在说一切有部的新律中，就有"经师""律师""论师""法师""禅师"等语词出现。这说明当时僧团的成员分工已经非常细化、非常专业，每个教师(比丘)都各司其职，专门钻研和分管不同的专业领域并从事教育教学工作。例如，精通经、律、论三藏圣典的人就称为"法师"，以教化为专职，对民众说法；专精于禅定的就称为"禅师"。但是不论如何，基于对传统佛法的恭敬与对传统的尊重，上座部佛教在对作为弘法者教师的资格认定方面还是比较严格和谨慎的。他们遵守严谨的戒律，按照自己的专业分工自觉承担和履行自己的责任和义务，又按照自己的专业领域勤加修习，勇猛精进，而且彼此协力合作，相互虚心学习，注重自我提高，结果佛教僧团开始逐渐兴隆。从著名佛教学者法显、玄奘、义净等中国僧人的印度游记看来，即使在大乘兴起后，大、小乘在印度仍然并行。不论在 5 世纪初的法显时代，或 7 世纪的玄奘时代，小乘部派的寺院与僧徒数目都比大乘多，甚至到佛教在印度本土灭亡的 13 世纪为止，某些部派都依然存续着。特别是在斯里兰卡等地的南方上座部，生活如佛陀时代般纯粹的僧伽，迄今两千几百年来，依然保持自己的存在，并兴盛不衰。这也从一个侧面证明了上座部佛教教育重视教师队伍培养、成长和发展的成功。

第四节 贵霜王朝时期的佛教教育

公元 25 年左右，贵霜族酋长丘就却统一了月氏的四个部落，自立为王，建立王朝(我国称为"月氏")。公元 55—公元 64 年，统一了从阿姆河流域到印度河上游的广大地区，以布路沙布罗(Purusapura，即今白沙瓦)为首都，建立了一个帝国。丘就却的后代阎膏珍将帝国版图向东扩大到恒河流域。这样，几乎整个北部印度都处在贵霜人的统治之下。历史上称这一时期为"第一贵霜王朝"。到了迦腻色迦一世时代，贵霜帝国进一步扩大了版图，不仅控制了整个北印度，向南曾一度扩张到卡提阿瓦半岛和那巴达河，西北扩张到中亚的伊朗。佛经中还提到他征服过印度东部。此时贵霜人的统治达到鼎盛，史称"第二贵霜王朝"。该帝国是次大陆继孔雀王朝后建立的又一大帝国，一直持续到3世纪中叶。此后，帝国分裂为诸小王国，统治区逐渐缩小为只有犍陀罗和克什米尔地区。4世纪时受印度另一大帝国笈多王朝的控制。

贵霜王朝把中亚与北印度统一在一个国家政权之下，促进了这广大地区城市经济和对外贸易的发展，在文化上成为印度、中亚、希腊-罗马和中国四大文化的会合地，古代四大文明在这里相遇并发生了交流和融合，尤其是对印度文化与希腊文化的交流和融合起到了积极的作用。另外，贵霜诸王对印度文化及东西方诸文化采取兼收并蓄的政策，形成了丰富多彩的贵霜文化。其国王迦腻色迦一世还成为虔诚的佛教徒。由于统治者的支持，贵霜时代佛教得到了进一步发展，大乘佛教开始兴起。佛教也得以在中亚地区广泛传播。大约也是在这个时期，佛教通过商人沿丝绸之路传入我国的西域地区，后又进而传到我国内地。

一、佛教的变化

贵霜族在进入印度时还是游牧民族，因而在统治印度之后，就开始被印度文化所同化。但是印度社会形成了严格的种姓制度。根据婆罗门教（印度教）的说法，希腊人、中国人等原属于利帝利，但后来被污染了，是不净的人，因而印度人，特别是宗教徒不同外来者进行通婚和交往，这使得贵霜族统治者很难得到印度婆罗门教的认同，因而也很难在种姓体制中获得较高的地位。这时贵霜族统治者就把目光转向了当时同样在印度有很大影响力的佛教。因为佛教强调"众生平等"，对信徒的出身条件要求不那么严格，生活戒律也相对宽松，比较适合有游牧生活习惯的贵霜人。这样贵霜统治者就皈依了佛教，并大力提倡佛教。贵霜的迦腻色迦王原来保留着浓厚的游牧民族的生活特点，不相信佛教业报轮回的说教，还破坏佛教（佛经上说他"不信罪福，轻毁佛法"），后来却感服于佛法的伟大，成了虔诚的佛教徒。据佛经记载，在他的主持支持下，佛教进行了第四次结集①，许多佛教学者重新审核佛经并写作注释。经他的鼓励和推动下，佛教在印度再次昌盛，甚至获得了类似国教的地位。当时的国王、高官、富商大贾们纷纷向佛教捐献。在这些人的资助下，佛教在各地建立寺院、石窟、佛塔等设施，出现了拥有大量财富的寺院和比丘。

多种文化的交流和社会的发展，产生了许多的新问题，进而对流行的佛教教义也提出了新的挑战。为了应对这些挑战，一些佛教理论家对佛教教理开始进行细致考证和研究，形成了一些新的经典。越来越学理化的佛教研究开始日益远离一般民众。许多上层比丘，一改清苦、精进、普度众生的形象，住在舒适的僧院内，进行烦琐考证，或坐禅冥想，走上独善其身的道路。当时印度流行的佛教主要是由上座部系统分裂出来的部派佛教。在对教义的理解上，这些派别本来就较传统和保守，而在受到统治阶级的大力扶持以后，这种倾向更加明显。同时，印度土地上战争频仍，民众痛苦不堪，亟须新的精神指引。在这种情况下，佛教中以下层佛教徒为主体开始出现一股新的改革浪潮。最初，这个运动的主要力量来自一些以佛塔崇拜为中心团结起来的在家信徒，与世俗生活联系紧密，以及部分要求佛教改革的出家人。他们认为，传统部派佛教只讲自我解脱，不讲普度众生，犹如一只小船，只能搭乘少数人，故将其贬称为"小乘佛教"。新的改革派提出佛教的最高目的不在个人超越，而是要肩负起解救民众痛苦的责任。他们特别强调在自己到达解脱之前，要先拯救别人，把一切众生救出苦海。他们还认为无论是谁，只要发

---

① 据说贵霜王朝时期的这次结集是以胁尊者为首的五百人在迦湿弥罗（今克什米尔）进行的，并对经、律、论都作了注释。现在，前两种注释已经失传，只有后一种注释保存下来，称为《大毗婆沙论》。这是北传佛教的说法。南传佛教则把19世纪在斯里兰卡举行的五百僧人结集，作为第四次结集。这次结集首次把巴利语三藏辑录成册。

愿普度众生，并通过守戒律、坐禅等方法，都可以获得解脱。他们把自己的学说比作一艘大船，能普度更多的人，故称"大乘佛教"。大乘佛教强调以发菩提心、修菩萨行、成就无上佛果为目标。为了更好地宣传自己的主张，大乘佛教徒还创作了一些新经典。这些经典所阐述的理论对传统的佛教理论做了较多的发挥，将经典中作为历史人物的佛陀进行了神话，并将其地位抬高到了无与伦比的最高位，从而确立了佛陀的偶像地位。但是他们又认为佛不止一个，过去、现在、未来以及十万世界有无数个佛，释迦牟尼只是其中之一。于是大乘佛教还创造出来特别要崇拜的阿众佛、阿弥陀佛、如来佛等佛祖形象，也提出诸菩萨也具有超人的救赎力量，如弥勒菩萨、观世音菩萨、文殊菩萨、普贤菩萨等，力图打破佛教的一神论倾向，使得佛教在进一步宗教化的同时更加多元化、民众化，以更好满足多层次的民众精神需求。为了吸引更多的民众，他们还对部派佛教接受了统治阶级的援助提出了批评，大乘信徒甚至告诫人们不要亲近国王、大臣等权势者，从而使自己更贴近民众。大约到了贵霜王朝的中晚期，大乘佛教的理论已逐渐体系化，产生了如《般若经》《法华经》《华严经》等一大批经典。在这些经典中阐述了一些新的观点。

与原始佛教以"缘起"为核心不同，大乘佛教发挥了传统佛教中的"空"论，对世界最基本的看法是"空"，认为"一切诸法"（万事万物）都不是真实的，没有固定的实体，皆为虚空。这是针对当时"说一切有部"等小乘诸派所认为的"诸法实有"的观点提出的。从"诸法皆空"的角度出发，传统佛教所认为应当断灭的烦恼，也是不存在的，拯救者和被拯救者以及被救后达到的境界都是空的，因而现实生活与理想生活其实是一致的，并没有什么根本性的区别。既然现实生活和理想境界之间不存在任何区别，那么这一理论的逻辑结果是，佛教的根本思想即业报、轮回、涅槃，也是不存在的。这样，从这一理论出发，大乘佛教中出现了否定出家生活、在世俗生活中实现佛教理想的运动。这种理论显然更适合游牧民族出身的统治阶层的生活方式。经过后代许多佛教理论家的发挥和补充，"空"的思想后来成为大乘佛教的一个极重要的理论。大约到了公元一二世纪，佛教理论家龙树又对大乘佛教"空"的理论做了发挥和修正，在此基础上创立中观派理论。他提出一味地强调"有"或"空"都是极端的认识，是错误的，正确的认识应该是要既不执着于"有"，也不执着于"空"，在两极中要持中，才能达到"般若波罗蜜"（即用智慧超越此岸的苦难获得解脱）。"中观"理论将大乘佛教的思想提高到了新的高度，对后世产生了深远的影响。

二、大乘佛教的教育

大乘佛教教育的一个基本特征就是参与和干预社会的世俗生活，要求深入众生，求度众生。大乘佛教最高的教育目的是成佛。如在《法华经》中就指出，佛法只有一种，只是因为众生根器不同，所以用方便法，说有大、小乘或说有三乘。但所有佛法的修行都是归向于成佛这一条道路，成佛才是最高、最圆满的觉悟。一方面，大乘佛教秉持佛教一贯的教育信念，倡导教育平等，主张"一切众生皆有佛性""众生皆能成佛"，鼓励信众积极修行，认为只要从现在做起，努力精进，那么在将来，或早或晚，都能和佛陀一样得到最高、最圆满的觉悟。但另一方面，早期的大乘佛教经典中又把成佛的目标和过程看作一个无限长的过程，而且这个过程是一个极其艰辛的过程，必须要经历无数劫才有希望完成。在这个过程中，修持者要经过"十住""十行""十无尽藏""十回向""十地""十定"等六十阶次，而且每一阶次都规定有为众生必做的功德和为自己应积累的福与智。佛有"三身"，即"报身佛""色身佛"和"法身佛"。根据《维摩诘经》记载，"报身佛"是指佛自身应该享受的特殊国土和形状，据说只有积得与该佛功德相同的菩萨，才能见到这种"报身"；"色身"则是佛"法身"的幻化，是为了满足众生信仰需要的一种示现，也称为"化身"。佛的"色身"因民俗和信众的构想不同而形象各异，但他们都有"三十二相""八十种好"等超人的形体和"十力""四无所畏""十八不共法"等超人能力。"法身"则无形无体，无作无言，不可以言说得，不可以思维求，亦不接受众生的供养布施，是一种真实、圆满、寂静、永恒的存在，他充塞于世界万物之中，并构成万物的普遍本质，平等仁慈地对待天地诸有，悦护一切众生。

在大乘佛教中，与难以企及的成佛目标相比，在教育过程中，他们更倾向于将培养目标定位在"菩萨"上，鼓励大家行"菩萨行"。所谓"菩萨"，就是"具足自利利他大愿，求大菩提，利有情"①。这一观念其实出现于部派佛教时期，当时指以修得佛的三十二相八十种好为目的，以获取无上菩提为标志的一种全新的修习方法。但到了大乘佛教这里，"菩萨"则是具有"慈悲喜护""四等心"，以怜悯众生为出发点，以使一切人得到欢乐幸福从而成就"无上菩提"为最高目标的救苦救难者。我们常说的"大慈大悲的观音菩萨"就是其典型代表。这里的"大慈"就是从仁爱万物出发，"大悲"就是从怜悯众生出发。在大乘佛教看来，诸当来劫，一一世界中，只要有一人尚未度脱生死，即要为他们勤奋修持，这就是"菩萨行"②。为了凸显"菩萨行"的重要性，大乘佛教对佛陀的事迹也做了改编。他们认为释迦牟尼成佛以前，就是菩萨中的典范。他做菩萨经历过三界五道无数劫，其全部业行，就是理想的菩萨行。大乘佛教早期出现的所谓"本生""本业""本起"等类经典，讲述的就是这类菩萨行的故事。

为了保持佛教内核的一致性，大乘佛教也坚持"菩萨行"的最终目的是成佛。但是大乘经典却认为成佛的最终结果虽然是"涅槃"，但不是小乘佛教的"中道涅槃"，而从"空论"出发倡导"生死涅槃"不二，也即强调"涅槃"实际只有一种，而不是两种。作为最终修行的结果，涅槃只是一种现象，其核心是

---

① 《佛地经论》卷二，《大正藏》第 26 册，300 页。
② 参见《度世品经》卷二、卷三，《大正藏》第 10 册，618~623 页。

"阿耨多罗三藐三菩提"，意译"无上正等正觉""无上正遍道""无上正遍知"，亦简称"菩提"（意为"觉悟"）。这样一来，通过概念的转换，大乘佛教实质上否定了小乘佛教的最高目标和核心概念"涅槃"，并将其放在了一个无足轻重的地位上。随着大乘佛教的逐步流行，"阿耨多罗三藐三菩提"这个概念也逐步深入人心，成为大乘佛学和教育的核心概念。从大乘佛教的相关经典来看，"阿耨多罗三藐三菩提"其实是对大乘全部观念和方法的概括指谓，它具体包括三种"般若"智慧，即"一切智""一切种智""道种智"，被简称为"三智"。"三智"中的"一切智"指对"总相""共相"的认识；"一切种智"指对别相、个相的认识；"道种智"指对各种佛教成道方法的认识。也可以说，"一切种智"是指对世间、出世间一切有差别事物的认识，包括一切世俗知识；"道种智"泛指通晓救度一切众生的所有方法与技能；"一切智"所指谓的"共相"，因大乘佛教派别差异而有不同的规定，当时主要以"空相"为共相。据说，这类智慧能够觉悟一切真理，遍知一切诸法，平等无差别地普度众生，唯佛可以达到完满的程度。①

大乘佛教的教育内容，也即"菩萨行"的根本内容，就是他们的修习内容，最核心的是所谓的"六度"。"六度"的"度"，是梵文"波罗蜜多"的意译。"六度"指由此岸世界过渡到彼岸世界的六类途径，即布施、持戒、忍辱、精进、禅定和智慧。公元3世纪编译的《六度集经》，对这六类途径进行了详细解说，还把佛陀的"菩萨行"的故事和寓言也组织到了"六度"之中，对后世产生了深远影响。从"六度"的构成中我们可以看出，大乘佛教的教育继承了原始佛教所强调的戒、定、慧三学，并在此基础上增加了"布施、忍辱、精进"三项内容。

在大乘佛教教育中，"布施"是实施"菩萨行"慈悲精神的集中体现，原指佛教信徒对于贫穷困厄者的无私救济，转而成为佛教信徒用个人私有财产向

---

① 杜继文主编：《佛教史》，80 页，南京，凤凰传媒出版集团、江苏人民出版社，2006。

僧侣的无条件施舍。后来还进一步走向极端，变成了"舍所爱身，供养于世尊"的无条件付出。如《法华经》中所塑造的"药王菩萨"，以自戕和自焚作为对信仰虔诚的表现，就是典型表现。当这样的付出被作为一种美德而大加弘扬的时候，"布施"也就进一步被解释成众生可以通过对佛、法、僧三宝的供养，来实现修行的目标，可达到"常住不灭"的境界。这样一来，"布施"就从帮助别人变成了信徒通过供养来积累功德的手段，甚至也是通向成佛的便宜途径。因为布施者的情况各异，而大乘佛教也是来者不拒，于是，布施的范围也就无所不包，从塑绘和礼拜佛像、建造塔庙供养舍利、衣食车马到土地居室，以至于奴仆女佣、家人妻子，直到个人的四肢五官、骨髓头颅，无所不包，即使是无理的勒索也要给予满足，从而使原本善良的布施走向畸形，在一些不良僧众的手里，甚至成为寺院和僧侣聚集财产的主要手段，走向了大乘佛教倡导布施的反面。但在当时的社会情况下，"布施"却成了寺院经济的基本来源，为佛教的发展提供了稳定的经济支持。

对于佛教的发展而言，不仅需要经济上的支持，更需要佛理的宣传与信众的培养。于是号召诵读、书写、传播、供养佛经也就被作为可能获得的各种功德的方法、手段与途径而被大力宣扬与推广，信众们纷纷通过各种读写方式对佛经进行供养、学习与传播，有力促进了对佛典的手写、雕印和石刻，使大量佛教文献得以完善保存，并对促进大乘佛经的广泛流布和向民间普及起了巨大作用。在这一过程中，书写教育看来也成为大乘佛教教育的内容。印度虽然早就出现了文字，但在佛陀传法时期，文字只使用于商贾买卖、货币与公文等而已，似乎并未将宗教与哲学的文献写成文字，所以佛陀的教法并未有文字记录存在。这可能与古印度认为宗教教义神圣不宜书写的传统有关。如正统婆罗门教的吠陀圣典等，其实出现时间比佛陀传法早得多，但并没有被抄写，全部都依记忆、口诵传承到近代。因为在婆罗门教的认识中，他们认为记忆是最确实的。据诸多学者考证，在印度各宗教中，佛教最先发起书写经典的风气。根据南传佛教的说法，在公元前 1 世纪斯里兰卡国王瓦达伽摩尼时，比丘之间出现异端，由于担心会失去正法，为了使纯正的佛法存续，因而将截至当时为止，口诵传承下来的三藏圣典与注释书等，以僧伽罗(斯里兰卡)文书写记录下来。由此发现了书写对于传法弘法的重要性之后，佛教也开始对书写及其教育重视起来。如在公元 1 世纪左右最早确立的大乘经典《小品般若经》中，就开始强调书写经典的功德。后来的《大品般若经》《金刚般若经》《法华经》等也传承了这个说法，由此可知在公元 1 至 2 世纪时，已经有了大乘经典的书写，而且已经开始作为信徒的功德而加以鼓励。佛经的抄写并不是一件容易的事，必须要有专门的训练才能够胜任，所以可以推测当时在佛教中已经出现了书写教育。另外据说一切有部文献中记载，公元 2 世纪迦腻色迦王时代，在迦湿弥罗结集了三藏与注释书，而且将《大毗婆沙论》等刻写在铜板上，并保存于王宫。由此可见，在迦腻色迦王之前，印度本土的大乘佛教，就已经存在着书写经典的风气了。

此外，随着"布施"范围的不断扩大，以供养"三宝"为名的布施，反而推动了佛教向多崇拜方向发展。除普遍兴起的塔、像等外，还出现了对"法师"和经典的崇拜。"法师"自命是佛法的拥有者和佛智的体现者，具有绝对的权威，因而也是一切布施的主要享有者。法师崇拜现象的出现意味着佛教偶像崇拜和宗派观念的膨胀，预示着佛教内部的进一步分裂，为以后佛教的衰落埋下了伏笔。

"六度"中的"持戒"，就是对佛教戒律的遵守。戒律在早期佛教时就已经产生了。但在最初，并没有成为后来极为复杂的戒律条文，佛教戒律的体系化的内容是后来逐步形成的，是后来佛教僧团对佛的一些言行或处理具体事件的做法进行总结或归纳后出现的。佛陀创立佛教之初，并没有制定后来人们所看到的那样详细的戒律。他最初制定这方面的规定是所谓"随犯随制"，即当遇到僧人中出现不合佛教基本思想或不利于佛教发展的行为时，就明确表明其否定态度，并制定出相应的禁止规定。在佛陀涅槃之前，他所确定的戒律的基本准则是"止恶行善"，要求信徒和信众们"诸恶莫作，众善奉行"。他特别对僧众危害他人的行为或会使僧众品行堕落的行为加以约束，对有利于众生或有利于僧众品行提高的行为大力提倡。因此在原始佛教的戒律中，不仅有禁止的条文，同样也包含着鼓励的条文。从这里我们也能够看出佛陀确实是一位教学艺术的大师，他对学生的心理活动及内在动机了解得非常深透。后来这方面的规定积累起来，形成了最初的佛教对信徒行为的规范。这些也就是佛教早期的所谓戒律。但佛陀强调这些行为规范或戒律不是绝对不能变的，表明了一种后人称为"随方毗尼"的观念，即要求不同区域的信众要根据当地的具体情况，在佛教的戒律方面因地制宜，有所变通。如《五分律》卷第二十二中说："虽是我所制，而于余方不以为清净者，皆不应用；虽非我所制，而于余方必应行者，皆不得不行。"①在佛教中，信众分为不同的种类，一般有所谓四众或七众的划分。四众指比丘、比丘尼、优婆塞、优婆夷。七众指在四众之上再加上沙弥、沙弥尼、式叉摩那。佛教对他们在戒律或行为举止等方面有不同的要求。优婆塞和优婆夷是在家二众。佛教对他们一般要求三皈五戒。三皈指皈依佛、法、僧；五戒指戒除杀生、偷盗、邪淫、妄语、饮酒。后来随着佛教的不断发展壮大，所制定的戒律也越来越多，被整理成了律藏。印度佛教的律藏由多部佛典构成。较早的律是部派佛教中的不同派别传下来的。主要有《四分律》《十诵律》《五分律》《摩诃僧祇律》《解脱戒经》以及巴利律藏等。大乘佛教兴起后，在戒律方面也出现了一些新的律典。从内容上看，大乘律有不少和小乘律共通的部分，内容相对小乘律要简单一些。这类文献中最主要的有《梵网经》《菩萨戒本》《菩萨璎珞本业经》等。此外，还有一些主要针对在家信众的佛典，如《优婆塞戒经》和《受十善戒经》。总括起来大乘佛教的戒律主要有三聚净戒、十重禁戒、四十八轻戒等。其中三聚净

① 《弥沙塞部和醯五分律》卷二十二，《大正藏》第 22 册，153 页。

戒包括：摄律仪戒、摄善法戒、摄众生戒。《菩萨璎珞本业经》中认为"摄善法戒"，即所谓八万四千法门；"摄众生戒"，即所谓慈悲喜舍化及一切众生皆得安乐；"摄律仪戒"，即所谓十波罗夷。在《菩萨地持经》中则认为"一切戒"有三种：（1）律仪戒；（2）摄善法戒；（3）摄众生戒。其中"律仪戒"是七众所受的戒，七众就是比丘、比丘尼、式叉摩那、沙弥、沙弥尼、优婆塞、优婆夷；"摄善法戒"是菩萨所受的律仪戒，即上修菩提的一切身口意的善法；"摄众生戒"，略说有十一种，即为众生作饶益事、看病、说法、报恩、救护、劝慰、施与等。① 虽然"三聚净戒"说法略有不同，但我们可以从其内容看得出作为大乘佛教教育的基本内容，其所代表的精神要比小乘佛教更加积极，更加主动。小乘佛教更多关注的是限制性的戒律，不许信众做什么，而大乘佛教的"三聚净戒"却更多关注的是应该去做什么。《瑜伽戒品》中的一个小例子也许更能让我们清楚大乘佛教与小乘佛教之间的区别。这个例子是说，如果菩萨看见盗贼为了抢劫财物将杀害许多人命或杀害大德圣者，想到那人若是这样做必将堕于地狱受极大苦，菩萨因不忍看他堕入地狱受苦，决心让自己代他入地狱而杀了他，这在菩萨戒不但不为犯罪，反而是有很大功德的。② 按照小乘佛教戒律菩萨杀人即为违背戒律，而在大乘佛教戒律中菩萨的行为反而是功德。

"十重禁戒"是指"杀生""偷盗""邪淫""妄语""饮酒""说过罪""自赞毁他""悭""瞋""谤"。"四十八轻戒"简称为"轻戒"，各种大乘版本说法不一，根据《菩萨戒义疏卷》中的解释，这四十八戒包括：（1）不敬师友戒，即应谦卑、敬让师长、善友，见上座、和尚、阿阇梨、大德、同学、同行、同见等，应礼拜问讯，不生骄慢、痴瞋之心；（2）饮酒戒，即不得饮酒；（3）食肉戒，即不得食用一切肉类，但若身患重病，以之作为药用，则不在此限；（4）食五

---

① 《菩萨地持经》卷四，《大正藏》第 30 册，910 页。
② 《梵网经菩萨戒本疏》卷一，《大正藏》第 40 册，602 页。

辛戒，即禁止食用大蒜、茖葱、慈葱、兰葱、兴蕖五种刺激性食物，以免妨碍行持修道；（5）不教悔罪戒，即有过失即应忏悔，否则益发增长其过失；（6）不供给请法戒，即对于法师、同学等，应殷勤礼拜供养，供给饮食、床座、医药等一切所需，并常听闻其说法；（7）懈怠不听法戒，即不应懈怠于听受经律；（8）背大向小戒，即不得违背大乘经律，反而受持小乘、外道之经律；（9）不看病戒，即若见病者，应予看护疗养；（10）畜（蓄）杀众生具戒，即不得蓄积刀杖、弓箭、矛斧、罗网等杀生之器具，否则障阻慈悲之行；（11）国使戒，即禁止通敌做叛国贼；（12）贩卖戒，即禁止营利、贩卖六畜等，否则有损慈悲之心；（13）谤毁戒，即禁止虚构事端毁谤他人；（14）放火烧戒，即不妄烧山林及一切有主之物等；（15）僻教戒，指应教化外道、恶人等，使其受持大乘教律；（16）为利倒说戒，指讲经说法之时，不得为财利之故，而颠倒经律文字之真义，以免毁谤佛法僧三宝；（17）恃势乞求戒，即不得为自身财利、名誉之故，攀附权势，仗势强取他人财物；（18）无解作师戒，指未通解戒律之因缘者，不得妄作他人之师；（19）两舌戒，即不得造作离间他人之言语；（20）不行放救戒，即见六道众生之苦，应予放生、救济之；（21）嗔打报仇戒，即禁止怨仇报复，否则非但有伤慈悲、忍辱之心，复更冤冤相结，仇怨无穷；（22）骄慢不请法戒，即不得自恃聪明、富贵等，而轻慢先学之法师，懈怠于从其咨受经律；（23）骄慢僻说戒，即对于新学者前来咨问经义时，不得轻蔑、骄慢之；（24）不习学佛戒，指不学习佛教正法，反而学习异学外道之教法、仪则等，即已违背出离之要道；（25）不善和众戒，指为众之主者，应以慈心消弭众人之斗争，并善于守护三宝之物；（26）独受利养戒，即若有新到之客僧，先住之旧僧不应独受利养，而应礼拜迎接，供给房舍、卧具、饮食等；（27）受别请戒，即众僧若各别受请，则施主不请十方僧，如是易使施主失平等心功德；（28）别请僧戒，即道俗菩萨、施主等若斋请僧众，应次第而请，始不失平等心；（29）邪命自活戒，即禁止不由正道，而以邪曲之方法营生，如贩卖女色、占卜吉凶等邪命之法；（30）不敬好时戒，指于三斋月、六斋日等，应恭敬神、佛、长老，不行非法邪妄之事；（31）不行救赎戒，即见有外道恶人贩卖佛菩萨像、经卷、僧尼，乃至发心修菩萨道之行人等，皆应尽力救赎；（32）损害众生戒，即禁止有损慈悲之事，如贩卖刀箭等杀具、畜养猫狗、因官形势求觅钱财等六事；（33）邪业觉观戒，即斗战、嬉戏、卜筮等，有乱正道，皆非正业，故不宜观听；（34）暂念小乘戒，即若起一念二乘外道之心，即退失菩提心，故禁制之；（35）不发愿戒，即菩萨应经常愿求胜事，若不发愿，则求善之心难遂；（36）不发誓戒，即初修行者心意较弱，宜须防范，故须发十大愿，以期戒行清净；若不发十大愿，则犯此戒；（37）冒难游行戒，即修苦行乃至夏坐安居，皆不得入虎穴、蛇窟等易生危难之处；（38）乖尊卑次序戒，即座位之次第须依尊卑次序，不可乖违仪节；（39）不修福慧戒，即福、慧应并修，除建立僧房、佛塔等，尚须经常读诵、讲说经律，教化众生；（40）拣择受戒戒，即不以恶心、嗔心摒弃有心受戒者，除犯七逆罪者外，皆得以导之受戒；（41）为利作师戒，即不得为名闻、利养之故，贪利于弟子，讹解经律，并为之受戒；（42）为恶人说戒戒，指未受菩萨戒者，此种人徒然沉浮生死而未遇佛法僧三宝，与木石无异，若于正式受戒之前即预先为其说戒，则恐其将来受戒时，心念散漫轻忽，不知殷重；（43）无惭受施戒，即毁犯正戒而无惭愧心者，与畜生、木头无异，为佛法中之贼，不得受施主供养；（44）不供养经典戒，即应受持、诵读、书写、供养经典；（45）不化众生戒，即应教化一切众生，使其发菩提心，尽受三归十戒；（46）说法不如法戒，即说法、听法皆应遵照行仪；（47）非法制限戒，即国王、百官不应妄设规定，限制三宝，破灭佛法之戒律；（48）破法戒，僧团之内，若有犯罪者，应依内法惩治，不应向白衣外人说其罪情，令遭王法惩治，否则即犯此戒，有失护法之心。这"四十八戒"看起来内容比较多，但是仔细看看内容就可以发现，其实都是日常生活中最基本的行为规范，更多的还是如何扮演好自己的社会角色，并为增进社会福祉、提高社会文明程度而努力，其中贯穿的一种核心精神就是大乘佛教"修己以利人"的基本精神。如果说小乘佛教追求的是通过"利己"而间接"利人"，大乘佛教则是叫人"利己"而直接"利人"；小乘佛教更多关注的是谨言慎行，而大乘佛教更多强调的是责任担当，跟中国墨家的"不扣必鸣"的强行说教思想有着很大的相通之处。在这些戒律中，除了教育佛教弟子们做好自己作为一个社会人的本职角色外，还要从菩萨的本质精神出发，去做好弘法、立教、待人、管理、修己、爱生的工作。这意味着作为学生的佛弟子们，不仅要为自己的行为负责，要为佛法负责，更要为天下苍生负责，要有以"全天下生命"为念的思想和高尚品格。中国儒家强调"天下兴亡，匹夫有责"是从王朝政府、国家民族的角度去强调个人责任，而大乘佛教则是从天下所有生灵，甚至可以说是从"全天下"的角度去强调个人责任，从而需要"发大愿""行大力"，以及勇于牺牲自己才能实现"菩萨"位的正果。因此，"大乘戒"也被称为"菩萨戒"，且被认为是一切发菩提心的人都要受持的戒，不分在家出家，也没有佛弟子七众中适用类别的区分，是所谓"通戒"，因而其涉及的信众范围比小乘或部派佛教所涉及的信众范围要宽，要求也更高。

"六度"中的"忍辱"是指作为佛教徒要勇敢承担和忍受各种外来的常人所难于承受的精神压力和肉体折磨；"精进"则是指佛教徒在修习"菩萨行"的过程中要不怕困难，勤奋研习，奋勇努力。这是要求坚定的信仰者和弘道者必须具有的两种品格。大乘佛教之所以特别强调这两种修行，是因为大乘佛教在兴起的过程中，不仅面对着以后被称为"小乘佛教"的激烈抨击，而且也面临着其他宗教和世俗势力的挑战，因而要求其信徒在其信仰受到歧视或排斥，传教遇到阻力或打击时，必须坚持信仰，百折不回，勇往直前。不过，在后来的发展过程中随着偶像崇拜的不断加强，"忍辱"逐渐被解释成了信徒必须无原则地、无条件地忍受一切痛苦和屈辱的教义，并将其看作"菩萨行"的重要表现和行为特征之一，实质上是消弭了大乘佛教本有的抗争精神与批判精神，使得以后的修行人逐渐开始远离社会现实，变成了红尘俗世中的隐修者和慈善者，而不再是现实世界的批判者和拯救者。

"六度"中的"禅定"继承了原始佛教和小乘佛教的衣钵。但随着小乘佛教和大乘佛教中不同分支的出现，佛教的禅定理论也或多或少地受这些分支的主要观念的影响，也有了一些变化。大乘佛教形成时即很关注禅定问题，这类内容主要体现在它所强调的"六度"中的"禅那波罗蜜"上。"禅那波罗蜜"有与小乘禅定思想相同的内容，但二者也有差别。小乘的禅定理论要求修行者思虑集中，彻底摆脱世间凡尘的种种杂念烦恼，认为修这种禅定能产生最佳的宗教修行效果，绝对肯定这种禅定的意义。而大乘的禅定理论则受其总的学说倾向的影响，特别是受初期大乘佛教的"无所得"观念的影响，在这方面提出的观念与小乘有一些不同。如《摩诃般若波罗蜜经》卷第四在论述禅时说："菩萨摩诃萨行禅那波罗蜜，应萨婆若心，于禅不昧不著，于一切法无所依止，亦不随禅生。"[1]该经卷第五中说："菩萨摩诃萨以应萨婆若心，自以方便入诸禅，不随禅生，亦教他令入诸禅，以无所得故，是名菩萨摩诃萨禅那波罗蜜。"[2]不难看出，此处大乘佛教强调对一切东西都不能执着，因为事物都是"无所得"的，禅也不例外，亦不可执着，不能把修禅绝对化。大乘佛教反对像一些小乘佛教那样要求绝对与外部事物分离，而是要求"方便入诸禅"。这种修行理论与大乘时期逐步受到重视的实相涅槃和中道思想是有关联的。印度大乘佛教在发展中分成不同流派。在瑜伽行派出现后，禅定亦在其中占有重要地位。瑜伽行派的禅定内容比先前的佛教更为复杂。此派在修行上强调止观并重，把其禅定方面的学说与其关于诸法本质的理论融合在一起。瑜伽行派的主要著作《瑜伽师地论》中的"本地分"等论述了瑜伽禅观的境界，同

---

① 《摩诃般若波罗蜜经》卷四，《大正藏》第 8 册，246 页。
② 《摩诃般若波罗蜜经》卷五，《大正藏》第 8 册，250 页。

时展示了瑜伽行派对诸法的基本看法，是此派修行的重要内容。

　　所谓"智慧"，大乘佛教中也称为"般若"，佛教认为，人世间的一切烦恼和痛苦都来源于人们的分别心。佛典中常说："心生则种种法生，心灭则种种法灭"（如《大乘起信论》等），就是说现象世界的一切差别，都源于人们的这种分别心。人们由分别心而起我执、法执，生贪、嗔、痴三毒心，成种种颠倒妄想，从而陷于无尽的烦恼，无边的苦海，不得解脱。对此，大乘佛教认为，要得到彻底的解脱，就必须以无分别的、平等的"般若"智慧，从根本上去除人们的分别心。这也就是《金刚经》中所谓的"是法平等，无有高下，是名阿耨多罗三藐三菩提"①。大乘佛教以本来清净为诸法之本性，既不应有人我之分别，亦不应有物我之分别。世人之追境逐欲，求名为利，自寻物尽之烦恼，实为自我清净本性之迷失。清净也就是空，因而大乘佛教更强调对空性的了解，认为众生对空性的了解有深有浅——从不存在、不生不灭、无相、不可说、不可得一直到真空妙有，了解越深入就越能明白我们这个宇宙间一切事物的本性。不过大乘佛教是不离色言空的，反对各种离色空、断灭空的说法，并斥之为戏论。因此，大乘佛教并不否定人们创造的物质财富，以及人们必要的物质生活。只是要教导人们不要迷执于物相，沉溺于物欲。人类创造的财富，归根结底是属于全社会的，对于个人来说终究是身外之物，不仅不可执着贪求，更应发心施舍，还之于社会大众。一个迷执于自我的人，必然把追求个人身心之欲求放在首位，这样他也就把自己封闭于自筑的牢笼中，终日里用尽心计谋略，落得无穷得失烦恼，而终归于空虚茫然的人生。因此，大乘佛教教育弟子们，若能打破我执，视人我诸法平等无二，行慈悲利他之行，则必将体现出自我的真实价值，识得清净本性之自我的本来面目。对于如何识得"清净本性"，大乘佛教提出了"读经""修慧""修法"等途径和办法。佛陀作为无上正等正觉者，是智慧的化身，因此他所说之经，本身就是

---

①　《金刚般若波罗蜜多经》，《大正藏》第 8 册，751 页。

智慧，"若是经典所在之处，即为有佛"①，所以作为学生的佛弟子，只要潜心研习佛经，深思熟虑，仔细体证，求名师指导，即可修得慧果。但是言语有限，佛法无限，自然有言不尽意的不足，更何况一般人往往慧根不够，机缘不深，所以要获得智慧，还得勤加修炼，要像菩萨们一样去用心、用情、用意，通过禅定，获得智慧、神通、威德，所以在《无量寿经》中佛告诉阿难："复次阿难，彼佛刹中一切菩萨，禅定、智慧、神通、威德，无不圆满。诸佛密藏，究竟明了。调伏诸根，身心柔软。深入正慧，无复余习。依佛所行，七觉圣道。修行五眼，照真达俗。肉眼简择，天眼通达，法眼清净，慧眼见真，佛眼具足，觉了法性。"修慧是目标，还要方法正确，道路正确，所以还要学会"修法"，而且必须修"善法"，"须菩提，是法平等无有高下，是名阿耨多罗三藐三菩提。以无我、无人、无众生、无寿者修一切善法，即得阿耨多罗三藐三菩提"②。无论是"读经""修慧""修法"，这都是佛弟子们作为修行者自己的事，因此能够证得"正果"，成为"菩萨"，关键还在学习者自己，主观能动性才是关键。

所以，在修习"菩萨行"的过程中，大乘佛教的教育还特别重视修习者自身内在学习动机的激发和理想目标的诱惑激励作用，以进一步调动和激发修习者的学习积极性。如大乘佛教的著名经典《法华经》认为声闻乘和辟支佛乘同菩萨乘③一样，同出诸佛之口，也都是为了救度众生脱离生死"火宅"；其

---

① 《金刚般若波罗蜜多经》，《大正藏》第8册，750页。
② 同上书，751页。
③ "乘"是梵文yana(音读"衍那")的意译，指运载工具，比喻佛法济渡众生，像舟、车能载人由此达彼一样。"声闻乘"指称闻佛言教悟苦、集、灭、道四谛之真理而得道者。赵朴初《佛教常识答问·僧伽和佛的弟子》云："四谛的教法，能令人断除见惑(我见、常见、断见等错误见解)和思惑(对世间事物而起的贪嗔痴等迷情)，证得涅槃，叫作声闻乘。""缘觉乘"也叫"中乘"，即通过观因缘而悟解，旧称辟支佛，所证果为辟支佛果，中乘所修法门为十二因缘，即无明缘行，行缘识，识缘名色，名色缘六入，六入缘触，触缘受，受缘爱，爱缘取，取缘有，有缘生，生缘老死是也，此十二因缘包括过去、现在、未来，三世循环不息之因果。"菩萨乘"又称"佛乘"，即大乘佛教的以悲智六度法门为乘，运载众生，总越三界三乘之境，至无上菩提大般涅槃彼岸。

差别仅在于众生"根性"有"利钝"，佛说法有先后、权实的不同而已。所以"二乘"或"三乘"之说，其实都是"唯一佛乘"，并把这叫作"会三归一"。之所以"三乘归一"，是因为"万法皆空"。所以《法华经》把般若空观作为方法论，认为众人都有可能通过"六度"修习而成为"菩萨"，但同时又承认众生都有先天的"佛智"（佛之知见）。这说明大乘佛教在原始佛教基础上，对教育对象的认识又深化了，看到了教育对象之间的个体差异。在承认人人都具有可教育性的同时（"人人都有佛性"），又强调个体先天的禀赋有差异（佛智不同），同时还看到了个体主观能动性对学习的极端重要性，因而强调大乘佛教修持的重要内容，是要开发自身的这一固有的"佛智"，但最终结果如何，还要取决于多种主客观因素的共同作用。但不管学生最终能够取得什么样的成就，教师必须一直充满信心，坚持不懈。在《无量寿经》中，"佛告弥勒：诸佛如来无上之法，十力无畏，无碍无著甚深之法，及波罗蜜等菩萨之法，非易可遇。能说法人，亦难开示。坚固深信，时亦难遭。我今如理宣说如是广大微妙法门，一切诸佛之所称赞，咐嘱汝等，作大守护。为诸有情长夜利益，莫令众生沦堕五趣，备受危苦。应勤修行，随顺我教。当孝于佛，常念师恩。当令是法久住不灭。当坚持之，无得毁失。无得为妄，增减经法。常念不绝，则得道捷。我法如是，作如是说。如来所行，亦应随行。种修福善，求生净刹"。在当时的历史条件下，能有这样的认识是非常难能可贵的。这为后来的大乘佛教的信奉者提供了可多层发挥的理论，也为众多修行者和指导教师们提供了信心和激励。

与部派佛教时期注重考据探究义理，进行烦琐论证的教育不同，大乘佛教极力简化教育过程，并许给信徒们以美好的理想和未来，从而大大增强了对信徒的吸引力。如在《阿弥陀经》中弘扬西方净土，告诉信徒们西方有"极乐世界"，此方众生专念"阿弥陀佛"（意译"无量寿佛"），死后即可生于由阿弥陀佛接引到此的"极乐世界"，享受永无痛苦的快乐幸福。念佛号将来就可以获得解脱，并得以在佛国净土享受幸福快乐，确实简洁而极具诱惑力，对佛教徒们产生了极大的吸引力。在《阿閦佛国经》里则弘扬东方净土，认为东方有"妙喜世界"，此方众生发愿供养"阿閦佛"（意译"不动如来"），死后即可生于由此佛主持的东方佛国。此外《维摩诘经》中还提倡"唯心净土"，用净心的方法，改秽土为净土，似乎比前两经中的教育更为积极。不管是东西方净土还是"唯心净土"，对学习者而言都是无限美妙，充满快乐的，从而使得教育过程和学习过程始终处于被理想和信仰激励的状态，学生的学习积极性大大地被激发。另外对美好天国世界的描绘也激发了学生对此方"秽土"的批判精神，从而训练了学生的反思精神，这从大乘佛教以后的发展中就可以明显地感觉出来。

　　但是未来天国的美好诱惑只是应许给了佛教徒们一个解脱的途径，并不是真正修成了具有"无上菩提"的佛。在大乘佛教这里，要真正修成"佛"，同样也是道路艰辛，因为大乘佛教强调"度己先度人"，观音菩萨更是立誓：世间一人不度，她便不成佛。正是在这种背景下，大乘佛教也提出了从凡夫修行成佛的52级"菩萨行"，即（一）六道内的修行6级（初修"初果向"不算品级）：(0)初果向（凡夫位，要断88品见惑）；(1)初果须陀桓，有天眼通、天耳通；(88品见惑断了)；(2)二果向（以下要断81品思惑）；(3)二果斯陀含，有他心通，宿命通；(4)三果向；(5)三果阿那含，就有神足通，能随意变化色身、飞行自在；(6)四果向。以上果位，还没出六道，就要反复修行，最多七次往返即证四果罗汉。（二）四圣法界的修行4级：(1)四果阿罗汉（见思烦恼断了，就是漏尽通。到此方出六道，入四圣法界）；(2)缘觉（思惑的习气断了，继续提升要断分别心，就是尘沙烦恼）；(3)菩萨（分别心断了，继续提升要断分别的习气）；(4)十法界内的佛（分别的习气也断了，继续提升要断起心动念）。（三）一真法界共42级：(1)初住菩萨（起心动念断了，明心见性了，但还有起心动念的习气，无功用道，需三大阿僧劫，历经41个位次）；（2）二住菩萨；（3）三住菩萨；（4）四住菩萨；（5）五住菩萨；（6）六住菩萨；（7）七住菩萨；（8）八住菩萨；（9）九住菩萨；（10）十住菩萨；（11）初行位菩萨；（12）二行菩萨；（13）三行菩萨；（14）四行菩萨；（15）五行菩萨；（16）六行菩萨；（17）七行菩萨；（18）八行菩萨；（19）九行菩萨；（20）十行菩萨；（21）初回向菩萨；（22）二回向菩萨；（23）三回向菩萨；（24）四回向菩萨；（25）五回向菩萨；（26）六回向菩萨；（27）七回向菩萨；（28）八回向菩萨；（29）九回向菩萨；（30）十回向菩萨；（31）初地菩萨；（32）二地菩萨；（33）三地菩萨；（34）四地菩萨；（35）五地菩萨；（36）六地菩萨；（37）七地菩萨；（38）八地菩萨；（39）九地菩萨；（40）十地菩萨；（41）等觉菩萨；（42）妙觉果佛（圆满成佛）。这样一个漫长的修习过程，只要美好天国的诱惑是远远不够的，毕竟时间上太遥远了。因此除了借助于未来天国的美好诱惑和理想的外在因素激发学生的学习动机之外，大乘佛教在教育时还想方设法来激发学生的内在动机，他们一反过去佛陀坚决反对弟子们谈论、讨论神通的戒律，逐渐将炫耀佛教神通当成教育信众、传播佛教教义的手段，鼓励学生积极开发自身本有的各种神通。这样一来，不仅早期原始佛教中禅定出神通的事迹被放大并广泛宣扬，并鼓励学生只要勤加修习能够获得五种"神通"①，见人所不能见，闻人所不能闻，推演过去，预知未来，洞察他人心态，以至于自在变化、任意飞行。鉴于一般人获取神通之难，大乘佛教进一步吸取了在古代民间普遍流行的巫术，由此出现了大批专以咒语治病、安宅、驱鬼役神、伏龙降雨等类的佛典。同时，佛徒在教学过程中，往往把长篇巨幅的经文简化成少数文字或字母，以便于诵念记忆，形成所谓的"陀罗尼"（意译"总持"）。陀罗尼的神秘化，也就成为一种似乎具有神通力的咒语，经常出现在各类经文中。除了民间咒术、巫术之外，大乘佛教在教育过程中还吸取

---

① 原始佛教中指神足通、天眼通、天耳通、他心通、宿命通。修炼成功后还有"漏尽通"，合起来就是佛教早期的"六神通"。

了占星、占卜和生肖说等，进一步增加了自身教育过程中的神秘色彩，《摩登伽经》等就很有代表性。激励学生的内在学习动机从而提高教学效果确实是教育中的一个重要问题，但像大乘佛教这样通过所谓的"神通"或者"巫术"之类的手段来吸引学生，固然在当时有利于大乘佛教的普及，但也因其愈来愈走向神秘主义而走向了其原旨的反面。后来在大乘佛教基础上出现的密教，就完全演变成了一种神秘组织。其经典《密迹金刚力士经》（后被编入《大宝积经》）中提出，法身如来亦具"身""口""意"三业，但高深莫测，不可思议，非世俗认识的对象，故曰"秘密"。这样的"三业"称为"三密"："身密"，指如来无所思维而"普现一切威仪礼节"；"口密"，指如来虽无言说，而"悉普周遍众生所想"；"意密"，指如来"神识"永恒不变，但又具"识慧"，能现示诸种色身。"三密"之说，把坚决反对神秘化的佛陀反而完全神秘化了，这对于佛教的发展来说也许是一个悲剧。

大乘佛教的修习很强调"如来藏"。所谓的如来藏就是指般若思想中的真空妙有，也就是"众生皆佛，一切法（事物）皆是佛法"，众生本来就是佛，只因妄想、执着而不能证得；这个因缘法则所主宰的世间，本来就是清净无染，因为我们不了解宇宙的真相，所以想寻找一个超出世间一切事物的境界，其实一切法都是佛法。成佛时，断除所取能取，所取能，取遍计所执性并不存在，以圆成实法相存在，因此超离有无。也就是说，所谓佛陀，是远离二我的真如客尘清净，无论是作为一名学习者还是教育者，都不能把自己局限于某种知识或者思维模式上，而是要让自己面向外在全面开放，并随时准备吸收新的知识信息来不断充实自己、塑造新我。当新我不断被塑造而产生时，生灭也就失去了价值和意义。所以佛陀的法身远离生灭。因此《金刚经》中说："若以色见我，以音声求我，是人行邪道，不能见如来。视佛即真如，引导为法身，法性非所知，彼等不了悟。"[1]若就真如实相来衡量，则一切显现法，

———————

[1] 《金刚般若波罗蜜多经》，《大正藏》第 8 册，752 页。

自性本是佛，因为真如法界以外的法均不存在。但是，要破除妄想、执着，证得"无上菩提"，见到"自性"，必须有名师提携指点。因此大乘佛教的教育也非常重视对教师的选拔，并为此提出了十大标准，即"十德"①：

（1）戒律清净。戒律本意是"调伏"的意思，即是调伏狂放不羁的粗野内心，使之柔和慈善。因此无论教师身份是僧是俗，都要遵守相应的戒律。如果是出家比丘，则要遵守 250 条比丘戒，如果是在家居士，则要遵守五戒、十善、菩萨戒等相关戒条。戒律是品德的保证，是高尚情操的最低限度，一个不遵守戒律、肆意妄为的人，是不堪作为佛教大乘教师的。

（2）具足禅定。普通凡人的内心，大都狂躁不安，各种妄念，如奔腾的瀑布，难以安静止息，所以世人将之比喻为"心猿意马"。作为大乘佛教的教师，则必须日常修习禅定，让内心平稳安定，只有当内心极度寂静，通达一切真理的智慧之日，才会冉冉升起。就如只有平静的湖面，才能映射出清晰的影像。所以才说："若得定者心则不乱。"②意思是如果能随愿把内心置放一点，则没有办不到的事情。反观世俗也是一样，只有专心致志、一心一意，才能做好一件事情。"净心守志，可会至道。"③因此，产生胜义智慧的载体——禅定的获得，也是大乘佛教教师必不可少的条件。

（3）具足智慧。佛教被称为"智慧的宗教"，说明佛教是崇尚知识、注重智慧的宗教，尤其对于大乘佛教来说，更加强调"阿耨多罗三藐三菩提"。因此智慧的具足，也是大乘佛教要求教师必须具备的条件。在佛教中，智慧分为两种，一种是有分别思维的世俗智慧，一种是无分别思维的现观直觉智慧，后者必须在有禅定的基础上才能获得，这里所要求的智慧是指前者，即能分辨是非善恶的智能、知识含量以及理论素质等。

---

① 参见《大乘经庄严论》，《大正藏》第 31 册，590 页。
② 《遗教经论》，《大正藏》第 26 册，288 页。
③ 《佛垂般涅槃略说教诫经》，《大正藏》第 12 册，1111 页。

（4）德才超胜。这是说教师的品德、学识等一定要高。否则就会出现"以自不了知，谓佛非知深，甚深何以故，非是寻思境？何故觉深义，是即成解脱？彼为畏惧处，此者不应理"[1]的情况，自己不了解却认为"此法不真实"，自己没有证悟深义的缘分，就如同虽有太阳但天生的盲者不会见到一样。所以教师要虚心学习、认真思考，对自己还没有深入了解的东西不要轻易去否定或批判，"此智行此法，未得勿非毁"[2]。更值得重视的是教师自己不了解，却认为佛陀也不了解，从而就会将学习视为畏途。结果本来一切众生都能够解脱，却因为教师的无知而无法获得真理，难以得到解脱，这是很悲剧的。更可悲的是自己不知法却还认为自己所教的是真正的智慧，舍弃佛教界各位大家们的智慧和思想，就如同井底之蛙或天盲与明目者相比一般极其愚痴，"随闻而得觉，未闻慎勿毁。无量余未闻，谤者成痴业"[3]。教师的职责本来是给学生引导正确的方向，结果却由于自己的一知半解或者望文生义而造成了错误的认识，并将自己的错误推给了佛陀所传授的佛法及教化，这是犯了大错误，"如文取义时，师心退真慧。谤说及轻法，缘此大过生"[4]。

（5）勤奋努力。大乘佛教"六度"中所强调的"精进"不仅是对学生的要求，也是对教师的要求。教师不仅要亲身实践，还要以身示范。佛法不同于世间知识，不能光说不做，必须躬行实践才能获得真正的益处。因此教师必须"身教重于言传"，自己要精勤修持实践，不断提高自己："汝等比丘，尽则勤心修习善法勿令失时。初夜后夜亦勿有废。中夜诵经以自消息。无因睡眠因缘一生空过无所得了。"[5]另外教师还要勤于教导，奋于利众。以佛法、善行敦促弟子，诲人不倦。

---

① 《大乘庄严经论》，《大正藏》第 31 册，592 页。

② 同上。

③ 同上。

④ 同上。

⑤ 《佛垂般涅槃略说教诫经》，《大正藏》第 12 册，1111 页。

（6）学识广博。弥勒菩萨曾在《大乘经庄严论》说过："菩萨学此五明，总意为求一切种智。若不勤习五明，不得一切种智故。"①因此无论是自修还是育人，教师都要掌握五明知识，尤其是内明——佛教三藏法典的知识。佛教的三藏典籍，约八千余卷，可谓卷帙浩繁，博大精深，加上佛经原典都是佛陀应当时弟子根基的散说，又有了义与不了义等区别。因此，不掌握佛教的总体精神和基本原则，很难正确认识佛教教义。只有通达了"深观"以及"广行"的各种教法，才能毫无错谬地解释佛经。

（7）通达"真实"。这里的"真实"是指佛教中独有的"无我正见"——人无我和法无我，也是区分佛教和非佛教的四法印之一——"诸法无我"的人生观和世界观。佛教哲学认为，世界上的一切存在都是各种条件聚合的存在，他们本身并没有独立的本质。例如水，当温度等条件产生变化的时候，水的存在状态也会发生变化，作用也跟着产生变化。虽然水没有固定的独立不变存在本质，但水有水的作用，冰有冰的作用，丝毫不会紊乱，这就是佛教的"缘起性空"学说，也是佛教最高的哲学——无我哲学。这里的"我"并非你我他的我，而是指事物独立不变的本质，佛教不承认这种独立不变本质的存在，所以称为"无我""空"。这是从观察真理、胜义的角度来说的。如果从世俗谛、现象角度来说，佛教也承认世俗的我与事物都存在，不了解佛教者总说佛教的空就是什么都没有，其实是对无我哲学的最大误解。在佛教哲学中，对于无我的讲解有四家学说，小乘两家是有部和经部，大乘两家是唯识和中观。其中以中观为最高思想。作为大乘佛教的教师，最好能够直觉现证这中观空性，最起码也要在理论上通达。因为无我空性是彻底斩断轮回绳索的利刃，若不具此，正如佛陀所批评过的，自己尚且无法脱离轮回，如何有资格教导弟子呢？

（8）爱心育人。慈悲爱心是佛教徒应该具备的良好素养，特别是学习大乘

---

① 《大乘庄严经论》，《大正藏》第 31 册，616 页。

佛教者，更是应该培养"不为自己求安乐，但愿众生得离苦"①的菩提慈悲爱心。作为大乘佛法的教师，自然要有慈悲爱心。如果缺乏了慈悲爱心，那么讲授佛法、授徒育人都成为牟取名利的工具，就会出现贪财卖法，穷人学不到佛法的可悲局面。作为教育工作者，无论是佛法的教师，还是世俗的教师，都应该以育人为己任，不看重弟子、学生的出身贫富，这样才能为人师表。特别是大乘佛教的教师，更应该倾注全部的爱心，忘我地教育弟子。

（9）具备耐心。由于人的先天智力、生存环境、思想素质以及习性喜好等不同，接受佛法的能力也各不相同，作为教师应该具备授课的耐心。对于根器好的弟子固然能欣然传授，但对于智能低劣的弟子同样应该具备百问不厌、诲人不倦的耐心。如果不具备耐心教导这个优秀的品质，下根弟子也很难从教师这里得到良好的教育。

（10）善于解说、教导有方。这是说教师应具备良好的文字语言和逻辑思维功底，能根据弟子的根基情况，因材施教，巧妙地把佛法的义理传授给他们。"光授法自在，巧说善治摄。"②就是指教学要善于因材施教，针对每一个人的个性特点进行不同的教育，不能千篇一律地进行灌输式教育，如对贪欲者宣讲不净观、对嗔恨者宣讲慈心、对愚痴者宣讲缘起义等，教师自身虽然具备多种功德，但如果不善于传授，弟子同样无法得到良好教育。

多样化的地理环境、复杂的种族与语言、源远流长的种姓制度、长期的政治上的动荡与分裂，使得古代印度的教育在走出原始状态之后，就开始与宗教结下了不解之缘。宗教构成了古代印度人精神生活的核心，印度的教育也充满了宗教色彩。我们从其历史发展中可以看到，古印度的教育在很大程度上就是宗教斗争的教育。建立在宗教之上的种姓制度给古代印度打上了强烈的阶级性特征，而婆罗门的宗教礼仪规则牢牢控制了学校教育的方向和内

---

① 《大方广佛华严经》卷二十三，《大正藏》第10册，127页。
② 《大乘经庄严论》，《大正藏》第31册，593页。

容。这使得古代印度的儿童从一出生就被限定在一定的社会阶层上，他与其他人或其他社会团体的关系也被严格界定在几乎相互隔离的社会空间内。这些规范和制度都将教育的特权集中在了婆罗门种姓身上，只有婆罗门才有权享受完备而高深的教育。这虽大大强化了古代印度教育的宗教性色彩，但也引起了其他社会阶层的强烈不满。于是就有了佛教教育和耆那教教育的出现，婆罗门教的教育也不得不做出必要的改变，为以后印度教和印度教教育的产生与发展奠定了基础。

在对古代印度教育主导权的争夺方面，佛教教育成了婆罗门教教育最强有力的竞争者。它以平民主义的风格、平等灵活的教法、严格规范的管理、对人生问题的有效解答赢得了古代印度从平民到王室的巨大欢迎。随着在孔雀王朝的阿育王时期佛教成为国教，佛教教育不仅得到了极大的兴盛，而且开始走出印度，在佛教成为国际性宗教的同时，佛教教育也开始得到广泛的传播，并对其他国家的教育，特别是中国和东南亚的许多国家都产生了巨大影响。虽然在发展过程中佛教教育与婆罗门教的教育竞争激烈，但是作为宗教教育，二者还是表现出了许多的共同点，这些共同点主要表现在：

（1）它们都非常重视教育。在婆罗门教那里，教育是帮助神与人进行沟通的最重要手段之一；佛教则把教育看作自我解脱超越人生的基本前提。

（2）都特别注重核心经典知识的学习与传承。婆罗门教建立起了以吠陀经典及其注释为核心的教育内容体系，而佛教则在"四谛"基础上建立"戒定慧"的三学体系，后来更是进一步演化完成了"经律论"的"三藏"学习内容体系，使得学习内容完整而系统。

（3）都特别注重宗教规范的遵守与继承，并在学习过程了产生了系统而详细的各种清规戒律。婆罗门教以祭祀为核心建立了庞杂的行为规范和组织程序，而佛教则随着僧众人数的迅速扩大也建立和完善了自己的戒律体系。这使得对于规则的了解与实践也成为学生必须要学习的固定内容。如婆罗门教的教育中特别重视对学生的道德教育和意志锻炼，要求学生在学习期间要定时沐浴、虔诚祈祷、衣着朴素、进行艰苦生活的磨炼等，而且学生的卫生、宗教、举止、言行都有严格的要求，禁止学生食蜜、食肉、饮酒、赌博、白天睡觉、贪财、玩乐等等；佛教也有自己的"五戒""十戒"以及各种各样的行为规范。除了坚持苦行之外，还要遵守建立在佛教教义基础之上的种种清规戒律，另外在寺院中的僧众还要每日进行斋戒、沐浴、行乞、礼佛，安排得十分齐备。僧徒每天凌晨起床即沐浴，然后面对佛像斋戒，下午在读经诵经中进行学习。除此之外，还要静坐、面佛、祈祷、朝庙、跪拜等。这种特殊的宗教教育和严格的行为规范在一定程度上有利于文化积淀和文化精神的传播，但是也在一定程度上制约了学生创造性精神的培养。

在印度，由于宗教不仅作为一种信仰，也是一种价值观念和一种生活方式，因而追求宗教信仰的教育并没有隔断自身与现实社会生活的联系，相反恰恰强化了古代印度教育与生活的联系，并赋予现实生活以宗教意义。如最重视宗教神圣性的婆罗门教的教育，其内容在服从神学需要的同时，也要承担起祭司管理社会的职责，这就使得多种非常实用的学科也得以在教育过程中被重视，从而为古印度成为文明古国提供了强有力的支持。而佛教的创始人释迦牟尼更是将与生活无关的问题直接拒绝在自己的思考与教育之外，从而将自己的思想和教育变成了一种充满人文主义关怀的生活教育，具有十分鲜明的实践品格。这就使得古印度虽然由于一种宗教因素、种姓制度、口授教学传统、教学技术落后等方面的原因造成了教育教学过程中的死记硬背，但也不乏鼓励学生去发挥自己的主体能动性，积极去进行思考，并不断迎接现实生活的各种挑战。这样一种教育的追求与独特的结构，使得古代印度人的教育更愿意去发展与精神生活相关的知识和内容，因而与其他文明古国相比，古代印度人的宗教与哲学学科知识非常发达，但在科学方面却要逊色不少。与宗教、哲学紧密相关的天文、数学等学科知识比较发达，而物理、化学、机械制造等方面的知识则乏善可陈。

古代印度教育中还有一个值得我们关注的方面，就是文化教育对于民族和国家统一所发挥的重要作用。从历史的角度看，古代印度并没有像中国一样，形成了大一统的思想结构与政治体制，从而为中华民族的认同与国家的统一提供了强大的精神和制度资源。除了短暂的几个时期之外，古代印度一直处于分裂与战乱之中，但是印度的宗教文化却因为教育而对国家认同和民族认同发挥了重要作用。不可否认古代的印度教育的出现和发展都打上了深深的宗教烙印，但是由宗教界定的共同的信仰、风俗习惯、行为规范和道德标准也使印度传统文化具有了高度的凝聚力和同心力，使它数千年来得以保持、延续和发展，作为世界文化遗产的重要组成部分，印度的宗教文化和教育在南亚特定的时空框架内形成了具有丰富的内涵和独特韵味的存在，并对周边地区以及其他文化产生了较大的辐射和影响。如负有盛名的纳兰陀寺就吸引了中国、朝鲜、蒙古等国的大批外国青年来学习，并对中国以及东南亚诸多国家的教育产生了重要的影响。这说明一个国家的文化教育对于一个国家、民族的延续和发展具有重要的现实意义。文化的繁荣促进了教育的发展，文化教育的对外交流彰显了本土文化的独特性，从而强化了民族文化的存在感与民族自信心。这对于今天日益走向强盛和开放的中国教育来说，依然具有参考意义和价值。

结　语

　　为解决面向 21 世纪的各种挑战，人类都把希望寄托在了教育的身上。教育究竟能否承担起这样的责任？能否在多种文明的碰撞中为世界找到未来的路？这个问题也许不是教育这一个领域所能够回答的，而是需要放在一个综合的视域中通过多维视角透视教育的各种关系，通过一种全新的思想来进行回答。但要透视教育的多维关系，就不能不回到历史中去，从源头去剖析文明、教育、思想之间的现实互动及其历史结果。于是，文明、教育、思想三者之间的内在关系及其逻辑就成为教育研究者必须要思考的一个基本问题。

　　正是基于这样的思考，我们开始尝试在这一卷中在文明发展的视野与框架内重新梳理人类教育的起源问题、古代东方的教育实践及其教育发展的历史。按照现在的考古发现，生活在 600 万至 700 万年前的乍得久拉普沙漠的萨赫勒人，他们很接近黑猩猩和人类的共同祖先。但目前现有的考古材料也证明，人类最早的石器出现于大约 250 万年至 270 万前埃塞俄比亚贡纳河。从直立行走到第一块石器出现将近 400 万年的漫长时期中，到底有没有教育存在，还是一个历史之谜。但值得我们去进一步思考的一个问题是，教育究竟因何而产生？这一问题的背后实质上隐藏的问题就是：教育的本质究竟是什么？如果把工具的产生看作人与动物的根本区别而标志着人的独立，那么教育以什么作为自己独立的标志呢？

　　早在 2002 年之前，吴式颖先生就提出了一个崭新而重要的观点："语言的历史就是教育的历史和教育思想的历史，教育和教育思想应是同时产生的。"①而根据哈佛大学语言学心理学家斯蒂文·平克的研究，语言在"200 万至 400 万年前"②产生，这一时间段正好与石器产生的时期有一定的重叠性。那么语言的产生是否意味着教育的产生呢？如果是，这将意味着人类教育的现有历史可能会提前上百万年。由此可见，吴式颖先生提出的这一新观点开启了教育史研究的一个全新领域，在把对原始社会的教育思想探讨纳入教育史视野之中的同时，也隐含着提出了一个更为重要的问题，即语言、文明与教育之间的关系问题。因为语言是文明的重要表征之一，也是重要的思想工具，因而这一问题也就演化成了语言、文明、教育与思想之间的关系问题。鉴于语言与文明之间的从属关系，我们可以把问题简化为文明、教育、思想的关系问题。所以在本卷内容的编写中，就基本上按照这样一个基本的思路框架，对每一个历史阶段的教育都从考察该社会阶段的文明发展情况、教育活动、教育思想三个方面去展开。

　　通过对原始社会人类教育的起源和发展情况以及古代东方几个文明古国的教育情况的梳理和思考，我们尝试着总结以下几点很不成熟的看法，作为一个阶段性的小结：

　　第一，文明的产生和发展带动和促进了教育及教育思想的发展，但教育及教育思想产生之后具有自身的相对独立性，并不一定会与自己所属的文明发展同步。

　　"对于考古学家来说，'文明'这个词通常意味着四个特征：书写、拥有纪念性的城市、有组织的宗教、专门化的职业。"③由此我们发现教育和教育思

---

　　①　吴式颖、任钟印主编：《外国教育思想通史》第 1 卷，总序，9 页，长沙，湖南教育出版社，2002。

　　②　[英]彼得·沃森：《思想史：从火到弗洛伊德》(上卷)，胡翠娥译，68 页，南京，译林出版社，2018。

　　③　同上书，72 页。

想的产生也几乎与文明同步。虽然在文字产生以前，世界各地区、各人种、各部族都对早期教育的发展和教育思想的产生做出了积极贡献，但是，没有文字存在，教育的交流和传承功能就很难得到发展，教育存在的必要性就会大大降低；没有城市和宗教的产生，也就不会有对系统化知识的大量需求，教育独立存在与发展对人类发展的重要性也就不会有那么大；没有专门化的职业出现，也就没有专门的知识技能和能力训练的迫切需求，因而也就不会有教育发展的强大动力。由此我们也从历史中看到，在所有文明古国的发展中，文字的出现及其使用对该国的文明发展都起到了重要作用。文字、城市、宗教信仰和专门的职业分工，为教育及教育思想的加速发展提供了基础与内在动力。有了文字，教育实践及其经验就可以用文字记载下来，也就为人们就教育问题进行比较系统的思考提供了基本的素材，城市发展、宗教信仰和专门的职业分工则为教育思想的产生提供了更为深厚的客观基础，于是在原始社会经验积累的基础上，人类的教育思想开始走向繁荣。古代东方产生了世界上最早的文字，也就随之出现了世界上最早的学校教育实践，产生了较为系统的教育思想。古代的东方也就成为人类最早的学校教育和比较系统的教育思想的摇篮。

早在公元前 3000 年以前，古代的两河流域、古代埃及、古代印度分别产生了自己的文字。在公元前 1000 年左右，古代腓尼基人在苏美尔文字和埃及文字的基础上创立了自己的文字。公元前 8 世纪，经过腓尼基在希腊的商人，这种文字教给了希腊人，由此产生了希腊文，成为后来拉丁文和西方各种拼音文字的渊源。已经挖掘出的泥板书表明，苏美尔文明至少创造了 27 种历史第一，其中就包括历史上第一批学校。古埃及也出现了比较系统化的学校体系，其中与书写相关的文士（书吏）学校更是普遍开办。古代印度也出现了婆罗门的专门学校。学校的产生与发展也推动了当时社会文明的发展，宗教、天文学、数学、医学、哲学、文学也开始得到极大发展，走向繁荣并开始进行跨区域交流。这种交流又带动了思想的发展。如对后世影响很大的希伯来人的教育思想就是受到了两河流域教育思想和古代埃及教育思想的强烈影响，而印度思想也受到多种入侵民族文化的影响，甚至后来还有希腊文化的影响，实现了东西方文明的有机融合。古代希腊最早的哲学家、史学家大都访问过东方诸国，他们将东方的科学带到了希腊，促进了西方早期科学思想的发展。

但是，我们也会看到教育虽然受到自己所属区域的文字和文明的巨大影响，但教育的发展并不与文字和文明的发展呈正相关或者线性的因果关系。如苏美尔文字在阿卡德人占领后学校教育的文字基本上就被阿卡德文所取代，但其教育却被阿卡德人和亚述人所继承；苏美尔文明消失之后，其教育也基本就消亡了；古埃及出现了不同类型的文字，却并没有影响其教育的发展；随着古埃及文明的消亡，古埃及的教育也随之消亡了；古代波斯的教育随着波斯帝国的覆亡而解体；古代印度虽然因为民族种族异常复杂，所用语言杂多而混乱，但其教育的发展一直保持着不断自我更新的状态，并延续至今，并在当前依然保持着活力；佛陀在没有运用文字编纂经典前普遍运用各地方言而传教时，佛教得到了广泛传播并发挥了积极的社会作用；而当佛陀的思想被文字固定化并形成经典的时候，佛教却开始一步步走了下坡路，最终在印度完全消亡；而古希伯来人在早期根本没有自己的文字和学校，但其教育却在民族延续方面发挥了极其重要的作用，迄今为止依然影响着全世界犹太人的教育和西方人的教育思想。

由此可见，生活、文明、文字与教育、教育思想之间的关系并不是一种简单的线性关系，而是一种非常复杂的相互影响关系。要更好地发挥教育对改善人们生活、推动文明进步、推动社会发展的作用，就要更加深入地研究清楚生活、文明、文字与教育、教育思想的内在关系以及实现它们之间更好内在融合的有效机制，从而形成推动国家、民族、社会、个人更好发展的强大内在助力，这对我们今天的教育改革和社会发展都将是一个重要的时代课题。

第二，文明进步带动教育实践的繁荣与发展，但未必会产生重要的教育思想；而深刻的教育思想却必将更持久地推动文明进步。因而在大力推动文明进步和教育改革的同时，要高度重视教育思想的发展与创新。

从已有的几个文明古国来看，当时的教育无疑都是非常发达的，但是非常注重实用性的苏美尔教育、古埃及教育、波斯的教育都随着古文明的衰亡而随之消亡，相比较而言更注重精神活动和教育思想的古代印度和古代希伯来，其教育并未随着文明的更迭而中断，其教育思想更是一直延续到现代社会，依然在发挥着重要作用。古印度的婆罗门教育一直到今天依然在印度社会还保留着固有的教育模式，其教育的核心内容吠陀作为经典依然是重要的教育内容；佛教的教育则遍布全世界，拥有超过四亿的信徒。现在西方居于统治地位的基督教则是从犹太教中分离出来的一个支派，是古代东方的宗教和古希腊哲学结合的产物，其教育一直对西方社会和全世界发生着巨大影响。不可否认，在历史文献里，我们也看到古代苏美尔人的泥板书里记载了许多父亲对儿子的教育箴言，古代埃及的许多教谕诗也写出了父亲对儿子的谆谆教诲，古代波斯对居鲁士的教育依然有诸多的亮点值得我们去参考。但是这些历史文献中记录下来的观点及看法，并没有形成系统的教育思想，因而并没有对历史和文明的进步产生更为深远的影响。由此我们也可以得到一个启示：作为百年甚至千年大计的教育，不仅要推动实践改革与创新，更要积极推动教育思想的产生与丰富。时代不仅要有优秀的教育工作者，更要有优秀的教育思想家。没有深刻教育思想的教育实践，必然不会长久存在，也就很难为文明进步贡献持久的发展动力和智力支持。作为教育者，要向教育思想家的目标去奋斗；作为一个要持续发展的社会，就要积极鼓励和支持教育思想的产生与创新。只有想要成为思想家的教育者，才会善于及时把自己的教育经验和观点系统化并提炼成思想，让自己的教育工作更有价值和意义。

从历史角度看，教育思想的产生与发展固然与教育实践有着密不可分的关系，但是我们从伟大教育家的身上可以看到，任何一个伟大的教育思想，其产生的起点不是对现实的接受与适应，而是从社会和人生的根本问题去思考，确立一个远大的目标，然后围绕着这个目标尽可能地去学习已有的所有知识和技能，进而形成自己的思想。孔子如此，释迦牟尼如此，苏格拉底如此，柏拉图如此……凡是历史上有名的教育思想家都是如此。因此，教育思想的发展要立足现实，但更要立足人性，立足未来，立足长远，立足文明的持久进步，才能与教育实践、社会发展、文明进步、个人完善形成有机的合力，推动历史的全面进步。

第三，只有对人性和世界本质有深刻的关注才能有深刻的教育思想，建立在深刻教育思想之上的教育实践才能够发挥最好的教育价值和教育效益。

在原始社会的教育中，生产、生活、宗教教育无疑成为核心，这些与个体生活紧密相关的内容基本奠定了后世教育的基本框架，但是只有成人礼的出现，才使得原始社会的教育有了一个明确的标志。成人礼的背后，实质上是原始人对自己的一种人性审视，并通过几个方面的指标和仪式的考查来确认自己的成人属性，从而给人与世界之间画了一道界限，让人在与世界的融合中获得了独立，承担起了人应该承担的责任。就此而言，人性的审视实际上成为教育走向独立的起点。而古代东方之所以成为世界文明的源头、摇篮、发祥地，除了良好的地理环境与便利的交流条件之外，还与这些地方人性的自我觉醒紧密相关。也许我们目前还无法得知当时这些文明摇篮的人们是如何唤醒或者产生自我觉醒意识的，但是我们可以从已经出土的相关文献和各种文物中直观地感受到当时人们对世界、对人性、对人生的看法与理解。这种理解，直接决定了以后各大文明的走向和命运。综合起来看，古代印度和古代希伯来人对人性和世界本质的认识无疑要比苏美尔人、阿卡德人、埃及人、波斯人深刻得多。由对人性的反思开始，他们进而追索周围世界的本质，从而将自己的思考上升到了哲学的高度，这使得他们的思考无疑更加深邃和持久，给人类的发展探索出了一条更加广阔的前进道路，自然而然就让后来者难以避开他们思想的光芒，甚至可以从他们这里直接汲取自己所需要的智慧。

古代印度的婆罗门教虽然以种姓制度牢牢控制了印度社会，但是依然在与佛教、耆那教等的斗争中不断深化自己对人性与神性的理解，并不断根据印度社会的发展进行更新创造，最终演化出了印度教，成为印度影响力最大的宗教。作为佛教的创始人，佛陀更是致力于人生皆苦的解脱道路，将"无明"看作烦恼和痛苦的根源，从而致力于通过教育让人摆脱"无明"的痛苦，并强调人人皆有佛性，从而鼓励人们人人皆可成佛，使人们对自己和未来充满信心。在佛陀这里，他们将对人性的认识与自己的教育理想和目标有机结合起来，利用人性的优点来克服人性的弱点和不足，并将解脱的手段和方法直接教给了受教育者本身，鼓励人们通过接受教育和自我修炼，把自己提升为真正的人，实现自己心目中的理想人格，让自己走向解脱的幸福之路。后来受希伯来宗教影响而创立了基督教的耶稣，也采用了与佛陀相似的思路，但他把拯救人的担子扛在了自己身上，以赎罪的形式来鼓励人们走向善的方向，并以博爱来帮助处于困难中的人。佛陀和耶稣不仅是宣讲者，而且是自己思想的践行者。结果他们在信徒的心目中不仅成为真正的人，而且被神化成为神，更加强化了他们思想的影响力。由此可见，教育真正的成功必须要与深刻的人性认识与人性改造结合起来，并要有一整套系统有效的教育内容、教育手段和教育方法，才能真正让教育起到实质性作用，并不断强化教育自身的生命力和影响力，使之在历史长河中能够一直延续下去。

人性的核心是德性。因此，在古代东方的教育及教育思想中，不管是国王的教育还是平民的教育，不论是世俗的教育还是宗教的教育，当时各国都将道德教育置于教育的重要地位，都对道德教育做出了较为深刻的思考和探索。这说明人类的先祖们早就意识到作为一个人，首先是一个道德人，做好一个道德人才能成为一个真正有用的人。虽然在当时生产力比较低下的情况下，一个社会的道德教育总是与宗教教育产生了不可分割的联系，甚至在有些国家和地区直接将宗教教育等同于道德教育，但在具体的德育内容考虑方面，我们还是可以发现各大文明古国也有许多的共同之处，如诚实守信、尊亲敬长、同情体谅、友好谦逊等。这说明在不同文明的背后，人性其实依然存在着相通之处。这对于我们今天人类命运共同体的创建，有着积极的参考意义。如何在不同的文明类型下，以人性完善为基础，去探寻各文明中所蕴藏的共同的人性要素，进而去构建全人类的普遍道德，对于处于地球村中的地球人可能具有更为现实的价值和意义。在古代埃及、印度、希伯来、苏美尔、波斯等地方，都把受过教育的人，看作有教养、有修养、有智慧的人，这无疑告诉了人们一个教育值得努力的方向，也告诉了教育所要肩负的社会责任和个体责任。灿烂的古代东方文明，实质上是光辉的人性文明。因而，文明要进步，社会要发展，人性必须要提升。这也许是几大东方文明古国的教育留给我们今人的一个重要启示。

第四，教育实践与教育思想必须紧紧围绕社会发展与人性提升同时进行，并要确立自我革命的内源性动力与体制机制来予以保障。

任何社会的教育发展，不能只满足于适应社会当下的需要，而是要随时保持危机考虑和未来考量。从古代东方各个文明古国的教育发展情况来看，一个国家的教育繁荣往往会毁灭于外敌入侵或者强势文化的入侵取代。能够像中华文明、希腊文明这样反过来同化入侵者的文明其实并不多见。因此，对教育而言，建立一个内在的自我优化机制和外在的开放接纳机制极其重要。这其中，外在环境往往并不是教育自身所能控制的，但是教育自身的内在发展机制却是可以自行设计的。几个随着国家覆亡而消亡的文明古国的教育，无疑就缺乏这样一种内在的自我优化机制，虽然它们也具备了一定的对外开放接纳机制，从对方的发展中汲取了相应的养分，但最终还是以失败而告终。教育的对象是人，核心也是人，因而教育自身的内在发展机制的核心实质上也就是人的发展机制。就外在而言，教育要确立强烈的忧患意识，将维护国家的安全、增强民族的内聚力、稳定社会秩序、提高国防和军事能力、提升社会的道德水平与提升自我的道德与发展有机地结合起来；就内在而言，则是要让每一个学生都在收获知识能力的同时，也要不断强化自我的责任意识、危机意识、筹划意识和未来设计意识，在发展自己的同时能够让自己顺应人性、顺应社会和历史发展趋势，及时调整自己。在东方文明古国中，其实也不乏像阿卡德、亚述、埃及这样特别注重培养勇猛战士的国家，建立了显赫功业的帝国，但是他们过分强调了年青一代外在品质的培养而忽略了个体内在自我优化机制的建立，武力的短暂胜利很快就被更高水平的文明所取代或者同化。

教育的自我内在优化机制的建立也需要教育外在开放接纳机制的配合。教育要发展，必须要保持一种兼收并蓄的开放心态和虚心谦逊的好学态度。凡是发展迅速而繁荣的东方文明古国，无一不是开放与交流的结果。当然，在生产力比较低下的情况下，这种交流有时也会通过比较野蛮的方式进行。但是开放与接纳所产生的文明成果却绝对是灿烂光辉的，如苏美尔文化与阿卡德文化的交流，埃及文化与希伯来文化、苏美尔文化的交流，希伯来文化与苏美尔、埃及文化的交流等。文化的交流不仅相互带来知识上的丰富，而且让不同形态的文明看到了各自的不足，从而促进了彼此的发展。在教育方面，不仅带来了教育内容的扩展，而且带来了教育思想与教育方法方面的相互融合，从而对教育功能的完善提供了必要的基础。如在古代东方各国，因各自的国情不同，因而对教育内容的需求各自不同，有的注重书写教育，有的注重军事教育，有的注重宗教教育，但到了各国后期，随着交流领域的不断扩大和拓展，各国的教育内容已经比较接近，除了作为学习工具的读、写、算以外，还包括了宗教、哲学、伦理、天文、数学、几何、音乐、文学、体育、军事训练、技术技能教育等，为后世教育的发展提供了充分的学科知识支持。当时古代希腊最早出现的一批学者大多抱着寻求知识的目的游历东方各国，特别是埃及和巴比伦。这些学者广泛吸收了东方的哲学、伦理、科学、神话，把它们带到希腊，促进了希腊文化教育的发展，进而直接影响了以后西方的教育，成为全人类的共同财富。

在人性提升方面，我们可以发现古代东方各国的教育都毫无例外地把宗教教育排在首位，并给予祭司以诸多特权。除了当时生产力水平与人们的认识比较低下之外，还说明人们对于精神和灵魂发展方面有着强烈的心理渴求。当这种需求不能被有效地给予内容和途径填充时，人们的心灵和精神就会被宗教所占领，或者被迷信所愚弄。如在埃及的希伯来人遭受埃及人压迫而精神上处于极度苦闷的状态，摩西便利用了宗教的力量，以上帝的名义将希伯来人带出了埃及，并通过努力建立起了希伯来人自己的国家。基督教也是因为古罗马的底层民众精神与心灵的痛苦难以找到寄托，于是耶稣就利用改造过的犹太教进行传教，并最终被罗马帝国立为国教，而成为世界性宗教的。因此，我们在教育过程中不仅要关注学生的知识技能学习，更要把学生心灵和精神需求放在重要的地位予以高度关注，促进学生全面健康成长。

此外，以往的教育史研究中很少关注关于女性教育的情况，这可能与过去资料比较少有关，也与人们潜意识中的偏见有关。人们似乎总觉得古代女性是没有受教育权的，因而很少去有意识地进行研究。在本书的撰写过程中，我们也发现了每一个古代文明古国其实都存在着有关女性教育的零星材料，从这些材料我们也可以窥见当时女性教育的部分内容。这也证明随着文明的发展，女性教育并不会缺席，只是人们关注得还很不够。关注女性教育的问题，不仅是性别平等的时代要求，更是文明发展的题中应有之义。这次对各文明古国女性教育的关注，因为资料所限只是开了一个小小的头。希望通过我们的努力也能够引起研究者和教育工作者对性别教育的话题给予更多的关注。一旦有了这种意识，相信我们将来一定会有越来越多的关于女性教育方面的新发现。

人类最早的教育之光从东方亮起。古代的东方文明古国产生了世界上最早的教育，也产生了世界上最早的学校。有了学校，也就有了专职的教师，也出现了世界上用泥板、纸草、竹木简制成的最早的教材，并诞生了像佛陀、孔子这样伟大的世界级教育家，给人类留下了宝贵的教育财富。历史已经过去，智慧永放光芒！作为世界教育文明的发源地，在人类走进 21 世纪的征途中，文明的东方应该为世界教育做出更大的贡献！希望文明的东方，能够重新发出新的教育智慧之光。

本卷一共七章，各章执笔人是：郭法奇，导言、第一章、第四章；岳龙，第二章、第三章、第五章、结语；张志强、岳龙，第六章、第七章，其中岳龙对部分内容进行重新编排和修改。本卷中部分教育思想内容系由原作者根据吴式颖、任钟印先生主编的《外国教育通史》第 1 卷相关内容修订而成。全卷由郭法奇统稿。

参考文献

一、中文文献

《马克思恩格斯选集》第三卷，北京，人民出版社，1995。

《马克思恩格斯选集》第四卷，北京，人民出版社，1995。

《大正新修大藏经》，财团法人佛院教育基金会出版部出版。

《摩奴法论》，蒋忠新译，北京，中国社会科学出版社，1986。

《圣经·新旧约全书》，中国基督教会 1989 年南京版。

《圣经次经》，赵沛林、张钧、殷耀译，长春，时代文艺出版社，1995。

《圣经后典》，张久宣译，北京，商务印书馆，1995。

《犹太教百科全书》，上海，上海辞书出版社，1991。

《增支部经典》，叶庆春等译，中华电子佛典协会编。

白献竞、高晶编著：《永恒的伊甸园：正说古代巴比伦文明》，北京，海潮出版社，2006。

曹孚、滕大春等编：《外国古代教育史》，北京，人民教育出版社，1981。

陈柏达：《佛陀与孔子教育思想的比较》，台北，新文丰出版公司，1984。

丁福保编纂：《佛学大辞典》，北京，中国书店，2011。

丁广举：《世界古代前期文化教育史》，北京，中国国际广播出版社，1996。

杜继文主编：《佛教史》，南京，凤凰传媒出版集团、江苏人民出版社，2006。

傅有德等：《犹太哲学史》（上卷），北京，中国人民大学出版社，2008。

耿静、张书珩主编：《失落的古巴比伦文明》，呼和浩特，远方出版社，2005。

顾晓明：《犹太——充满悖论的文化》，杭州，浙江人民出版社，1990。

郭良鋆：《佛陀和原始佛教思想》，北京，中国社会科学出版社，1997。

黄心川：《印度哲学史》，北京，商务印书馆，1989。

吉林师范大学、北京师范大学历史系世界古代及中世纪史教研室编：《世界古代史史料选辑》(上)，北京，北京师范大学出版社，1959。

金泽：《宗教禁忌研究》，北京，社会科学文献出版社，1996。

李海峰，《从民间契约看〈汉穆腊比法典〉的性质》，载《史学月刊》，2014(3)。

李海峰、刘其亮：《亚述人尚武文化论析》，载《西南大学学报(社会科学版)》，2014(1)。

李海峰、孙龙存：《苏美尔人的学校教育》，载《教育评论》，2003(3)。

林琳：《亚述史新探》，南宁，广西人民出版社，1996。

刘白玉、牛建军编著：《神奇的巴比伦》，郑州，中州古籍出版社，2014。

刘欣如：《印度古代社会史》，北京，中国社会科学出版社，1990。

吕厚量：《色诺芬著作〈居鲁士的教育〉的性质与素材来源》，载《政治思想史》，2018(2)。

瞿葆奎主编：《教育学文集·教育与教育学》，北京，人民教育出版社，1993。

马骥雄：《古代印度的教育》，载《杭州大学学报(哲学社会科学版)》，1985(2)。

马骥雄：《外国教育史略》，北京，人民教育出版社，1991。

曲天夫：《略论亚述帝国军制》，载《东北师大学报(哲学社会科学版)》，1999(5)。

阮登方：《佛教戒定慧教育理念与实践研究》，博士学位论文，华中师范大学，2011。

赛妮亚：《犹太家教智慧》，昆明，云南人民出版社，2004。

桑新民：《当代教育哲学》，昆明，云南人民出版社，1988。

桑新民：《呼唤新世纪的教育哲学——人类自身生产探秘》，北京，教育科学出版社，1993。

尚会鹏：《印度文化史》，桂林，广西师范大学出版社，2007。

史仲文、胡晓林主编：《世界全史》精装本第2卷《世界古代前期文化教育史》，北京，中国国际广播出版社，1996。

孙培青、任钟印主编：《中外教育比较史纲》(古代卷)，济南，山东教育出版社，1997。

滕大春：《关于两河流域古代学校的考古发掘》，载《河北大学学报(哲学社会科学版)》，1984(4)。

滕大春主编：《外国教育通史》第1卷，济南，山东教育出版社，1989。

王天一、夏之莲、朱美玉编著：《外国教育史》（上册），北京，北京师范大学出版社，1984。

吴式颖、李明德主编：《外国教育史教程》（第三版），北京，人民教育出版社，2015。

吴式颖、任钟印主编：《外国教育思想通史》第1卷，北京，北京师范大学出版社，2017。

夏之莲主编：《外国教育发展史料选粹》（上），北京，北京师范大学出版社，1999。

星云大师：《人家佛教的戒定慧》，台北，香海文化出版社，2007。

杨国章：《原始文化与语言》，北京，北京语言学院出版社，1992。

杨烈主编：《世界文学史话》第1卷，哈尔滨，黑龙江人民出版社，1984。

杨天林：《远去的文明》，银川，宁夏人民出版社，2009。

杨天林：《古代文明史》（上），北京，中央编译出版社，2012。

于殿利：《巴比伦与亚述文明》，北京，北京师范大学出版社，2013。

郁龙余等：《印度文化论》，重庆，重庆出版社，2008。

张和声：《古代犹太教育的发展及其特征》，载《史林》，1998（3）。

张鸿年编选：《波斯古代诗选》，北京，人民文学出版社，1995。

张文安：《古代两河流域医疗巫术的文化考察》，载《医学与哲学（A）》，2016（6）。

赵国华编写：《印度古代神话》，北京，知识出版社，1993。

赵亚婕：《两河流域早期法官制度管窥——以汉谟拉比法典为例》，载《学理论》，2012（12）。

郑殿华、李保华：《探索巴比伦文明》，西安，陕西出版集团、太白文艺出版社，2012。

中国大百科全书总编辑委员会《教育》编辑委员会、中国大百科全书出版社编辑部编的《中国大百科全书·教育》，北京，中国大百科全书出版社，1985。

周启迪、沃淑萍：《波斯帝国史》，北京，北京师范大学出版社，2014。

周启迪主编：《世界上古史》，北京，北京师范大学出版社，1994。

朱狄：《原始文化研究》，北京，生活·读书·新知三联书店，1988。

朱寰主编：《世界上古中古史》（上册），北京，高等教育出版社，1997。

朱明忠：《印度教》，福州，海峡出版发行集团、福建教育出版社，2013。

朱维之：《圣经文学十二讲——圣经、次经、伪经、死海古卷》，北京，人民文学出版社，1989。

[德]恩斯特·卡西尔：《人论》，甘阳译，上海，上海译文出版社，1985。

[德]汉尼希、朱威烈等编著：《人类早期文明的"木乃伊"——古埃及文化求实》，杭州，浙江人民出版社，1988。

[俄]阿甫基耶夫：《古代东方史》，王以铸译，上海，上海书店出版社，2007。

[俄]维克多·V. 瑞布里克：《世界古代文明》，师学良、刘军等译，上海，世纪出版集团，上海人民出版社，2010。

[法]迭朗善译：《摩奴法典》，马香雪转译，北京，商务印书馆，2017。

[古希腊]色诺芬：《居鲁士的教育》，沈默译笺，北京，华夏出版社，2007。

[古希腊]希罗多德：《历史》，徐松岩译，上海，上海三联书店，2008。

[加]布鲁斯·G. 崔格尔：《理解早期文明：比较研究》，徐坚译，北京，北京大学出版社，2014。

[美]弗朗西斯·福山：《政治秩序的起源：从前人类时代到法国大革命》，毛俊杰译，桂林，广西师范大学出版社，2012。

[美]米夏埃尔·比尔冈：《古代波斯诸帝国》，李铁匠译，北京，商务印书馆，2015。

[美]A. T. 奥姆斯特德：《波斯帝国史》，李铁匠、顾国梅译，上海，上海三联书店，2010。

[美]F. 普洛格、D. G. 贝茨：《文化演进与人类行为》，吴爱明、邓勇译，沈阳，辽宁人民出版社，1988。

[美]S. E. 佛罗斯特：《西方教育的历史和哲学基础》，吴元训等译，北京，华夏出版社，1987。

[美]爱德华·麦克诺尔·伯恩斯、菲利普·李·拉尔夫：《世界文明史》第1卷，罗经国等译，北京，商务印书馆，1987。

[美]杜威：《杜威五大讲演》，胡适口译，合肥，安徽教育出版社，2005。

[美]杰里·本特利、赫伯特·齐格勒：《新全球史》(第五版)，魏凤莲译，北京，北京大学出版社，2014。

[美]杰里·本特利、赫伯特·齐格勒、希瑟·斯特里兹：《简明新全球史》，魏凤莲译，北京，北京大学出版社，2009。

[美]杰内达·勒布德·本恩顿、娄贝特·笛·亚尼：《全球人文艺术通史》，尚士碧、尚生碧译，济南，山东画报出版社，2010。

[美]卡扎米亚斯、马西亚拉斯：《教育的传统与变革》，福建师范大学教育系等合译，北京，文化教育出版社，1965。

[美]斯蒂芬·伯特曼：《探寻美索不达米亚文明》，秋叶译，北京，商务印书馆，2009。

[美]斯塔夫利阿诺斯：《全球通史：从史前史到 21 世纪》(第 7 版修订版)(上)，吴象婴等译，北京，北京大学出版社，2006。

[美]威尔·杜兰特：《文明的故事 1：东方的遗产》，台湾幼狮文化译，成都，天地出版社，2018。

[美]西奥多·H. 加斯特英译：《死海古卷》，王神荫译，北京，商务印书馆，1995。

[日]高楠顺次郎、木村泰贤：《印度哲学宗教史》，高观庐译，台北，台湾商务印书馆，1935。

[苏]哥兰塔、加业林：《世界教育学史》，柏嘉译，上海，作家书屋，1951。

[苏]米定斯基：《世界教育史》，叶文雄译，北京，生活·读书·新知三联书店，1950。

[苏]司徒卢威编：《古代的东方》，陈文林等译，北京，人民教育出版社，1955。

[伊朗]阿卜杜勒·侯赛因·扎林库伯：《波斯帝国史》，张鸿年译，北京，昆仑出版社，2014。

[以色列]阿巴·埃班：《犹太史》，阎瑞松译，北京，中国社会科学出版社，1986。

[英] G. 埃利奥特·史密斯：《人类史》，李申等译，北京，社会科学文献出版社，2002。

[英]彼得·沃森：《思想史：从火到弗洛伊德》(上)，胡翠娥译，南京，译林出版社，2018。

[英]柴尔德：《远古文化史》，周进楷译，上海，上海文艺出版社，1990。

[英]赫·乔·韦尔斯：《世界史纲：生物和人类的简明史》，吴文藻等译，北京，人民出版社，1982。

[英]沛西·能：《教育原理》，王承绪、赵瑞英译，北京，人民教育出版社，2005。

二、外文文献

A. G. Mcdowell, *Village Life in Ancient Egypt Laundry Lists and Love Songs*, Oxford, Oxford University Press, 1999.

A. H. Gardiner, "The Instruction Addressed to Kagemni and His Brethren," in*Journal of Egyptian Archaeology*, 1946, vol. 32.

A. H. Gardiner, "The House of Life," in *Journal of Egyptian Archaeology*, 1938, vol. 24.

A. K. Grayson, *Assyrian Rulers of the Early First Millenniuum B. C.*, I(1114 –859 B. C.), Toronto, University of Toronto Press, 1991.

B. J. Kemp, *Ancient Egypt Anatomy of a Civilization*, London and New York, Routledge, 1991.

Barbara Waterson, *Introducing Egyptian Hieroglyphs*, Scotland, Sottish Academic Press, 1981.

Barbara Watterson, *The Egyptians*, Oxford, Blackwell Publishers, 1997.

D. Dunham, "The Biogrophical Inscriptions of Nekhebuin Bostonand Cairo," in *Journal of Egyptian Aichaeology*, 1938, vol. 24.

D. J. Brewer and E. Teeter, *Egypt and the Egyptians*, Cambridge, Cambridge University Press, 2001, p. 77.

E. I. Gordon, *Sumerian Proverbs*, Philadelphia, The University of Pennsylvania Press, 1959.

F. L. Griffith, "The Teaching of Amenophis the Son of Kanakht, Papyrus B. M. 10474,"in *Journal of Egyptian Archaeology*, 1926, vol. 12.

G. Andreu, *Egypt in the Age of the Pyramids*, David Lorton trans., London, John Murray, 1997.

G. Mas Pero, *The Dawn of Civilization Egypt and Chaldea*, London, Alpha Editions, 2019.

H. Frankfort, *Ancient Egyptian Religion*, New York, Harper Torchbooks, 1948.

H. Goedicke, "A Neglected Wisdom Text," in *Journal of Egyptian Archaeology*, 1962, vol. 48.

H. W. F. Saggs, *The Might That Was Assyria*, London, Sidywick & Jackson, 1984.

J. E. Manchip White, *Ancient Egypt: It' s Culture and History*, New York, Dover Publications, 1970.

J. A. Wilson, *The Culture of Ancient Egypt*, Chicago, The University of Chicago Press Ltd. , 1968.

J. R. Harris, ed. , *The Legacy of Egypt*, New York, Oxford University Press USA, 1971.

James Bowen, *A History of Western Education*, vol. 1, London, Methuen & Co. Ltd II New Fetter Lane, 1972.

Kenneth S. Cooper, Clarence W. Sorensen, Lewis Paul Todd, *The Changing Old World*, *Sacramento*, California State Department of Education Sacramento, 1964.

Kramer, "School Days: A Sumerian Composition Relating to the Education of a Scribe," in *Journal of the American Oriental Society*, vol. 69, 1949.

L. Dekiere, *Old Babylonian Real Documents From Sippar in the British Museum*, Ghent, University of Ghent, 1994.

M. A. Murray, *The Splendour That Was Egypt* (*New and Revised Edition*) , London, Fellow of University College, 1977.

Miriam Lichtheim, *Moral Values in Ancient Egypt*, Switzerland, Vandenhoeck & Ruprecht, 1997.

Miriam Lichtheim, *Ancient Egyptian Literature*, *Vol. 2: The New kingdom*, California, University of California Press, 1976.

P. Montet, *Everyday Life in Egypt in the Days of Ramesses the Great*, A. R. M. Hyslop and M. S. Drower trans. , Philadelphia, The University of Pennsylvania Press, 1981.

R. Harris, *Ancient Sippar: A Demopgrahpic Study of an Old -babylonian City*, Leiden, Nederlands Histoirshc Archaeologish Instituut Te Istanbul, 1975.

R. J. Baikie, *Ancient Egypt*, London, A&C Black Publishers Ltd. , 1916.

R. J. Williams, "Scribal Training in Ancient Egypt,"in *Journal of the American Oriental Society*, 1972, vol. 92.

S. N. Kramer, "Schoolday: A Sumerian Composition Relating to the Education of a Scribe,"in *Journal of the American Oriental Society*, vol. 69, 1949.

S. N. Kramer, *Histroy Begins at Sumer*, Philadelphia, The University of Pennsylvania Press, 1981.

Samuel Noah Kramer, *History Begins at Sumer*, Philadelphia, The University of Pennsylvania Press, 1981.

Stephen Bertman, *Handbook of Life in Ancient Mesopotamia*, New York, Facts on File, 2003.

T. G. H. James, *An Introduction to Ancient Egypt*, London, British Museum Publications Ltd. , 1979.

T. G. H. James, *Pharaoh' s People*, London, Tauris Parke Paperbacks, 1984.

Van Dalen Mitchell Bennett, *A World History of Physical Education*, New York, Prentice Hall, 1953.